The theory and practice of porous asphalts

排水性沥青路面理论与实践

徐 斌 编著

人民交通出版社

内 容 提 要

本书阐述了目前世界上关于排水性沥青路面（或称 OGFC，多空隙沥青路面等）结构与功能设计的最新理论，包括了排水性沥青路面的效益及其机理，缺陷及其对策，以及结构学、水力学与水文学、声学、热学、光学等方面的设计思想、设计理论与设计方法。同时，本书还从原材料的选择、配比的设计、生产施工工艺、养护技术以及工程实例五方面着手，对排水性沥青路面的具体实现过程进行了详细的讨论。

本书可作为科研院校的参考用书，也可提供有志于了解、实施或管理排水性沥青路面的机构与个人作为指南性资料。

图书在版编目（CIP）数据

排水性沥青路面理论与实践/徐斌编著. —北京：人民交通出版社，2011.5
ISBN 978-7-114-09006-6

Ⅰ.①排… Ⅱ.①徐… Ⅲ.①排水性路面：沥青路面-道路工程 Ⅳ.①U416.217

中国版本图书馆 CIP 数据核字（2011）第 058701 号

书　　名：排水性沥青路面理论与实践
著 作 者：徐　斌
责任编辑：刘永芬
出版发行：人民交通出版社
地　　址：(100011) 北京市朝阳区安定门外外馆斜街 3 号
网　　址：http://www.ccpress.com.cn
销售电话：(010) 59757969，59757973
总 经 销：人民交通出版社发行部
经　　销：各地新华书店
印　　刷：北京鑫正大印刷有限公司
开　　本：787×1092　1/16
印　　张：25.25
字　　数：596 千
版　　次：2011 年 6 月　第 1 版
印　　次：2011 年 6 月　第 1 次印刷
书　　号：ISBN 978-7-114-09006-6
定　　价：60.00 元

序

随着日本对排水性沥青路面的普及,美国新一代OGFC的推广,以及欧洲寻求低噪声路面的不懈努力,近十几年来,多空隙沥青路面技术得到了飞速的发展与应用,尤其是在高黏度改性沥青、排水机能恢复设备以及排水路面效益的挖掘和病害的分析与对策研究方面。同时,以多空隙沥青路面为核心的双层排水性沥青路面、保水性路面、透水性路面、半柔性路面等新型路面的研究也取得了长足的进展。因此,总结排水性沥青路面技术,推广排水性沥青路面经验,引导排水性沥青路面发展,徐斌博士此书出版正适其时。

随着道路建设的逐渐深入与城市建设的逐渐完善,道路面积占城市面积的比例越来越高,在城市自身问题越来越突出的背景下,道路越来越多地承载了人们对于改善城市环境的期望。徐斌博士以排水性沥青路面为着眼点,叙述了道路在增强车辆或市民出行安全性、降低交通噪声、缓解城市热岛效应、营造城市景观,乃至于消纳城市废弃物,实现可持续发展的可行性与实现途径,具有很强的现实意义与指导意义。

徐斌博士与他的技术团队一起,从2001年开始接触排水性沥青路面,并在这方面学习了大量的国内外技术,同时修建了大量的实体工程,还实现了直投式高黏度改性剂、排水机能恢复设备等的自主生产,尤其是2009年在上海中环线东段与机场北通道31km世博配套工程和世博园区内排水性沥青路面的成功应用,使得本书的编写有着丰富的技术基础和实践背景,对今后排水性沥青路面进一步的研究和应用,有着非常实际的借鉴作用。

徐斌博士是从2009年开始编写本书的,在繁重的经营工作的同时,利用每一天的点滴时间,查阅文献,总结经验,独立写出13章几十万字的书稿,殊为不易,体现了作者本人对于排水性沥青路面技术的浓厚兴趣,所具有的包括道路工程、材料科学、水力学、声学、热学、光学等方面全面的知识基础,以及作为青年科技工作者一种强烈的社会责任感与使命感。

本人乐于为本书作序,也借此机会呼吁此类沥青路面的进一步推广!

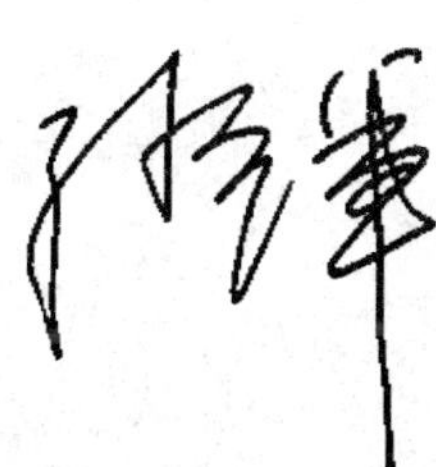

前　言

2010 年上海世界博览会已圆满结束，但世博会的主题“城市，让生活更美好”却已深入人心。随着近 10 年来大规模的城市基础设施建设，道路已经成为了城市极其重要的组成部分。据相关数据介绍，道路面积占了发达城市总面积三分之一到二分之一的比例，道路所带来的拥堵、噪声、事故、酷热，乃至于低洼路段积水无法排除时的城市局部泛洪，都已成为现代城市发展之中的隐痛。寻求相关的技术解决方案，已经成为国际有识人士的共识。在这方面，欧洲将排水路面以及以排水路面为基础的双层排水路面、多孔弹性路面等作为降低交通噪声的备选方案，美国多年以来一直用 OGFC 作为高速公路的抗滑安全表层，日本更是推出保水性铺装、透水性铺装、遮热性铺装，道路一向非黑即白的单调正逐渐被打破，世界道路开始从结构性时代进入到功能性时代！

浦东尽管位于我国改革开放的前沿，但道路技术的起步却相当晚。1999 年，笔者有幸聆听了沈金安老师、李舜范总工等关于 SMA 路面的理论知识与施工技术，并于同年参与了上海浦东路桥建设股份有限公司在上海浦东南干线（外环线南段与迎宾大道）23.7km 的 SMA 路面铺设，当时号称全国一次性施工最长的 SMA 路面，大规模采用了当时还比较少见的 SBS 现场改性沥青，既使浦东的道路技术迈上了一个新台阶，同时也使本人对道路新技术充满了浓厚的兴趣与求知欲望。

2001 年，很有幸，笔者结识了日本大有建设株式会社中央研究所的中西弘光所长，了解了排水性沥青路面在日本使用的普及性。同时在浦东建设董事长葛培健先生与浦东新区公路管理署总工程师王国培先生的支持下，于 2002 年 10 月在浦东北路修建了据称是中国第一条采用高黏度改性沥青的、空隙率在 20% 以上的排水性沥青路面，本人与浦东建设再一次拥抱了道路界最前沿的技术。

2004 年，浦东建设与上海交通大学合作的直投式高黏度沥青改性剂研制完成，并在浦东冬融路首次成功应用；2006 年，浦东建设在浦东豆香园首次铺设彩色排水性沥青路面；2009 年，浦东建设在浦东新区世博配套工程的中环线、机场北通道上一次性铺设全长 31km 的排水路面，也是迄今为止国内单体工程一次性铺设距离最长的；2010 年，浦东建设又完成了上海世博园区排水性沥青路面的铺设，为当年上海世博会的顺利召开铺平了道路。这期间，笔者不止一次地有想整理多年以来学习排水性沥青路面技术心得的念头，但直到 2011 年，才最终完成书稿写作。

作为一本学术性的书，笔者努力提供给读者经过实践检验或公开发表的相关成果，而不带企业的感情色彩，笔者希望最终实现了这一目标。同时，有感于排水性沥青路面突出的表面功能，笔者也希望全国同行能以宽容的心态积极予以推广，任何路面都有瑕疵，决不可因噎废食！在笔者推广排水路面的过程中，许多业主都提出了对排水路面堵塞的担心，我想读者读完本书后，应能有一个恰当的判断。

另外，笔者也希望全国的同行，能紧跟国际研究的步伐，在以排水性沥青路面技术为基础的双层排水性沥青路面、保水性沥青路面、透水性路面、多孔弹性路面、半柔性路面等新型铺装技术上取得技术突破与实体应用，为建设安全、美丽的生活环境贡献道路工作者的智慧！

在笔者写作本书的过程中，得到了同济大学吕伟民教授的全面指导，得到了意大利专家 Ranieri 教授的默默支持，还有浦东建设的朱良镨、刘钢、闫国杰、连萍、赫振华，上海交大的王仕峰，同济大学的任惠清，浦东新区公路管理署的黄律群等人在各方面给予了支持与帮助，在此一并表示感谢！

限于笔者的知识与水平，书中难免有不尽之处，望读者不吝指正。

作　者

2011 年 5 月

目　录

第一章 概 述

1.1 排水性沥青路面的应用概况

1.1.1 简要历史

排水性沥青路面，就是水能在其中自由流动，并从侧向排出的沥青表层。有文字记载的符合这一特征的最早的排水性沥青路面产生于1930年美国的俄勒岗州，它是在场拌封层(plant mix seal coat)的基础上发展起来的。到了20世纪40年代，许多西部州也应用了相似类型的磨耗层。50年代的美国与60年代早期的英国都在军用机场的跑道上采用了多空隙磨耗层，其目的是一样的，都是为了减小甚至消除飞机高速滑行时产生的水漂(hydroplaning)现象。到70年代，美国的联邦公路管理局(FHWA)发起了一项计划，旨在改善国内道路的抗滑性能。由于场拌封层能有效提高滑动阻力，从而受到普遍欢迎。1974年，FHWA发布了OGFC(Open Graded Friction Course，开级配磨耗层)的一套混合料设计方法，包括集料级配的要求，粗集料的表面能力(surface capacity)，细集料用量的确定，最佳拌和温度的确定以及所设计混合料的抗水损能力等。1990年12月，FHWA正式制定了“OGFC混合料设计方法”。

英国是在1967年施工第一条多空隙沥青路面试验段的。试验段使用了15年，并发现了其吸声性能的存在。此后(1970年，1975年，1983年)，为优化集料级配以及和结合料的组合，英国又铺设了其他试验段，1984年起，更是在Burton辅道上首次展开大规模试验，修建了22条试验段，旨在评价不同结合料与结合料用量的效果。1991年，又选择了若干欧洲国家(英国、比利时、荷兰与瑞典)常用的级配修建了另外7条试验段，提出了一些实用性建议。除了这些大的研究工作以外，英国的多空隙沥青路面从未真正流行过，因为热滚压沥青路面被首选使用。

不过，英国不是20世纪70年代末~80年代早期实验多空隙沥青路面的唯一国家。法国(1976年)、瑞士(1979年)、比利时(1979年)、荷兰(1979年)、德国(1978年)、西班牙(1980年)、意大利(1984年)也都进行了类似的试验。那时，这些国家(还有许多其他国家)开展研究的目的是为了评价这些“新”路面的有效性，以及优化混合料。

作为这些早期试验的结果，许多国家多空隙沥青路面得到了广泛使用。法国、比利时、意大利、荷兰就是这种情形，它们开始大范围地采用这些磨耗层。在荷兰，从1990年起到2010年内，国内所有的高速公路网络都铺装了多空隙沥青面层。其他国家，如德国、瑞士、英国、奥地利，在最初的兴趣之后，这些路面的使用从来没有放弃过，目前它们的使用主要限于需要利用其降噪性质的地方。这些国家多空隙沥青路面推广差的原因主要是因为环境状况(主要是冬季养护问题)，以及传统上其他具有竞争力的铺面沥青混凝土(例如，SMA和热滚压沥青)的存在。

欧美国家对于排水性沥青路面的开发引起了日本的高度重视。1980年前后,日本先后组团赴德国考察,开始引进欧洲的技术。1987年,在东京都环道7号公路第一次采用排水性沥青混合料进行铺装。但对欧洲技术的简单引进造成了严重的后果,许多排水性沥青路面施工后不久即出现空隙堵塞及交通荷载引发的石料飞散,并且车辙变形问题相当严重。经过日本专家大量的实践与研究,他们认为欧洲的技术并不适合日本的气候条件和交通条件,由此提出了"高黏度改性沥青"的概念,以此为核心,日本道路协会于1996年11月发布了《排水性铺装技术指针(案)》,作为排水性沥青混合料的设计施工指南。同年,日本道路公团作出所有高速公路必须采用排水性沥青路面铺装的决定,排水性沥青路面的铺装面积大幅度增长。在一般公路、城市道路的交叉口,有减噪与安全要求的城市街道,排水路面也被较多采用。

1.1.2 应用现状与未来发展

20世纪90年代末期,21世纪初期,排水性沥青路面在世界各地呈现出了燎原之势。

首先是欧洲。在深刻了解了噪声的危害以及欧洲的噪声现状之后,1996年,欧盟发表绿皮书《未来的噪声保护策略》,确认轮胎—道路噪声为急需降低的交通噪声组成。2002年,欧盟再次通过一项重要的噪声指令,要求成员国制定"噪声地图",运用统一的噪声预测方法,采取各项措施来降低包括道路交通噪声在内的环境噪声。在这样的大背景下,与飞机、道路、铁路等相关的交通噪声其产生与传播机制、评价体系以及相应控制措施的研究如大浪奔涌,全面铺开。

2002年开始、2005年结束的"用于控制交通噪声的可持续道路表面"(SILVIA)项目,确认多空隙沥青面层、薄层铺装和露骨混凝土为主要的低噪声表面,并在优化这些路面的降噪性能方面展开了大量卓有成效的研究。而在多空隙沥青面层方面,认为单层多空隙沥青路面为第一代多空隙表面,双层多空隙沥青路面为第二代,有关第三代多空隙沥青路面不同国家有不同的说法,荷兰指的是多孔弹性路面(poroelastic)或其他新型路面,法国指空隙率在30%左右的超大空隙沥青路面,如Jean Lefebvre公司生产的Accrophone PE,意大利为"Micro Drain",是顶层为4mm粒径的双层多空隙沥青路面。

荷兰于1996年发起了未来道路(Roads to the Future,RTF)计划,研究智能型道路表面和移动型道路表面,已经公布的新型表面如很安静声模块(Very Silent Sound Module),可卷起道路(Rollable),Modieslab,Rollpave,安静运输(Silent Transport),无声路面(No Sound Pavement)等。Rollable和Rollpave都是卷材式道路,前者基础为带Helmholtz共鸣腔的模块化的水泥混凝土系统,上面是带声阻的两条薄层可卷起多空隙沥青混凝土顶层;后者的基础是胶黏式耐地压支承层,上面是可卷起的多空隙沥青混凝土。很安静声模块自下而上是带Helmholtz共鸣腔的模块化的水泥混凝土系统和很薄的安静沥青顶层,Modieslab实际上是预制的双层多空隙水泥混凝土。而安静运输是在两层多空隙沥青之间夹了一层吸声膜,无声路面则是一种复合的多层结构,包括混凝土、纤维和多空隙沥青混凝土薄层。可以看出,一方面,把道路做成模块和卷材是为了实现道路的工业化生产,加强对质量的控制,减少对天气的依赖。另一方面,几乎所有的创新都是以多空隙沥青(或多空隙水泥混凝土)为重要组件的。

意大利按照SIRUUS(城市和特大城市使用的安静道路)项目的部署,也研制并测试了两

类以双层多空隙沥青为核心的低噪声路面：悦耳（Euphonic）路面与生态科技（Ecotechnic）路面。前者将双层多空隙沥青通过颈部连接到Helmholtz共鸣腔系统层，Helmholtz共鸣腔系统层是由包含在连续配筋混凝土板内的嵌入式吸声驻波管孔洞实现的（图1-1）；后者的双层多空隙沥青连接到的Helmholtz共鸣腔系统层是由包含在扩散式微观多孔水泥胶浆层的吸声驻波管孔洞实现的，其下为金属隔断层作为过渡层（图1-2）。

图1-1 悦耳路面断面

图1-2 生态科技路面断面

与欧洲从降噪角度对多空隙沥青路面进行优化、改造、组装等不同，尽管日本也宣传多空隙沥青路面的降噪效能，但他们显然把更多的重点放在了充分发挥多空隙沥青路面的生态功能上。如图1-3b）所示，将水分保持在面层中不从侧向排出，而是在温度高时通过垂直蒸发排走，由于蒸发需要吸收热量，从而降低了路表温度。日本把这种路面称为保水性铺装，认为它对减弱城市热岛效应有积极的作用。它的基础仍是排水性沥青路面，只是其中加入了保水性材料，据说它只损失原有排水性沥青路面透水功能的10%，却使得水不再侧向流通，而是得以保持在路面中。保水性材料多为专利产品，如无机粉末（SiO_2、$CaCO_3$等）、高炉矿渣等的混合物，又如微小矿物粉末、树脂、水泥等的混合物。

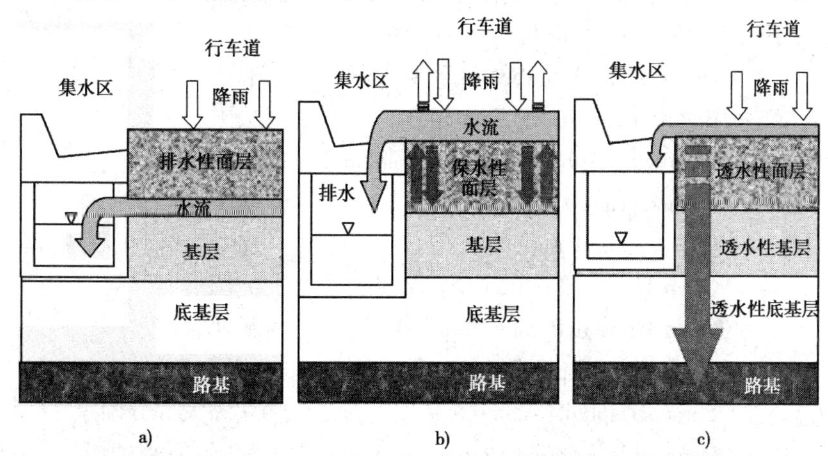

图1-3 三种多空隙型沥青路面结构示意

a）排水性沥青路面；b）保水性沥青路面；c）透水性沥青路面

图1-3c）所示的透水性铺装，水分也不是从侧向排出，而是垂直下渗，接入地下水系统。这种路面除了拥有排水性铺装与保水性铺装的一定功能以外，还能补充日益稀缺的地下水资

源,大暴雨来临时,更有溢洪的作用,防止城市局部漫水。日本道路协会于2007年发布了《透水性铺装指南》,就透水性路面的规划、设计、材料、施工、性能与维护提出了指导性意见。

相比于欧洲和日本,尽管美国是排水性沥青路面应用最早的国家,但由于长期以来,它仅仅是将排水性沥青路面作为高速公路或州际道路的磨耗层处理,其官方名称也反映了这样的应用取向(OGFC,开级配磨耗层),因此,OGFC一般只有2cm厚,结合料多不改性,空隙率在15%~17%左右,在20世纪80年代初的一阵OGFC应用高潮之后,复归平静,只有少数几个州坚持了下来。1998年,美国国家沥青技术中心(NCAT)的P. S. Kandhal领导了一次调查,发表了著名的《开级配磨耗层:技术现状》,意欲搞清楚美国的州交通局为什么有些地方用OGFC,而有些地方不用,它们混合料设计和施工的做法,OGFC的性能历史以及所遇到的问题等。调查得出的一个重要结论是:"看来良好的设计和施工方法是提高OGFC混合料性能的关键。需要一套改进的混合料设计程序来帮助交通机构采纳这些好的做法。"响应这一结论,2000年,NCAT就发布了《新一代开级配磨耗层的设计、施工与性能》,使OGFC正式向美国人所称的PEM(Porous European Mixes,多空隙欧洲混合料)靠拢,空隙率提高到了18%以上,压实后厚度提高到4~5cm,同时结合料全面改性,可能情况下混合料中加入了矿物纤维,这一切拉开了美国人对OGFC重起热潮的大幕。

美国有几个州的做法特别值得一提,俄勒岗州长期使用最大公称粒径19mm,压实厚度50mm的OGFC路面,对于这种混合料,它们给了一个特别的名字,F混合料。加利福尼亚州与亚利桑那州专注于OGFC的降噪性能,它们的OGFC多采用AR(Asphalt Rubber,沥青橡胶)作为结合料,有时在降噪性能究竟是沥青橡胶的作用还是开级配的作用上争论不休,瑞典的Ulf Sandberg认为是开级配的作用,而橡胶沥青对降噪贡献很小。得克萨斯交通局采用的是它们自己的OGFC形式,它们称之为"透水性磨耗层"(Permeable Friction Course,PFC)。

除了欧洲、日本、美国以外,加拿大、澳大利亚、新西兰、南非以及东亚和东南亚的一些国家和地区也都逐渐加大对排水性沥青路面的使用。为便于文献检索,作者将各种类型的排水性沥青路面在各国的部分简称汇总如下。

ABD	Dränerande Asfaltbetong	瑞典
BBDr	Bétons Bitumineux Drainant	法国
DA	Drainage Asphalt(Draining Asphalt)	意大利
DRA	Drainasphalt	瑞士
OGA	Open Graded Asphalt	加拿大、澳大利亚、南非
OGFC	Open Graded Friction Course	美国
OGPA	Open Graded Porous Asphalt	新西兰
OPA	Open Pore Asphalt	德国
PA(PAC)	Porous Asphalt(Concrete)	欧洲大部分国家
PFC	Permeable Friction Course	美国(得克萨斯)
ZOAB	Zeer Open Asfalt Beton	荷兰

1.1.3 我国使用排水性沥青路面的情况

我国的沥青路面基本上以国外引进为主,排水路面并无二致。但是,无论是1997年杭州到金华所铺的1000m的OGFC,还是吕伟民教授等几乎同时研究的低噪声沥青路面,学习的不是美国的技术,就是欧洲的技术。许多试验段研究的味道很浓,推广应用的味道很淡,做完后,或者出现了飞散,或者被压密,有些甚至根本无人问津。因此,尽管期刊上屡有OGFC的文章发表,但实际工程中却鲜有应用。

2001年,一个偶然的机会,使上海浦东路桥建设股份有限公司接触到了日本的同行,同时接触的还有"有日本特色的排水性沥青路面"与高黏度改性沥青的概念。2002年,在上海浦东北路应用日本技术铺筑了1.4km的排水性沥青路面,揭开了以高黏度改性沥青为结合料的排水性沥青路面技术在中国全面推广的序幕。2003年17km的西安咸阳机场高速,2005年17km的盐通高速,2008年21km的宁杭高速,2009年21km的西安机场专用线,2009年浦东31km的中环线、机场北通道,以及在此期间杭州市区环西湖地区大量排水性沥青路面的铺设,日本的技术迅速在中国得到认可。

应该说,在这个推广过程中,日本的TPS高黏度改性剂起了非常关键的作用。但随着排水性沥青路面应用的深入,出现了两种变化。一种变化是成品高黏度改性沥青的悄悄进入,与直投式的高黏度改性剂展开了市场竞争。另一变化是国产改性剂开始出现,如浦东路桥的RST,深圳海川的SinoTPS等。

1.1.4 讨论

排水性沥青路面技术在全世界发展的不均衡,从一个角度诠释了近代科技的发展。欧洲人严谨,善于想象,并且由于文化相近,相互协作的合力巨大。他们为建立一个适合居住与生活的欧洲,把降低噪声尤其是交通噪声放在了一个绝对的高度上。为了降低交通噪声,他们开发低噪声发动机,生产低噪声轮胎,研究道路隔音屏障,而低噪声道路尤其是多空隙沥青路面作为源头降噪的一项相对低廉的措施,赢得了大多数欧洲国家的认可。我们看到,在多空隙沥青路面降噪效果的研究上,欧洲人的严谨得到了充分的体现。瑞典人Ulf Sandberg等写就的一本《轮胎—道路噪声参考书》,是这一精神的最好注脚。而欧洲人的想象,从他们为着35年后的新型道路而研究的项目NR2C(New Road Construction Concept,新的道路建设理念),从荷兰工业化生产道路的设想,都可窥见一斑。同时,各个国家相互交错的研究项目,则把一个统一的欧洲的潜力,充分地挖掘了出来。罗马有着世界上现存最古老的道路之一,而今天的法国有着世界上最完备的道路养护技术,今天的德国,有着世界上最先进的道路设备,今天的荷兰,有着世界上对未来道路最大胆的想象……道路技术的巅峰,无疑在欧洲!美国FHWA(联邦公路管理局)1991年访问欧洲,从欧洲带回了SMA,2004年访问欧洲,则从欧洲带回了以多空隙沥青路面为代表的安静路面,2007年,又把温拌沥青最前端的技术学习了回去。总之,排水性沥青路面是因为安全原因被欧洲人搬上现实舞台的,却因为降噪功能的挖掘而使得她生机勃勃,魅力无限!

日本人的学习并再创造能力是让全世界瞠目的。排水性沥青路面也一样。20世纪80年代末的时候,与很多技术一样,也是向国外学习,这一次学习的是欧洲,把欧洲的排水路面技术原原本本地移植到了日本。不幸的是,道路有地域性,欧洲温和的气候不同于日本冬寒夏暑的气候,照搬照抄的技术使试验路面飞散严重。正像日本学习中国的文字而创造了日语,学习中国的围棋而创造了现代围棋一样,日本没有对排水路面简单否定,而是创造出了"高黏度改性沥青"这一新概念,似乎突破口一下子被打破,排水路面在日本迅速蔓延,发展势头甚至超过了欧洲。一旦技术在日本生根,日本人的集体主义马上显示出了它无比的优势。当然,欧洲的研究主体是各国的研究所,美国的研究主体是各州的交通局,而日本,企业的研究发挥着中流砥柱的作用。企业的研究特点,使日本对排水路面的研究更趋现实,如对寒冷区域排水路面应用的研究,对排水路面排水机能恢复技术的研究等,另外就是国家研究所和企业研究所全国一盘棋,为了完善排水沥青路面这一产品,一直到现在,还在对高黏度改性沥青的质量标准反复斟酌。日本最初是向欧洲学习的,但有意思的是,2005 年,丹麦道路研究所(DRI)与荷兰道路与水利工程研究所(DWW)转而向日本取经,这从一个角度衬托出了日本在排水沥青路面上再创造的辉煌成就。还有前面提到的保水性铺装也好,透水性铺装也好,一方面,日本一旦有了概念,则是以协会的形式发起全民的研究,还是一句话,举国一盘棋;另一方面,也体现了日本当前对道路除行车功能以外发挥更大作用的一种寄托。

相比欧洲与日本,美国人的骨子里透着一种自由与实用的思想。尽管 OGFC 的雏形最初出现在美国,尽管第二次世界大战之后,美国是不二的科技强国,但回到排水性沥青路面上,总觉得美国是形散神也散。OGFC 将近 30 年真正的应用,1998 年才由 Kandhal 作了一次真正的全国性总结。50 个州,50 种想法,很多的时候,玩的是名称,是相对不动脑筋的性能检测,从这个意义上,觉得自由里透着那么一点点"懒"。说到实用,就不由人不想起那张经常被专家们出示的像爬满蚯蚓一样的路面灌缝图。只要还能用,美观恐怕不是美国人主要的追求,经济才是他们考虑的核心。因此,2cm 的 OGFC 相当长时间是美国人对排水路面的理解,因为它既能起作用,又很经济。不过,近十多年来,美国人似乎回过味来了,频频出访欧洲是非常明显的信号,所谓的"新一代 OGFC"也是一种信号,只不过,与欧洲和日本相比,美国的步伐还是有点滞后。不过,对这个国家的科研实力是不容小觑的,一旦美国人真正想做某件事,钱不是问题,人才也不是问题,唯一是问题的只有时间!

中国的排水性沥青路面,2002 年前学欧、美技术,做试验段搞科研,收获是几篇论文,乏善可陈;2002 年后学日本技术,有些工程只为了显示创新,照旧做一些试验段,但也有一些高速公路是大面积铺设的,这说明其优势已经被一些业主所充分认可了。不过在研究上,我们大多还是学习引进,最多进行材料本土化的验证研究,尽管许多课题标上"世界先进水平"的标签,但真正自主创新的内容不多。应用于城市道路上时,业主普遍还是担心堵塞问题,这多少影响了排水性沥青路面更深层次的应用。

1.2 概念解析

1.2.1 最大空隙率与最小空隙率

排水性沥青路面或称多空隙沥青路面,本质特征是"排水"或"多空隙"。那么,空隙率最少要多少,才能实现排水的意图?空隙率最高的极限在哪里?实际能否达到?要回答这些问题,首先要搞明白排水沥青路面的级配特点。排水路面级配的本质特征是"石料嵌挤结构",专业的说法是石料骨架构成了荷载传递的路径,通俗一点讲,就是即使没有结合料,石料骨架也是稳定的。在这一点上,与沥青碎石玛蹄脂(SMA)的级配特点是一样的。不同的是对粗集

料骨架间隙的填充程度。因此,如果只有粗集料骨架,可得到最高的空隙率。美国的 Ferguson 认为,开级配集料总的空隙率是 30% ~40% 的恒定范围。真实数值取决于材料的实际级配、颗粒形状和压实程度。单一粒径的集料空隙率最高,为 33% ~45%,棱角状集料取上限,圆角状集料取下限。考虑到结合料的润滑作用,稳定的多空隙沥青混凝土最高空隙率多在 30% 附近。实际上,要实现具有这种空隙率,又能承受车辆荷载的沥青混凝土是比较困难的,因为空隙率越大,集料颗粒的相互接触面积越小,集料对剪切强度的贡献也越小,这需要靠强有力的结合料进行弥补,比如昂贵的聚氨酯树脂或环氧树脂等。在使用沥青结合料的情况下,排水性沥青混凝土的最高空隙率一般设定在不超过 25%。

沥青混合料有几个特征空隙率:一个是 3%,研究工作者认为低于这个空隙率,沥青混凝土就有泛油的强烈倾向;一个是 8%,研究工作者认为高于这个空隙率,沥青混凝土就不再能防水。当然空隙率的数值不是绝对的,如有研究认为,粗级配混合料在 7% 甚至更低时就开始透水,而在 SMA 5 的小粒径薄层铺装研究中,发现这个数值提高到了 10%。但是,8% 并不是排水性沥青路面的最小空隙率,因为这个时候,水的流动速度非常缓慢,车辆轮胎经过时,水分来不及疏散,可能积聚相当高的动水压力,长此以往,会使结合料内聚失效或使结合料与集料之间的附着失效,从而发生"水损坏"或"沥青剥落"现象。这个区间一般被划到 15% 左右,即认为 8% ~15% 的空隙率区间是容易诱发水损坏的区间,这已经为相当多的工程实例所证实。当然,同最大空隙率一样,这也不是绝对的,如果级配更粗,最小空隙率的数值可降到 14% 甚至 13%。在没有明确指导意见的情况下,一般取排水性沥青混凝土的最小空隙率为 15%。

1.2.2 有效空隙率与侧向排水

上面已经谈到,沥青混合料一般在 8% 的空隙率下才开始透水,要理解这个概念,就必须有"有效空隙率"的概念。有效空隙率(effective void),也被称为连通空隙率(interconnected void),是可构成水流通道的空隙率。前面提到的空隙率为总空隙率,包括了水流的死角、滞留区,或者封闭区,它们对排水没有贡献,因此,我们真正关心的是有效空隙率,而不是总空隙率。

图 1-4 是文献(Aslam Ali Mufleh al Omari,2004)中给出的空隙率与有效空隙率关系的一个实例,可以看出,总空隙率 8% 时,有效空隙率大约为 0,这也就解释了空隙率小于 8% 时,沥青混合料为什么不透水。本例有效空隙率的拐点大约出现在空隙率 14% 时,与沥青混合料中水能自由流动而不出现水损坏的最小空隙率 15% 基本对应。

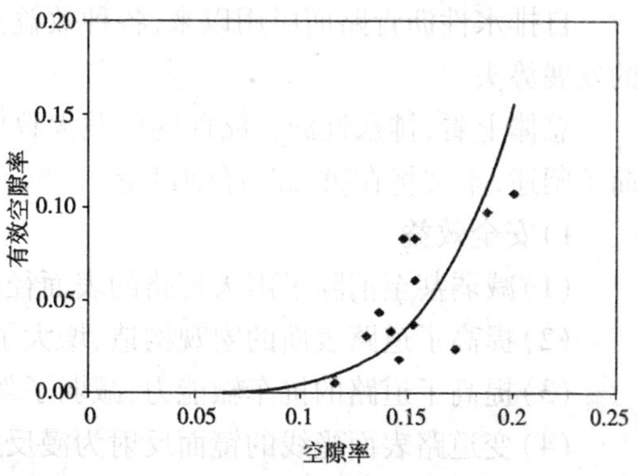

图 1-4 空隙率与有效空隙率的关系

另外,还需要澄清的一个概念是,国内对排水性沥青路面仍有两种叫法,一种来源于美国,称 OGFC(开级配磨耗层),一种来源于日本,称排水性沥青路面。事实上,国内不常用,但欧洲基本统一的叫法是多空隙沥青混凝土(Porous Asphalt)。笔者认为,欧洲的叫法是最科学的,它表示了一种材料,可用于磨耗层,也可用于基层,甚至其他用途。美国的叫法是一种历史传承,而日本的排水性沥青路面,是一种通俗易懂的说法。本书许多地方采用了日本的说法，部分地方也采用了多空隙沥青的术语，有时为便于书写，也用了OGFC、PA、PFC等的简称，事实上，它们指的是类似的概念。国内有些文献，把排水性沥青路面等同于低噪声路面，这是一种误解，排水性沥青路面是低噪声路面的一种。

遵循日本的思路，排水性沥青路面的其中一项特征就是侧向排水。作出这样的说明，主要是因为日本还存在着保水性沥青路面与透水性沥青路面，向上排水（蒸发）就是保水性沥青路面，向下排水（汇入地下水）就是透水性沥青路面。

1.2.3 排水性沥青基层

排水性沥青面层，不同于排水性沥青基层。国内的姚祖康教授等很早就对排水性沥青基层作过研究，2000年还在上海浦东的罗山路延长线上实施了试验段，效果良好。

排水性沥青基层一般被称作沥青稳定碎石排水基层（Asphalt Treated Permeable Base，ATPB），可用于AC、SMA或OGFC的下层，主要目的是截留其上结构层渗下的水分，将其导出路面层，以免继续下渗，导致半刚性基层唧浆或土基失稳。

排水性沥青面层与之相比，技术要求更高。如稳定度指标，前文考虑稳定度问题，将排水性沥青面层的空隙率上限定在25%，而排水基层很多都是设定在30%左右。排水面层有抗松散、抗老化的严格要求，在这一要求下，沥青用量常在5%左右甚至更高，而排水基层不需要这方面的考虑，因此，沥青用量多在3%左右。排水性沥青面层有抗滑、降噪等表面功能的要求，公称最大粒径最常见的是13.2mm，而排水基层多在19mm甚至更高。技术要求的不同，使得排水面层与排水基层相比，无论是混合料设计，还是生产、施工，都有着相当大的差别，二者不可混淆。

1.3 排水性沥青路面的效益与缺陷

1.3.1 效益

自排水性沥青路面应用以来，各种效益不断被挖掘，应用场合不断被开拓，表现出了强劲的发展势头。

总体上看，排水性沥青路面的效益大致可分为安全效益、环境效益、经济效益三类，下面作简单阐述，本文将在第二章详细讨论。

1）安全效益

（1）减弱甚至消除了雨天道路的表面径流，大大降低了水漂现象出现的几率。

（2）提高了道路表面的宏观构造，增大了道路的湿摩擦系数。

（3）提高了道路的抗车辙能力，减弱了驾驶员操纵方向盘的难度和局部水漂的几率。

（4）变道路表面光线的镜面反射为漫反射，消除雨夜对面来车的“眩光”现象。

（5）增强雨天道路标志标线的可见性。

（6）减少了轮胎侧方与后方雨天扬起的水花与水雾，为后车驾驶员提供了能见度。

（7）有文章称，隧道中铺设排水性沥青路面，比其他沥青路面具有更好的阻燃效果。

2）环境效益

(1)由于高空隙率的缘故,传统路面上被反射的轮胎—路面噪声从源头上得到了降低,同时传动系噪声也有适度的下降。

(2)排水路面上的表面径流中总悬浮固体、总金属、化学耗氧量以及温度更低,可与植被过滤相比拟。

(3)与密级配沥青路面相比,夏季路表温度更低,使行人感觉更舒适,同时对缓解城市"热岛效应"也有一定的贡献。

(4)由于厚的沥青膜与非常粗糙的表面构造,以及相对匀均的粗颗粒,排水路面的表面外观相当漂亮,如再添之以色彩,则显色效果极佳,可作为景观路铺装的良好候选。

3)经济效益

(1)由于密度仅为2.0t/m^{3}左右,约为SMA材料的80%,铺设同样面积的路面,石料也就可少用20%。

(2)降低汽车行车时的滚动阻力,据称燃油消耗量能降低2%的量级。

(3)基于这类混合料宏观构造提高而产生的轮胎应力的降低,有人也提出了轮胎磨耗率降低的效益。

(4)潮湿路面情形下,驾驶员会减速;多空隙路面的"干燥"外观使得这种现象减少,增加了道路的运能,降低了交通拥挤。

1.3.2 缺陷

尽管排水性沥青路面有着十分诱人的效益,但直到今天,推广中仍存在很大的阻力,这种阻力来源于它在效益之外存在的缺陷,有些缺陷是固有的,有些缺陷是正在解决的,也有些缺陷仍需要通过技术的不断进步来取得突破。

缺陷可以分为早期破坏、功能耐久性、冬季养护以及额外的设计关注四个方面。这四个方面的详细阐述将在第三章提供,下面作一简单叙述。

1)早期破坏

(1)松散或飞散(Ravelling)。这是排水性沥青路面面临的最大挑战,一旦开始飞散,由于集料骨架的破坏,其影响范围就如多米诺骨牌般会迅速扩大。

(2)压密(Densification)。通常是因为压实度不够,结合料容易流动引进的,它将对最初的设计空隙率造成损伤。

(3)初始抗滑能力不足。新建排水性沥青路面抗滑性能低,制动距离比传统混合料长20%~40%,这是因为集料表面厚的沥青膜降低了微观构造。在车辆磨光作用下,3~6个月(采用纯沥青)到18个月(采用改性沥青)后,该现象消失。

2)功能耐久性

(1)堵塞(Clogging)。排水性沥青路面的主要特征是高空隙率。随时间进行,空隙率急剧下降,具体取决于交通条件与环境条件,导致透水系数和降噪能力下降。

(2)老化(Aging)。这是任何沥青路面都会面临的问题,排水性沥青路面由于高的空隙率,老化进程可能会更快,而且在不伤及透水性的前提下不易维护。

3)冬季养护

(1)排水性沥青路面本质更低的温度和开级配的品质,使得有更多的水能被截留,相比其他路面更容易出现“黑冰”。

(2)常规用于处理冬季冰冻路面的手段中,沙会堵塞排水路面空隙,从而降低排水路面的效益;盐会从开级配结构中迅速流走,从而耗盐量上升。

(3)胎钉车辙和雪犁刨削是排水性沥青路面的“天敌”,短期内就会使路面受到破坏。解决方案是停止使用胎钉和雪犁,这在具有严冬气候的地区实现困难。

4)额外的设计关注

(1)据认为,降雨时,多空隙路面的“干燥”外观使得驾驶员产生安全的感觉,诱使他们保持高速度;一方面,这增加了道路的运能,另一方面,增大了事故的风险:潮湿条件下,可获得的附着系数要比驾驶员感觉的小得多。

(2)从路面结构设计的角度看,排水性沥青路面一般被视作无结构贡献或结构贡献极小。不过,也有研究人员指出,它与传统密级配沥青路面在结构上是相当的。

第二章　排水性沥青路面的使用效益及机理分析

2.1 讨论背景

当前，道路工程中，面层已经形成了“经济实惠”的连续密级配路面、“经久耐用”的SMA路面与“多才多艺”的排水性沥青路面三驾马车并驾齐驱的局面。尤其是排水性沥青路面，在日本、欧洲等受到极大的青睐。产生这样的情形，主要与排水性沥青路面的安全效益与环境效益密切相关。

自从汽车诞生以来，人们发现，自己又发明了一种威胁自己生命的武器。比如，在美国，90多年来，死于车祸的美国人已超过270万，是美国人在两次世界大战、朝鲜和越南等战争中死亡总人数的4倍。中国车辆的普及相对较晚，但交通死亡人数却发展迅猛，已经高居世界第一。尽管中国汽车保有量仅占世界的2%，但自2001年以来，交通死亡人数每年均在10万人左右，占了世界的五分之一，影响了上千万人的幸福生活。同时，中国交通事故致死率也是世界最高的。2004年，我国交通事故致死率为27.3%，而同期美国为1.3%，日本为0.9%。

根据全国2009年上半年交通事故发生原因的调查，发现雨天事故死亡人数呈上升趋势，6月雨天发生交通事故导致死亡人数占交通事故死亡总数的11.9%。超速仍是主要的肇事违法行为，占上半年事故死亡总数的13.8%。另一特点就是夜间道路交通事故增多趋势明显。另外，据公安部的统计数据显示，2003年至2007年春运期间，雨天事故死亡人数占春运期间死亡总数的10.5%，雪天事故死亡人数占2.5%，雾天事故死亡人数占2.0%。据分析，雨雪造成的路面湿滑，发生交通事故的概率比平常高出几倍，甚至几十倍。雨雪雾等天气条件下造成几十辆车连续追尾事故屡见不鲜。

车祸猛于虎，现代人在享受现代文明的同时，真真切切地感受到了文明的威胁。既然车辆带给人类的便捷交通和巨大效益仍无以替代，那么，我们只有从尽可能提高道路交通安全性着手。使用安全路面便是举措之一。ITARDA（交通事故研究与数据分析研究所）25期信息2000的“高速公路上交通事故的特点和对策”公布了1998年10月的一则数据，如图2-1所示，排水性沥青路面建成后，交通事故下降了85%！我们不知道日本举国推广排水性沥青路面是否与这样惊人的数据有关，我们也不清楚这样的数据带有多少的普遍性，但有一点可以肯定，排水性沥青路面对行车安全有着显著的贡献！

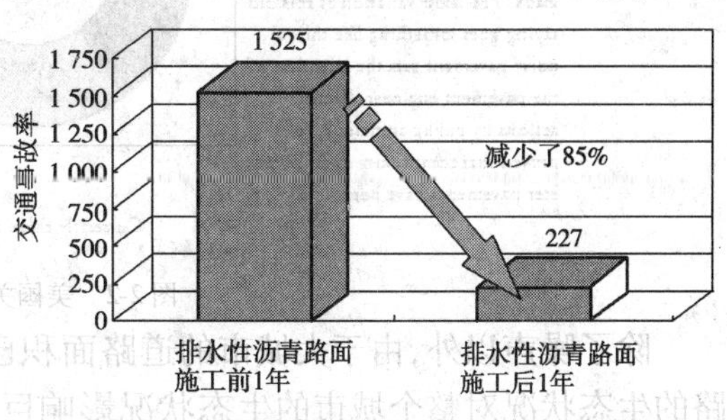

图2-1　排水性沥青路面施工前后交通事故率的对比

道路对环境也有着深刻的影响。中国最早的路称为“马路”，是马作为交通工具走的路。“马蹄声声碎”，曾经在多少夜晚激起文人的愁绪。后来，汽车逐渐取代了马及马车，马达声代替了马蹄声，交通是更为便捷了，但噪声却愈加无法忍受。降低马达噪声的努力进行了将近一个世纪，到20世纪后期，车辆的引擎噪声与排气噪声，无论是声源处的排放，还是过程中的传播，都得到了大幅度的下降。可同时人们也发现，此时即便动力噪声再降低，行驶车辆总的噪声也下降甚微。轮胎—道路相互作用噪声就这样作为一种噪声的主导因素，被搬上了研究的舞台，研究的主体也从汽车制造业拓展到了轮胎制造业和道路行业，而排水性沥青路面或OGFC也就这样被挖掘了出来。

美国沥青学会现场工程师Wayne Jones在沥青杂志的一篇文章“安静路面——来到了你旁边的公路上”(图2-2)写道：“……亚利桑那州用开级配磨耗层(OGFC)在凤凰城铺设了450m的高速公路延长线，目的是提高暴雨时的抗滑性与能见度。而驾驶员却注意到了新路面提供的明显的降噪作用，他们开始质问‘为什么我们的住宅旁边不能有类似的罩面?’当地媒体整理了老百姓的趣向，形成了安静路面的专题报道。根据老百姓的呼声，亚利桑那州承诺凤凰城全部高速公路都用OGFC罩面。罩面计划已经被证明在降低城市周围噪声水平方面的成功，凤凰城都市规划组织同意借贷给亚利桑那州交通局3 400万美元来加速罩面计划……”

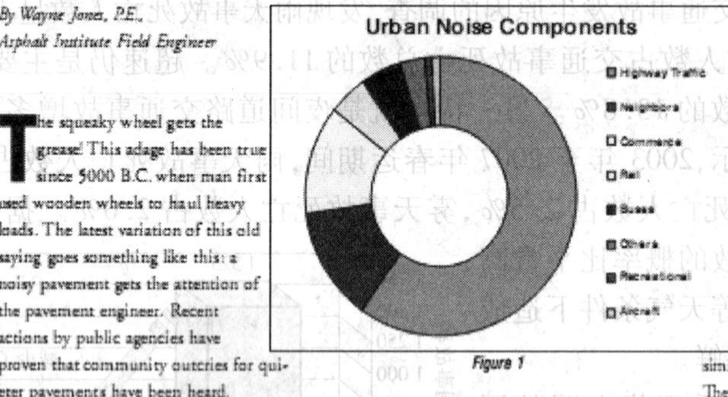

QUIET PAVEMENT —
Coming to a Highway Near You

By Wayne Jones, P.E.,
Asphalt Institute Field Engineer

The squeaky wheel gets the grease! This adage has been true since 5000 B.C. when man first used wooden wheels to haul heavy loads. The latest variation of this old saying goes something like this: a noisy pavement gets the attention of the pavement engineer. Recent actions by public agencies have proven that community outcries for quieter pavements have been heard.

Figure 1

Currently there are two different

motorways with HMA to promote noise reduction.

Arizona Experience

Arizona paved a 1500-foot stretch of freeway in the Phoenix area with an open graded friction course (OGFC) to improve skid resistance and visibility during heavy rains. When motorists noticed the distinct reduction in noise provided by the new pavement surface, they began asking "Why can't we have a similar overlay near our neighborhood?" The local media picked up on the public's interest and ran feature stories about the

图2-2　美国关于安静路面的报道

除了噪声以外，由于大城市的道路面积已经占了城市总面积的将近30% ~40%，因此道路的生态状况对整个城市的生态状况影响巨大。比如，现代城市具有明显的“热岛效应”，城市中心比周边气温略高，并且全球变暖的趋势正在加剧，如东京夏季炎热夜晚的数量(定义为最低温度高于25℃的时候)在20世纪60年代期间，每年平均14.6个，但在1988 ~1997年间飚升至24.6个，在1991 ~2000年间更进一步上升到29.6个。不能说道路是“主凶”，但“帮凶”是逃不了的。一方面密不透水的道路把土壤严严实实地包了起来，缺乏了土壤水分的蒸发，大自然自我调整温度的功能急剧衰减；另一方面，黑色的道路容易吸收热量，使得路表温度远高于气温。近几年来，有些国家提出了“凉爽路面”(Cool Pavement)的概念，从降低路表吸

热系数、加大红外光反射系数等出发寻找现有路面的额外效益，排水性沥青路面再一次被作为“凉爽路面”的备选方案而提出。浦东的一项研究还发现，排水性沥青路面能降低其下中面层的最高温度，这在现在中国高等级公路中面层纷纷采用改性沥青的情况下，或许能带来额外的节约投资的福音。

道路对周边水质的影响也正在加剧。这主要体现在“初次冲刷”（First Flush）上。也就是说，雨刚下的时候，道路表面就像冲地板一样，油污、灰尘、污泥、沥青、轮胎磨耗成分以及其他形形色色的垃圾都被冲刷下来，随雨水进入了雨水收集管道。雨水收集管道中的雨水去了哪里？它们被排到了江、河、湖等水体中。我们在治理水体的时候，很注意企业工业污水和居民生活污水的排放，对道路初次冲刷的污水，关注度是不够的。由于路表温度高，从而雨水径流温度也偏高，还有可能对水体造成“热冲击”（Thermal Shock），引发鱼类死亡。很有意思的是，SILVIA 的一项报告认为，排水性沥青路面对改善雨水径流的水质也有着明显的作用。当然可以想到的是，由于排水性沥青路面表面温度比密级配路面低，因此可以降低雨水径流的温度，减弱热冲击。

除此之外，现代汽车的发明对地球环境的另一“贡献”就是大气污染。车辆引擎中燃油（汽油或柴油）的燃烧，把大量有害化学物质向大气排放，威胁着人身健康。主要的污染物包括氧化氮、一氧化碳、挥发性有机化合物（VOC）、细颗粒物质、地面臭氧等，它们或刺激气道，引发呼吸疾病，或刺激心血管，恶化心脏疾病，像 VOC 还是致癌物质。大气中颗粒的增加还可能造成酸雨，美国国会技术评价办公室 1982 年关注北美酸雨影响时，发现硫污染一年杀死了 51 000 人，大约 200 000 人因之而染病。目前，已有研究人员在道路中使用二氧化钛作为光触媒来作为减少交通污染的尝试，但排水性沥青路面通过减少雨天车辆的拥堵，加快雨天车辆的行进速度，还有可能降低车辆每公里的油耗，对疏散污染物排放，减少污染物排放总量有一定的作用。

2008 年的上海市环境状况公报中显示，上海酸雨逐年上升，降水酸雨频率为 79.2%，同时全市平均降尘量为 $7.8t/km^2$/月，道路降尘量为 $22.8t/km^2$/月。黄浦江、苏州河总体水质有所下降，综合水质指数监测结果，达标率低于 50%。道路交通噪声近 5 年均未达标。2008 年全市环保系统受理的 37 573 件环境污染投诉中，噪声污染投诉占 36.8%，居各项污染投诉之首。这些数据表明，要真切地响应 2010 年上海世博会“城市，让生活更美好”的口号，我们必须采取各种技术手段来改善我们周边的环境，包括占城市面积将近三分之一的道路表面及其影响区域，而排水性沥青路面无疑是值得推荐的一项举措。

最后想说明的就是经济。如果单从路面造价来看，建造同样一段路，排水路面石料和沥青的量少用了将近 20%（因为密度很小），但沥青价格会比普通改性沥青高，两相比较，排水路面和改性 SMA 路面造价相当。但排水路面的间接经济效益却是无法估量的：安全事故少了，国家每年的财产损失和相关赔偿费用可得到大量节约；环境改善了，地皮价格可以上扬，老百姓的医疗费用可以少支出。另据有些研究的成果，认为排水路面产生更好的光线反射性和可视性，是不是可以减少点排水路面上的灯光成本；排水路面还能节省油耗，降低轮胎磨耗率，在减少环境污染的同时也节省了养车人的成本；雨天车开快了，运能增加，节省了物流的费用。

因此，在讲求以人为本的今天，在讲求可持续发展的今天，排水性沥青路面正越来越受到用户的喜爱，越来越多的国家，越来越多的地区，加入到了排水性沥青路面"拥趸"的行列！

2.2 安全效益

2.2.1 水漂

2.2.1.1 基础知识

水参与并影响轮胎与路表间的相互作用时，就会发生"水漂"（图2-3）。"水漂"又称"水滑"，英文为 aquaplaning，在美国多称 hydroplaning。水降低了道路提供的有效摩擦，最终导致轮胎打滑或水漂。

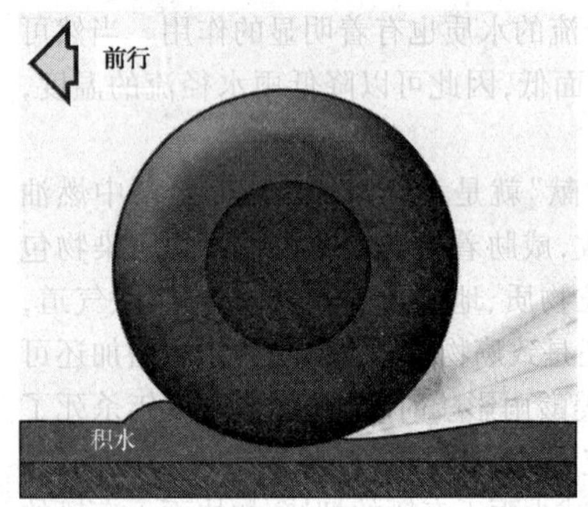

图2-3 道路表面一定厚度的水膜造成水漂

水漂大致分为三类，黏性水漂（Viscous Hydroplaning），动力水漂（Dynamic Hydroplaning），蒸汽水漂（Rubber Reversion Hydroplaning）。黏性水漂发生在很薄的水膜上，此时水膜黏性力阻止水离开轮胎，使水起到类似润滑剂的作用。车辆侧向或纵向加速时，由于摩擦力下降，车辆可能会发生滑移。这类水漂可在任意车速下发生，常常出现在交叉口、弯道或频繁制动的地方。微观构造和胎面花纹对水的吸收、扩散以及提供其流动的路径至为关键。

道路表面由于降雨而形成一定厚度的水层时，将发生动力水漂。轮胎行进时，水被推向一侧，在轮胎前面集聚成一水楔或"弓形波"。随着车速增大，水楔逃逸到轮胎一侧或胎面内的时间减少，导致前缘的水变为高度受压。当水的压力等于车辆的向下力时，水被迫进入轮胎下，将轮胎与道路分开，使得附着力丧失。一旦轮胎丧失和路面的接触，由于动水压力的参与，轮胎开始损失角动量并转动减慢（spin down），直至所有转动丧失。

行进中遭遇紧急情况时，驾车人会踩死制动。如果路面潮湿，轮胎的胎纹部分因摩擦生热，使得胎胶发软，并包裹水分，水转变为蒸汽，蒸汽压力将轮胎举离路面，这被称为蒸汽水漂。

实际情形中，遭遇比较多的是动力水漂。有一定动水压力，但不足以将轮胎完全举离路面时，称为"局部动力水漂"。动水压力将轮胎与路表完全分隔时，称为"完全动力水漂"。在 NASA 的技术报告 TN D-2056 中，提出了发生水漂后路面的八种表现：

（1）一般潮湿路面上，轮子经过后会留下轮印。但局部水漂时，路面轮印逐渐缩小，完全水漂时，轮印完全消失。

（2）轮胎下的水出现动水压力，相关仪器可以测出。

（3）自由滚动轮胎在潮湿路面上逐渐减慢甚至完全停止，这被称为转动减慢。

（4）水漂速度以下时，积水路面的轮胎前方形成大的涡流，发生水漂时，涡流趋于减弱，完全水漂时，涡流消失。

（5）干燥路表上高速制动时，车轮被锁住，路面上轮胎沉淀下大量熔化的花纹橡胶。完全水漂时，逃逸流体趋向于洗净轮胎行迹上的道路表面，结果是路表上轮胎行经路线形成了白色

条纹而非黑色条纹。

(6)流体的排移阻力达到峰值。

(7)制动抓地力损失。

(8)轮胎方向稳定性损失。

2.2.1.2 减少水漂现象的机理

水漂是高速行车的大敌。完全动力水漂造成的事故比较罕见,但局部水漂是许多驾驶员都体验过的现象。黏性水漂和蒸汽水漂,由于一般都发生在水量较少时,此时排水性沥青路面发达的连通空隙成为疏散水分和蒸汽的通道,因此排水路面上这两种水漂几乎不可能发生。

已经得到广泛认可的是,排水性沥青路面层是通过让水下渗,并使水在表面下有更长的流动路径,以及对高强度降雨提供储存,还有表面更发达的表面构造来降低水漂风险的。车辆经过时,水能被挤出轮胎与路面的界面,进入沥青结构层。

动力水漂的主要影响因素是道路表面的水膜厚度。美国联邦公路管理局的 Gallaway 建议,WFD(Water Film Depth,水膜厚度)至少应薄到4mm 才能实现避免水漂。尽管排水性沥青路面的水分可以下渗,可以疏散,但当车速更高,水量更大时,还是有可能存在水漂风险的,这里推荐计算排水性沥青路面水漂速度的一种算法,来自于宾夕法尼亚大学 1998 年开发的计算机程序 PAVDRN。

它采用了运动波方程的一维稳态形式,式(2-1)计算水膜厚度。其中含有一变量曼宁(Manning)糙率 n,适合用于浅层水流。

$$WFD = \left[\frac{nLI}{105.425S^{0.5}}\right]^{0.6} - MTD \tag{2-1}$$

式中:WFD——水膜厚度(Water Film Depth),mm;

MTD——平均构造深度(Mean Texture Depth),mm;

L——路面流动路线长度,m;

S——坡度,m/m;

I——多余降水率,mm/h,$I = i - f$;

i——降雨强度,mm/h;

f——路面下渗率或透水系数,mm/h;

n——曼宁糙率(光滑密级配沥青路面 0.013 左右,开级配沥青路面 0.035 左右),

$$n = \frac{1.49S^{0.306}}{N_R^{0.424}},\text{只用于排水性沥青路面} \tag{2-2}$$

$$N_R = \frac{q}{\upsilon} \tag{2-3}$$

式中:N_R——雷诺(Reynold)数;

q——单位宽度流量,$m^3/s/m$;

υ——水的运动黏度。

该程序还采用一组公式来确定水漂起始速度与 WFD 之间的关系。WFD 小于 2.4mm 时,采用式(2-4)。WFD 超过 2.4mm 时,采用 Gallaway 水漂车速公式(2-5)。

$$HPS = 41.9WFD^{-0.259} \quad (WFD < 2.4\text{mm}) \tag{2-4}$$

式中：HPS——水漂速度（Hydroplaning Speed），km/h。

$$HPS = 0.9143SD^{0.04}p^{0.3}(TD + 0.794)^{0.06}A \tag{2-5}$$

$$SD = \left(\frac{W_d - W_w}{W_d}\right) \times 100 \tag{2-6}$$

式中：SD——转动减慢速度（Spin down Speed），（水漂开始时 10%）；

W_d——干燥表面上轮子的转动速度；

W_w——和积水表面接触，发生转动减慢之后轮子的转动速度；

p——轮胎压力，kPa，推荐设计值 165kPa；

TD——轮胎胎纹深度，mm，推荐设计值 0.5mm；

A——取公式（2-7）与公式（2-8）的大者：

$$A = \frac{12.639}{WFD^{0.06}} + 3.50 \tag{2-7}$$

$$A = \left[\frac{22.351}{WFD^{0.06}} - 4.97\right] \times TXD^{0.14} \tag{2-8}$$

式中：TXD——路面构造深度，mm，（推荐 0.5mm）；

WFD——根据公式（2-9）计算的路表水膜厚度，mm。

$$WFD = z\left\{\frac{TXD^{0.11}L^{0.43}I^{0.59}}{S^{0.42}}\right\} - TXD \tag{2-9}$$

式中：z——常数，取 0.014 85；

L——路面流动路线长度，m；

I——降雨强度，mm/h；

S——路面横坡，m/m。

在 PAVDRN 程序中，轮胎条件固定。程序中假定胎纹深度为 2.38mm，胎压设在167.5kPa。

以上计算中，值得注意的是路面透水系数。室内一般要求排水性沥青混凝土透水系数大于 0.01cm/s，但实际路面中，侧向排水效率并不高，主要依靠 OGFC 结构层的蓄水。如果 OGFC 结构层厚度 4cm，空隙率 20%，则第一个小时的排水效率会大于 32mm（蓄水加侧向排水），但如果暴雨持续，第二个小时的排水效率将大为降低。

举一个例子，比较 SMA 路面与 OGFC 路面的起始水漂速度。

给出数据为：SMA 平均构造深度 0.6mm，OGFC 平均构造深度 0.75mm，路面流动路线长度 16m，坡度 2%，降雨强度 60mm/h，OGFC 透水系数 30mm/h，曼宁糙率取 SMA 沥青路面为 0.032 7，开级配沥青混凝土0.035 5。

按照式（2-1）计算，OGFC 的 WFD 为 0.33mm，SMA 的 WFD 为 0.96mm。由于 WFD 均未超过 2.4mm，因此选择式（2-4）。计算得 SMA 的起始水漂速度为 42km/h，OGFC 的起始水漂速度为 56km/h，显然 OGFC 的安全性能得到了提高。

2.2.2 滑动阻力

2.2.2.1 基础知识

滑动阻力（或滑动摩擦力）是抵抗车轮与路表之间相对运动的力。车轮在路表上滚动或

滑动时，产生这个阻力（图2-4）。阻力的量度之一为无量纲的摩擦系数μ，是胎纹橡胶与水平行经表面之间的切向摩擦力（F）同垂直力（F_W）之间的比值，如式(2-10)所示。

$$\mu = \frac{F}{F_W} \tag{2-10}$$

路面摩擦分纵向摩擦与侧向摩擦。纵向动摩擦出现于滚动着的轮胎与道路表面之间，有两种作业模式：自由滚动与持续制动。轮周接触路面部分与路面之间的相对速度被称为滑移速度。自由滚动模式（无制动）中，滑移速度为零。持续制动模式中，滑移速度从零上升到可能的最大车速。用以下数学关系来说明滑移速度：

$$S = v - v_P = v - (3.6 \times \omega \times r) \tag{2-11}$$

式中：S——滑移速度，km/h；

v——车速，km/h；

v_P——轮胎平均周向速度，km/h；

ω——轮胎角速度，rad/s；

r——平均轮胎半径，m。

轮子抱死状态指100%的滑移率，自由滚动状态为零滑移。轮胎与路面之间的摩擦系数随滑移率而变，如图2-5所示。滑移率增大，摩擦系数也迅速增大，直至滑移率在10%与20%之间时（临界滑移率），达到峰值。然后，摩擦系数减小，稳定于100%滑移率时的滑动摩擦系数。峰值摩擦系数与滑动摩擦系数之间的差值有可能达到滑动值的50%，潮湿路面比干燥路面差异更大。

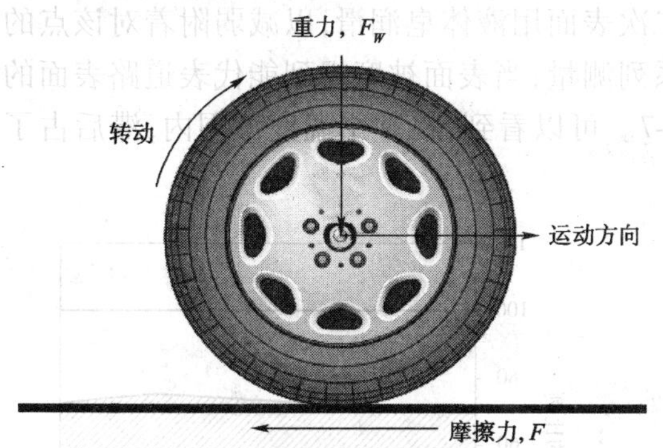

图2-4　转动轮上作用力的简化图

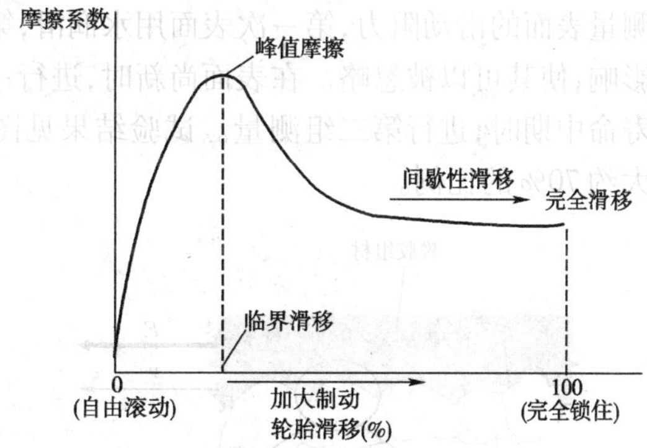

图2-5　路面纵向摩擦与轮胎滑移之间的关系

侧向力摩擦是由于车辆改变方向，补偿路面横坡或抵抗横风作用而产生的。车辆围绕曲线行驶，变动车道，或者补偿侧向力时，轮胎作用力与路表之间的基本关系如下：

$$\mu_S = \frac{v^2}{127R} - e \tag{2-12}$$

式中：μ_S——侧向摩擦系数；

v——车速，km/h；

R——车辆重心线运动半径（曲线的曲率半径），m；

e——路面超高，m/m。

既制动又转向时，由于侧向力减小，驾驶员不光有无法迅速停止的风险，还可能失去控制。

纵向力与侧向力的相互作用是这样的,一个力加大,另一个必然成比例减小。将两个分力分别画于 x、y 轴上,矢量和保持为常数(圆)或近常数(椭圆),常被称为摩擦圆或摩擦椭圆。椭圆度依赖于轮胎与路面的性质。

2.2.2.2 摩擦机理

路面摩擦是附着与滞后这两个主要的摩擦力分量相互复杂作用的结果。尽管路面摩擦还有其他分量(如胎胶剪切),但与附着分量和滞后分量相比,它们并不显著。于是,可把摩擦视为附着摩擦力(F_A)与滞后摩擦力(F_H)之和:

$$F = F_A + F_H$$

附着是胎胶与路表相互接触时,它们之间小尺度结合/互锁产生的摩擦,因此,它是界面剪切强度和接触面积的函数。摩擦力的滞后分量则产生于轮胎大片变形导致的能量损失。该变形常被称为轮胎围绕路面构造的包络。轮胎压紧道路表面时,应力分布使得变形能被储存到了橡胶内。轮胎松弛后,部分储存的能量被恢复,但其余部分以热的形式损失掉了(滞后),这是不可逆的。该损失产生了有助于阻止轮胎前进的纯粹的摩擦力(图 2-6)。

表面构造同时影响着两个机理。附着力是橡胶与接触表面的微观化学键合作用或分子间作用,正比于轮胎与表面凹凸之间的实际附着面积。滞后力产生于变形中的黏弹性胎面材料内,是一种力学宏观作用,是车速的函数。一般来说,附着与微观构造相关,滞后主要与宏观构造相关。潮湿路面上,随车速增加,附着减少,而滞后则随车速增加而增加。

Bazlamit 和 Reza(2005)研究了不同温度下附着与滞后对滑动阻力的贡献。他们制作了各种表面特性的压块,然后加热或冷却到 0℃ ~40℃之间的指定温度。接着用英国摆式测试仪测量表面的滑动阻力,第一次表面用水润滑,第二次表面用液体皂润滑,以减弱附着对该点的影响,使其可以被忽略。在表面尚新时,进行一系列测量,当表面被磨损到能代表道路表面的寿命中期时,进行第二组测量。试验结果见图 2-7。可以看到,在整个温度范围内,滞后占了大约 70% 的比例。

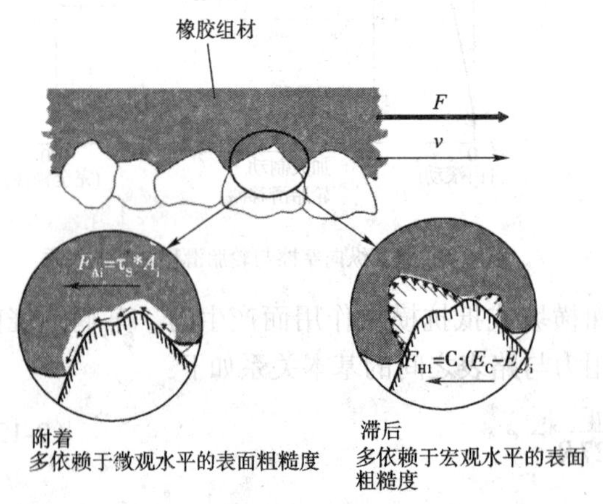

图 2-6 路面轮胎摩擦的主要机理

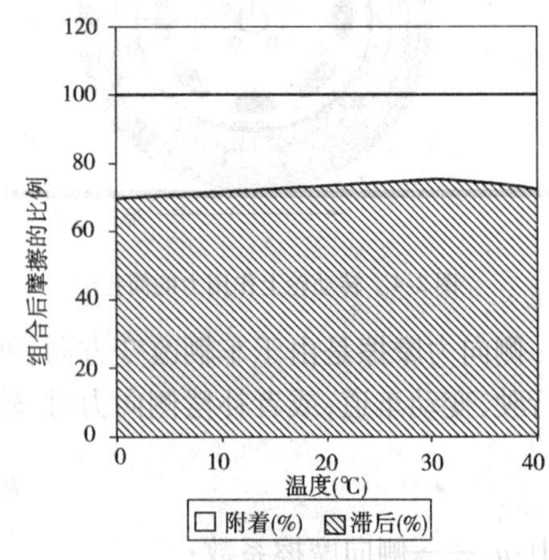

图 2-7 附着与滞后对滑动阻力的相对贡献

一般认为,排水性沥青路面在低车速下,在干燥表面上的滑动阻力略低于密级配路面,高速下则显著高于密级配路面。而在潮湿表面上,无论低速还是高速,其滑动阻力都好于密级配沥青路面。了解了以上滑动阻力的基本机理以后,这就容易解释了:排水性沥青路面的滑动阻

力也由附着效应与滞后效应组成，干燥表面上，车速低时，由于排水路面表面构造大，单位面积内与橡胶的接触面积少，因此附着摩擦低于密级配路面。低车速下，滞后摩擦未得到充分发挥，附着摩擦与滞后摩擦的总和就不如密级配路面（不过低车速下摩擦通常不是车辆安全事故的贡献因素）。随着车速的提高，具有粗糙构造的排水路面，其滞后摩擦越来越显著，而附着摩擦占的比重越来越小，密级配路面由于表面构造小，滞后摩擦明显弱于排水路面，于是，两者的总和，也就是滑动阻力，高车速下排水路面显示出了优势。如果结合图2-7中滞后摩擦在滑动阻力中的主导性，则车速越高，排水路面的抗滑性能越突出。

潮湿路面上，水分子侵入了橡胶与路表的附着表面，起到了一种"润滑"作用，使得相比干燥表面，附着摩擦显著减小甚至几可忽略。同时，在有水膜的情况下，水膜"润圆"了表面宏观构造，也会使滞后摩擦有所减弱。因此，总体上，潮湿摩擦低于干燥摩擦。相比密级配沥青路面，排水路面具有以下几个特点：

（1）水膜更薄，对滞后摩擦的削弱相对更低；

（2）宏观构造大，集料可穿透水膜，增大与橡胶表面的接触面积；

（3）宏观构造及连通空隙提供了水的疏散通道，使得轮胎压力作用下，水可逃逸，增大了橡胶与轮胎的接触。因此，排水性沥青路面无论是高车速还是低车速，潮湿摩擦均高于密级配路面，这也就大大加强了排水路面雨天行车的安全性。

2.2.3　水花与水雾

2.2.3.1　基础知识

雨天小车从疾驶的重型车辆旁边超越时，驾驶员都体验过短暂无法看清道路的经历，这是由于重型车辆周围的水花与水雾（图2-8）造成的。重型车辆周围的水花与水雾是一项长期存在的安全问题。美国国家公路交通安全管理局（NHTSA）2000年向国会提交的一份报告中说，20 000起事故中大约有20起被归因于水花和水雾问题。不过，这个数据可能被低估，因为有些水花和水雾引发的事故被归于了像驾驶员操作失误或路面湿滑等其他原因。美国汽车协会（AAA）称，水花和水雾是驾驶员最频繁的安全抱怨。响应公众的意见，俄勒岗州和欧盟都规定，货车应采取某种形式的水花和水雾控制。

图2-8　重型车辆周围的水花与水雾

水花（Splash，或称溅水）是行驶中的轮胎将路表积水朝向货车以及离开货车向外的挤出。水雾（Spray）为水花或雨水冲击车体或轮胎表面，或者轮胎胎纹内喷射出的水滴由于空气动力学作用或机械碰撞作用而发生破碎，由此产生的微小水滴或薄雾。水花可能是连片的水体，而水雾则可能是非常微小的水滴，水花是路表水的最初表现，而水雾则已经是路表水的第二表现了。Pilkington（1990）则认为，水花是直径大于1.0mm的水滴，遵循着离开轮胎的一个弹道轨迹；水冲击平滑表面并粉碎后，形成直径一般小于0.5mm并悬浮于空中的水滴，这就是水雾。尽管定义上将水花与水雾界定得非常清楚，但实际观察中，很难将两者截然区分，因此文献中水花与水雾常常是合在一起叙述的。

水滴以与雨或雾相同的方式降低了周围的能见度。能见度的降低通常比真实的雾更严重。因为水花和水雾中的液滴大于雾中的液滴，也因为它们的密度更高。这种密度下实际的雾将以小雨降下，很快消失。水花和水雾“云”视距的测量还无法实现，但常常在5~10m以下。这样短的视距在真实雾中没有遭遇过。差的能见度限于车后与车旁，尤其是货车。因此，水花和水雾的作用可能完全不同于雾的作用。不过，数据还无法取得。水花与水雾进一步的影响是挡风玻璃的雾化和脏污，因为水通常是受到污染的。通常，挡风玻璃冲水器和刮水器无法应对这种情况，尤其是雪后道路上撒盐时。许多国家，作为应对水花和水雾的一项措施，是应用多空隙沥青路面的主要理由。

2.2.3.2 抑制水花与水雾的机理

水花的形成必须存在若干必要条件：

第一，轮胎下的水体在轮胎经过时，由于接触区域内空隙容积无法容纳道路上存在的水量，产生动水压力。

第二，轮胎经过后，动水压力释放，水通过轮胎离心作用甩出。

第三，车辆外形与车速组合作用下，产生湍流高速空气团。排水性沥青路面由于存在连通空隙，轮胎与路表接触界面内很难形成真正的动水压力，因此不易形成水花。排水路面还有一个表现，就是使用一段时间后，即便空隙堵塞严重，但水花和水雾的抑制效果仍十分显著，这可能与排水性沥青路面不光有发达的连通空隙，还有发达的宏观构造有关。

水雾的产生有两个机理，一是水滴在有限飞行时间内由于空气动力学作用而破碎，另一是水滴同车体或轮胎表面碰撞后的机械破碎。水雾已经脱离了排水性沥青表面，是在空中飞行过程中形成的，也就是说，排水路面对水雾数量没有直接作用，而是通过控制水雾的来源之一——水花施加影响的。

图2-9　密级配和排水路面上水花与水雾的比较

有观测结果显示，与密级配沥青路面相比，排水性沥青路面上的水花与水雾减少了95%（图2-9）。另外，即便排水路面由于堵塞而使得透水系数接近于零，但与密级配路面相比，水花与水雾仍只有其一半左右。

2.2.4 眩光

2.2.4.1 基础知识

眩光(Glare)，是视野中由于不适宜的亮度分布，或在空间或时间上存在极端的亮度对比，以致引起视觉不舒适和降低物体可见度的视觉条件。眩光有两个必要条件，一个是人的眼睛。由于人眼的特殊构造，既可能对光线强度的绝对值不适应，如夜间开车时，视线对上迎面来车的远光灯；也可能对明、暗短时间交替的不适应，如从黑暗的隧道驶出的一刹那。眩光两种主要的类型是失能型眩光和不适型眩光。失能型眩光削弱了眼睛感觉辉度微小变化的能力（如待观察物体的亮度），而不适型眩光，正如其名字所指，产生了不舒适的感觉。

眩光的另一个必要条件是有光线进入人的眼睛，这种光线可能来自阳光，可能来自迎面来车的大灯或道路的照明灯，或者是这些光源在路表的反射光。前两种光源产生的眩光被称为

直接眩光,后一光源产生的眩光为间接眩光。

眩光同时影响白天和夜间的驾车表现。白天时,阳光产生直接眩光,表面反射形成间接眩光。夜间,汽车前灯由于照入来车驾驶员的眼睛中而产生直接眩光,而后视镜和反射后车光线的车内饰则造成间接眩光。眩光对驾驶员的影响,夜间要比白天大得多,因为夜间驾驶员适应于较低的光线水平,因此需要物体和背景之间亮度有更大的差异才能感觉道路上的物体。这个亮度差异由于或者直接来自眩光光源,或者间接来自潮湿道路表面、镜子或车内饰上前灯的反射所产生的杂散光而被缩小。白天几乎察觉不到的光线在夜间可能是令人不舒适的眩光。

尽管眩光通常不作为事故的主要原因报道,但大家公认,眩光起着重要的作用,尤其在夜间,在雨中,在早上早些时候和下午晚些时候。在瑞士,那里眩光被公认是苏黎世周围乡村中事故的主要原因,每个月平均有 5 起事故被归因于眩光。

眩光对汽车和摩托车相互作用的影响更为突出。即便是在最好的条件下,摩托车高的相对速度和小的视觉图像对驾车者来说也是富有挑战性的。快速移动和眩光可能超过驾驶员的感觉能力,通常不易看到骑摩托车者。

2.2.4.2 抑制眩光的机理

图 2-10 显示了某高速路上雨天行车的一个场景。左侧为排水性沥青路面,右侧为普通密级配沥青路面。我们知道,干燥路面上,白天前方耀眼的阳光,以及路面由于长期磨光或泛油形成的光滑表面对阳光的反射,是眩光的主要来源;夜间,对面来车的前车灯眩光是行车的主要威胁。而下雨时,尽管一般没有阳光的干扰,但由于天空阴暗,即便白天也可能会打开前车灯。更严重的是,由于不透水的路面形成一薄层水膜,使路面变成了“镜面”,对驾驶员来说,对向的前车灯再加上路面拉长的前车灯反光(这比真正的前车灯照度更大),充满着视野,加大了失能型眩光发生的概率,也使得绝大部分驾驶员产生不适型眩光,视线躲避,行车出现恐慌,加大了安全风险。

采用排水性沥青路面时,最突出的是,雨天不容易出现水膜,也就无法形成镜面反射(图 2-10 左侧),这极大地缓解了驾驶员观察路况的紧张。即便是干燥的表面,由于排水性沥青路面漫反射系数大,镜面反射系数小(这部分内容见后面的路面照明部分),因此对阳光、前车灯、路灯等的反射也都弱于密级配沥青路面,眩光的威胁显著减弱。

另外,值得指出的是,排水性沥青路面雨天时标志标线的可见性也基本得到了保证。标志标线是在现代汽车数量越来越大的形势下,为尽可能减少车辆之间的冲突而设置的渠化交通边界线与相关提示信号,它已成为城市交通安全性的一大保障。标志标线一般选择反光性较好的材料,以便与路面材料形成正对比,保证驾驶员的可见性。但下雨时,镜面反射加大了道路表面的亮度,从而使得标志标线材料与道路表面的亮度反差减小,使得驾驶员辨别标志标线吃力,甚至无法辨别。当雨水将标志标线淹没时,标志标线基本就失去了作用。而排水性沥青路面通过

图 2-10 雨天前车灯眩光

消除水膜,保障了一定雨量下标志标线的可见性。

2.2.5 小结

排水性沥青路面的安全效益,无论是减少水漂几率,增加路面雨天摩擦,还是减少水花、水雾、眩光,都与其水膜的消除或减薄有关,当然,增大了路面的高速摩擦,则与其发达的宏观构造相关。事实上,经验表明,该层被堵塞时,以上的效益仍有相当的保留,这表明,宏观构造也是有相当贡献的影响因素,这也是同样具有出色宏观构造的SMA,也被宣称具有以上效益的原因。

当然,安全效益并不限于以上所述的内容。比如,欧洲有这样的说法,驾驶员的舒适性和行车的安全性是正相关的,因此,驾驶员行车舒适性的改善同时也间接产生了安全效益。如后文会提到的车内噪声的降低,又如夜间照明时路面更均匀的亮度,甚至是路表看上去更加得美观,还有更加出色的平整度,都会是交通安全的贡献因素。

另外,特别值得指出的是,由于良好的石石嵌挤结构,排水路面具有非常出色的抗车辙性能,这对驾驶员把握行车方向,雨天行车时不致产生局部水漂,有着相当明显的作用。

安全效益只是一种相对的概念,在一定范围内安全和危险是可以相互转化的。典型的有两种情况:第一种是雨天,尤其是雨下得不大时。原来的概念是一下雨,驾驶员们自然会减速,高速公路也会适时地提示"雨雾霜雪,减速慢行";但排水路面的外观表现得与不下雨时没什么两样,这诱导驾驶员仍以与干燥路表相同的车速行驶,当排水路面转换到普通路面时,惯性驱使,车速的继续保持就增大了事故的风险。即便是在排水路面上,由于水分子的润滑,其湿摩擦系数总归比干摩擦系数要低,因此如果任由车速提高,很可能削弱甚至抵消水膜消除或减薄带来的安全效益。

第二种是在隧道内的使用。由于我国近年来大规模的基础建设,使得无论是大跨度桥梁还是长大隧道,都以惊人的速度发展,而隧道安全问题包括避免火灾与火灾救援也被放在了突出的位置。同济大学郭忠印教授等认为,排水性沥青路面具有阻燃的作用,因为易燃烧的液体可以迅速向道路两侧流淌,排入边沟,从而使燃烧源得以控制。随着空隙率增大,燃烧时间缩短,逃逸汽油量增加,温度降低。但欧洲相当多的国家对于隧道内采用排水性沥青路面却是禁止的,如法国规范(Circ2000-63A2)指出,"排水性磨耗层在距端部超过50m的隧道内被禁止";英国规范(BD78/99)指出,"多空隙沥青路面不适合,因为它们可能残留事故中产生的易燃或有毒泄漏物";荷兰规范(NL-Safe)指出,"多空隙沥青混凝土在有纵坡的隧道中不被推荐,因为:更大的汽油池的风险,每立方米更多的蒸发,隧道中爆炸性混合物更长的历时,后面大部分的汽油保留在沥青混合料中(没有到达排水系统)"。一种普遍的观点是,可燃液体的流淌在减少可燃物的同时,也通过其流动将燃烧的区域扩大,因此其在隧道阻燃方面的安全作用也是一柄"双刃剑"。

不过,排水性沥青路面抗暴雨的能力毕竟是有限的,短时强降雨情况下,也能看到排水路面积水的现象。不过,这时影响行车安全性的主要因素已经转化为行车的能见度。

排水性沥青路面在我国的安全效益当前可能还不如发达国家显著,主要是因为我国的交通事故中,超速、急停、急转、醉酒驾车等违章现象引发的事故占了相当比重,而这样的事故,路面所起的作用甚微。随着行车文明的逐渐普及,排水路面的作用将会越来越突出。

2.3 环境效益

2.3.1 轮胎—路面噪声

2.3.1.1 基础知识

道路交通噪声是交通流中所有车辆产生的噪声排放的累积。每辆车都有许多不同的噪声源,组合时给出总的车辆噪声排放。与车辆轮胎和道路表面相互作用相关的噪声源,常被称为轮胎—道路噪声。

1)车辆噪声的来源

车辆上主要的噪声源是动力装置(引擎、进气口与排气),冷却风扇,传动(变速器与后轴),轮胎—道路表面的相互作用,空气动力学,制动,车体颤动以及净载质量。一般而言,与动力装置和直达副轴的传动相关的声源被称为推进器噪声。其他所有的声源被称为滚动噪声。如果车辆与道路路面保养良好,车辆没有大幅超过合法的速度限制,则主要的滚动噪声源为轮胎—道路噪声。

推进器噪声与轮胎—道路噪声的相对重要性依赖于车辆类型、车速、车辆的驱动方式与道路表面的声学性能。推进器噪声主要受到车辆引擎速度的控制,而轮胎—道路噪声则受到车辆道路速度的控制。

在交通阻塞的地方,以及车辆无法匀速行驶的地方,推进器噪声源的贡献更为重要,因此,在这些条件下,低噪声表面的声学效益将下降。

影响轮胎—道路噪声的一个重要因素是轮胎的设计,胎面花纹、材料以及制造,包括轮胎总的宽度,也是重要的贡献要素。不过,除了车速的影响之外,影响轮胎—道路噪声的其他参数都与道路表面相关。尤其是,尽管轮胎设计与车辆运行影响所产生噪声的水平,但道路表面的设计与施工则可同时影响其产生与传播,涉及了几种复杂的机理。主要的影响因素是表面的粗糙度或构造、纹理图样以及表面结构的孔隙度。后者控制着声吸收的程度。

2)轮胎—道路噪声的产生与传播

轮胎—道路噪声是滚动轮胎与道路表面之间复杂的相互作用的结果。它是道路交通产生噪声的主要原因,尤其是对于行驶在中等到高的道路速度下的车辆。

(1)轮胎—道路噪声产生与放大的机理

轮胎—道路噪声被认为是由物理过程的组合产生的,这些物理过程按照惯例被分为三种不同的类别。它们是:

- 冲击与振动。这是由于轮胎胎面与道路之间的相互作用力的变化导致的,包括了轮胎胎身的振动响应。
- 空气动力学过程。发生在轮胎胎面和道路表面之间以及其内。
- 附着与微运动效应。发生于道路表面上的胎面橡胶。

以上描述的主要机理说明见图2-11,它显示了胎面花纹滚动的各个阶段,以及每个阶段不同的噪声发生机理。

据认为,对于标准的滚动状况,轮胎—道路噪声主要由“冲击与振动”噪声以及“气泵”噪声组成,前者主要出现在1 000Hz以下,后者主要发生于1 000Hz以上。

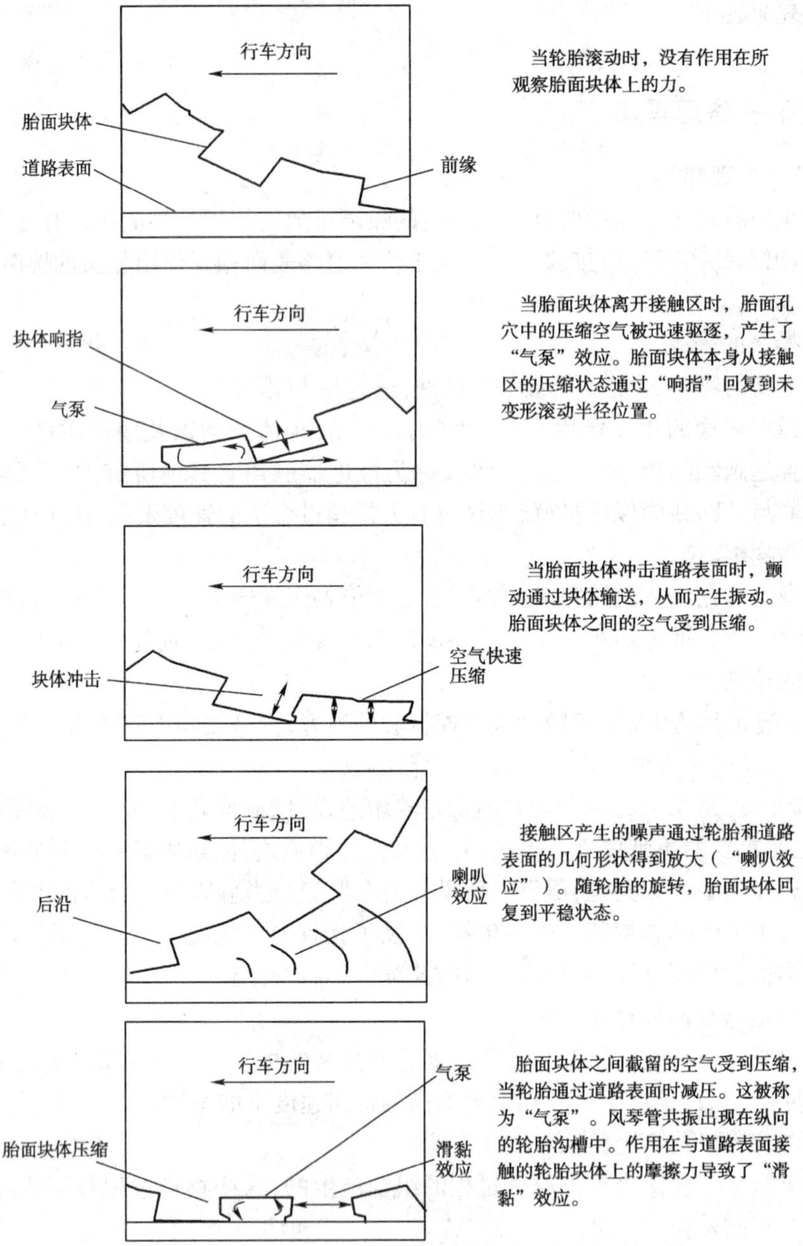

图2-11　轮胎—道路噪声产生机理

冲击与振动主要是轮胎胎面元素与道路表面接触而发生的激励,轮胎胎身的振动响应,以及附随于振动轮胎的其中某一块区域产生的声辐射。

胎面块体与道路表面接触并脱开时,由于冲击与变形而产生振动,它也是胎面元素接触道路基础产生运动的结果。进入接触区的胎面块体冲击道路表面,产生了振动,并径向进入轮胎。当块体通过接触区时,施加在胎面块体上的张力由于轮胎与道路间摩擦力的减小而增大。当块体后沿离开接触区时,该张力释放,迅速回复到未变形的滚动半径。这个过程里发生的快

速运动，称为块体“响指”，在轮胎结构中同时激发径向与切向的振动模式。

由于轮胎冲击与“响指”效应而造成振动，在轮胎中产生噪声，它倾向于出现在低于1 000 Hz 左右的频率范围的下端。在这个频率范围内，道路构造轮廓面中较长构造波长的幅值在控制噪声排放中具有重要的作用。

应指出，以上介绍的机理意在提供一个概述，说明轮胎在道路表面上滚动是如何产生噪声的。实际上，每种机理在控制所产生噪声总水平方面的相对重要性在轮胎类型与设计之间有很大的变化。例如，比之客车轮胎，货车轮胎产生的噪声倾向于更与胎面的切向激励相关，而客车轮胎的噪声则主要由轮胎传动带上的垂直力产生，因而常与轮胎结构的激励相关。

噪声产生机理中与胎面花纹孔洞中的空气运动相关的有几种。它们主要发生在接触区区域内。这些过程中，最常被引用的是“气泵”。

当轮胎与道路表面接触时，胎面花纹沟槽里或道路表面构造中截留的空气突然流出，轮胎从接触区升离时，空气突然流入。摩擦和切向激发的振动对激发性气泵或“空气共振辐射”可能起作用。已证明，这些过程导致的气压变化产生了显著的轮胎—道路噪声水平，尤其当表面非多空隙并相对平滑时。

Sandberg 通过类似于 Helmholtz 共鸣器作用的过程，讨论了受胎面花纹孔穴中空气共振的影响而产生噪声的可能性。当孔穴的尺寸与声音的波长相比很小时，出现这种现象，类似于机械系统的共振。

Cena 与 Travaglio 还介绍了一种“风琴管”效应，它是由于接触区纵向沟槽中截留的空气发生共振而出现的。当接触区的长度等于空气中声音波长的一半时，这个机理变得重要起来。对于客车轮胎，此类共振一般出现在大于 1 700Hz 的频率下。

据 Cena 与 Travaglio 的报道，以浑浊的击鼓噪声形式出现的类似过程可能是形成某种孔穴空气共鸣效应的原因。该现象发生于轮胎内的环形空气空间。轮胎的内部似可被视作一个自行后弯的管子。一般地，对于客车轮胎，主要的共振出现在 250Hz 左右。产生于接触区的通过轮胎而传送的振动触发了该过程。

一般而言，在 1 000Hz 与 2 000Hz 之间的频率范围内，噪声的空气动力学机理趋于重要。这个频率范围内，道路构造轮廓面中较短构造波长的幅值在控制噪声排放中具有重要作用。

深一层的噪声产生机理是轮胎与道路表面之间的接触区产生摩擦力引起的轮胎振动。当轮胎在接触区中被压平时，不断变化着的径向变形产生了轮胎与道路之间的切向力。这些力受到摩擦与轮胎硬度的抵抗，残留力由于胎面材料沿着道路表面滑动而得到消散。

由滞后分量与附着分量组成的力控制了胎面与路表面之间的摩擦。附着分量具有分子水平上的起源，它在很大程度上受到道路表面的小尺度粗糙度特性或微观构造的控制。轮胎与道路基础相对滑动时，轮胎与道路表面之间形成的附着结合开始破裂并分开，接触实际上已经失去，因此轮胎元素得以在道路表面上自由滑动。当这些残留力消散时，接触可恢复。

滞后力应归于一种体量现象，它也作用在滑动面处。胎面橡胶覆盖在道路表面凸起点（即微观构造）的周围，在没有滑动的情况下，每个凸起点周围的压力分布大致对称。当滑动发生时，胎面橡胶倾向于在这些表面不规则处的前缘积聚，并开始断开在表面轮廓面斜坡上的触点。这导致了不对称的压力分布以及和滑动相反的合力；高车速下这个力是胎面元素恢复和道路表面接触的主要原因。轮胎—道路表面摩擦的滞后分量绝大程度上受到表面宏观构造的控制，它包括了与表面材料使用的集料粒径相当的构造波长。

显然，单单轮胎元素的滑动无法产生轮胎的切向振动激励。更正确的应是由于接触区附着的丧失而导致的轮胎元素的滑动与胎面出现变形而导致的滞后摩擦力累积的组合。这在接触区引发“滑/黏”过程，以及相关的轮胎振动激励。由这种机理产生的轮胎振动从而噪声，与胎面元素的滑动速度相关。最高的速度倾向于在接触区的后部发现，这可能有助于阻塞“响指”效应，此时胎面元素从接触区释放，并快速回复到轮胎的未变形滚动半径。

具有高摩擦（微观构造或附着）的表面，由于接触区胎面沟槽中“空气共振辐射”的激励，可能产生高频噪声。这似与由于胎面块体快速滑/黏机理产生的高频噪声同胎面孔穴与沟槽的共振频率相一致有关。

由于轮胎和接触区紧后面（或紧前方）道路表面之间的区域形状，在接触区或接触区附近产生的噪声被增大。这个区域内，轮胎与道路表面之间发生多次反射，从而聚焦了声音。该过程被称为“喇叭效应”。Schaaf 与 Ronnenberger 进行的室内研究调查了喇叭效应的影响，方法是测量放置在靠近一固定轮胎接触区后部的全方位推进器噪声源产生的噪声级。然后将轮胎移掉，重复测量，确定整个频谱范围上噪声级之间的差异。报道称，最大的放大出现在2 000Hz附近。在该频率上，并在已发现的影响最大的接触区后部，测得的噪声级放大为 22dB（A）。已发现，在从 1 000Hz 到大约 10kHz 的频率上，有显著的放大发生。

（2）轮胎—道路噪声传播

一般而言，噪声从声源向自由空间的辐射随着离声源距离的增大而衰减，衰减率取决于波阵面的形状。对于一理想化的点声源，声波沿着一球形波阵面传播，声压按照反平方法则减小。尽管道路车辆无法用声学上理想的点源来描述，但在距道路相对长的距离处，一个孤立的车辆噪声可以获得类似的衰减函数，不过有一些重要的限制因素。

当源头与接受者都位于平坦表面上时，将出现来自地平面的反射。如果表面具有相当好的反射性，则反射后的声学射线似乎来自于位于地面下的镜像源，如图 2-12a）所示。如果表面是多孔隙的，则需要考虑其他的因素。图 2-12b）表明，控制波从源头向接受者传播的主要的声学射线路径位于多空隙面层之上。

为了确定两种情况下接收器处的声场强度，有必要测定直达波与反射波的相与振幅，然后考虑所出现相的相互作用（即干扰），将这些成分进行组合。影响这种组合的重要因素是地面类型（如果多空隙，可能对反射波的相有显著的影响），源与接受者的高度，以及源到接受者的距离。

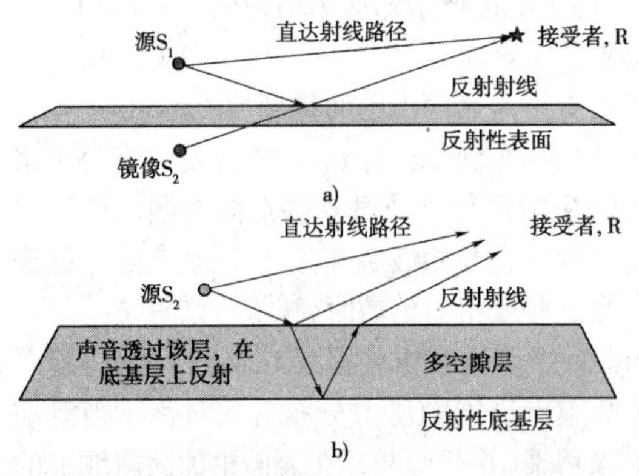

图 2-12　地平面附近源与接受者的声波反射
a）反射性表面；b）多空隙表面

对于一个具有高反射性的表面（即低孔隙率），当直达波与反射波之间的路径差异很小时，干扰则只出现在相对高的频率上，对大多数的实际应用来说都可忽略。这种情况下，来自两条路径的声音将迭加在一起，在点源辐射的自由场上增加了 6dB（A）。当面层是多空隙时，或者路径长度的差异很大时，则干扰将出现在较低的频率处，对于车辆噪声源到接受者的一般几何形

状，破坏性干扰普遍出现于250～1 000Hz的频率范围内。这些重要干扰作用的频率与振幅很大程度上取决于面层的声学性质与反射波的入射角。

2.3.1.2　降噪机理

排水性沥青路面的降噪机理可归纳如下：

• 开放的构造产生了空隙度，阻止了轮胎—道路接触区边缘以及接触区内部高的空气压力梯度的形成。这有效地降低了，有时是消除了所有空气位移的产生机理。

• 颗粒或隆起突出在路表面所在的平面以上，形成正构造。负构造主要由颗粒之间的空隙组成，其上表面形成了总体上平坦的平面。正构造促进了滚动轮胎中更高水平的振动，而负构造产生更低的噪声水平。排水路面构造面的负偏斜不会造成构造冲击机理产生的太多噪声排放。（不过，表面被磨耗，负偏斜降低时，该机理可与密级配沥青路面一样突出）。

• 顶层粒径很小的表面，冲击机理不太突出。胎纹冲击更为重要。

• 多孔结构中的空隙率产生声吸收效应，使声波在路面窄的空隙内消散为热量。这在一定程度上受到空隙内某些脏物的加强，尽管一般来说，脏物是不希望的。声吸收不只影响轮胎—道路噪声，还影响其他类型的车辆噪声。

• 如果声音在道路表面和车下体之间多次反射，则每次反射都有声能的损失。

• 消除了轮胎前沿与后缘之间的声学喇叭，因为喇叭的边界之一（道路表面）不好界定（多孔结构内哪里是反射面?），并且它是吸声的。

降噪方面最重要的参数是空隙率（这里表示为残留空气率），一般来说，空隙率越高，降噪作用越好。不过，空隙率过高将与所要求的力学强度和耐久性发生冲突。考虑充分降噪的多数设计中，空隙率范围在20%～32%内平衡。

轮胎接地部分尽可能平整（负偏斜）十分重要。这降低了巨观构造和大尺寸宏观构造，从而削弱了构造冲击机理。其获得可以通过：

①采用小粒径（不过不能太小，否则空隙率受损）。

②摊铺后多次碾压表面（不过碾压过多意味着过量压实，空隙率降低）。

③确保较大石料相互靠紧。

有些研究考虑了排水性沥青路面设计参数对降噪效果的理论影响。不过，它们普遍忽略了冲击机理的构造影响，专注于建立空隙率效应的模型。得出的结论包括：

• 排水面层的厚度（d）影响着频谱中发生最大声吸收的位置。加大层厚降低了最大吸收连同其谐波的基本频率。

• 空气流阻在控制表面孔隙中的空气流动方面很重要。高的空气流阻有利于声能消散，但太高的空气流阻却阻止了声波透入层中。空气流阻的最佳范围取决于层厚。可以表明，频域中吸收曲线的形状取决于该层的总空气流阻，也即，取决于多孔介质产生的特定空气流阻与层厚的乘积。

• 迂曲度是经过面层的空气路径其曲折性质的一种量度。实际上，经过该层的空气路径依赖于互通空隙的形状。空气路径越曲折，最大吸收的基本频率越低。因此，基本频率受到迂曲度与层厚的控制。

将许多不同来源的结果进行组合，表明多空隙表面的降噪量从统计学上看，与剩余空气率与层厚的乘积（Ωd）高度相关。乘积 Ωd 增加，噪声也以一种大致线性的方式增加。关系似适

合于 Ωd 值 <30mm 的情况（此时 Ω 以分数表示）。考虑集料的粒径，获得了相关关系的改进，也即，具有类似的 Ωd 但石屑更小的表面提供了更大的降噪量。发现 Ωd 数值在大约 30mm 以上时，降噪量没有明显的增加。

比利时、瑞典等国将前面大致线性的关系拟合为：

$$\Delta L = 0.005 \times \Omega \times d \tag{2-13}$$

式中：ΔL——噪声水平，dB(A)；

Ω——空气率，这里表示为整数，变动范围 15 ~ 25；

d——铺装层厚度，mm，变动范围 20 ~ 40。

因此，对于空隙率 20%，厚度 40mm 的 OGFC 磨耗层，降噪量大约为 4dB(A)。从分析来看，单单排水性沥青路面要使降噪效果大于 8dB(A) 是相当困难的，可能需要很小的石料粒径，或者需要使表面表现出弹性，从这样的思路出发，就有了“小粒径排水性沥青路面”和“多孔弹性路面”的概念。

2.3.2 热岛效应、全球变暖与凉爽路面

2.3.2.1 基础知识

城市地区的温度比周边城郊地区可高出几度，该现象被称为城市热岛效应。它的出现是因为自然植被的减少，人类活动的增加，以及开发后的所有表面对太阳能的吸收与辐射。屋面、公园、水体、路面都拥有决定太阳能有多少被吸收和释放的不同的性质，它们同其他系统一起在城市地区相互作用，共同影响着总的热岛效应。该定义不可与全球变暖相混淆，因为城市热岛效应是局部的温度上升，一般是城市和周边城郊地区的差异（图 2-13）。美国在 10 个大城市实施的研究和仿真表明，与周边乡村地区相比，平均城市热岛效应为 2℃，有些城市比周边自然的陆地覆盖甚至暖 5.6℃（EPA，2003）。这种温度上升的主要影响为：

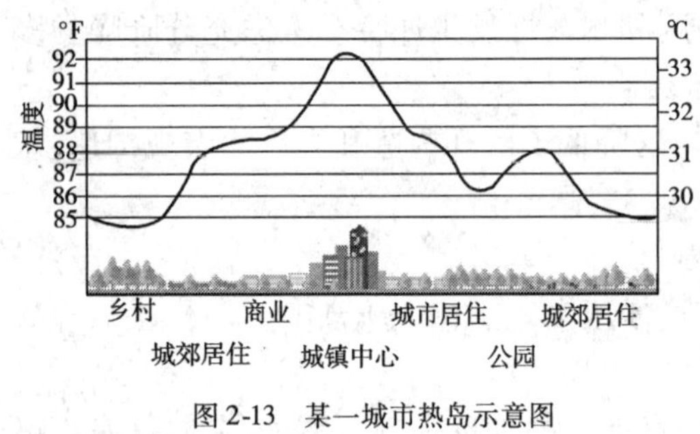

图 2-13 某一城市热岛示意图

(1) 城市密集区耗能需求（空调）增大。

(2) 城市区空气污染加重。

(3) 对人类健康与舒适性产生不利影响。

已经发现，路面是这种温度上升的很大贡献者，因为它们在城市地区占了相当比例的表面覆盖面积。分析表明，美国大城市中用于行车和停车的路面覆盖占了城市地区总陆地覆盖的 29% ~39%，其中大部分用于停车。在路面覆盖面积中，得克萨斯州的休斯敦，道路占了 33%，而加利福尼亚州的萨克拉门托占了 59%。

在这一点上，与空气污染相关的影响主要是光化学烟雾或臭氧（O_3）的生成。烟雾是大气中阳光、氧化氮（NO_X）和可挥发有机化合物（VOC）的化学反应，它们产生了颗粒物与地表臭氧。这是一种温度敏感的反应，产量受温度的上升而提高。对人类的影响是明显的，包括呼吸困难、头痛、疲劳等，还可恶化呼吸系统疾病。

夏季温度每上升 0.6℃，中等城市与大城市的高峰用电负荷就增加 1.5% ~2.0%。区域

平均温度下降1~2℃,可使得高峰能量需求减少10%,从而减少了年度能量费用以及与能量交换相关的影响。

全球变暖则是指全球气温升高。近100多年来,全球平均气温经历了冷—暖—冷—暖两次波动,总的看为上升趋势。进入20世纪80年代以后,全球气温明显上升。1981~1990年全球平均气温比100年前上升了0.48℃。导致全球变暖的主要原因是人类在近一个世纪以来大量使用矿物燃料(如煤、石油等),排放出大量的CO_2等多种温室气体。由于这些温室气体对来自太阳辐射的短波具有高度的透过性,而对地球反射出来的长波辐射具有高度的吸收性,也就是常说的"温室效应",导致全球气候变暖。全球变暖的后果,会使全球降水量重新分配,冰川和冻土消融,海平面上升等,既危害自然生态系统的平衡,更威胁人类的食物供应和居住环境。

沥青路面被认为是城市热岛效应的贡献因素之一,这是因为夏季其表面温度超过了60℃,也因为储存在沥青路面内的热量在夜间暖化空气。以日本为例,20世纪日本大城市的平均气温上升2~3℃。这既归因于全球变暖的影响,也归因于城市热岛效应的作用。因此,已经采取了各种措施来减少这些现象。

凉爽路面(Cool Pavement)的开发可降低道路表面温度,抵抗温度上升。凉爽路面是减少阳光热量及被吸收到路面材料中的太阳红外辐射的一项技术,可降低辐射回大气的热量。在美国,排水性沥青路面是现有路面中具有降低路表温度作用的一项凉爽路面候选方案,而在日本,专门开发了两类凉爽路面技术:保水性铺装和遮热式铺装(图2-14)。保水性铺装中,水被储存在铺装材料内,用蒸发热来减少道路表面的温度上升。其铺装结构中,面层是由排水性沥青混合料组成的,空隙中填充了保水性材料。对于遮热式铺装,采用反射近红外辐射(NIR)的特殊涂料来阻止路面保持热量。其结构与普通路面相似,但往铺装表面上洒了特殊涂料。与一般路面技术相比,这种特制的凉爽路面在盛暑可降低道路表面温度10℃以上。凉爽路面上的气温,与普通路面相比,1.5m高度处降低0.73℃,0.5m处2.13℃。

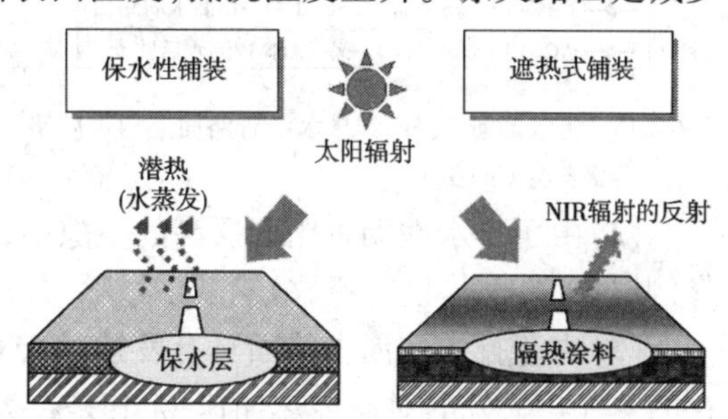

图2-14 保水性铺装和遮热式铺装的概念图

2.3.2.2 降低路表温度的机理

排水性沥青路面存在两种截然不同的降温机理。路面潮湿时,比如雨后初晴,或人为洒水之后,它可以借助于蒸发冷却而降低温度。水进入路面层,由于排水性沥青路面的水平向渗透系数相对较小,水分通过侧向完全排干需要相当长一段时间,并且部分空隙为非连通空隙,本身就不可能通过侧向排出,因此路面结构内保留了相当一部分水分。随着表面升温,这部分水蒸发,从而将热量从路面中带出,类似于植被覆盖的土地上产生的蒸发冷却。图2-15是夏季高温时分别往某条路密级配沥青路面段和排水沥青路面段上洒水后路表温度的变化。可以看出,干燥路面洒水,40min后降温效果就消失了,而排水路面洒水,降温效果历1h仍未有衰减迹象(保持10℃以上的降温量)。

干燥时,排水路面对温度的影响程度更为复杂,也更不确定。其机理可归纳为:

(1)路面空隙率越大,可获得的表面积越多。这限制了热量向下层路面结构的传递,将热量保持在了铺装表面。据报道,开级配磨耗层的导热系数比密级配沥青路面最多可减少70%,这就相当于一个隔热层,可使中面层的最高温度降低。浦东进行的一项研究,其成果如图 2-16 所示,测点温度为排水层(或密实表层)的下端温度,或是中面层的上端温度。从图中可以看出,铺设排水性沥青表层之后,中面层最高可降温 2.5℃。路表温度越高,中面层降温越大。因此,这样的结论有可能使排水路面的中面层所用结合料 PG 等级下调一级,从而节约了道路造价,如 PG 等级不调整,则提高了路面整体的抗车辙能力。

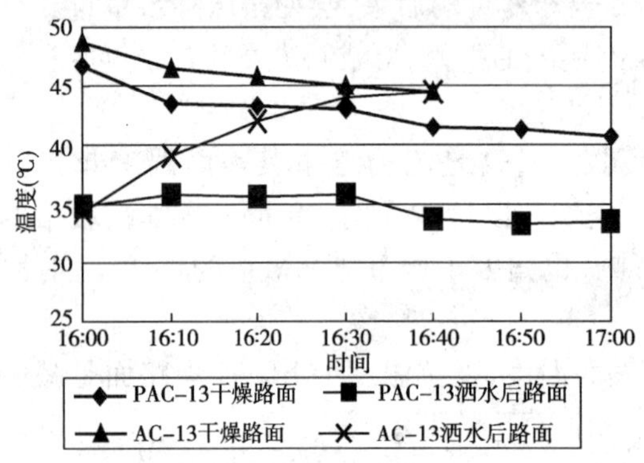

图 2-15 密级配沥青路面和排水沥青路面上洒水后路表温度的变化

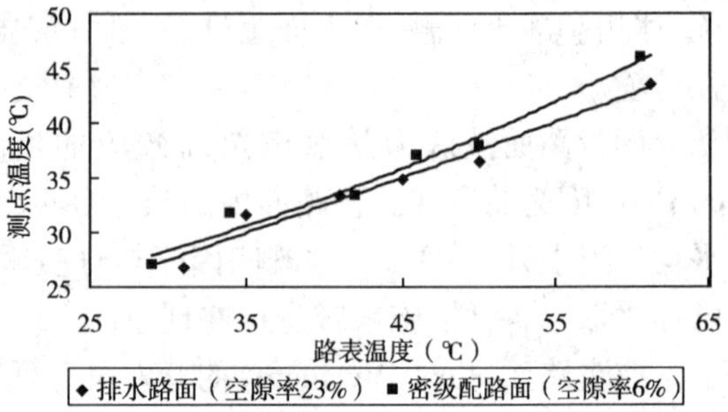

图 2-16 排水性沥青路面和密级配沥青路面对中面层温度的影响

(2)由于排水性沥青路面层高的空隙率,使得固体吸热物质减少,从而使整体蓄热能力下降(减少了夜间热量的释放)。

(3)由于排水性沥青路面具有发达的宏观构造与高的连通空隙,上面层内空隙结构中储存的空气与大气的对流传热加速,尤其是在大风天气下,或是快速行车作用时,轮胎的泵吸作用使得面层内的空气不断被压入与吸出,使热量从路面传递到空气中。

一般认为,在这些因素综合作用下,干燥时,排水性沥青路面的表面温度比密级配沥青路面平均要低 1.5 ~2.0℃。

2.3.3 路面雨水径流

2.3.3.1 基础知识

雨水径流是以雨或雪的形式落在诸如铺装街道、砾石道路、停车场、屋顶、运动场以及其他开发土地表面上的所有降水。这些表面通常不透水,由于水质和水量的变化,对环境产生巨大冲击可改变水文循环、自然栖息地、地质条件,对所有水体都可能造成严重污染。受关注的主要影响为:

(1)下渗减少,从而影响地下水补充:地下水补充的主要来源是雨水径流的下渗。不透水区域使得下渗减少,也导致地下水补充减少。下渗量减少还会使夏季小溪和湿地干燥,导致这段时间水生栖息地无法使用。

(2)表面径流量和流动速率增加:下渗减少使得下雨时表面水增加,不透水的开发区域比未开发的透水区域水流动更快,数量更多。径流流动的增加导致峰值溪流数量更高,速度更快,堤岸侵蚀加重,沉淀物迁移增多,溪道发生变化,可能破坏鱼类及其他有机体的栖息地。在

自然的、未开发的条件下，表面径流是年度总降水量的10%到30%，但在已开发的城市区域中，高达50%。

(3)进入所有水体的污染物数量增加：水从不透水表面流走时，带走地面上的材料并与之混合，这其中有一些是污染物，如油、车辆产生的油脂和冷却液、农业与园艺业产生的肥料与杀虫剂、施工场地产生的土壤、垃圾和动物粪便等。这些受污染的径流直接流入小溪、湿地、河流、湖泊以及其他无处治和清洁的水体，严重影响了鱼类及其他生物的栖息地，污染了地下水水质和游泳水体（公共卫生）。除表面污染物以外，由于大气沉淀，雨水中还可能含有悬浮于空中的污染物。据估计，美国华盛顿州受污染的水中有30%是受雨水径流污染的，河口湾温度超过州水质标准的达65%。

道路占有城市相当大比例的不透水表面，它对雨水径流的影响主要体现在以下三方面：

(1)使未开发土地原来的面排水，变为开发后的点排水，靠路边排水系统排走路表径流。不过，排水系统的容量是有限的，当雨水强度超过排水系统的接收容量，或者排水系统个别点被堵塞，则极易出现城市局部地区的洪涝(Flooding)。近年来，由于城市热岛效应的加剧，城市短时强降雨日见严重，这种情况出现得越来越频繁(图2-17)。

(2)由于交通活动、道路施工以及道路维护，道路径流通常含有污染物。碳氢化合物、挥发物、悬浮固体和重金属都是路面径流的成分。结构中所使用材料的泄漏也可对径流污染产生影响。道路上大多数的污染不是来自路面自身，而是来自道路使用时发生的活动。油和油脂的泄漏是碳氢化合物的来源，对磷污染和重金属污染也有贡献。轮胎磨耗是锌和镉的来源。刹车磨耗是铜、铅、铬和镁的来源。引擎磨耗和流体泄漏是铝、铜、镍和铬的来源。铅主要来自汽油，法国研究表明，无铅汽油的使用使得径流中释放的铅大为降低。与其他有机化合物不同，环境中的金属元素不降解，通常在第一场雨时就被冲离路面，这被称为“初次冲刷”。

(3)不透水道路上，表面水被日光加热，提高了径流的温度(图2-18)，从而附近小溪的温度。这会对水生动物产生热冲击(Thermal Shock)，如鳟雨和鲑鱼是冷水鱼类，温度超过21℃就无法忍受。美洲河鲱因溯河产卵的迁移模式，也容易受到伤害。

图2-17 上海一场暴雨之后道路积水严重(选自新华网)

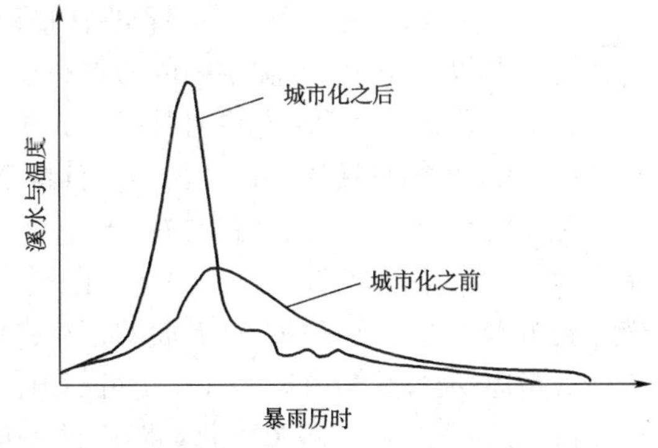

图2-18 城市化之后溪流温度的上升(摘自美国EPA)

2.3.3.2 对雨水径流的积极影响

排水性沥青路面对雨水径流的作用主要包括延迟并削减径流洪峰，降低径流污染，降低径流温度三方面。

(1)延迟并削减径流洪峰

排水性沥青路面上的雨水除了表面流动形成径流外,还存在向下的渗透,这使得径流的发展相比不透水路面有了一定的滞后,而且由于排水路面蓄水空间的影响,对径流洪峰有一定的削弱。

由于雨水渗入到 OGFC 中,然后沿着缓慢坡度的不透水下层顶面流动,因此流动时间增加了。最终水流到达路肩,并在那里排放掉。

Pagotto 等人(2000 年)评价了用 OGFC 路面替换 DMA(密级配沥青路面)前法国公路的水利性能。他的结果表明,与标准 DMA 路面相比,雨水水文学有了一些改进。让人惊讶的是,OGFC 的径流量有增加。DMA 和 OGFC 的径流系数分别为 0.71 和 0.87。Pagotto 解释为由于 DMA 的水花分散而损失了相当一部分径流,而在 OGFC 上没有这种情况,因此 OGFC 产生了相对更大的径流。OGFC 的平均径流洪峰(0.005 4m^3/s)比 DMA(0.006 2m^3/s)下降,平均出流历时为 DMA 的 1.15 倍。平均响应时间(出流开始)为 DMA 两倍。不过,除了平均响应时间外,统计分析显示,所有结果在 95% 水平上都不显著。

Stotz 和 Krauth(1994 年)研究了德国 A6 联邦公路上 OGFC 实验段的水文学情况。由于是在两年前施工的,因此 OGFC 路面的表面下渗能力下降相当大。尽管如此,Stotz 还是发现,少部分降雨确实渗到了 OGFC 中,在路肩产流,径流从降雨开始得到延迟,并且"持续时间很长"。他发现更大深度和更长历时的降雨产流更早,径流洪峰也减小了。

荷兰的 OGFC 公路经验中,Berbee 等人(2000 年)注意到,由于更大的蒸发的缘故,OGFC 上流动的雨水更少。这与 Pagotto 等人(2000 年)的观察是矛盾的。

(2)降低径流污染

排水性沥青路面降低径流污染主要通过两条途径:一是普通道路上轮胎产生的水雾会把发动机舱和车底的污染物冲刷下来,但由于排水路面水花和水雾大为减少,被冲离车辆的污染物数量减少,从而降低了排水路面上径流的污染程度。

二是排水路面的多孔结构还可起到雨水过滤器的作用。径流进入表层孔隙后,由下承的不透水路面向路肩转移。随着水流经孔隙,径流中的污染物被滤出,尤其是悬浮固体和与颗粒相关的其他污染物。污染物由于析出、碰撞以及其他过程而被附到 OGFC 玛蹄脂中,起到了过滤作用。聚积在 OGFC 空隙空间内的材料很难迁移,可被永久截留。在传统铺装道路表面上,行经积水的轮胎产生的水花可将甚至更大的颗粒物质迅速迁移到路边。但由于空隙空间内水流速度很低,可能只迁移了粒径很小的材料。

普通道路上,大部分的污染物位于路缘石 1m 范围内。污染物在沿着道路行驶的车辆作用下,由于风生湍流而被迁移到路缘石区域上。这些材料在排水沟周围积聚,容易被雨水径流转移到雨水管中。具有 OGFC 表面的道路,颗粒材料和相关污染物积聚在结构空隙内,固体未被吹到路边,而且轮胎附近的气压很可能迫使颗粒进一步进入 OGFC 空隙空间。

荷兰的研究指出,排水性沥青路面的表面径流中,总悬浮固体(TSS)浓度比普通路面低 91%,总克氏氮(TKN)低 84%,化学耗氧量(COD)低 88%,总的铜(Cu)、铅(Pb)、锌(Zn)比传统沥青路面径流低 67% ~92%。铜和锌的溶解比例在多空隙沥青罩面径流中更高。固体以及某些材料,被认为被截留在多空隙沥青罩面中。

德国也观察了多空隙沥青罩面和不透水道路表面所产生径流的质量差异。结果表明,多

空隙表面径流中悬浮固体的负荷比不透水表面的径流低60%，这表明罩面表面起到了过滤器的作用，留住了颗粒。类似地，多空隙表面径流中总铜和总铅的负荷比传统沥青路面径流少31%和55%。

美国得克萨斯的一项研究，得出的传统沥青路面与排水沥青路面径流中污染物含量的差异如表2-1。

传统沥青路面与排水沥青路面(铺装后)径流中污染物含量的差异　　表2-1

成　分	传统沥青路面	排水性沥青路面	降低量(%)
TSS(mg/L)	117.80	9.95	91
总磷(mg/L)	0.13	0.08	35
总铜(μg/L)	26.80	13.6	49
总铅(μg/L)	12.60	1.28	90
总锌(μg/L)	167.40	40.7	76

污染物的吸收与过滤可能会涉及其他养护费用。譬如为恢复表面的降噪性质而清洗排水路面空隙，若过滤清洗水，则滤出液应视为化学废弃物。高速道路上，由于气泵效应产生轮胎自清洗作用，可能不需要清洗，但在更长时间跨度后，会出现一个额外费用：当道路表面被替换时，要考虑储存在道路表面结构内的污染物。如果材料中的集料被再生，则在清洗集料并安全处置受污染材料方面可能有其他费用。

(3)降低径流温度

由于排水性沥青路面表面温度比密级配沥青路面低，路面潮湿时，降低的幅度更大(10℃以上)，这为在其中或其上流动的径流带来了额外的降低温度的效益，对有些温度敏感的接收水体有着积极的影响。

2.3.4　滚动阻力、燃油效率与大气污染

2.3.4.1　基础知识

从世界范围看，空气污染的一个重大因素是汽车尾气。机动车主要的尾气排放是氧化氮(NO_X)、碳氢化合物(HC)和一氧化碳(CO)，分别占了所有这类排放的58%、50%和75%。这些污染物对城市空气质量的影响越来越大。另外，阳光作用于NO_2与有机挥发物(VOC)产生的光化学反应使得“光化学烟雾”与臭氧得以形成，这是次级的长程污染物，对通常远离最初排放场地的乡村地区产生影响。酸雨是受车辆NO_X排放影响的另一长程污染物，产生于NO_X的迁移，它在空气中氧化成NO_3^-，最终酸态氮降水，对建筑材料(表面的腐蚀)和植被造成有害后果。欧洲的限制(2010年)是NO_2浓度1年平均最多40μg/m^3(33ppbV)，1小时平均200μg/m^3(163ppbV)，这些限制是从2005年的50和250减下来的。即便是正常排放的二氧化碳，也是全球变暖的“元凶”。

从道路角度看，目前有两条途径可被应用于减少车辆尾气污染。一是采用光触媒(主要是TiO_2涂层)，使NO_X气体转变为硝酸盐而沉淀到道路表面；另一是设法使车辆耗油量降低，这里我们讨论后一种方法。

对燃油效率有影响的因素有：

- 滚动阻力。低速和稳速状态时，这个力通常占主导作用。
- 空气动力学阻力，车体穿越空气时产生。这个力非常依赖于车体的空气动力学设计。高速时，这个力甚于滚动阻力，但低速时不显著。
- 惯性力，正比于车辆的加速度和质量。车辆加速制动频繁的城市行车条件下，这个力非常重要。
- 爬坡力，正比于车体质量和道路坡度。丘陵地区或高山中，这个力很容易超过其他力。
- 与引擎和传动系统中的摩擦相关的力。

丹麦对包括加速与制动在内的十种行车模式进行平均，得到了能量耗用的一个分布，如图2-19。从中可以看出，滚动阻力占了车辆耗能的14%。

滚动阻力是车轮在某一表面上滚动时产生的一种物理现象。轮胎能量损失主要源于轮胎元素持续经历增加与减少。轮胎的橡胶部分增加时，能量被消耗，橡胶部分回复时，该能量只有部分恢复。能量是以热的形式损失的。能量损失主要归因于三项机理：

- 轮胎宏观变形产生的损失(轮胎侧壁的弯曲变形)。
- 轮胎与路面接触区域内微观变形产生的损失。
- 轮胎与路面接触区域内滑动摩擦产生的损失。

一般认为用沥青混凝土或水泥混凝土修建的道路路面非常坚硬，因此轮胎经过时，路面不发生变形，滚动阻力产生的能量损失只出现于轮胎中。但也有人推论，滚动轮在轮子的前方与侧面产生弓形波作用，在车轮下方形成压缩。这个作用产生了能量消耗，从而对滚动阻力有一定贡献。

滚动阻力与车辆燃油效率和 CO_2 排放以及类似 NO_X、CO、HC 及颗粒的尾气排放之间存在直接的影响关系。有人估计，滚动阻力10%的变化使燃油效率变化2% ~3%。这被称为"回归系数"。不过现实中，滚动阻力系数与车辆整体燃油效率之间没有简单的、统一的转换。

2.3.4.2 节能减排的表现与机理

滚动阻力主要与道路表面的不平整度和巨观构造相关，宏观构造也有一定的影响(图2-20)。这些构造的定义如下：

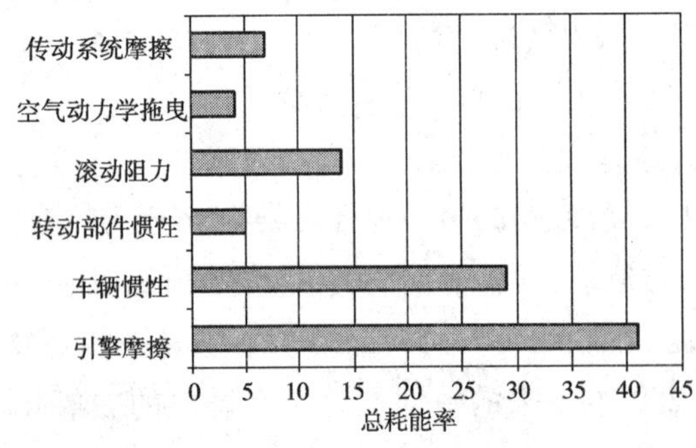

图2-19 基于十种行车模式平均的耗能分布

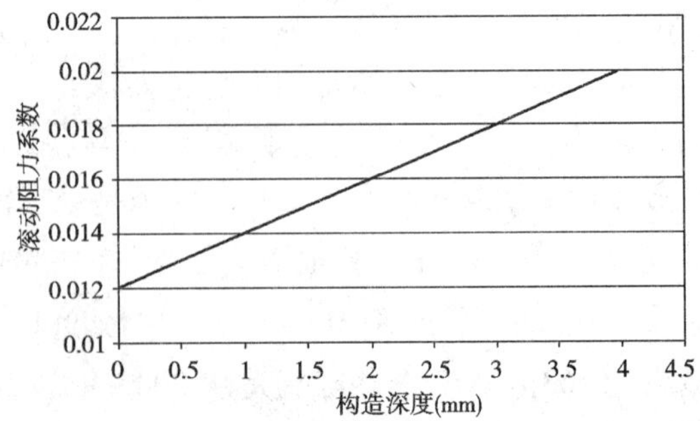

图2-20 滚动阻力系数与构造深度之间的关系(相关系数0.75)(比利时道路研究中心)

- 微观构造为波长短于0.5mm的构造
- 宏观构造为波长介于0.5 ~50mm的构造

- 巨观构造为波长介于 50 ~ 500mm 的构造
- 不平整度为波长长于 500mm 的“构造”或粗糙度

基于宏观构造和空隙率设计的排水性沥青路面，对滚动阻力不会有很大影响。不过，对于以小粒径和平滑表面为目标的排水性沥青路面，可能会降低滚动阻力从而减少燃油消耗。表 2-2 是荷兰的一项研究，分析了不同道路表面相对于密级配沥青混凝土的燃油效率。数值为很长测量路段上的均值，均修正到了 20℃，无风，实验车辆为载有两人的 Volvo V70 客车，油箱是满的。括号内的数值是差值的 95% 置信区间。

不同道路表面上 90km/h 车速时相对于公称粒径 16 的密级配沥青混凝土的燃油消耗　　表 2-2

道路表面类型	相对于公称粒径 16 的密级配沥青混凝土的燃油消耗（%）
密级配沥青混凝土 0/16	0
排水性沥青混凝土 6/16	-0.0（±3.5）
沥青碎石玛蹄脂 0/6	+3.4（±3.6）
双层排水沥青混凝土 4/8 + 11/16①	+1.2（±3.3）
水泥混凝土，横向刷毛	+0.4（±3.4）
水泥混凝土，用一种表面环氧处理	+2.7（±4.5）
砖砌路面	+5.3（±6.6）

注：①新的道路表面，沥青膜还在。

结论是排水性沥青路面与密级配沥青路面之间，燃油效率没有显著差异。文献中提出的正效应和负影响，大致相互抵消。

不过，道路上水或雪的存在会增大滚动阻力，从而燃油消耗。排水性沥青路面上，雨水从道路表面排走，比密实路面干燥更长的时间。因此，排水路面对滚动阻力有正面影响，可以减少燃油消耗。

2.3.5　小结

排水性沥青路面的环境效益中，效果最突出的应是降噪。这是因为与普通密级配沥青路面相比，据称干燥路面降噪达 3 ~ 5dB（A），潮湿路面甚至超过 8dB（A）。3dB（A）的降噪量意味着相当于车辆数减少一半，堪与隔音墙相媲美，而且它是源头降噪，效果比隔音墙更彻底。径流的作用主要是水质的净化，但反作用是污染物被截留在路面中，为将来的清洗或清堵带来了影响。温度和减排的作用，潮湿路面较为明显，干燥路面不很明显。从扩大环境效益角度出发，可能透水性路面更为突出，因为它既扩大了排水性沥青路面拥有的这些生态作用，还包括了补充地下水等额外的环境效益，有人把这种路面称为了“生态路面”。

值得指出的是，很少有文章提到排水性沥青路面本身的表面景观问题，但这是确确实实存在的。比如说，表面具有“质感”，这是一种三维的真实触摸感，就像我们面对二维动画和三维动画一样。这种“质感”是由表面构造和漫反射共同营造的。还有，表面具有“秩序感”，80% 以上的粗集料，使得石料的粒径更趋接近，而人的美感中，相当一部分是“熵减”产生的，即混乱度降低，就像杂乱无章的家具摆设与井井有条的家具陈列，后者使人的感觉更好一样。排水路面加入彩色元素所得到的彩色排水性沥青路面，其美感会优于普通密级配彩色路面。随着表面的污染和沥青膜的磨耗,“熵”增加,美感会下降。

值得指出的是,路面构造是安全和环境效益机理中一个最为突出的影响变量(图 2-21)。瑞典的 Sandberg 在表 2-3 中列出了更为详细的影响。

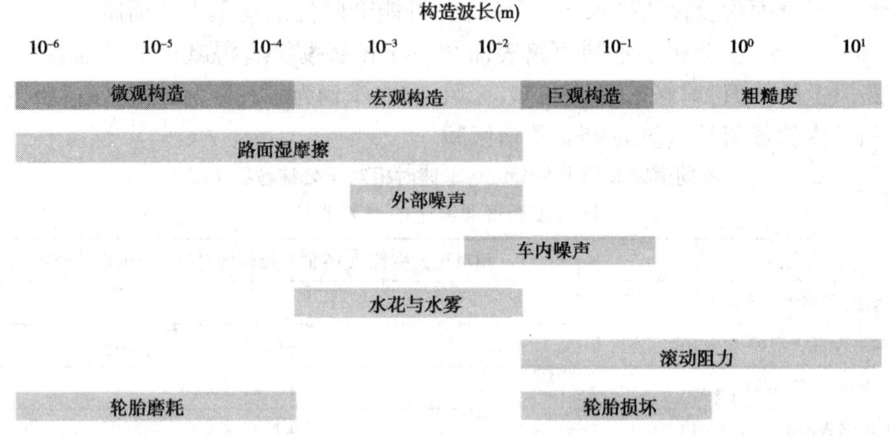

图 2-21 路面构造波长对表面特性的影响

路面构造对某些性能的影响 表 2-3

对车辆、驾驶员或环境的影响	重要的道路表面特性	影响大小
摩擦	宏观构造 巨观构造 微观构造	高 中等 很高
滚动阻力/燃油消耗/空气污染	宏观构造 巨观构造 不平整度	高 很高 高
轮胎磨耗	宏观构造 微观构造	中等 很高
外部噪声	宏观构造 巨观构造	很高 很高
水污染	宏观构造	高
水花与水雾	宏观构造	高?
光反射	宏观构造 微观构造	高 所知极少
内部噪声	宏观构造 巨观构造 不平整度	高 很高 高

2.4　经济效益

从一定意义上来讲，排水性沥青路面的安全效益、环境效益都属于社会效益的范畴。社会效益很难用经济数字来衡量，它是对整个社会的积极推动，塑造着“安全、舒适、幸福、和谐、可持续”的社会氛围。比如，排水路面减少了交通事故，有助于提高国民的安全感；排水路面降低了城市噪声和路表温度，有助于增大市民的舒适感；排水路面对附近水质的影响，体现着与自然“和谐共处”的思想。这其中贯穿着“以人为本”的理念，是国民“幸福”感的来源之一，也为营建可持续发展的社会提供了思路与途径。

除了社会效益以外，经济效益也是相当可观的。经济效益可分为三部分，即社会经济效益、工程建设经济效益以及用户经济效益。

社会经济效益是一种间接经济效益。譬如：交通事故率下降，政府处理事故的费用降低了；交通噪声下降，道路周边地区的土地得以升值，附近居民心血管等疾病数量减少，节约了政府的医疗保障投入；对附近水质的改善，降低了政府的环保投入等。

工程建设经济效益是一种工程建设中直接体现的工程造价节约。譬如：排水路面的降噪作用，使得隔音屏等更昂贵的降噪措施得以缩减或替代；雨水径流洪峰的推移与减小，可使雨水系统的投入得以削减；路表温度降低，结合料等级可下调，沥青混合料成本得以下降，等等。

用户经济效益是由于使用排水性沥青路面，驾车者产生的费用节约。譬如：交通事故减少，可节约投保费用；路表温度降低，可减少车内空调使用费用；同时，排水路面还能节约汽车油耗，降低轮胎磨耗；由于车速提高，也加大了道路能力，减少了用户延迟费用。

不过，事分两面，排水路面初期投资增加了，养护费用也将上升，这对经济效益是个对冲，这方面将在下一章叙述。

第三章　排水性沥青路面的问题与对策

3.1　讨论背景

尽管排水性沥青路面有着得天独厚的效益，但在许多国家和地区却遭遇到了程度不同的冷遇：法国禁止排水性沥青路面在阿尔卑斯地区使用，奥地利对排水性沥青路面也由于冬季问题而从试验的热情中冷淡下来，美国尽管是OGFC形式排水路面的起源国，50个州却只有十几个州一定规模使用。在国内，北方的许多专家称北方雨水少，不适用排水性沥青路面，西部的专家称风沙严重，也不适用排水性沥青路面，东部的专家称中国道路的污染还相当严重，排水性沥青路面暂时不适用，偌大的中国，对使用排水性沥青路面的信心远没有日本的高涨。究竟是什么原因，导致了这种消极情形的出现？

显然，技术上的原因还是主要层面的。比如排水性沥青路面的冬季养护问题，许多国家都认为是排水性沥青路面的软肋之一，结冰早，化冰迟，融冰盐流失，雪犁（铲雪车）对路面的破坏等，都是客观存在的排水性沥青的冬季问题。图3-1是2006年12月笔者在日本名古屋实拍的照片，排水性沥青路面早早地出现了冰棱，而旁边的密实路面却没有。

还有就是排水性沥青路面的堵塞问题。国内有些专家指出，环境条件这样好的欧洲，排水性沥青路面的堵塞也是很常见的，更何况我国相对较差的环境条件（空气中固体悬浮物多，道路上车辆抛洒或泄漏物多等）。不过，也有比较成功的例子。如西安咸阳机场2003年修建的排水性沥青路面，至今排水效果还是相当不错的。

另一技术问题是飞散。图3-2是排水性沥青路面飞散的一个实例。飞散不光影响路面外观，还严重影响路面的行车条件。甚至有专家提出，排水性沥青路面堵塞还能忍受，因为至多损失一些附加效益，但飞散是不可忍受的，因为它破坏了排水性沥青路面基本的行车条件。

图3-1　2006年12月名古屋大雪后排水性沥青路面表层的状况

图3-2　排水性沥青路面飞散实例

不使用排水性沥青路面还有深层次的“以人为本”的理念是否真正落实的文化层面上的原因。日本大规模推广排水性沥青路面，是因为日本的民众认为人的生命是压倒一切的判断标准，既然排水性沥青路面能降低交通事故，政府如不用是对人的生命的漠视。这种压力下，日本排水性沥青路面的推广是势在必行的事情。欧洲和美国亚利桑那州大面积推广排水性沥青路面也是因为感受到了来自老百姓的压力，不过这个压力来自于交通噪声。目前，与这些国家和地区相比，中国还欠缺老百姓的这种呼声，或者说是中国政府还未感受到降低交通事故或降低交通噪声的来自老百姓的真正压力。

本章将就专家或其他人士对排水性沥青路面性能有疑问的一些问题作出阐述。有些问题在当前情况下可能已经不再成为问题，但为了内容完整性起见，仍对它们作了说明。还有些问题可能并不包括在下面的讨论中，这主要是因为这些问题不是普遍性问题或者不是关注性问题。

3.2　早期破坏

3.2.1　飞散

3.2.1.1　表现及成因分析

排水性沥青路面的飞散，也称为松散（Ravelling），是石料与路表结构的脱离。严格地说，飞散不一定属于早期破坏，比较常见的由于结合料老化硬化产生的飞散，这里把它归入“老化”的破坏范畴。

排水性沥青路面的飞散主要是因沥青膜提供的颗粒间结合失效导致的，如果飞散石料的脱离面残存沥青，则称为“内聚失效”，它是由于结合料自身的内聚强度不足以抵抗外力而引起；如果脱离面没有沥青，则称为“黏附失效”，是由于结合料与石料表面黏附强度不足引起的，或者是由于水侵入界面，置换石料表面的沥青膜导致。

Voskuilen 等人（2003 年）实施的研究证明，早期飞散是由于施工材料质量不佳导致的，尤其是石料的破碎。飞散归因于太高数量软弱石料的存在。导致早期飞散的其他因素为太高或太低的拌和温度（分别导致离析、不良拌和以及石料破碎）以及较低百分比的石灰（导致老化加重）。总体上，Voskuilen 指出，结合料较高的初始劲度减少了石料的初始损失，而初始劲度不足通常是早期飞散的成因。他认为结合料较高的初始劲度是改性沥青的主要作用。

Molenaar 等人（2006 年）推测，短期飞散是由轮胎—路面接触区域内的强剪切力导致的。长期飞散是由使用寿命期内玛蹄脂的重力离析，并紧接着铺装表面的剥落所导致的。他推断，多空隙沥青混凝土的抗飞散能力可通过加大沥青混合料每体积元石石接触的数量得到加强。

Kneepkens 等人（2004 年）把飞散过程描述为缓慢开始，但在 7 ~ 9 年后，逐渐加大的类似多米诺效应的间隙发展；在最初的石料去除后，更多的石料以更高的速率跟随。最早的石料被车轮搬除时，间隙周围剩余的石料缺乏至少某一方向的支承。因此，随后间隙中的石料移除相当容易。另外，一开始排水性沥青混合料的上半部分可能结合料较少，结合料流淌到了下部。为了阻止这种多米诺效应，Kneepkens 建议多空隙沥青路面采用一种新的养护技术作为实现更换的方案，它包括大约 10mm 厚的细的冷拌沥青，空隙率 25% ~30%，铺设于多空隙路面顶面上。他认为,这还需要进一步开发,但有可能阻止飞散进程,在一个可接受的水平上得以维持多空隙沥青路面的性能。

这里介绍排水性沥青路面飞散分析比较典型的三种模型。

(1)经验模型

经验模型,即世界银行 HDM 飞散模型,1995 年由 NDLI 给出:

$$IRV = K_{vi} CDS^2 a_0 RRF \exp(a_1 YAX) \tag{3-1}$$

式中:IRV——飞散开始的时间;

K_{vi}——飞散开始的标定系数;

CDS——沥青铺面的施工缺陷指标;

RRF——养护产生的飞散延迟系数;

YAX——分析年所有类型机动车年度轴数(百万/车道);

a_0、a_1——模型系数。

实际上,HDM 飞散模型只是表面交通量的函数。除了延迟飞散发生的养护如再生处治外,沥青状况与/或老化未能成为模型一部分。

(2)有限元分析模型

2008 年,Mo 等人在荷兰 Delft 大学通过分析颗粒间沥青膜的应力,建立了相当复杂的模型来预测排水性沥青铺装表面的飞散(图 3-3)。他们构建了一个有限元分析模型,对该多空隙沥青混凝土层加载,确定其应力和应变,并统一为单一指标 Von Mises 等效应力,得到了各加载时间所对应的材料中应力分布,如图 3-4 所示,其中 IF 为沥青石料界面处应力,MA 为沥青与细集料、矿粉等组成的玛蹄脂内的应力,模拟的是两个轮胎先后经过时的应力响应。

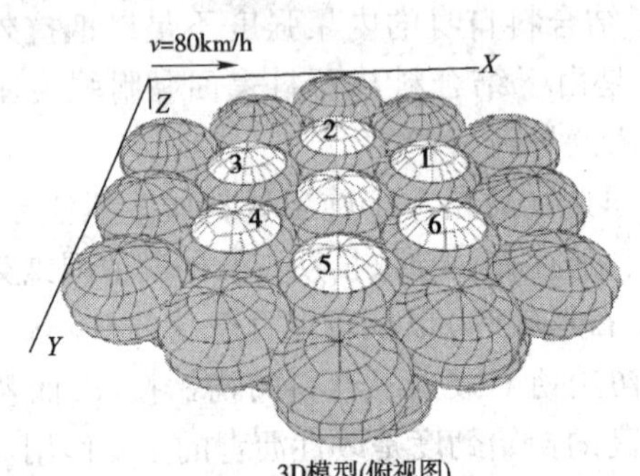

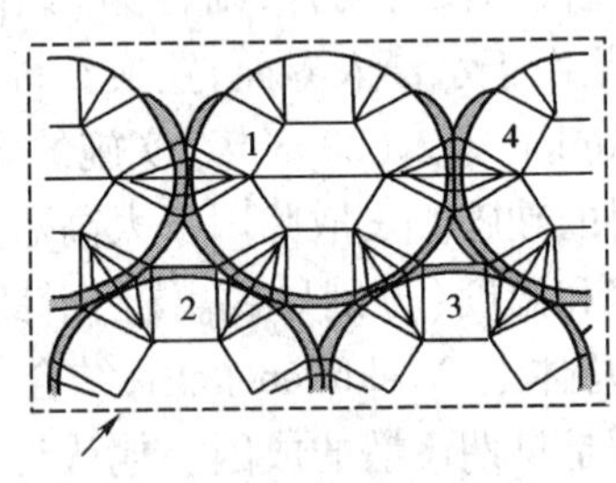

图 3-3 用于模拟排水性沥青混凝土层的中尺度模型

该研究得到的导致多空隙沥青路面飞散的关键因素包括:

- 加载条件,如驱动轮将诱发临界荷载条件;
- 混合料的黏弹性行为,这会自然影响颗粒间的应变;
- 颗粒堆紧状态,这是影响胶浆应力应变状态最重要的因素。

(3)神经网络模型

Miradi 在她 2004 年的论文中,提出了用神经网络为排水性沥青路面建模的一种方法。神经网络是一种自学习系统,预测某一变量的输出时,考虑所有可能的影响因素。这些预测基于

一定量影响因素组合后产生的历史输出。引进更多数据后,系统对该决策过程进一步学习。该系统的主要好处是它可以为可能影响系统结果的每个因素准确施加相对权重/重要性。不过,神经网络方法并不提供可用在外部系统中的预测模型。因此每个因素与独立变量拥有怎样的关系仍是不清楚的。

图 3-5 说明了针对多空隙沥青表面飞散完成的神经网络分析结果。

由图 3-5 可见,影响飞散最重要的因素为:

- 表面路龄;
- 沥青混合料密实度;
- 沥青结合料本身;
- 空隙占据的空间。

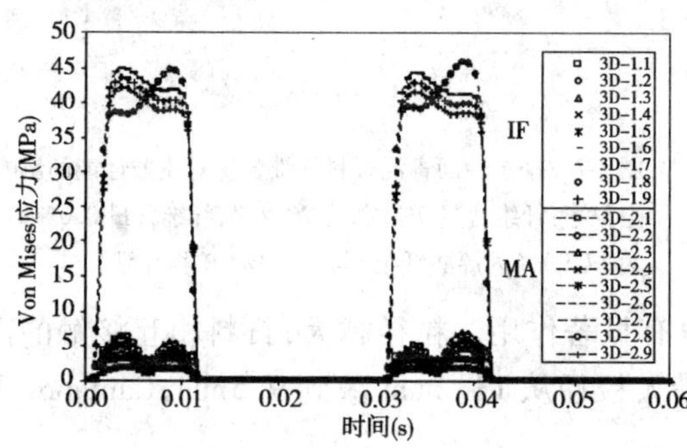

图 3-4 3D 模型中每个接触域的胶浆中随时间产生的 Von Mises 应力

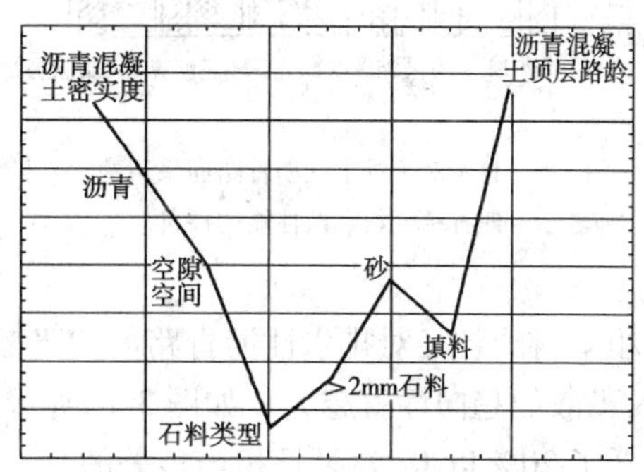

图 3-5 多空隙沥青混凝土飞散的神经网络输出

但这项研究同其他研究一样,影响飞散的大部分因素与沥青混合料的组成相关,没有包括诸如交通量这样的长期性能因素,或者表层的下承层。

3.2.1.2 对策

排水性沥青路面早期抗水平剪切作用弱引发的短期飞散与大空隙加速老化引发的长期飞散一直是道路工作者直面的棘手问题。不过,近十多年来,这些问题的解决已经取得了长足的进步,取得了可喜的成效。

一般来说,解决飞散问题的途径主要是以下三方面。

(1)混合料的材料组成

日本早在上世纪 90 年代初,就从排水性沥青路面早期飞散的惨痛教训中,找到了“高黏度改性沥青”这一有效解决手段。高黏度改性沥青既提高了结合料的内聚力,又提高了结合料与石料的黏附强度,同时由于油膜厚,结合料老化引起的长期飞散也得到了延迟,因此,日本将高黏度改性沥青定为了排水性沥青路面结合料的标准。从图 3-6 可以看出,对于 Cantabro 飞散损失率指标而言,高黏度改性沥青明显优于普通改性沥青,如果采用改性程度更高的高耐久性高黏度改性沥青,则损失率更低。

美国新一代 OGFC 采用的是普通 SBS 改性沥青,但加入了矿物纤维。从图 3-7 可以看到,加入 0.4% 的矿物纤维,试样的 Cantabro 磨耗率或飞散率从 23% 下降到了 15%。这一方面是纤维阻止了沥青的流淌(Draindown),有助于加大沥青用量,增厚沥青膜,另一方面,这也相当于提高了结合料黏度。

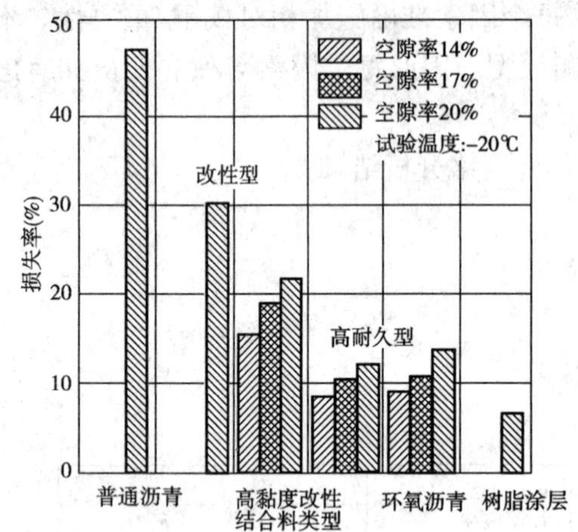

图3-6　日本对于排水性沥青路面采用的四种结合料飞散性能的评价

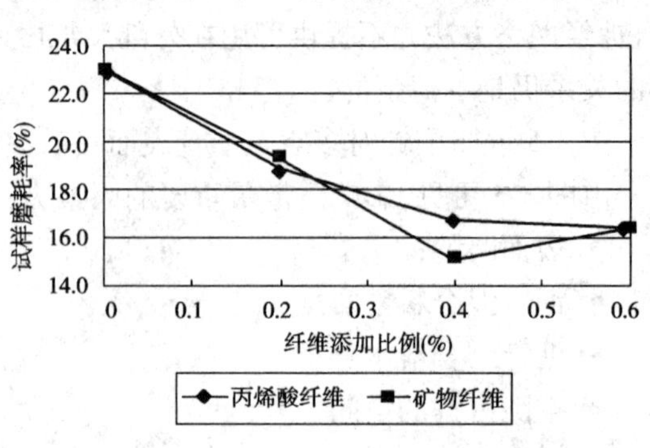

图3-7　排水性沥青混合料纤维含量对飞散性能的影响

空隙率:纤维含量0%时,为20.4%,纤维含量0.6%时,为17.9%(丙烯酸纤维)与17.6%(矿物纤维)

粗集料的粒径对排水性沥青路面的飞散也有显著作用。粒径越大,石料相互接触的面积越少,飞散的趋向性就越大。如图3-8所示,最大粒径从13.2mm减到9.5mm,Cantabro飞散率降低了20%以上,效果是相当显著的。

当然,从材料组成来讲,混合料的空隙率越小,抗飞散能力显然越强(图3-9),但这降低了排水性沥青路面效益的发挥,因此应慎重考虑。

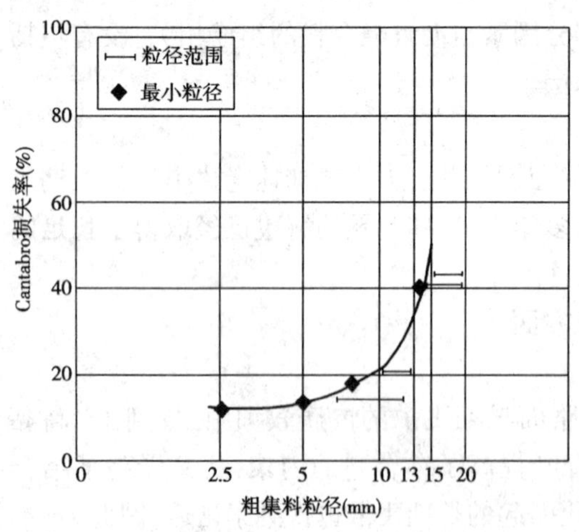

图3-8　集料最大粒径与混合料飞散性的关系

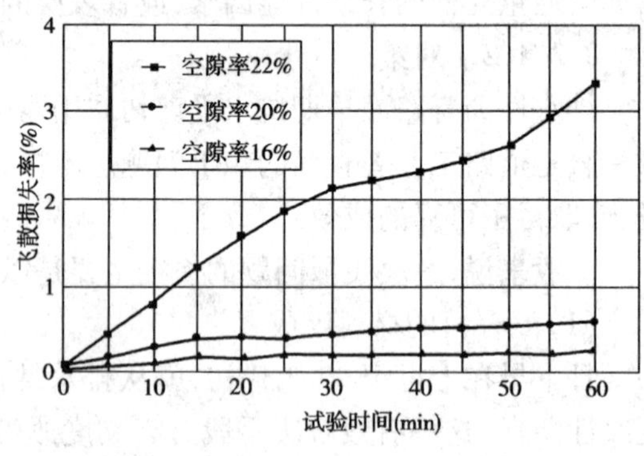

图3-9　排水性沥青混合料空隙率与Cantabro损失率之间的关系

当然,如果飞散的成因主要是黏附强度不足或抗水剥离能力不足,则用消石灰为填料或掺加其他抗剥落剂也能提高排水性沥青路面的抗飞散能力。采用压碎值低的石料也有助于消除因石料软弱产生的早期飞散。

(2)施工工艺

施工工艺对提高排水性沥青路面飞散性能的作用主要是通过增大压实度，更确切地说，是增大表层压实度体现的。目前看来，主要有三条途径：①实现紧跟碾压；②采用胶轮压路机；③采用水平振动压路机。这方面的详细内容我们将在施工章节中介绍，这里只简略地描述其对提高路面飞散性能的作用。

图3-10是排水性沥青压实温度与Cantabro飞散率之间的一个关系。可见，压实温度在140～160℃的区间内时，Cantabro飞散率在7%以内，而当压实温度在120℃时，飞散率急剧上升到了13%。因此，确保压实温度，对于增大排水性沥青路面的抗飞散能力有着显著的作用。

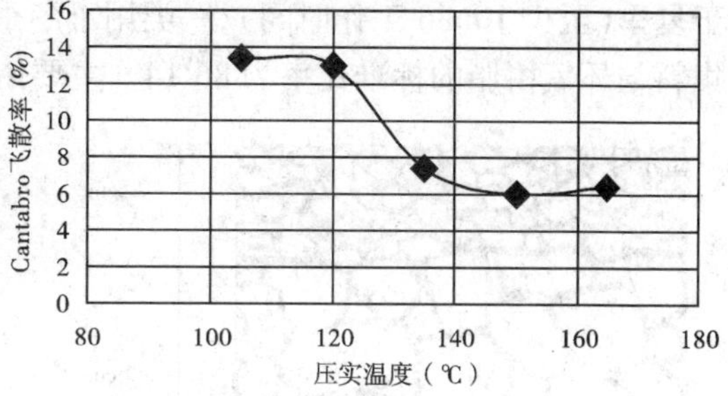

图3-10　压实温度与Cantabro飞散率的关系曲线

采用胶轮压路机来揉搓表面，提高表面致密性，这对防止集料的飞散有着正面的效果，但至今尚没有定量的说明。不过，值得注意的是，这里的胶轮并不以压实为目的，因此胶轮压路机的路表工作温度可适当下调，以轮子不粘料为准则；同时，表面致密化对路面的排水性能与降噪性能会造成一定损失，因此，日本仅在目标空隙率大的排水路面考虑采用胶轮压路机。

日本的酒井公司在2006年提出了排水性沥青路面采用水平振动压路机压实以抑制集料飞散的方案。从图3-11a)可以看出，水平振动压路机压实后，铺装表面集料的镶嵌结构细腻整齐排列，结合紧密。这样的排列有助于抑制集料剥离飞散。而图3-11b)是钢轮压路机和胶轮压路机静压后的集料排列，具有摊铺机刚铺设完沥青混合料时的表面构造，这说明集料的再排列较少。不过，构造再排列后，对路面相关的表面效益有无影响，目前尚不清楚。

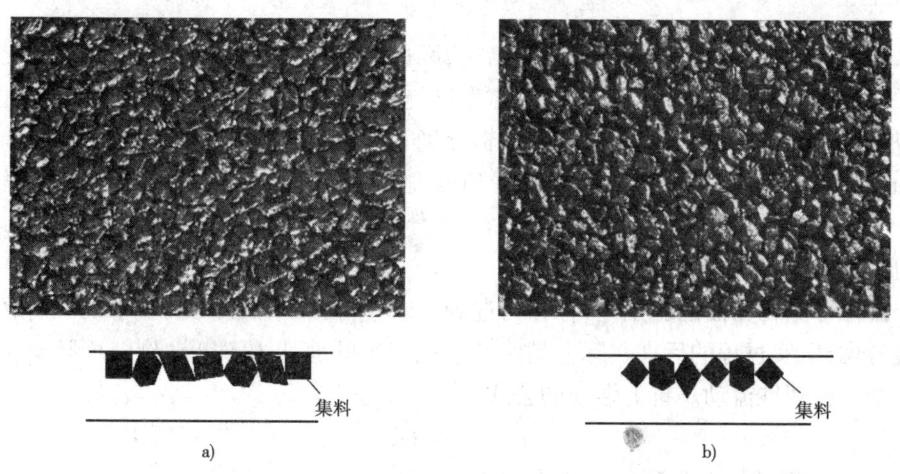

图3-11　排水性沥青路面水平振动压路机和常规压路机压实路段比较
a)水平振动压路机路段；b)钢轮和胶轮压路机路段

(3)路面整体结构

根据图3-8，集料粒径越小，混合料的飞散趋势越弱，因此可以想到的是采用双层排水性沥青路面(图3-12)，使直接承受车轮作用力的表层粒径尽可能小，而下层采用较大粒径，以充分发挥排水性沥青路面的性能。

第二种方法是表面处治，以日本铺道株式会社的技术为例，它拥有两类方案。第一类称为透水性树脂胶浆系统(PERMS)(图3-13),为具有细(多孔)瓷材料(集料粒径1.5mm)的树脂胶浆系统。胶浆填充空隙,但保持了渗透性(只损失10%),防止了路面的飞散及进一步的堵塞。所用树脂为环氧,材料手工铺撒。环氧由基质树脂与硬化剂组成,有两类可选择,一类用于夏季(至少10min工作时间),一类用于冬季(至少7min工作时间)。采用黑色集料时,陶瓷集料与环氧树脂的标准比率为86:14。主要用于城市道路交叉口。

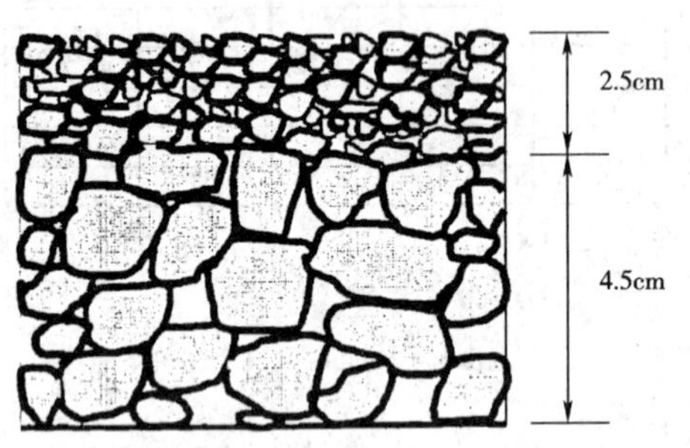

图3-12 某双层排水性沥青路面的断面

图3-13 红色的透水性树脂胶浆系统(PERMS)

第二类在市场上是以“表涂层”出售的。采用的是甲基丙烯酸(MMA)树脂。树脂分两次喷洒,第一次喷洒率0.4~0.7kg/m^2,第二次喷洒率为0.3~0.5kg/m^2。每次喷洒后撒布细的硅砂(0.3~0.5kg/m^2),以增加抗滑能力。其目标是涂覆路面结构中的上两颗石料。树脂完全硬化需大约30min,第一次喷洒硬化后才能喷洒第二次。这种封层减少了飞散,同时也提高了抗滑性能。

3.2.2 压密

排水性沥青路面由于石石嵌挤的骨架结构,因此抗车辙能力是这种路面的优点之一。不过,早期的排水性沥青路面,由于路面层空隙率高,空隙空间大,颗粒移动的自由空间也相应很大,因此曾频频出现开放交通早期出现的车辆交通作用产生的“压密”现象(Densification或者Consolidation),使得空隙率降低,排水机能受到损失。出现这种情况的原因大致可分为以下三种情形。

(1)施工中“欠压”

早期排水性沥青路面的施工中,存在为达到要求空隙率而降低压实要求的一种倾向。从压实机理考虑,压实过程的后期实际上是路面荷载产生的剪切力不断达到路面抗剪强度极限值而产生的一种塑性流动。抗剪强度的公式为:

$$\tau_f = C + \sigma \mathrm{tg}\varphi \tag{3-2}$$

式中:τ_f——混合料的抗剪强度;

C——混合料的内聚力;

σ——混合料剪切面的法向应力;

φ——混合料的内摩擦角。

一般认为,C是由结合料提供的,当结合料冷却时,C值逐渐增大。φ是由集料提供的,集料相互靠近时,φ值也逐渐增大。当温度降低到某一程度或集料靠近到某一程度时,路表荷载产生的剪切力不足以达到路面的剪切强度,路面的继续压实就起不到实质性的作用了。如果

路面压实时，为实现空隙率而没有碾压到位，此时尽管由于温度下降，C 值增大到足以弥补 φ 未发展到位而带来的损失，使得短暂的交通不至引起再压密现象，但是，由于结合料具有时温转换效应，长时间的交通荷载作用，相当于短期荷载温度提高时的作用，这样，路面欠压的“债务”必将在某一时间“清偿”。故此，排水性沥青路面不能依靠削弱压实作用来达到高空隙率的目标，尤其是交通量较大或者存在重载交通的路段。

(2)混合料中集料的颗粒形状不合要求

台湾的黄隆升博士在其论文中详细分析了粗集料性质对排水性沥青路面抗压密能力的影响。他提出了最影响排水性沥青路面压密性质的两个集料参数：一个是扁平颗粒含量，按扁平比 1:3定义，这里没有选择细长颗粒是因为台湾方面的研究认为，粗集料的扁平形态比之细长形态对压密或车辙影响更大；另一参数是形状因子，其定义为：

$$SF = \frac{T}{\sqrt{L \times W}} \tag{3-3}$$

式中：SF——Shape Factor，形状因子；

T——集料厚度；

L——集料长度；

W——集料宽度。

集料的形状因子在0.3～0.8之间，形状因子越小，颗粒越细长。

扁平颗粒的影响见图 3-14。这里按照台湾的标准，车辙试验的轮压为 9kg/cm^2，试验轮移动速度 35 次/min。可以看到，由于扁平颗粒的存在干扰了粗颗粒的相互嵌挤，因此对排水性沥青混合料的抗车辙能力发挥是极为不利的。排水性沥青混合料原材料选择时，必须对粗集料的形状作出严格的控制。

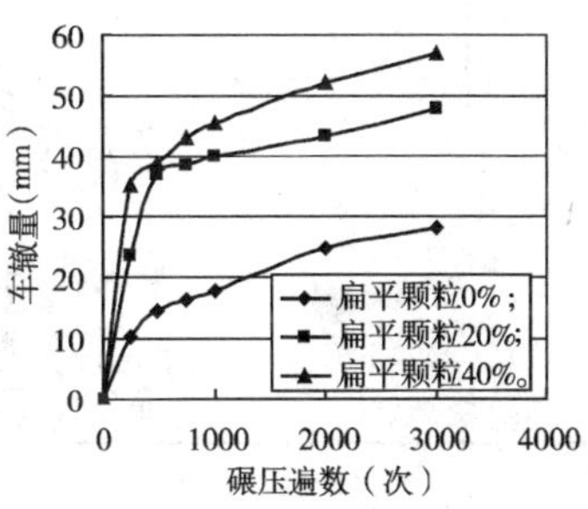

图 3-14　排水性沥青混合料车辙量与扁平颗粒含量之间的关系

(3)混合料中结合料的耐流动性能不足

排水性沥青混合料的压密过程一般都伴随着结合料的流动。而结合料在剪切荷载作用下抵抗流动的能力就是黏度的定义，因此，为了生产出耐流动的结合料，日本提出 60℃动力黏度大于20,000 Pa·s的高黏度改性沥青的概念。如果改性沥青耐流动性不足，使用高温下，或者重车作用下，排水路面会过早得因再压密而损失空隙率。而这种排水机能的损失，不能期望通过排水机能恢复设备得以恢复。

中西弘光等通过对排水性沥青混合料强度形成机制的研究，发现采用高黏度改性沥青后，结合料不光对内聚力 C 有贡献，对内摩擦角 φ 也参与了影响，这进一步提高了混合料的抗剪切流动能力。

3.2.3　初始抗滑

英国、荷兰等国发现，油膜较厚的负构造路面（如 SMA 与排水路面），新建完成后不久，车辆急刹车时，会出现干摩擦甚至小于湿摩擦的现象。这一现象被称为油漂（Bituplaning），据研究，是因为不带 ABS 防抱死系统的车辆在锁定轮胎时，轮胎与道路表面强烈摩擦产生的热量，使结合料膜融化，可能渗油也提供了一种机理，从而使轮胎—道路界面处形成滑溜面，滑动阻力大大下降,发生油漂现象。

图3-15显示了车辆紧急制动时,车辆减速度的发展情况。新铺的多空隙沥青上不带ABS的试验(图3-15a)给出的减速度图(最大减速度水平以m/s^2显示)中,短时峰值摩擦以后,接着是时间更为长久的显著更低的滑动摩擦,直至车辆停止。这个“高的峰值”和“低的滑动”是目前研究中识别出的油漂现象的特征。同一试验车相同车速下,在同一表面上,如图a与图c,关闭ABS与启动ABS,显然后者制动操作的历时要长得多。

表3-1显示了荷兰的一个对比实例。荷兰要求,制动减速度必须大于$6.5m/s^2$,显然无ABS时,新的多空隙沥青表面是无法满足这一要求的。而密实沥青上采用的撒砂或撒细集料来改善初始滑动阻力的方法显然不适用于多空隙路面,因为这会堵塞空隙。因此,荷兰的做法是:如果制动减速度$<5.2m/s^2$,则车速必须限制在70km/h以内;如果制动减速度介于5.2与$6.5m/s^2$之间,则相关道路前必须有警示标志“更长的刹车距离——新路表面”(放置时长3~6个月,具体取决于交通量和气候)。

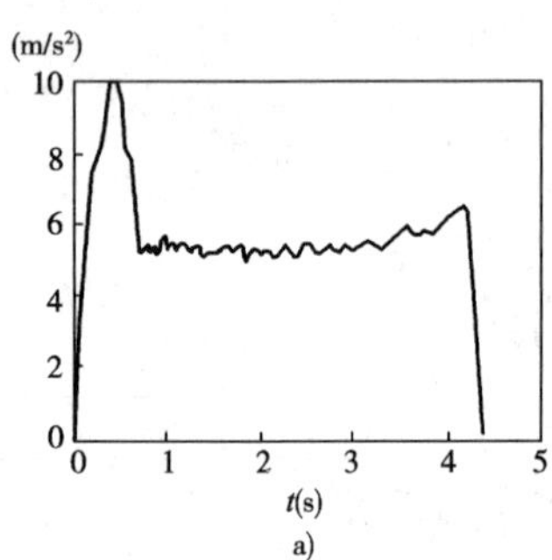

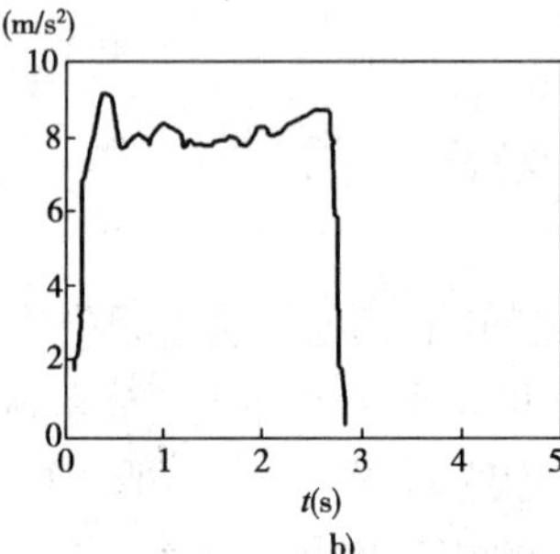

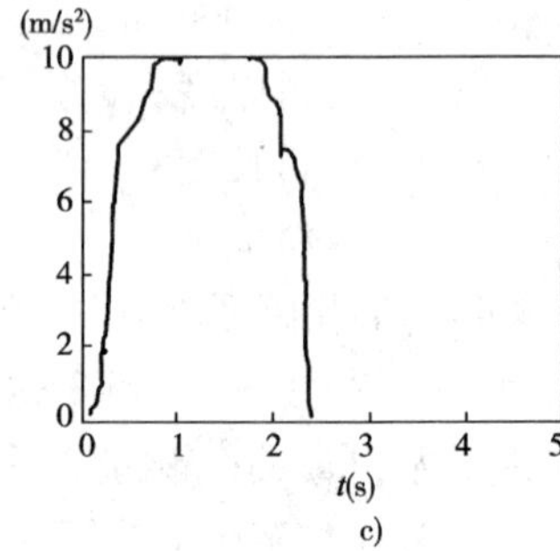

图3-15 车辆紧急制动时减速度随时间的发展

a)多空隙路面;b)密级配路面;c)多空隙路面,带ABS

多空隙沥青表面与密实沥青表面的紧急制动减速度特征值 表3-1

路况 条件	多空隙沥青表面		密实沥青表面	
	新	老	新	老
无ABS	$5.4m/s^2$	$7.0m/s^2$	$7.0m/s^2$	$8.0m/s^2$
有ABS	$9.0\sim9.5m/s^2$		$9.5\sim10.0m/s^2$	

初始抗滑能力低的核心是“油漂”现象的存在,而“油漂”现象的核心是厚的结合料膜与制动时轮胎—道路界面处高的温度。荷兰Jutte和Siskens(1997年)采用一简单理论模型,认为锁轮时轮胎—道路界面温度可高达450℃,不过采用热图像技术在滑动轮胎后实施的直接测量无法支持这一观点。如图3-16所示,负构造表面紧急制动时最高温度不超过120℃,正构造表面在160℃左右。如果这能代表普遍情形,则采用高软化点的高黏度改性沥青对避免“油漂”现象是有利的。

“油漂”现象对交通事故的影响是一个复杂的命题。英国对“油漂”现象的重视本身就来自于交通事故,是20世纪80年代初在M4高速公路上一起多人死亡的交通事故。在这起事故的调查中,发现了道路干摩擦低于湿摩擦这一与常识概念相悖的观察。正是这个延长了的刹车距离,可能在夺命的事故中起了关键角色。不过很不幸,调查中发现防撞墙质量差也是一

个因素，并且这个因素成了大家关注的焦点。由于训练有素的撞车事故调查专家参与调查的非致命性事故数量并不多，因此油漂还没有被确认为在撞车事故中扮演重要角色。可能对更多的非致命性事故的正确调查会揭示出撞车事故中油漂的真正作用。

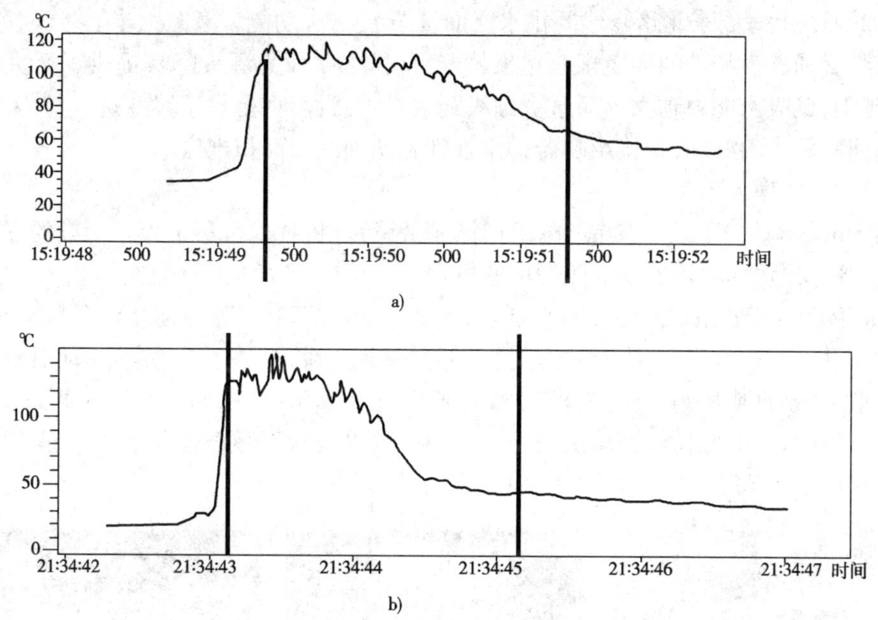

图 3-16　采用 FLIR 有限公司研究人员软件提取出的轮胎-道路最高温度数据

a）负构造表面；b）正构造表面

3.3　功能耐久性

3.3.1　堵塞

3.3.1.1　概述

排水性沥青路面所有问题中，关注度最大、影响最深的就是堵塞（Clogging）问题。这是因为，之所以采用排水性沥青路面，利用的就是它的高空隙，排水路面的绝大部分效益都与其高空隙相关。一旦空隙堵塞，使用排水路面的初衷就大打折扣。可是非常不幸的是，使用排水性沥青路面的国家和地区，几乎无一例外地都遭遇过堵塞问题。

堵塞排水性沥青路面空隙的污染物，来源极其复杂，各个地区甚至路段也不一样。根据来源，大致可分为四类。一类是轮胎与道路材料的磨耗，如石屑、橡胶粉、剥落的玛蹄脂等，另一类是空气中的固体悬浮颗粒，重力作用下或随雨水沉积到道路表面，如灰尘、砂土（尤其是北方沙尘暴期间）等，一类是道路使用中随车辆带来的异物，如冬季养护用盐，车辆泄漏（如垃圾车渗漏，土方车抛洒，混凝土槽车滴漏等），车辆现场维修遗留的机油等，最后一类是被雨水从人行道、绿化带等处携带到路面上的物质，如油脂、植被、纤维状物质等。堵塞总是伴随着透水性的损失，堵塞严重时，所有相关效益都将消失。

Mallick 等人（2000 年）报道，由于融冰材料或其他屑料对空隙的堵塞，使用两年后，多空隙路面的透水性就严重损失。欧洲某处的现场研究中,多空隙铺面初始的排水时间在 25 ~ 75s 内,3 年后延长到 80 ~ 100s,9 年后为 160 ~ 400s(Kraemer,1990 年)。在新加坡,携带土壤的受污染车轮与车辆所沉淀的局部残余土已经成为排水路面堵塞的主要来源(Fwa 等人,1999 年)。2002 年在上海浦东北路修建的排水路面,1 年后透水功能就衰减大半。

欧洲与交通噪声相关的环境规范越来越严厉,排水路面为源头降噪提供了巨大潜力。不过,级配越细,其吸声能力越大。而这更细级配的排水路面,将更易于堵塞。

堵塞问题解决的好坏,直接影响着排水性沥青路面的大面积推广。

3.3.1.2 机理

德国 Stuttgart 大学采用显微镜(电子扫描显微镜)分析技术考察了人工污染的多空隙沥青(级配 0/8)薄层断面,确认了以下四种堵塞机理。

"填充机理":有些空隙经过了许多年,被脏物(完全)填充。脏物被冲到多孔结构中,有一部分通过多孔结构被水携带到了路边。另一部分到达空隙中,在其中聚集。对积聚可能的解释是堵塞效应(从而脏物再无法被冲动)或空隙只有一个孔口(从而脏物无法再逃逸)。随着时间的进行,被截留的脏物逐渐填满空隙。空隙率的损失从而吸声性质的下降是"填充机理"的显见后果(图 3-17)。

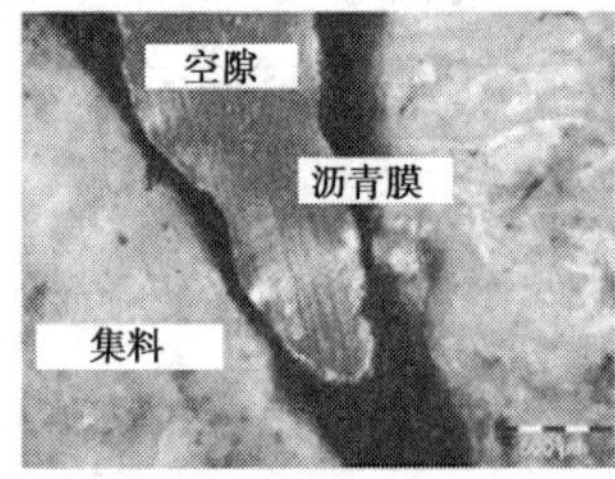

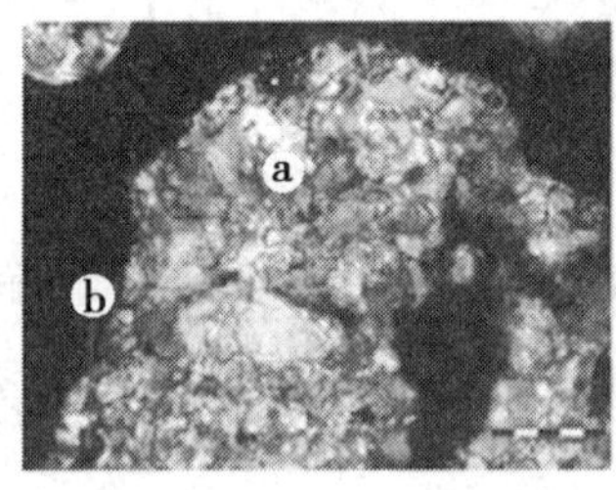

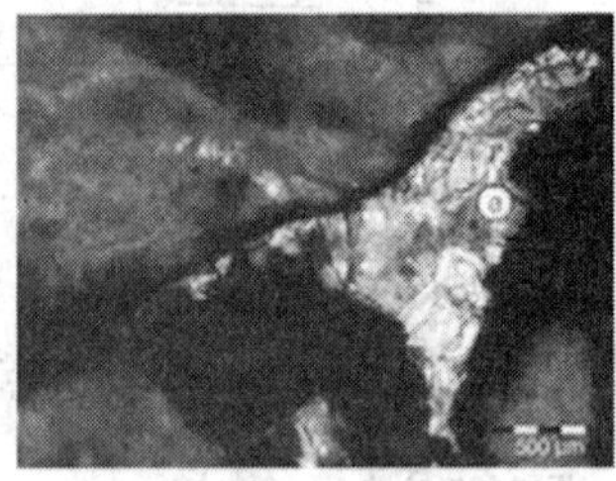

图 3-17 空隙的填充机理(Maróthy,2006;Kuti,2006)

ⓐ使多空隙沥青混合料空隙率降低的脏物沉积;ⓑ沥青状脏物颗粒

"黏附":脏物黏附在空隙中的沥青表面上。由于沥青的黏性行为,它本身也是一种黏性材料。这样脏物颗粒就很容易被黏附,主要是在几乎没有水流动的区域(图 3-18ⓐ)。黏附本身不是大问题,但黏附的脏物可以压缩窄小的水道,削弱较大空隙之间的连接。水道越狭窄,就越容易被堵塞,而黏附的脏物加速其发展(图 3-18)。互通连接的堵塞意味着吸声作用(和排水性质)进一步的损失——尽管空隙率几乎不受影响。这意味着多空隙沥青混凝土损失其吸声性质,不只是因为空隙率的损失,也因为空隙之间互通性的封闭,而此时空隙率几乎保持不变。

"自污染":除了矿物颗粒类型的脏物外,还可以识别出小的黑色的沥青颗粒(图 3-17ⓑ与图 3-18ⓑ)。这表明,由于磨耗作用,小的沥青颗粒或覆盖着沥青的填料颗粒脱离了混合料整体。这些颗粒产生的污染是一种自污染。由于沥青的黏性,沥青颗粒还可以进一步发展为脏物的结块。

"结块":据推测,结块可能是因为冬季清路时使用了盐以及炎夏时温度的影响。图 3-19 中扫描电镜图片显示出了这类结块(用圆圈标识)。图 3-19a)是因为温度关系,空隙中脏物与沥青之间的紧密结合导致的,它显示出几乎均匀的一个结构。图 3-19c)显示出沥青与脏物颗粒之间可能的结合方式。颗粒一定程度上被嵌入到了沥青膜中。这可能是因为夏季月份里接

触较高温度导致的，或因为沥青的黏性，这只是一个时间问题。图3-19b)中的结块(图3-19a)的放大)显示出不同的结构。这种情况下，强烈的结合似乎只出现于脏颗粒之间，而没有沥青表面的参与。沥青只是与表面连接的部分，而似乎不是结块的组成部分。冬季道路盐(NaCl和 $CaCl_2$)的使用是这类结块发展的一种可能解释，这是因为盐的吸湿性和产生稳定晶格的能力。

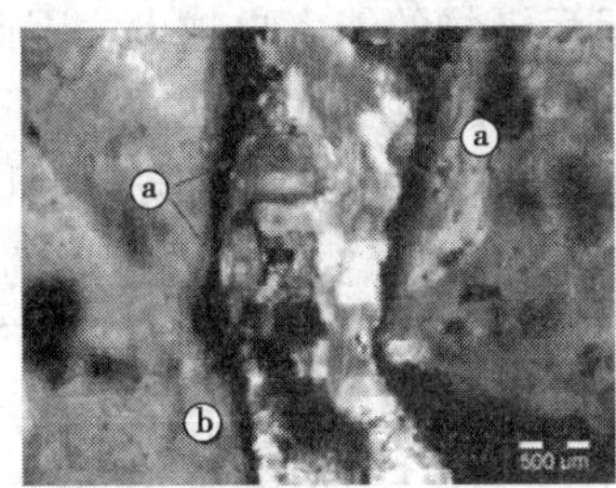

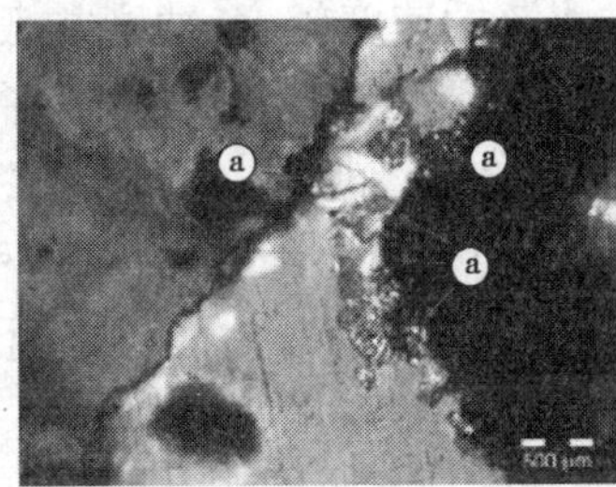

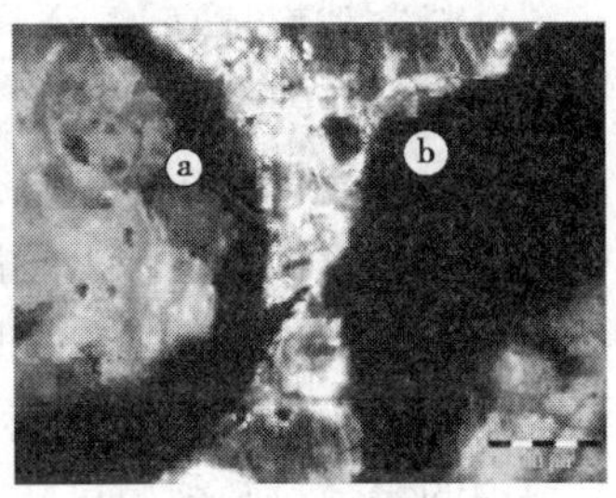

图3-18 空隙的堵塞(Maróthy,2006;Kuti,2006)

ⓐ显示出堵塞趋势的黏附在瓶颈处的脏物；ⓑ沥青状脏物颗粒

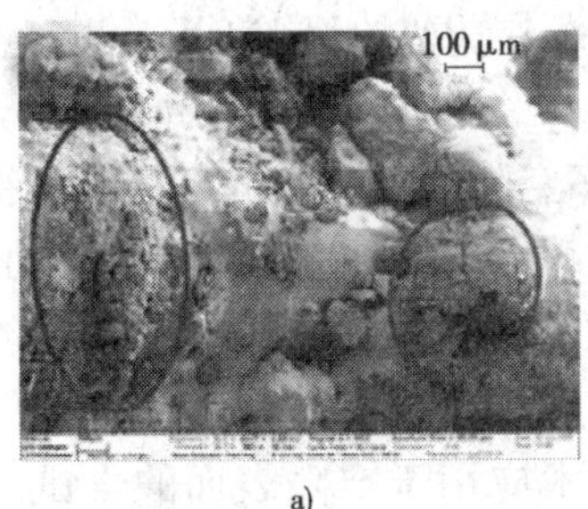

a)

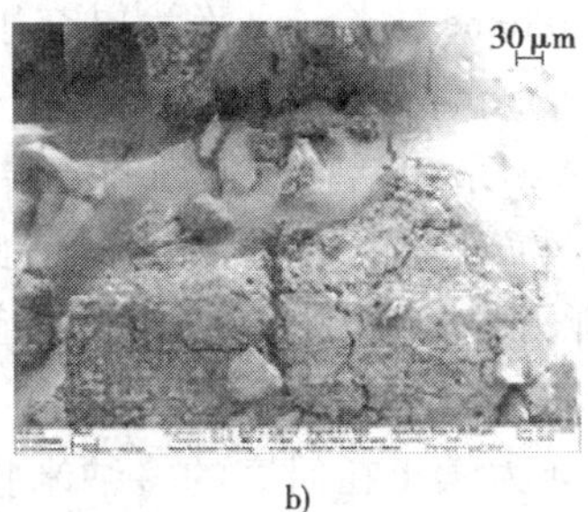

b)

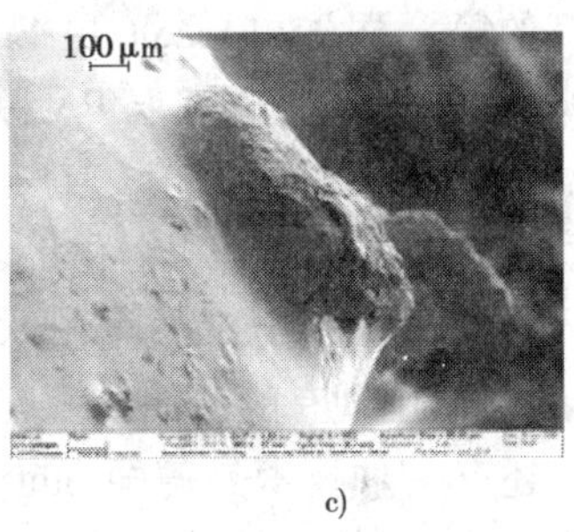

c)

图3-19 结块扫描电镜图片(Maróthy,2006;Kuti,2006)

a)脏物黏附与脏物结块的发展(用圆圈标识)；b)脏物结块的放大图像；c)沥青上脏物的黏附

3.3.1.3 对策

(1)从路段选择上

根据多年使用排水性沥青路面的经验，人们已经发现了路面堵塞的许多规律。如：

- 高速公路上使用一段时间以后的排水性沥青路面，行车道堵塞比超车道严重，紧急停车带堵塞最严重；
- 城市快速车道上，重载车道(或慢车道)的堵塞比轻载车道(或快车道)严重；
- 交叉口路段比正常行驶路段堵塞严重；
- 不封闭路段比全封闭路段堵塞严重；
- 长期干旱的路段比雨水充沛的路段堵塞严重；
- 与密级配沥青路面邻接的路段比不邻接路段堵塞严重。

因此，普遍的结论是，应将排水性沥青路面修建路段选择在雨水充足的全封闭的或禁止污染车辆通行的轻载快速道路上。

路段选择主要利用了雨水作用下，高速旋转轮胎自身产生的“自清洗”(Self-cleaning)作用。在德国慕尼黑科技大学 Matthias A. Haselbauler(2008年)的理论分析中，发现水膜厚度

3mm 时,80 km/h 车速下,滚动着的轮胎可以将路表向下 3cm 的水带出来。由于排水路面内水的快速加速,诱发了高的流体速度,显著加强了水搬运污染物的能力。而且,轮胎后面产生的低压区可低达 -0.2 个大气压。低压是水向着排水性沥青表面加速的主要原因,最终由于车辆作用产生排水路面的自清洗效应。

(2)从混合料组成与结构设计上

混合料空隙率越高,混合料内水流的速度越大,冲刷并搬运污染物的能力也越大。因此,为了设计不易堵塞的排水性沥青路面,增大空隙率是一条可行的途径。这方面的工作除了第一章中曾提到的 Jean Lefebvre 公司生产的 Accrophone PE 外,还有法国 Colas 集团推出的具有高空隙率的新一代多空隙沥青路面。由于配合比的优化,这种多空隙沥青混凝土铺设后的空隙率大于 25%,实际获得的数值多在 28% ~30% 之间。据测试,其渗透系数大于 2cm/s,而空隙率 20% 的第一代多空隙沥青混凝土,铺设后的数字大约是 1.2cm/s。为了维持高的空隙率,混合料中的结合料必须用热塑性弹性体高度改性,还可以采用环氧树脂、聚氨酯树脂、脲醛树脂等热固性材料。

防止堵塞的另一种做法就是采用图 3-12 所示的双层多空隙沥青路面。法国斯特拉斯堡举行的第一届 Eurasphalt 与 Eurobitume 大会上,荷兰提交了双层 PA 的经验(Van Bochove,1996 年)。荷兰人将双层 PA 称为 Twinlay,意大利人称其为双排水层(Double Draining Layer)(Battiato 等人,1996 年)。双层 PA 一般包括顶层较细的薄层多空隙沥青混合料与下层更粗更厚的多空隙基层混合料。借助于"筛效应",堵塞大为降低,此时较细的上层阻止粗颗粒脏物进入下层,同时底层较高的排水能力降低了脏物或污染物被截留的机会。于是,只有顶层被慢慢堵塞,可用现有的清洗技术轻松清除。

还有一种技术是德国 Stuttgart 大学正在研究的将纳米技术应用于空隙表面的尝试。德国人认为,尽管定期清洗可能是避免堵塞的一种解决方案,但高压清洗设备清洗实现的结果至今仍无法让人满意。因此,应尝试对付堵塞问题的另一条途径。可将材料本身制作成能抵抗脏物的吸附,这样或者脏物无法黏附在空隙表面上,或者至少可以再用水方便地冲掉。空隙的表面必须赋予其抗脏的性质。尝试阻止空隙中的脏物吸附,存在有三种策略(图 3-20):

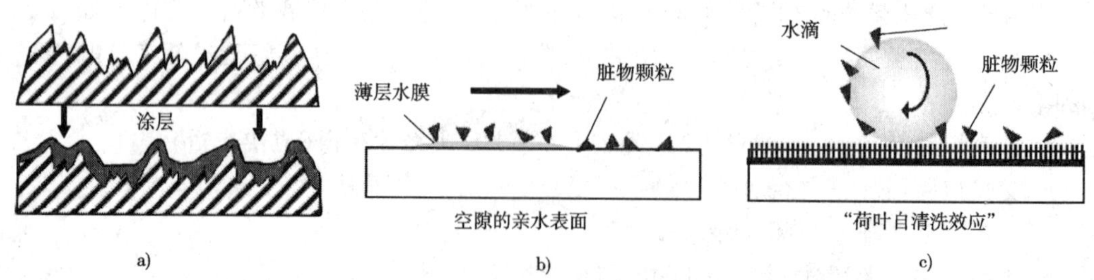

图 3-20 营造空隙中抗脏表面的备选方案

a)空隙粗糙度的均化;b)很亲水表面;c)憎水的微结构化表面("荷叶自清洗效应")

第一种方法是相当简单的空隙粗糙度用聚合物涂层的均化,空隙中修滑后的表面应能阻止脏物黏附到表面上。要选择合适的涂层,了解空隙表面的特点和粗糙度十分重要。已经用扫描电镜实施了空隙表面的研究(图 3-21)。微观粗糙度显示了一个非常不均匀的结构,无法

确定正常的粗糙度参数。对空隙中微观粗糙度的主要影响似源于ⓐ填料颗粒，ⓑ木质素纤维和ⓒ集料的微观粗糙度。这些成分可能被沥青覆盖，也可能没有，这造成了不同的粗糙度元素。空隙粗糙度可被描述为主要由填料产生的不稳定的、小的粗糙度峰，以及具有光滑纯沥青表面的ⓓ"粗糙度谷"。

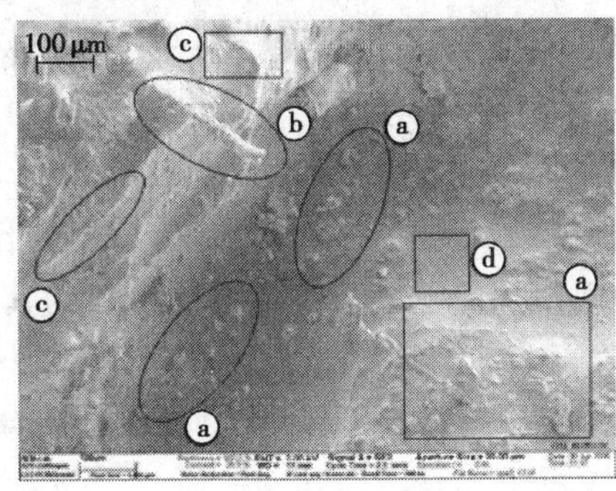

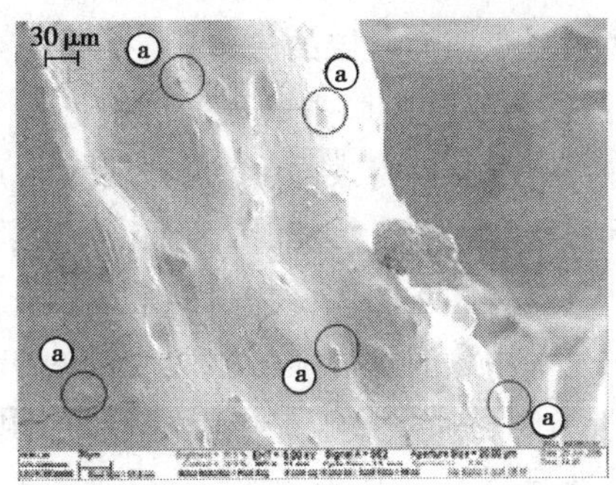

图 3-21　多空隙沥青(0/8)中空隙表面的粗糙度，显示出不同的粗糙度元素[Maróthy，2006；Kuti，2006]
ⓐ填料颗粒；ⓑ木质素纤维；ⓒ集料的微观粗糙度；ⓓ光滑的沥青表面

粗糙度的知识是选择合适材料与涂层厚度的基本决策信息之一。

还必须测试涂层最佳的施工温度，必须证实其与沥青结合料的黏附强度，还有为实现最佳效率，涂层应覆盖空隙的主要面积，这是涂层黏度与施工方法的问题。

同时，必须认真观察涂层施工后的滑动阻力。尽管涂层只要覆盖层内的空隙表面，但不可避免的也会覆盖道路表面。涂层黏度和施工方法还对保持空隙开放起着重要作用。涂层不可填满空隙，否则会堵塞多空隙结构。涂层工作最重要的要求是，尽可能抵达多的空隙，同时避免涂层本身造成的堵塞，确保足够的滑动阻力。

第二种方法是营造一个非常亲水的表面。用聚合物添加剂来改性沥青。由于马拉高尼效应(Marangoni Effect)❶或自分层效应(Self-Stratifying Effect)，聚合物迁移到沥青表面上(图3-22)，这样水滴和表面之间的接触角减小，从而水渗入到脏颗粒的下方，铺展在沥青表面上。脏颗粒无法黏到沥青表面上，只能在多空隙层中转移。这类表面无法避免脏物的黏附，但通过降雨或人工清洗，可以方便地冲走脏物。

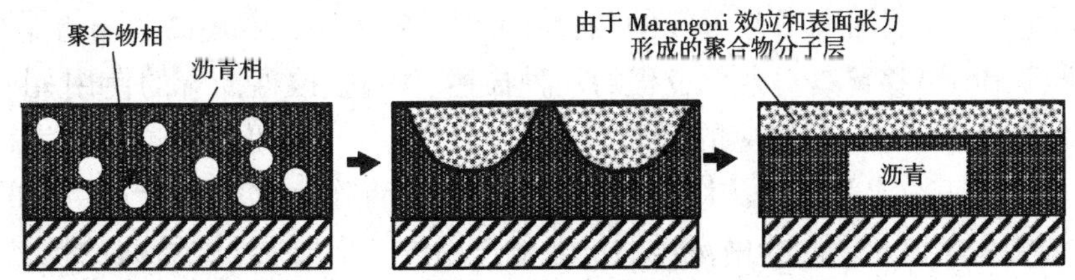

图 3-22　由于 Marangoni 效应和表面张力，形成亲水表面

第三种方法是营造微结构化的憎水表面。它是两种表面作用的组合，非常憎水的表面，再

❶ 马拉高尼效应：由于具有高表面张力的液体比具有低表面张力的液体对周围液体有更强的拉力，因此表面张力梯度的存在自然导致液体从低表面张力区域流走。表面张力梯度可由浓度梯度——"酒泪"情况下的乙醇浓度，或温度梯度(表面张力是温度的函数)导致。

进行微结构化。这样的组合借鉴了大自然中的“荷叶自清洗效应”(Lotus Self-Cleaning Effect)❶。由于微结构,脏物只能以极小的接触点黏附到表面上。水无法侵入憎水的微结构,只能移动到微结构顶面上,保持接触面积最小,从而带走积聚的脏物颗粒。这种方法消除了脏物的黏附,使表面可以用水更轻松地清洗。

借助于多空隙沥青层的涂覆(后摊铺),或摊铺前往拌好的沥青混合料中加入特殊聚合物(前摊铺),可以实现空隙中的表面调整。聚合物相首先均匀地分布于沥青中,摊铺完成后,聚合物应移到空隙的沥青表面上(自分层效应),根据聚合物的组成,使表面憎水或亲水。

前摊铺法实用中有优势,因为工厂里往沥青结合料或沥青混合料中加料是相当容易操作的程序。缺点是加入的聚合物可能改变了化学属性,从而影响多空隙沥青混合料的其他性质,如耐久性。采用涂层是一项困难而复杂的加工过程,因为道路是具有很大表面积的构造。不过,沥青混合料性质受影响的风险降低了,因为这只是表面行为的(物理)变化,一般来说,不会影响沥青混合料的化学行为。

迄今的发现是,覆盖沥青层的空隙表面,实现显著的荷叶效应相对容易。不过,对相反的措施,必须向沥青中加入多达20%的聚合物材料,似乎不很实用。

(3)定期养护

采用高压水冲,结合真空抽吸,以排水机能维持或恢复为目标,按照确定频率或确定养护标准,对排水性沥青路面进行养护。这方面的内容,我们将在养护章节里详细叙述。

3.3.2 老化与剥落

凡使用沥青作为结合料的混合料,随着时间的进行,沥青的老化(Ageing)是不可避免的趋向。沥青老化带来两大后果,一是沥青劲度提高,性质脆化,内聚力下降,可引发石料飞散;另一是沥青与石料的黏附力下降,在水的参与下,可引发沥青从集料表面的剥落(Stripping),这最终也表现为飞散。关于飞散的问题可参见3.2.1节。

排水性沥青混合料的高空隙率,使得暴露于水、空气等的表面积更大,水、热、紫外光等对结合料的损伤同等条件下高于密级配沥青混合料。沥青的老化硬化是沥青中组分改变的结果。例如,氧化产生的老化是沥青硬化的主要成因,它被认为主要是引入了含氧的化学官能团的结果,其极性本质大大加大了分子间的相互作用力,从而使黏度提高。沥青组分(饱和分、芳香分、胶质、沥青质)移行是对老化过程的一种描述。不过,改性沥青的使用,由于加大了沥青膜的厚度(14μm甚至更厚,对应的普通沥青在8μm左右),使得氧化过程大为趋缓,排水路面过早老化的担心正在成为历史。许多国家采用橡胶沥青作为排水性沥青路面的结合料,橡胶沥青高的沥青用量以及橡胶粉中炭黑的抗老化作用进一步加强了结合料的抗老化性能。

从剥落的发生机制看,水在一定的压力作用下从包裹石料的沥青膜的损伤点侵入沥青与石料的界面,逐渐取代沥青来浸润石料,使沥青从石料表面移出。也有一种观点认为,动水压

❶ 荷叶自清洗效应:荷叶表面具有超疏水(Superhydrophobicity)以及自洁(Self-Cleaning)的特性。由于莲叶具有疏水、不吸水的表面,落在叶面上的雨水会因表面张力的作用形成水珠,换言之,水与叶面的接触角会大于150度,只要叶面稍微倾斜,水珠就会滚离叶面。因此,即使经过一场倾盆大雨,莲叶的表面总是能保持干燥;此外,滚动的水珠会顺便把一些灰尘污泥的颗粒一起带走,达到自我洁净的效果。

力产生的机械能可能使局部地方的沥青与水发生微乳化作用,沥青成为乳液而脱离石料表面。可以认为,动水压力与沥青膜的损伤点是发生剥落的两大前提条件。不过,由于排水性沥青路面连通空隙的本质,动水压力不易积聚,同时沥青膜相对较厚,这使损伤点不易形成,因此排水路面本身的剥落很难看到。但由于排水路面渗入的水分是在中面层表面上流动的,因此中面层的剥落成为人们关注的焦点。事实上,Kandhal 在美国所作的全国性 OGFC 调查中,OGFC 下卧层的水损坏也是报道相当多的 OGFC 病害之一。目前的防治手段主要是三点:

(1)中面层混合料要有好的防水能力;

(2)中面层不允许有凹塘,也就是说水要能从中面层表面顺利排出,不致形成中面层局部积水;

(3)在中面层和排水路面之间设置防水层。

美国得克萨斯州在 PFC 的研究中,总结出了 PFC 中结合料老化的一些特点如下:

- 铺装表面的 PFC 因为温度较高,氧化速率会比较深处的 PFC 更高;
- PFC 混合料因高的渗透性,可预料其能提供氧接触结合料的更多通道,氧化速率将加快;
- PFC 混合料中较厚的沥青结合料膜,使得氧向结合料输送的速率减缓,从而延迟了氧化作用;
- PFC 混合料中较厚的结合料膜很可能正面作用于老化对耐久性的影响,不同于密级配的薄膜混合料;
- 某些 PFC 结合料中的纤维可能起到加筋结合料膜的作用,降低导致松散的老化硬化的影响;
- 某些 PFC 混合料中石灰的存在可延缓结合料老化的作用;
- PFC 混合料中的聚合物改性剂对与老化相关的耐久性可能有有益影响。

3.4　冬季养护

3.4.1　背景

冬季养护的作用是在可接受的费用下清除道路上的冰和雪,使得驾驶员即便在冬季条件也可以正常使用主要道路。顶层的雪用机械清除,雪和冰的最后痕迹用融冰剂融解。

冬季养护在相关国家已经得到了相当程度的发展。各国所针对的目标、组织机构、管理方式、实施手段等都有相当大的不同,有的是因为历史原因,但大多是因为当地的气候条件所致。封闭的一般道路表面上的冬季养护已经取得了广泛的经验。但多空隙沥青作为一种新型磨耗层,对其冬季养护策略必须慎重对待。已经应用多空隙沥青的国家,对这种材料的冬季行为有着相当不同的观察。

与密实沥青磨耗层相比,相关国家对多空隙沥青的冬季养护都采取了完全不同的做法。这是因为:

- 多空隙沥青具有不同的温度行为;
- 混合料的开放结构使得道路上维持有充足量的盐水平变得困难。

这个领域大部分的研究是在法国、比利时、日本、奥地利、瑞士和荷兰进行的，近年来美国有些州也进行了深入的研究。它们也是使用多空隙沥青时间较长的国家，对材料已经获得了相对较多的经验。

在试验室和实际操作中，都发现冬季条件下多空隙沥青的行为有时比密实混合料好，有时更差。其中一个重要的问题是从多空隙沥青到密实混合料的过渡。多空隙沥青阻碍了车辆正常的撒盐，导致过渡带上盐水平不足。

3.4.2 冬季问题

3.4.2.1 冻雾/白霜

由于冷凝和冰冻，一定的温度——湿度条件下，水可能结成冰。多空隙沥青对温度波动具有与密实混合料不同的行为。基于实际的做法，现场测量已经证实，多空隙沥青上冰的形成要快于密实混合料。法国和荷兰都已经证实，多空隙沥青比密实混合料温度低1～2℃（图3-23）。这意味着临界温度条件下，这类磨耗层的冰冻可能更频繁，时间也更长。

奥地利的研究得出结论，在－5～0℃的温度范围内，多空隙沥青的行为与密实沥青混合料是不一样的。但在更低温度下，与密实混合料相比倒是没有差异。在多空隙沥青路面上预防性撒盐的有效性较差，有时需要增加撒盐的频率，并且决策时机也不一样。有些国家（法国/荷兰），有在多空隙沥青路面上使用电子警告系统的趋势。

3.4.2.2 冰冻的潮湿表面/冰霜

寒冷道路表面上由于冰霜或冻雨导致冰的生长是非常危险的（图3-24），因为道路条件变化非常迅速，驾驶员很难把握。此时预防性撒盐也不是太有效，降水时，撒盐的需求量增加，因为盐溶水被快速排出。表面上洒盐水也是无效的。

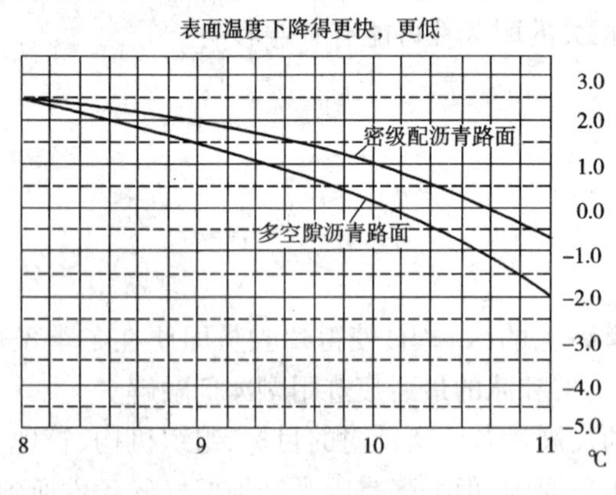

图3-23　密级配与多空隙沥青表面温度的比较

图3-24　道路上的冰霜现象

3.4.2.3 雪/雹

这种情况下，可以认为，预防性撒盐也不是太有效。

雪犁，还有车辆，会把雪压挤到多空隙沥青的空隙中。这样多空隙沥青磨耗层很快表现为被雪所覆盖，并且长时保持雪白的外观。这可能对交通安全具有有利的影响，因为覆雪道路的外观导致了驾驶员不安全的感觉，使得驾车行为更为温和。另一方面，也有报道指出，雪被车辆交通从空隙吸出，从而造成滑溜道路的时间更长。

由于空隙被雪填充，需要更频繁的撒盐才能融雪。太多的盐（NaCl）可导致多空隙沥青层中由于吸热反应而结冰（图3-25）。

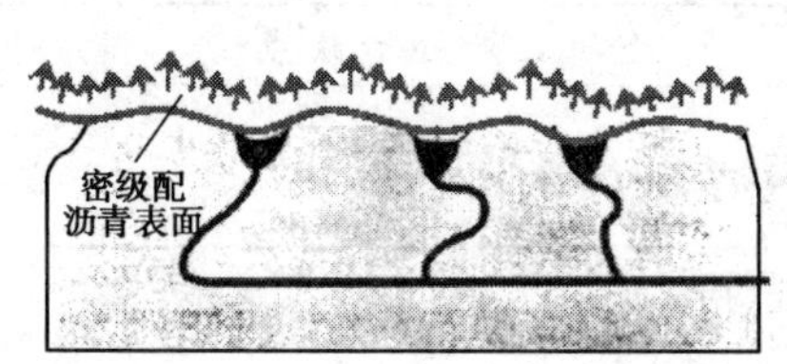

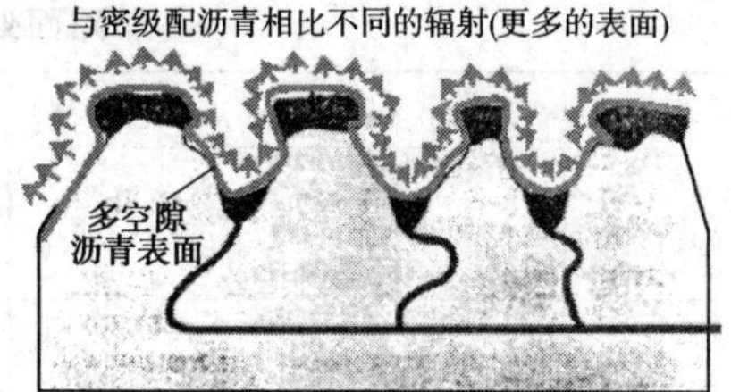

图3-25　密级配与多空隙沥青表面产生辐射的比较

3.4.3　策略

无论在欧洲还是在美国的近期研究中，都记载着，有多空隙沥青的路面上，雪的堆积、冰的形成、盐和融冰剂的使用均与密级配路面不一样。由于其开级配的特征，排水路面的表面温度自然趋向于比密级配路面低几度，因为高的空隙率使得路面热传导更少，大约是密级配混合料的40% ~70%。冰和雪在排水路面上可能堆积更快，解冻更慢，冻结更迅速。尤其是当水被允许积聚在道路曲线上并处于快速的冻融循环中时，黑冰是被报道频频出现的严重问题之一。

3.4.3.1　材料

在材料方面，沙是最常用的，相对有效，但其小的颗粒容易进入路面孔隙中，导致堵塞。尽管沙是最常用的材料之一，并提供了良好的摩擦，但为避免堵塞，还是应将其从排水路面的养护方法中撤消。另外，在融化冰或防止再冰冻方面，沙也并不是那么有效。作为摩擦用沙的替代，可以采用其他材料如轻质等级的人造石料或石灰石，因为这些集料中的材料颗粒足够大，不会移动到空隙中，从而也不会阻碍混合料的排水。

只有当路面上存在有足够的水时，干燥固体化学试剂的使用才可能是有效的，这样才能防止材料从干燥路面上损失掉，并促使盐溶解。足量降雨下落后不久，并且雪或冰与路面结合之前，必须喷洒化学品做好准备。否则雪或冰与路面结合之后，再要实现融冰作业就必须使用更多的材料。

液体化学品由于能在路面上以相对快的喷洒速度均匀铺开，并作为一种预备处理手段铺到干燥路面上，因此是可用的。液体化学品包括钙镁醋酸盐（CMA），氯化钙（$CaCl_2$），氯化镁（$MgCl_2$），醋酸钾（KAc）等。非盐化学品还能减少盐所产生的腐蚀作用。

不过，由于排水路面的排水特性，盐和液体融冰剂以及抗冻剂都会更快地流走，因此，必须更频繁地喷洒，产生了更高的费用和环境问题。例如，在意大利，排水路面上盐的用量增加了50%。更大的盐粒可减少材料的流失。

冰霜或黑冰的形成也可采用液体化学品来防止。不过，化学品应在冰形成的预测时间之前喷洒，否则化学品中的水分将会蒸发，或在车辆作用下移失。交通条件只有在 -2℃与2℃之间才是主要因素。

预湿盐可更好地粘在路面上，防止了流失，从而降低了所需的材料数量。还存在更黏的化学试剂，可在表面上保存更长的时间。

表3-2显示了各种冬季条件下可用于处治的材料的一个汇总,包括了每种材料的优点和缺点。

冬季路面处治材料的汇总　　表3-2

处治材料	处治优点	处治缺点
沙	便宜 快速提供摩擦	堵塞
盐	便宜 融化冰	流走(用量更多); 腐蚀
干化学品	有效	洒布不均匀;需要水来激活并阻止材料的损失
液体化学品	洒布均匀	可能流走(用量更多);不推荐用于冻雨或雨夹雪
预湿盐	与道路表面更好的黏着 材料更均匀的分布	不常使用;需要更多材料

3.4.3.2 程序

在程序方面,排水性沥青路面需要拥有属于自己的冬季养护体系,但研究表明,只要正确计划,冬季条件下的问题是可以克服的。必须提供给养护人员有关冰点附近或以下温度时排水路面不一样行为的正确信息。还必须建立冬季降雨前后的程序,比如降水前路面上化学品正确的喷洒时机,以防止冰的形成,包括给相关人员针对性的和经常性的培训。表3-3提供了各种冬季条件下可能处治的一个汇总,包括每种处治的优点和缺点。

冬季路面处治程序的汇总　　表3-3

处治程序	处治优点	处治缺点
抗冻	提前采取行动; 预防冰和雪的形成; 维持安全的道路状况	需要准确的时机
采用预湿盐和化学品	提高了效率; 洒布更为均匀; 与道路表面更好的黏着; 更快和更长久的效果; 提高了洒布速度; 道路表面可能更快地干燥	需要准确的时机
融冰	清除已经粘到路面上的雪和冰时有用	反应性的; 无法维持最安全的道路状况; 比抗冻剂使用更多的材料
雪犁和胎钉	具有暴雪和严冬条件的北方气候下有用	路面的刨削和擦痕
新技术:静电技术	将融冰剂粘结到路面上	实验性

不幸的是,排水路面更易遭受雪犁的刨削,对雪犁的刀刃抵抗不足。美国俄勒岗州认为,胎钉造成的车辙是排水路面最严重的养护问题。在俄勒岗州,养护管理者尝试在犁上使用行走靴,这使得犁速降低,从而抵抗刨削问题。一般来说,胎钉和雪犁造成的破坏非常广泛,在雪

犁使用很普遍的区域，不推荐使用排水路面。不过，不得不在排水路面应用地区使用时，雪犁驾驶员应在犁此类路面的方法方面接受合适的培训。

抗冻剂是一种实用并且有效的预防性行动技术，目前使用不如其他技术那样普遍。由于预防了道路上冰和雪的形成，因此该抗冻程序可提供降雨期间安全的道路条件。不过，成功并且有效的抗冻程序需要准确的作业时机，以与预防结合性冰雪的形成或发展的目标相一致。这个程序需要系统性的方法，决策时存在较多的判断，要有系统地利用可获得的信息源，作业要有计划并且快速进行。

融冰程序是反应性的，用于破碎已经粘结到路表上的雪与冰；这种程序并不被认为同抗冻程序一样有效。融冰作业常常只有在已经积聚了 2.5cm 或更厚的雪并且粘结到道路上之后才启动。在冬雨期间，为维持最安全的道路条件，融冰不如抗冻有效。而且，为了融化雪与冰，需要使用比抗冻程序更多的融冰材料。

液体化学品同抗冻剂一样，比融冰剂有效。液体化学品必须在雪积聚以前铺洒，因为雪会阻止化学品接触路面，并且可能稀释化学品。为获得最佳效率，液体化学品应在 -5℃以上的温度下使用。不过，将喷洒率提高到推荐水平以上时，液体可在低于推荐值以下的路面温度下使用。在较低路面温度下采用较高化学喷洒率的成本效率需要个案评价。

对于抗冻和融冰程序，新的盐溶液洒布方法可减少材料被冲走的几率，但需要掌握时机。例如，撒盐可能只有在发生降水前并且温度低于 -10℃时洒布在干燥路面上才有效。另外，在长时间下雪的情形下，盐可作为氯化钙溶液的补充，以便从路面场地上清除厚冰和积雪。镁和钙的组合还可用作融冰剂。

预湿盐和化学品的使用可能同抗冻处治一样有效。这些盐可以更为均匀地洒布，也能更好地附着在道路表面上，作业更快更长久，使道路表面更快干燥。不过使用预湿盐必须时机正确，以求有效。

新技术的使用可改进抗冻程序和融冰程序。正在研究的一项新技术是静电，作为将抗冻剂粘结到表面上的一种方法。不过，这项技术仍是实验性的。

最后，必要时，冬季养护计划都应采用抗冻程序和融冰程序的组合。可以采用干盐、湿盐、钙加强的湿盐、纯的氯化钙溶液的组合，具体取决于路面条件（冰、雪比例），抗冻或融冰的做法，潮湿表面条件与干燥表面条件的比例等。使用方法应包括预防性撒盐、融冰或抗冻化学品的使用，加大融冰剂的使用频率，将磨蚀剂与化学品混合，或这些做法的组合。

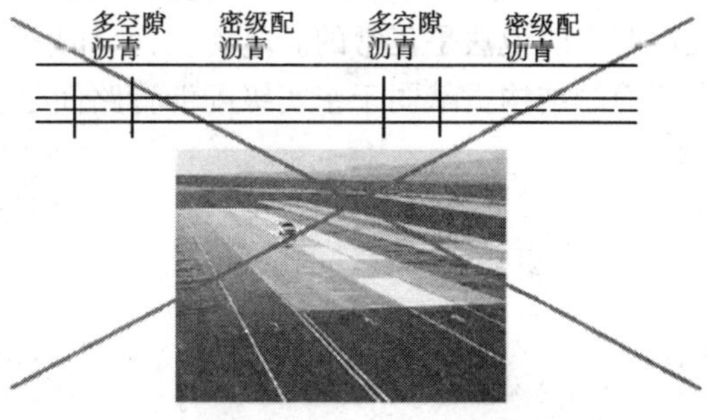

图 3-26　排水路面短的路段

3.4.3.3　设计

应避免短的排水路面路段，因为从密实表面到多空隙表面的转换在冬季条件下可能混淆驾驶员（图 3-26）。由于冬季风险，不推荐在交叉路口使用多空隙表面。另外推荐的还有在多空隙路面前使用警告信号，以引起冬季条件下对可能覆冰的路面的注意，但实践中这个程序不太有效。

3.5 额外的设计关注

3.5.1 失判型超速

相比普通密级配沥青路面，由于减薄甚至消除了路表水膜，同等条件下排水性沥青路面的滑动阻力大大增加，这加大了道路的通行能力，是排水性沥青路面的效益之一。但需要注意的是，由于毕竟有水润滑作用的存在，排水性沥青路面的湿摩擦，与排水性沥青路面的干摩擦，乃至高速抗滑能力相对较弱的密级配沥青路面的干摩擦相比，还是相对低的，或者说刹车距离会略长一些。但是对已经习惯于使用普通路面的驾驶员来说，雨天对道路刹车距离的判断多是来自于道路表面的镜面反射的，排水性沥青路面不积水膜的"干燥"假象会"欺骗"驾驶员对刹车距离的经验性判断，导致紧急情况下刹车距离失判，造成不应有的事故，此时驾驶员的行为就是"失判型超速"。由于超速引发的事故后果相当严重，因此应引起警觉。

还有一种类型的"失判型超速"，是当驾驶员从排水性沥青路面转换到密级配沥青路面时，由于惯性驱使，还没有从排水性沥青路面相对安全的路表状况调整过来，以排水性沥青路面的驾车方式行驶于密级配沥青路面，这也会产生不应有的事故。

当然，随着排水性沥青路面的普及，失判型超速的风险将会逐渐降低。

3.5.2 结构贡献

由于每个国家混合料的设计不一样，因此排水性沥青混合料在重载道路上的结构贡献是有争议的。英国的 Potter 和 Halliday 在一项调查中表示，多空隙磨耗层 40mm 的厚度，其结构强度贡献相当于热滚压沥青混合料层 20mm。瑞士老的排水性沥青路面(DRA)标准提出，1cm 厚度的瑞士传统基层混合料等于 1.25cm 的 DRA，DRA 的结构贡献相当于其他面层混合料(包括浇注式沥青混凝土与 SMA)强度的65%。在日本，混合料设计中认为多空隙沥青路面的结构贡献和其他沥青层相当。日本的经验认为，拿 4cm 多空隙沥青层与具有 4cm 密实沥青面层的传统路段相比，沥青路面耐久性方面(交通荷载下的抗裂性能)没有显著的差异。

事实上，由于所用结合料的差异(纯沥青、普通改性沥青或高黏度改性沥青等)，结构贡献没有明确的说法是正常的。笔者认为，如果两相比较的混合料所用结合料是一致的，排水性沥青路面的结构贡献弱于密实级配沥青路面是正常的结论。

第四章　排水性沥青路面的结构设计

排水性沥青路面与普通密级配路面在结构设计的考虑上存在着很大差别。比如,普通密级配路面很少考虑路面的使用环境,主要关注的是其负荷条件,但排水路面则不得不加以考虑,否则使用排水路面的效益很难充分发挥。另外,排水路面需要考虑的不只是混合料本身,还有封层结构与排水设施,一定意义上说,排水性沥青路面是一个完备的排水体系。

4.1　特殊应用场合

4.1.1　存在显著水平作用力的场合

排水性沥青路面的多空隙性质,决定了它相对弱的抗水平剪切能力。多年的实践表明,排水性沥青路面出现飞散和压密较多的区域就是水平荷载相对突出的地段。这样的地段包括:

(1)交叉路口,车辆的刹车、起步以及转换方向的扭转作用成为水平荷载的来源;

(2)上、下坡道路,车辆重力在坡面方向的分量以及道路的摩擦力共同构成了水平荷载的来源,由于上坡速度更慢,对路面的加载时间更长,因此对路面的影响更大;

(3)曲率半径较小的转弯车道,离心力成为水平荷载的来源;

(4)停车场、公交站点、匝道端部与高速公路收费点附近路段等,水平力同样来源于刹车与起步;

(5)重载慢速车道,大的轮胎冲击力与长的荷载作用时间共同构成了不利的荷载作用。

对于这些路段,排水性沥青混合料应采取改性程度更高的结合料。

4.1.2　下承层存在局部下凹区域

排水性沥青路面的排水效率很大程度上取决于下支承层的横坡,不过,如果下支承层不平整,会出现俗称“浴缸效应”的问题(图4-1),此时,水被陷在下支承层的下凹区域中,无法沿着支承层表面流动排出,这部分积蓄的水将成为中面层水损坏的来源。下支承层的下凹不完全是加罩排水性沥青面层时施工不当的结果,还有可能是因为中面层车辙或是土基局部下沉导致的。因此,排水性沥青面层施工前,应对中面层可能的变形给予评价。

4.1.3　气候寒冷地区

寒冷地区能否采用排水性沥青路面,至今仍是一个争论的命题。这种担心主要来源于两方面,一是冻融循环造成的水损坏,这是因为滞留在道路内部的积水结冻、膨胀、溶融、收缩,不断重复这样的过程而造成。另一则是对冬季养护问题的关注,这已在上一章作了说明。

但是据日本方面认为,排水性沥青路面的沥青混合料内部,由于具有互通的空隙,即便积留在其中的水冻结后,其膨胀压力也可通过连通空隙而得到疏散,因此排水性路面沥青混合料不发生稳定度下降或剥离等问题。考虑到冰雪地区扫雪车等反复作用对路面的损伤,需要提高混合料中结合料的改性程度,使其更为耐久。此时由于内部确保了充足的连通空隙,因而无须担心反复冻融而造成强度下降;不过,并不是所有空隙都相互连通,存在着局部积水的薄弱区域,应予关注。

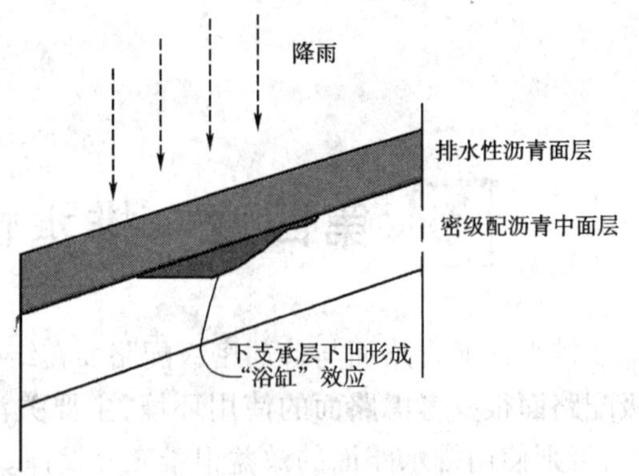

图 4-1　下承层下凹的"浴缸"效应

日本北海道地区是典型的多雪寒冷地区,其所属高速公路50%以上已经铺装了排水性沥青路面。从这一点看,寒冷地区应用排水性沥青路面不存在技术上的障碍,关键是要有合理的冬季养护对策以及耐久性能好的专用结合料。

排水性沥青路面在积雪地区,雪融化后的水流入排水层内排除,而普通路面雪与雪水混合在一起,不易融化。不过也有人指出,排水性路面冬天冰雪更难以融化(这主要是表面温度更低的缘故),夜间路面也更容易结冰。据此,日本提出了多种抑制排水性沥青路面冻结的对策:

(1)撒布普通的盐类防冻剂;

(2)在空隙内填充弹性氨甲酸酯,可有效防止冰雪的附着性,同时利用它的柔性作为防冻结路面使用。不过,填充的树脂在冬天过后还会残存在空隙内,导致排水功能难以恢复,因此,在冬季以外仍需要排水功能的情况下,这种方法不是很恰当;

(3)在空隙内填充不冻液等防冻材料作为防冻结路面。将不冻液与水、胶化剂混合加热到80℃左右注入空隙内,随着温度的下降及胶化作用的产生,空隙被填满。不过,被胶化的不冻液慢慢溶解的同时,由于车胎的牵引力会形成飞洒,所以其效果大概能维持三周。一旦被胶化不冻液溶解,排水性沥青路面的排水机能即恢复;

(4)采用本身具有抑制冻结功能的路面(混入了盐化物的路面)。

4.1.4　易污染地区

易污染的地区,主要有两种类型,一是泥泞多沙地区,一是易于滴油与滴燃料的地方。未限制通行的道路上,土方、垃圾等社会车辆会抛洒脏物,引起路面污染、堵塞。泥浆或沙也有可能从未铺装一侧的道路上被轮胎带到排水性沥青路面区域(如农用车使用道路,或海滩与沙丘附近的道路)。城市道路上,经常看到的是绿化工程落后于路面工程,绿化用土对已经建成的排水性沥青路面形成污染。还有路边建设工事落后于路面工程,有些施工人员将排水性沥青路面作为作业平台,堆放沙石、水泥材料,拌和混凝土等,这种堵塞基本上是不可恢复的,因此应绝对避免。

慢速行驶的车辆或车辆短暂停步维修的地方,容易滴油或滴燃料。普通密级配道路上,这种油和燃料易于挥发,但在排水性沥青路面上,油与燃料会渗入到面层内,由于油与燃料黏度

大，流动缓慢，可对结合料形成逐渐深入的软化作用，导致局部区域形成大的坑洞。因此，应密切关注这种情形，如这种情形较为频繁，应考虑适当的抗油损措施。

4.1.5　桥面铺装

美国加利福尼亚州关于OGFC的指南认为，“在总的结构设计以及地区材料工程师没有专门审批的情况下，OGFC不应用于加罩桥面”。事实上，这样的规定是基于对桥面尤其是钢桥面铺装设计的慎重考虑，但排水性沥青路面用于桥面却是相当普遍的。

桥面铺设排水性沥青路面，主要是对水的担心。因为无论是水泥混凝土桥面，还是钢桥面，结构设计的一个重点都是防止水接触桥面。而在排水路面情况下，让水从厚度上更接近桥面总是让人担心的事情。不过，这种担心是可以从技术手段上消除的。如图4-2所示，钢桥面上两层防水薄膜，外加一层几乎没有空隙的玛蹄脂沥青混凝土，可以认为水的问题基本上消除了。

事实上，由于桥面的特殊构造，垂直振动的压实方式是不被推荐的。不过，无论是AC结构，还是SMA结构，国内的做法都离不开振动压实。这种情况下，无需振动压实的浇注式沥青混凝土（包括玛蹄脂沥青混凝土在内）、排水性沥青混凝土等就受到了专家的青睐。上海2010年世博会配套工程——浦东中环线与机场北通道31km长的水泥混凝土高架桥，就全线采用了排水性沥青路面，其桥面结构如图4-3所示。

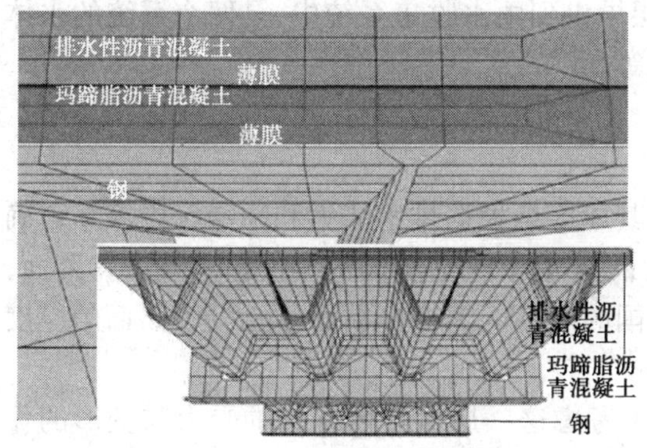

图4-2　荷兰某钢桥的双层铺装结构

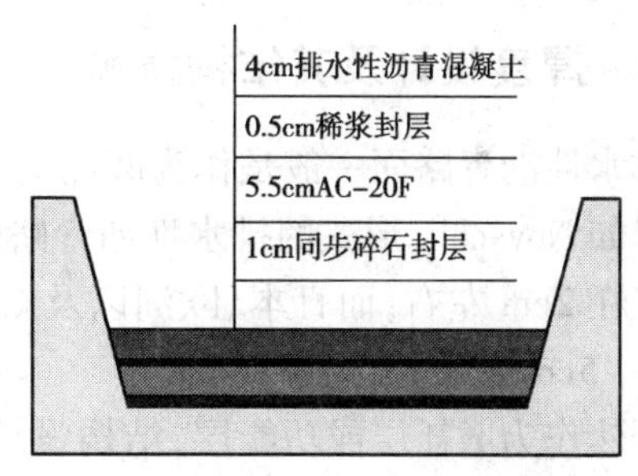

图4-3　上海浦东机场北通道高架桥面铺装结构图

4.1.6　隧道铺装

严格地说来，隧道内的排水性沥青路面，可能叫“多空隙沥青路面”或“低噪声沥青路面”更为合适，因为隧道内不存在降水。

在第二章曾谈到，有些欧洲国家，如荷兰，禁止隧道铺装表层采用排水性沥青路面，理由是火灾可能的蔓延，而国内有些学者则认为排水性沥青路面具有阻燃作用，理由是火灾源的迅速排出。这说明，隧道内采用排水性沥青路面的安全性还有待进一步确认。

从降噪的角度来讲，由于隧道的封闭性，声波在隧道内反复反射，使得驾驶员们的行车环境异常嘈杂，而隔音墙等措施在隧道内的有效性受到了一定限制，这使得源头降噪的排水性沥青路面具有应用的优势。

不过，由于排水性沥青路面多采用改性程度较高的改性沥青，施工温度相对较高，隧道又是封闭体系，因此沥青排放的烟气对施工工人来说，是很大的健康威胁。将温拌技术与排水性沥青路面技术相结合，是可能的解决对策。

4.2 结构行为

4.2.1 标准结构及功能

排水性沥青路面的结构必须包含三项基本组成，即实现水的"透"、"堵"、"排"三项基本功能的各系统(图4-4)。透，是要实现雨水向排水层的渗透，这是整个排水路面结构的核心，排水性沥青路面的空隙率、厚度、横坡乃至透水系数必须确保设计雨量下水的充分渗入；堵，是实现雨水流向的改变，从竖直下渗改变为沿下承层横坡向路边的水平流动，这就要求在排水性沥青路面与下承层之间设置不透水层，如防水土工布、乳化沥青或热沥青黏封层、稀浆封层、浇注式沥青混凝土等，同时，对下承层提出密实不透水的要求，为避免"浴缸效应"，还要求下承层有好的抗变形能力；排，是将雨水从排水性沥青面层导出到雨水收集系统中，是两个系统的水体流动连接，主要有自由出流、管沟引流、孔槽接流等。

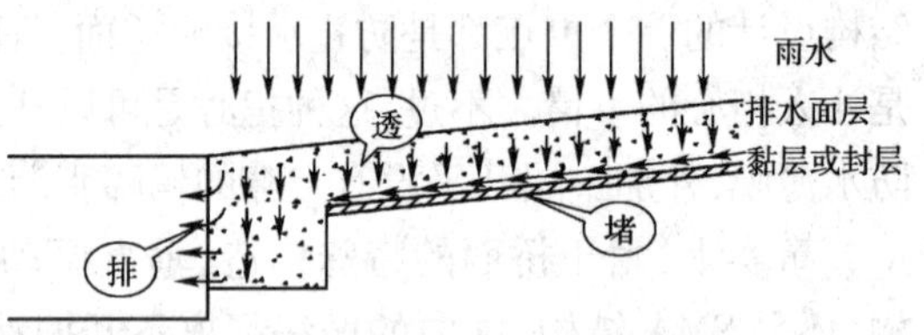

图4-4 排水性沥青路面的透、堵、排体系

4.2.2 厚度设计及其结构贡献

排水性沥青路面一般是作为磨耗层考虑的，其厚度是根据排水能力和降噪作用等综合确定的。如 Novachip 形式的排水性沥青路面，厚度最低可到 1cm，美国最早的排水性沥青路面，厚度多在 2cm 左右，而日本、欧洲以及新一代美国的 OGFC，都希望将排水性沥青路面的厚度放到 4 ~5cm 左右。

既然作为磨耗层或功能层，结构设计时，多不考虑这一层对整体结构的受力与变形的作用。不过，有些场合下，也可能会加以计算，如桥面铺装，或者受整体结构厚度或经济造价限制，而将排水性沥青面层既作功能层又作结构层看待时。

欧洲采用纯沥青或改性程度不高的沥青结合料，混合料的劲度主要受到空隙率增大的影响，因此，它们认为，多空隙沥青通常比大多数的传统面层混合料更柔，更不刚。其劲度模量为密实混合料的75%。有些国家认为，一层4cm 的多空隙沥青相当于一层3cm 的密实混合料。另一些国家更为保守，估计多空隙沥青的劲度模量只有密实混合料的50%，例如，法国的 Sainton(1990)曾认为，多空隙沥青混合料的结构当量系数等于传统密级配沥青混合料的0.5倍。而日本采用改性程度相当高的高黏度改性沥青，在1996年发布的《排水性铺装技术指针(案)》中指出，"关于排水功能层的当量厚度系数，当确认所用结构与通常的沥青混凝土结构具有同等的荷载扩散性及抗疲劳性时取1.0，其他的情况需参考过去的工程实例及通过室内试验以确定当量系数的大小。"因此，实际设计中的取值，应根据所用材料的情况具体分析。

根据东南大学的测试结果，普通改性的排水性沥青混合料20℃抗压回弹模量在300 ~350

MPa 之间,15℃抗压回弹模量在 410 ~ 510MPa 之间,而高黏度改性的排水性沥青混合料 20℃抗压回弹模量为 560MPa,15℃抗压回弹模量 580MPa,泊松比取 0.25。抗压回弹模量远低于 SMA 和密级配沥青混凝土,这支持了排水性沥青混凝土对车辆荷载的扩散能力不如普通密级配沥青混凝土从而结构贡献减弱的相关结论。

4.2.3 排水层自身可能出现的结构病害

排水性沥青路面出现的病害中,存在两种不同的类型,一种属于功能性病害,如空隙堵塞,它不影响行车的正常性能,却使得附带效益受到损失,这种病害为排水性沥青路面所特有;另一种属于结构性病害,又可分为荷载型病害与非荷载型病害两种,通常是面层应力或应变超越了材料所能承受极限之后的表现,这种病害会影响行车的正常性能或对路面整体结构产生影响,其他沥青路面也会出现,只是程度有所不同。图 4-5 至图 4-8 给出了日本排水性沥青路面结构病害的一些典型案例。

图 4-5 排水沥青层边缘飞散

图 4-6 排水沥青层交叉口飞散

图 4-7 排水沥青层上的泛油

图 4-8 排水沥青层的流动变形

4.2.4 特殊的结构组合

4.2.4.1 排水沥青路面上加罩排水沥青路面

老的排水性沥青路面上加罩新的排水性沥青路面,原则上是将老的排水路面完全铣刨掉。因为老的排水路面排水机能已经下降,积留的水分对路面耐久性是不利的。同时,由于排水路面粗糙的表面构造,新、老排水路面的界面面积较小,这会使层间结合较差,如采用粘层,则将完全损失下层排水路面的排水功能。

不过,美国已有在老 OGFC 上加罩新 OGFC 的成功例子,但是由于美国上一代的 OGFC 厚度仅为 2cm 左右,并且不以排水为目的,因此不具典型性。当然,当老的排水性沥青路面排水机能完好时,加罩新的更小粒径的排水路面是可能的,但要求路表温度较高时或用加热机械加热表面后实施,这样就成为典型的双层排水路面。

4.2.4.2 水泥路面上加罩排水沥青路面

水泥路面加罩沥青路面,最大的问题是反射裂缝的出现,目前尚无消除的办法,只有尽可能迟延。水泥路面的罩面表层不推荐采用排水性沥青混凝土,主要是因为排水性沥青混凝土下承层出现裂缝时,尽管表层看不到裂缝的存在,但水可以从排水路面下渗到裂缝中,从而使得水长驱直入,影响水泥混凝土基层乃至路基的稳定。而密级配路面只有当裂缝出现在表面时才可能出现水的下渗,这种情况通过目测并及时灌缝可以避免。

不过,将排水性沥青路面作为基层与 AC 材料组合(图 4-9),印度 Bhosale 和 Mandal(2008)通过试验论证了其作为裂缝缓解层的可行性。这里作一简单介绍。

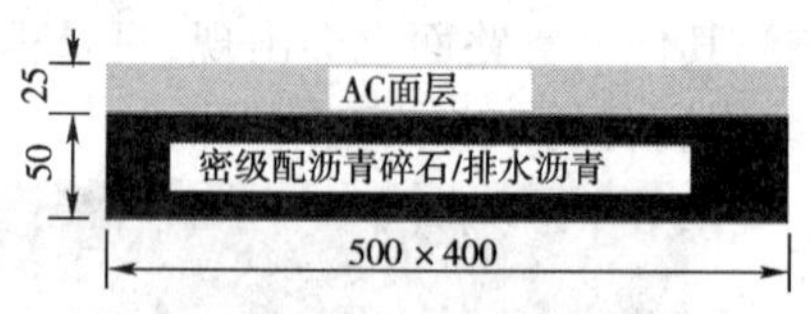

图 4-9　典型 AC 罩面试验板示意图
(尺寸单位:mm)

试验设备如图 4-10 所示。其中位移张开模式是模拟温度循环变化产生的热胀冷缩作用,推拉杆通过推拉产生 4.547mm/min的应变率,周期性张合既有裂缝(下承两块板之间宽度 5mm,作为初始裂缝宽度)幅度 1.83mm,如图 4-11 所示。位移混合模式则既考虑了模拟温度荷载的张开位移,又考虑了竖向弯沉差(最高 5mm,荷载传递系数为零)的作用,竖向压力是用气压千斤顶通过 15mm 厚的板施加的,对应 80kN 标准轴载而产生 478.7kPa 的接触压力,模拟了卡车的双轮组合。竖向荷载为脉冲 1s 的荷载,间歇期 4s,模拟 1.6km/h 的车速。

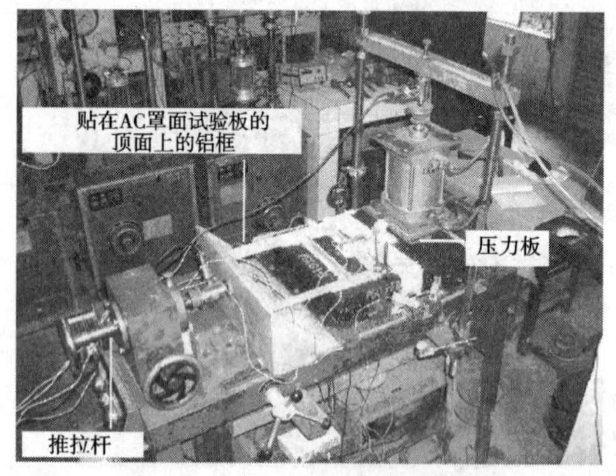

图 4-10　模拟两种模式(位移张开模式与位移混合模式)

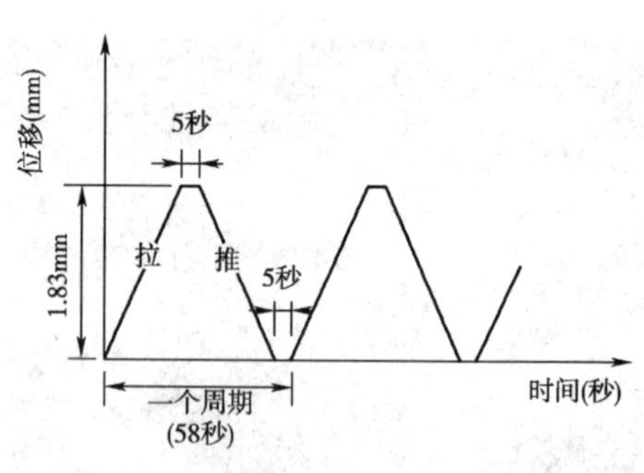

图 4-11　模拟热胀冷缩的纯粹位移张开模式下的加载波形

密级配沥青碎石(DBM)和排水性沥青混凝土(OG)的最大公称粒径都是 25mm,前者采纳了 MORT&H(2001 年)规定的级配,后者是用 Bailey 法设计的级配,沥青用量 3.85%,空隙率 25.76%。位移测试的张开与混合模式的破坏标准定为:①裂缝扩展并出现在罩面试验板的顶面上;②大部分的荷载循环下观察不到拉伸荷载进一步的下降。选择拉伸力、剪切模量和劲度模量作为衰退参数,对应最低模拟温度荷载循环数,衰退参数产生 100% 的衰退,此时该参数称为临界工程参数,而相应的模拟温度荷载循环数称为罩面寿命。另外考虑基层隔离效率系数(BIEF),定义为所考虑罩面的罩面寿命与传统 DBM 罩面的罩面寿命的比值。图 4-12 ~ 图

4-14 显示了相关的测试结果。

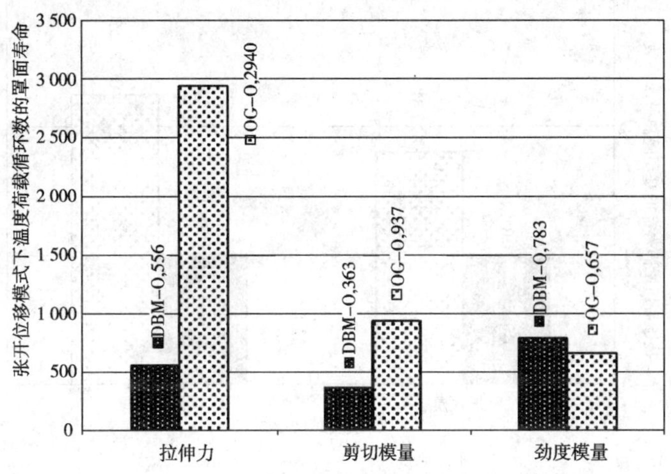

图 4-12 位移张开模式下以模拟温度荷载循环数表示的罩面

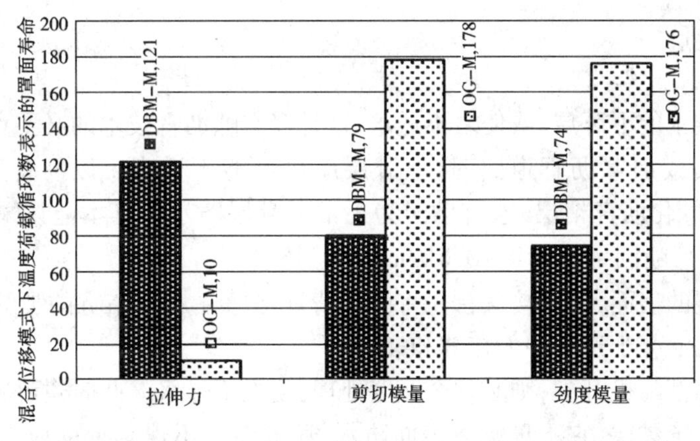

图 4-13 混合位移模式下以模拟温度荷载循环数表示的罩面寿命

图 4-13 显示出混合位移模式下考虑拉伸力的排水沥青罩面寿命大为缩短，不过，当被罩面吸收的拉伸应变通过“劲度”模量予以考虑时，显示出了比密级配沥青碎石高的罩面寿命。这表明，研究罩面裂缝迟延性能的纯拉伸强度的考虑可能不是正确的方法，尤其是对于多空隙沥青混凝土。因此，鉴于劲度模量，排水性沥青罩面显示出比传统密级配沥青碎石罩面长 138% 的罩面寿命，证明了它作为裂缝缓解层的利用。这个结果显示，尽管排水性沥青混合料的开放结构降低了罩面体系的劲度模量，但同时，它也提供了缓冲作用。当然，考虑到 5mm 弯沉差导致排水沥青罩面寿命有大的缩短（相比张开模式），可以认为，排水性沥青基层 50mm 的厚度是不充分的。同时，混合位移模式下罩面寿命大比例的缩短也表明，由于具有零荷载传递效率的弯沉差导致的罩面剪切是裂缝扩展中最致命的作用类型，为了确保新铺罩面更为耐久，必须作出降低其影响的一切努力。图 4-14 的试验结果更为直观地显示出了排水性沥青混合料基层作为裂缝缓解层的效果。

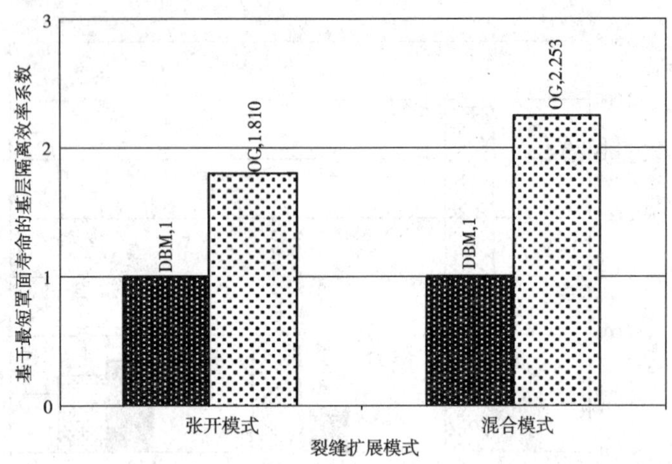

图 4-14　基层隔离效率系数(BIEF)

4.3　封水系统

拥有一个不透水的下卧层,或使之不透水,这是多空隙沥青技术的必要点之一。用多空隙沥青修建一条新路或加罩沥青道路时,下卧层应尽可能不透水。以沥青残留物 0.3 ~ 0.5 kg/m^2 的比例喷洒乳化沥青粘层,这有助于为正常下卧层防水。日本建议采用橡胶乳化沥青(SBR 或 SBS 改性),喷洒率为 0.4 ~ 0.6 L/m^2。

对于偶发开裂的表面,用跨接法首先将已经清理干净并加以拓宽的裂缝封闭。同样的方法也适用于旧水泥混凝土道路中的接缝和裂缝。

如果整个表面都随机开裂,则必须全宽度处理,使之不透水。此时建议用由厚的表面处治组成的薄膜替代传统黏层,它不只赋予表面防水,还减轻了不连续处的应力集中,降低了(例如刻槽混凝土的)宏观构造。

薄膜可由沥青或聚合物改性沥青组成,像乳液那样喷洒。喷洒率的数量级为残留结合料 1 到 3 kg/m^2,具体依赖于下卧层的状况。处理后的表面接着撒布小粒径(最大粒径 4.75mm)甚至更粗糙(最大粒径 9.5mm)的石屑。

橡胶沥青也可被用作这类薄膜的结合料。它尤其被推荐用于吸收应力,延迟来自下卧水泥混凝土的接缝与活跃裂缝的反射。

压实后,应用真空清扫除去松散的残余石屑。这使得薄膜能开放交通,直至多空隙面层铺设。

据德国专家介绍,德国也有采用浇注式沥青作为防水层应用的,主要是为了将来便于再生利用,但其经济性值得探讨。

4.3.1　SBR 改性乳化沥青与 SBS 改性乳化沥青

日本的规范推荐封水系统采用橡胶改性乳化沥青,其指标见表 4-1。

橡胶乳化沥青的特性指标　　表 4-1

项　目			指　标	
			1	2
恩格勒黏度(25℃)			1~10	
筛上残留部分(1.18mm)　(%)			0.3 以下	
附着度			2/3 以上	
粒子电荷			阳离子(+)	
蒸发残留部分　(%)			50 以上	
蒸发后残留物	针入度(25℃)　(0.1mm)		60~100	100~150
	延度	(25℃)　(cm)	100 以上	—
		(5℃)　(cm)	—	100 以上
	软化点	℃	48.0 以上	42.0 以上
	韧性	(25℃)　(N·m)	30 以上	—
		(5℃)　(N·m)	—	40 以上
	黏韧性	(25℃)　(N·m)	15 以上	—
		(5℃)　(N·m)	—	20 以上
	灰分(%)		1.0 以下	
储存稳定度(24h)			1 以下	
冻结稳定性(-5℃)			—	无粗颗粒及块状物

显然 2 型橡胶乳化沥青主要是针对低温地区的。东南大学根据研究,提出了针对于排水性沥青路面黏结层的黏结性能与技术指标,见表 4-2。表中的抗剪强度是采用剪切试验测定的,装置见图 4-15。拉拔强度是采用拉拔试验测定的,装置见图 4-16。

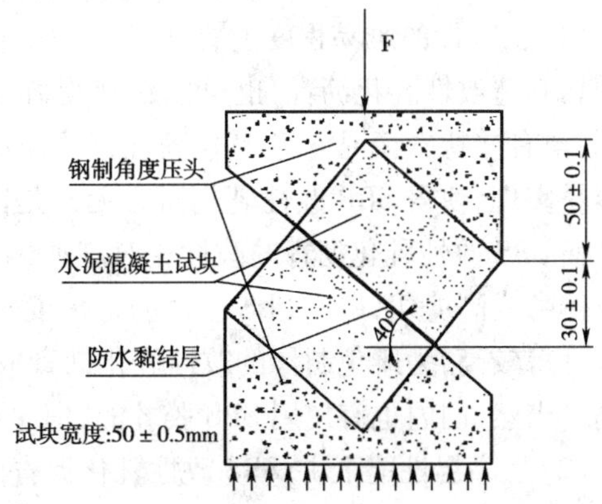

图 4-15　剪切试验装置示意图(尺寸单位:mm)

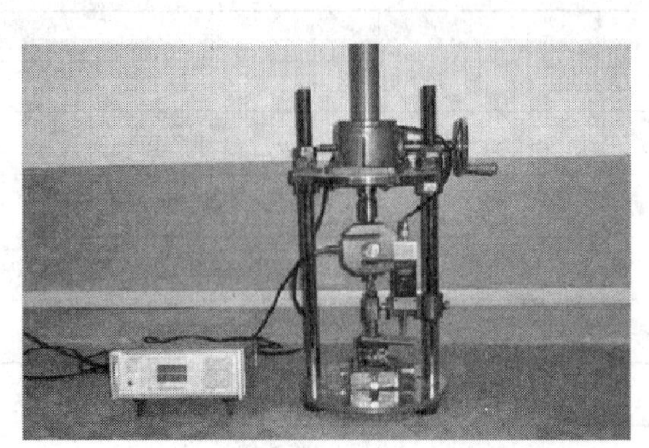

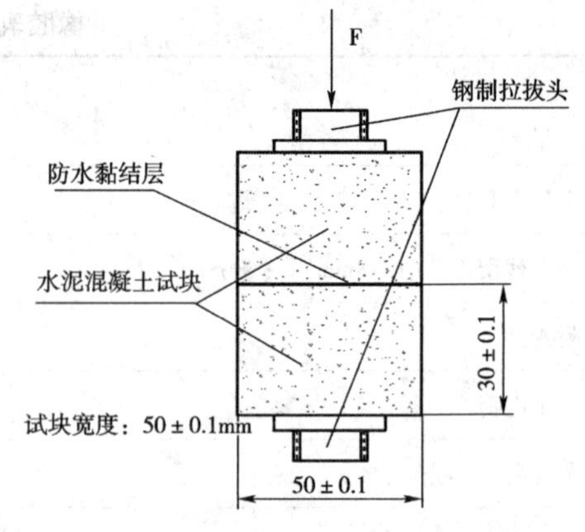

图4-16　拉拔试验装置示意图(尺寸单位:mm)

排水性沥青路面防水黏结层基本性能与技术指标(东南大学建议)　　表4-2

试验项目		技术标准	
低温柔性		-20℃,2h:绕 ϕ10mm 棒半周,无裂纹	
耐热性		180℃,45°角倾斜,2h:涂膜无流淌,无滑动,无气泡	
黏结强度(MPa)		20±1℃,"∞"字形拉伸试件:≥0.30	
抗剪强度(MPa) 剪切面与水平面夹角 $\alpha=40°$		20±1℃	≥0.50
		60±1℃	≥0.07
拉拔强度(MPa)		20±1℃	≥1.0
		60±1℃	≥0.2
延伸性	断裂拉伸率	>200%	
	弹性恢复	>90%	
不透水性	20℃	0.3MPa,30min 不透水	
	0℃	0.3MPa,30min 不透水	
抗冻融循环性能		-20℃~+20℃,各2h水浴4次循环,涂膜无裂纹,采用金属试片	

至于SBR改性乳化沥青与SBS改性乳化沥青两者的选择,说明如下:

(1)从改性的难易程度上看,由于SBR本身是胶乳,既可以与改性沥青一道通过胶体磨或高剪切制造改性乳化沥青,也可以在获得乳化沥青产品后再加入其中,简单搅拌后打入成品罐,甚至有些特殊情况下将SBR胶乳直接加在运输车辆中的乳化沥青里。正是由于改性方式的容易实现,使得SBR改性乳化沥青无论是国内还是国外,都成为改性乳化沥青的主导性产品。而SBS改性乳化沥青的改性相对就要困难一些,一般是先制作SBS改性沥青,再将其通过胶体磨或高剪切,由于SBS改性沥青黏度较大,因此制作乳化沥青时,常将SBS改性沥青的温度升得较高,为避免制作的改性乳化沥青成品汽化,就需要采取加压等措施,技术难度大为提高。当然,国内也有使用SBS胶乳的,但这可能会损失一些性能。

(2)从高温性能上讲,SBS改性乳化沥青的蒸发残留物是可以提得更高的。譬如,排水面层采用的高黏度改性沥青,软化点可以在80℃以上,但SBR改性乳化沥青的蒸发残留物软化点却几乎无法突破60℃,有些专家认为这是不匹配的,而通过调节SBS的掺量,SBS改性乳化

沥青却有可能实现。为此,2009 年竣工的咸阳机场二期 21km 的排水性沥青路面,黏封层专门采用了 SBS 改性乳化沥青。

(3)SBS 改性乳化沥青尽管初期设备投资费用高于 SBR 改性乳化沥青,但在相同指标下,由于目前 SBS 的价格低于 SBR,因此总的成本前者更低,这也吸引了一些企业寻求更高性价比的 SBS 改性乳化沥青的生产。

4.3.2　稀浆封层

上海浦东的排水性沥青路面,较多的是采用稀浆封层作为黏封层。如图 4-17 显示的 2002 年浦东北路排水性沥青路面的典型结构,上、下封层均采用了稀浆封层。

稀浆封层是将级配石料、乳化沥青、水、填料、助剂通过稀浆封层机按比例投料、拌和并完成摊铺的一种细粒式沥青混凝土薄层施工工艺。它具有密级配、大油量的特点,其封层具有很好的黏结性和密实性,而且这种密实性还将随着碾压次数的增多以及面层的高温摊铺碾压而进一步提高,真正起到黏结、封水的作用。为了验证稀浆封层的黏结效果,长沙理工大学在湖南衡大高速公路进行了现场拉拔试验。试验是在 36℃ 的温度下于水泥稳定碎石基层上进行的,黏头为 ϕ50mm,试验结果见表 4-3。

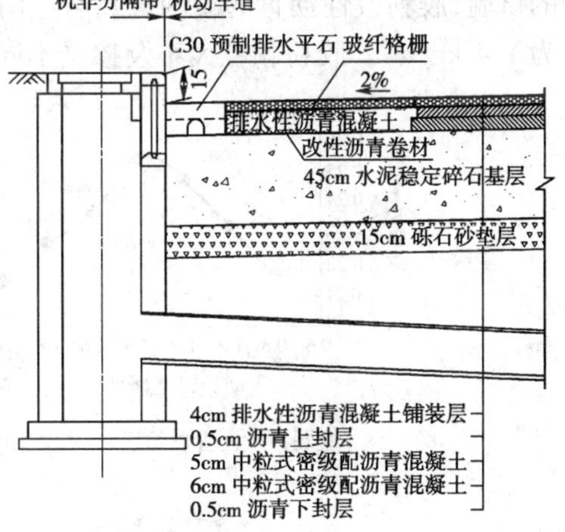

图 4-17　2002 年浦东北路排水性沥青路面结构图

黏结层现场拉拔试验结果　　表 4-3

试验项目	拉拔力(kN)	拉拔强度(MPa)	试验项目	拉拔力(kN)	拉拔强度(MPa)
稀浆封层	0.29	0.148	胶粉改性沥青	0.83	0.423
SBS 改性沥青	0.46	0.234	环氧改性沥青	0.71	0.362

稀浆封层的拉拔强度最小,这是可以理解的。因为黏结强度是由结合料提供的,但在接触面积内,由于石料的存在,稀浆封层黏结料的有效接触面积最少。因此,作为补偿,稀浆封层的乳化沥青应采用 SBR 或 SBS 等橡胶改性的乳化沥青。排水性沥青面层采用稀浆封层作为黏封层有以下优点:

(1)由于石料内摩擦力的贡献,使得稀浆封层不像乳化沥青或热沥青那样容易受到料车的推挤或黏料破坏。

(2)对于下层凹凸不平的场合,尤其是铣刨之后的路面,稀浆封层修平的作用更为突出,甚至可以修复显著的车辙,这极大地消除了下层的“浴缸效应”。

(3)稀浆封层中的沥青不是自由沥青,因此不会像乳化沥青或热沥青那样进入上层排水路面底部,尽管后者增大了黏结能力,但损失了部分空隙,极端情况下还会造成泛油。

不过,稀浆封层更易受灰尘等污染,由于缺乏自由沥青,污染后,与上面层排水性沥青混合料的黏结就会受到极大削弱,从而造成脱层。这种情况乳化沥青或热沥青相对好一些。

4.3.3 橡胶沥青

喷洒热的SBS改性沥青或橡胶沥青,也是实现排水性沥青面层黏封层的一种可行做法。从表4-3可以看出,胶粉改性沥青的拉拔强度甚至超过了环氧改性沥青。不过,值得注意的是,胶粉改性沥青的性质与胶粉颗粒大小及掺量紧密相关。表4-3中,胶粉为40目,掺量为沥青的15%。为防止车辆与摊铺机对黏层的破坏,撒铺了一层粒径为16~19mm的碎石,撒铺量占黏结层表面积的40%~60%。

黏结层的抗剪强度来源于改性沥青的黏聚力 c 与石料的内摩擦角 φ。根据长沙理工大学的试验,胶粉改性沥青的喷洒量 A 与这两个指标的关系见图4-18与图4-19,可见最佳喷洒量为1.4 kg/m^2。胶粉颗粒大小及掺量不同,该数值可能会有变化。

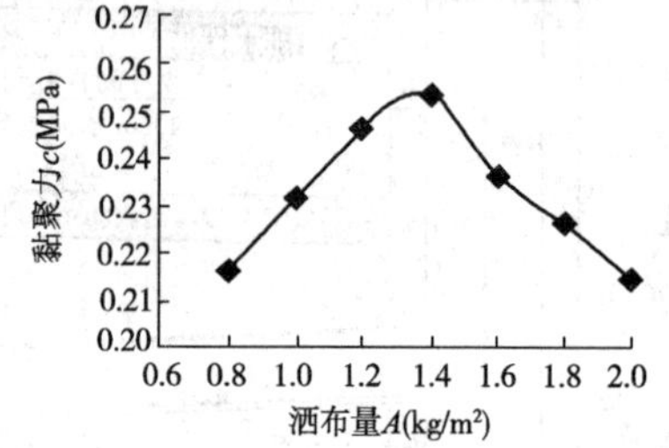

图4-18 胶粉改性沥青黏结层 $c\sim A$ 关系曲线

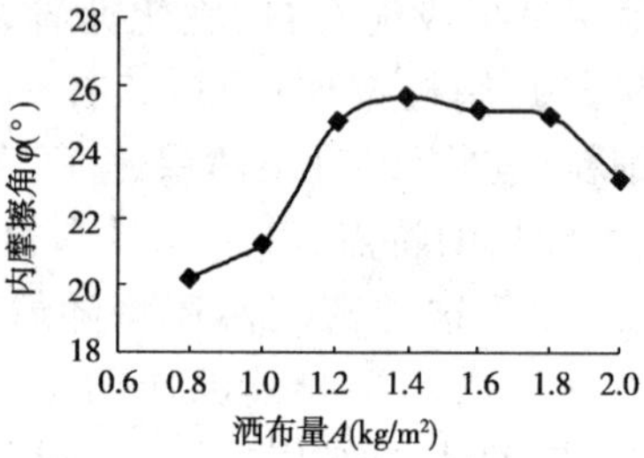

图4-19 胶粉改性沥青黏结层 $\varphi\sim A$ 关系曲线

4.4 排水系统

如将排水性沥青路面作为一有效的排水层,则最关键的是水的排除。英国规范规定,排水层下承的不透水层,其横坡至少应为2.5%,确保雨水快速、便捷地到达行车道边缘。在反坡度处,应实现至少1/200的纵坡,使得水不会在平坦点积聚。

排水性沥青路面的排水系统一般分自由出流、管沟引流、孔槽接流三种形式。不对排水性沥青路面的排水系统作针对性设计或完全借助已有的排水系统,并且存在自由出流面的形式称为自由出流,这种情况在乡村道路或高速公路上比较常见。当出现排水路面宽度较大,或横坡较小,或纵坡较大等有可能造成排水不畅的情形时,应考虑在排水面层内埋设透水软管或开挖透水盲沟等措施,加大水流外排速度,这称为管沟引流。如排水路面与既有排水系统无法自由连接,而必须专门设计两个系统的连接通道或过渡通道时,我们称之为孔槽接流。当然,实际使用当中,很有可能是三种形式的组合。

4.4.1 自由出流

4.4.1.1 乡村道路与高速公路

许多高速公路上,排水性沥青路面被延伸至覆盖整个硬路肩(图4-20最上),水通过排水性沥青混凝土侧缘直接流到附近排水沟内。不过,多空隙铺面与植草区域之间至少应留下10cm宽的条带,从而加速水从铺面的排出,避免饱和与溢流(图4-20第二与第三幅)。软路肩应尽可能在多空隙沥青铺设前完工;否则存在沥青混合料侧面被来自这些路肩的材料污染或

堵塞的风险。如果多空隙沥青在硬路肩不是全宽铺设,则至少应覆盖其局部(图4-20最下)。为减轻这类危险施工作业的后果(行车道边缘高程的突然差异!),多空隙沥青层应给出30~50cm的额外宽度,并带有斜面轮廓(宜为45°),以减少多空隙沥青混凝土自由边缘沿线的侵蚀和碎裂,并使可能误入水沟的车轮方便出去,即让摊铺机配备副翼,厚度从4~5cm逐渐降到2~2.5cm。为了保持边缘处的高空隙率,不允许通过增大斜边处压实功的方法来做出斜边。

按照英国的规范,排水沟的位置有图4-21所示的三种。混凝土排水沟最上缘不得高于中面层的顶部,也不得低于中面层顶部10mm。

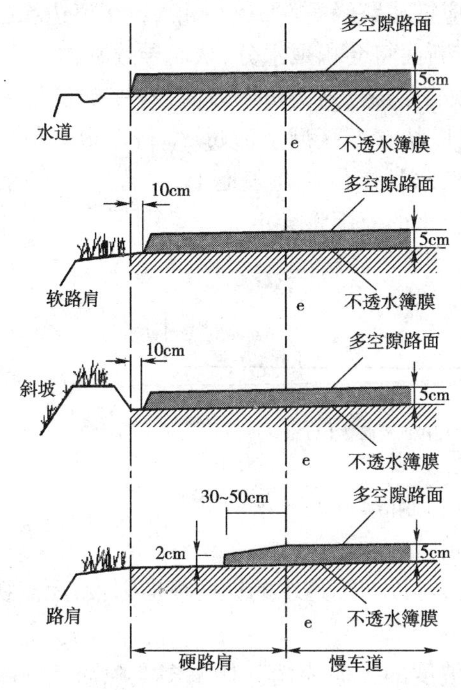

图4-20　多空隙沥青表面向硬路肩延伸的实例

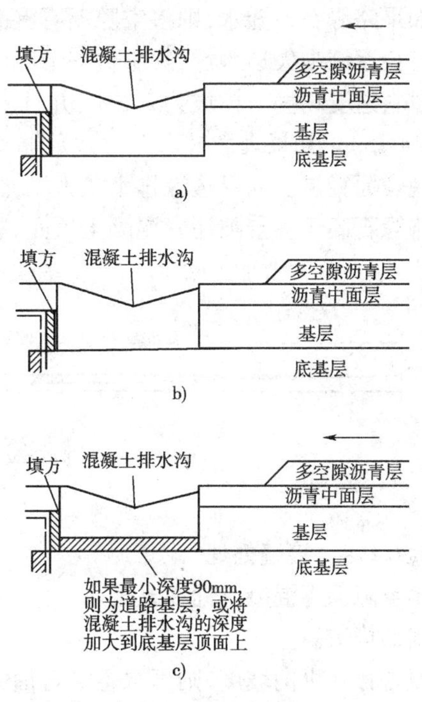

图4-21　混凝土排水沟的相对位置

4.4.1.2　城市道路

与乡村道路和高速公路不同的是,城市道路一般被镶嵌在路缘石(平石或侧石)之间,因此应作出针对性设计。

有些做法是,在多空隙沥青层与路缘石之间留下宽达10cm左右的排水通道。不过,这种方法可能导致行人或骑自行车的人跌倒,对残疾人也非常不方便;而且,路缘石作为阻止车辆滑溜的一种障碍也不再充分有效。在汽车修理站附近时,汽车修理站的主人会毫不迟疑地在排水沟中放置木梁或其他装置以方便跨越,从而造成对正常水流的阻碍。改进方案是使排水沟尽可能窄,如图4-22所示。这类排水沟的清洗将成为问题,因此有人将这道沟用碎石等进行填充,这使得水的流动效率大为降低。

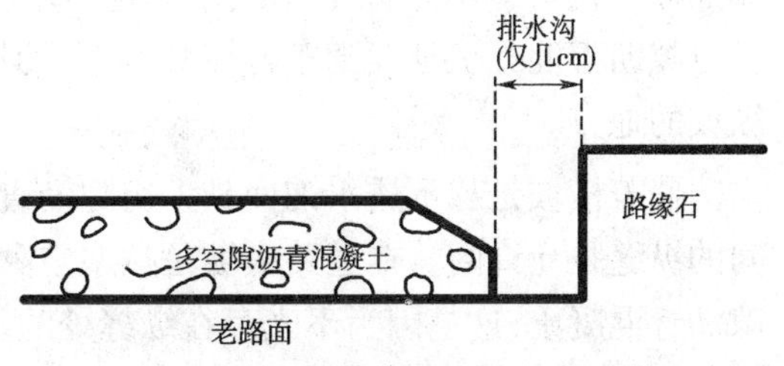

图4-22　路缘石与多空隙铺面自由边缘间的处理

4.4.1.3 侧缘处理

1)行车道上缘

在行车道的上缘,多空隙沥青层不会出现显量的雨水。因此,若上缘安装有路缘石,则应使多空隙沥青层抵住路缘石,不留空隙,遇到其他结构物同法处理。倘若行车道上缘无路缘石,应使土壤或与边缘相邻的其他松散材料不高于沥青混凝土中面层的顶面。当多空隙沥青层必须与同一标高上的不透水材料邻接时,宜在边缘处洒布热沥青,使边缘空隙封闭,以阻止脏物或细粒的入侵。

2)行车道下缘

如果路缘石不透水,则多空隙沥青混凝土不应抵住路缘石。一般来说,行车道边缘随时间的进行会逐渐损失透水性,发生这种情况时,对应断面将会积聚水分,从而导致脏物沉淀,该断面处材料遭受堵塞。横坡为2.5%,并且多空隙沥青混凝土为50mm厚时,这一断面大约为2m宽(图4-23)。如果表面排水能力是足够的,水可以从堵塞区域上流过,但行车道对应的局部将出现表面径流。如果边缘排水能力不充分,会使水长期保持在表面上,导致进一步的淤塞。倘若路缘石高于多空隙沥青混凝土顶面,则表面上水的范围将会更大。

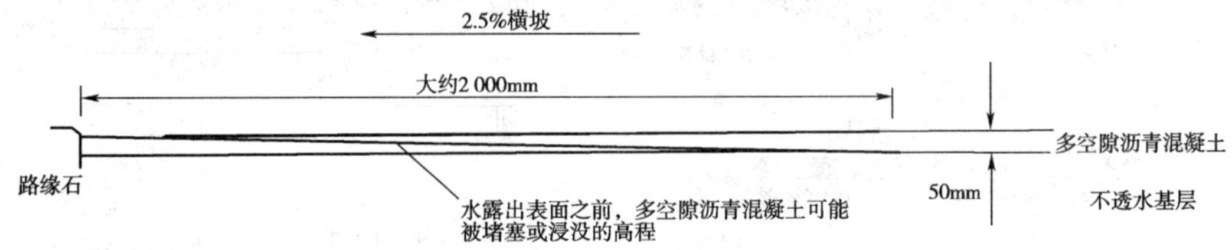

图4-23 不透水路缘石上的堵塞效应

4.4.1.4 接缝处理

多空隙沥青混凝土铺在显著水平的场地上时,可以与不透水的铺面横向邻接,无需特别考虑其细部构造。

但若存在纵向坡度,则雨水会沿着最大合成坡度的方向流淌。如果多空隙沥青混凝土的下方横向邻接的是密实的铺面,水就有可能出现在接缝上,使这一局部溅水加大。此时,应将多空隙沥青混凝土车道的端部沿着最大合成坡度方向修成锯齿状,如图4-24所示。不同摊铺机摊铺的长度之间,每条接缝处的锯缝间距应为一台摊铺机摊铺的多空隙沥青混凝土宽度乘以纵坡,再除以横坡。

如果车行道纵坡超过了横坡,则将车道端部锯齿化可能不足以阻止溅水问题,应将多空隙沥青混凝土延续到车行道横坡超过其纵坡的地方。

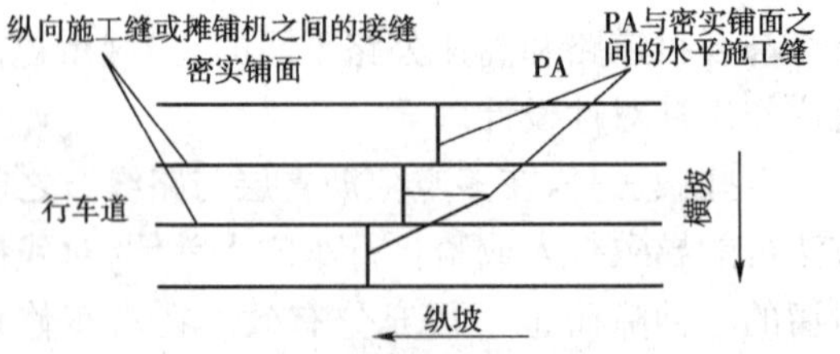

图4-24 显示多空隙沥青混凝土锯齿状车道端部的平面图

倘若横坡是从不透水铺面到多空隙沥青混凝土上,则多空隙沥青混凝土与不透水铺面之间的纵缝是允许的。在道路横坡是从多空隙沥青混凝土到不透水铺面的地方,不得使用多空隙沥青混凝土,这是因为不光存在纵缝处的溅水问题,而且多空隙沥青混凝土中将长期保持有水分。

4.4.2　孔槽接流

自由出流的方法存在着几大缺陷：

(1)出流的自由面容易受到外界的污染而致堵塞；

(2)损失了小部分的行车空间，当行车道宽度本身就很局促时，这一影响将会放大；

(3)如存在行人与自行车，有安全隐患；

(4)城市道路中，路缘石与多空隙沥青混凝土侧缘构成的水沟可能成为垃圾积聚的场所。在这样的考虑下，产生了孔槽接流，消除多空隙沥青混凝土自由暴露面的设计思想。

4.4.2.1　透水平石与排水平石

如集水口位于路缘石外侧(路旁)，常规的做法是每间隔一定距离，用侧向铁箅子，将道路表面的雨水径流导入雨水收集系统。不过，采用多空隙沥青路面时，由于层内为渗流，铁箅子旁的多空隙沥青路面侧缘面积不足以充分出流。为使多空隙沥青路面的效益最大化，可采用透水平石或排水平石。

吕艳萍(2008 年)等提出了透水平石制作的实例。透水平石采用大空隙水泥混凝土预制块，其材料级配见表 4-4。控制水灰比 0.45，如果石料用量 1 661.1 kg/m^2，水泥用量 184.6kg/m^2，水用量 77.5kg/m^2，则材料的 7 天抗压强度为 7.75MPa，透水系数可达 23.9mm/s，全空隙率 28.5%，有效空隙率 26%。作者建议，为防止透水平石的空隙被堵塞，宜在平石的外侧底部沿纵向预留一个圆孔，孔径 50mm。

透水平石的材料级配　　表 4-4

筛孔尺寸(mm)	通过下列筛孔(mm)的质量百分率(%)				
	25	20	10	5	2.5
大空隙水泥混凝土	100	90～100	20～55	0～10	0

通过日本的使用发现，由于水泥胶结产生一些毛细微观构造，对尘土与其他细小颗粒有强烈的吸附作用，经过一段时间使用后，平石堵塞现象严重，其透水能力大大下降，并且不小心骑上的重载车轮容易将其压碎，因此透水平石未获广泛使用。

浦东新区公路管理署和上海浦东路桥建设股份有限公司合作，推出了排水平石的专利产品，如图 4-25 所示。预制排水平石下部纵向预留排水孔，下部横向预留排水孔分两种形式，非进水口路段采用为Ⅰ型横向单侧预留孔，雨水进水口处平石为Ⅱ型横向双侧预留孔。平石中应适当配筋，尤其是在下部靠近镂空部位，这考虑了施工时压路机骑平石碾压的可能性。Ⅱ型雨水出水口外接面应向下倾斜，同时定期对其进行清扫，以保证出水畅通。

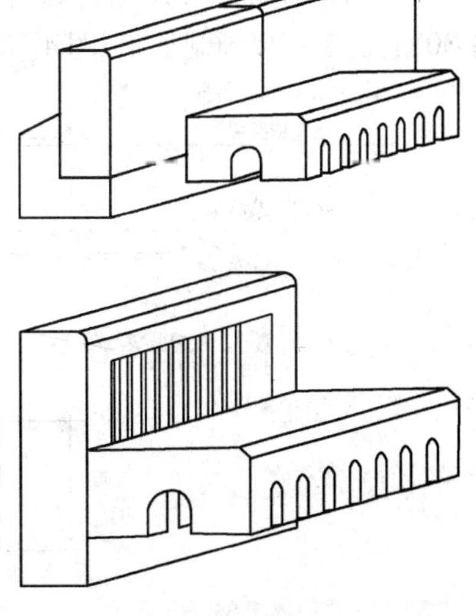

图 4-25　排水平石示意图

4.4.2.2　侧面排水与底部排水

如集水口位于路缘石内侧，则必须考虑从集水口的侧面将多空隙沥青层中的水引入到集水口中，或将集水口顶部放置到多空隙沥青层的下方，形成典型的侧面排水与底部排水。

侧面排水的一大缺点是起作入口的开放区域在路缘石处面积很小,这降低了排水速率,可能导致入口之间多空隙沥青混凝土中脏物的积聚,并使多空隙沥青层到基层的界面长时间保持潮湿。该系统的一大优点是,即便多空隙沥青层被完全堵塞,或降雨很大,水在道路表面上流动时,入口仍能接纳水流,就如同道路具有传统的不透水铺面一样。

图 4-26 显示了侧面排水的一个实例。将多空隙沥青层延伸到路缘石边线,使集水口的格栅与铺装表面齐平。集水口的侧壁应钻出相应的孔洞(直径 25mm 左右),或将承载雨水的收集管的管口露出集水口侧壁,将多空隙沥青层内的水逐步排出。图 4-26 是老路面加罩多空隙沥青层时,在保持老路面不变的情况下,提升集水口标高至与多空隙层齐平,再将侧壁切割出缺口,使水能通过侧壁流入集水口。不太提倡这种暴露的切口,因为它会被非常快地堵掉。最好是铺设多空隙沥青层前铣刨掉相应部分的旧路面,填之以多空隙沥青混合料。

如果道路纵向平坦,则以上提到的解决方案无法有高效率的排水。为了促使层内雨水流向集水口,可以在多空隙沥青层下铺设具有足够纵坡的纵向排水管。这个集水管可做成穿孔并且反 U 形的金属断面,放置于下层挖出的沟槽内(图 4-27)。

图 4-26　集水口上部切口

图 4-27　为促使上层汇集的雨水流向集水口,铺设穿孔 U 金属断面

英国规范提供了图 4-28 ~ 图 4-31 四种典型的侧面排水布置。

图 4-29 与图 4-31 均为特制的复合了排水系统的路缘石,连同直线式排水沟的图 4-28、图 4-30,它们都可以预制加工,图 4-30、图 4-31 还可以滑模制作。

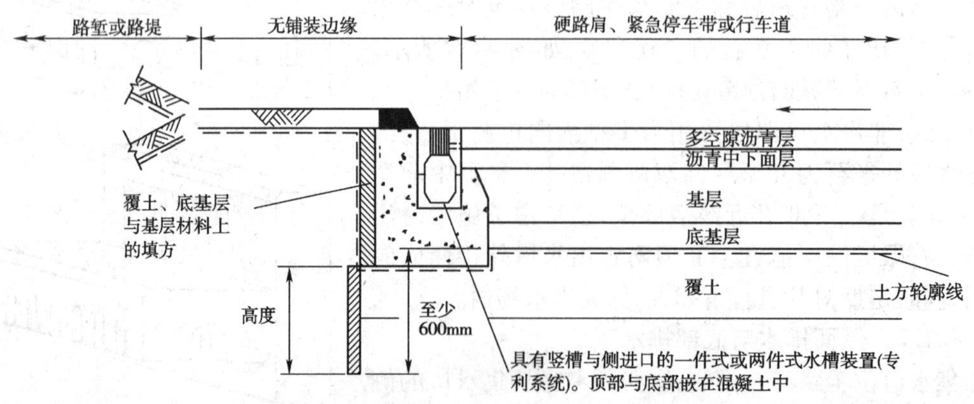

图 4-28　顶面放置格栅,外加侧向入口的直线排水沟

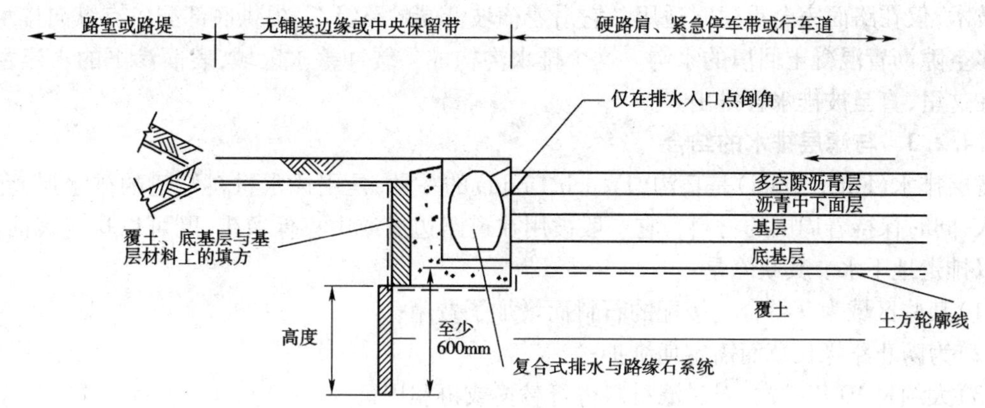

图 4-29　复合式排水与路缘石系统

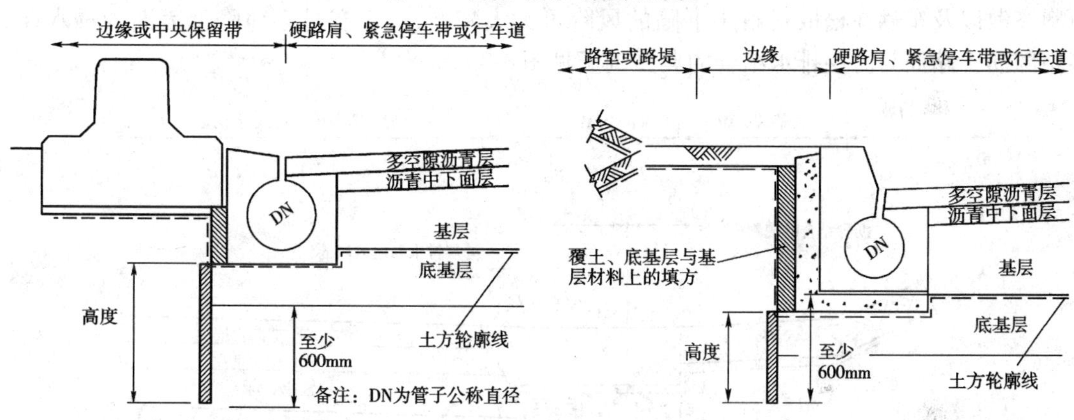

图 4-30　与混凝土隔离墩一起使用的直线槽口式排水沟　　图 4-31　复合式直线槽口式排水沟与路缘石系统

直线式排水沟有两类，一类顶面为进水格栅，一类为纵向槽口。其强度也有两类，C 类可安装在对直接交通荷载有保护的场所，D 类则被设计成能承受公路上许可的所有类型车辆的荷载。带格栅的水沟被安装在可能经受偶尔的车辆跨越的位置时，强度必须为 D 类要求。它在邻接多空隙沥青层一侧应有入水口，并延伸到多空隙沥青层底部标高。

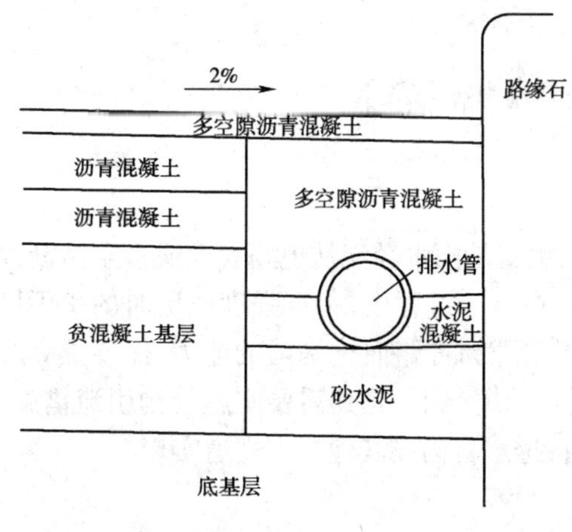

图 4-32　比利时在城市地区采用底部排水的工艺

顶面上具有连续的或间断的入口孔槽的水沟，可以使多空隙沥青层内的水通过该孔槽排出，而无需其他侧向进水口。不过该设计应同路缘石或混凝土竖向隔离墩一道使用，防止从多空隙沥青层露出的水溢出孔槽。如水沟可能遭受偶尔的车辆跨越，则必须满足 D 类强度要求。水也可能从水沟两侧进入，此时需要对图 4-28 或图 4-30 进行改进。

底部排水的例子见图 4-32，是比利时采用的一项技术，仅在路面完全重建时适用。它沿着横坡低端的路缘石，提供底部配备有纵向排水管并用多空隙沥青混凝土回填的水沟。这个排水沟构成了缓冲蓄水区域，表面渗下的水流暂时储存在这里，直至被排水管排出。

4.4.2.3 与滤层排水的结合

滤层排水(Filter Drain)是盲沟(French Drain)的一种，是用透水材料修建的排水层，允许水渗入，同时保持着周围的材料。它一般被用在道路边缘或中央保留带，既可以排走表面水，也可以排走地下水。其缺陷是：

(1)某些区域为获得合适级配的石料而增加了费用；

(2)为防止路缘长草而需定期维护；

(3)大约每10年一次，对过滤材料进行替换或再利用；

(4)石料存在飞散现象。一般要求滤层材料顶面以下不少于100mm采用沥青结合，这样石料飞散以及车辆在松散材料中下陷的风险可大大降低，也没有过多地降低表面的透水性。多空隙沥青路面与滤层排水结合的典型例子见图4-33。

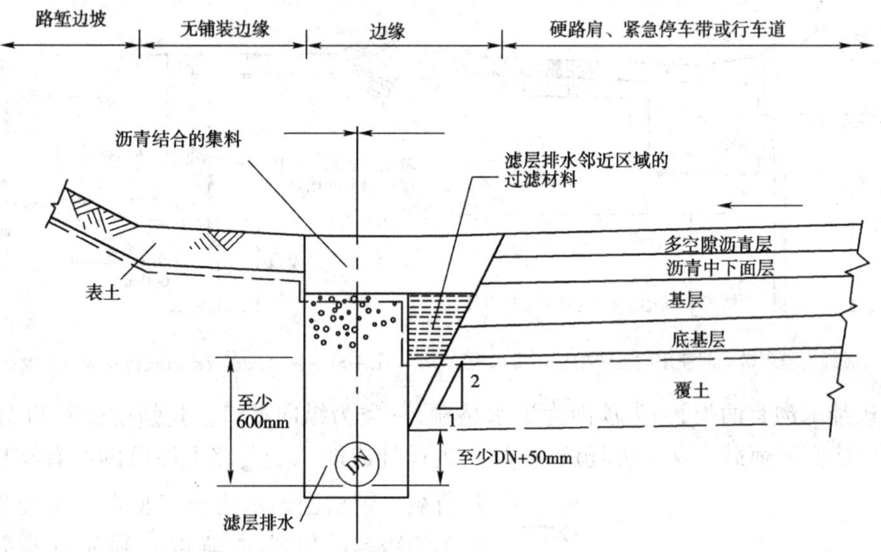

图4-33　路堑处滤层排水与多空隙沥青层结合的例子

4.4.3 管沟引流

无论是自由出流还是孔槽接流，都属于路缘排水，也就是雨水径流从道路表面或多空隙沥青层内流动到道路边缘汇集后再进到雨水收集系统中。在这一过程中，一定强度或历时的暴雨可能已经导致多空隙沥青层出现表面径流。为了提高多空隙沥青路面抗暴雨的能力，需要提高路面出流的能力，这就出现了管沟引流的需求。在以下三种情况下，尤其需要实施管沟引流措施：宽路幅、长大纵坡、路堑。管沟引流一般通过透水软管、透水盲沟或其他排水通道实现。

4.4.3.1 透水软管

国内采用较多的一类透水软管如图4-34所示。该透水软管以经磷酸或碳酸处理并用P.V.C.过塑的防锈弹簧圈为支撑管体，形成高抗压软式结构，采用无纺土工布内衬(0.2mm左

右）过滤，使泥沙杂质不能进入管内，从而达到透水的功能。丙纶丝外绕覆层具有优良吸水性，能迅速收集周围材料的水分。橡胶筋使管壁被覆盖层与弹簧圈管体成为一体，具有很好的全方位透水功能，渗透水能顺利渗入管内，而泥沙杂质被阻挡在管外，从而使透水、过滤、排水一气呵成。

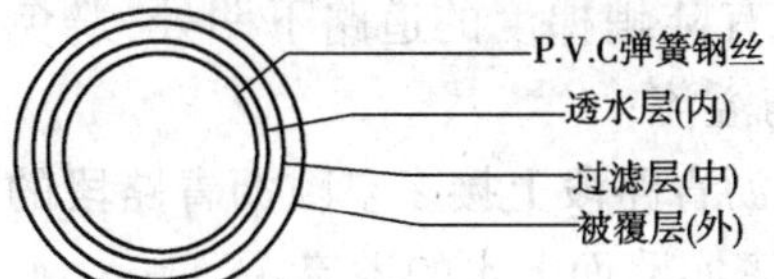

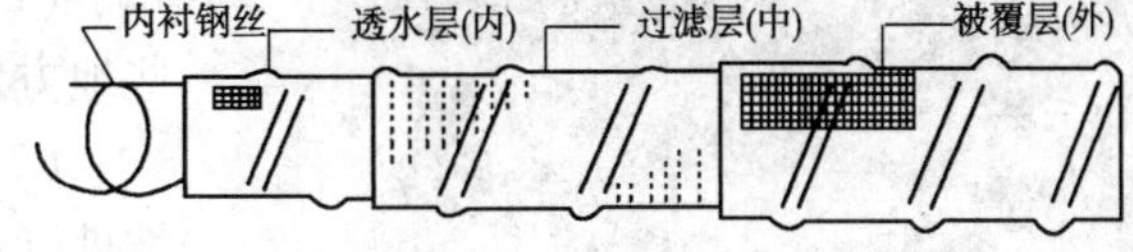

图 4-34　国内常用的四层式透水软管

日本还可见到如图 4-35、图 4-36 所示的一类透水软管。这类透水软管的结构可分为两部分，内侧为高强钢丝螺旋状管，外侧为合成纤维网状管。无论是哪一种透水软管，其基本要求均为：

图 4-35　布置在路侧的透水软管

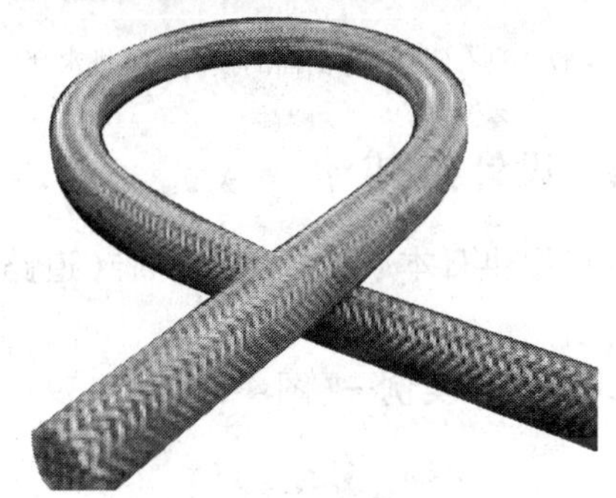

图 4-36　套管式透水软管

（1）管径为 20 ~ 50mm，具有高的抗压性能，这可以通过增大钢丝直径，缩小钢丝螺距，采用高强碳钢等实现。

（2）考虑到透水软管可能接触热的沥青混合料，因此要求组成材料具有良好的耐高温性能，在 200℃ 下能保持各项性能基本稳定。

4.4.3.2　透水盲沟

另一种做法是，在中面层开挖的沟槽中填入透水性能好的材料，以加速水向雨水系统的流动。沟槽的宽度不宜太大，以充分利用槽壁侧限，提高透水材料的整体强度。透水材料可参照表 4-5 选取，但不宜采用与表层一致的多空隙沥青混合料，这是因为盲沟的透水系数应显著高于表层才可充分发挥作用。由于材料之间的模量差异，多空隙沥青层表面盲沟的上方容易出现裂纹，为尽可能降低裂纹的产生与影响，首先是使透水材料充分压实，另外盲沟的位置应精心选择，如纵向盲沟尽可能选在交通标线或路侧车辆不太经过的位置，而横向盲沟则尽可能选在直行路段上。

碎石材料的大致透水系数　　表 4-5

级　配	透水系数（cm/s）	级　配	透水系数（cm/s）
25.4mm 集料（均匀粒径）	20.0	粗砂	0.04
12.7mm 集料（均匀粒径）	5.0	密级配砂砾	0.0002
6.4mm 集料（均匀粒径）	1.0		

注：数据来自 AASHTO（1985，p. AA-18），略有调整。

4.4.3.3　其他方式

欧洲还可见到如图4-37所示的横向排水管，为一倒"U"形的上部带切口的金属围成的断面。欧洲将这种排水管应用于以下两种场合：

图4-37　具有倒"U"形断面的横向金属排水管

(1)在具有陡峭梯度的道路下凹处，避免这些地方饱水与溢流；

(2)密实沥青路段上接多空隙沥青路段的上坡处，以避免密实路面上水的溢流。

为促进零坡度区域的侧向排水，尝试了一种解决方案，即在被多空隙沥青层覆盖的层中开挖沟槽，随着它们越来越逼近有侧向排水并且也用多空隙沥青混合料填充的铺装侧面，这些沟槽也越来越深。

4.4.4　设计实例

这里提供日本《土木设计手册(道路编)》给出的路侧排水系统的若干实例，以供读者参考。

4.4.4.1　实例一(图4-38、图4-39)

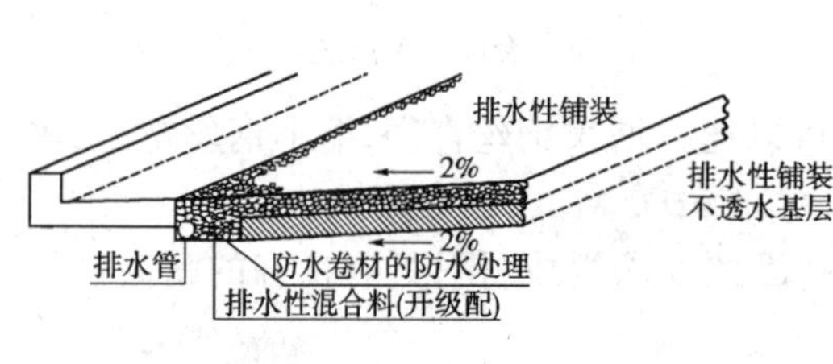

图4-38　实例一

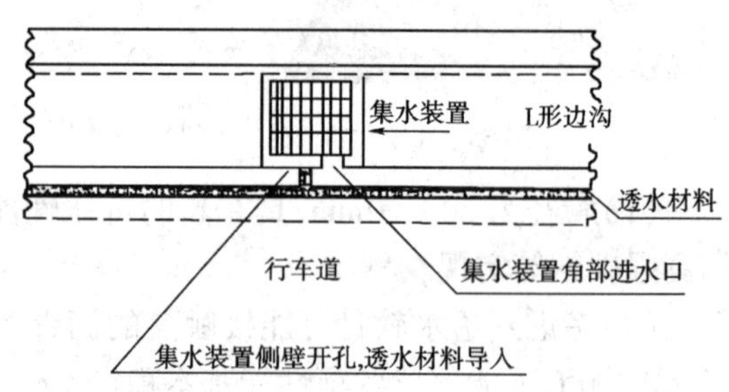

图4-39　实例一排水端处理

4.4.4.2　实例二(图4-40～图4-46)

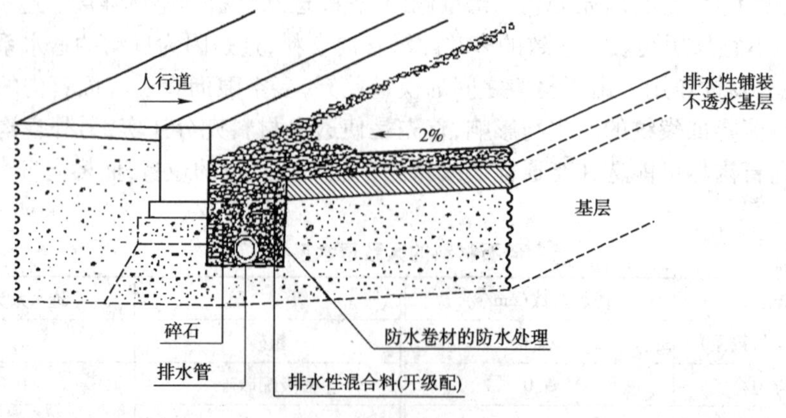

图4-40　实例二(方案1)

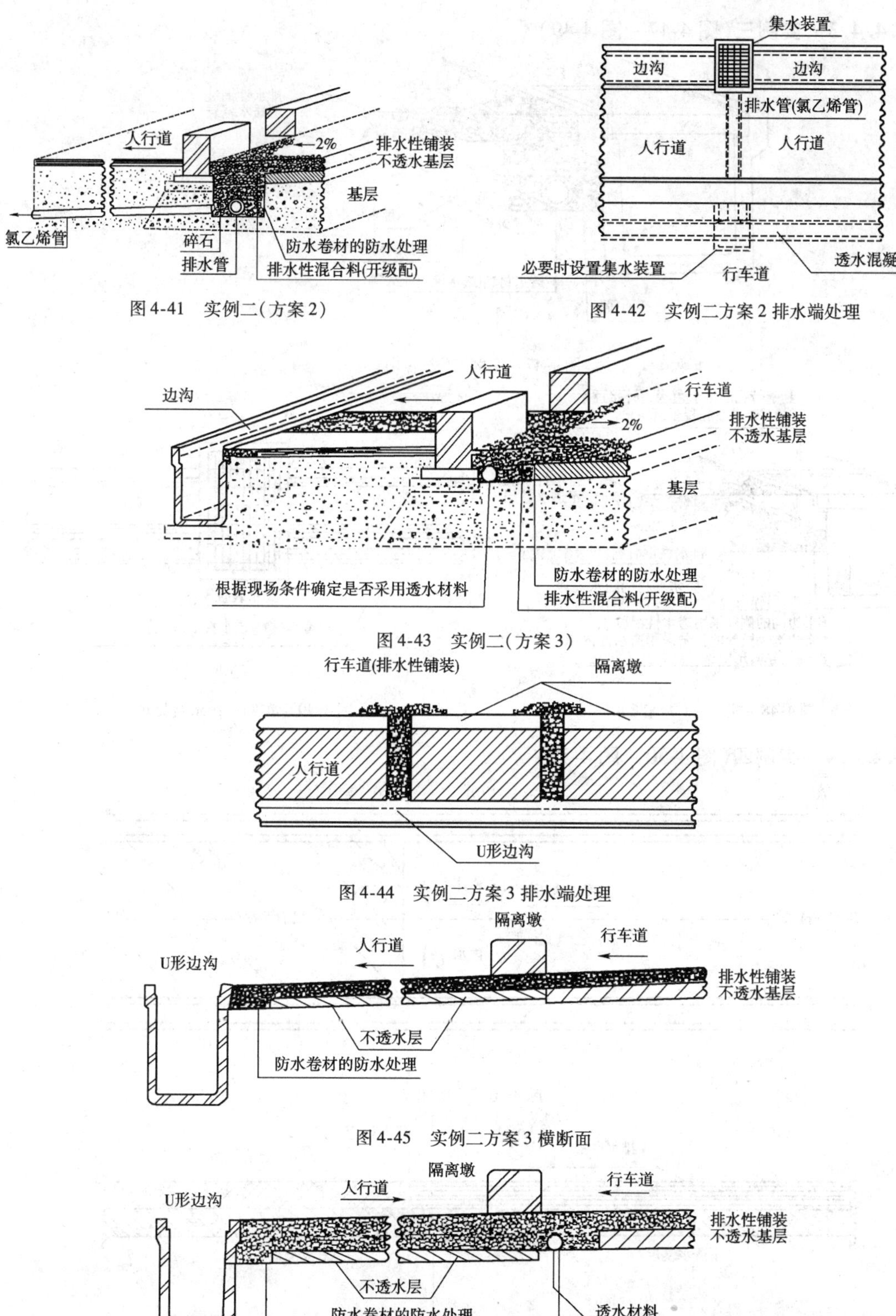

图 4-41　实例二(方案 2)

图 4-42　实例二方案 2 排水端处理

图 4-43　实例二(方案 3)

图 4-44　实例二方案 3 排水端处理

图 4-45　实例二方案 3 横断面

图 4-46　实例二方案 3 横断面(根据现场条件确定要使用透水材料时)

4.4.4.3　实例三(图 4-47 ~ 图 4-49)

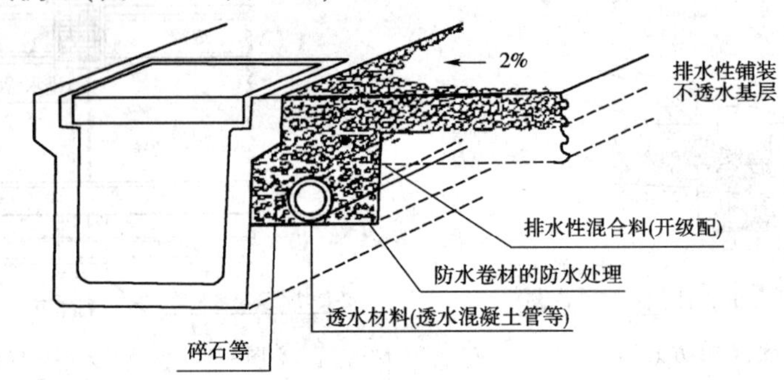

图 4-47　实例三(方案 1)

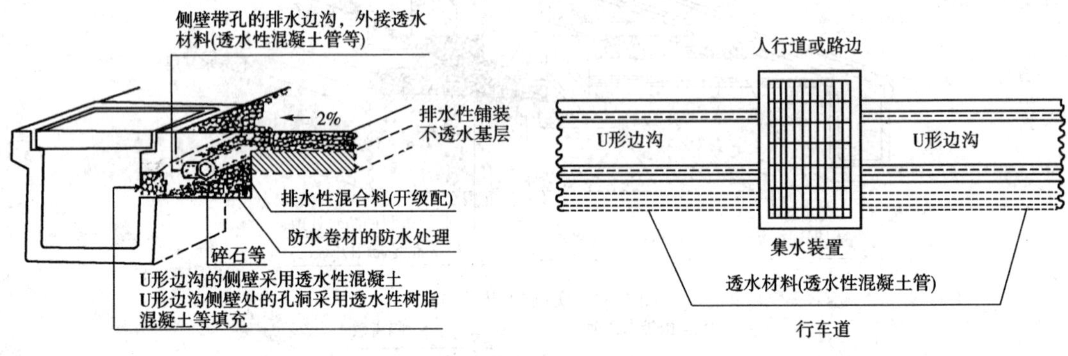

图 4-48　实例三(方案 2)　　　　图 4-49　实例三排水端处理

4.4.4.4　实例四(图 4-50 ~ 图 4-52)

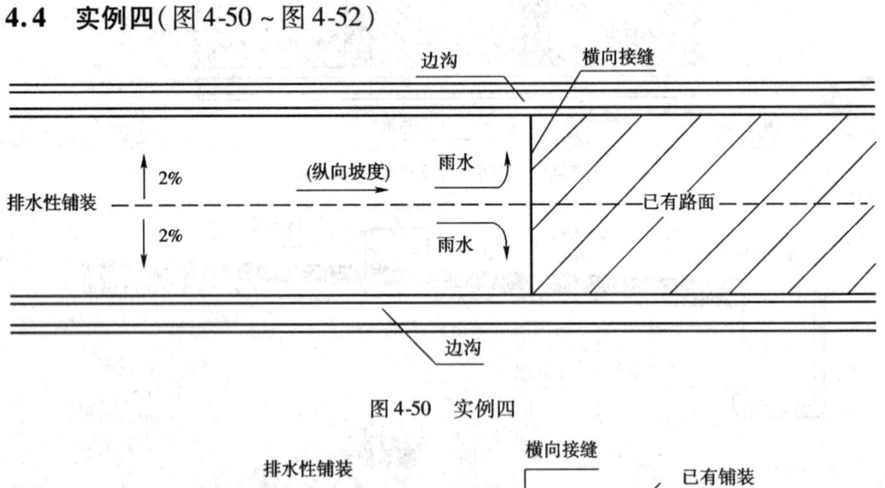

图 4-50　实例四

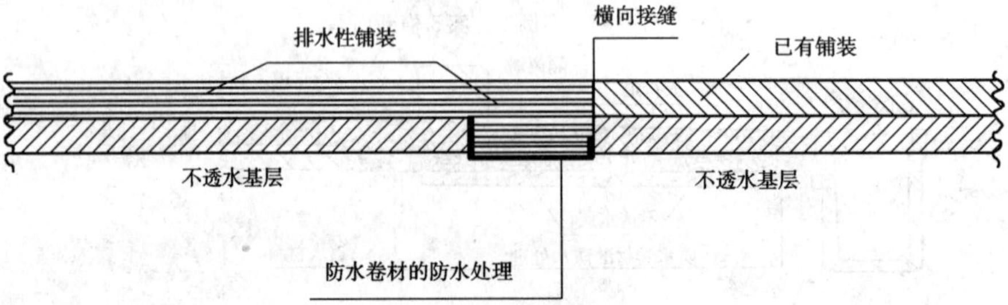

排水性铺装
横向接缝
已有铺装
不透水基层
不透水基层
防水卷材的防水处理

图 4-51　实例四横断面(方案 1)

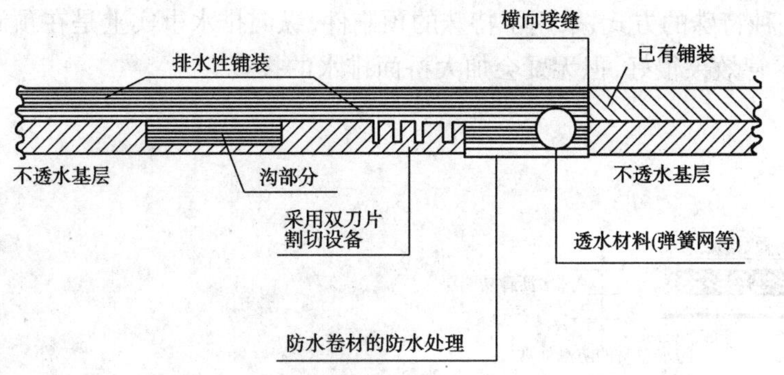

图 4-52　实例四横断面(方案 2)

4.4.5　桥面排水

将排水性沥青路面应用于桥面,必须考虑桥面特殊的排水方式。需要考虑的细部主要是泄水孔及其周边的布置、纵向排水的处理、胀缝处的处理等。

4.4.5.1　泄水孔及其周边的布置

一般桥面没有与排水性沥青层相对应的水流入口,因此,应根据桥面水流方向在泄水孔的侧面加设排水切口。图 4-53、图 4-54 都是应用实例。

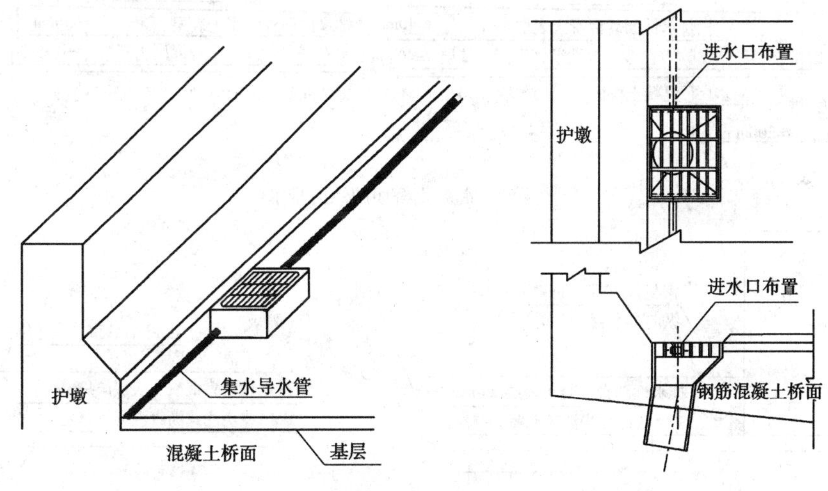

图 4-53　只考虑纵向来水的泄水孔布置

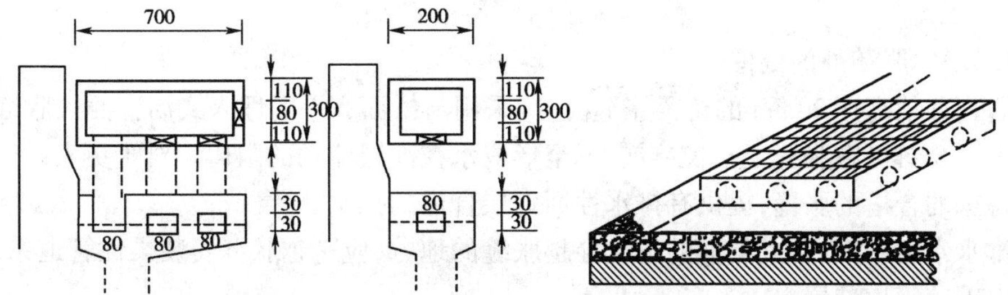

图 4-54　考虑纵向和横向来水的泄水孔布置

4.4.5.2　纵向排水的处理

最简单的纵向排水,就是采用与图 4-22 相似的护墩与路缘构成的排水边沟形式,见图 4-55。

图4-56是一种特殊的方式，采用了特殊的预制件，纵向排水事实上是在预制件内实现的，不过，这种方式尽管效果很好，但无疑会加大桥面排水的投资。

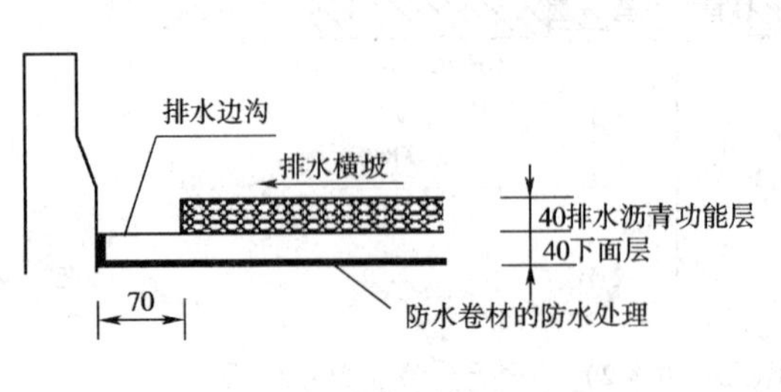

图4-55　桥面纵向排水的边沟形式

图4-56　采用特殊预制构件的进水布置

当然，也可以采用纵向排水管的方式，如图4-57、4-58所示。

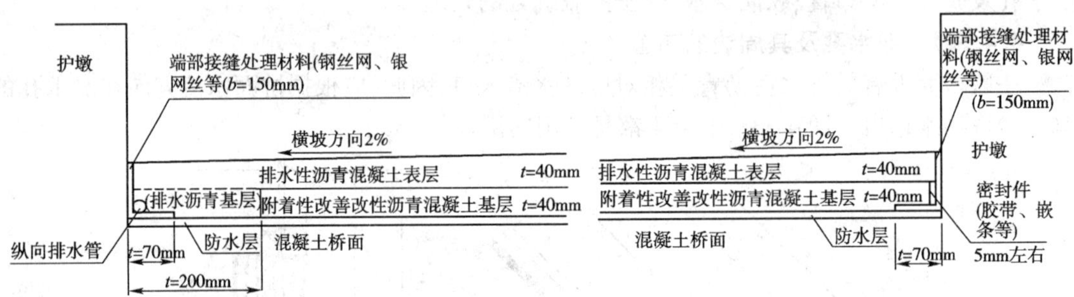

图4-57　混凝土桥面的纵向排水

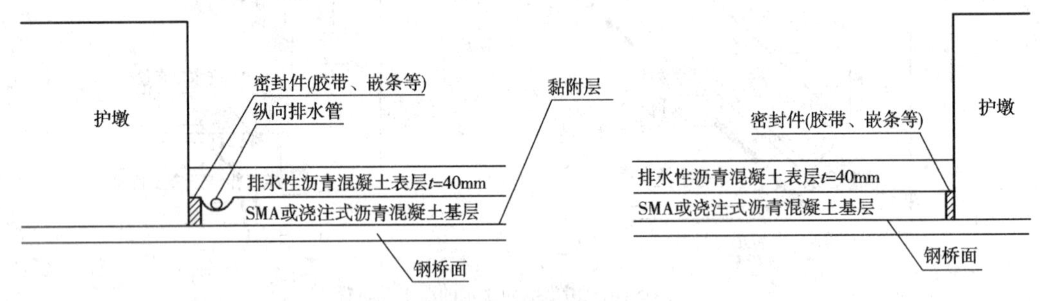

图4-58　钢桥面的纵向排水

4.4.5.3　胀缝处的处理

在遇到移动高达20mm的桥梁胀缝时，应采用与桥面齐平的埋入式沥青插入胀缝，这样排水性沥青混合料可在胀缝上平稳摊铺，不至形成水在面层流动的阻碍。对于更大的胀缝移动，应采用备选的合适的胀缝，提供有排水性沥青层合适的排水。

在排水水道、排水管或类似的系统穿越胀缝的地方，应跨越胀缝安装柔性管道系统。插入的胀缝应覆盖管道装置。

由于胀缝可能的下凹，应在缝前设置横向排水管（考虑横向胀缝的角度），防止排水沥青层表面水的上升。

第五章　排水性沥青路面的水文学与水力学设计

荷载在排水性沥青路面内的传递特征及路面的相应抵抗能力，是排水性沥青路面结构设计的核心。相应的，水在排水性沥青路面内和表面上的流动特征及其相应抵抗能力，是排水性沥青路面水文学和水力学设计的核心。流动的这种介质，还包括了声波、热量、光、空气等，也就牵涉相应的声学设计、热学设计、光学设计、空气学设计等，对它们的深刻了解，有助于我们对排水性沥青路面的结构与功能进一步优化。

5.1　产流机制与控制目标

在水力学和水文学设计方面，排水性沥青路面分别有两个目标：一是尽可能减小路表的水膜厚度，这又存在着两个标准，一是路表不出现径流，而另一则是水膜厚度对应的水漂速度大于车辆的设计行速；还有一个目标是降低附属排水设施的水力负荷，主要是产流与峰流的延迟，这使得径流系数和峰值流量减小。

5.1.1　降雨模式

5.1.1.1　降雨的水力学特点

降雨是路面水的主要来源，同时它又对行车构成了直接的影响。Nicolas Hautière 等人(2009)指出，降雨对行车安全的影响主要来源于三方面，首先是下落雨滴的视觉影响。雨滴有着很宽范围的尺寸，其分布常用 Marshall-Palmer 分布模拟：

$$N(a) = N_0 e^{-\Lambda a} \tag{5-1}$$

式中：a——雨滴半径；

$N(a)$——尺寸在 a 与 $a+\mathrm{d}a$ 之间每体积单位的雨滴数；

N_0——$0.08\mathrm{cm}^{-4}$；

Λ——$82R^{-0.21}$，R 为降雨强度，单位 mm/h。

图 5-1 显示了这种分布。可以看出，雨滴半径多小于 1mm，雨量越大，半径越大。从雨滴尺寸可以看出，降雨初期，雨滴造成的不连续性会使得基于连续性假设的大量水力学公式不适用。不过，随着降雨的继续进行，当路面水膜逐渐发展后，这种不连续性的影响将逐渐减弱。

还有一个雨滴恒速下落的速度称为最终速度，Van Mook(2002)用下式近似，其中 D 为雨滴直径：

$$V = 9.4(1 - e^{-1.57\times10^3 D^{1.15}}) \tag{5-2}$$

利用式(5-2)，可计算雨滴的最终速度与雨滴直径的关系(图 5-2)。如果简单换算成水头，可以看到 1mm 直径的雨滴，初始水头达到 0.8m 左右。这个概念十分重要，它表明雨水径流的表面受到雨水很大的动量冲击，流动应是紊乱的。

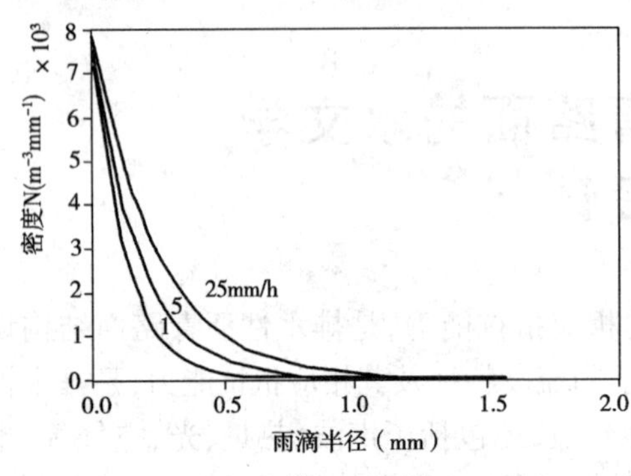

图 5-1 Marshall-Palmer 雨滴尺寸分布

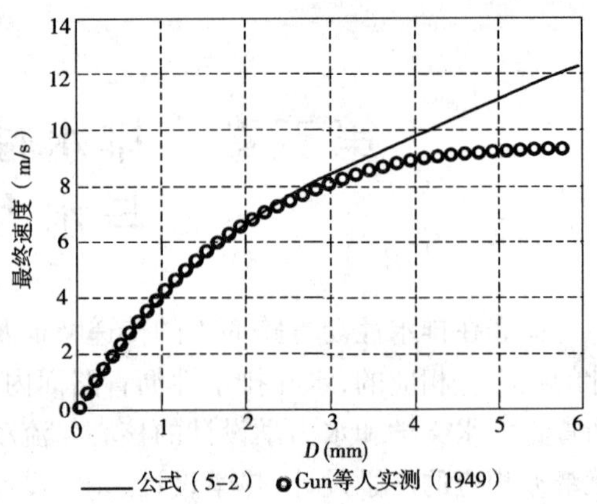

图 5-2 作为雨滴直径函数的雨滴最终速度

雨滴的影响，主要来源于雨中的光反射。在 AASHTO 公路设计指南中，提供了一个降雨强度、车速与最大允许视距之间关系的公式如下：

$$i = [307,348.5/(S_v \cdot V_i)]^{1.47} \tag{5-3}$$

式中：i——降雨强度，cm/h；

S_v——视距，m；

V_i——车辆速度，km/h。

这个关系示于图 5-3 中。

图 5-3 说明，在相同的行车速度下，降雨强度越大，视距越短。这说明，随着降雨强度的增大，行车安全的关注重心将从滑动阻力转移到视距上，这也是下一节中，我们将饱和产流作为排水性沥青路面设计目标的主要原因。

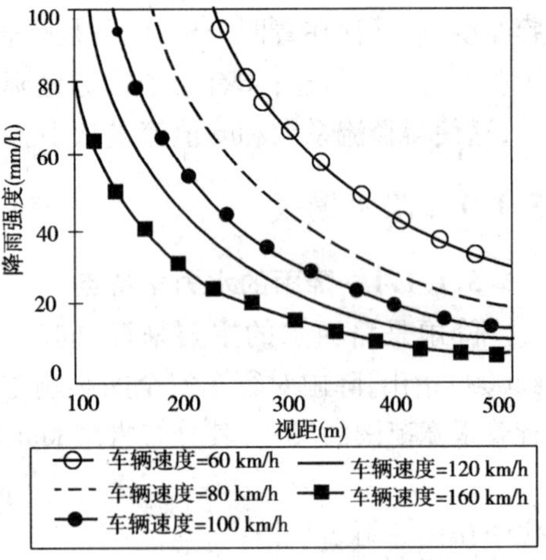

图 5-3 各种车速下降雨强度与视距的关系

降雨对行车安全影响的第二方面是水雾的影响。首先是挡风玻璃上的水珠与水膜，将使车外的路面景象产生一定的折射，这可能对驾驶员的判断产生一些困难。其二则是其他车辆喷雾产生的视觉干扰，这在第二章已有叙述。

降雨对行车安全影响的第三方面是潮湿路面上的光反射。由于气—水界面的光滑性，路表水将使路面发生镜面反射。这类表面上的光学作用是由电介质材料的 Fresnel 公式控制的（图 5-4）：

$$n_1 \sin\theta_1 = n_2 \sin\theta_2 \tag{5-4}$$

朗伯表面上的水膜也可使表面显色更深。这主要是由水—气界面的内反射导致的。朗伯表面反射的光线碰上水—气界面时，部分被反射回来。该光线再次受到表面材料的吸收，之后再被反射。这导致一系列的吸收，使表面变暗。

路表下水的存在是影响路表外观的另一重要因素。多空隙沥青混合料内，水可渗到之前

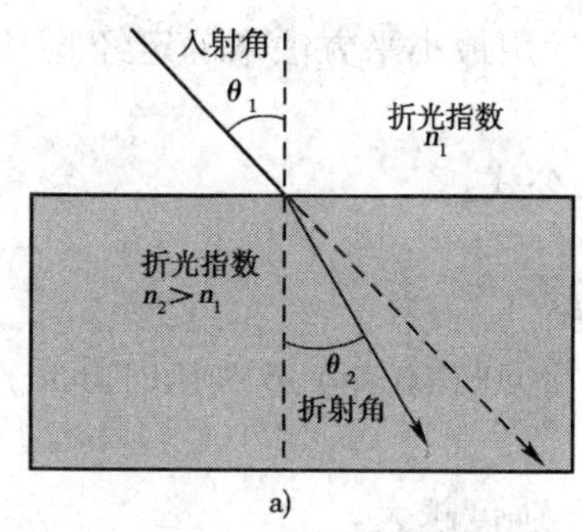

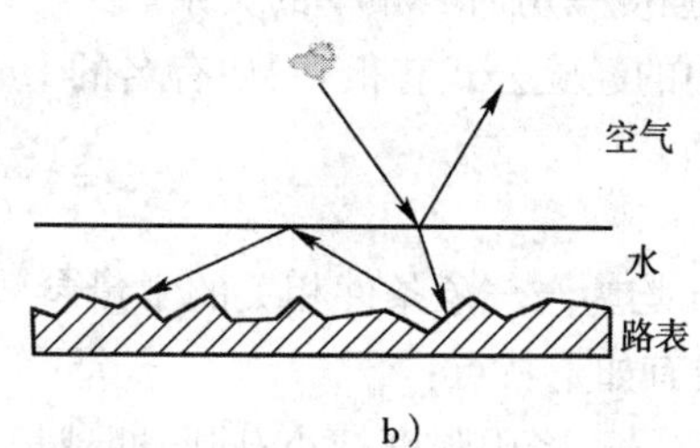

图 5-4　Fresnel 公式的图解：由于水-气界面处的内反射，路表水层反射更少的光

被空气充满的孔洞中。这改变了面层材料的反射性质，有利于前向散射。主要原因是水的折光指数高于空气，一般更接近于面层材料的指数。这意味着进入面层材料的一线光，由于材料潮湿时，折光指数更为均匀而折射更少。如图 5-5 所示，最终结果是光线在离开路面前经历了更多的散射。这增大了被吸收光线的总量，整体效果是路面反射性降低。

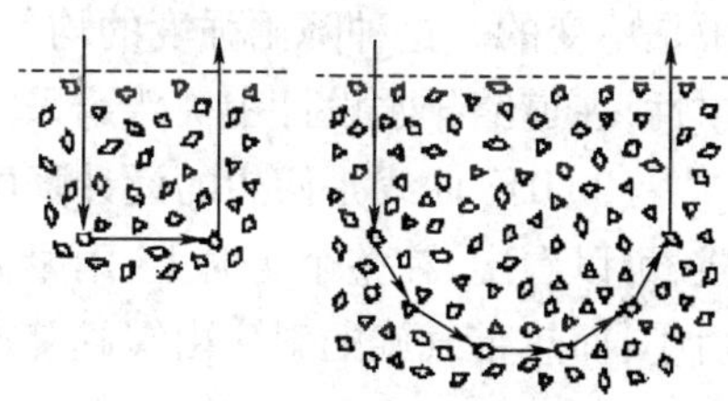

图 5-5　一线光进入和离开平均散射角为 90°（左）和 30°（右）的材料时的最短路径

雨水改变了道路的视觉内容。道路表面表现得更光或更暗，这取决于观察角。对驾驶员来说，这可能是晃眼睛的，尤其是眩光角下阳光普照的白天，或对面车灯的夜间。视觉性能受眩光的削弱，驾驶员更难探测到危险。道路反光标志的可视性也尤其受到削弱。设计这些标志是为了将前灯光线返回车辆。它们通常由漆料组成，表面装饰以高折光指数（介于 1.5 与 2.5）的玻璃珠。白天的潮湿道路上，反光材料反射阳光，有时候显示比路面暗。夜间，道路有些潮湿时，珠子的反射效率下降。如果水层高于珠子尺寸，前灯光线多在气—水界面处反射，从而标志消失。

以上谈到的三方面，反映了降雨在空中、在与车辆及路面作用后以及落在路面上之后对行车的影响特点。至于落在路面上，经过一定积累，产生表面径流的影响，则是本章重点关注的内容。

5.1.1.2　降雨的水文学特点

一般的排水系统设计中，采取了一种假想的暴雨模式作为设计的暴雨输入，一般称为强度—历时—频率曲线（Intensity-Duration-Frequency，简称 IDF 曲线）。其来源主要基于以下三个步骤：

（1）第一步，对某一具体历时的数据值构成的各个组别，拟合以概率分布函数（Probability Distribution Function，PDF）或累积分布函数（Cumulative Distribution Function，CDF）。将每个时间间隔的最大降雨强度与累积分布函数相应的回归期建立相关性是可能的。考虑某一回归期 T，其对应累积频率 F 为：

$$F = 1 - \frac{1}{T} \quad 或 \quad T = \frac{1}{1 - F} \tag{5-5}$$

一旦累积频率已知，则采用选定的理论分布函数（如 Pearson Ⅲ型分布）确定最大降雨强度。

（2）第二步，采用步骤 1 导出的概率分布函数，计算每个历时和一组所选回归期（如 5、10、20、50、100 年等）的降雨强度。图 5-6 显示了 CDF 向 IDF 曲线的转换。

(3)第三步,用经验公式构建降雨 IDF 曲线。运用最小平方法来确定经验 IDF 公式的参数,用于代表强度—历时—频率的关系。

第三步中的经验公式有很多,如有名的 Horner 公式:

$$i = \frac{aT^m}{(D+b)^c} \tag{5-6}$$

式中 a、b、c、m 均为与气象条件相关的常量参数,T 为回归期(年),D 为历时(min)。

IDF 曲线有如下特点:

(1)历时越长,降雨强度越小;回归期越长,降雨强度越大。

(2)对应某一具体历时、具体回归期选择降雨强度后,这一方法假定降雨强度在降雨历时中是不变的。这种降雨强度的均匀分布性是降雨径流推演法计算的一大缺陷,但由于它的简单性,在道路排水设计中被普遍采用。

(3)IDF 曲线是假想的设计降雨,与实际降雨是不同的。图 5-7 给出了实际降雨的典型模式,可以看出,在整个历时上,雨量分布是不均匀的:雷雨的斜率由陡趋缓,说明降雨强度先大后小;而热带气旋的斜率由缓趋陡再趋缓,说明降雨强度先小后大再减小。

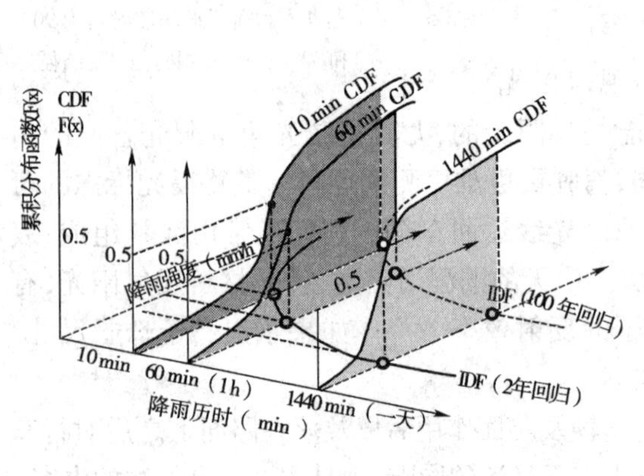

图 5-6 CDF 向 IDF 曲线的转换

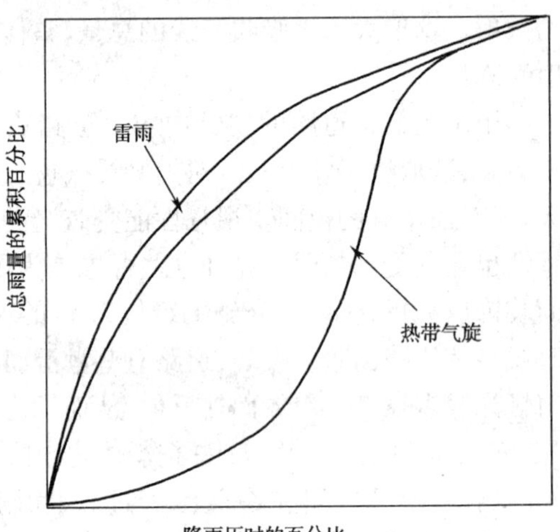

图 5-7 典型降雨类型的雨量分布图

排水性沥青路面的排水计算中,有两个考察目标:一是路面本身,期望水膜厚度控制在一定标准内,另一是路面附属排水设施,希望能抵抗一定回归期、一定历时暴雨产生的峰值径流量。这两个控制目标对设计暴雨的要求是有所不同的。前者一般假设降雨强度是不变的,按照维基百科的定义,可取表 5-1 的分类;而后者则取设计回归期内 IDF 曲线中汇流历时对应的降雨强度。

维基百科关于降雨强度的分类 表 5-1

降雨类型	降雨速率范围	降雨类型	降雨速率范围
零星小雨	$i<0.25$mm/h	大雨	4.0mm/h$\leq i<16.0$mm/h
小雨	0.25mm/h$\leq i<1.0$mm/h	暴雨	16.0mm/h$\leq i<50.0$mm/h
中雨	1.0mm/h$\leq i<4.0$mm/h	大暴雨	$i\geq50.0$mm/h

这里的汇流历时为路面最远点到路边排水设施处的坡面汇流历时，按规范，其计算按公式(5-7)：

$$t = 1.445\left[\frac{nL_s}{\sqrt{i_s}}\right]^{0.467} \qquad (L_s \leqslant 370\text{m}) \tag{5-7}$$

式中：t——汇流时间，s；

L_s——汇流长度，m；

i_s——$\sqrt{i_x^2 + i_y^2}$，汇流坡度，i_x 为横坡，i_y 为纵坡；

n——Manning 糙率，将在后面讨论。

5.1.2　超渗产流与饱和产流

当干燥的排水性沥青路面承受降雨时，一般来说，雨水会有以下的流动历程：

(1)润湿沥青表面。沥青的润湿角 >90°，是一种憎水材料，因此雨滴首先分散在表面上，沿着表面凹凸逐渐移动，形成集料表面极薄的水膜。

(2)填充表面构造。排水性沥青表面有发达的宏观构造，集料表面移动的水膜必然首先填充这些宏观构造构成的槽穴。

(3)形成不饱和流动。图 5-8 显示了不饱和流动的示意图，沥青膜表面流淌着一层水膜，水膜表面尚存在水气界面。图中的参数，u_s 为逼近速度，$\bar{u}$ 为水膜流动速率，$\bar{u} = u_p/S_e$，u_p 为孔隙速度，$u_p = u_s/\varepsilon$，$u_{\max}$ 为气液界面的最大速度，ξ 为水膜厚度，S_e 为有效饱和度，$S_e = \dfrac{\theta - \theta_r}{\theta_s - \theta_r}$，$\theta$ 为含水量，θ_r 为剩余含水量，θ_s 为饱和含水量，ε 为空隙率。由 S_e 确定的不饱和透水系数为：

$$\begin{cases} K_r(S_e) = S_e^{\frac{1}{2}}[1 - (1 - S_e^{\frac{1}{m}})^m]^2 \\ K(S_e) = K_s K_r(S_e) \end{cases} \tag{5-8}$$

式中：K_r——相对水力传导系数(透水系数)；

K——作为 S_e 函数的水力传导系数；

K_s——饱和水力传导系数；

m——根据持水曲线得到的参数。

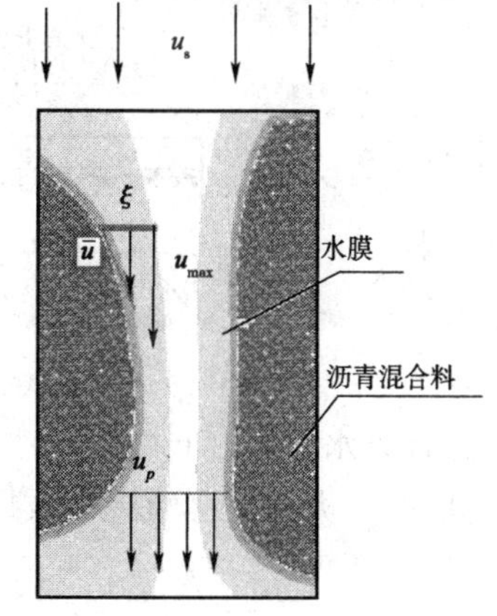

图 5-8　沥青混合料空隙中不饱和流动示意图

关于排水性沥青混合料中 θ_r 和 m 参数测试的例子，文献中未曾发现。Zhang Teng(2003年)等人研究了多空隙水泥混凝土，此时这两个参数约为 $\theta_r = 27.5\%$ ($\theta_s = 46.8\%$)，$m = 0.478$。多空隙水泥混凝土由于微观毛细孔发达，因此剩余含水量较高。

根据公式(5-8)还可以看出，当 $\theta < \theta_r$ 时，该公式是无效的。此时水量尚不足以构成不饱和流动，水的入渗速度仅受表面构造入水口面积的限制，根据经验观察，该速度远远大于后期的饱和入渗速度。当 $\theta_r < \theta < \theta_s$ 时，不饱和流动速度是小于饱和流动速度的，不过，水在表面的入渗速度也并不等于不饱和流动速度，因为渗入的水并不见得马上构成流动，而是附加在孔隙表面水膜厚度上，但是不饱和流动速度会对入渗速度产生一定的影响，使得入渗速度大为减缓。只有当 $\theta > \theta_s$ 时，入渗速度才等于饱和流动速度。

当降雨强度大于排水性沥青表面饱和前的入渗速度时,会产生超渗产流。不过,这种情况并不是我们所关注的,因为车辆经过时,轮胎的作用会加速这些超渗水膜向面层内剩余空气空间的下渗。如果初期降雨强度很大,根据公式(5-3),这时车辆的能见度成为行车安全的首要关注。

(4)空隙饱和,产生饱和流动,超量降雨产生表面径流。当排水性沥青混合料中的空隙被雨水完全填充后,如降雨率与面层的饱和透水系数一致,则产生稳态饱和流动。如降雨率大于饱和透水系数,则除了面层内的稳态饱和流动外,路表将形成雨水径流,这被称为饱和产流。饱和产流是我们关注的重点,将在后面详细介绍。

5.1.3 水膜厚度与水漂速度

图5-9提供了水沿着路表流动时水膜的定义。水膜厚度(Water Film Thickness(Depth),WFT(WFD))为平均构造深度(Mean Texture Depth,MTD)所对应的表面凹凸点顶面以上的水膜厚度。MTD以下的水被截留在表面中,无法对路面的排水起作用。排水或流动发生在总流动层y中,它是水膜厚度(WFT)加上平均构造深度。增大宏观构造或深度十分重要,因为这使得水既能蓄存(MTD以下的深度),又能排出(MTD以上的深度)。

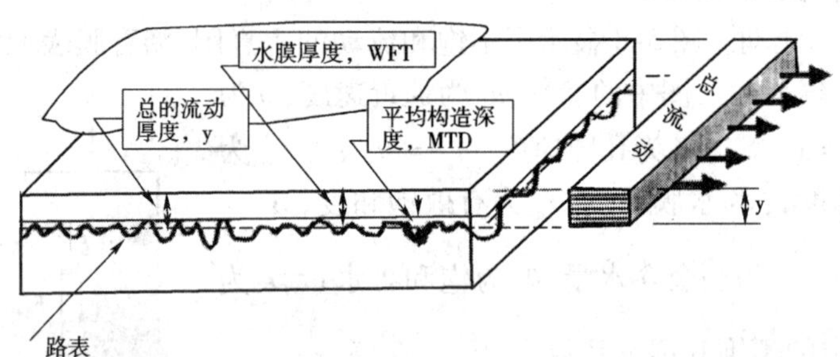

图5-9 水膜厚度、平均构造深度和总流动的定义

计算水膜厚度有两种方法:(1)分析模型;(2)经验模型。Gallaway等人在1971年到1979年间,基于大量的实验观察数据,得到了以下经验公式:

$$WFT = \frac{0.019L^{0.519}i^{0.562}MTD^{0.125}}{S^{0.364}} - MTD \tag{5-9}$$

式中:WFT——水膜厚度,mm;

L——平面长度,m;

i——降雨强度,mm/h;

MTD——平均构造深度,mm;

S——路面坡度,m/m;

h——水深,mm,$h = WFT + MTD$。

至今为止,Gallaway的工作仍是不同路面类型上所收集的最全面的水深数据集。不过,公式中没有基本的阻力变量,如Manning的n,并且是组合了不同表面类型的路面回归而得到的,因此宾夕法尼亚在1998年开发了另一包含Manning n的经验公式,见公式(2-1)。

下面讨论两类分析模型:

(1)基于运动波公式的流动模型

这是基于质量和动量守恒原理的完全动力模型。公式(5-10)和公式(5-11)代表了一维空间变化的不稳定流动的质量守恒公式与动量守恒公式。

$$\frac{\delta h}{\delta t}+h\frac{\delta u}{\delta x}+u\frac{\delta h}{\delta x}=i-f=I \tag{5-10}$$

式中：h——流动深度；

u——空间平均速度(x－方向)；

i——域内降雨率；

f——渗透率；

I——渗透调整后的降雨率。

$$\frac{\delta u}{\delta t}+u\frac{\delta u}{\delta x}+g\frac{\delta h}{\delta x}=g(S_{ox}-S_{fx})-\frac{u(i-f)}{h}+\frac{v_r\cos\theta_x}{h} \tag{5-11}$$

式中：u、h、i 和 f 与公式(5-10)介绍的一样；

g——重力加速度(9.81m/s^2)；

S_{ox}——x 方向流动路径的坡度；

S_{fx}——x 方向能量梯度的坡度；

v_r——末端降雨速率(最终速度)；

θ_x——相对 x 轴，降雨线的角度。

公式(5-11)右手侧的最后一项代表了由于降雨速率在 x 方向入射角度而产生的动量。项 θ_x 常被忽略(也就是取90°)；因此 $\cos\theta_x$ 可以假设等于零，最右项从公式中略去。

在稳态条件下，摩擦比降 S_{fx} 等于流动平面的坡度 S_{ox}，公式(5-10)和式(5-11)简化成为运动波方程的形式，如公式(5-12)、式(5-13)所展示：

$$h_{eq}=It_{eq} \tag{5-12}$$

$$t_{eq}=\left(\frac{1}{I}\right)\left(\frac{LI}{a}\right)^{1/m} \tag{5-13}$$

$$u=ah^{m-1} \tag{5-14}$$

式中：h_{eq}——平衡水流深度，mm；

I——剩余降雨率，$\text{mm}^3/\text{s}/\text{mm}^2$；

t_{eq}——达到平衡经历的时间，s；

L——平面长度，mm；

a——摩擦损失系数；

m——摩擦损失指数；

u——流动速度，mm/s。

公式(5-12)～式(5-14)代表了稳态一维流动的运动波解答。

(2)两维流动模型

公路铺装上的流动为两维现象。如有流动的垂直组分存在，则将增加第三维。但是，由于流动深度是如此之小，z 方向流动的变化可以平均，流动可由两维模型准确描述。公式(5-15)～式(5-17)代表了两维流动状态下的连续性公式和动量守恒公式。

质量守恒：

$$\frac{\delta h}{\delta t}+\frac{\delta(uh)}{\delta x}+\frac{\delta(vh)}{\delta y}=i-f=I \tag{5-15}$$

式中:h——流动深度;

u——空间平均的速度(x 方向);

v——空间平均的速度(y 方向);

i——域上降雨强度;

f——渗透率;

I——输入降雨减去表面入渗。

x 方向的动量守恒得到:

$$\frac{\delta u}{\delta t}+u\frac{\delta u}{\delta x}+v\frac{\delta u}{\delta y}+g\frac{\delta h}{\delta x}=g(S_{ox}-S_{fx})-\frac{u(i-f)}{h}+\frac{v_r\cos\theta_x}{h} \tag{5-16}$$

而 y 方向的动量守恒得到:

$$\frac{\delta v}{\delta t}+u\frac{\delta v}{\delta x}+v\frac{\delta v}{\delta y}+g\frac{\delta h}{\delta y}=g(S_{oy}-S_{fy})-\frac{v(i-f)}{h}+\frac{v_r\cos\theta_y}{h} \tag{5-17}$$

式中:u、v、h 和 f 同式(5-15)描述的相同;

g——重力加速度;

S_{ox},S_{oy}——分别为 x 向和 y 向的流动路径坡度;

S_{fx},S_{fy}——分别为 x 向和 y 向的能量梯度线坡度;

v_r——降雨终速;

θ_x,θ_y——降雨输入对于 x 轴和 y 轴的角度。

略去雨滴的冲击力,可简化该公式。在大多数两维模型中,保留剩余项,用有限差分或有限元体系近似偏微分项。总体上,非线性体系,偏微分方程没有解析解,必须用数字方法解答。

多空隙沥青表面,还必须考虑平行于路表的多空隙沥青层内的流动。针对表面下流动模型,有两种选择。第一种是基于三维完全饱和流动的考虑,在公式(5-18)中描述。第二种是一维模型,见公式2-1。

$$\frac{\delta}{\delta x}\frac{(K_{xx}\delta h)}{\delta x}+\frac{\delta}{\delta y}\frac{(K_{yy}\delta h)}{\delta y}+\frac{\delta}{\delta z}\frac{(K_{zz}\delta h)}{\delta z}=W-S_p\frac{\delta h}{\delta t} \tag{5-18}$$

式中: h——压力头或压力势;

K_{xx}、K_{yy}、K_{zz}——主轴方向多孔介质的水力传导系数;

W——水源与水壑;

S_p——多孔介质的蓄水系数或单位储水量。

公式(5-18)对于流动数量的解答可将多空隙沥青排水层中水漂效应的完全动力学性质包括在内。不过,无论是两维还是三维模型,当期望的解答是表面水膜厚度时,为达到解答所需要的计算工作并未被证明是正确的。这种情况下,一维模型就很充分了。某些情况下,多维模型无法收敛,选择不同边界条件时,或在瞬态分析时,需要操作者干预,变化时间步与计算网格。

水漂速度的计算见第二章,也是经验性的,它代表着目前的技术现状。考虑到问题的复杂性、所需的资源以及演算模型所需要的数据规模,演算公式的建立被认为是一项极具挑战性的

任务。

5.1.4 径流系数

径流系数(Runoff Coefficient)是一定汇水面积雨水量与降雨量的比值,是任意时段内的径流深度(或径流总量)与同时段内的降水深度(或降水总量)的比值。径流系数说明在降水量中有多少水变成了径流,它综合反映了流域内自然地理要素对径流的影响。

路面径流的计算公式如下:

$$Q = 16.67\psi iA \tag{5-19}$$

式中:Q——地表径流量,m^3/s;

ψ——径流系数,普通沥青路面一般取为0.9,而关彦斌(2008年)等认为,多空隙沥青路面可取0.7;

i——设计降雨强度,mm/min;

A——汇流面积,km^2。

不过,从为数不多的有关排水性沥青路面径流系数的研究来看,似乎存在着争议。争议首先来自于Pagotto等人(2000年),他们测定了1年研究期内传统沥青路面和多空隙沥青路面的径流系数,发现多空隙沥青路面系数更高。其中一例中,与罩面铺装前同一场地传统沥青路面测得的0.84相比,多空隙路面的平均径流系数为0.98。他们推测,这个增长是因为车辆后面水雾的减少,水雾能将该部分水带离道路,送出监测位置。

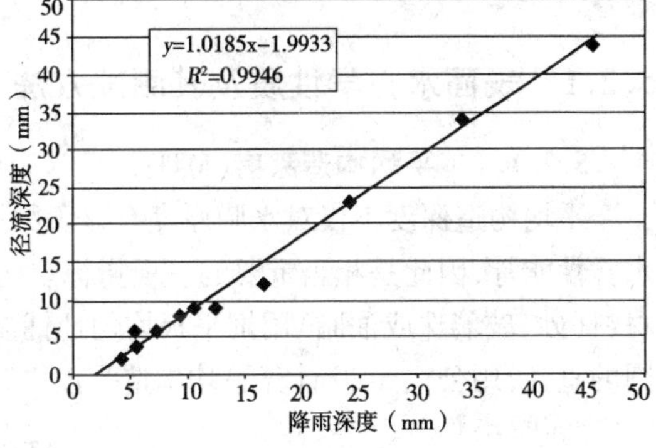

图5-10　降雨和径流的关系

2008年,Barrett等人提供了2006年11月在排水性沥青路面原始场地上安装的流量计所收集的数据(图5-10),显示了降雨和径流之间的关系。数据表明,径流开始前,大约有2mm的降雨,这相当于25%的可用空隙空间。这个初始损失发生后,相当于100%的降雨出现在路面边缘。图5-11显示了2007年3月11日的一场暴雨。这幅图显示,径流响应降雨是相当迅速的,尽管水到达路面边缘前必须行经多空隙罩面。

法国和美国独立进行的这两项研究应该反映了一种实际情况,可以得到以下结论:

(1)排水性沥青路面无法削减径流总量,而是依靠一定的入渗能力,使径流的时间分布比密级配沥青路面略微均匀一些,这对峰值径流的降低会有一定的贡献,但对径流系数的降低贡献不大。如将排水性沥青路面换成与地下水直接连通的透水性沥青路面,可望径流系数的显著下降。

(2)存在繁忙交通的道路上,排水性沥青路面的径流系数甚至大于密级配沥青路面是可能的,这主要是车辆对密级配沥青路面表面水膜的加速排移作用和所产生水雾和溅水的附加外排作用,而排水性沥青路面由于动水压力的释放,这种附加排水效应反而弱于密级配路面。

(3)尽管排水性沥青路面会对径流的形成产生一定的“滞后”,但也使得前期降雨的“记忆”历史更长,在较长历时的降雨中,局部时间段反而会使径流量增大。

因此,在目前的研究现状下,可取排水性沥青路面的径流系数与密级配沥青路面相当。

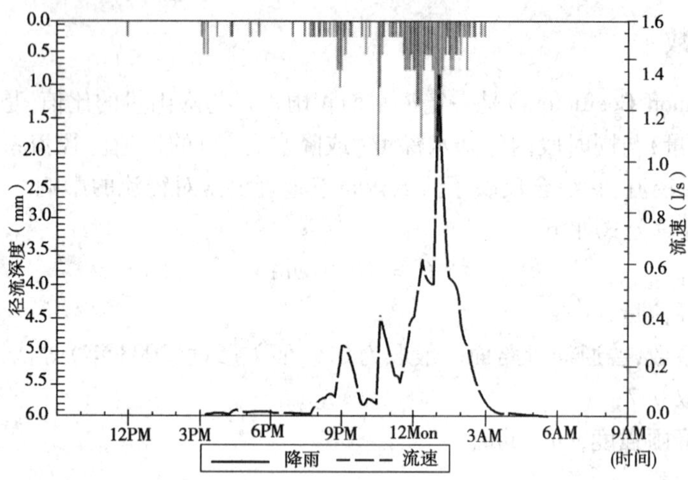

图 5-11　显示降雨的径流响应的流量计输出

5.2　表面以及面层材料的水力学性质及其测试方法

5.2.1　表面水力学性质及其测试方法

5.2.1.1　平均构造深度(MTD)

平均构造深度不仅对水膜厚度有显著的影响,还影响着排水路面的声学性能、摩擦性能、水雾性能等,因此是相当重要的一项指标。构造深度一般采用铺砂法测量,将一定体积的标准材料(砂、玻璃珠或油脂)用推平板均匀地铺展在排水性沥青表面,尽可能推成圆形,测量摊平圆的直径,用公式 5-20 计算平均构造深度 MTD。除铺砂法外,其变种还有砂槽法或铺脂法等。

$$MTD = \frac{4V}{\pi D^2} \tag{5-20}$$

式中:V——铺在路上的标准砂体积;

D——摊平圆的直径。

最初,铺砂法要求铺摊一定体积的渥太华砂,这种砂通过 0.3mm 筛网,保留于 0.15mm 筛网上。当前的 ASTM 标准要求采用玻璃球来取代砂。改变材料是因为两点理由:玻璃球比形状不规则的砂铺开更均匀,并且筛分大袋砂时,通常效率很低,而满足尺寸规格的玻璃球市场上就能买到,避免了材料的筛分。美国国家航空航天管理局(NASA)采用了另一种体积测量方法,即以油脂为材料的铺脂法。

在日本,有一类体积测量法也采用玻璃球,但玻璃球是用推平板铺开到一个直线槽中的,这个槽保持在路表以上一个小的固定距离处的恒定宽度夹具中。得到相对于玻璃板(零构造深度)上槽长的某一表面上的槽长,用下式计算平均构造深度:

$$MTD = \frac{V(L_g - L_s)}{aL_gL_s} \tag{5-21}$$

式中：V——所用玻璃球的体积；

a——夹具宽度；

L_g，L_s——玻璃板和所测表面上的槽长。

不过，在排水性沥青路面中，由于材料会顺着空隙下漏，因此体积测量法的误差较大，并且材料还会堵塞空隙，是一种有损检测。幸运的是，过去十几年中，激光技术和计算机能力及小型计算机速度取得了长足的进步。因此，行车速度下测量构造深度的无损检测系统现在已能获得。这些设备产生的轮廓可被用于计算各种轮廓统计数值，如平均轮廓深度（Mean Profile Depth，MPD）。

室内和现场均可使用的测量 MPD 的其中一种装置被称为环形构造测量仪（CTM），是 1998 年引进的。其外观体积为 40mm × 40mm × 27mm，质量 13kg，如图 5-12a）所示。CTM 内部安装有一个电荷耦合元件激光位移感应器（图 5-12b））。CTM 用激光测量直径 284mm 或周长 892mm 的圆的轮廓。轮廓被分成八个 111.5mm 的弧段。每一圆弧段均测定 MPD。将所有八个弧段深度平均，报告 MPD 值。

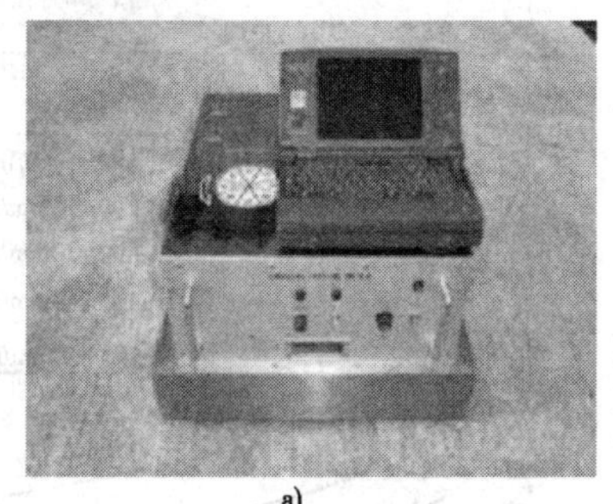

a)

b)

图 5-12　环形构造测量仪（CTM）

a）整体图；b）激光位移感应器

对排水性沥青路面来说，由于 MTD 测量的较大误差，使得用 MPD 来估计 MTD 很难做到。André de Fortier Smit 等人（2007 年）得到了 OGFC 的一个此类经验关系式（5-22），其中 MTD 与 MPD 的单位均为 mm。

$$MTD = 0.947MPD + 0.027 \tag{5-22}$$

5.2.1.2　Manning 糙率 n

Manning 糙率，描述了某一表面对水流动的抵抗，也被称为粗糙度系数、曼宁系数。它是路面上表面构造的函数。Manning 的 n 可在人工或自然降雨条件下实验确定。Manning 公式可写为：

$$q = \frac{h^{5/3}}{n} S_{ox}^{1/2} \tag{5-23}$$

式中：q——每单位宽度流动的数量，$m^3/s/m$；

h——流动深度，m；

S_{ox}——流动方向流动平面的坡度，m/m；

n——Manning 粗糙度系数。

Manning 公式适用于紊（乱）流条件。由于水滴对路表上流动的相对薄层水膜的冲击，因此该流动被认为是紊乱的。公式(5-24)和式(5-25)可以由公式(5-23)与式(5-14)导出：

$$a = \frac{1.0}{n} S_{ox}^{1/2} \tag{5-24}$$

$$m = \frac{5}{3} \tag{5-25}$$

根据宾州大学1998年的工作，获得了密级配沥青混凝土（公式5-26）与多空隙沥青混凝土上n的表达式（公式2-2、2-3）。

密级配沥青混凝土：

$$n = 0.0823 N_R^{-0.174} \tag{5-26}$$

根据公式(5-26)和公式(2-2)，可以绘制图5-13与图5-14。

应注意以下几点：

(1)图5-13与图5-14仅代表了室内新铺沥青混凝土的糙率变化，实际上，由于交通作用下沥青混凝土的磨光作用，糙率将随路面的使用而逐渐下降。

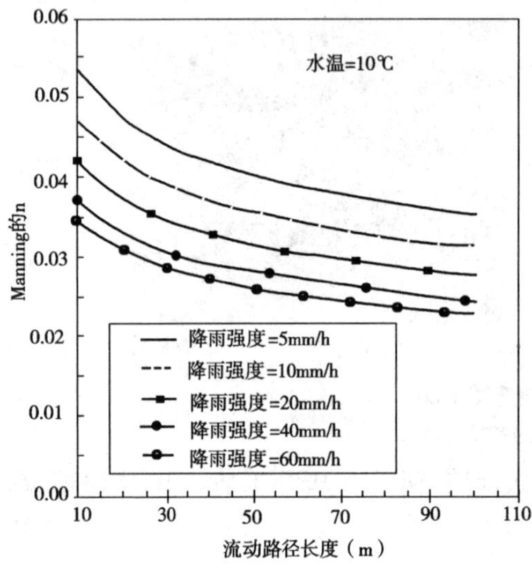

图5-13　密级配沥青混凝土，各种降雨率下Manning n和流动路径长度的关系

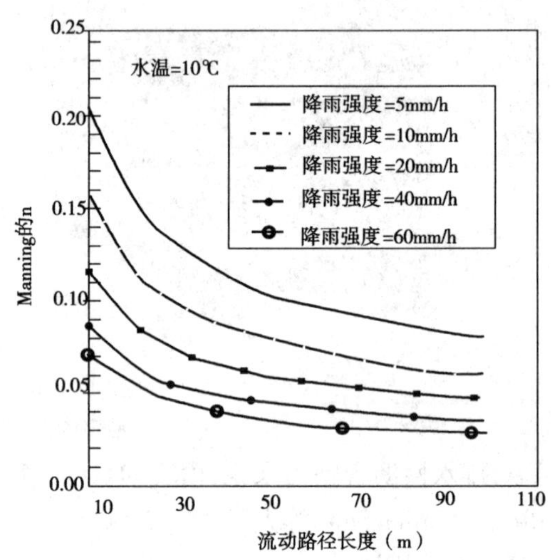

图5-14　多空隙沥青混凝土，各种降雨率下Manning n和流动路径长度的关系

(2)另外，这里给出的糙率是针对路面浅层流动(Sheet Flow)的，当降雨量较大，水膜较厚时，糙率将减小，这从图中可以很清楚地看出。

(3)图5-13与图5-14是水温10℃的数据，如果取正常水温20℃，由于水的黏度减小，Reynold数增大，n将减小。

5.2.2　材料水力学性质及其测试方法

5.2.2.1　与水力学性质相关的材料体积性质

Lefebvre(1993)对排水性沥青混合料中的空隙进行了详细的分类，如图5-15所示，这些空隙对排水性沥青路面透水性能和降噪性能的影响见表5-2。

测量混合料全空隙率的方法目前常用的有五种：表干法、水中重法、蜡封法、膜封法

(CoreLok)、体积法。这几种方法都是首先测试试件的理论最大密度ρ_{max}与毛体积密度ρ，然后用公式(5-27)计算空隙率VV。

$$VV = 1 - \frac{\rho}{\rho_{max}} \tag{5-27}$$

计算毛体积密度时，对试件质量的测试五种方法均相同，差异来自于体积的测定。表干法和水中重法，都是利用阿基米德定律——试件受到的浮力就是它所排开的水的重量来推导的。将试件的空气中重减去水中重，就是试件受到的浮力。由于试件完全浸没在水中，如试件不吸水，则它所排开的水的体积就等于试件的体积，这样将浮力除以水的密度，就得到了试件的体积。表干法只是考虑了试件少许的吸水量而已。对于排水性沥青混合料，试件浸没在水中时，水将流入试件内部的空隙，此时试件排开水的体积是试件的总体积减去被水占据的内部空隙体积，被水占据的这部分体积试验很难直接测定，也就是，测量全空隙率时，表干法与水中重法不适用于多空隙试件。

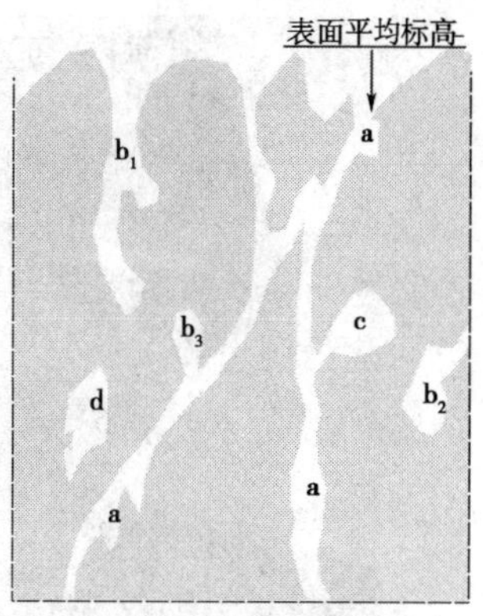

图5-15　排水性沥青混合料中的空隙分类

表5-2

空隙类型对透水性和噪声的影响

空隙描述			类型	有效性	
				透水性	降噪
“开放”（可及）	持续相连		a	+	+
	不连续	可接触表面	b_1	–	+
		进入断面	b_2	–	?
		“盲沟”	b_3	–	?
“闭合”	大气压力下不接触水		c	–	–
	完全闭合		d	–	–

其余三种方法都可以被用来测量排水性沥青混合料的空隙率。不过蜡封法由于费时费力，并且影响因素相对较多，实际应用较少。体积法是应用最为普遍的，它通过简单测量试件的高度和直径，计算试件的体积。显然，这个体积由于将表面构造所包围的表面凹陷均计入体积，而使得体积计算是偏大的，从而密度计算偏小，空隙率计算偏大。

这里详细介绍一下CoreLok的膜封法。这种方法的测试步骤如下：

(1)用电子尺记录芯样的几何特征：

- 测量直径的最小值和最大值。平均直径被定义为$D_{芯样}$。
- 测量厚度的最小值和最大值。平均厚度被定义为$b_{芯样}$。

用电子秤分别记录袋子和芯样的重量，记为$m_{袋}$和$m_{芯样}$。

塑料袋具有专门的标准尺寸：长度30cm，宽度22.5cm。塑料采用1 g/cm^{3}的相对密度假设，塑料袋的塑料体积根据公式(5-28)确定：

$$V_{袋} = \frac{m_{袋}}{\rho_{袋}} \tag{5-28}$$

(2)相继采用CoreLok装置和相对密度试验台。CoreLok的原理是抽干沥青试样内部的空气，将该试样封闭进一个塑料袋。装置运行2min后，塑料袋勾勒出试样的形状。CoreLok的照片展示于图5-16，用户将沥青试样包到一个真空封水装置自备的黄色塑料袋中。

然后在相对密度试验台上称量袋中的封闭芯样(图5-17)。

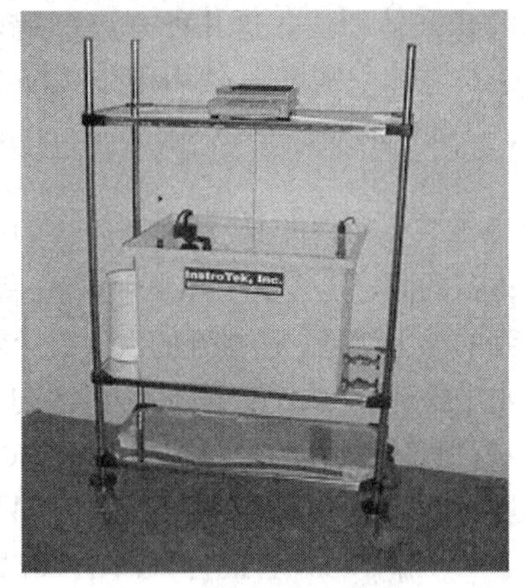

图 5-16 将试样包到 CoreLok 装置的塑料袋中

图 5-17 相对密度试验台

相对密度试验台配备有装满标准温度 20℃水的槽子，装有试样的浸没于水中的篮子，篮上附带了一个标定秤，称量被试样置换出的水的体积。接着称出水中袋及芯样的质量，这一与被置换体积对应的质量记作 $m_{1,实测}$。

根据力平衡导出第二步（封闭在塑料袋中的芯样）的结果：

$$(m_{袋}+m_{芯样})\cdot g=\rho_{水}\cdot(V_{芯样}+V_{袋})\cdot g+F_1 \quad 这里\ F_1=m_{1,实测}\cdot g \tag{5-29}$$

我们定义 $\rho_{水}=0.9981\ \mathrm{g/cm^3}$ 为 20℃水的相对密度，F_1 为秤间接测得的力，$g=9.81\mathrm{g/cm^3}$ 为重力加速度。公式右手侧包括浮力和施加在秤上的力。

于是，可以得到混合料的空隙率为：

$$VV=1-\frac{\dfrac{m_{芯样}}{V_{芯样}}}{\rho_{\max}}=1-\frac{\dfrac{m_{芯样}}{\dfrac{m_{袋}+m_{芯样}-m_{1,实测}}{\rho_{水}}-\dfrac{m_{袋}}{\rho_{袋}}}}{\rho_{\max}} \tag{5-30}$$

由于排水性沥青混合料表面构造发达，单层袋容易使袋子被石料刺破，这将使空气回流进真空封闭的袋子里。因此，为防止袋子被刺破，一般使用双层袋。制造商已经建立了双层袋的修正系数，以适应程序中的这种需要。双层袋法中，将某一袋子顶面（开口端）切掉 4 ~ 5cm，然后将切掉后的袋子放到另一袋子里。接着，将试样放到内袋中。

膜封法消除了试样周边所有的表面构造凹陷，但事实上，试样圆柱面的表面构造在实际路面中是不存在的，是取样或试样制备的有限体积造成的，这说明膜封法又过低地估计了试样的真实体积，使最终密度实测值偏大，空隙率计算值偏小。

不过，Watson 等人（2004 年）指出，体积法和 CoreLok 法取得的空隙率之间存在非常好的相关性，R 平方值为 0.84，体积法总是得到比 CoreLok 法更高的空隙率，体积法与 CoreLok 法之间的差值随着体积空隙率的增大以加快的速率增长。根据数据，作者推断，如果基于体积法，选择 18% 的空隙率为最低空隙率，则基于 CoreLok 程序，最低值将大约为 16%。

对排水性沥青混合料而言，更重要的是水能在其间自由流动的空隙，被称为连通空隙（Interconnected Void）或有效空隙（Effective Void）。不过，测试中，图 5-15 中的各种空隙，除了 c、d 以外，其他类型空隙很难作出区分。其测试方法是在空隙率测试的基础上（试样质量 A，试样

总体积 V），利用类似图 5-17 的装置，测试试样的水中重量 C（试样放在常温水中约 1min），用式(5-31)求得连通空隙率：

$$n_e = 1 - \frac{A - C}{\rho_w V} \tag{5-31}$$

式中 ρ_w 为测试水温对应的水的密度，n_e 为有效空隙率（连通空隙率）。

如果采用 CoreLok 法，则在上面介绍的 2 个步骤基础上，增加第三步，即用相对密度试验台称量被芯样自身（去掉袋子）置换的水的体积。被置换体积对应的质量记为：$m_{2,实测}$。

以下面的力平衡类似导出第三步（芯样本身）的结果：

$$m_{芯样} \cdot g = \rho_{水} \cdot V_{颗粒} \cdot g + F_2 \quad 这里\ F_2 = m_{2,实测} \cdot g \tag{5-32}$$

式中 F_2 为秤间接测得的力，$V_{颗粒}$ 为组成芯样的颗粒和结合料的体积。考虑两个力平衡，导出有效空隙率为公式 5-33：

$$n_e = 1 - \frac{V_{颗粒}}{V_{芯样}} = 1 - \frac{m_{芯样} - m_{2,实测}}{m_{袋} + m_{芯样} - m_{1,实测} - m_{袋}\frac{\rho_{水}}{\rho_{袋}}} \tag{5-33}$$

5.2.2.2 室内透水系数的测量

1) Darcy 定律的适用性

透水系数又称水力传导系数，是材料在空隙空间内输送流体的能力的一种量度。它与材料的空隙率相关，不过更依赖于空隙的直径和路径连通性。多孔介质中的流动通常是由 Darcy 定律控制的，不过某些情况下，非 Darcy 理论更为适用。对于沥青材料，混合料的特性将决定哪种理论最为合适。对 Reynolds 数 1 到 10 的层流来说，Darcy 定律通常是有效的，它由下式给出：

$$v = ki \tag{5-34}$$

式中：k——材料的透水系数；

i——试样承受的水力梯度，或单位长度的水头损失；

v——单位流量或试样中的当量平均流速。如果水力梯度与单位流量已知，就可以用公式(5-34)来确定透水系数 k。

当 Reynolds 数大于 10 时，公式(5-34)所代表的 Darcy 定律是无效的，流动行为通常由改进 Darcy 定律形式描述：

$$v = ki^m \tag{5-35}$$

这里 m 为非 Darcy 参数，说明了流动的非线性。$m = 1$ 为层流，$m = 0.5$ 为紊流，$m = 0.5 \sim 1$ 为过渡流。Fwa 等人（1999 年）的研究认为，多空隙沥青混合料中的 m 为 0.7。以上的叙述可以用图 5-18 描述。

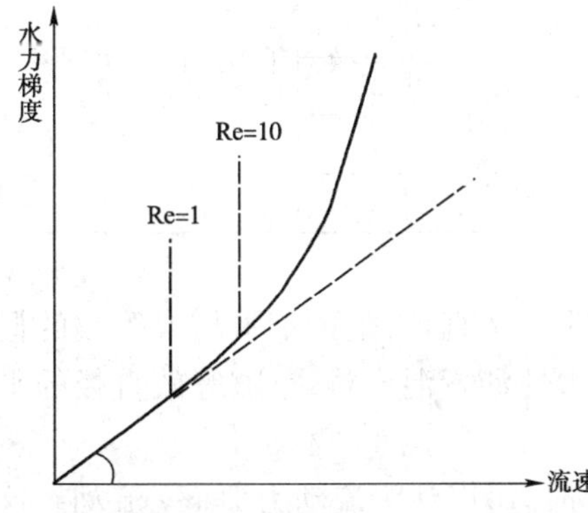

图 5-18 多空隙沥青混合料中流速与水力梯度的关系

事实上，流体在多孔介质内的流动总是由两部分组成的，如公式(5-36)所示：

$$i = av + bv^2 \tag{5-36}$$

其中：

$$a = \frac{\mu}{\rho g K} \tag{5-37}$$

μ 为流体的黏度,ρ 为流体的密度,g 为重力加速度,K 为内在透水系数(υ 为运动黏度):

$$K=\frac{\mu}{\rho g}k=\frac{\upsilon}{g}k \tag{5-38}$$

$$b=\frac{1}{g\sqrt{cK}} \tag{5-39}$$

c 为与内在透水系数 K 相关的介质常数(d 为具有长度量纲的特征介质参数):

$$K=cd^2 \tag{5-40}$$

公式(5-36)中,第一部分是由流体的黏性力产生的线性运动(Darcy 运动),它与流体运动黏度 υ 及内在透水系数 K 有关;第二部分是由流体惯性产生的非线性运动,与流体性质无关。可以看到,第一部分与流速成正比,第二部分与流速的平方成正比。流速很小时,第二部分可忽略,得到公式(5-34)的形式。流速很大时,第一部分可忽略,得到公式(5-35)中 $m=0.5$ 时的形式。

这里,我们作一简单计算。Reynold 数的表达式如公式(5-41)所示:

$$\mathrm{Re}=\frac{v\cdot\delta}{\upsilon} \tag{5-41}$$

δ 为流动发生的直径。首先,20℃时,水的运动黏度 υ 为 $1\times10^{-6}\mathrm{m^2/s}$。关于空隙中水的流速 v,首先假定流动为 Darcy 流动,有关文献中给出的多空隙沥青混合料的水力传导系数如表 5-3 所示。表中的伪水力传导系数(Pseudo Hydraulic-Conductivity)是指公式(5-35)中 $m\neq1$ 时的透水系数。事实上,表 5-3给出的是视流速,真正的流速还应除以空隙率 n。

相关文献中多空隙沥青混合料的水力传导系数 表 5-3

试　　样	水力传导系数(0.01cm/s)	空隙率(%)	作　者
多空隙沥青混合料试样	62.9 ~ 535.9*	15.6 ~ 23.9	Fwa 等人(1999 年)
被土堵塞的多空隙沥青混合料试样	1.3 ~ 337.6*		
开级配粗沥青混合料	27.0 ~ 148.0		Huang 等人(1999 年)
开级配磨耗层	2.1	16.7	Cooley 等人(2000 年)
16% 橡胶粉的开级配磨耗层	5.5	15.8	
掺矿物纤维的开级配磨耗层	3.2	19.9	
掺木质素纤维的开级配磨耗层	8.6	16.2	
丁苯橡胶(SB)聚合物的开级配磨耗层	1.8	13.9	
加 SB 和木质素纤维的开级配磨耗层	8.1	19.2	

注:* 伪水力传导系数。

流动发生的直径 δ,也即空隙的直径,事实上是空隙的名义直径,是一个平均或等效的概念。裴建中(2010 年)认为,公称最大粒径 13.2mm 的排水性沥青混合料,空隙等效直径的平均值为 4.2mm,范围主要在 3.1 ~ 5.0mm 之间。

由此我们得到,选择阈值 $\mathrm{Re}=1$,当 $i<(0.02\sim2.0)$ 时,可以认为流动为 Darcy 流动。这就表明,多空隙沥青路面的水平流动,可以视为处于层流;不过,对于垂直流动,有时可以认为 $i\geqslant1$(本身的水头差,以及雨水冲量和行进轮胎压力的共同作用),则流动可以是过渡流。水平

流动与垂直流动的共同存在，导致流动的复杂性。另外，由于路面碾压时集料的定向排列，使得透水系数具有各向异性。这些都造成了描述多空隙沥青混合料内流体流动行为的困难。目前，由于寻求简单，许多学者仍采用 Darcy 方法，大量透水系数测量设备也是以 Darcy 定律为理论基础的。

2）透水系数模型

大量的研究人员，通过建立各种模型，希望得到透水系数与其他参数的关系以及其变化的规律。这些模型可分类为分析模型、概率模型、形态分析模型和数字模型。

（1）分析模型

大多数方法是将多空隙沥青混合料的透水性与空隙率的量度建立相关性。Rajani（1988 年）归纳了这些模型，见表 5-4。

某些透水系数模型的描述　　表 5-4

模　型	透水系数	常　数	评　论
裂缝	$K = Cnb^2$	宽度 b 的平行裂缝，$C = 1/12$	适用于裂隙岩石
毛细管	$K = Cn\delta^2$	1-D 管，$C = 1/32$ 3-D 管，$C = 1/96$	基于 Haggen-Poiseulle 定律
毛细管	$K = Cn\int_0^{\delta}\delta^2\alpha(\delta)d\delta$	相互垂直方向的毛细管，$C = 1/96$	假定管子的 1/3 处于相互垂直的正交方向
流动阻力	$K = \frac{Cn^2D^2}{\lambda(1-n)}$	紧堆因子，无限流体中的单球，$\lambda = 3\pi$；球形颗粒 $C = \pi/6$	基于拖曳的 Stokes 方程
水力半径	$K = \frac{Cn^3D^2}{(1-n)^2}$	球形颗粒 $C = 1/180$	Kozeny-Carman 方程。基于水力半径的概念。
n——空隙率（空气率）；δ——空隙直径；$\alpha(\delta)$——空隙直径 δ 分数；D——平均颗粒尺寸			

尽管表 5-4 中示出的模型是基于完全不同的假设导出来的，但它们都可表示为下面统一的形式（Bear 1972 年；Masad 1998 年）：

$$K = f(n) \cdot C \cdot D^2 \tag{5-42}$$

这里 $f(n)$ 是多孔介质空隙率 n 的一个函数，C 是考虑空隙分布的一个因子，D 是颗粒的平均尺寸。公式(5-42)所代表的多数可用模型都是就空隙形状和固体与空隙分布作出的简化假设。这些假设使得模型能够用平均参数如空隙率、平均颗粒尺寸、比表面积等描述内部结构。不过，由于多空隙沥青混合料含有比土壤或岩石等多孔介质更多的集料尺寸，因此用某一颗粒尺寸来表示级配影响是很困难的。

（2）概率模型

除透水性的分析模型之外，基于概率的流动模型也构成了另一族透水性模型。最流行的概率模型是 Childs 和 Collis-George（1950 年）提出来的，后来 Marshall（1958 年）进行了改进。基于连通空隙概率的不同假设，Millington 和 Quirk（1959 年）、Mualem（1976 年）、Garcia-Bengochea（1978 年）、Juang 和 Holtz（1986 年）、Taylor 等人（1990 年）开发了不同的概率模型。一般来说,这些概率模型用详细的程序来描述多空隙材料中空隙的分布。不过,它们对空隙的概率分布及其连通性采取了简化的假设。

(3)形态分析模型

文献中(例如,Koplic 等人,1984 年;Lock 等人,2002 年)还展示了基于空隙的显微镜几何形状进行形态分析的透水性模型。他们构建了一个圆筒或管子的等效随机模型,模拟基于空隙显微镜几何形状的微观结构。该方法需要费力的实验过程,这可能改变空隙分布。这种结构给出的透水系数过高,与实际测量结果差别在 10 的倍数以上。Blair 等人(1996 年)分析了用电子扫描显微镜捕捉到的多孔介质图像,借以确定材料的空隙率、比表面积、粒径和孔隙尺寸。这些数值被用在了预测透水性的修正 Kozeny-Carman 方程中。Arns 等人(2001 年)讨论了实验因素,如图像尺寸、图像分辨率等对用于计算的显微镜性质的作用。

(4)数字模型

近年来,还有大量的研究试图借助流体流动方程的数字化解答来计算多空隙材料的透水性。这些方程控制着多空隙材料中的流体流动,包括了连续性方程和动量(Navier-Stokes)方程。这些控制方程一般都表示为微分形式。它们是非线性方程,可以用计算流体力学解答。计算流体力学的原理是将这些控制方程表示为可用不同数学技术解答的代数形式。

模拟多空隙材料中流体的流动时,数字化研究考虑了不同的流动类型,总体上,从简单的单向流动到更为复杂的流动,如两维和三维的流体流动。这些数字化研究中,有些采用了描述多空隙材料的人工微观结构,另有一些采用了多空隙材料的真实微观结构,没有假定或推测。用了不同的计算机技术来模拟多空隙材料中的流体流动,其中包括了有限差分和有限元技术。

Adler 等人(1990 年)和 Martys 等人(1994 年)生成了各向同性的人工介质,假定流体为低 Re 流动的牛顿流体,解答了 Stokes 方程。Stokes 方程不同于 Navier-Stokes 完整方程组的地方在于 Stokes 方程只控制具有低 Re,惯性力可忽略的蠕动式流体流动。

有限差分法中,控制方程中的微分首先由有限差分表示,然后将整个微分方程转换为代数方程。迭代解答这些代数方程,得到平均速度分量。再采用 Darcy 定律,用平均速度分量求解透水系数。

Masad 等人(2000 年)和 Tashman 等人(2003 年)用有限差分技术解答土壤试样两维各向异性微观结构的完整 Navier-Stokes 方程。这些数字模型直接说明了多空隙介质微观结构的影响,无需描述复杂的微观结构。

数字模型中,可用交错或非交错体系解答流体流动的控制方程。解答流体流动的控制方程时,非交错网格体系采用一种计算机单元,而交错体系使用两种不同的计算机单元:一种在解答连续方程时使用,另一种解答动量方程时使用。Alder 等人(1990 年)、Martys 等人(1994 年)、Masad(1998 年)、Masad 等人(2000,2002 年)都采用了交错网格体系。而 Rhie 和 Chow(1983 年)和 Peric(1985 年)则使用了非交错网格体系。Tashman 等人(2003 年)用非交错网格体系来模拟两维粒状微观结构中的流体流动,此时解答连续性和 Navier-Stokes 方程只需要一种单元。

除了有限差分技术以外,Wang 等人(2003 年)和 Pilotti(2003 年)还使用了其他的计算机技术。Wang 等人采用有限元法(FEM)解答多孔隙介质中的流体流动。他们提出用均化理论来模拟多孔介质中的流体流动。他们的分析采用了两个流动水平:一是孔隙水平,另一是宏观水平。两个水平的控制方程都是从低 Re 下的 Navier-Stokes 方程导出的。Pilotti 使用了格子

Boltzmann 技术来解答重构或人工三维微观结构中的 Navier-Stokes 方程。他表示，如果低 Re 的流体流动存在着全面的水动力学描述，则格子 Boltzmann 能解答 Navier-Stokes 方程。这两项研究都采用了一定程度上理想化的两维与三维微观结构来模拟真实的多空隙微观结构。

3）常水头测试法（Constant Head Method）

尽管存在着透水系数的理论推导方法，但由于其推导过程的理想化，以及质量控制的需要，对试样实施透水系数的实际测量是必要的。

总体上，存在着两大类透水系数的测试方法，一是常水头法，另一是变水头法。常水头法常用于室内的测量，而变水头法多用于现场的测量。常水头法中，将试样放置在透水仪中，向试样施加一个恒定的水头降，测量所产生的渗透量（图 5-19）。

根据 Darcy 定律，透水系数可如下计算：

$$k=\frac{v}{i}=\frac{\dfrac{q}{A}}{\dfrac{h_2-h_1}{L}}=\frac{qL}{A(h_2-h_1)}=\frac{qL}{Ah} \tag{5-43}$$

式中：q——流量，L^3/T；

L——试样长度，L；

A——试样的横断面面积，L^2；

h——常水头差，L。

图 5-19　常水头透水系数测试

常水头法可用于测量透水系数大的材料，如果要应用于透水系数小的材料，推荐采用具有柔性壁的透水仪，否则浸透的试样将在试样和透水仪的界面处寻找到流动路线。多空隙沥青混合料马歇尔试样制作完成后，可以不脱模试验。

常水头法室内测量设备的实例可见图 5-20。

4）变水头测试法（Falling Head Method）

变水头测试过程中，当水从立管流过多空隙沥青混合料试样时，水头是时间的函数（图 5-21）。变水头法不适合于测量透水系数大的多空隙材料，否则水头会下降过快。

a)

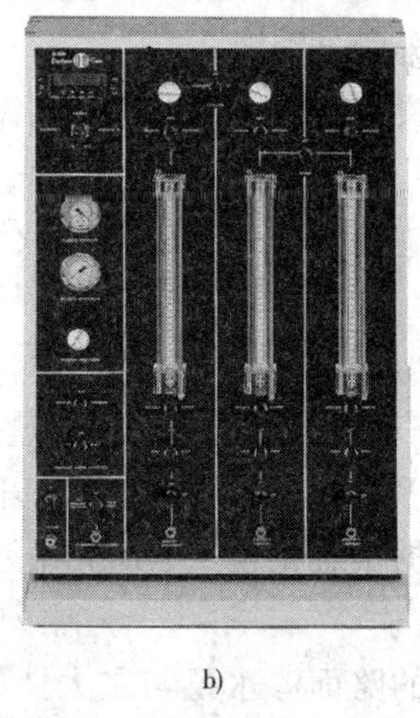

b)

图 5-20　常水头室内透水仪实例

a）透水性单元；b）压力控制板

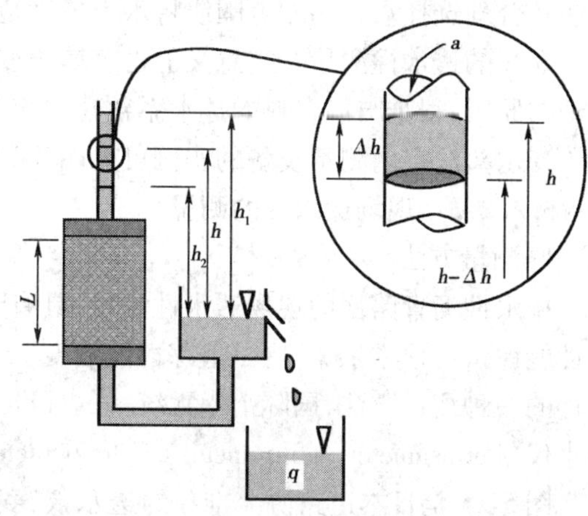

图 5-21　变水头透水系数测试

根据 Darcy 定律,当水流经试样时,瞬时流动符合:

$$q = k\frac{h}{L}A = -a\frac{dh}{dt} \tag{5-44}$$

这里 q 是流速(L^3/T),$h = h(t)$ 是时间 t 时的水头差(L),L 是试样长度(L),a 和 A 分别是立管和混合料试样的横断面(L^2)。将公式 5-44 中的时间从 t_1 到 t_2 积分,对应地,立管水头从 h_1 到 h_2 积分,重排结果,得到:

$$k = \frac{aL}{A(t_2 - t_1)}\ln\frac{h_1}{h_2} \tag{5-45}$$

变水头测试过程中,水力梯度的变化范围很大,Darcy 定律的适用性是有疑问的。因此,Fwa 等人(1997 年)开发了一种室内变水头仪器,它的关键点是在立管底部安装了压力传感器,并与计算机控制系统相连,目的是监控整个流动过程,而不是首尾两个节点。

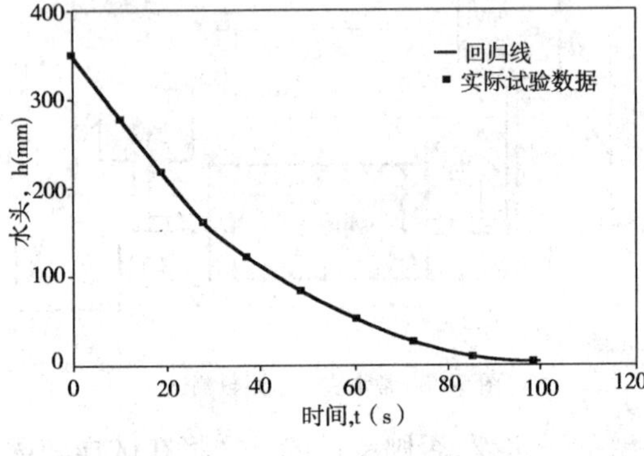

图 5-22 变水头随时间的典型结果

为了有利于根据记录的时间 t 和水头 h 的数据来计算 v,将 h 表示为时间 t 的多项式方程如下:

$$h = a_0 + a_1 t + a_2 t^2 + a_3 t^3 \tag{5-46}$$

这里 a_0、a_1、a_2 和 a_3 为根据实验数据确定的回归常数。图 5-22 显示作为时间 t 函数的典型的 h 图。根据下表示式计算单位排放:

$$v = \frac{dh}{dt} = a_1 + 2a_2 t + 3a_3 t^2 \tag{5-47}$$

为确定公式(5-35)中的透水系数 k 和指数 m,制备 $\log(v)$ 对 $\log(i)$ 的图,显示于图 5-23 中。图的斜率给出了系数 m 的数值,同时透水系数 k 等于 $i=1$ 时的 v 值。这种方法的缺陷是假定了这么大的水力梯度与流速范围内,水的流动状态是固定的(m 值固定)。解决该问题的方法是合理选择水力梯度范围或将水力梯度范围分段分别拟合。

现场的透水性测量一定意义上也多属于变水头,不过由于流动维数、流动形态以及不稳定流动的原因,很难与混合料的透水系数建立相关性。

变水头法室内测量设备的实例可见图 5-24。它是美国 Karol-Warner 公司生产的。

5.2.2.3 现场透水性的测量

1)测量方法

排水性沥青路面的现场透水性测量,具有十分重要的意义。它是质量控制的有力手段,也是性能评价的根本依据,更是追踪性能衰变、寻求养护时机的关键指标。不过,遗憾的是,目前这样的一种测量方法,国际上尚无统一的标准,数据很难比较。下面介绍几种各国常用的现场透水仪(Permeameter,Infiltrometer 或 Drainometer)。

图 5-25 是日本道路协会推荐的透水仪,我国的路面渗水仪与之大体相似。不过,日本的《铺装试验法便览》规定放水阀门的直径在 7mm 以上(这也是我国的要求),而在它的《便览别册》中直接规定为 8mm。根据增山幸卫等人(2001 年)的研究,似 8mm 更为合理些。另外,他

还指出,油性黏土的涂抹宽度宜为40mm。我国T 0971-2008《沥青路面渗水系数测试方法》中提出的仪器,与之的主要差别在于盛水量筒的高度由日本的342mm变为315mm,下部支持结构的高度由日本的263mm变为200mm,或者说,测量时施加在路面上的水头日本更大,这样,如果质量控制中采用与日本同样的标准,用我国的仪器更为苛刻。测量过程中,透水仪定位后,在底座四周涂抹油性黏土密封材料,也可以是黄油、玻璃腻子、泥灰等。然后,打开阀门,先放出100ml水,从此时开始计时,测量流出水量从100ml到500ml共400ml的时间。应确保透水仪的放水阀门开度100%。

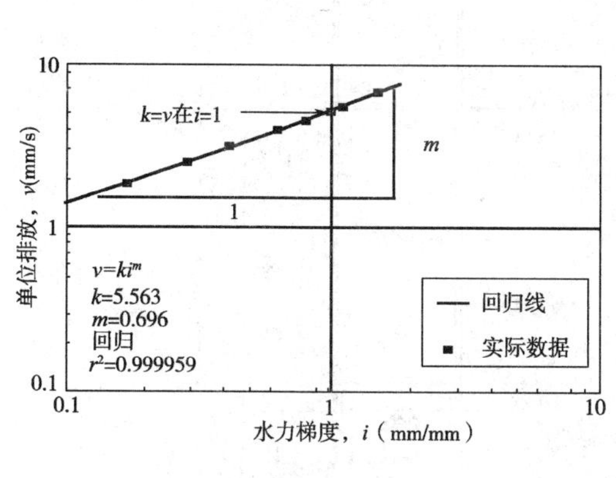

图5-23　透水系数确定的例图

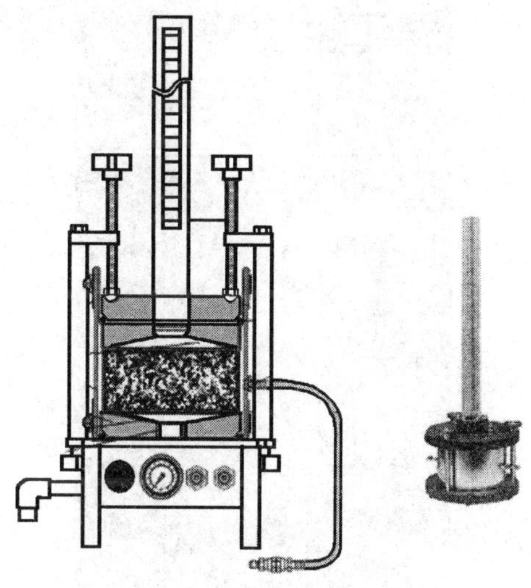

图5-24　变水头室内透水仪实例

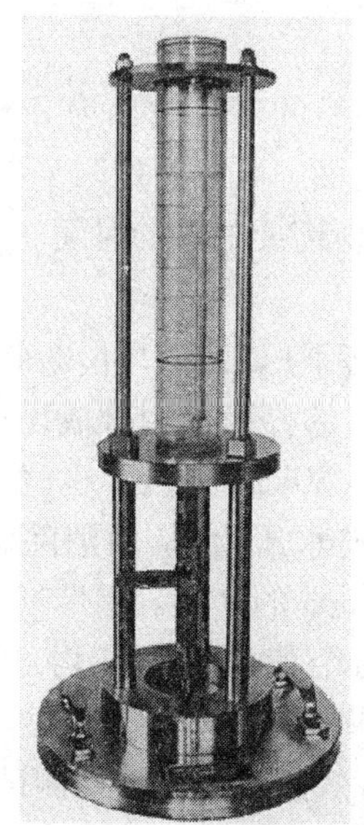

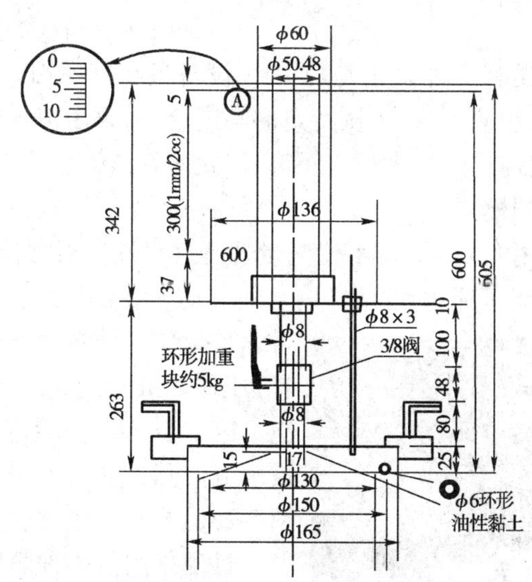

图5-25　日本道路协会推荐的透水仪(尺寸单位:mm)

西班牙与比利时道路研究中心采用被称为LCS的透水仪(图5-26)。它记录了1.735升水排出所需的时间。该试验在管子底部的周围有一块大板,目的是防止铺面冒水。采用室内试验,得出了多空隙沥青混合料透水系数、空隙率与透水仪该部分固定体积水排出所需时间之间的关系见式5-48、式5-49。空隙率20%以上的混合料,初期排水时间在15~25s的范围内。

$$\ln(k)=7.624-1.348\ln(T) \tag{5-48}$$

$$n=\frac{58.6}{T^{0.305}} \tag{5-49}$$

式中:n——空隙率,%;

T——两次测试的平均排水时间,s。

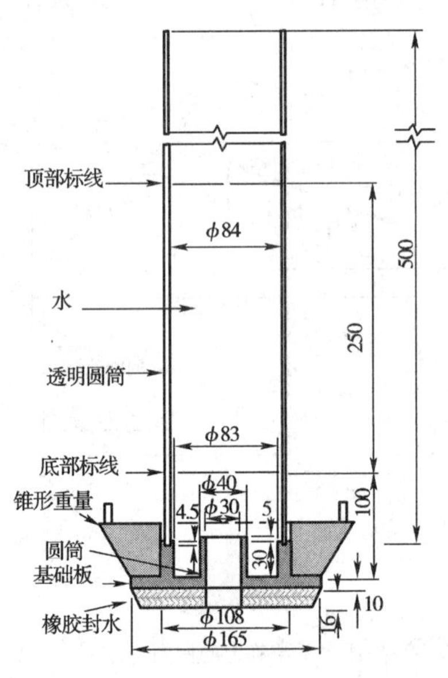

图5-26　西班牙LCS透水仪(尺寸单位:mm)

西班牙还有一种做法是对LCS设备进行特殊改动,改动后的产品被称为Zarauz透水仪(图5-27)。采用该仪器,水从特定的高度落下,自由流入铺装表面。可以测定两个参数:水渗入路面之前,它前进的最大径向距离,以及水在表面上完全消失所需要的总的时间。这被认为是对雨水作用的模拟。

瑞士采用Yverdon透水仪测量现场透水性。根据仪器基座下(固定的环形断面)具有恒定流动的水循环,间接确定试样内水的流动。装置与磨耗层之间的界面采用合成玛蹄脂制成的封缝料封闭。装置用大约70~80kg的重物(也就是1名操作者)压住。试验的第一步,变换水压力,从而消除基座中的气泡。第二步,10s内稳定住170mm的水高。用带刻度的容器测量水流。测试重复两次,取两个值的算术平均,单位1/min。图5-28a)显示了透水仪全貌,图b)提供了细部尺寸。

图5-27　Zarauz透水仪

丹麦采用了一种简单而有效的现场透水性测试仪器,被称为Becker管(图5-29)。在排水性沥青路面上放置一直径为140mm的透明管,接缝用油灰封闭。往管子中装水,记录100ml水排出到路面中所需要的时间。流出时间越短,路面多孔结构越开放。若流出时间超过75s,则停止测量,路面被视为

堵塞。每个测量点附近重复三次。结果取三次测量的平均值。再介绍美国使用的几种透水仪：

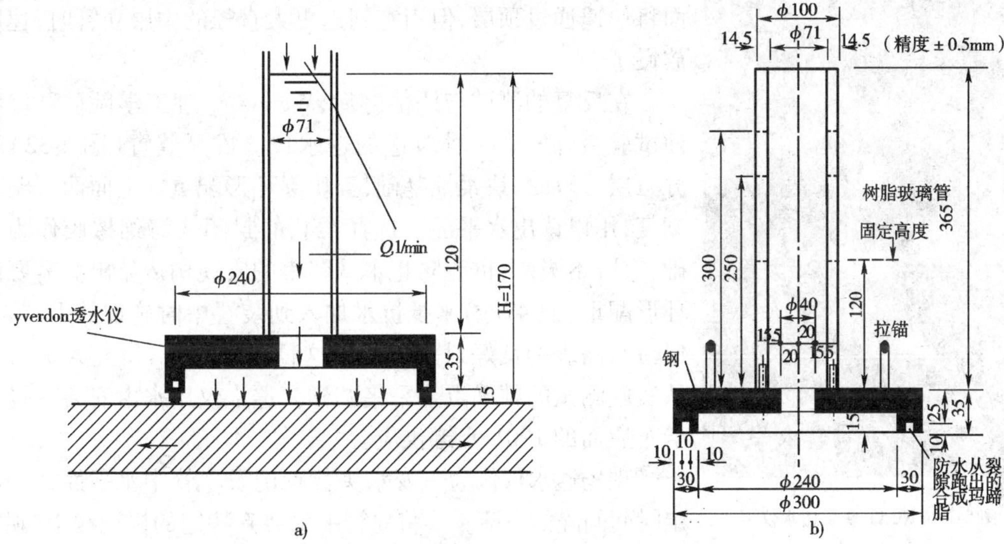

图 5-28　瑞士采用的 Yverdon 透水仪（尺寸单位：mm）

(1)得克萨斯透水仪

得克萨斯透水仪是得克萨斯交通局 2004 年指定的现场透水仪，其尺寸如图 5-30。透水仪上加的水量大约到吸液管顶部标志上方 25 ~ 50mm。记录 4. 63L 左右的水流出所需要的时间。新建排水性沥青路面的典型范围多短于 20s。

图 5-29　丹麦测量排水性沥青路面透水性的 Becker 管

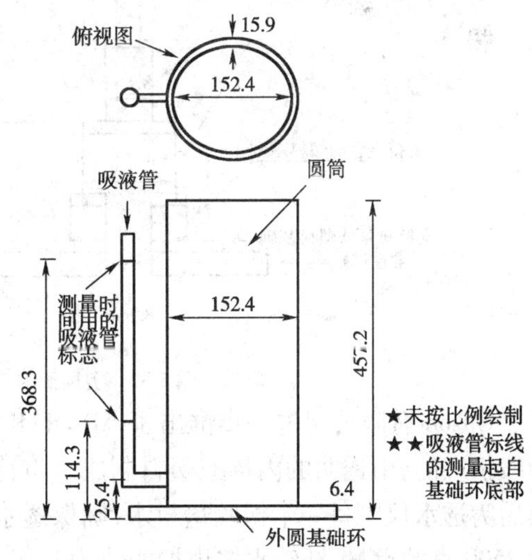

图 5-30　得克萨斯透水仪（尺寸单位：mm）

(2)国家沥青技术中心(NCAT)透水仪

美国国家沥青技术中心开发了三层式现场透水仪（图 5-31）。研究认为，它与图 5-24 中佛罗里达开发的室内透水仪相关性很好，并且重复性强，便于携带。装置由三层阶梯式立管组成，应用了变水头的方法。最小直径的立管位于装置顶部，最大直径立管位于底部。这种配置

图 5-31　NCAT 现场透水仪

使得现场透水仪中水流入路面更为容易。对相对不透水的路面,水从小直径的顶层立管缓慢下落。如果路面较透水,水平面将快速通过顶层,但当它到达更大直径的中层立管时,速度放慢了。

在反复的测试与评估之后,Worcester 理工学院(WPI)路面试验室开发了一种改进的透水仪。成品装置(图 5-32)也分三层,外加一块柔性基础,五块圆环形配重。上面两层贴有刻度,用以读出水平面。选择柔软的封闭式海绵橡胶作为基础,它既不吸水,也能防止水从路表的宏观构造流出。需要圆环形配重(总 47kg)来抵抗水加入到装置中时施加的上浮力,保持与路表的良好封闭。采用这种封水系统,研究人员可以从实施测试的精确点上采集芯样。透水仪用水由安装在轻便卡车后面的 190L 水罐供应。

现场透水仪作为一变水头装置记录立管中水平面在一给定时间间隔的下落量。将立管中水装到特定的标记线上,观察 60s 内水的降幅。如果路面高度透水,取规定间隔的下落时间。多采取 2.54cm 的下落距离。路面高度透水的少数情形下,取 5cm 的下落。最透水的混合料,透水仪中的水装到第二层的顶部,在第二层中观察下落。由于直径更大,该层中水的下落足够慢,使得有足够的时间记录数据。

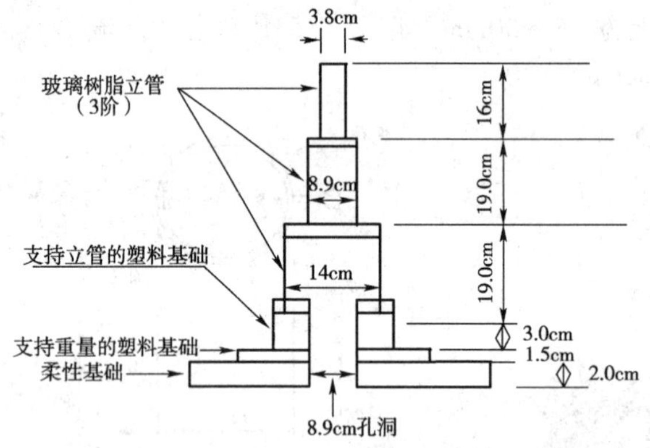

图 5-32　美国缅因州 1999 年开发的 WPI 透水仪

Gilson 有限公司进一步推出了 APA-11B 四层式现场透水仪(图 5-33)。带刻度的立管是分两段供应的,由透明的丙烯酸塑料制成。将待实施透水性试验的区域充分清洁,除去表面灰尘。然后为透水仪配备一个橡胶垫封水,确保透水仪基础与路表之间密封。透水仪每个角都加上大约 2500 克的重量,补偿水柱施加的压力水头。如果没有这个压重,水压会冲破透水仪与路表之间的密封。然后,用水管连接顶部,以稳定的速率将水灌到透水仪中,选择某一梯层观察透水性,为透水性准确测量起见,不能太快,也不能太慢。记录水平面下落 100mm 需要的时间。

2)垂直透水系数与水平透水系数的关系

排水性沥青路面现场测量的透水性通常是一个经验指标,单位多为 ml/s,而不是透水系数的常规指标 cm/s。那么现场透水性与透水系数之间有无关系呢?

要回答这个问题，必须了解两方面的知识，一是路面在透水性指标上，属于各向同性还是各向异性，另一是透水性现场测量中，水流方向是垂直还是水平？事实上，由于碾压的方向性，排水性沥青混凝土的透水系数在水平方向和垂直方向是有区别的，可以认为是两向异性，这就要求室内除了测试试样垂直透水系数的装置外，还必须有测试水平透水系数的装置。而透水性的现场测量中，水流实际上处于一种三维的流动状态，因此现场透水性无法简单地与某一方向的透水系数建立关系。

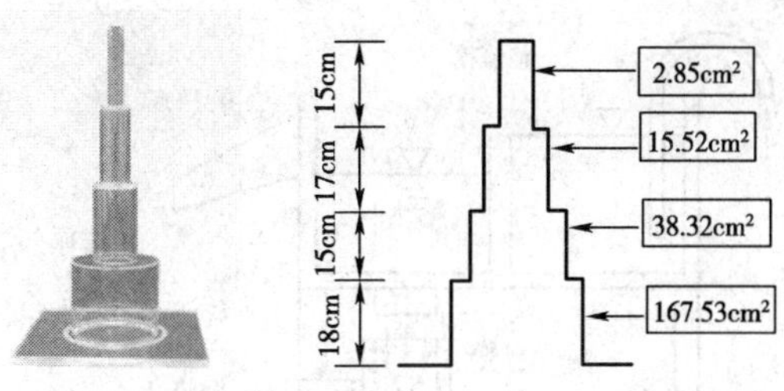

图 5-33　APA-11B 型四层式 NCAT 透水仪

排水性沥青路面的水力设计中，垂直透水系数决定了雨水渗入路面的速度，而横向透水系数则很大程度上决定了雨水外排的速度。现有的许多设备多集中于排水性沥青混合料垂直透水系数的测定，也有些研究人员正在开发测量横向透水系数的装置，如日本增山幸卫等人（2001 年）设计的试验装置（图 5-34）。试样来自于车辙板切割试件。a 是试样放置的位置，试样宽度作者选择了 15cm 以上。b 是水流入的地方，c 是溢流处，可调整水头差，d 是测量水流出量的地方。作者据此得出了最大公称粒径 13cm、10cm 与 5cm 的三种排水性沥青混合料中，纵向透水系数与横向透水系数之比（图 5-35）。同时，作者还设计了现场使用的常水位试验装置（图 5-36）。

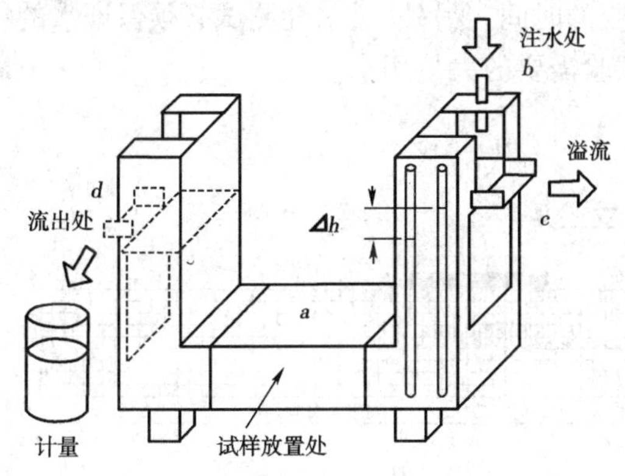

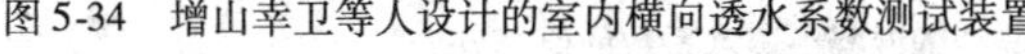

图 5-34　增山幸卫等人设计的室内横向透水系数测试装置

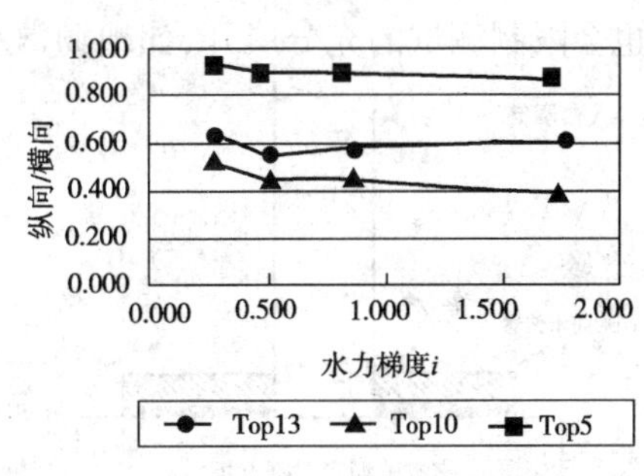

图 5-35　排水性沥青混合料纵向与横向的透水系数值之比（增山幸卫等人，2001 年）

这里先观察图 5-36。由于水流由垂直变为水平的过程中，会出现一定的水头损失，因此按照图 5-36 测得的透水系数，与真正的横向透水系数之间有着一定的差异。再回过头，看图 5-35，显然，横向透水系数大于纵向透水系数，比值大概是 1.1 到 2.5（最大粒径 5 时，接近于 1，可认为更趋向各向同性），这与 Fwa 等人（2001 年）的研究是一致的。后一研究采用了以下方法（图 5-37）来计算水平透水系数（k_h）与垂直透水系数（k_z）的比值：

（1）测量现场透水仪的流速。

（2）从铺装层获取芯样，用 Fwa 等人（1997 年）开发的变水头法实施一维透水系数测试，得到垂直透水系数 k_z。

（3）借助有限元分析（图 5-37b）），用已知的垂直透水系数 k_z，通过试算法确定产生实测流速的水平透水系数 k_h。

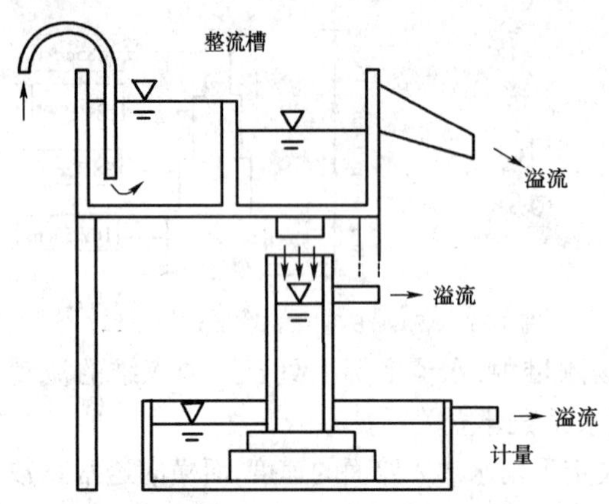

图 5-36　常水位现场透水系数测试装置
（增山幸卫等人,2001 年）

(4)计算 k_h/k_z,定义为各向异性率。

通过计算,Fwa 等人得到的各向异性率 k_h/k_z 为 1.30 到 7.01。而 D. Sarwono(2007)用英国级配、非英国级配和澳大利亚级配分别制得的三种多空隙沥青混合料,垂直透水系数分别为 0.092 4、0.294 2 和 0.291 8cm/s,对应的水平透水系数分别为 0.117 0、0.313 1、0.297 9cm/s,各向异性率分别为 1.27、1.06、1.02,尽管水平透水系数仍大于垂直透水系数,但差别缩小了。

总之,由于碾压时集料排列的定向性,排水性沥青路面的水平透水系数要比垂直透水系数高,但相对比值变异性很大。

3)透气仪

排水性沥青路面测量透水性时,混合料空隙多处于一种气、液两相状态,这样测试时,实际上得到的是一种不饱和透水系数,某一点的重复测量,很可能因为饱和度的前后不一致而使得结果产生波动。为了尽可能降低这种影响,许多试验中,透水性测量前,要花一定的时间和预加水使路面局部饱和。这大大延长了测试需要的时间。另外,透水性测试必须保证水的供应,这也会限制测试的充分展开,如现场常水头试验需要的大量用水。

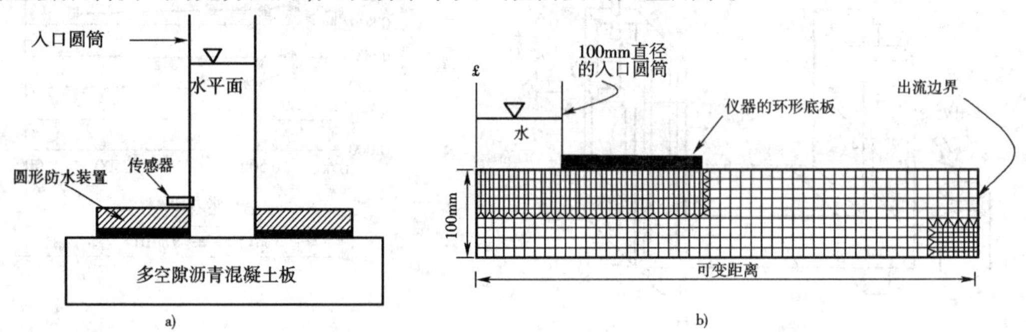

图 5-37　新加坡国立大学多空隙沥青混凝土透水系数的研究方法
a)现场透水系数测试设备;b)现场模拟的有限元网格划分

水以外流体的使用[Cabrea, J. G. 等人, 1998 年]能大幅缩短为实现良好的可重复的透水性测量而必不可少的饱和条件所需要的临时过渡期的历时。空气作为入渗过程的分析流体,可以克服多空隙层空隙内两种不同相的共存问题。

ASTM 根据多空隙材料中流体单方向入渗的 Darcy 定律,计算透气系数,其公式为:

$$K=\frac{Q\mu L}{A\cdot\Delta p\cdot\Delta t} \tag{5-50}$$

式中:K——内在渗透系数,cm^2;

Q——强迫通过试样的空气体积,修正到 1 个物理大气压压力,cm^3;

L——试样厚度,cm;

A——试样面积,cm^2;

Δp——用压力计测量的单元压力，Pa；

μ——空气黏度，Pa·s；

Δt——水平面从瞄准管一个标志到另一个标志所需要的时间，s。

道路或多空隙沥青混凝土板上的试验为三维的流动。装置的对称性可使入渗过程的研究在两维空间下进行，因此可借助合适的数字模拟使用公式(5-50)。

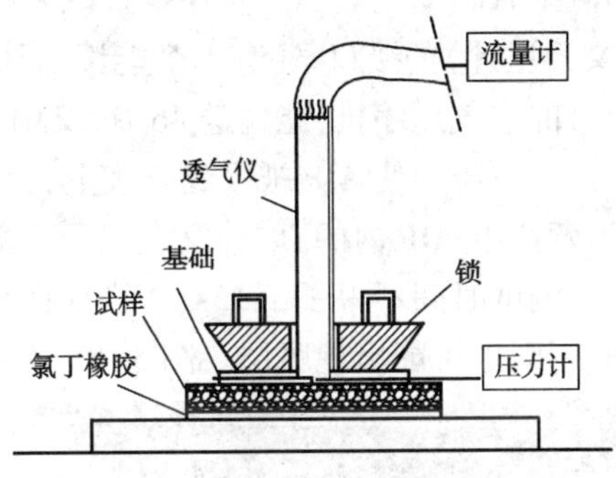

图 5-38　透气仪布设方式

Giuliani 等人(2007 年)采用图 5-38 所示的试验装置，对透气试验的测试条件进行了研究。试验是用与水平基础牢固连接的垂直树脂玻璃圆筒透水仪进行的。基础由带垫圈的塑料板组成，其上锁定压重。

测试设备模拟了道路铺装的实际条件，也就是三维的流动，不过流动对于透水仪质心垂直轴是径向对称的。将装置放在调查表面之后展开测试。测试包括从圆筒顶面引入气流，然后读出透气仪基础处试样所产生的压力数值。数据借助四个与压力传感器相连的径向塞读出。通过与流动调节阀门相连的柔性管将空气引入到透气仪中。阀门为电动操作，由压缩空气送料。

持续时间大约 2min 的简短过渡期结束后，实施数据采集。此时，流动稳定，流动经过部分的材料可被认为处于饱和状态。在这一间隔内，标定系统，核对空气入口阀的压力。借助与数据采集控制单元相连的喷射阀，对输送气流实施连续电控。通过个人计算机，管理和监测所有的测量阶段。

作者采用不同的板厚与透气仪直径进行了试验，发现相同引气量情况下，压力随着透气仪直径的增大而降低。这是因为，对于相同的气流量，与透气仪相对应的铺装表面面积越大，则流体能流过的断面面积也越大。同时，透气仪直径只有到 48mm 以上，结果才相对不离散，因此作者选择了 100mm 的直径，得到图 5-39 所示的压力变化和空气流量的关系。由此，作者认为，当 Q 在 0.17 l/s 以下时，压力变化 Δp 与 Q 满足线性的关系，或者说流动属于层流。此时，利用公式(5-41)，$v = Q/A = 0.17\times10^{-3}/(7.85\times10^{-3}) = 0.022\text{m/s}$，$\upsilon$ 取为空气的运动黏度($10^{-5}\text{m}^2/\text{s}$)，则 Re = 22，也就是当气流的雷诺数在 22 以下时，可认为其属于层流。

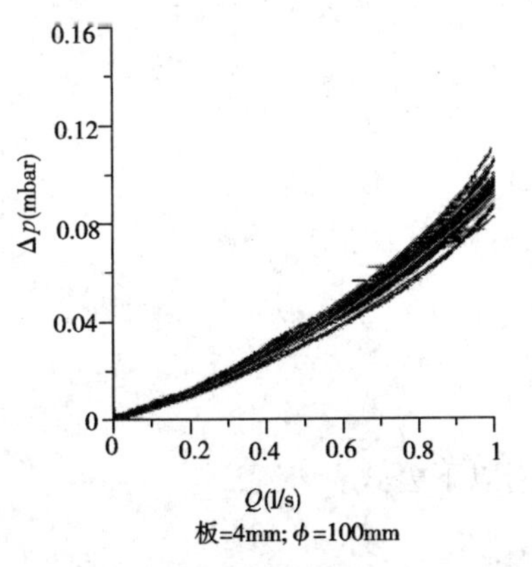

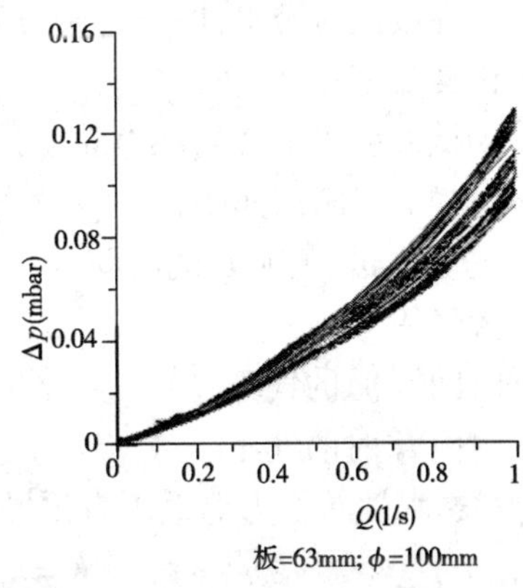

图 5-39　用 100mm 直径透气仪得到的透气性结果

实际使用中,目前大致有两类透气仪,分别介绍如下。

(1)肯塔基州透气仪(Kentucky Air Induced Permeameter, AIP)

研究人员认为,AIP 与 NCAT 的透水仪相关程度很高。AIP 的主要优点是将低透水性路面的测试时间缩短。AIP 包括一个 LEXAN 聚碳酸酯纤维室,有连接多管文丘里(Venturi)真空管(文丘里计)的接口,还有一个能读出从 0 到 700mmHg 的真空仪,误差小于 0.01%。文丘里计附带的空气压缩机,能输送 46.9 ±2MPa 的恒定气压。用油灰封堵 AIP 基础,形成不透气的封层。真空压力使 AIP 被吸到路表上,无需施加重物。打开文丘里计阀门,让气流进入空气压缩机,营造出 AIP 内的真空,仪表记录了最小气压或真空压力。

测试时间不得长于 15s,否则路面可能出现脱层或隆起。路表温度超过 55℃时,不推荐使用,否则也可能出现脱层。图 5-40 显示了一台使用中的 AIP。

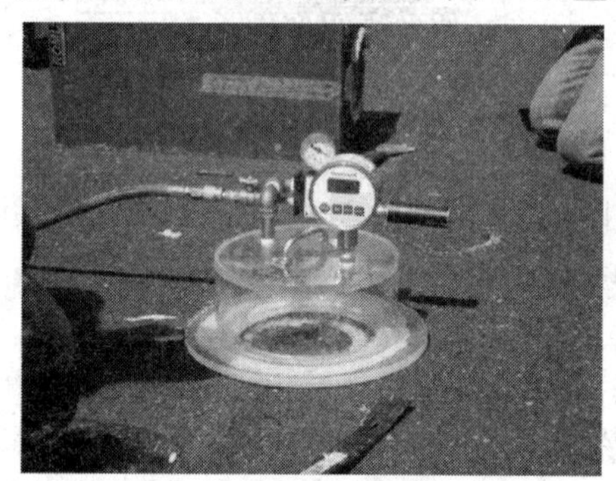
图 5-40 肯塔基州透气仪

根据肯塔基州的方法,透水系数按照下式计算:

$$k = 9.087\ V^{-1.556} \tag{5-51}$$

式中:k——透水系数,cm/s;

V——真空读数,mmHg。

应指出,AIP 测量的不是渗透系数;公式(5-51)显示的是测试结果与 NCAT 透水系数的相关关系。也就是说,AIP 计算或者测量的是一个等效的 NCAT 透水系数。

AIP 的缺陷是需要一台空气压缩机,这意味着它或是汽油工作,或是发电机工作。AIP 的另一缺陷是它不测量透水性;利用的是真空压力与 NCAT 透水性的相关性。

(2)Romus 透气仪

Romus 有限公司开发并制造了 Romus 透气仪。装置最初是由 Kanitpong 等人(2005 年)进行的使用评价。Kanitpong 介绍了用空气来测定干燥多孔介质透水性的程序。用压力室代替变水头,将通过多孔介质的气流数量与供气的压力降建立相关。试验仍是采用变水头透水试验的基本公式:

$$K = (VL\mu)/(ATPa) \times \ln(p_1/p_2) \tag{5-52}$$

式中:K——内在或绝对透水性,长度平方;

L——试样长度;

μ——测试温度下空气的动力黏度;

A——试样的横断面面积;

T——气压从 p_1 降到 p_2 的时间;

Pa——大气压力;

p_1——时间 t_1 时的气压;

p_2——时间 t_2 时的气压。

为将绝对透水性转换为等效水力传导系数,采用以下公式:

$$K = k_w \times (\mu_w/\rho_w \times g) \tag{5-53}$$

式中:K——内在透水性;

k_w——水力传导系数或透水系数；

μ_w——水的动力黏度；

ρ_w——水的质量密度；

g——重力加速度。

用测试温度下水的比重 γ_w 替换 $\rho_w \times g$，将公式(5-53)与公式(5-52)联立，得到：

$$k_w = (VL\mu\gamma_w)/(ATPa\mu_w)\ln(p_1/p_2) \tag{5-54}$$

用 Romus 透气仪测量透水性的基本程序为，将装置放置在路面上，用附带的注脂枪将脂肪抽入装置的基础环中，使装置封闭。打开装置，用内部气罐拉出真空。当达到 56cm 水柱的真空压力时，打开透水仪基座上的阀门，记录室内气压从 50.8cm 水柱降到 30.5cm 水柱所需要的时间，单位为 s。在真空压力下，空气从路面被吸到空气室中。记录气温，在公式(5-54)中输入合适的空气黏度和时间，可得透水系数，单位 cm/s。Romus 透气仪显示于图 5-41 中。

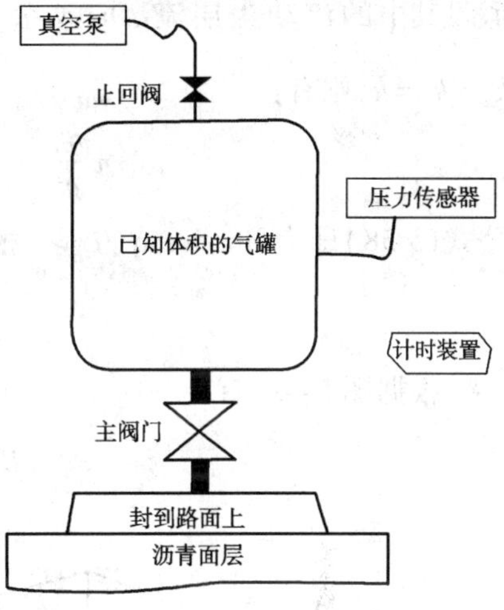

图 5-41 Romus 透气仪

5.3 排水模型

5.3.1 稳定补充的蓄水层流动模型

5.3.1.1 Ranieri-Charbeneau 模型

意大利的 Ranieri(2001 年)和美国的 Charbeneau 等人(2008 年)将排水性沥青路面视作一个在稳定降雨强度 I 补充下，雨水沿着不透水基层沿坡度向下的一维无侧限流动(图 5-42)。由于横坡足够小，Dupuit-Forcheimer 假设是适用的，也就是自由面只略微倾斜，流动基本上水平，或者说 $\mathrm{d}H/\mathrm{d}z = 0$，自由面的坡度和水力梯度相等。

以下，我们先来简要地推导二维表面下流动的控制方程：

考虑连续性方程

$$\frac{\partial v_x}{\partial x} + \frac{\partial v_y}{\partial y} + \frac{\partial v_z}{\partial z} = 0 \tag{5-55}$$

v 为每个坐标方向的 Darcy 速度。排水横坡足够小，在雨水均匀补充的情形下，竖向唯一的流动是降雨或自由面的移动。在饱和厚度上积分公式(5-55)，得到：

$$\int_0^h \left(\frac{\partial v_x}{\partial x} + \frac{\partial v_y}{\partial y} + \frac{\partial v_z}{\partial z} \right) \mathrm{d}z = \frac{\partial}{\partial x}(v_x h) + \frac{\partial}{\partial y}(v_y h) + v_h - v_0 = 0 \tag{5-56}$$

上式采用了莱布尼兹法则来交换微分和积分的次序，并且假定多空隙路面竖向无流动阻力，自由面运动和降雨的效应可分离为 v_h 和 v_0。其中，多空隙路面内自由面随时间的运动为 $v_h = n_e \dfrac{\partial h}{\partial t}$，$n_e$ 为连通空隙率(以下推导中简写为 n)，降雨率为 $v_0 = r(t)$，则：

$$n_e \frac{\partial h}{\partial t} = -\frac{\partial}{\partial x}(v_x h) - \frac{\partial}{\partial y}(v_y h) + r(t) \tag{5-57}$$

假设其中的流动为层流，Darcy 公式可以应用，即 $v_x = -k_x \frac{\partial H}{\partial x}$，$v_y = -k_y \frac{\partial H}{\partial y}$，并且假设 $k_x = k_y = k$，则有：

$$n \frac{\partial h}{\partial t} = k\left[\frac{\partial}{\partial x}\left(\frac{\partial H}{\partial x}h\right) + \frac{\partial}{\partial y}\left(\frac{\partial H}{\partial y}h\right)\right] + r(t) \tag{5-58}$$

公式(5-58)即为 Bussinesq 方程。根据给定的稳定一维流动的假设，上式可写为：

$$\frac{\mathrm{d}}{\mathrm{d}x}\left(hk\frac{\mathrm{d}H}{\mathrm{d}x}\right) = -r \tag{5-59}$$

根据图 5-42，有：

$$H(x) = (L - x)s + h(x) \tag{5-60}$$

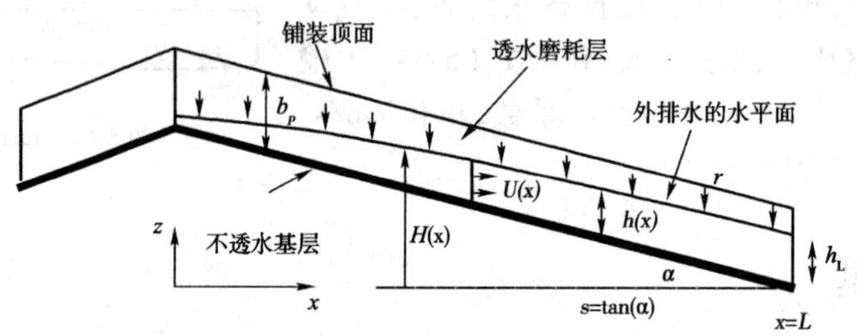

图 5-42　排水性沥青路面排水水力学计算参考图

其中，L 为排水路径长度，s 为路面横坡。将公式(5-60)代入公式(5-59)，并考虑 $x = 0$ 时的无流动边界，积分有：

$$\frac{\mathrm{d}h}{\mathrm{d}x} = \left(s - \frac{rx}{kh}\right) \tag{5-61}$$

若令 $\eta = \frac{h}{x}$，$R = \frac{r}{k}$，则公式(5-61)可写为：

$$\frac{\mathrm{d}x}{x} = \frac{\eta d\eta}{\eta^2 - s\eta + R} \tag{5-62}$$

将公式(5-62)积分，有：

$$\frac{1}{s}\ln(h^2 - shx + Rx^2) + \int \frac{\mathrm{d}\eta}{\eta^2 - s\eta + R} = 0 \tag{5-63}$$

上式左侧第二项的积分，取决于下一数量的符号：

$$\Phi = 4R - s^2 \tag{5-64}$$

分三种情况给出解答，有：

(1) $\Phi < 0$，这对应于低的降雨强度，解答为

$$\frac{1}{s}\ln(h^2 - shx + Rx^2) + \frac{1}{\sqrt{-\Phi}}\ln\left(\frac{2\eta - s - \sqrt{-\Phi}}{2\eta - s + \sqrt{-\Phi}}\right) = \text{const} \tag{5-65}$$

(2) $\Phi = 0$，此时 $R = s^2/4$，解答为

$$\ln(h - sx/2) - \frac{sx/2}{h - sx/2} = \text{const} \tag{5-66}$$

(3) $\Phi > 0$，解答为

$$\frac{1}{s}\ln(h^2 - shx + Rx^2) + \frac{2}{\sqrt{\Phi}}\tan^{-1}\left(\frac{2\eta - s}{\sqrt{\Phi}}\right) = \text{const} \tag{5-67}$$

上面积分常数的确定，牵涉到合适边界条件的确定，这方面仍在研究。目前的多数研究中，图5-42排水域右侧采用Dirichlet条件，水头Ranieri假设为0，而Charbeneau假设为1cm，而根据公式推导，左侧必然为Neumann条件，即无流动边界。在这些条件下，可获得积分常数。然后，根据公式(5-61)，得到一定降雨强度下，多空隙路面层不积水的最薄厚度为：

$$t = h_{\max} = \frac{rx_{\max}}{ks} = \frac{Rx_{\max}}{s} \tag{5-68}$$

图5-43给出了Ranieri以$4I/k$为横坐标，t/L为纵坐标，不同路面横坡s的解答（采用数值解法）。这里I为降雨强度r。

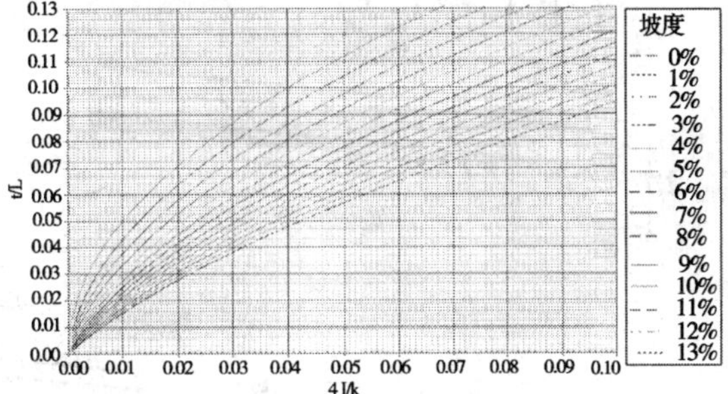

图5-43　作为$4I/k$比值的函数给出t/L数值的图表

Ranieri还用室内实验对其模型进行验证。他指出，如果理论模型中引入一个系数β^*，则实验结果与模型预测结果符合得很好。正如Ranieri推测的，该系数的理论背景是，需要该系数来补偿一个事实，即实验过程中的流动不是层流，而是具有过渡性质。两个要点是，系数是不固定的，因为此时存在有来自顶部流动的固定补充，还有，单一系数β^*对于调整理论模型来说足够了。然后，Ranieri用三种无结合材料展开了评价系数β值的实验，得到了下公式，将β^*与坡度i和I/k_D相关，这里I为降雨率（强度），k_D为Darcy透水系数。

$$\begin{cases} k = \beta^* \cdot k_D \\ \beta^* = \{-0.013[\ln(I/k_D)]^2 - 0.226\ln(I/k_D) - 0.96\} \cdot i + 63.19 \cdot (I/k_D)^{0.6} \end{cases} \tag{5-69}$$

公式(5-69)的有效范围是$5\times10^{-3} < I/k_D < 10^{-2}$。

5.3.1.2　Ranieri改进模型

Ranieri利用图表简化了排水性沥青路面厚度的水力学设计程序。不过，实际使用中，该模型存在一定的局限性。模型假设$h_0 = 0$，也就是排水边沟的溢流面等于或低于排水层底部的高程。Charbeneau作了一定的修正，取为$h_0 = 1\text{cm}$。本节暂时采用Ranieri的假设。模型假设路面上缘为无流动边界。事实上，根据Ranieri的分析，这一点并不合理。为便于说明，这里采用Ranieri的分析体系，将笛卡儿坐标原点取在路面下缘，同时令$\Delta = i^2 - 4\dfrac{I}{k}$，则有以下结论：

(1)对于$\Delta > 0$，水未触及系统边缘的不透水边界。对于$x = L$，总有$H = 0$（图5-44a）。整条流动路径上，均有$\dfrac{dh}{dx} > 0$。因此，路面上缘无论固定哪一类边界条件，实际流动都可以用该模型解释。

(2)对于 $\Delta<0$,水触到了系统上边缘不透水边界的存在。对于 $x=L$,总有 $H>0$。这种情况下,只有当路面上边缘实际存在着不透水边界时,模型才能解释实际的流动。此时,对于实际渗透的每一点,总有 $\frac{\mathrm{d}h}{\mathrm{d}x}>0$。相反,如果路面上水自由流动,也能流过上边缘(见图5-44b、c),则模型不再能完全解释该现象,因为存在一部分流动路径的 $\frac{\mathrm{d}h}{\mathrm{d}x}<0$;这种情况下,必须研究新的模型,使压力水头($\mathrm{d}h/\mathrm{d}x$)不总是大于或等于零。

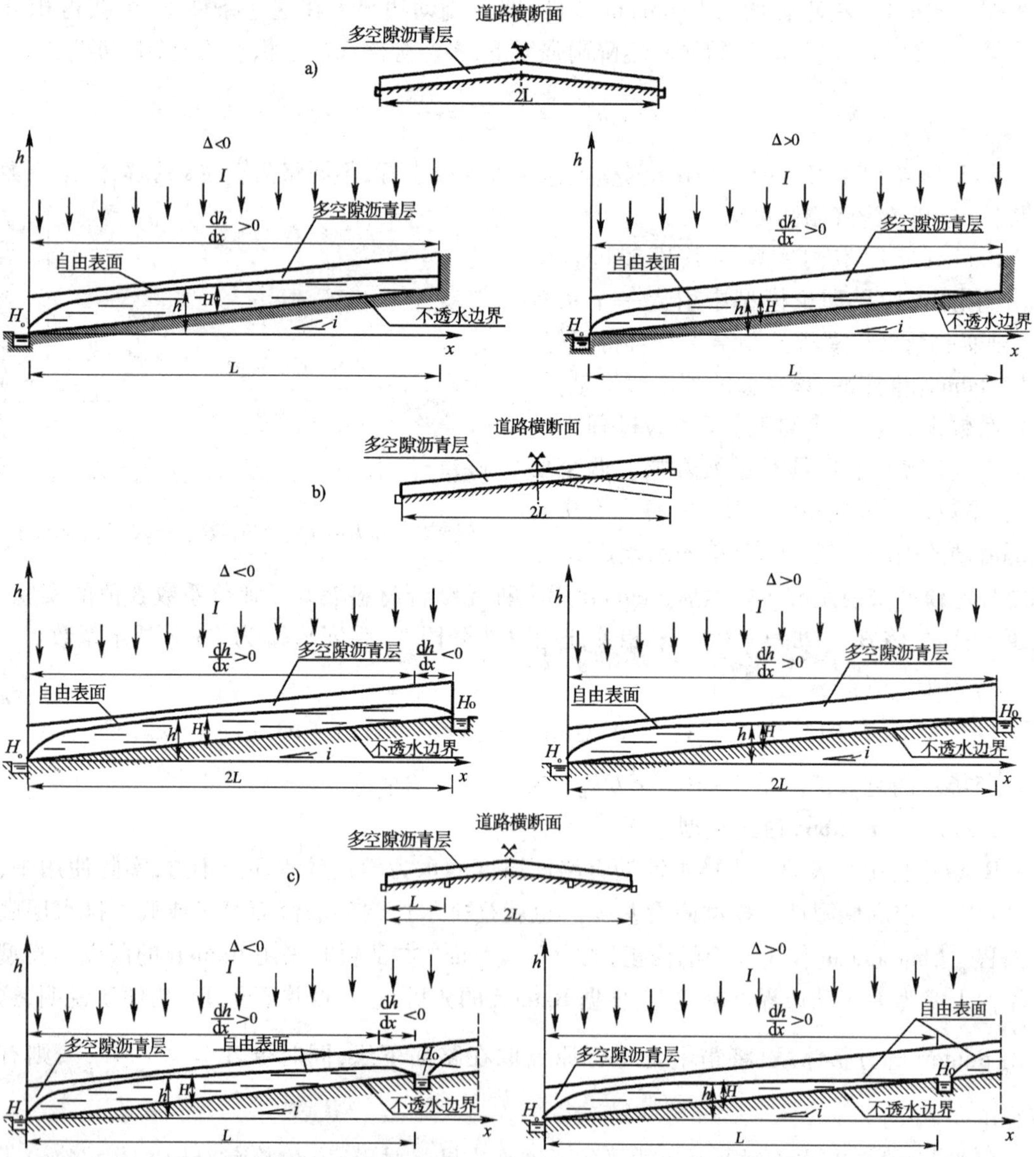

图5-44　排水性沥青模型

a)路面上缘有不透水边界;b)路面上缘有第二排水沟;c)存在暗管(对于每种情形,自由表面情况都针对 $\Delta<0$ 和 $\Delta>0$ 给出)

Ranieri 改进模型中,考虑到排水层厚度的变化幅度较小,因此,提出了新的设计目标,也

就是最大流动路径长度(Maximum Flow Path Length,MFPL),这可以通过在路面下埋设暗管进行调节。

Ranieri 建立了新的设计图表(图 5-45),给出了为避免出现表面径流所需要的最大流动路径长度(MFPL)。设计者可以用该图表快速评价现场实际可利用的长度是否超过这个最大长度。如果没有,排水性沥青层的水力学厚度没有满足,他可权衡是提高透水性,还是增大排水层厚度,或铺设暗管辅助排水。

多空隙磨耗层上为避免表面径流需要的最大流动路径长度（MFPL）图

MFPL（m）

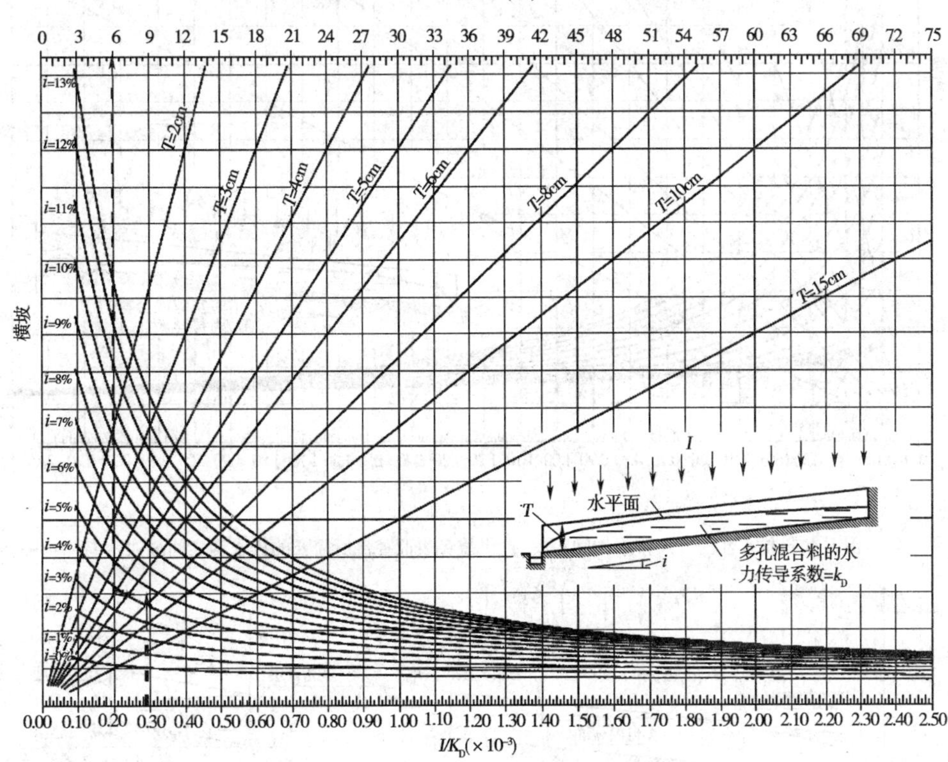

图 5-45　MFPL 计算图表。Δ >0 时,它还提供了路面边缘配置正确的排水沟间距

Ranieri 通过消除上边缘不透水边界,代之引入排水沟进一步改进了模型。通过解答该模型,开发了另一图表(图 5-46)。它给出了为确保雨水被排水性沥青层完全吸收所需要的上排水沟与下排水沟之间的最大距离。在有暗沟的情形下,同一图表可提供其间距。其计算模型示于图 5-47 中,其中 L'为排水沟距离,入渗系统划分为两部分:前部分长为 L_1,此时水流向下排水沟($dh/dx>0$);后部分长 L_2,此时水流向上排水沟($dh/dx<0$)。这两部分之间,存在一分水岭断面,此处 $dh/dx=0$,水不运动。

体系的左边部分实际对应着 L_1 = MFPL 的模型,分水岭断面为其不透水边界。因此,新模型可被认为是前一模型的延伸,其中加入了新的部分 L_2。由于根据前面模型已经知道了长度 L_1,因此如果 L_2 知道,就知道 L'了。

这里,只有当条件 $i^2<4\cdot(I/k)$ 得到满足时,L_2 才大于零。否则,L_2 总为零,从而 $L'=L_1=$ MFPL。

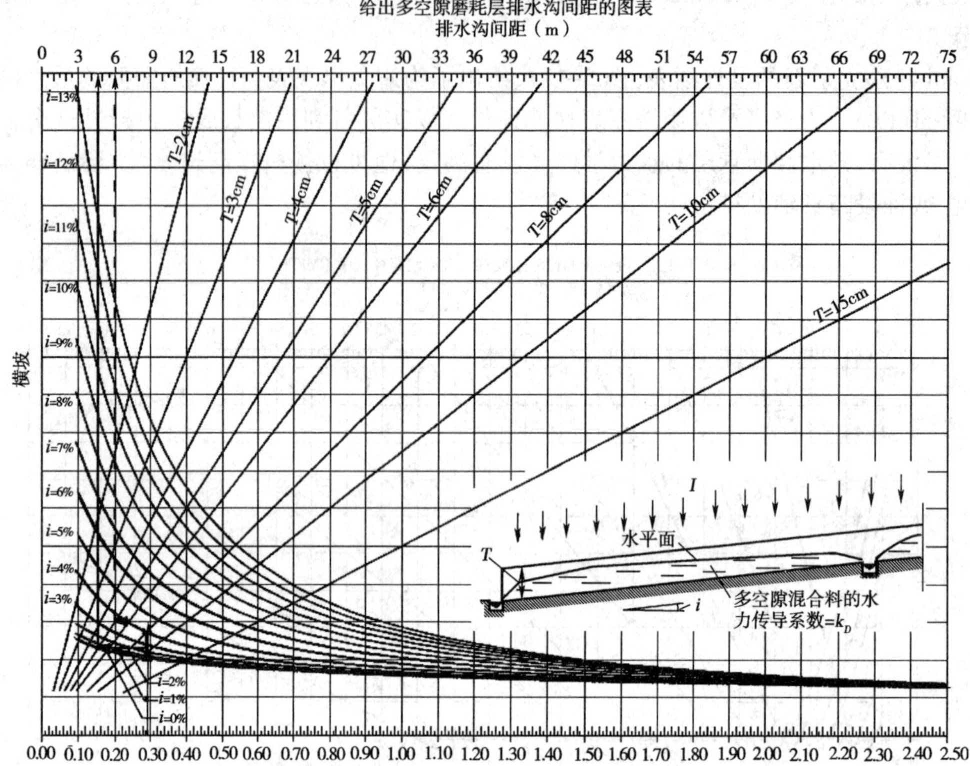

图 5-46　排水性沥青层排水沟间距图，提供避免表面径流所需要的排水沟之间最大距离

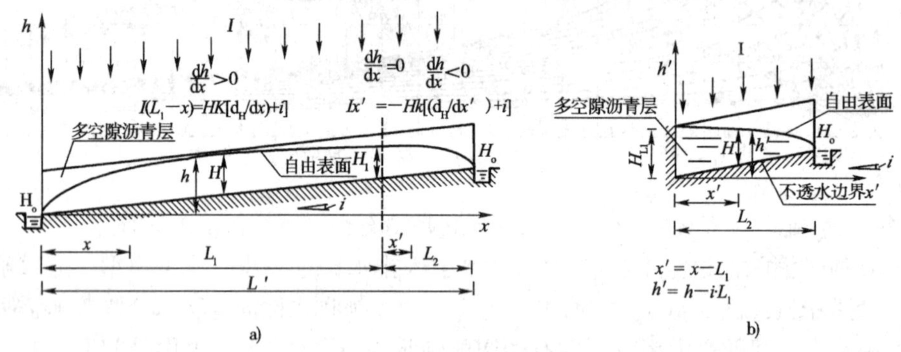

图 5-47　排水性沥青层下缘与上缘处带排水沟的模型

a)单一部分 $x>L_1$ 的模型；b)系统第二部分

从数学的观点看，系统第二部分（$x>L_1$）的入渗运动可采用前面模型的相同边界条件模拟，这次差别在于不透水边界位于下缘，排水沟处于上缘，压力水头坡度总为负（图5-47b）。

使用图 5-45 和图 5-46 时，设计者应从 I/k_D 轴向图表作垂直输入，对应道路断面的实际几何坡度，与曲线相截。然后水平向继续，对应排水沥青层厚度至与直线相截。再从这里开始，垂直向上至图表上缘读数，得到搜索的数值 L 或 L'。

5.3.1.3　NCHRP 模型

在美国的 NCHRP 项目 9-41 中,采用了适用于地下水水文学中无限制含水层的 Dupuit 方程。

Dupuit 用 Darcy 定律,导出了单位宽度一维流动的无限制含水层流动公式(5-70)。该公式基于含水层任一边变化的水头,计算通过无限制含水层的水流(图 5-48)。

$$q = \frac{k}{2L}(h_0^2 - h_L^2) \tag{5-70}$$

式中:q——通过无限制含水层的水流;

k——透水系数;

L——流动路径长度;

h_0——水的上水头;

h_L——水的下水头。

公式(5-70)中显示的 Dupuit 公式没有考虑含水层的补充。对于排水性沥青层的情形,雨水代表着补充。无限制含水层得到补充时,自由水面为图 5-48 所示的抛物线形式。该图还显示出了补充率(I),特定水头(h_0、h_L 和 h_{max})的位置,以及水分界线(抛物线峰)距边缘的距离(图 5-48 中显示为距离 d)。Dupuit 采用图 5-48 显示的信息,以及公式(5-70),导出了抛物线形状的公式(5-71)。

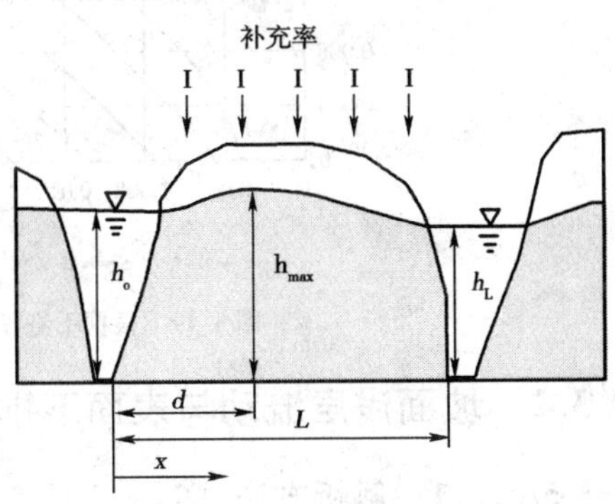

图 5-48　具有稳定补充的无限制含水层的流动

$$q = \frac{k}{2L}(h_0^2 - h_L^2) + I\left(x - \frac{L}{2}\right) \tag{5-71}$$

这里 x 是图 5-48 显示的距离。

在抛物线峰处(距离 d),存在没有流动的边界条件。因此,公式(5-71)在 $x = d$ 处,应用 $q = 0$的边界条件,得到公式 5-72。

$$0 = \frac{k}{2L}(h_0^2 - h_L^2) + I\left(d - \frac{L}{2}\right) \tag{5-72}$$

同样采用图 5-42,假设排水性沥青加罩在密级配 HMA 和黏层组合的不透水层上。通过该层的水流作用有两个水头。上水头(h_0)等于长度(L)乘以横坡(α)加上排水性沥青层的厚度(t)。下水头(h_L)基本为零。雨水代表补充率。在公式(5-72)中,存在必须假设的一个未知量,到抛物线峰的距离(d)。作为抛物线,合理的假设是,到抛物线峰的距离等于长度的三分之一($L/3$)。采用这个简单假设,可解答公式(5-72),确定排水性沥青层需要的厚度,以防止水层在 h_{max}位置处发展。厚度被包含在了公式(5-72)的 h_0 项内。

采用公式(5-72)建立了一系列设计曲线(图 5-49),设计者可用于选择希望的排水性沥青层厚。图 5-49 中显示的数据曲线是基于不同的设计横坡的。显然,由于水平和垂直曲线的缘故,某一路面的坡度是一直在变化的。图 5-49 中参考的横坡代表的是道路平坦区域中的横坡(不是在水平或垂直曲线内)。

图 5-43 和图 5-49 有着显著的区别,前者比后者更为保守,这主要是假设不同所致。两种方法的合理性或适用性,有待实践的检验。

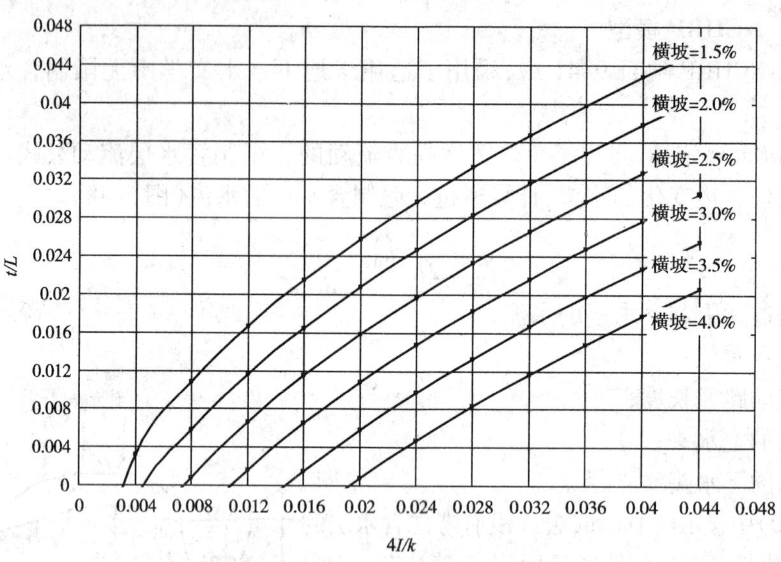

图 5-49　根据不淹没最大水深选择排水性沥青层厚的设计曲线

5.3.2　坡面浅层流动与表面下排水的组合模型

5.3.2.1　解析方法

排水性沥青路面的厚度是有限的，人们常常会发现这样的情况，雨水是通过排水沥青层内部排水外加道路表面上的坡面浅层流动从道路上排出的。由于坡面漫流的深度很小（与排水性沥青层厚度 t 相当），饱和的排水性沥青层最大水力梯度限于：

$$-\frac{\mathrm{d}H}{\mathrm{d}x} \leqslant s \tag{5-73}$$

一旦坡面漫流发生，由流动连续性给出（图 5-42）：

$$U = rx = Ts + U_{浅层} \tag{5-74}$$

公式(5-74)中，排水性沥青层的导水系数定义为 $T = kt$。单位宽度的浅层流动，可以使用 Darcy-Weisbach 公式，也可使用 Manning 公式。浅层流动的 Reynolds 数一般很小，摩擦系数可表示为 $f = k_{DW}/\mathrm{Re} = k_{DW}\upsilon/U_{浅层}$，这里 k_{DW} 为 Darcy-Weisbach 系数，$\mathrm{Re} = U_{浅层}/\upsilon$ 为 Reynolds 数，υ 为运动黏度。对于平滑表面上的层流，$k_{DW} = 24$（Chow，1959 年）。不过，由于道路表面是粗糙的，也由于降雨的冲击，排水性沥青层的 k_{DW} 要大得多。根据 Darcy-Weisbach 公式，浅层流动的厚度 $h_s(x)$ 用下式计算：

$$h_s = \left[\frac{k_{DW}\upsilon(rx - Ts)}{8gs}\right]^{1/3} \tag{5-75}$$

采用公式(5-75)时必须小心，因为存在虽饱和但公式(5-75)不适用的道路路段，此时公式(5-73)中的水力梯度小于 s（对于这些路段，$rx < Ts$）。

图 5-50 描述了 $L = 10\mathrm{m}$ 和 $s = 0.03$ 的一条路段例子。排水性沥青层具有厚度 $t = 5\mathrm{cm}$，$k = 1\mathrm{cm/s}$。降雨强度 $r = 2.0\mathrm{cm/h}$。流动分界线出现在距离道路路段上游端大约 70cm 的地方。注意流动断面上有三个不同的区域。在区域 1 中，排水性沥青层保持不饱和（$h < t$）。这个区

域的水力梯度很小，排水性沥青层直到距离上游端130cm处才变为饱和。在区域2中，排水性沥青层是饱和的，但道路表面没有流动。在这个区域内，水力梯度I按照下式朝下游方向增大：

$$I = \frac{rx}{T} \tag{5-76}$$

在公式(5-76)中，x是从流动分界处开始计算的。在距上游端340cm处，水力梯度达到s，浅层流动开始，流动进入区域3。公式(5-75)在该区域内适用。对于这个例子，下游端单位宽度的流动为$U = 0.518 cm^2/s$，而排水性沥青层单位宽度的流动为$U_{排} = 0.150 cm^2/s$，也就是大部分的排水位于浅层流动中。路面下游端浅层流动的深度为$h_s = 0.24cm$，Re = 37。

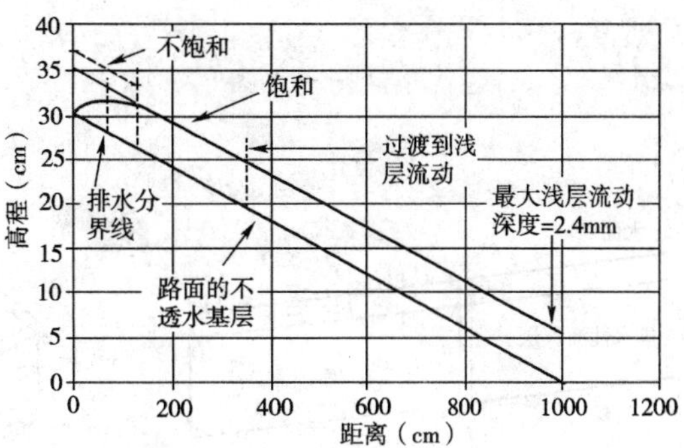

图5-50 对应$L = 1\ 000cm$，$s = 0.03$，$r = 2.0cm/h$，$t = 5cm$，$k = 1cm/s$，$k_{DW} = 900$，$v = 0.01cm^2/s$的排水断面

5.3.2.2 数值方法

在表面流动和表面下流动复合的情形下，可建立带流动分量的内部网格单元的质量平衡。用Darcy定律和扩散波模型估计网格单元每一面所穿越的流量。质量平衡用邻近网格的总水头表示。数字模型先针对两维情形建立，然后简化到一维。图5-51示出了一个内部网格单元。

网格单元中心的总水头为：

$$H = z + h_p + h_s \tag{5-77}$$

这里z为基准面以上的高度，h_p为路面饱和厚度，h_s为路表上水膜厚度。

格单元中水的体积由下式给出：

$$\forall_w = \Delta X \Delta Y h_p n_e + \Delta X \Delta Y h_s \tag{5-78}$$

这里n_e为路面的有效空隙率。

对公式(5-78)关于时间偏微分。所得方程有两个厚度导数，但任何时候只有一个适用。当自由面在路面内时，$\frac{\partial h_s}{\partial t} = 0$。当自由面在路面上时，$\frac{\partial h_p}{\partial t} = 0$。

$$\frac{\partial \forall_w}{\partial t} = \Delta X \Delta Y n_e \frac{\partial h_p}{\partial t} + \Delta X \Delta Y \frac{\partial h_s}{\partial t} \tag{5-79}$$

网格中水的体积由于降雨、表面下流动和表面流动而发生变化。到网格单元的流动假设为正。为了估算每个分流量，考虑图5-52所示的内部控制体积及其相邻网格。图中的中央网格在中心有结点P。中央网格的表面按指南针指向识别。

只考虑一维模型，此时流动为西(w)向东(E)。将降雨、表面下流动和表面流动的计算流量代入连续性方程中，得到内部网格单元的质量平衡：

$$\Delta X \Delta Y n_e \frac{\partial h_p}{\partial t} + \Delta X \Delta Y \frac{\partial h_s}{\partial t} = Q_{p,w} + Q_{s,w} + Q_{p,e} + Q_{s,e} + Q_{雨}$$

$$= k \frac{H_{i-1,j} - H_{i,j}}{\Delta X} h_{p,w} \Delta Y + \frac{1}{n} \frac{h_{s,w}^{\frac{2}{3}}}{\sqrt{S_{f,w}}} \left(\frac{H_{i-1,j} - H_{i,j}}{\Delta X} \right) \times h_{s,w} \Delta Y$$

$$+k\frac{H_{i+1,j}-H_{i,j}}{\Delta X}h_{p,e}\Delta Y+\frac{1}{n}\frac{h_{s,e}^{\frac{2}{3}}}{\sqrt{S_{f,e}}}\left(\frac{H_{i-1,j}-H_{i,j}}{\Delta X}\right)\times h_{s,e}\Delta Y+r(t)\Delta X\Delta Y \tag{5-80}$$

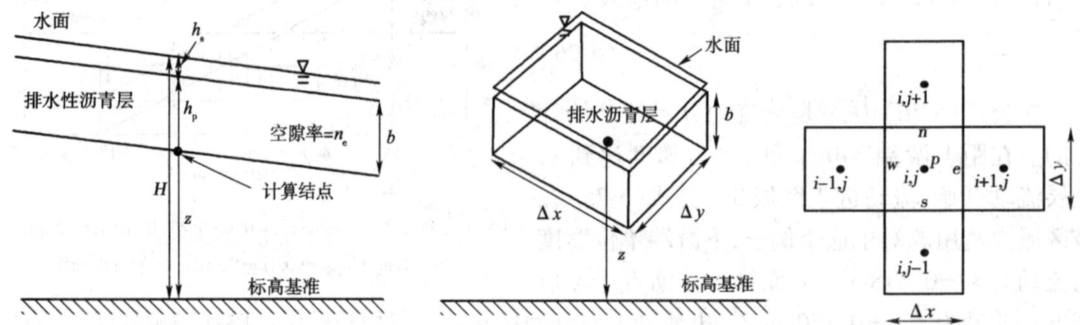

图5-51 内部网格单元

图5-52 内部网格单元俯视图

公式(5-80)右式的 n 为 Manning 糙率。式中含有三个相关变量 H,h_p 和 h_s,它们通过公式(5-77)相互关联。这里统一用总水头(H)表示,h_p 和 h_s 可以根据 H 和几何关系获得。为实现该转换,需要用 H 来表示单元中心和边界的 h_p、h_s 和 S_f。

格单元边界处的饱和厚度 $h_{p,w}$ 和 $h_{p,e}$,格单元边界处的表面流动厚度 $h_{s,w}$ 和 $h_{s,e}$,均可根据单元中心处的总水头线性插值估计。这里必须考虑饱和厚度与表面水膜厚度相互间的物理限制。饱和厚度必须大于或等于零,小于或等于排水性沥青层的厚度。饱和厚度小于排水性沥青层厚度时,表面水膜厚度必须为零。在单元边界处估计厚度时,可用最小值和最大值函数施加这些限制,如西面边界为:

$$\left.\begin{aligned}h_{p,w}&=\min\left(b;\frac{H_{i,j}+H_{i-1,j}}{2}-z_w\right)\\h_{s,w}&=\max\left(0;\frac{H_{i,j}+H_{i-1,j}}{2}-z_w-b\right)\end{aligned}\right\} \tag{5-81}$$

当排水性沥青层饱和,浅层流动开始时,或当降雨强度减小,浅层流动消失到路面中时,体系的行为存在着一个转换。最小和最大函数在数字架构上具有容易实施的优点,有利于使用单个方程来描述表面下流动以及组合的表面/表面下流动。

最终,可得到下式:

$$\begin{aligned}n_e\frac{\partial h_p}{\partial t}+\frac{\partial h_s}{\partial t}=&\left[k\frac{1}{\Delta X^2}h_{p,w}+\frac{1}{n}\frac{h_{s,w}^{\frac{2}{3}}}{\sqrt{S_{f,w}}}\left(\frac{1}{\Delta X^2}\right)\times h_{s,w}\right](H_{i-1,j}-H_{i,j})\\&+\left[k\frac{1}{\Delta X^2}h_{p,e}+\frac{1}{n}\frac{h_{s,e}^{\frac{2}{3}}}{\sqrt{S_{f,e}}}\left(\frac{1}{\Delta X^2}\right)\times h_{s,e}\right](H_{i+1,j}-H_{i,j})+r(t)\end{aligned} \tag{5-82}$$

公式(5-82)中,方括号中的项为传输系数。网格单元每一面都有一个传输系数。对于一维情形,存在两个传输系数;一个西面,一个东面。两维情形下,另有两个系数:分别对应北面和南面。网格边界处的厚度估计只出现在传输系数中。西面边界的传输系数为:

$$C_w=\frac{k}{\Delta X^2}h_{p,w}+\frac{1}{n\Delta X^2}\frac{1}{\sqrt{S_{f,w}}}h_{s,w}^{\frac{5}{3}}$$

即：

$$C_w = \frac{k}{\Delta X^2}\min\left(b;\frac{H_{i,j}+H_{i-1,j}}{2}-z_w\right) + \frac{1}{n\Delta X^2}\left(\frac{H_{i-1,j}-H_{i,j}}{\Delta X}\right)^{-\frac{1}{2}}\max\left(0;\frac{H_{i,j}+H_{i-1,j}}{2}-z_w-b\right)^{\frac{5}{3}} \tag{5-83}$$

传输系数使得质量平衡方程表达更为简明：

$$n_e\frac{\partial h_p}{\partial t}+\frac{\partial h_s}{\partial t}=C_w(H_{i-1,j}-H_{i,j})+C_e(H_{i+1,j}-H_{i,j})+r(t) \tag{5-84}$$

$\frac{\partial h_p}{\partial t}$与$\frac{\partial h_s}{\partial t}$中，有一项所有时刻均为零。当流动包含在路面内时，总水头的时间导数$\frac{\partial H}{\partial t}$完全由$\frac{\partial h_p}{\partial t}$给出。对于表面/表面下流动的组合情形，路面饱和，因此饱和厚度是固定的，$\frac{\partial h_p}{\partial t}$为零，总水头的变化只有表面分量。

流动条件的这些差异通过空隙率被反映在质量平衡方程中。当水包含在路面中时，网格单元中水体积的变化通过空隙率反映在水头中。例如，考虑一个具有1平方米面积的单元，接收1mm的降雨，没有其他流入，单元中水的体积增加1升。表面下流动时，总水头增加1mm/n_e，而表面/表面下流动的组合情形时，增加仅1mm。

我们可定义空隙率函数如下：

$$p_f(H,z,b,n_e)=\begin{cases}1 & H-z\geqslant b\\ 1/n_e & H-z<b\end{cases} \tag{5-85}$$

利用空隙率函数，可以将厚度的时间导数组合到总水头的时间导数中，将网格单元的质量平衡用总水头和问题参数表示：

$$\frac{\partial H}{\partial t}=p_f\times C_w(H_{i-1,j}-H_{i,j})+p_f\times C_e(H_{i+1,j}-H_{i,j})+p_f\times r(t) \tag{5-86}$$

方程(5-86)实现了数字化目标。质量平衡被表达为格单元中心的总水头的单一方程，可同时应用于表面下流动与表面/表面下组合流动。当饱和厚度(h_p)小于排水性沥青层厚度时，空隙率函数活跃，最大函数去除了传输系数的表面流动部分，方程(5-86)简化为Boussincsq方程。当饱和厚度等于或大于排水性沥青层厚度时，空隙率函数关闭，最小函数强迫饱和厚度为排水性沥青层厚度，传输系数的表面流动部分非零。

5.3.3　驻留时间、汇流时间与退水时间

5.3.3.1　驻留时间(Residence Time)

雨水在排水性沥青混合料中的稳态停留时间被称为驻留时间。根据图5-42，它的计算可采用下式：

$$T_s=\frac{n_e\int_0^L h(x)\,\mathrm{d}x}{r} \tag{5-87}$$

这里T_s为驻留时间，n_e为连通空隙率，$h(x)$为流动深度，r为降雨率。

5.3.3.2 汇流时间(Concentration Time)

一般排水设计中,基于汇流时间和该处的强度-历时-频率曲线估计降雨率。汇流时间常用运动波方法估计,其值又依赖于降雨强度,因此程序是迭代的。这里给出 Charbeneau(2008年)估计多空隙路面排水段汇流时间的方法。

根据连续性方程,有:

$$n_e \frac{\partial h}{\partial t} + \frac{\partial}{\partial x}\left(-kh\frac{\partial h}{\partial x} + khs\right) = r \tag{5-88}$$

初始条件为 $h(x, 0) = 0$。对于早期的域内,还没有深度梯度,则方程(5-88)简化为:

$$n_e \frac{\partial h}{\partial t} + ks\frac{\partial h}{\partial x} = r \tag{5-89}$$

公式(5-89)为线性一阶双曲线方程,可用特征方法解答。波速(c)恒定,由下式计算:

$$c = \frac{\mathrm{d}x}{\mathrm{d}t} = \frac{ks}{n_e} \tag{5-90}$$

沿着域内的每条特征线,深度等于:

$$h(x,t) = \frac{rt}{n_e} \tag{5-91}$$

平衡排水时间(汇流时间)可大致估计为双曲线波深度断面内达到最大排水深度所需要的历时。利用方程(5-90)和(5-91),给出:

$$T_c = \frac{h_{\max}n_e}{r} = \frac{x_{\max}n_e}{ks} \tag{5-92}$$

在公式(5-92)中,T_c = 汇流时间,$h_{\max}$ = 排水性沥青层断面内最大排水深度,$x_{\max}$ = 最大深度的位置。

5.3.3.3 退水时间(Recession Time)

根据东南大学的均匀渗流退水模型(诸永宁,2006),采用以下三条假设:①退水时表层各处排水速度相同;②整个渗流层流线相互平行;③自由表面线随时间进行均匀下降。于是可得到下连续性方程:

$$L \cdot n_e \cdot \mathrm{d}h = k \cdot h \cdot i \cdot \mathrm{d}t \tag{5-93}$$

变量的含义同前文。上式的左面代表了下落 dh 水头的排水体积,右面则用 Darcy 定律计算对应的 dt 时间内的单宽流量。将公式(5-93)积分,可得到下式:

$$T_r = \frac{Ln_e}{ki}\ln\frac{h_1}{h_2} \tag{5-94}$$

其中 T_r 为退水时间,h_1 和 h_2 分别为退水开始和结束时的水位高度。

东南大学推荐,h_2 取值为混合料的最大粒径 $D_{\max}$,因为当水退到低于 $D_{\max}$ 以下的水位时,受到集料颗粒的封闭隔离作用,已经构不成流动。他们还推荐,排水性沥青路面良好设计的一项标准是,退水时间短于 2 小时。

5.3.4 设计案例

5.3.4.1 宽幅路面排水设计

上海某城市快速干道为双向八车道设计,单向路幅宽度 15m,横坡 2%,无纵坡。表面层

采用排水性沥青混合料，集料最大粒径 13mm，设计空隙率 20%，厚度 40mm。要求确定表面不积水的最大抗暴雨能力。设计上如何调整，才能抵抗 20mm/h 的暴雨？

这个设计案例中，首先要确定的是排水性沥青路面的透水系数。这里暂时采用 Ranieri 等人计算时的假设，k_D 为 2cm/s。实际设计时，应结合室内与现场测量结果进行确定。

根据图 5-53，由 $t/L = 0.04/15 = 0.0027$ 和横坡 $s = 0.02$，可得到 $4I/k$ 的最大值为 0.000 33。由于 k 与 I 也有关系，因此这是一个迭代求解过程。最终可计算得 $I = 1.3 \times 10^{-6}$ cm/s（或 0.005cm/h）。可以看出，在这样宽的路幅下，只要下雨达到稳定，无法避免路表淹水。

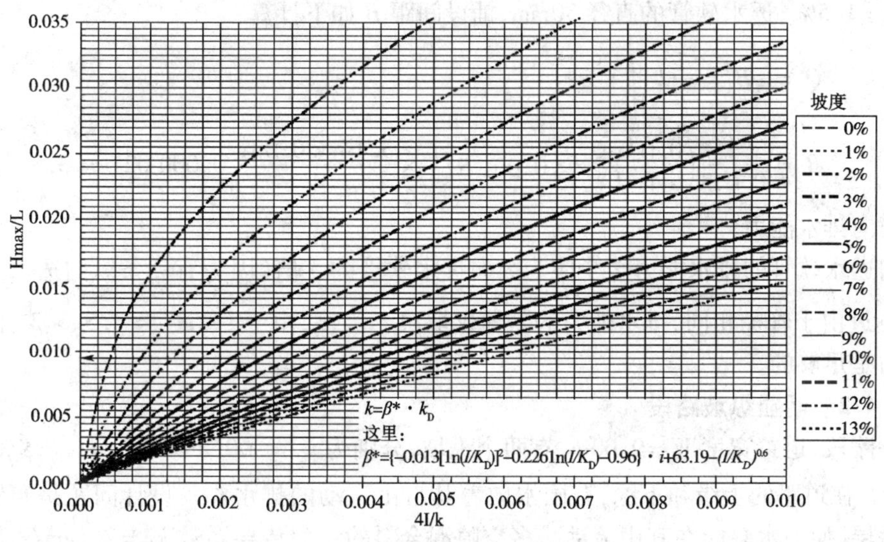

图 5-53　图 5-43 的放大图

在 20mm/h 的暴雨下，$I = 20/3600 = 0.0056$mm/s，则 $I/k_D = 0.0056/20 = 0.00028$，由此计算得 $\beta^* = 0.454$，则 $4\ I/k = 0.0024$。t/L 需要提高到 0.014 5，也就是或者 t 要放大到 21.8cm，或者 L 要缩短到 2.76m。这显然都是不可能的。比较好的方法是，同时采取多种措施，举例如下：

（1）提高混合料空隙率，使其透水系数增大到 2.5cm/s，$4\ I/k$ 可减小为 0.002 25。

（2）将横坡从 2% 提高到 3%，此时对 t/L 的要求下降为 0.012。

（3）将排水性沥青层的厚度从 4cm 提高到 5cm，则要求 L 缩短到 4.17m。

这样，比较合适的做法是缩短排水路径，在每条车道边缘处安放一透水软管，组成图 5-54 所示的管路图。这里的设计参数主要是透水软管的直径 d 与纵向间距 B，以及透水软管的放置纵坡 g。已知透水软管透水能力的计算公式为：

$$\begin{cases} v = \dfrac{1}{n}R^{\frac{2}{3}}i^{\frac{1}{2}} \\ Q = vA \end{cases} \tag{5-95}$$

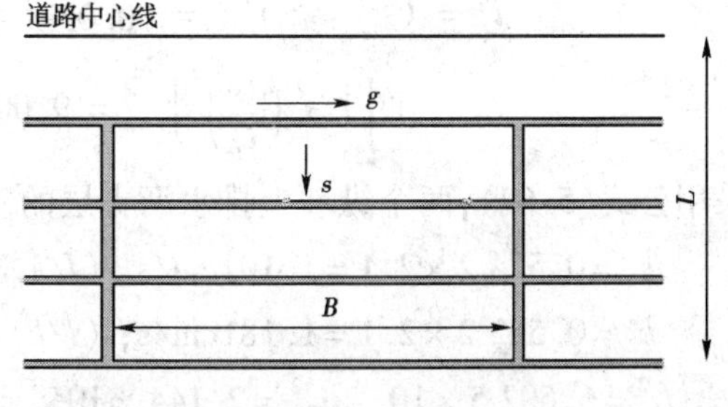

图 5-54　宽幅路面透水软管布置图

式中：v——透水软管中水的流速；

n——Manning 粗糙系数，取0.013；

R——水力半径，圆管为 $d/4$；

i——水力梯度；

Q——透水管流量；

A——透水管横断面积，圆管为 $\pi d^2/4$。

稳定流动时，内侧车道的流量应等于降雨率，即：

$$q = I \times \frac{L}{4} = 0.000\,005\,6 \times \frac{15}{4} = 0.000\,021$$

设 $g = 1.5‰$，透水软管的直径30mm，铺设间距 B 如下计算：

$$Q = qB = \frac{1}{n}\left(\frac{d}{4}\right)^{\frac{2}{3}} g^{\frac{1}{2}} \times \frac{\pi d^2}{4}$$

$$B = \frac{1}{0.013}\left(\frac{0.03}{4}\right)^{\frac{2}{3}} \times (0.001\,5)^{\frac{1}{2}} \times \frac{3.14 \times 0.03^2}{4} / 0.000\,021 = 3.8 \quad \text{m}$$

再验算横向排水能力：

横向透水软管的排水能力至少应为纵向透水软管的3倍(因为有三条纵向透水软管与之相连)，不过由于管径相同，排水能力的差异仅取决于坡度，由于 $s^{\frac{1}{2}}/g^{\frac{1}{2}} = 4.5 > 3$，因此纵向排水能力是足够的。

5.3.4.2 明显纵坡路段

某一路段，道路宽度 $W = 9.00$m，有两个纵坡，分别为 $i_{1l} = +0.5\%$ 和 $i_{2l} = +3.9\%$，横坡 i_c 为2.5%。在道路的上缘和下缘，有雨水向着其自由流动的排水沟。设计问题是布置多空隙沥青磨耗层，使雨水总能在其中流动。多空隙混合料的水力传导系数 $k_D = 2.1$cm/s，同时给出降雨强度 $I = 22$mm/h $= 6.11 \times 10^{-4}$cm/s，这是基于IDF(强度-历时-频率)曲线计算的，回归时间 $T_r = 3$ 年。

根据设计数据，我们有：

$$I/k_D = 6.11 \times 10^{-4}/2.1 = 2.91 \times 10^{-4}$$

两个纵坡上沿着道路最大坡度线的斜度和长度分别为：

$$i_1 = (i_{1c}^2 + i_{1l}^2)^{1/2} = (0.025^2 + 0.005^2)^{1/2} = 0.025\,5 = 2.55\%$$

$$L_1 = W\left[1 + \left(\frac{i_{1l}}{i_{1c}}\right)^2\right]^{1/2} = 9.00\left[1 + \left(\frac{0.005}{0.025}\right)^2\right]^{1/2} = 9.18 \quad \text{m}$$

$$i_2 = (i_{2c}^2 + i_{2l}^2)^{1/2} = (0.039^2 + 0.025^2)^{1/2} = 0.046\,3 = 4.63\%$$

$$L_2 = W\left[1 + \left(\frac{i_{2l}}{i_{2c}}\right)^2\right]^{1/2} = 9.00\left[1 + \left(\frac{0.039}{0.025}\right)^2\right]^{1/2} = 16.68 \quad \text{m}$$

采用公式(5-69)，两个纵坡上排水沥青层的实际透水性已知，则比值 I/k_1 和 I/k_2 是确定的：

$k_1 = 0.524\,2 \times 2.1 = 1.101$cm/s；$(I/k_1) = 5.555 \times 10^{-4}$；$4 \cdot (I/k_1) = 2.222 \times 10^{-3}$；

$k_2 = 0.562\,2 \times 2.1 = 1.181$cm/s；$(I/k_2) = 5.180 \times 10^{-4}$；$4 \cdot (I/k_2) = 2.072 \times 10^{-3}$；

$i_1{}^2 = 6.502\,5 \times 10^{-4}$，$i_2{}^2 = 2.144 \times 10^{-3}$，考虑第一个纵坡，有 $i_1{}^2 < 4 \cdot (I/k_1)$，考虑第二纵坡，有 $i_2{}^2 > 4 \cdot (I/k_2)$。

设计从第一个纵坡开始。第一次计算时，假设排水沥青层厚度 $T=5\text{cm}$。

由于 $i_1^{\,2}<4\cdot(I/k_1)$，为避免表面径流而不得超过的最大流动路径长度（MFPL）可只用图 5-45 中的图表估计。将数值 $I/k_D=2.91\times10^{-4}$ 输入图表，垂直向上直到 $i=i_1=2.55\%$ 曲线（见图 5-45 中的连续线）。从这一点开始画水平段，直到与对应假设厚度（$T=5\text{cm}$）的直线相截。该点起继续垂直向上，在图表的上缘读出 MFPL = 4.60m。这个长度小于沿着最大坡度线计算的道路边缘处排水沟之间的距离 L_1。因此，厚度 $T=5\text{cm}$ 不足以确保表面下排水。由于目前这是一显著的厚度，因此决定不增大它，而是在排水性沥青层下放置辅助暗管。它们将沿着流动路径方向间距 4.60m 布置。

由于实际的施工需求，第二个纵坡排水沥青层的厚度与第一个纵坡相同。应变化的是暗管的间距。对它的计算，程序类似前面。

这一次，$i_2^{\,2}>4\cdot(I/k_2)$，因此可不加区分地使用图 5-45 或图 5-46 中的图表。

已知比值 $I/k_D=2.91\times10^{-4}$，图表上读出的排水沟之间的最大距离为 6.00m（遵循图 5-45 与图 5-46 中的虚线）。由于这小于道路边缘处排水沟之间的距离 L_2，因此必须铺设暗管，切断路面边缘之间的流动路径。沿着最大坡度线计算，其间距将不超过 6.00m。

在所给实例中，对于设计降雨强度 $I=22\text{mm/h}$，排水沥青层设计为 5cm 厚，有两个系列的暗管：沿着第一个纵坡间距 4.60m，沿着第二个纵坡间距 6.00m。用这种方法设计的排水性沥青路面，整条路段上关于排水能力具有恒定的安全系数。对于降雨强度小于或等于设计降雨强度的，排水性沥青层能排出道路上任一点的表面水。对更大的降雨强度，水将在所有路段的表面上均匀出现，避免了不可预期的积水。

5.4　小结与讨论

排水性沥青路面的排水设计分为两部分，一是路旁的排水系统设计，另一是将排水路面本身作为排水设施之一进行设计，这两部分所涉及的排水要求和降雨标准是不一样的。路旁的排水系统要求抵抗一定频率的暴雨强度，这个暴雨强度采用的是设计暴雨强度，也就是按照统计合成的一种假想暴雨，暴雨的历时选择的是路面最远一点汇流到排水系统的时间。这其中隐含着两条依据：一是暴雨历时越长，强度越低，因此当所有汇流点雨水均到达排水系统后，再增加暴雨历时，峰值径流是降低的；二是暴雨历时缩短从而降雨强度增大（但汇流面积未全部覆盖）对峰值径流量的贡献，小于暴雨历时延长从而汇流点增加（但降雨强度有所减小）对峰值径流量的贡献。不过，排水性沥青路面使得这两条依据有所复杂化，第一是表面径流对应的降雨量由于入渗的存在而有所减小，第二是因为排水性沥青路面的蓄水功能使得部分降雨被“记忆”，随着它的后期释放叠加到了表面径流上。由于相对于表面漫流，内部渗流的速率是相对缓慢的，因此既不考虑垂直下渗引起的降雨强度减小，也不考虑渗流对表面径流的叠加，目前的设计可以暂时采取这种趋于保守的取值。

当将排水路面本身作为排水设施之一进行设计时，其设计目标和路旁排水设施有一定的差别，前者是尽可能长时间地提供不积水或不引发“水漂”的路表条件，而后者是能够将按一定频率发生的暴雨强度送入排水系统。所谓的频率，也可转换为重现期，目前国内的做法是将每年一定历时下的最大降雨量提取出来，将多年的数据进行拟合，得到所谓“一年一遇”、“五年一遇”等的标准。从这个过程可以看出,它没有考虑某一年降雨量的具体分布形式。举个简单例子,某些地区夏季有短时强降雨,而春秋两季有较长时间的弱降雨,那么在统计时,分布时间较长的弱降雨在某一历时内是得不到体现的,而它却占了一年中绝大部分的降雨历程。所以排水系统采用的设计暴雨,关注的是以年为基数的一定频率下的最大降雨强度,而不关注这个强度在具体某一年中出现的时长。而将排水路面作为排水设施看待时,这样的处理方式显然无法满足设计需求。美国 NCHRP 中提出的降雨标准更为合理,它是采用多年所有降雨的一种统计,以占降雨时长比如 90% 的上限降雨强度作为控制标准,这样我们就可以感性地陈述:某一排水性沥青路面,在每一年 90% 的降雨时段内是不积水的。这样做降雨样本的统计工作量增大了,但考虑到降雨强度的合理选择对排水性沥青路面的设计厚度或排水路径长度影响甚大,因此 NCHRP 的标准更值得借鉴。

在水力学模型中,透水系数也是一个相当重要的参数,当然它在质量控制与养护决策中也极其关键。但是,前面的计算中,我们看到透水系数采用了 2cm/s 这样的数值,而日本的规范仅要求大于 0.01cm/s,我国许多发表的文献,透水系数也在 1cm/s 以下,出现这样的变化,原因是众多的,譬如:

(1)测试方法的不统一。如新加坡国立大学采用的是变水头方法,而日本等多采用土工的常水头方法,由于柔性壁与刚性壁的差异,施加水头的差异等,得出的结果相互比较性差。

(2)测试的理论基础多是 Darcy 定律。事实上,由于排水性沥青路面空隙比较大,水的流速较快,Darcy 定律的应用范围较窄。前面提到,当横坡在 0.02 以下时,可视水流为层流。但这个说法不够准确。因为横坡为 0.02 时,水流线的坡度不见得是 0.02,可能小于 0.02,也可能远大于 0.02,这样排水性沥青路面内的流动形态很复杂,以 Darcy 定律来覆盖是有相当误差的。

(3)受到施工时的温度离析、碾压次数离析、级配离析三大作用,碾压时石料定向作用,以及路面服役时渠化交通的影响,排水性沥青混合料的透水系数表现出水平变异、垂直变异、维向变异、时间变异等特点,这使得透水系数的离散性很大。

最后讨论一下目前的水力设计模型。无论是哪一种模型,都有相同的特点,即当路面淹水时,还有相当一部分排水性沥青混合料的空隙是不饱和的,也就是排水性沥青混合料蓄水能力还未充分发挥。国内有些学者认为,出现在路表的水,会迅速选择附近的不饱和区域下渗,因此,应将排水路面抵抗暴雨的能力提高到所有空隙均饱和。事实上,这是一种感情化的思考,当排水沥青的表面出现水时,一般首先出现在下坡(因为其排水路径长),然后向上坡延伸,表面水不可能逆坡度择道。即便首先出现在中部,这时是本章讨论过的表面和表面下复合流动的问题,不可能自由地选择不饱和区域。从安全系数相当角度分析,宽幅的排水路面,内侧坡度可以薄一些,外侧坡度应厚一些,但考虑到路面施工的实际情形,现实中是等厚度的,此时从排水角度分析,的确存在一些浪费,不过,如考虑降噪等其他效益,则是合理的。

第六章　排水性沥青路面的声学设计

随着汽车发动机技术的飞速发展,近年来汽车推进器噪声得到了大幅度的下降。但高速行驶汽车的噪声继续下降却遇到了技术上的难题,原来人们发现,高速下,轮胎-路面噪声机理逐渐成了整体噪声主导性的影响因素,为此,继续降低交通噪声的重点由汽车行业转向了道路行业,而排水性沥青路面由于源头降噪的突出贡献而受到了行业的青睐。本章讨论排水性沥青路面的声学设计,其目的就是揭示排水性沥青路面的降噪内因,确认排水性沥青路面的降噪水平,探索继续优化排水性沥青路面声学性能的途径,从而为降低道路上的交通噪声提供强有力的工具。

6.1　基础知识

6.1.1　声学常识

6.1.1.1　声音和噪音

声音是人耳能听见的信号,噪声则是不想要的或令人不悦的声音。将声音分为不希望的,也就是噪音,或可接受的,也就是不形成干扰的,这在一定程度上带有主观性。尽管本质是主观的,但由于确定和量化哪种声音令人不快很困难,也因为车辆交通发出的声音对大多数人都构成干扰,因此它被统一地都归为噪声。

声源发射声能,通过空气传播,产生压力到达接收介质。正常大气压力上下气压的波动被称为声压,以帕斯卡(Pa)表示。具有正常听力的年轻人可以探测到低达 20 μPa 的气压波动,与正常大气压 101.3×10^3 Pa 相比,小数的波动在 2×10^{-10} 数量级。另外,定义声强为每单位面积上,声波传播途径上某一点声功率的连续流动,以瓦特每平方米(W/m^2)表示。对于自由行进的声波来说,任意点的声压按公式(6-1)与最大声强关联:

$$p_{rms}^2 = I_{\max}\times\rho\times c \tag{6-1}$$

式中:p_{rms}——声压的均方根,N/m^2;

$I_{\max}$——最大声强,W/m^2;

ρ——空气密度,kg/m^3;

c——空气中声速,m/s。

单位时间内声波完整振动的周期数被称为该声波的频率,通常表示为周期数每秒或赫兹(Hz)。它决定了气压变化发生的快慢程度。健康人耳能探测到的声波频率在 20Hz 到 20 000Hz范围内。不过,人耳可以轻松探测到的最敏感的频率在 250Hz 到10 000Hz的范围。声音的音质依赖于该声音的频谱。实际上,各声源发出声音的不同频谱使得人耳能探测到声音之间的差异。低频声音不易随距离衰减,对人体干扰更大。因此这类噪声是交通以及轮胎-路面噪声主要的关注点。

6.1.1.2　声压级(Sound Pressure Level,SPL)

健康的耳朵能探测到的声压波动,低至 2×10^{-5} N/m²,高达 63 N/m² 左右,此时痛阈开始。这样大的范围很难使用。为了使声级测量在实践中有区分力或有意义,已经为 SPL 制定了一个对数刻度的国际上公认的标准,被称为分贝(dB),采取 1000Hz 下的听阈(2×10^{-5} N/m²或 20 μPa)作为基准量。采用这个刻度,0dB SPL(其他声级的基准)代表令人不适的沉寂环境,140dB 为最响的声音,通常出现在太空火箭发射台附近。一个良好的环境,噪声水平应低于 40dBA 左右。*SPL* 表示为:

$$SPL = 10\log_{10}\left(\frac{p}{p_0}\right)^2 \tag{6-2}$$

式中:*SPL*——声压级,dB;

p——实测声压的平均振幅,N/m²;

p_0——听阈处声压的平均振幅,N/m²。

应指出,尽管声强与声压是两个不同的量,但声压级与声强级是相似的,两者都以 dB 表示。

6.1.1.3　响度与 A 计权滤波器

声音的响度同时依赖于频率和压力,以方表示。频率 1 000Hz 时,以方为单位的响度级数字上等于以 dB 为单位的声压级。例如,1kHz 下的 60dB SPL 具有 60 方的响度级。由于人耳对不同声音频率的响应不是线性的,因此相同 SPL 但不同纯度的音质(离散的频率)具有不同的响度级。图 6-1 显示了国际标准化组织(ISO 226-2003)基于人耳对声音感觉的研究制定的等响度图。如图中所示,60dB SPL 在 250Hz 下将被感觉为 70dB(表示为 70 方),比 1 000Hz 下感觉到的 dB(60 方)响 10dB。SPL 增加或下降 1-3dB对人耳来说,响度仅是可感觉到的变化,而 5dB 的增加或下降则是明显的变化。SPL 增加或下降 10dB,被感觉为两倍或一半响,而 SPL 增加或下降 20dB,被感觉为四倍或 1/4 响。

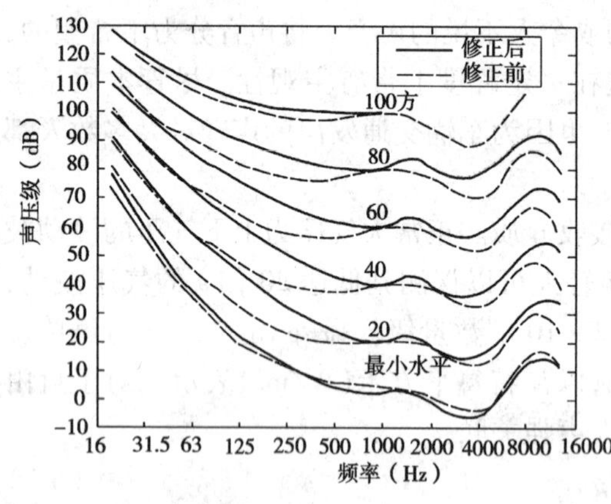

图 6-1　纯音的等响度图

为测定模拟人的听觉敏感性的声级或噪声级,开发了一个频率过滤与加权体系。与人的感觉对应最好的过滤体系被称为"A"计权滤波器,测得的 SPL 被称为 A 计权 SPL。评定轮胎-路面噪声或交通噪声时,总是采用这类过滤体系进行测量。这类 A 计权 SPL 被命名为 dB(A)或 dBA。

6.1.1.4　噪声级的相加

相同 SPL 的两个独立声源,产生比单个声源 SPL 大 3dB 的当量 SPL。据此,将同样组成的交通流量翻倍,将使得声级增大 3dB,有了感觉上的差异。公式(6-3)说明了从若干声源上,叠加声音(dB 级)而获取总噪声级的过程。

$$SPL_t = 10\times\log_{10}\left[10^{\frac{SPL_1}{10}} + 10^{\frac{SPL_2}{10}} + 10^{\frac{SPL_3}{10}} + \cdots\cdots + 10^{\frac{SPL_n}{10}}\right] \tag{6-3}$$

这里，SPL_t = 总声压级，SPL_i = 单个声源（例如单辆车）$i(i=1,2,\cdots n)$的 SPL。

6.1.1.5 最大噪声级和当量噪声级

某一瞬时声源发出的声音会很高，但随时间和距离而减小。交通发出的噪声是连续的，但强度随时间而变化，具体依赖于一天当中的时间，交通流量，车辆类型和车速，天气条件，路面条件等。为了将非均匀的声音转换为有意义的单个数字，使用了若干描述符。交通噪声和轮胎-路面噪声最常见的描述符是：L_{max}，L_{eq}和 L_{xx}。图 6-2 用图形显示了这三个声级的差异。L_{max}指示最大水平，即测量历时上最响的声音，对应车辆离麦克风最近点的时刻（图 6-2 中 93dB）。L_{eq}指示某一声音测量历时上的当量声级，是整个测量历时上对声能按照时间平均得到的。这是表示交通噪声水平的一条常用途径。例如，L_{eq}（24h）84dB 意味着将 24h 内的声能平均，得到 SPL 为 84dB。L_{xx}为实测声级的一个统计描述符，表示了只在测量历时的 xx% 内被超过的声级。例如，L_{10}（24h）88dB 表明，24h 内，有 10% 的时间超过 88dB。

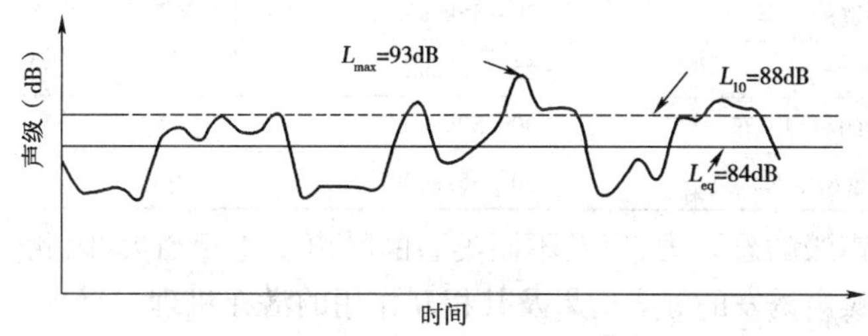

图 6-2　各种噪声级描述符

有时当量噪声的计算来源于 24h 内不同时段的噪声测量，此时每个时段内为噪声级分配不同的权重。例如，L_{dn}表示，将 24h 划分为一个白天（d）和一个夜间（n），L_{den}还多划分出了一个晚上（e）。为计算当量 24h 即一个白天-夜间水平，考虑夜间噪声暴露更为严重的后果，将夜间水平增大 10dB。另一声级量度为暴露声级（Sound Exposure Level，SEL），它相当于 L_{eq}，不过噪声级是在更长的时间上记录的，并归一化到一秒时间，以用于比较。

6.1.2 交通噪声的来源与危害

交通产生的声音通常被称为交通噪声。它是由于车辆沿着某一道路行进而被听到的所有声音，包括车辆上所有可能噪声源的组合。这些声源常常被分为推进器噪声、轮胎-路面噪声和空气动力学噪声。推进器噪声包括引擎、排气、进气和其他动力传动系成分产生的声音。轮胎-路面噪声是轮胎沿着路面滚动时产生的。空气动力学噪声是由车辆穿越空气时周围的湍流产生的。

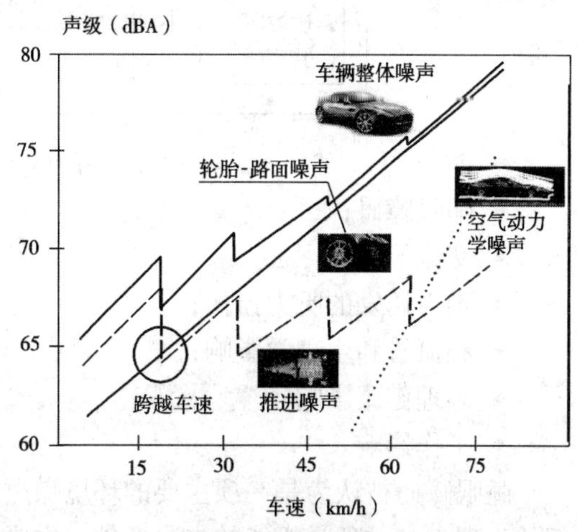

图 6-3　车辆噪声源与跨越速度的车速效应

图 6-3 说明了三种主要交通噪声源——推进器、轮胎-路面和空气动力学的相对重要性。很低车速下，推进器噪声将主导总的噪声。随着

速度增大，达到跨越车速，此时轮胎-路面噪声变成主导声源。轮胎-路面噪声随车速而线性增大。只有在非常高的车速下，空气动力学声源才开始主导。

判别轮胎-路面噪声是否占主导的跨越速度(Cross Over Speed)可被视为判断排水性路面效益的实用阈值。按Sandberg等人(2002年)的研究，表6-1提供了各跨越速度。其中巡行是不变的速度，如在高速的城市或乡村公路上。加速表明了驾驶员从停止状态开始的典型运动。车辆类型是噪声产生的重要因素。重型车辆由于其引擎/动力系统大，轮胎大并且数量更多，产生了程度更高的轮胎-路面相互作用，已成为道路上最嘈杂的车辆。典型情况下，公路上行进的重型卡车比客车响大约10dBA，也就是卡车能产生相当于十辆汽车的声能。据此，如果交通流中含有10%或更多的卡车，则卡车产生的声音将主导道路上的整体噪声级。

近似跨越速度　　表6-1

车辆类型	巡行(不变的速度)	加速(速度加大)
1985年到1995年制造的汽车	30~35km/h	40~50km/h
1996年以后制造的汽车	15~25km/h	30~45km/h
1985年到1995年制造的重型卡车	40~50km/h	50~55km/h
1996年以后制造的重型卡车	30~35km/h	45~50km/h

由于人们对噪声级的忍受力，以及不同类型的噪声变化相当大，因此噪声的影响很难量化。图6-4归纳了噪声诱发的健康后果及其相互作用的潜在机理。世界卫生组织(WHO)的一份报告中详细介绍了这些效应(Berglund等人，1999年)。基于WHO的报告，这里给出与噪声相关的主要健康影响的简要介绍。噪声的效应可包括：

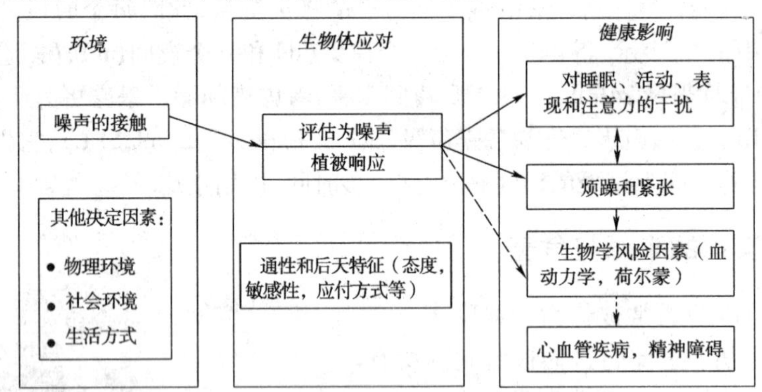

图6-4　噪声诱发的健康后果的机理(荷兰健康理事会，1999)

- 睡眠障碍；
- 交流干扰；
- 噪声诱发的听力损伤；
- 心血管和生理学影响；
- 心理健康影响；
- 工作影响。

睡眠障碍被认为是一项主要的环境噪声影响。不受干扰的睡眠被认为是健康人士保持良好的生理学与心理学机能的先决条件。主要的睡眠障碍影响是入睡的困难(延长了睡眠的等

待时间)，唤醒的困难以及睡眠阶段或深度的改变，尤其是 REM 睡眠的减少(REM = 快速眼部运动)。其他主要的生理学影响也可能由睡眠期间的噪声所诱发；包括血压上升，心率加快，指脉搏血容振幅提高，血管收缩，呼吸强度变化，心率失常，血流增加。这些生理学影响的噪声阈和噪声响应关系都可能是不一样的。夜间的噪声暴露还诱发次效应，或所谓的后效应。次效应包括：可感知的睡眠质量的下降，疲劳的增加，消沉的情绪或幸福感的抑制，绩效降低。对社会心理康宁的长期影响也与夜间的噪声暴露有关。住在暴露于夜间噪声地区的人们使用镇静剂或安眠药的数量增加。夜间超过 30dB LA_{eq} 的道路交通噪声被认为会诱发睡眠障碍。因此，如果要避免对睡眠的负面影响，连续噪声的当量声压室内不应超过 30dBA。如果噪声不是持续的，睡眠障碍与 LA_{max} 最为相关，在 45dBA 或更低时观察到了影响。因此，如果可能，应限制超过 45dBA 的噪声事件。

噪声对言语理解的干扰导致了大量人员的劳动力丧失和行为改变。它们包括：

- 精力集中问题；
- 疲劳；
- 变化无常与自信缺失；
- 激怒；
- 误解；
- 降低工作能力；
- 人际关系问题。

尤其易于遭受这些类型影响的是听力损伤的人，那些处于语言需求与阅读需求的老人、小孩，以及不熟悉交流语言的个人。谈话干扰是一个遮蔽型的过程，此间瞬时的、干扰性的噪声使得谈话无法被理解。环境噪声，如道路交通噪声，还能遮蔽其他许多重要的声音信号，像门铃、电话信号、闹钟、火警等。在一个安静的周围环境中，1m 距离处的谈话水平平均为 45 ~ 50dBA，但喊叫时高出 30dBA。对于具有正常听力的受听者对完整句子的可理解性来说，信号噪声比(即，谈话水平和干扰噪声的声压水平之间的差异)应为 15 ~ 18dBA。这意味着，在一间较小的房间里，超过 35dBA 的噪声水平干扰了谈话的可理解性。

噪声诱发的听力损伤被定义为听力阈的增大。当人们长期暴露于高的噪声水平(>70dBA)时，这样的损伤就发生了。由于高轮胎-道路噪声的暴露是不常见的，因此不太可能由于道路交通噪声产生永久性的听力损伤。

对生活在机场、工厂和吵闹街道周边区域的小孩的研究表明，噪声可对人们的生理机能同时产生暂时性的和永久性的影响。在刺耳噪声中的暴露刺激了自主体系和荷尔蒙体系，产生了暂时性的变化，如血压升高，心率加快，血管收缩。长期暴露后，普遍人群中的敏感个体可能发展为永久性影响，如与高声压级暴露相关的高血压和贫血性心脏病。尽管全面性的研究实施还不多，但总体结论是，心血管的影响与长期接触 65 ~ 70dB 范围内甚至更高的飞机噪声和道路交通噪声的 L_{Aeq24h} 数值有关。

环境噪声还可能对心理学健康产生影响。环境噪声并不被认为是心理疾病的直接诱因，但人们假设它加速并强化了潜在心理失常的发展。一般来说，已经实施的寻找环境噪声的暴露与心理疾病的联系的研究，被认为是非结论性的。不过，某些研究表明，道路交通噪声的早期水平和轻微的精神失常之间存在着联系。尽管企图找到环境噪声和心理疾病之间联系的各项研究是不牢固的，但对医药如镇静剂和安眠药使用的研究提出了环境噪声具有负面的心理健康影响的可能性。

人们还认识到，环境噪声影响认知性的工作效能。就飞机交通噪声对小孩学习能力影响所实施的研究表明，暴露于飞机噪声内的校内孩子在校对方面和在持续挑战难题方面是有缺陷的。尽管还没有发现道路交通噪声的这类研究，但似乎很清楚，日托中心和学校不应位于较大的噪声源附近，比如公路、机场和工业场地等。

Sandberg 等人（2002 年）将噪声危害分成了六类，分别为：①致命的或破坏性的后果；②听觉系统以外的健康影响；③睡眠障碍；④对交流与智力表现的干扰；⑤烦躁；⑥金融影响。对于金融影响，Quinet（1993 年）发现，噪声污染带来的估计损失占国民生产总值（GDP）的 0.2% ~ 2% 之间。

6.1.3　轮胎-路面噪声机理回顾

当轮胎和路面碰到一起时，它们必然变得嘈杂！这是以一种非常复杂的方法实现的。声音常常开始于各类发声机理。使得它复杂的是许多机理同时发生，不同程度地依赖于具体的轮胎-路面组合。发声机理就是制造声音的机理。第二章已经对轮胎-路面噪声机理进行了分析，这里只作简单的总结和用物理学类比现象作更形象的说明。

图 6-5 显示了与轮胎-道路噪声相关的发声与扩声效应。

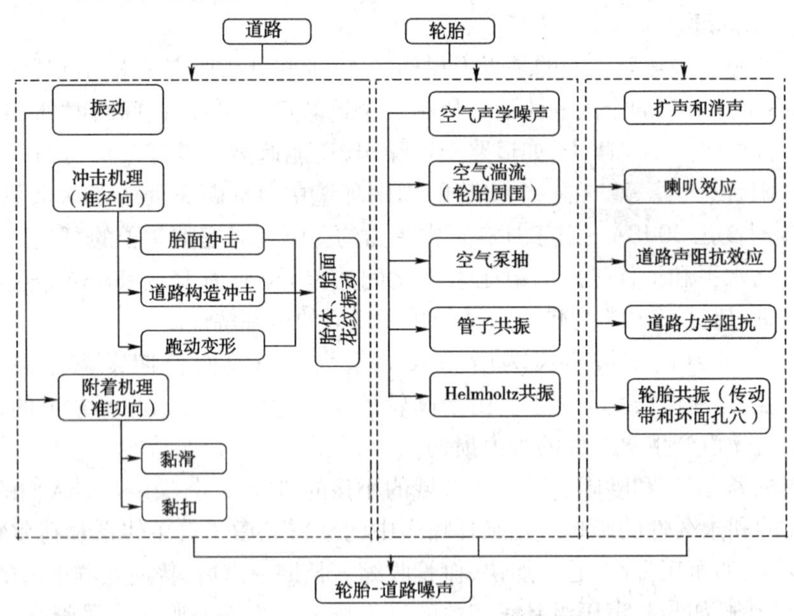

图 6-5　与轮胎-道路噪声相关的发声与扩声效应

6.1.3.1　发声机理

（1）胎面冲击（类比“锤子”）——当轮胎沿着路面滚动时，轮胎上的胎面和路面上的构造像单个的冲击一样碰在一起。最终的相互作用可看作每秒数百次甚至数千次的小锤敲击，每次都产生声音。见图 6-6。

（2）气泵（类比“拍手者”）——轮胎上的胎面和路面上的构造之间是填充了空气的间隙。

随着轮胎和路面滚动在一起，有些空气被挤出，有些被截留并压缩。之后，随着轮胎失去和路面的接触，截留的空气被驱出。有些情况下，空气被回吸进来。所有这些每秒都发生数百或数千次。这个过程类似于拍你的手，此时听到的大量声音是被快速挤出的空气。口哨是另一例子，此时空气从小的开口中被驱出，从而产生声音。见图6-7。

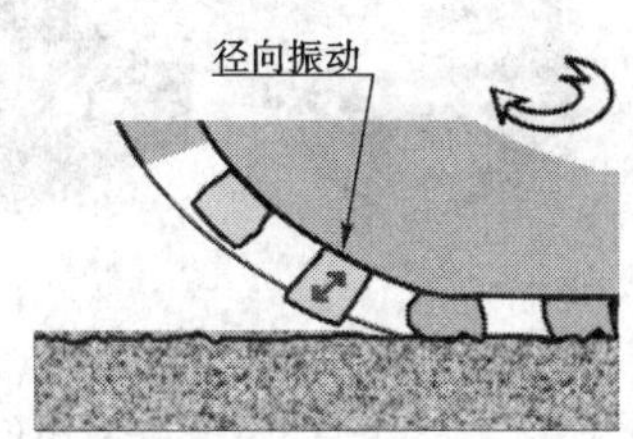

图6-6　“锤子”发声机理

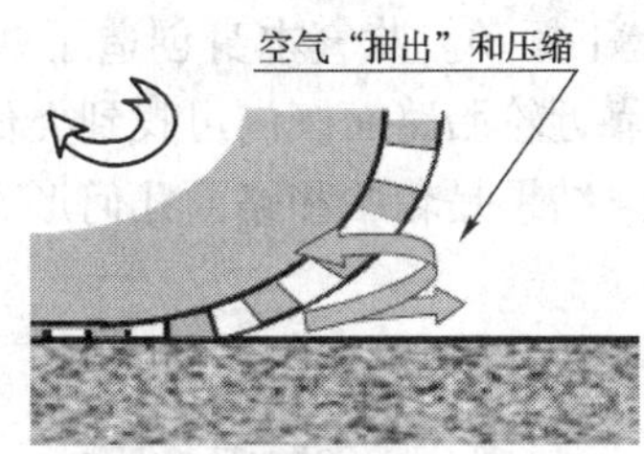

图6-7　“拍手者”发声机理

(3)黏滑(类比“胶底运动鞋”)——当人们观看一场篮球赛时，可以听到球场上胶底运动鞋挤出的明显不同的声音。当轮胎沿着路面滚动时，产生这同样类型的声音。当橡胶在轮胎下连续变形并歪扭时，它大多会黏，但一旦达到临界极限，也不断滑。每个胎面花纹块的这些“修正”每秒发生数千次，从而产生高频声音。见图6-8。

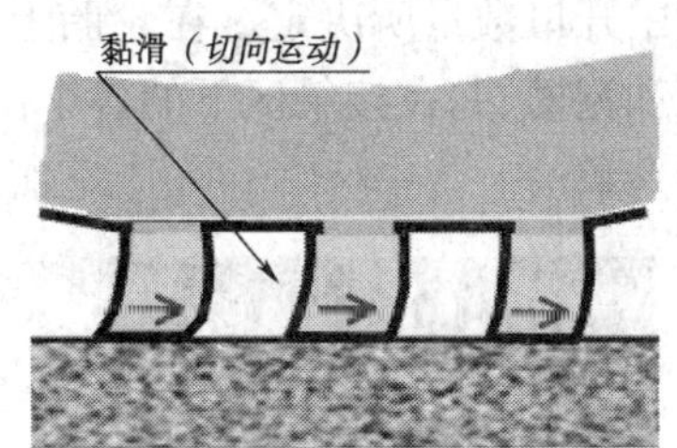

图6-8　“胶底运动鞋”发声机理

(4)粘扣(类比“吸杯”)—— 因为附着以及杯中空气被挤出时产生的真空之故，吸杯可粘到光滑表面上。当胎面花纹块与某些路面相互作用时，可能出现类似的作用，发出声音。见图6-9。

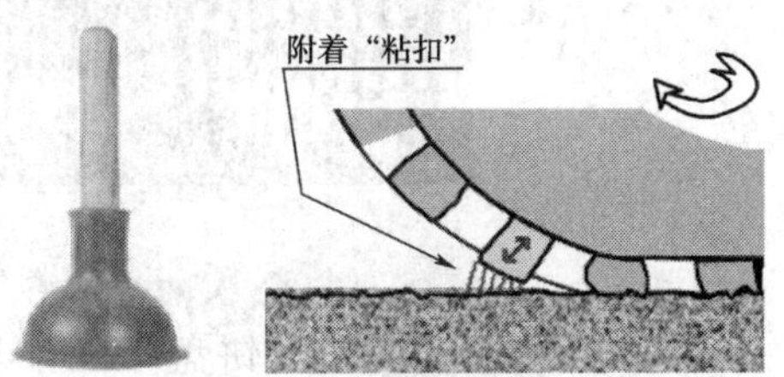

图6-9　“吸杯”发声机理

6.1.3.2　扩声机理

(1)声学喇叭(类比“喇叭”)——轮胎与所接触路面的几何形状为楔形的开放空气段。在这个楔内，喉附近产生的声音可能出现多次反射,很像音乐喇叭或扩音器内发生的反射。但在轮胎-路面情形下,由于喇叭两边开口,因此是劣质的。结果是前后向显著的扩声,连同某些频率的失真。见图6-10。

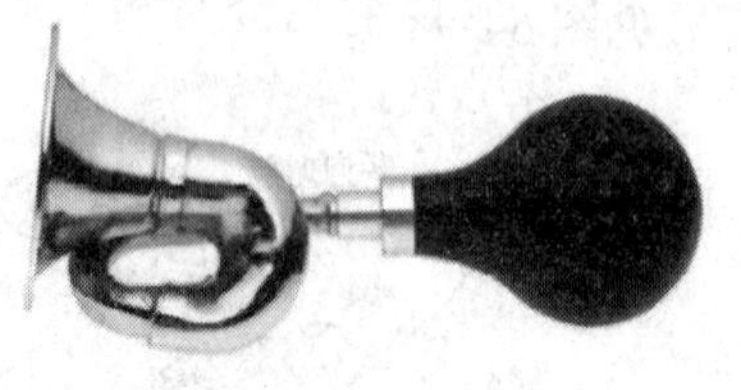

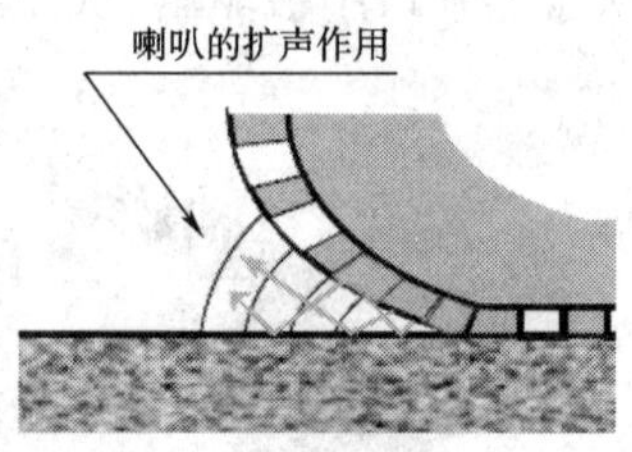

图6-10 “喇叭”扩声机理

(2)Helmholtz 共振(类比“充气饮料瓶”)——在充气饮料瓶顶上吹气时,可以听到明显不同的音调。这种现象的出现是因为瓶颈中的空气(起到质量的作用)在瓶内的气枕(起到弹簧的作用)上上下振动。吹气本身创造了非常小的声音。不过,瓶上的吹气显著放大了该瓶的独特频率。靠近轮胎路面楔内可找到类似的轮胎和路面的几何形态。这种情况下,质量和弹簧是并排的。结果是轮胎和路面几何形态中一些独特频率的放大。见图6-11。

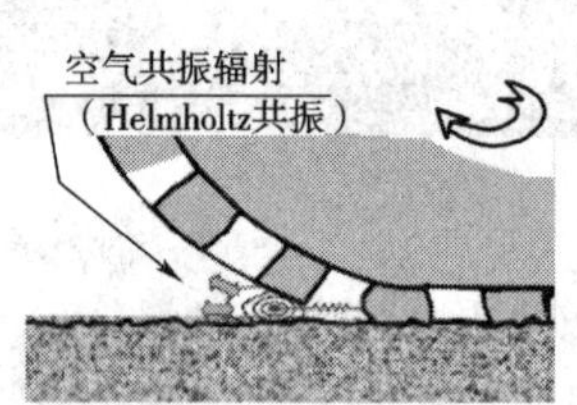

图6-11 “充气饮料瓶”扩声机理

(3)管道共振(类比“风琴管”)——当空气吹过风琴管时,某一声音会放大,这一声音为管子长度和管中开口数量所决定。在轮胎上,可找到类似的“管子”几何形态,因为轮胎上修挖了各种沟槽和宽槽,并在接触区下的各个位置处张开。其他地方产生的声音可在这些管子内放大。见图6-12。

图6-12 “风琴管”扩声机理

(4)胎侧振动(类比“饼盘”)——电动刮胡刀或振动手机自身并不发出多少声音。不过,如果有人把它放在倒置饼盘顶上,将显著放大这小的振动。描述为发声机理的许多小振动以胎侧振动类似地放大。见图6-13。

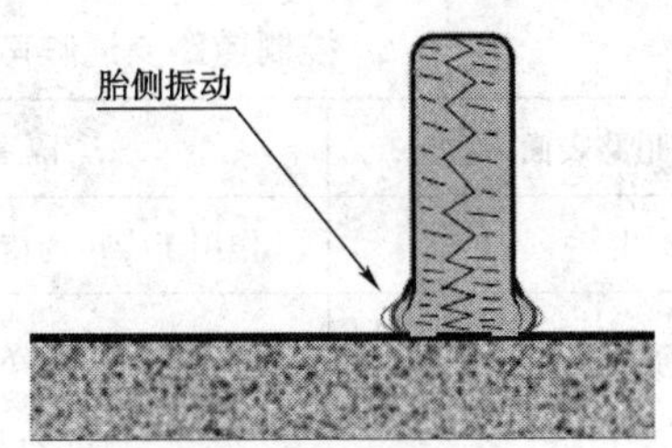

图 6-13　“饼盘”扩声机理

(5)孔穴共振(类比“气球”)——气球被重击时,可以听到明显不同的振铃声音。轮胎被踢时,是一样的。该声音可能在车内更容易被听到。实际上,这个机理对车外听到的噪声较不重要,因为它是在车内,车辆本身趋向于进一步放大这个频率。见图 6-14。

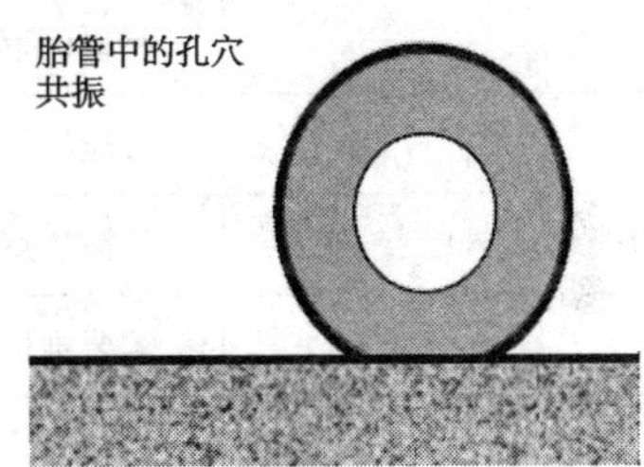

图 6-14　“气球”扩声机理

6.1.3.3　特征频率

各种机理将产生不同频率的噪声。以下是目前研究得出的部分结论:

(1)96km/h 下 2.54cm 的特征构造长度将在 1000Hz 下激励轮胎。

(2)2.54cm 的胎面花纹块将在 1000Hz 下激励轮胎。

(3)轮胎振动的峰值出现在 600 与 1000Hz 之间。

(4)喇叭效应的峰值出现在 800 与 2000Hz 之间。

(5)风琴管模式出现在 750 与 900Hz 之间。

(6)人耳在 500 与 5000Hz 之间最敏感。

6.1.4　降低交通噪声的典型措施

降低交通噪声的措施有:

(1)对噪声排放限值进行立法;

(2)社会学和经济学措施,如噪声意识的上升,培训和教育,控制和行为制裁,经济刺激、经济制裁和生态税;

(3)新兴城市和新建道路设计时考虑交通噪声问题;

(4)面向声源的噪声措施,如引擎、排气、轮胎等的降噪;

(5)通过影响车速与/或交通流来降低噪声;

(6)基础设施举措。

基础设施举措主要有三种:低噪声道路表面(防止轮胎-道路噪声的发生),声屏障和建筑外墙隔声(两者都减少向道路附近居民的噪声传播)。三种方法的优缺点见表 6-2。

控制道路交通噪声三种可能举措的比较　　表 6-2

低噪声道路表面	隔音屏	建筑外墙隔声
作用于噪声的产生	作用于噪声的传播	作用于噪声的传播
目前低噪声表面为适度的降噪(一般 3~6dBA)	可能有高的降噪量(一般 7~12dBA)	可能有高的降噪量(一般 10~20dBA)
无干扰	有干扰	无干扰
露天降噪	露天降噪,但主要在距声源短距离内	只降低户内门窗关闭时的噪声
相对廉价	昂贵(额外的施工)	一般是最为昂贵的方案
中等寿命	可能的长寿命	长寿命
不易被故意毁坏	易被故意毁坏(涂鸦)	不易被故意毁坏
需要养护	需要维护	无需维护

6.2 设计程序

6.2.1 噪声控制标准

表 6-3 给出了世界卫生组织(WHO)制定的噪声控制指导值,它是针对特殊环境制定的。给定环境下确认了多个负面的健康影响,指南值被设定在了最低的负面健康影响水平上(关键健康影响)。噪声的负面健康影响指的是与噪声接触相关的物理、心理或社会功能临时或长期的损坏。指南值代表了影响所列环境中最大数量人群的声压级。

L_{Aeq}的时间基础分别是“白天”16h 和“夜间”8h。晚上不单独给出时间基础,不过一般其指南值比白天 12h 应低 5~10dB。其他时间基础是为学校、幼儿园和操场推荐的,具体依赖于活动。

不过,我们这里关注的主要是与道路邻近的区域。这方面,各国对于交通噪声的限值有着不同的规定,下面选取几个典型国家和地区作一简单介绍。

6.2.1.1 日本

政府指定了邻近道路区域专门的一组道路交通噪声限值。对于邻近 B 区中两或多车道道路,以及 C 区中一或多车道道路的区域,白天和夜间的道路交通限值分别为 65dBA 和 60dBA。另外,政府将承受交通主动脉的邻近区域视作特殊情形,此时白天和夜间的道路交通噪声限值分别被设定在更高的 70dBA 和 65dBA 水平上(见表 6-4)。

6.2.1.2 中国台湾

如果区域邻近道路,政府规定了较高的交通噪声限值。例如,1 类和 2 类邻近道路的噪声控制区,白天允许道路交通限值 71dBA,见表 6-5。

特定环境下社区噪声的指导值 表 6-3

特定环境	关键健康影响	L_{Aeq} (dB)	时间基础 (h)	$L_{A\max}$,短期 (dB)
户外生活区	严重烦躁,白天和晚上	55	16	—
	中等烦躁,白天和晚上	50	16	—
住宅,户内	言语可懂度和中等烦躁,白天和晚上	35	16	
起居室内	睡眠障碍,夜间	30	8	45
起居室外	睡眠障碍,窗户打开(户外值)	45	8	60
学校教室和幼儿园户内	言语可懂度,信息提取干扰,信息交流	35	上课时	—
幼儿园起居室,户内	睡眠障碍	30	睡眠时间	45
学校,操场,户外	烦躁(外部声源)	55	玩耍时	—
医院,病房,户内	睡眠障碍,夜间	30	8	40
	睡眠障碍,白天和晚上	30	16	—
医院,治疗室,户内	对休息和康复的干扰	①		
工业、商业、购物和交通区,户内和户外	听力损伤	70	24	110
仪式,宴会和招待事件	听力损伤(参与人:5 次/年)	100	4	110
广播室,户内和户外	听力损伤	85	1	110
借助听筒/耳机听音乐	听力损伤(自由场值)	85④	1	110
玩具发出的脉冲声,烟火和火器	听力损伤(成人) 听力损伤(小孩)	— —	— —	140② 120②
公用场地和保护区的户外	宁静的打破	③		

注:①尽可能低;

②峰值声压(不是 $L_{A\max}$,短期),距耳朵 100 mm 测量;

③应保持安静户外区域的存在,自然背景声音的入侵声音比例应保持低水平;

④在听筒下,适合自由场值。

邻近道路区域及时间段内的道路交通噪声限值(日本) 表 6-4

地区分类	道路交通噪声限值	
	白天(dBA)	夜间(dBA)
A 区中两或多车道道路的邻近区域	60	55
B 区中两或多车道道路,以及 C 区中一或多车道道路的邻近区域	65	60
邻近维持交通大动脉道路的区域	70	65

邻近道路区域及相应时间段内的道路交通噪声限值(中国台湾)　　表6-5

噪声控制区	道路交通噪声限值		
	早上和晚上(dBA)	白天(dBA)	夜间(dBA)
1类和2类:邻近道路区域	69	71	63
3类和4类:邻近道路区域	73	74	69

注:①早上指5~7点,晚上指20~22点,白天是7~20点,夜间为22~5点;

②1类区指尤其需要安静的区域,例如低密度住宅区和医院。2类区指主要为住宅用途提供的区域,例如高密度住宅区和学校。3类区指主要为商业和工业用途,连同大量的住宅区域,例如选定的高密度住宅区和商业区。4类区指主要为工业用途提供的区域,例如工业园和机场;

③道路交通噪声的限值,较宽的道路略为更高。

6.2.1.3　澳大利亚新南威尔士州

道路交通噪声限值的确定依赖于开发的类型和时间段(表6-6)。例如,新建道路和高速公路白天(7~22点)和夜间(22~7点)的噪声限值分别为55dBA和50dBA。对于没有开发的现有道路或高速公路,白天和夜间的噪声限值分别为60dBA和55dBA。

各开发类型和时间段的道路交通噪声限值　　表6-6

开发类型	道路交通噪声限值	
	白天(dBA)	夜间(dBA)
受道路或高速公路交通噪声影响的新住宅开发	55	50
现有道路或高速公路的重新开发	60	55
没有重新开发的现有道路或高速公路	60	55

6.2.1.4　澳大利亚维多利亚州

维多利亚没有分白天和夜间的噪声限值。表6-7显示,新建和升级的道路,交通噪声限值为63dBA,而现有道路噪声限值更高,为68dBA。

各种道路的交通噪声限值　　表6-7

道路类型	道路交通噪声限值(dBA)
新建和升级道路	63
现有道路	68

6.2.1.5　美国加利福尼亚州

加州的噪声限值也不区分白天和夜间。道路交通噪声的规定限值只依赖于土地使用活动的分类。住宅属于分类B,噪声限值为67dBA(见表6-8)。

各种土地使用活动分类的道路交通噪声限值　　表6-8

土地使用活动分类	道路交通噪声限值(dBA)	活动描述
A	57	宁静和安静异常重要的土地
B	67	例如住宅、学校、教堂、图书馆和旅馆
C	72	不包括在A类和B类中的已开发土地、不动产或活动

6.2.1.6　香港

香港规划标准和指南要求,住宅开发法定的最大道路交通噪声限值为70dBA,适用于居住

房间可开启的通风窗户的外墙。香港的标准也不分白天和夜间。而且,与日本、澳大利亚等地相比,交通噪声标准相对松。

6.2.2　噪声测试方法

交通噪声的控制指标,实际上还与噪声测试方法有关。目前交通噪声的测试方法,国际上还未获得统一。不过,大体上可分为路旁法与近场法两种。下面予以简单介绍。

6.2.2.1　路旁法

(1)受控通过法(Controlled Pass-by,CPB)

该方法中,麦克风被固定在距离测量车道中心线7.5m,地面以上1.2m处,车辆在麦克风前通过时,测量它的峰值声级。这里有意识地选择车辆为基准的车辆/轮胎组合,也就是名称中的"受控"。依赖于测量目标的不同,试验条件可大幅变化。例如,车辆的作业条件可以是正常的巡行或滑行,引擎关闭,以专门研究轮胎噪声。车辆速度可以选择;不过,为了能够在同样的速度基础上进行比较,测量结果必须对车速进行修正。在巡行的条件下,可以选择不同的档位。如果希望研究雨水的作用,路表可以润湿。根据欧洲已有的知识,目前已经发布了两套程序:BRRC方法,采用单辆车;还有所谓的法国-德国程序,依赖于一套总共四个代表性汽车/轮胎的组合。后者是在法国和德国应用的,描述道路表面在轮胎噪声方面的声学性能。测量是用有限数量的轻型车辆,而不是卡车实施的。这两个程序都是在车辆逼近麦克风时,关掉引擎,从而只测量轮胎噪声。这种情况下,它被称为"滑行"法,而非"通过"法,可被用于研究各种因素对车辆噪声级的贡献。

(2)统计通过法(Statistical Pass-by,SPB)

噪声测量的布置与CPB方法完全一样;不过,测试车辆是自由行进到交通流中去的。从不受扰动的交通中挑选出每辆单车的峰值噪声级,同时用雷达转速计测得车速。绘制不同车辆类别的噪声级与对数车速的关系,计算出回归线,用任意基准车速下的平均噪声级,对每类车进行描述。为了得到可接受的有效区间,并取得该类别具有合理代表性的特征水平,每一类别需要有一定的最少车辆数。这一方法已经成为了ISO标准,并被考虑作为欧洲标准。根据所观察道路的类型,规定了每一类别最少的车辆数,以及每一类别的基准速度。目前要求取得180辆车的噪声特征与车速(100辆汽车和80辆双轴与多轴卡车)。根据已报道的数值,标准提出用"统计通过指数(SPBI)"来描述道路所表现出的特征,这是一个根据不同类别车辆的混合、基准车速以及低、中和高速道路分别分配给轻、中和重型车辆的权重得到的,道路表面对交通噪声影响的整体水平。对应基准车速和不同类别的权重,人们可以定义不同交通条件如城市、乡村所特有的SPB指数。

美国Volpe交通系统中心制定的FHWA程序要求麦克风放置位置要距行车道中心15m(而不是7.5m),麦克风高度1.5m。测量区域内的地表面必须是有代表性的声学上坚硬的地形。测试场地必须远离已知的噪声表面,巡行条件下才能表现出恒速的道路交通作业。FHWA程序没有专门提出有效样本所需要的车辆数。它指出,样本数量一定程度上是任意的,并且常常是预算限制的结果。不过,程序的确提供了一定的指导。例如,如果交通速度为82~97km/h,则推荐的样本数量至少为200辆。

通过法的实施都是一项耗时的工作。结果可能因车辆交通混合情况的变化而变化(即便车辆类型一样,轮胎的差异也能导致问题的出现)。该方法要求道路必须基本平顺、水平,对背景噪声有限制,麦克风周围的大片区域(30m 内)上不允许存在声反射物体,而在城市街道上这通常无法实现,车辆必须以相对均匀的速度行进。英国正在开展扩展标准 SPB 方法的工作,使之能在更宽的场地条件范围内使用。该方法采用了一个反射性背衬板,直接放置在接收麦克风后面。负责修订 ISO 标准中 SPB 方法描述的 ISO 工作组正在考虑采纳这样一种方法。

6.2.2.2 近场法

(1)近场声压法(Close-Proximity,CPX)

欧洲、日本、美国已经开发了相当数量的 CPX 车辆或挂车。CPX 挂车的要求在 ISO 标准 11819-2 中有描述。最关键的是基准轮胎的选择和麦克风的准确定位,因为已经观察到,后一因素对测量结果有着非常重要的影响。这项工作目前仍在进行中。2002 年,NCAT 制造了两辆 CPX 挂车,一辆为亚利桑那交通局所用,一辆为 NCAT 所用。图 6-15 显示了 NCAT 挂车的照片。用 NCAT CPX 挂车测量时,采用两种轮胎,Goodyear Aquatred 和 UniRoyal TigerPaw。

ISO 标准要求声压的测量位置以及麦克风均在距离轮胎中心 20cm,道路表面以上 10cm 处。麦克风安装在轮胎外侧的声学舱内,将声音与通行车辆隔开。之所以需要声学舱是因为声压麦克风会测量来自所有方向的声音,从而需要将目标声音与其他车辆交通隔离。图 6-16 显示了麦克风的安装位置。

图 6-15 NCAT 近场测量挂车

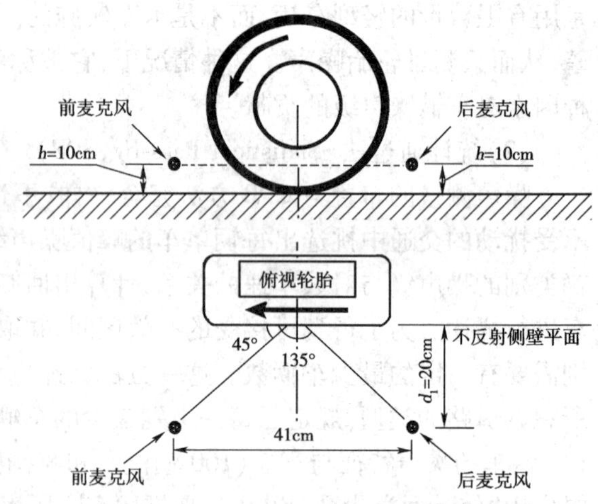

图 6-16 NCAT CPX 挂车麦克风位置示意图

(2)近场声强法(OBSI)

车载声强测量法(On-board Sound Intensity,OBSI)是作为路旁通过或挂车法的备选技术而开发的。最初,加州交通局(Caltrans)为了现场公路评价而开发了这项技术。随着研究成果的传播,OBSI 方法已经被其他几个州采纳,获得了广泛的认可。该方法已经发展成为新的标准程序,为轮胎—路面噪声界作出了贡献。

OBSI 中近期重要的一项发展是汽车标准试验轮胎的确定。过去许多机构采用 Goodyear Aquatred 3 轮胎,噪声测试时使用最为广泛。不过,该轮胎市场上已不再销售。新的标准轮胎被称为 SRTT(标准的基准测试轮胎),类似于 Uniroyal TigerPaw AWP 模型,胎面花纹略有不同,侧壁中有“SRTT”标志。其尺寸为 P225/60R 16,目前可从 Michelin 获取(图 6-17)。该轮

胎在市场上出现已经至少 10 年了,这预示着测试程序良好的连续性和可重复性。

数据由图 6-18 所示的两个麦克风收集。声强探头包括两个 12.5mm 的麦克风和前置放大器,间距 16mm 并排布置,由平常的泡沫挡风玻璃保护。它们距离轮胎侧壁平面 100mm,距离道路表面 70 ~ 80mm,与轮胎—路面的接触前缘以及后沿相对。将声强测量数据(对应前缘与后沿分别得到的测量结果)进行能量平均,估计出沿侧壁平面通向边线接收器的声强。由于声强的本质特点,声学舱就不再需要了,因此,设备可以安装在汽车的任意轮子上。

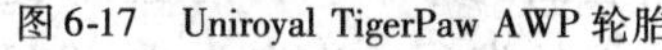

图 6-17　Uniroyal TigerPaw AWP 轮胎

图 6-18　车载声强法麦克风的安装布置

6.2.3　道路表面噪声设计及对排水性沥青路面的考虑

排水性沥青路面作为一种降噪措施,必须结合到交通噪声的设计模型中。这里提供若干应用较为普遍的交通噪声设计模型的介绍,着重探讨其中对排水性沥青路面降噪贡献的考虑。

6.2.3.1　奥地利

奥地利目前使用的模型为 RVS 3.02。RVS 中采用的道路表面修正 C_{surf} 依赖于车辆分类与车辆速度,如表 6-9 所示。

奥地利模型 RVS 3.02 中的道路表面修正　　表 6-9

道路表面分类	L_{eq}(50km/h)(dBA)				
	轻型车辆	中型车辆	低噪声中型车辆	重型车辆	低噪声重型车辆
花岗石路面	52	60	60	62	62
沥青混凝土和低噪声水泥混凝土	47	54	52	59	56
水泥混凝土	48	55	53	60	57
排水性沥青	46	51	49	56	53
道路表面分类	速度曲线的斜率 B　$L_{eq}(v) = L_{eq}(50\text{km/h}) + B \times \log(v/50\text{km/h})$				
	轻型车辆	中型车辆	低噪声中型车辆	重型车辆	低噪声重型车辆
花岗石路面	0	0	0	0	0
沥青混凝土和低噪声水泥混凝土	26.2	15	24.8	15	24.8
水泥混凝土	30.5	18	27.8	18	27.8
排水性沥青	23.6	10	19.8	10	19.8

6.2.3.2 比利时

比利时参考的是德国的计算体系(RLS-90,见6.2.3.4),布鲁塞尔环境管理学院(IBGE-BIM)采用了布鲁塞尔地区遇到的5类表面的修正(表6-10)。

适用于布鲁塞尔地区的修正　表6-10

表面类型	30km/h	40km/h	50km/h	70km/h	100km/h
多空隙沥青			-2.0	-1.0	
SMA	0.0	0.0	0.0	0.0	0.0
沥青混凝土 浇注式沥青 表面处治	+1.0	+1.5	+2.0	+2.0	0.0
水泥混凝土(板&块)	+2.0	+2.5	+3.0	+3.0	+3.0
卵石	+2.0	+4.5	+6.0	+4.0	+6.0

6.2.3.3 法国

法国的计算方法是上世纪70年代开发的,未考虑道路表面的影响。目前,正在进行程序升级的工作,也就是将道路影响包括在内,还将考虑车辆技术的发展。迄今为止,已经建立了对应车辆分类和车速的不同表面类型的滚动噪声分量水平的预测公式,见表6-11。

对应车速、表面分类和车辆分类的滚动噪声水平(7.5 m处的L_{Amax})　表6-11

表面分类	轻型车辆	重型车辆
R_1	$73.8+30.2\log(V/90)$	$83.8+26.0\log(V/90)$
R_2	$77.7+31.5\log(V/90)$	$87.2+31.0\log(V/90)$
R_3	$80.2+32.2\log(V/90)$	$88.3+32.6\log(V/90)$

注:速度范围为轻型车辆5~130km/h,重型车辆5~100km/h。

表面分类如表6-12。

法国升级的计算方法中道路表面的分类　表6-12

R_1	R_2	R_3
很薄沥青层0/6(类型1&2) 超薄沥青层0/6 多空隙沥青0/10 很薄沥青层0/10(类型2)	很薄沥青层0/10(类型1) 密实沥青混凝土0/10 冷拌料 超薄沥青层0/10	水泥混凝土 很薄沥青层0/14 密实沥青混凝土0/14 表面处治6/10&10/14

注意到,这里没有基准表面。公式不是修正:它们给出了轮胎-道路噪声对总噪声级的贡献。

6.2.3.4 德国

德国指南"Richtlinien für den Lärmschutz an Strassen, 1990年"(RLS90)包含了表面修正("D_{stro}"),表6-13a中给出了其预测模型中提供的编号1-4的修正。

德国预测模型中的道路表面修正　　表 6-13a

道路表面		公告车速限制下的 D_{stro}(dBA)		
		30km/h	40km/h	50km/h
1	无刻槽浇注式沥青 沥青混凝土 碎石玛蹄脂沥青	0	0	0
2	水泥混凝土 刻槽浇注式沥青	+1.0	+1.5	+2.0
3	具有平整表面的铺路石	+2.0	+2.5	+3.0
4	其他铺路石	+3.0	+4.5	+6.0

"Allgemeines Rundschreiben StraBenbau Nr. 14/1991"中包含了其他的表面修正,见表 6-13b。

德国预测模型中的道路表面修正　　表 6-13b

道路表面		车速 >60km/h 的乡村道路的 D_{stro}(dBA)
5	纵向刷匀钢刷的水泥混凝土	+1.0
6	无纵向刷匀钢刷,而是麻布构造化的水泥混凝土	-2.0
7	沥青混凝土≤0/11,碎石玛蹄脂沥青 0/8,无松散石屑的 0/11	-2.0
8	开放式多空隙沥青,施工后空隙率≥15%,粒径 0/11	-4.0
9	开放式多空隙沥青,施工后空隙率≥15%,粒径 0/8	-5.0

修正可用 SPB 或 CPB 方法,按照 GEStrO-92(Geräuschemission von Strassenoberflächen, 1992)测定。

6.2.3.5　意大利

意大利有噪声预测的软件模型,名称为 Citymap 和 Disiapyr。它们包含了一个道路表面修正表,如表 6-14 所示。该表非常独特,因为它包括了倍频程的修正,而不只是 A 计权整体水平的平坦修正。它还包括了最后两行的道路纵坡修正,一个是 5% 上坡,另一个是 5% 下坡。

意大利模型 Citymap 中的道路表面修正　　表 6-14

道路表面	63Hz	125Hz	250Hz	500Hz	1 kHz	2 kHz	4 kHz	8 kHz	dBA
传统沥青路面(基准)	81.7	87.4	81.4	76.2	75.1	73.8	70.6	71.1	81.3
铺路石	+1.1	+1.2	+2.1	+2.3	+1.5	+1.6	+1.8	+1.3	+1.9
排水性沥青路面	-0.1	-0.3	-1.1	-1.8	-2.4	-2.1	-1.2	-1.3	-1.4
传统沥青,纵坡 +5%↗	+2.2	+2.4	+3.1	+2.1	+2.0	+1.3	+1.6	+1.4	+2.2
传统沥青,纵坡 -5%↘	-1.2	-1.3	-0.8	-1.1	+1.0	-0.2	+0.7	+0.8	+0.1

注:后两行是道路纵坡修正。

6.2.3.6　日本

日本所用的模型称为 ASJ 模型。最新的版本是 1998 年的。这一模型包含有一个表面修正,但仅用于多空隙沥青路面(PA 0/13,新建条件下通常具有大约 20% 的空隙率),以"正常的"密实沥青路面(DAC 0/13)为基准。修正对轻型车辆,在速度范围 40 ~ 140km/h 内是有效的,对重型车辆,40 ~ 120km/h。修正公式如下:

$$\text{修正} = -3.5\log(V) + 3.2 \tag{6-4}$$

这里 V 为车速[km/h]。

日本正准备修正这个模型。所考虑的一大改进是考虑路龄。

轮胎-道路噪声水平是借助特殊的面包车“道路声学检验车”(Road Acoustic Checker, RAC)测量的,它配备有特殊的轮胎作为第五个车轮(图6-19)。该方法类似于CPX方法。轮胎是通常的Bridgestone轮胎,胎面花纹被磨掉,新胎面配了非常特殊的花纹。胎面花纹包括轮胎一侧大的“吸杯”和另一侧大的“纵横凸耳”。这样,振动冲击机理和气泵机理都是以最大方式激励的。这种轮胎对表面的分类与SPB方法相关性不是很好,因为在光面轮胎上,两个机理都被激励到很高的程度。不过,在系统的主题多空隙沥青表面组内,所测得的关系显示出合理的CPX-SPB相关性。

图6-19　面包车后轴装有一特殊轮胎的道路声学检验车(RAC),轮胎侧面附近有一麦克风

6.2.3.7　荷兰

荷兰官方的噪声计算和测量规范提供了道路表面影响的修正项,被称为“C_{road}”。如果采用简化程序,则它是车辆分类和车速的函数。如果采用完全程序,它也由倍频程给出。其定义如下:

简化程序

$$C_{road,m} = \Delta L_m + b_m \log\left(\frac{V_m}{V_{0,m}}\right) \tag{6-5}$$

完全程序

$$C_{road,m,i} = \Delta L_{m,i} + b_m \log\left(\frac{V_m}{V_{0,m}}\right) \tag{6-6}$$

这里 m 和 i 分别是车辆分类和频率范围(频程)的下标。该修正采用了平滑的密实沥青混凝土作为基准表面。基准表面是借助表6-15给出的基准值作的规定。

基准表面对应车速的噪声级公式中参数的基准值:$L = a + b\ \log(V/V_0)$　　表6-15

车辆类型	a(dBA)	b(dBA)	V_0(km/h)
轻型车辆	74.8	33.0	80
中等重型车辆	80.9	20.9	70
重型车辆	83.5	22.5	70

为确定 C_{road} 而规定的测量方法为麦克风高度为5m的SPB。表6-16与表6-17分别列出了轻型和中/重型车辆的 C_{road} 值。

荷兰噪声计算程序中轻型车辆使用的道路表面修正　表 6-16

序号	产品类型		V_{min}	V_{max}	ΔL	b
0	基准表面	沥青	40	130	0.00	0.00
1	单层多空隙沥青	沥青	50	130	-2.61	-8.02
2	双层多空隙沥青	沥青	50	130	-5.05	-5.41
3	双层多空隙沥青(细)	沥青	50	120	-6.39	-5.38
4	SMA 0/6	沥青	40	80	-1.91	-3.94
5	露石水泥混凝土	水泥	50	130	1.42	-0.21
6	露石水泥混凝土(优化)	水泥	70	80	-0.07	-1.63
7	细刷水泥	水泥	70	120	1.63	5.09
8	表面处治	沥青/水泥	70	130	2.29	-2.81
9	普通路面块	块	40	60	4.00	0.00
10	安静路面块	块	40	60	-2.18	-5.72
11	薄层 1	沥青	40	80	-4.21	-7.24
12	薄层 2	沥青	40	80	-5.71	-6.59
13	ZSA①-开放	沥青	40	50	-6.64	-10.62
14	ZSA-半密实	沥青	40	60	-6.08	-7.10
15	Dubofalt	沥青	50	60	-6.01	-3.60
16	Nobelpave	沥青	40	50	-6.29	-8.52
17	ZSM②	沥青	40	50	-5.76	-8.83
18	Micropave	沥青	50	80	-4.78	-4.89
19	SilentSTONE	块	40	50	-1.43	-3.04
20	Viagrip	沥青	40	50	-6.36	-13.48
21	Geosilent	块	40	50	-2.93	-8.48
22	Mciro-Top 0/6	沥青	50	60	-5.53	-5.97
23	Micro-Top 0/8	沥青	50	70	-2.66	-3.36
24	Stilstone	块	40	50	-2.61	-5.87
26	Redufalt	沥青	50	60	-4.67	-6.43
27	Accoduit	沥青	50	80	-1.28	-4.67
28	Novachip	沥青	60	80	-1.41	-2.63
29	Tapisville	沥青	40	50	-5.24	-9.06
30	Fluisterfalt	沥青	50	90	-5.36	-6.29
31	Microville	沥青	40	50	-6.11	-11.58
32	Microflex 0/6	沥青	50	80	-4.81	-3.86
33	Decipave	沥青	40	60	-5.73	-6.96
34	Twinlay-m③	沥青	40	50	-6.60	-5.78
35	Silent Mastic	沥青	50	60	-5.85	-7.12
36	Bruitville	沥青	40	60	-4.63	-4.89
37	Duolay	沥青	110	120	-6.65	-4.27

注:① ZSA 为 KWS 公司的产品名称。ZSA 代表"Zeer Stil Asfalt",意思是"非常安静沥青";

②ZSM 为 Temmink Infra B. V 公司的产品名称。ZSM 代表"Zeer Stil Mastiek",意思是"非常安静玛蹄脂";

③110km/h 也有效。

荷兰噪声计算程序中中型和重型车辆使用的道路表面修正　　表 6-17

序号	产品类型		V_{min}	V_{max}	ΔL	b
0	基准表面	沥青	40	90	0.00	0.00
1	单层多空隙沥青	沥青	70	100	-3.90	-6.05
2	双层多空隙沥青	沥青	70	100	-6.28	1.02
3	双层多空隙沥青(细)	沥青	50	90	-5.66	-6.08
4	SMA 0/8	沥青	50	70	-0.92	-3.33
5	露石水泥混凝土	水泥	70	100	-0.64	7.01
6	露石水泥混凝土(优化)	水泥	70	80	-1.97	-4.01
7	细刷水泥	水泥	70	90	1.44	6.26
8	表面处治	沥青/水泥	70	100	-0.70	4.27
9	普通路面块	块	40	60	4.00	0.00
10	安静路面块	块	40	60	-0.01	0.00
11	薄层 1	沥青	40	80	-1.73	0.00
12	薄层 2	沥青	40	80	-3.36	0.00
14	ZSA-半密实	沥青	50	60	-4.25	0.18
34	Twinlay-m	沥青	80	80	-5.98	-1.73

6.2.3.8 斯洛文尼亚

斯洛文尼亚采用规范来定义交通噪声对环境影响的评价方法，其中考虑了道路表面对交通噪声排放的影响。方法完全基于德国的指南 RLS-90，据此，确定了表 6-18 列出的修正。

在随后覆盖表面处治(SD)、SMA、多空隙沥青(PA)与密实沥青(AC)的测量活动中，表现出来的是，SMA 的修正得到了相当好的证实，PA 却非如此，指南显著低估了多空隙沥青的降噪性能(表 6-19)。

评价交通噪声对环境影响时斯洛文尼亚方法中规定的道路表面修正　　表 6-18

表面类型	修正(dBA)	表面类型	修正(dBA)
多空隙沥青	-3	老的水泥混凝土	+3
碎石玛蹄脂沥青	-2	平坦的铺路石	+3
新的沥青混凝土	0	受损的铺路石	+6
较大石料粒径的沥青混凝土	+2		

随后测量结果与指南的比较　　表 6-19

车速(km/h)	AC	SD	SD - AC	SMA	SMA - AC	PA	PA - AC
50	71.7	70.4	-1.3	69.1	-2.6	65.7	-6.0
70	77.4	75.8	-1.6	75.2	-2.1	70.5	-6.8
90	80.7	79.0	-1.7	78.7	-2.0	73.5	-7.2
110	83.0	81.2	-1.8	81.3	-1.7	75.5	-7.5
路段数	12	1		16		2	
平均			-1.6		-2.1		-6.9
指南			未知		-2.0		-3.0

6.2.3.9　西班牙

西班牙没有对交通噪声的道路表面影响作出特别的规定。不过，在两个标准中有所提及，即：

- 州道路网络的路面修复标准，重新铺面一节中包括了一段。文中说，在应降低滚动噪声的地方，可能的话，应使用多空隙沥青或某种 SMA，需同时考虑这些混合料其他的表面特性。
- Andalucia 区道路网络的路面设计标准说，尽管一般来说采用多空隙沥青是不明智的（因为气候的限制），但如果需要降噪，在 ADT >2000 辆/d 的城市地区，它们还是可以使用的。

已经提出了计算中的（绘制噪声地图）道路表面"嘈杂度"的修正项，见表 6-20。

西班牙建议的道路表面噪声修正　　表 6-20

表面类型	修正（dBA）		
	0 ~ 60km/h	61 ~ 80(km/h)	81 ~ 130(km/h)
多空隙沥青	-1	-2	-3
平滑沥青混凝土	0	0	0
水泥混凝土 粗糙沥青混凝土	2	2	2
光秃铺路块	3	3	3
粗糙铺路块	6	6	6

目前，采用 CPX 方法对滚动噪声的测量仍在进行中。将来，他们计划用 MLS(Maximum Length Sequences，最大长度序列）技术对各种路面启动吸声测量的研究。

6.2.3.10　瑞士

瑞士的噪声计算模型"SonRoad"含有道路表面的修正，见表 6-21。

瑞士"SonRoad"计算模型中道路表面的修正　　表 6-21

表面类型	修正（dBA）
多空隙沥青(0/8，0/11)	-4
"宏观粗糙"沥青(0/8，0/11)	-1
沥青混凝土(0/8，0/11，0/16) 玛蹄脂沥青(0/8，0/11，0/16) 表面处治(3/6) 碎石玛蹄脂沥青(0/8，0/11) 粒状沥青混合料 掺加焦油的沥青混合料(0/10)	0
表面处治(6/11) 掺加焦油的沥青混合料(0/16)	+1
石板铺路	+6

表 6-21 被认为对 3 年到 20 年路龄的路面是有效的,但给出提醒,石板铺路的修正仅适合于轮胎-道路噪声,而其他修正适合于车辆整体噪声。

6.2.3.11 英国

英国所用的方法被称为 CRTN(Calculation of Road Traffic Noise,道路交通噪声计算),修正表达如下:

对于不透水并且交通速度(V) >75km/h 的道路,需要对基础噪声级作以下修正:

混凝土表面

$$修正 = 10\ \log(90\ MTD + 30) - 20\text{dBA} \tag{6-7}$$

沥青表面

$$修正 = 10\ \log(20\ MTD + 60) - 20\text{dBA} \tag{6-8}$$

这里 MTD 为铺砂法试验测得的构造深度。这意味着 CRTN 需要获得实测或预测的构造深度。

对于不符合这些要求的道路表面和交通条件,需要对基础噪声级作出单独的修正。对不透水沥青和混凝土道路表面,当交通速度(V) <75km/h 时,应从基础噪声级中扣除 1dBA。表面铺有透水性沥青碎石的道路,声学性质与上面介绍的表面不同。用这些材料铺面的道路,所有交通速度下,都应从基础噪声级中扣除 3.5dBA。随着新专利的引入和由于道路表面特征的准确测量从而导致先前预测噪声级的经验关系的失效,开始考虑直接测量噪声。在英国的 HAPAS(Higway Authorities Product Approval Scheme,公路当局产品审批体系)类型审批体系中,已经实现了这项考虑,并据此用 SPB 方法确定了道路表面的交通噪声影响(Road Surface Influence,RSI)。道路表面影响的结果表示如下(其中,L 为轻型车辆,H_1 为超 3.5 吨的 2 轴货车,H_2 为超 3.5 吨的多轴货车):

高车速下(L:110km/h;H_1:90km/h;H_2:90km/h)

$$RSI_H = 10\log_{10}(7.8 \times 10^{\frac{L_{veh,L}}{10}} + 0.578 \times 10^{\frac{L_{veh,H_1}}{10}} + 10^{\frac{L_{veh,H_2}}{10}}) - 95.9 \tag{6-9}$$

中等车速下(L:80km/h;H_1:70km/h;H_2:70km/h)

$$RSI_M = 10\log_{10}(11.8 \times 10^{\frac{L_{veh,L}}{10}} + 0.629 \times 10^{\frac{L_{veh,H_1}}{10}} + 0.157 \times 10^{\frac{L_{veh,H_2}}{10}}) - 92.3 \tag{6-10}$$

6.2.3.12 美国

美国所用的交通噪声模型(Traffic Noise Model,TNM)中,道路表面的修正提供于表 6-22 中。DAC 和 PCC 路面的混合构成基准表面。所有的速度采用同样的修正。

美国 TNM 模型中,与基准情形相比的修正(dBA) 表 6-22

路面类型	汽车	中等卡车 & 巴士	重型卡车	摩托车
基准:DAC 与 PCC 表面的混合	0	0	0	0
密实沥青混凝土	-0.65	-0.64	-0.59	0
水泥混凝土	+2.36	+1.47	+0.72	0
开级配沥青	-2.20	-1.15	-1.66	0

6.2.3.13 北欧国家

20 世纪 70 年代首次引入以来,五个北欧国家(瑞典、丹麦、挪威、芬兰和冰岛)拥有了一个共同的预测模型。1996 年的版本,按照表 6-23 选择道路表面修正。

北欧模型的道路表面修正表　　　　表 6-23

道　路			一定%重型车辆下的修正项(dBA)							
编号	类型 (最大石料粒径也在这里表明)	路龄 (年)	0 ~ 60km/h			61 ~ 80km/h			81 ~ 130km/h	
			0 ~ 5%	6 ~ 19%	20 ~ 100%	0 ~ 5%	6 ~ 19%	20 ~ 100%	0 ~ 5%	6 ~ 100%
1a	沥青混凝土,密实,平滑(≤12 ~ 16mm)	1 ~ 20	基准	基准	基准	基准	基准	基准	基准	基准
1b	新建	<1	0	0	−1	−2	−1	−1	−2	−2
2a	沥青混凝土,密实,平滑(≤8 ~ 10mm)	1 ~ 20	0	0	0	−1	0	0	−1	−1
2b	新建	<1	−1	−1	−1	−2	−1	−1	−2	−2
3a	玛蹄脂沥青(最大 12 ~ 16mm)	1 ~ 20	0	0	0	+1	0	0	+1	0
3b	新建	<1	0	0	0	+1	0	0	+1	0
4a	玛蹄脂沥青(最大 8 ~ 10mm)	1 ~ 20	−1	−1	0	−1	−1	−1	−1	−1
4b	新建	<1	−2	−1	0	−2	−2	−1	−2	−2
5	碎石撒布沥青(BCS)(“热滚压沥青”)	0 ~ 20	+1	0	0	+2	+1	0	+2	+1
6a	石屑封层,单层(Y1),最大 16 ~ 20mm	1 ~ 20	+1	0	0	+2	+1	0	+2	+1
6b	新建	<1	+2	+1	0	+3	+1	−1	+2	+1
7a	石屑封层,单层(Y1),最大 10 ~ 12mm	1 ~ 20	0	0	0	0	0	0	0	0
7b	新建	<1	0	0	0	0	0	−1	0	0
8a	石屑封层,单层(Y1),最大 6 ~ 9mm	1 ~ 20	0	0	0	−1	0	0	−1	0
8b	新建	<1	−1	0	0	−1	−1	−1	−1	−1
9a	石屑封层,双层(Y2),最大 16 ~ 20mm	1 ~ 20	0	0	0	−1	0	0	−1	0
9b	新建	<1	+1	0	0	+1	0	−2	0	0
10a	石屑封层,双层(Y2),最大 10 ~ 12mm	1 ~ 20	0	0	0	0	0	−1	0	0
10b	新建	<1	0	0	0	0	−1	−2	0	−1
11a	多空隙沥青,最大 14 ~ 16mm(≥20%空隙)	3 ~ 7	0	0	0	−1	−1	−1	−1	−1
11b	“中等路龄”	1 ~ 2	−1	−1	0	−1	−1	−1	−1	−2
11c	新建	<1	−2	−2	−2	−2	−2	−3	−2	−3
12a	多空隙沥青,最大 8 ~ 12mm(≥20%空隙)	3 ~ 7	0	0	0	−1	1	1	−2	−?
12b	“中等路龄”	1 ~ 2	−1	−1	−1	−2	−2	−2	−3	−3
12c	新建	<1	−3	−3	−3	−4	−4	−5	−5	−5
13	水泥混凝土,密实,平滑,≤20 ~ 80mm	0 ~ 40	+2	+1	+1	+2	+2	+2	+2	+2
14	水泥混凝土,密实,平滑,≤12 ~ 18mm	0 ~ 40	+1	+1	+1	+2	+2	+2	+2	+2
15	铺路石,卵石	0 ~ 90	+3	+3	+2	+5	+4	+3	+5	+4
16	水泥块路面(联锁)	0 ~ 20	0	0	0	0	0	0	0	0

目前已经开发了新的模型,称为 Nord2000。声源模型的最新版本在道路表面特征方面非常简要。道路分类见表 6-24。这意味着 1996 年版本非常详细的列表将被更精简的替换。

Nord2000 模型中的道路分类　　表 6-24

主　类	子　类	名　称
1	1a	沥青混凝土,密实,平滑(≤12~16mm)
	1b	沥青混凝土,密实,平滑(≤8~10mm)
2	2a	玛蹄脂沥青(SMA)(最大 12~16mm)
	2b	玛蹄脂沥青(SMA)(最大 8~10 mm)
3	3a	石屑沥青(BCS)("热滚压沥青")
	3b	石屑封层,单层(Y1),最大 16~20mm
	3c	石屑封层,单层(Y1),最大 10~12mm
	3d	石屑封层,单层(Y1),最大 6~9mm
4	4a	石屑封层,双层(Y2),最大 16~20mm
	4b	石屑封层,双层(Y2),最大 10~12mm
5	5a	多空隙沥青,最大 14~16mm(≥20%空隙率)
	5b	多空隙沥青,最大 8~12mm(≥20%空隙率)
6	6a	水泥混凝土,密实,平滑,最大 20~80mm
	6b	水泥混凝土,密实,平滑,最大 12~18mm
	6c	水泥混凝土,打磨(打磨没有磨蚀坏的)
7		铺路石,卵石(较老的类型)
8		水泥块路面(联锁)

6.2.3.14 HARMONOISE

HARMONOISE 项目(2001 年 8 月 ~2005 年 1 月)建立了预测道路和铁路交通导致的环境噪声级的方法。这些方法计划成为所有欧盟成员国绘制噪声地图的统一方法。方法是为了预测 L_{den} 和 L_{night} 噪声级而开发的,它们是符合环境噪声指令 2002/49/EC 的统一噪声指标。

HARMONOISE 提出了道路表面对车辆噪声排放影响的相当详细的修正项或修正公式。由于基准表面类型必须是各成员国相当普遍的类型,而各国又有不同的偏好和政策,因此定义一个并且只有一个基准表面是不可能的。代之,提出定义一"簇"基准表面,它们具有相当类似的噪声特征,如下:

DAC 0/11,DAC 0/12,DAC 0/13,DAC 0/14,DAC 0/16

SMA 0/11,SMA 0/12,SMA 0/13,SMA 0/14,SMA 0/16

在这个基准簇中,定义了一个"黄金基准",是理想的基准表面,HARMONOISE 的基本值以其为基础。它基本上接近于 DAC 0/13 或 SMA 0/13。因此,依赖于特定国家、特定环境下采用的实际基准表面,人们可将实际选择的基准表面作出小的修整,规格化到"黄金基准"。

预测道路交通噪声的 HARMONOISE 方法给出了标准温度、标准基准下车辆的噪声排放。道路表面的修正由下式(6-11)给出,单位 dB:

$$C_{surf,m,i} = \alpha_{surf,m,i} + \beta_{surf,m,i} \log \frac{v_m}{v_{ref,m}} + K(T_{atm} - T_{atm,0}) \tag{6-11}$$

式中:　*surf*——道路表面类型;

m——车辆分类；

i——三分之一倍频程序号；

$\alpha_{surf,m,i}$，$\beta_{surf,m,i}$——m-车和 i 频程的道路表面修正系数；

v_m——m-车的速度；

$v_{ref,m}$——m-车的基准速度；

K——温度系数；

T_{atm}——气温；

$T_{atm,0}$——基准气温。

另外，还给出了多空隙表面的老化修正：

$$\Delta L_t = \Delta L_0[1-(0.25t-0.016t^2)] \tag{6-12}$$

这里 $t \leqslant 7$ 年。表面潮湿的附加修正（仅轻型车辆）为：

$$\Delta L_{wet} = X_f \log\left(\frac{110}{v}\right) + Y_f \log\left(\frac{f}{2000}\right) \tag{6-13}$$

式中：X_f，Y_f——频率依赖系数；

v——车速；

f——频率。

6.2.3.15 SILVIA

SILVIA 项目（2002 年 9 月～2005 年 8 月）是“Sustainable Road Surfaces for Traffic Noise Control”（用于交通噪声控制的可持续道路表面）的简称。该项目旨在提供给决策者一件工具，使他们能合理规划交通噪声控制措施。该工作瞄着填补三项大的知识和技术空白，也就是：建立道路表面在交通噪声影响性方面的分类和生产符合性程序；研究和改善低噪声路面施工技术和养护技术的功能耐久性与结构耐久性；建立交通噪声控制措施的全寿命周期成本/效益分析程序。主要的成果是将低噪声表面和包括车辆与轮胎噪声规程、交通管理在内的其他交通噪声控制措施集成在一起的“欧洲低噪声道路铺面使用指导手册”。

SILVIA 没有提出专门的修正；代之，项目开发的综合体系不只确定修正项，例如 C_{road}，更重要的还有标识具体的铺面技术，随后在该技术应用于道路上时，从合同上检验生产的符合性。所建议的分类体系确认了标识道路表面声学性能必须的特殊测量程序。有两种可能的标识程序：

LABEL1（首选）：基于 SPB 和 CPX 测量的评价；

LABEL2：基于 SPB 测量和道路表面内在性质，例如构造和声吸收（如有相关性，则外加力学阻抗）的测量进行评价。

两种噪声标识都基于了 SPB，它在 SILVIA 中由于有代表性而被选为基准噪声分类方法。不过，由于实用上的限制，使得 SPB 方法一般不适合于在现场测试生产符合性，因此标识程序包括了其他相关的测量，它们在生产符合性程序中被用作 SPB 的替代。支撑性假设是，使用 CPX 或已知材料的相关内在表面特性，对于保证它与 SPB 的噪声性能相符合是充分的。

为了评价生产符合性，具有噪声 LABEL1 认证的表面是用 CPX 方法评价的，而具有噪声 LABEL2 认证的表面是根据导出噪声标识时使用的表面内在性质的相关测量评价的。

表 6-25 汇总了噪声标识评价推荐的方法，表 6-26 汇总了评价生产符合性的推荐方法。

"刚性"表面定义为通常的沥青与混凝土,也就是比轮胎硬得多的路面。

评价不同类型道路表面声学性能的推荐标识体系——确定噪声标识　　表 6-25

标识 ID	不同道路表面的评价方法		
	密级配	开级配	
	刚性	刚性	弹性
LABEL1	SPB	SPB	SPB
	CPX	CPX	CPX
LABEL2	SPB	SPB	SPB
	构造	构造	构造
		声吸收	声吸收
			力学阻抗

评价不同类型道路表面声学性能的推荐标识体系——评价生产符合性　　表 6-26

标识 ID	不同道路表面的评价方法		
	密级配	开级配	
	刚性	刚性	弹性
LABEL1	CPX	CPX	CPX
LABEL2	构造	构造	构造
		声吸收	声吸收
			力学阻抗

6.3 排水性沥青混合料的内在声学性质及其相关物理性质

排水性沥青混合料之所以有较为出色的降噪性能,与其内在的声学性能直接相关,而这些声学性能又受混合料其他物理性质的影响。本节将对这些性质进行讨论,并揭示排水性沥青混合料声学性能优化的途径。

6.3.1 内在声学性质

多空隙道路表面表现出重要的声学性质,影响(主要是降低)道路车辆滚动噪声的产生与传播,还抑制推进器噪声的传播。尽管滚动噪声产生与传播过程的相互作用相当复杂,还没有被完全理解,但推测垂直入射下的平面波声阻抗是这些性质的代表。尤其是反射中的能量损失,被称为声吸收,常用作描述性特征。

6.3.1.1 吸声系数与声阻抗

1)驻波管法

某一材料的吸声性能由其吸声系数 α 定义,是表面未反射的声能与入射声能的比值。吸声系数随频率而变化,同时也是声波入射角度、材料厚度、密度和孔径的函数。相对应的,声反射系数 r 是总反射声压与总入射声压的数量比值,而声阻抗 Z 定义为作用在试样表面上的声

压与垂直于表面的相关质点速度的比值。

垂直入射吸声系数一般采用驻波管法测量，驻波管又被称为阻抗管或 Kundt 管。下面讨论其测量机理。

考虑驻波管中的一平面声波（图 6-20）。在管子一特定的位置，特定时刻的入射波声压由下式给出：

$$p_i = A\cos 2\pi ft \tag{6-14}$$

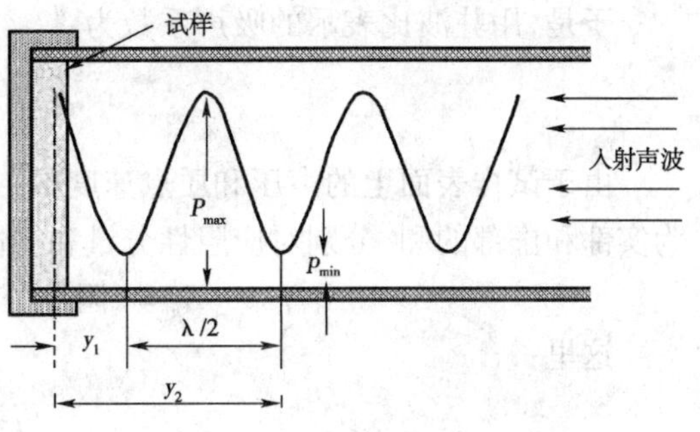

图 6-20　驻波管测量原理示意图

同一时刻，同一点，反射波的声压由下式给出：

$$p_r = B\cos 2\pi f\left(t - \frac{2y}{c}\right) \tag{6-15}$$

式中：p_i，p_r——入射波和反射波的声压，Pa；

f——激励频率，Hz；

y——计算点距试样的距离，m；

c——管子内声速，m/s；

t——时间，s；

A，B——p_i 和 p_r 的振幅。

因此，这一点的总声压 p_y 为：

$$p_y = p_i + p_r = A\cos 2\pi ft + B\cos 2\pi f\left(t - \frac{2y}{c}\right) \tag{6-16}$$

应用加法定理，即：

$$\cos(\theta - \phi) = \cos\theta\cos\phi + \sin\theta\sin\phi \tag{6-17}$$

可以看出，当 $y = \lambda/2$ 时，声压具有最大值 $(A + B)\cos 2\pi ft$，当 $y = \lambda/4$ 时，声压具有最小值 $(A - B)\cos 2\pi ft$，其中 $\lambda = c/f$。放置在距试样 $\lambda/2$ 处的麦克风，将接收到频率 f 和振幅 $(A + B)$ 的波动声压。

试样的吸声系数 α 为：

$$\alpha - 1 - \left(\frac{B}{A}\right)^2 \tag{6-18}$$

该公式可写为：

$$\alpha = 1 - r^2 \tag{6-19}$$

采用驻波仪器，可以测量管子中最大声压和最小声压的比值 n，也就是驻波比：

$$n = \frac{p_{max}}{P_{min}} \tag{6-20}$$

因此：

$$\begin{cases} n = \dfrac{A + B}{A - B} \\ r = \dfrac{B}{A} = \dfrac{n - 1}{n + 1} \end{cases} \tag{6-21}$$

于是,用驻波比表示的吸声系数为:

$$\alpha = 1 - \left(\frac{n-1}{n+1}\right)^2 \tag{6-22}$$

由于试样表面上的声压和质点速度不总是同相,因此法向声阻抗 Z_n 是一个复数量,可写为实部和虚部的和,分别对应阻性分量和抗性分量。

$$Z_n = (\text{阻性分量}) + j(\text{抗性分量}) \tag{6-23}$$

这里:

$$j = \sqrt{-1}$$

$$Z_n = [\mathrm{Re}(Z_n) + j\mathrm{Im}(Z_n)] \cdot \rho c \tag{6-24}$$

$$\frac{Z_n}{\rho c} = \sqrt{\mathrm{Re}^2 + \mathrm{Im}^2} \tag{6-25}$$

这里 ρ 是密度,c 是材料中的声速。实部和虚部均与反射系数 r 相关:

$$\mathrm{Re}(Z_n) = \frac{1 - r^2}{1 + r^2 - 2r\cos\theta} \tag{6-26}$$

$$\mathrm{Im}(Z_n) = \frac{2r\sin\theta}{1 + r^2 - 2r\cos\theta} \tag{6-27}$$

这里 θ 是入射声压与反射声压之间的相位角,由下面关系给出:

$$\theta = \left(\frac{4y_1}{\lambda} - 1\right)\pi \tag{6-28}$$

$$\frac{\lambda}{2} = y_2 - y_1 \tag{6-29}$$

y_1 和 y_2 是第一和第二最小值离试样的距离。

另一种方法是双麦克风的传递函数法(图 6-21)。

入射波 p_i 和反射波 p_r 的声压分别为:

$$p_i = \hat{p}_i e^{jk_0x} \tag{6-30}$$

$$p_r = \hat{p}_r e^{-jk_0x} \tag{6-31}$$

式中:$\hat{p}_i$,$\hat{p}_r$——基准面处($x=0$)p_i 和 p_r 的幅值;

k_0——$k'_0 - jk''_0$,复波数。

两个麦克风位置的声压 p_1 和 p_2 分别为:

$$p_1 = \hat{p}_i e^{jk_0x_1} + \hat{p}_r e^{-jk_0x_1} \tag{6-32}$$

$$p_2 = \hat{p}_i e^{jk_0x_2} + \hat{p}_r e^{-jk_0x_2} \tag{6-33}$$

单单入射波的传递函数 H_i 为:

$$H_i = \frac{p_{2i}}{p_{1i}} = e^{-jk_0(x_1 - x_2)} = e^{-jk_0s} \tag{6-34}$$

这里两个麦克风之间的间隔是 $s = x_1 - x_2$。

类似的,单单反射波的传递函数 H_r 为:

$$H_r = \frac{p_{2r}}{p_{1r}} = e^{jk_0(x_1 - x_2)} = e^{jk_0s} \tag{6-35}$$

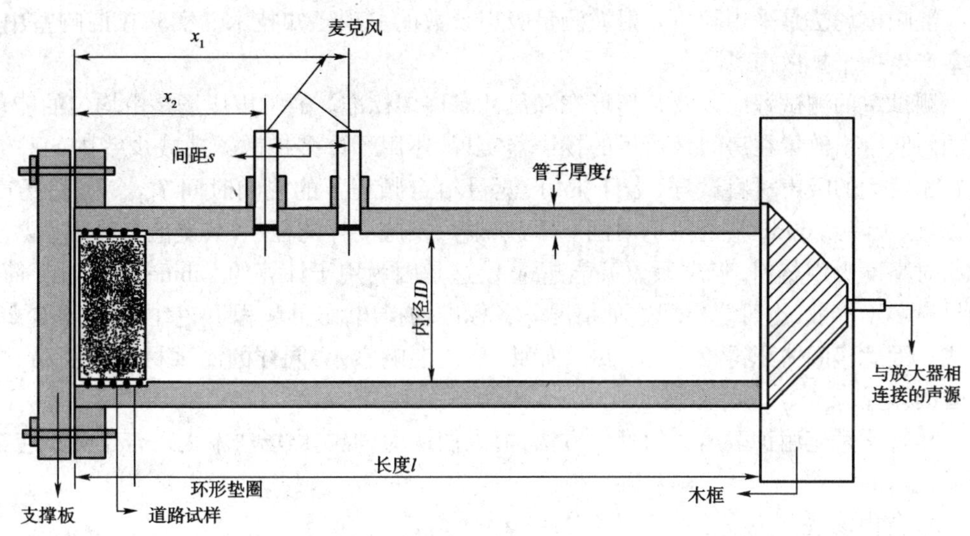

图 6-21　双麦克风驻波管法布置图

由于 $\hat{p}_r = r\hat{P}_i$，则总声场的传递函数为：

$$H_{12} = \frac{p_2}{p_1} = \frac{e^{jk_0x_2} + re^{-jk_0x_2}}{e^{jk_0x_1} + re^{-jk_0x_1}} \tag{6-36}$$

从上面公式，得到 r：

$$r = \frac{H_{12} - H_i}{H_r - H_{12}} e^{2jk_0x_1} \tag{6-37}$$

垂直入射吸声系数为：

$$\alpha = 1 - |r|^2 \tag{6-38}$$

比声阻抗率为：

$$\frac{Z}{\rho c_0} = \frac{R}{\rho c_0} + \frac{jX}{\rho c_0} = \frac{(1+r)}{(1-r)} \tag{6-39}$$

式中：R——阻抗的实部；

X——阻抗的虚部；

ρc_0——特性阻抗。

阻抗管的工作频率由下公式决定：

$$f_u < \frac{k_1 c}{d} \tag{6-40}$$

$$f_l > \frac{k_2 c}{(L-d)} \tag{6-41}$$

其中：f_u——管子的上限工作频率；

f_l——管子的下限工作频率；

d——管子的内径；

k_1、k_2——常数，分别为 0.586 和 0.75。

2）混响声场法

混响声场法是采用随机入射波测量吸声系数的一项已知技术。实验在混响室中进行，混响室产生一个扩散声场。

测试室的测试程序以及几何形态和尺寸有许多标准。通常声压场是由均匀的能量密度产生的。能量由放置在房间角落里的扬声器实现，还用了许多扩散器来减少室内的驻波。室内放置相对大的吸声材料试样（若干 m^2），测量给定频程下的混响时间 T_{60}。T_{60}是扬声器关掉后，声压级降到 60dB 所经历的时间。不放试样，实施同样的程序，其差值与吸声系数相关。

对高度吸声材料，吸声系数可能超过 1，这是因为用于计算的 Sabine 公式过于简化之故。如果声场不扩散，也可能出现这种情况。各标准均指出，最低频程下，室内需要至少 20 种振动模式。因此房间体积得相当大。尽管如此，不同混响室中，同样的测试材料，观察到测量结果显著的差异。

尽管这是应用扩散声场的唯一方法，但人们认为，混响声场法不太适合于测试包括宽带谐振器在内的试样。

3）自由场法

自由场法常被用于声源的辐射测量。自由场条件要求波只从声源直接传播。这个条件可在消声室实现。对此，可进行反射平面以上的户外测量，或可以采用半消声室，室内地板为消声平面。

通常该方法适合于倾斜入射波的测量。其中一项技术被称为脉冲技术。过程中产生一个短信号，并将直接波与反射波分离，计算反射系数。注意，试样必须放置在近场外部，可以在感兴趣的频率范围和试样尺寸（若干 m^2）上施加下限。另一项技术采用两个靠近吸声表面放置的麦克风。利用该方法，计算暴露于倾斜入射波的表面上的法向阻抗是可能的。测试材料的面积可以更小（$1m^2$）。不过，对于低频，消声室的尺寸是一个限制因素，因为试样应放置在声源近场外部。

测量接触倾斜入射波的吸声材料声学行为的可能性是自由场法一大优点。在倾斜入射声波下，吸声材料中传播的剪切波使得它具有不同的声学行为。不过，用阻抗管测试的材料，不存在剪切波，因此采用阻抗管技术来测量法向阻抗是合适的。

4）现场法

现场法提供了评价道路表面声吸收性质，同时又不破坏路面的一种手段。它可用在道路施工、道路养护以及其他的交通噪声研究中。方法基于了试验信号从源到道路表面并返回接收者的自由场传播，道路表面使用面积大约 $3m^2$，三分之一倍频程的频率范围从 250Hz 到 4 kHz。现场法的测量结果与路面钻取芯样的阻抗管法结果相当。

本方法是以信号发生器与麦克风输出之间的传递函数评估为基础的。这个传递函数由两部分组成，一个产生于直接声程（从信号发生器经放大器和扬声器到麦克风），第二部分产生于反射声程（从信号发生器经放大器、扬声器和测试路面到麦克风）。总的脉冲响应包含了直接声与反射声，在时域中进行测量。总的脉冲响应由直接声程，以及由于较大行进距离产生一定延迟后，反射声程的脉冲响应组成，如图 6-22 所示。

信号分离有两条途径可以实现：

（1）时间上分离：如果几何上的布置使得直接信号和反射信号的到达存在足够的时间延迟，则采用时间窗口可以从总的脉冲响应中抽提出相关成分。

(2)信号扣除技术:直接声程的脉冲响应不从总的脉冲响应中提取;代之,通过等同信号的扣除,从总的脉冲响应中移出。

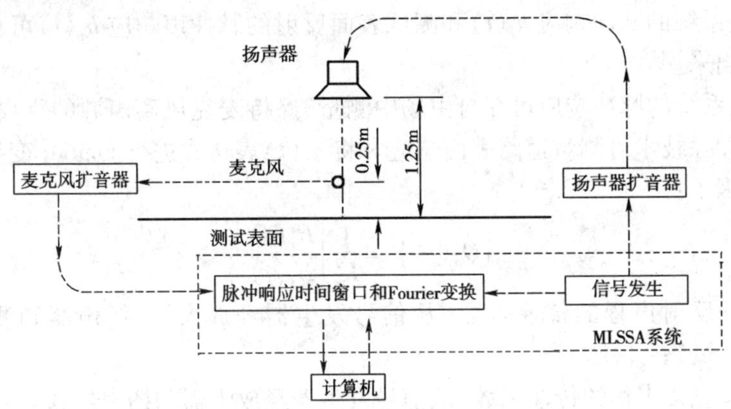

图6-22　现场测量布置基本组成示意图

反射平面内包含的表面区域必须保持无反射性物体,否则可导致寄生反射,这个表面积被称为最大取样面积。对垂直入射,邻接最大取样面积并且中心位于入射点的圆,其半径 r(m)由下式给出:

$$r=\frac{1}{d_s+d_m+cT_w}\sqrt{\left(d_s+d_m+\frac{cT_w}{2}\right)\left(d_s+\frac{cT_w}{2}\right)(2d_m+cT_w)cT_w} \tag{6-42}$$

式中:d_s——声源距反射平面的距离(m);

d_m——麦克风距反射平面的距离(m);

c——空气中声速(m/s);

T_w——用于将测试表面反射的声压波予以隔离的时间窗口的宽度(s)。

声源发射一声波,行经麦克风的位置,到达测试表面,在那里它被反射。放置在声源与测试表面之间的麦克风,检测到从声源向测试表面行进的直接声压波,接着是测试表面反射的声压波。总的麦克风响应 $h_m(t)$ 由下式描述:

$$h_m(t)=h_i(t)+K_rh_i(t)*r_p(t-\tau)+\sum_j K_{r,j}h_i(t)*r_{p,j}(t-\tau_j)+h_n(t) \tag{6-43}$$

式中:$h_i(t)$——直接声程的脉冲响应;

$r_p(t)$——测试表面的反射系数;

$h_n(t)$——背景噪声响应;

$*$——卷积符号;

j——寄生反射;

K_r——考虑直接声程与反射声程之间程长差的几何扩展因子

$$K_r=\frac{d_s-d_m}{d_s+d_m} \tag{6-44}$$

τ——延迟时间,由直接声程与反射声程之间的程长差产生,被麦克风所检测到

$$\tau=\frac{2d_m}{c} \tag{6-45}$$

总的麦克风响应 $h_m(t)$ 包含了测试表面反射的脉冲声响应:

$$h_r(t) = K_r h_i(t) * r_p(t-\tau) \tag{6-46}$$

倘若延迟时间 τ 内，相对于 $h_r(t)$，$h_i(t)$ 的振幅衰退到一个不显著的数值，则采用合适的开窗函数，直接系统的脉冲响应 $h_i(t)$ 和测试表面反射的脉冲声响应 $h_r(t)$ 可从时域中总的脉冲响应中提取出来。

或者，直接系统的脉冲响应可在自由场中测量，保持麦克风离声源的距离严格不变，然后用前面介绍的扣除技术可测量道路表面响应。将 $h_r(t)$ 表达式进行 Fourier 变换得到频率域中的声功率反射因子：

$$|Q_p(f)|^2 = \frac{1}{K_r^2}\left|\frac{H_r(f)}{H_i(f)}\right|^2 \tag{6-47}$$

式中：$H_r(f)$——反射声程的传递函数（从信号发生器经放大器、扬声器和测试表面到麦克风）；

$H_i(f)$——直接声程的传递函数（从信号发生器经放大器和扬声器到麦克风）。

据此，可计算吸声系数：

$$\alpha(f) = 1 - |Q_p(f)|^2 = 1 - \frac{1}{K_r^2}\left|\frac{H_r(f)}{H_i(f)}\right|^2 \tag{6-48}$$

6.3.1.2 力阻抗

对于传统的道路表面，由力和速度的复数比定义的力阻抗，没有被认为是一与声学性能相关的参数，因为估计其数值比轮胎要高出几个数量级。也无法发现沥青与水泥混凝土路面之间存在人们推测的阻抗效应。但用弹性材料设计的新的低噪声路面系列（橡胶沥青排水路面、多孔弹性路面等）进一步抑制了轮胎的力学激励，下图显示了该方法的有效性，其中两个表面具有同样的构造，但具有不同的力阻抗（图 6-23）。

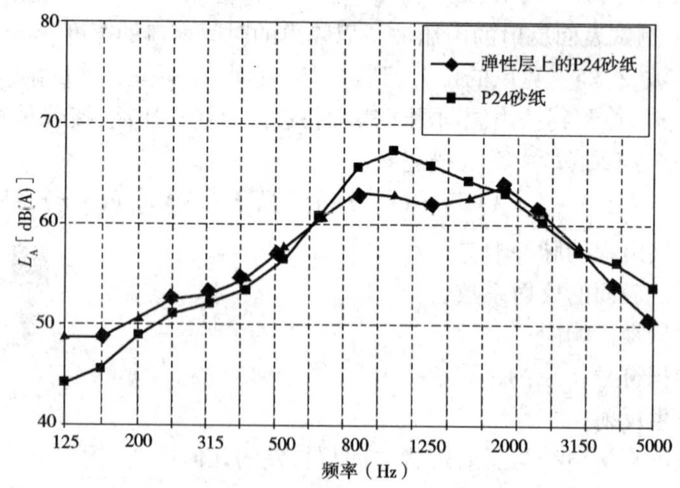

图 6-23 由 12 个汽车轮胎平均的 80km/h 下最大巡行噪声级的三分之一倍频谱

向道路表面施加一个冲击，记录材料的振动响应，可以测量道路表面的力阻抗，或动态劲度。这个简单的程序在实践中是以两种测量系统实现的：

在施加冲击的同一位置测量响应。其实现需要对测量系统的动态行为实施详细的模拟和调整，这影响测量结果；

在水平面上距施加冲击位置固定距离处测量响应。其实现需要对介质实施详细的模拟，其中波从冲击位置行进到测量位置。

德国 M + P 公司基于 Nilsson 等人较早期的工作，开发了一种点法。它包括一个铝质接地板，直径 40mm，高度 10mm。接地板顶上安装一个力传感器。力传感器顶上安装加速计外壳。用这种方式实现力和速度的在线测量（图 6-24）。

研究了这种系统的动态行为，首先优化其功能，其次使能从总响应中抽提出道路效应。根据理论分析，得知决定系统行为的主要参数是它的质量。调整系统的质量，使所有共振频率都位于关注频率范围之外。

开发时用这种系统实施了若干测试，但还没有在实际道路上使用。

法国桥路中心试验室（LCPC）开发的另一项技术为测量某一表面中瑞利波的速度，据此用 Lamb 理论计算道路表面的动态杨氏模量。

6.3.2　与声学行为相关的特殊物理性质

6.3.2.1　流阻（Flow Resistivity）

流阻 σ 是迫使单位流动通过材料所需要的压力降，表示多空隙材料内传播声波时的黏性损失。流阻的单位为 N · s/m^4 或 rayl/m。测量原理图如图 6-25 所示。

$$\sigma = \frac{p_2 - p_1}{Qh} \tag{6-49}$$

式中：$p_2 - p_1$——压力差；

Q——稳定体积流；

h——试样厚度。

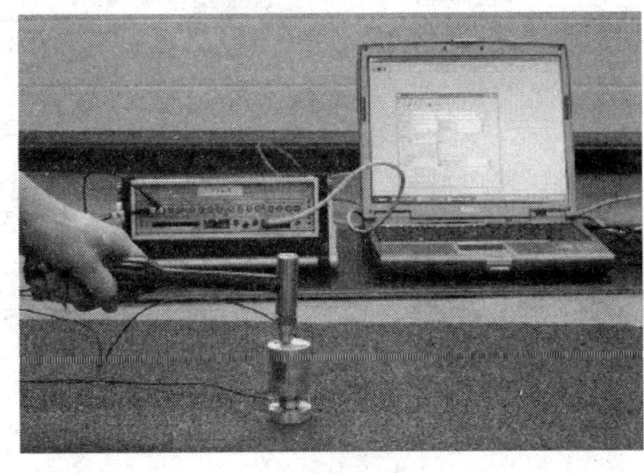

图 6-24　M + P 开发的力阻抗测量系统。窄的元件由力传感器组成，上部包括速度传感器

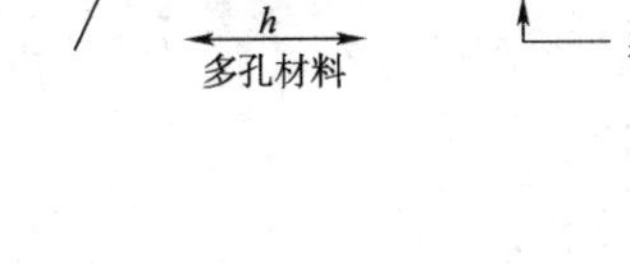

图 6-25　流阻测试原理图

气流阻力是控制面层空隙中空气流动的重要因素。高的气体流阻有利于声能消散，但太高的气体流阻阻止了声波穿透该层。气体流阻的最佳范围依赖于层的厚度。可以证明，频域中吸声曲线的形状依赖于该层总的气体流阻，也就是多孔介质的比气体流阻与层厚的乘积。

Stinson 和 Diagle（1988 年）开发了一套电子系统，用可变电容压力传感器来测量多空隙材料的流阻，如图 6-26 所示。

Fellah 等人（2005 年）提出了用声反射法测量具有刚性框架的多空隙材料流阻的方法。

已经发现，流阻对低频反射波有着显著的敏感性。因此，用饱气多孔材料板反射波逆散射问题的解答，可以估计流阻。作为这项工作的延伸，Fellah 等人(2006 年)还提出了一种声透射率法来测量具有刚性框架的多孔材料流阻。

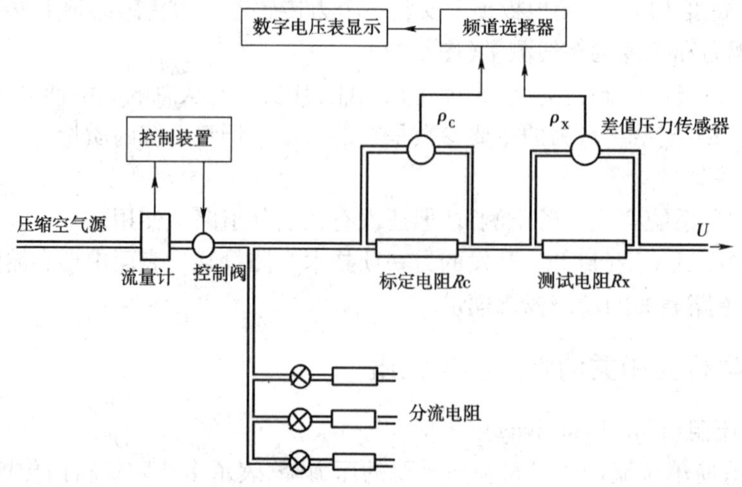

图 6-26 Stinson 和 Diagle 的流阻测量系统

各种路面典型的流阻数值见表 6-27。

道路表面流阻的典型数值 表 6-27

道路类型	流阻(kPa·s/m^2)	道路类型	流阻(kPa·s/m^2)
很硬的道路表面	200 000	ISO 表面	2 000
正常道路	20 000	多空隙路面	Hamet 模型

上表中的 Hamet 模型如下：

$$Z=\frac{q}{\Omega}F_{\mu}^{1/2}\left[\gamma-\frac{\gamma-1}{F_{\theta}}\right]^{1/2} \qquad \frac{k}{\omega/c}=qF_{\mu}^{1/2}\left[\gamma-\frac{\gamma-1}{F_{\theta}}\right]^{1/2} \tag{6-50}$$

$$F_{\mu}=1+i\frac{f_{\mu}}{f} \qquad f_{\mu}=\frac{\Omega\sigma}{2\pi\rho q^{2}} \tag{6-51}$$

$$F_{\theta}=1+i\frac{f_{\theta}}{f} \qquad f_{\theta}=\frac{\sigma}{2\pi\rho N_{pr}} \tag{6-52}$$

式中：Z——声阻抗；

k——复数波数；

q^2——结构常数，典型值 5；

Ω——空隙率，典型值 0.2；

γ——比热比，典型值 1.4；

σ——流阻，典型值 5kPa·s/m^2；

ρ——空气密度，典型值 1.2 kg/m^3；

c——绝热声速；

ω——角频率；

N_{pr}——普朗特数，0.71。

图 6-27 给出了流阻对吸声系数影响的一个例子,左图是粗级配,右图为中等粗,两种级配的流阻是不一样的,显然流阻影响吸声系数的峰值。

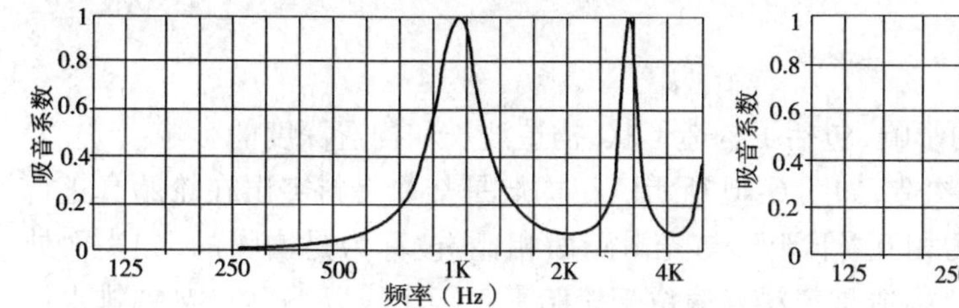

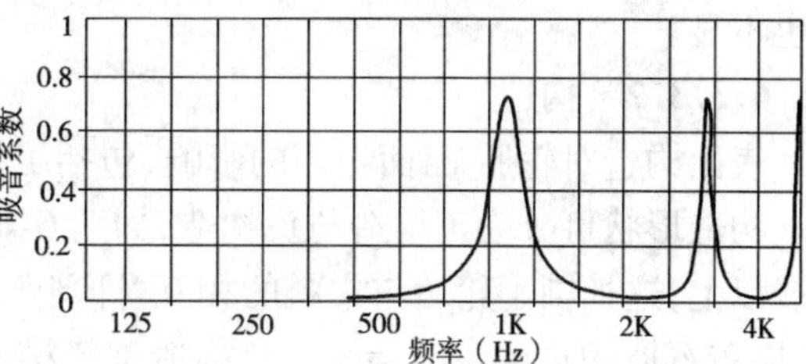

图 6-27　流阻对吸声系数的影响

6.3.2.2　迂曲度(Tortuosity)

迂曲度是面层中空气流动路径曲折/蜿蜒性质的一种度量。实际上,空气流过该层的路径依赖于连通空隙的形状。空气路径越迂曲,最大吸收的基本频率越低。因此基本频率受迂曲度与层厚的控制。

在很长的一段时间中,迂曲度是通过测量导电液体饱和试样的电阻进行评价的。孔隙越"迂曲",电阻越高。Allard(1995 年)提出了一种简单方法,根据材料中声学慢波相速度的高频渐近行为来评估迂曲度。高频下,框架的惯性太大,保持不动,就如同刚性材料的一样。可传播的唯一的波是空气波。高频下,黏性边界层深度很小,黏度不很影响速度。可压缩能力基本上是绝热的,这些频率下影响相速度的唯一参数是惯性,从而迂曲度。实验装置示于图 6-28。用特殊的空气耦合(压电或电容)传感器来发射并检测空气中的高频声波。相速度通过接收脉冲 Fourier 转换的相展开,以频率为函数确定。

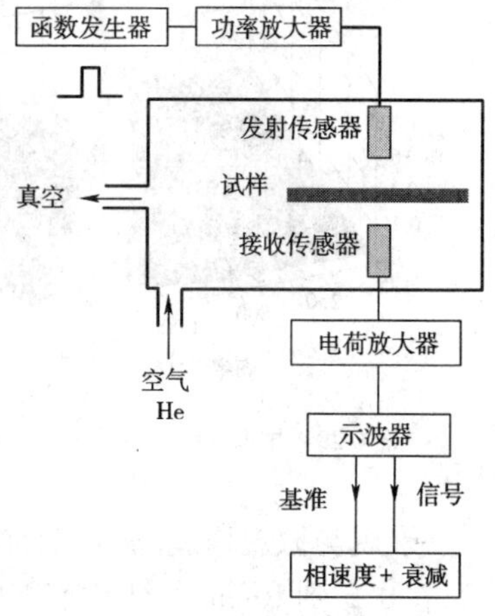

图 6-28　迂曲度超声测量的实验装置

6.3.2.3　黏性特征长度与热学特征长度(Viscous and Thermal Characteristic Length)

无疑,黏性和热学特征长度是声学参数中最难测量的。黏性特征长度决定了孔隙中低频与高频速度断面之间的转换,而热学特征长度决定了孔隙中等温和绝热压缩之间的转换。由于黏性效应在空隙内小的约束中很显著,而热学效应更依赖于热到孔隙壁必须行经的距离,因此需要两个不同的孔隙特征尺寸,"黏性"孔隙尺寸总是小于或等于"热学"孔隙尺寸。根据通过材料的超声波的衰减,可以估计这些特征孔隙尺寸(至少是数量级)。如果需要对黏性和热学特征长度作出区分,则应采用不同的气体(具有不同的黏性和热学性质)饱和孔隙,测量其衰减,这示于图 6-28 中,此时装置布设在一个透明的容器中,可充以氦气或空气。

一般声学材料的黏性特征长度在 10 到 1000μm 之间,热学特征长度在 10 到 3000μm 之间。

6.3.3　与声学行为相关的一般物理性质

6.3.3.1　层厚

排水性沥青混合料的噪声性质也依赖于该层的厚度。如图 6-29 所示,随着该层厚度的加大,吸收峰向低频迁移,该频率对应的吸声系数也有增大的趋势,不过这两个趋势都逐渐放缓,单纯靠增加厚度来提高排水性沥青混合料的降噪性能既不经济,到达一定厚度后再增加其作用也不显著。

6.3.3.2 构造

表面构造对轮胎-路面噪声的影响,包括了构造形状、构造波长和构造深度的影响。

构造形状可分为正构造与负构造,如图6-30所示。正构造是某些集料突出在轮胎真正行车线以上,这加剧了轮胎与集料的相互"干涉",与光滑路面相比,被称为是增噪的,如表面处治、撒布石屑的热滚压沥青等。负构造是集料普遍位于轮胎真正行车线以下,如SMA、排水性沥青等。负构造与轮胎不"干涉",使得振动与噪声均比正构造弱。

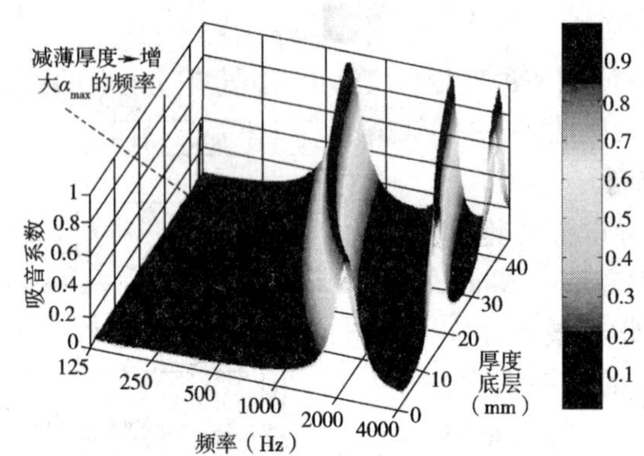

图6-29 排水性沥青层厚度增大对噪声谱的影响

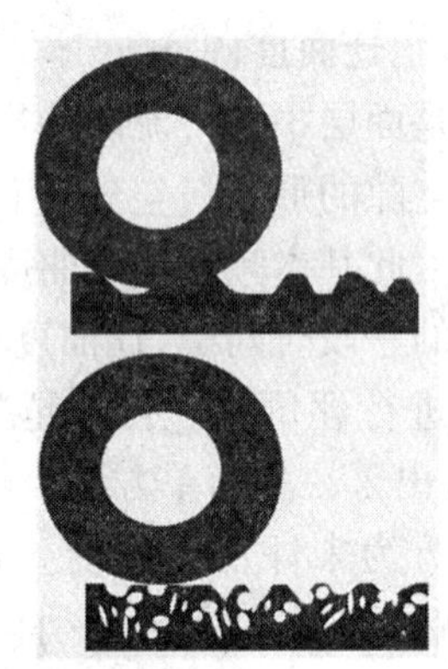

图6-30 路面的正构造(上)与负构造(下)

宏观与微观构造范围中的构造波长(图6-31)影响着轮胎-道路噪声的产生。研究已经表明,在0.5到10mm的波长范围内,增加构造的幅值可减少噪声的产生,尤其是1KHz以上的高频。这个范围内的构造波长与表面上小凹凸的相关尺寸是一致的,它们对轮胎-道路噪声的空气动力学发生机理有影响,尤其是气泵效应。增加0.5~10mm波长范围内的构造幅值,当轮胎经过接触区时,将减轻轮胎胎面花纹沟槽内和道路表面中的空气共振。构造的增加使得截留在轮胎与道路表面间的空气更缓慢地释放,从而产生更少的噪声。

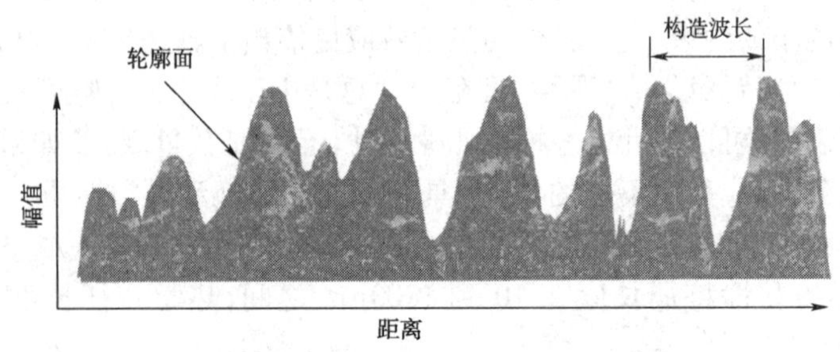

图6-31 构造波长示意图

除了这个高频噪声影响以外,还有表现不一样的低频成分。增加10到500mm波长范围内的构造幅值,将导致噪声级增加,尤其是一般在1kHz以下的频率。受10到500mm波长范围内构造幅值影响的轮胎噪声机理被认为与轮胎胎面对道路表面的冲击有关。随着构造的增

加,胎面冲击引起轮胎胎身振动的水平增加,导致更高水平的噪声产生,尤其是低于 1kHz 的频率。

就内部噪声而言,实测数据表明,平均构造深度的增大(铺砂法测量)使内部噪声增加。图 6-32 显示了这样的关系。不过,图 6-33 中,Sandberg 与 Ejsmont(2002 年)基于研究,提供的覆盖各种表面的数据显示,平均构造深度与外部噪声之间没有相关性。

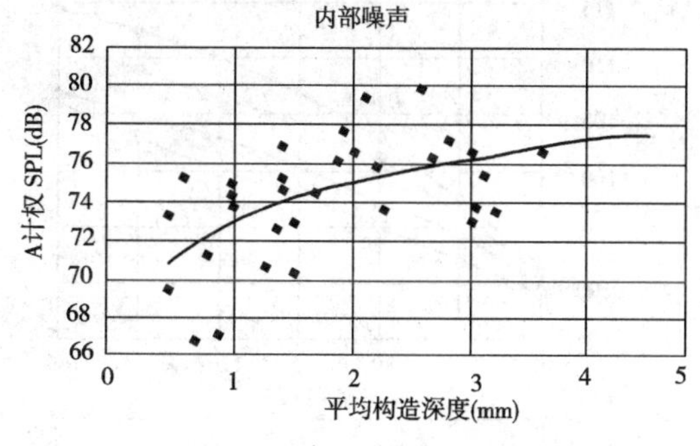

图 6-32　80km/h 时内部噪声级与道路表面构造 MTD (铺砂法)之间的关系

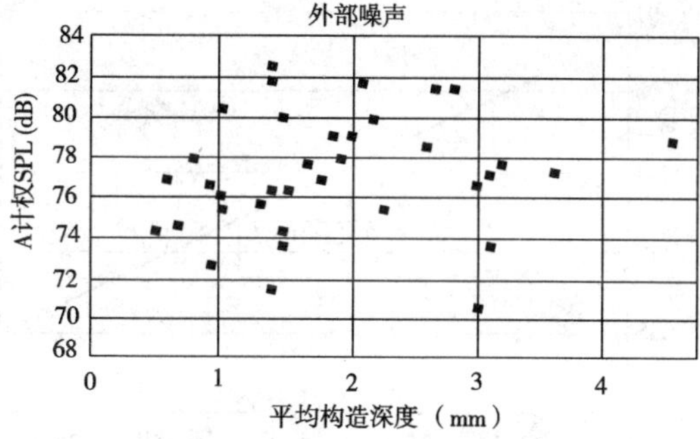

图 6-33　80km/h 时外部噪声级与道路表面构造 MTD (铺砂法)之间的关系

6.3.3.3　空隙率

在排水性沥青路面上,由于空隙率的关系,声能被道路表面所吸收。声音进入道路表面的上层,部分被反射,部分被吸收。被吸收意味着声能转换为热能。在道路中,这主要是基于两个效应:①由于压力波将空气从道路孔穴中吸入与抽出而产生的黏性损失;②热弹性阻尼。多空隙道路无法吸收所有的入射声。这种吸收具有频率依赖性。如图 6-34 所示,随着空隙率的减小,吸收峰的幅宽变窄,最大吸声系数有所减小,整体吸声能力下降。

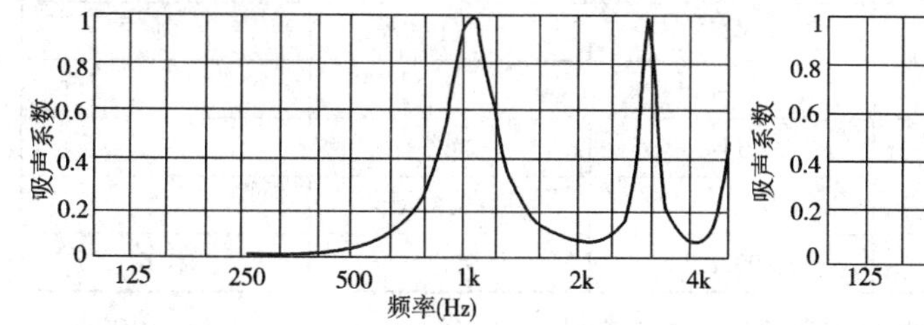

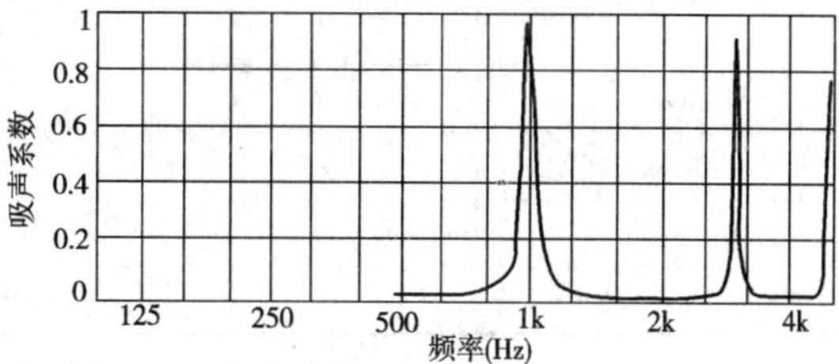

图 6-34　排水性沥青路面空隙率从 25% 降到 5%,吸声系数的变化

美国科罗拉多州交通局 2004 年进行的一项现场调查认为,排水性沥青路面的噪声特征依赖于混合料的空隙率。结果表明,随着混合料中空隙率的增大,噪声级降低(图 6-35)。

6.3.3.4　公称最大粒径

排水性沥青混合料的公称最大粒径越小,降噪效果越显著,这与轮胎-路面噪声中冲击机理的抑制可能更为相关。图 6-36 是日本大西等人(1996)的一个实测结果,可以看出,公称最大粒径从 20mm 到 10mm,120km/h 下的噪声几乎降低了 7dB,这表明粒径的作用是相当显著的。

6.3.3.5　级配

排水性沥青路面的噪声级还依赖于混合料的集料级配。集料级配影响路面噪声级的低频部分(低于800Hz)。2004年,美国科罗拉多州交通局认为,基于亚利桑那、内华达、科罗拉多、阿拉巴马等州的一项研究,排水性沥青路面的噪声依赖于混合料的集料级配。表6-28提供了这些州排水性沥青混合料集料级配对噪声级的影响。结果表明,当保留在9.5mm筛网上的集料比例减少时,噪声级随之降低。因此,集料级配越细,噪声级越低。

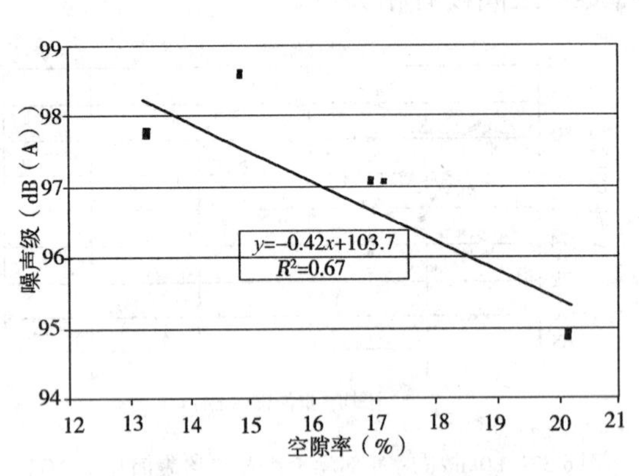

图6-35 空隙率对噪声级的影响

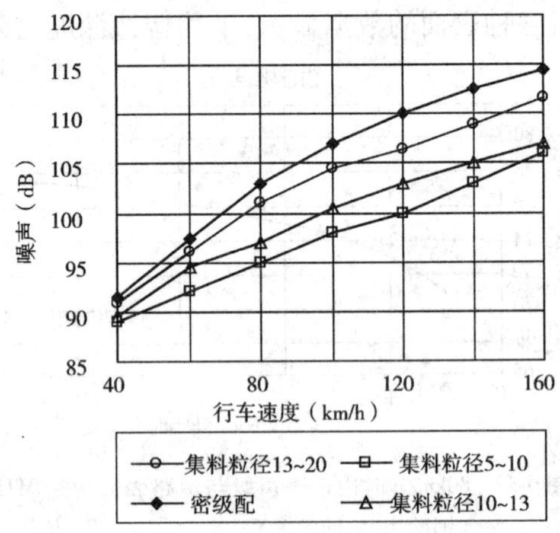

图6-36 排水性沥青路面集料粒径对降噪的影响

美国四个州排水性沥青路面的集料级配及相应噪声水平 表6-28

级配	亚利桑那	内华达	科罗拉多	阿拉巴马
19mm	—	—	100	100
12.5mm	—	100	98	89
9.5mm	100	95	64	56
4.75mm	38	45	11	14
2mm	6	—	8	9
1.18mm	—	11	6	—
0.75mm	1.2	2	3.3	3.2
平均噪声级(dBA)	91.5	93.8	95.1	98.6

不过,级配的变化通常会引起其他相关物理性质的变化。Wolfgang Kropp等人(2007年)提供的图6-37中,尽管6mm筛网通过率从图6-37a)的11.9%下降到了图6-37b)的5.0%,似乎级配变粗,吸声性能减弱,但由于细集料的间断,使混合料空隙率增大,因此吸声性能相反明显改善。由此可知,级配对吸声性能的影响更为复杂,必须和其他指标组合在一起观察。

6.3.3.6 结合料类型

结合料类型在降低轮胎—路面界面的噪声级中表现出了重要的作用。改变结合料类型可降低交通噪声,并由于避免了其他昂贵的降噪方案而节约了资金。

2008年,Miró等人在西班牙实施了一项研究,在若干条试验段中,将橡胶粉加到间断级配混合料中,测定50km/h下的声压级。所有路段都用三种结合料修建:湿法橡胶粉沥青(CRMB),干法橡胶粉沥青(CRMB+1%与CRMB+2%)(基质沥青相同),聚合物改性沥青(PMB)。从表6-29可见,通过干法加入的橡胶粉比例越高,声压级越低。

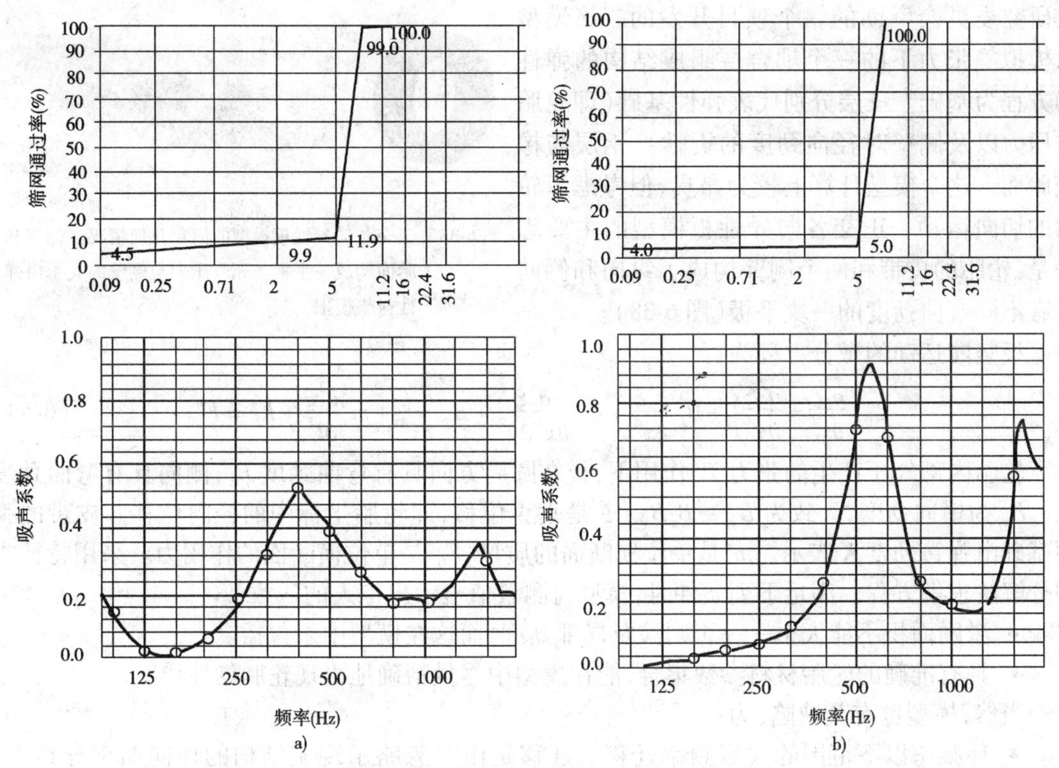

图6-37　单层多空隙沥青 0/8 的声学性能测试实例——级配曲线波动：两种情况下结合料相同

西班牙几种不同沥青类型的噪声级测量　　表6-29

沥 青 类 型	声压级(dBA)	沥 青 类 型	声压级(dBA)
PMB	86.24	CRMB +1%	87.04
CRMB	88.15	CRMB +2%	86.80

6.4　轮胎-路面界面噪声的数理模型及在排水性沥青路面中的应用

这部分内容主要来源于 SPERoN 模型，另附了德/法合作项目 DEUFRAKO 滚动噪声预测与传播的内容。SPERoN 是 Statistical Physical Explanation of Rolling Noise（滚动噪声的统计物理学解释）的首字母缩写，是预测滚动噪声的轮胎-道路界面模型。模型可分为三个主要部分，接触模型，轮胎-道路相互作用模型和声传播模型。接触模型描述了轮胎滚动过程中与道路相互作用产生的力。相互作用模型描述了轮胎-道路噪声产生中起作用的相关机理。传播模型描述了相互作用模型中各机理产生的声音向轮胎附近或远场中的接收者的辐射。

6.4.1　接触模型

6.4.1.1　轮胎模型

这里采用两种简化的轮胎模型。用于计算的第一个模型目前由弹性基础上的正交各向异性板组成。它的好处是方便，并且在最高 4 kHz 的频率范围内足够准确。第二个模型是由瑞典研究委员会资助的一个项目开发的。该模型以模拟静张力下的三个耦合层组成结构的弹性场方程为基础。三层分别代表弹性基础(即轮胎内压力以及侧壁对径向劲度的贡献)、钢层与橡胶胎面。这个模型计算上较为昂贵,但考虑了轮胎的切向运动。正交各向异性板模型的主要想法是,轮胎的皮带和两个侧壁构成了纵向和侧向具有不同弯曲劲度的一块平板(图6-38)。

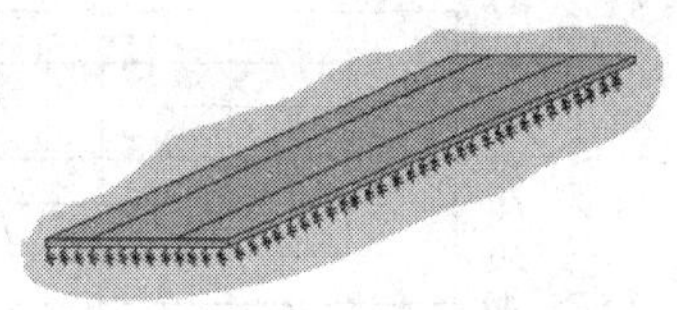

图6-38　正交各向异性板模型的简化几何情况。侧壁和胎面构成一平板。充气压力与侧壁的支承由弹性衬垫模拟

板竖向运动的微分方程为:

$$T_0\left(\frac{\partial^2\xi}{\partial x^2}+\frac{\partial^2\xi}{\partial y^2}\right)+B_x\frac{\partial^4\xi}{\partial x^4}+B_{xy}\frac{\partial^4\xi}{\partial x^2\partial y^2}+B_y\frac{\partial^4\xi}{\partial y^4}+m''\frac{\partial^2\xi}{\partial t^2}+K\xi=F''_0 \tag{6-53}$$

轮胎内部气压产生的张力 T_0 作用下,板在圆周方向具有弯曲劲度 B_x,侧向具有弯曲劲度 B_y。B_{xy}为横向劲度,大致为 $B_{xy}\approx B_xB_y$。ξ 是垂直位移,即轮胎坐标中的径向位移。皮带的弹性基础由弹簧劲度 K 表示。m''是单位横断面的质量,F_0''是单位横断面的作用力。采用特征类型分解法求解方程。满足下列条件时,模型与测量值显示出惊人的一致:

- 激励面积不能太小——否则涉及局部劲度,而这在模型中未包括。
- 具有准确的轮胎材料参数集合,能在模型中尽量精确地再现轮胎的性质。

当然,模型也有其缺陷,为:

- 环频率以下范围的共振频率迁移。迁移是由于忽略了现实结构的环向曲率导致的。不过,迁移可由依赖于频率的材料参数得以补偿。
- 由于忽略了侧向曲率,也出现了类似的问题,但可以同样的方式解决。
- 除此之外,模型只能用于最高4 000Hz左右的频率范围。在这个频率处,板的厚度 h 与弯曲波的波长 λ_B 相当。

尽管存在这些限制,但正交各向异性板的模型作为描述轮胎结构噪声性质的工具是简单有效的,数字工作量很低。

模型的一大优点是运行模型所需要的输入数据有限。这些数据是:

- 轮胎结构中单位宽度的质量;
- 依赖于充气压力和侧壁劲度的衬垫劲度(径向);
- 张力:依赖于充气压力;
- 弯曲劲度(环向);
- 弯曲劲度(侧向);
- 针对不同的劲度项,还必须按复数模量确定阻尼。

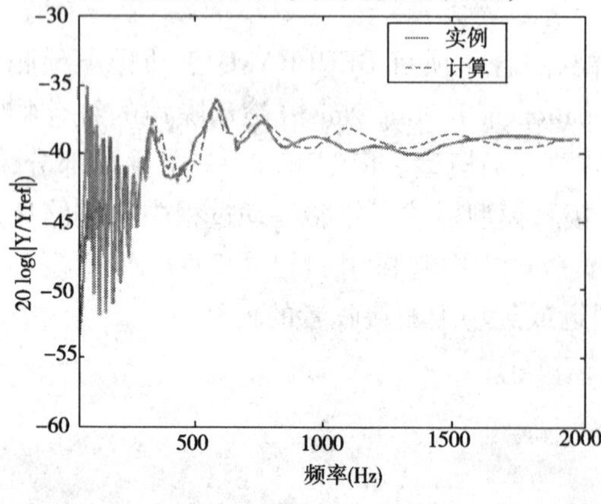

图6-39　在胎面中央作用一单位力下,实测与计算的径向频率响应之间的比较

基于这些数据,模型具有非常良好的性能。图6-39显示了市面上典型轮胎的实测与计算的频率响应函数的比较。

6.4.1.2　接触模型

轮胎与道路之间的接触问题可在不同尺度

下进行研究。表面物理的基本要素是原子或分子之间的键可能强(离子键、共价键或金属键),也可能弱(氢键或范德华键),但它们都是由电磁力产生的。在固体或液体中,接触时这些键必须断裂,以产生新的表面。这样的模型还没有在轮胎-道路噪声的发生模拟中使用。

在更大的尺寸下,采用类似于接触劲度或摩擦系数的模型,可以研究弹性体的相互作用,它们具有分子相互作用的物理本源。目前的接触模型,主要就是在这个尺度下形成的。

(1)垂直力

作为起点,人们可以把轮胎想作加入了 Winkler 衬垫的结构(也就是隔离弹簧模型)。这些弹簧代表了由于道路表面和轮胎橡胶胎面之间相互作用而产生的局部接触劲度。从而任意接触点的接触力可由衬垫的劲度 s 及其压缩给出。在角度 φ_e 下,弹簧的压缩 $\Delta y_e(\varphi_e,\ t)$ 是轮缘中心 $y_0(t)$、轮胎曲率 $k_2(\varphi_e)$、轮胎皮带的振动 $\xi_e(\varphi_e,\ t)$ 和道路粗糙度 $k_{10}(\varphi_e,\ t)$ 的函数。

$$\Delta y_e(\varphi_e,t)=y_0(t)+k_{10}(\varphi_e,t)+\xi_e(\varphi_e,t)-k_2(\varphi_e) \tag{6-54}$$

于是,接触力为:

$$F_e(\varphi_e,t)=s\Delta y_e(\varphi_e,t)H[-\Delta y_e(\varphi_e,t)] \tag{6-55}$$

这里 H 为阶梯函数,依赖于 $\Delta y_e(\varphi_e,\ t)$ 而对接触实施开合。由于轮胎的运动是力的函数,因此为了获得接触力,必须针对每个时间步解答非线性方程体系。

$$\xi_e(\varphi_e,t)=\sum_{m=1}^{M}F_m(\varphi_m,t)\times g_{m,e}(t) \tag{6-56}$$

$g_{m,e}(t)$ 是位置 e 由于位置 m 的一个脉冲而产生的轮胎结构脉冲响应的函数。时域中的实现允许考虑橡胶材料接触或松弛的非线性劲度。

这一模型中,只考虑垂直于表面的接触力。Larsson(1998 年)提供了考虑切向力的模型,并已在欧洲委员会项目 SILENCE 中实现。最初的模型只是两维的,这导致中等频率和高频率范围内对接触力的高估。Wullens(2003 年)将模型扩展到了三维。对于胎面未被模拟为隔离弹簧的情形,公式(6-54)可以一般方式构成:

$$\boldsymbol{F}=\boldsymbol{G}^{-1}\Delta \boldsymbol{y} \tag{6-57}$$

此时,$\boldsymbol{G}$ 是敏感度矩阵,描述了由于特定位置施加力而在不同位置产生反应的强弱程度。由于矩阵必须求逆,因此只能考虑实际接触的那些点。不幸的是,一开始这是不知道的,因此必须展开迭代过程来找到力分布的正确解答。这个迭代过程将给出每个时间步正确的接触形态,正确的接触力。$\boldsymbol{G}$ 的模拟有不同的可能性,例如,作为弹性半空间的变形,或根据有限厚度弹性层的变形。第二种情形下,可以采用 Larsson 轮胎模型。

Wullens 的完全三维模型由于一种情形(即给定荷载和车速下有限数量的轮胎转动)就需要数小时的计算量,因此这里不太适合。向两维粗糙度的简化可能更吸引人,这样对道路表面构造的描述也方便得多(例如,只需要沿一个轮迹测量)。不过,为了正确估计作用力,侧向粗糙度的分布也很重要。因此 SPERoN 模型框架中开发了所谓的“准三维接触模型”。

主要的概念是,当一块橡胶被压到粗糙表面上时,合力正比于与粗糙表面接触的橡胶面积,如图 6-40 所示。

这样就产生了一个非线性劲度,它的数值具体依赖于道路表面的侧向粗糙度分布。最终接触力 $F(\varphi_e,\ t)$ 为:

$$F(\varphi_e,t)=\int_0^{\Delta y_e(\varphi_e)}S_e(\eta)d\eta \tag{6-58}$$

这里 Δy_e 是压入深度，S_e 是劲度函数。用这种方式，将道路的侧向粗糙度模式转换为非线性衬垫劲度的特征函数波动。计算每一片胎面的特征函数。这样就考虑了粗糙度的环向变化，包括该变化的侧向特性。这不比前面模型复杂太多，因为积分值可预先计算，并可用插值程序读出预计算值之间的数值。

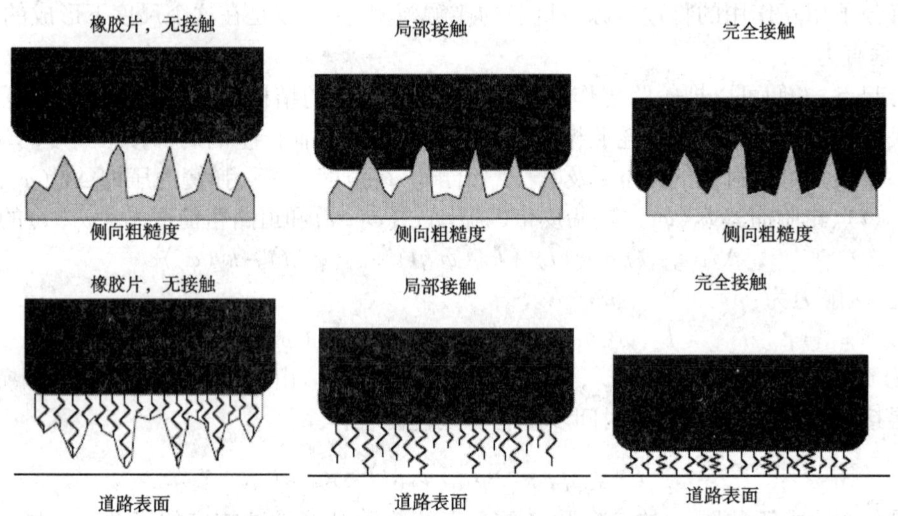

图 6-40　橡胶片与道路表面无、局部、完全接触的示意(上图)和 Winkler 衬垫的实现(下图)

图 6-41(左)显示了胎面宽度上一个典型的粗糙度分布，它是“片”数的函数(本例中，圆周被分为 512 片，每片宽度 3.4mm)。图的右手侧显示了相应的劲度函数。

粗糙度是在六条平行轮迹上测量的，只要构造不是有着强烈各向异性的人造构造，可以认为这是道路构造充分的统计描述。不过，为了进一步确保侧向粗糙度分布的良好描述，本例的测量轮迹可以增加。

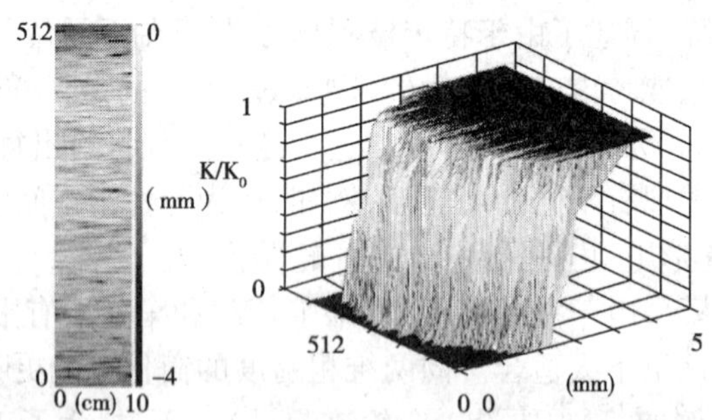

图 6-41　3D 粗糙度模式及相应衬垫劲度示例(由轮胎宽度上总接触劲度归一化)。劲度 K_0 代表轮胎的胎面劲度。模型中包括的每条轮胎都测量该数值

根据该模拟，可得到接触力，如图 6-42 所示。图形显示了以时间为函数的总的垂直接触力。第一部分是加载过程。然后轮胎开始滚动。经过几转后，轮胎达到“稳态条件”，接触力只是接触区粗糙度变化的函数。

(2)切向力的扩展

考虑一条与粗糙道路表面相接触的轮胎，轮胎外表面径向位移命名为 $\boldsymbol{u}$，切向速度 $\boldsymbol{v}$。由

于作用表面的空间离散化，$\boldsymbol{u}$ 和 $\boldsymbol{v}$ 都是矢量。时间尺度也进行了离散化。因此，在特定的离散时间步 N 下，接触问题由以下一组方程构成：

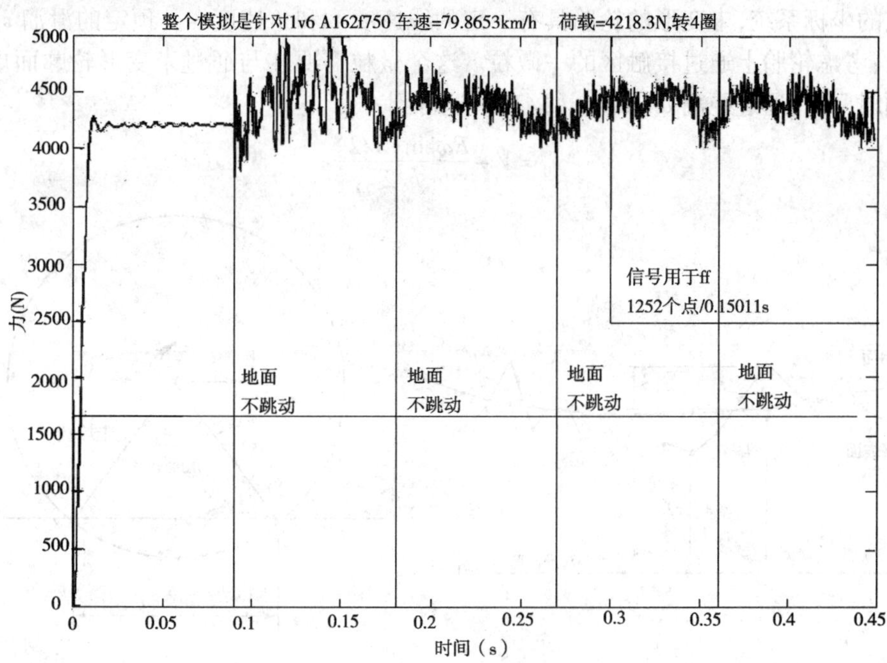

图 6-42 以时间为函数的总的垂直接触力。总接触力最后一部分(150 ms，即方格中)被用于接触力谱评价

$$\boldsymbol{u}(N) = \boldsymbol{C}_{r,r}\boldsymbol{F}(N) + \boldsymbol{C}_{t,r}\boldsymbol{T}(N) + \boldsymbol{u}_{\text{old}}(N) \tag{6-59}$$

$$\boldsymbol{v}(N) = \boldsymbol{C}_{r,t}\boldsymbol{F}(N) + \boldsymbol{C}_{t,t}\boldsymbol{T}(N) + \boldsymbol{v}_{\text{old}}(N) \tag{6-60}$$

$$\boldsymbol{d}(N) = \boldsymbol{z}_2 - \boldsymbol{z}_1 - \boldsymbol{u}(N) \tag{6-61}$$

$$\boldsymbol{F}_i(N) = \int_0^{d_i(N)} k_i(x)\,dx \tag{6-62}$$

$$\boldsymbol{T}_i(N) = \mu[\boldsymbol{v}_i(N) + \boldsymbol{v}_0]\boldsymbol{F}_i(N) \tag{6-63}$$

公式(6-59)～式(6-63)中，$\boldsymbol{u}_{old}(N)$ 和 $\boldsymbol{v}_{old}(N)$ 是前面时间步中作用于轮胎表面的径向和切向力对 $\boldsymbol{u}(N)$ 和 $\boldsymbol{v}(N)$ 的速度贡献。$\boldsymbol{C}_{r,r}$、$\boldsymbol{C}_{t,t}$、$\boldsymbol{C}_{r,t}$ 和 $\boldsymbol{C}_{t,r}$ 被称为“影响矩阵”，描述了由于所考虑的每个方向的脉冲力，轮胎表面对于径向位移和切向速度的瞬时反应。k_i 是接触单元 i 内，小尺寸和中等尺度道路粗糙度产生的非线性劲度函数，μ 是摩擦系数。另外，$\boldsymbol{v}_0$ 是预定的滑溜速度项，下面会介绍。最后，$\boldsymbol{z}_2$ 和 $\boldsymbol{z}_1$ 是离散点的胎面“高度”和道路表面高度。$\boldsymbol{d}(N)$ 是为满足接触边界条件，非线性弹簧需要的压缩(罚函数)。图 6-43 显示了这些量。

重排并组合公式(6-59)到式(6-63)，得到以下简化的公式体系：

$$\underbrace{\begin{bmatrix}\boldsymbol{d}(N)\\ \boldsymbol{v}(N)\end{bmatrix}}_{\boldsymbol{x}} + \underbrace{\begin{bmatrix}\boldsymbol{C}_{r,r} & \boldsymbol{C}_{t,r}\\ -\boldsymbol{C}_{r,t} & -\boldsymbol{C}_{t,t}\end{bmatrix}}_{\boldsymbol{C}}\underbrace{\begin{bmatrix}\boldsymbol{F}(N)\\ \boldsymbol{T}(N)\end{bmatrix}}_{\boldsymbol{Q}(\boldsymbol{x})} - \underbrace{\begin{bmatrix}\boldsymbol{z}_2 - \boldsymbol{z}_1 - \boldsymbol{u}_{\text{old}}(N)\\ \boldsymbol{v}_{\text{old}}(N)\end{bmatrix}}_{\boldsymbol{z}} = 0 \tag{6-64}$$

观察到未知矢量 $\boldsymbol{x}$ 在力矢量 $\boldsymbol{Q}$ 中是隐性的，因此 $\boldsymbol{Q}=\boldsymbol{Q}(\boldsymbol{x})$。由于接触劲度和摩擦系数都是非线性的，因此需要迭代程序才能取得公式(6-64)的解答。

滑溜速度在小位移运动学的 Kalker 诺模图中定义。这里，滑溜以以下方式处理：

• 考虑在光滑平面上滚动的具有理想圆形的一条轮胎（图 6-44）；相对于固定在平面上某一具体点的坐标系统，未变形的轮胎具有一定的线速度 V 和角速度 ω。预定的滑溜 v_0 以以下方式定义：考虑轮胎上通过接触区的一微粒。这个微粒需要在与通过未变形轮廓面虚线弧所需的相同时间内，通过距离 $a=2R\sin(b/2)$。这得到：

$$v_0 = V - \frac{R\omega\sin(b/2)}{b/2} \tag{6-65}$$

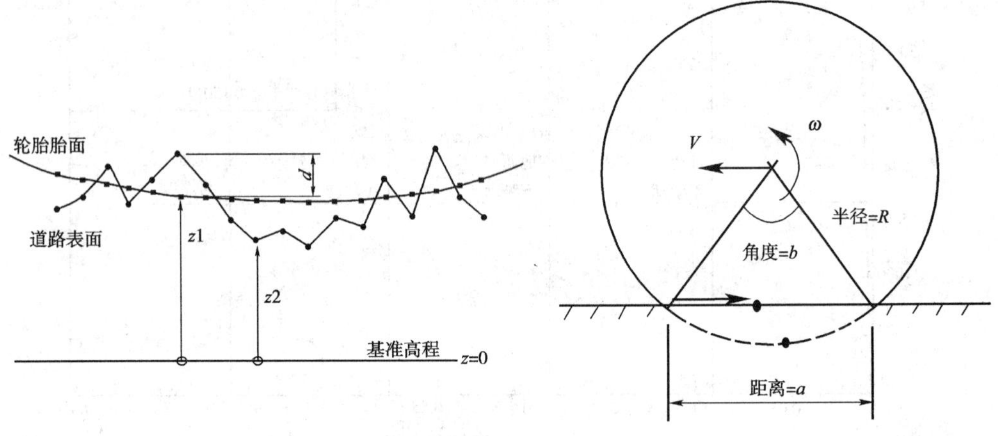

图 6-43　粗糙道路与轮胎之间接触示意图

图 6-44　带滑溜轮胎示意图

• 在以上预定的滑溜项上，还要加入切向速度响应。

滑溜定义中，必须清楚，轮胎和接触采用了 Lagrange 描述，也就是坐标系统随轮胎旋转。

（3）考虑道路力学阻抗作用的扩展

在接触模型的线性化形式中，胎面上每个位置 m 中的接触力由以下乘积给出：

$$F_m = s_{norm}\alpha p_m K(\Delta\xi) \tag{6-66}$$

式中：s_{norm}——光面轮胎的标准劲度值（基准值）；

α——轮胎硬度的修正系数；

p_m——考虑了花纹影响后胎面劲度的变化函数；

K——粗糙度引发的劲度变化（也就是以压入轮胎的道路粗糙度为函数的不同接触面积）。

考虑与胎面劲度相当甚至更小的道路劲度时，胎面和道路贡献组成的总的劲度可被视为两个弹簧的串联系统：

$$s_{norm} = \frac{s_1 s_2}{s_1 + s_2} \tag{6-67}$$

s_1 是胎面弹簧劲度，s_2 是道路弹簧劲度。这意味着，当胎面和道路具有同样的力学阻抗时，合成劲度正好是每部分劲度的一半。图 6-45 显示了以总劲度 s_{norm} 为函数的声压级计算结果。降低劲度（曲线排列从上到下），声压级减小，尤其是在 500～1000Hz 范围内，此时声音的产生主要是由轮胎振动决定的。高频范围内的变化相当小。

对 ISO 和 SMA 0/11 两种不同的表面实施轮胎道路噪声预测和计算，可量化力阻抗改变

的效果。由于公式 6-67 的对称性，改变轮胎劲度可模拟道路劲度的改变。两种方法给出同样的结果。图 6-46 显示了以上的初步研究的成果。可以得到，相对劲度从 2 缩小到 1 时，劲度产生的降噪量（即由于弹性道路表面缘故）大致为 4dB。

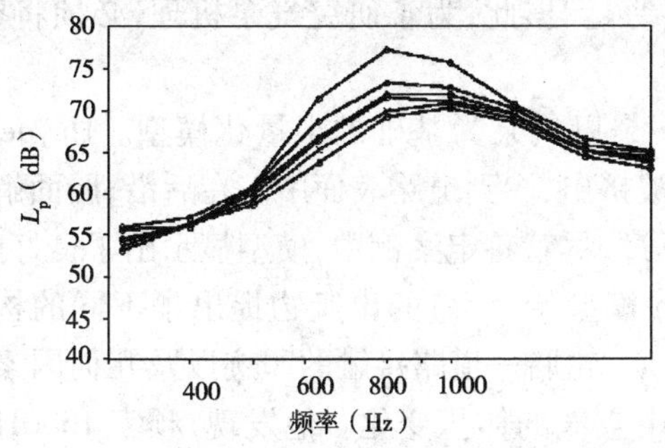

图 6-45　用 SPERon 计算模块，80km/h 下，ISO 表面上 Michelin Energy 轮胎计算的声压级

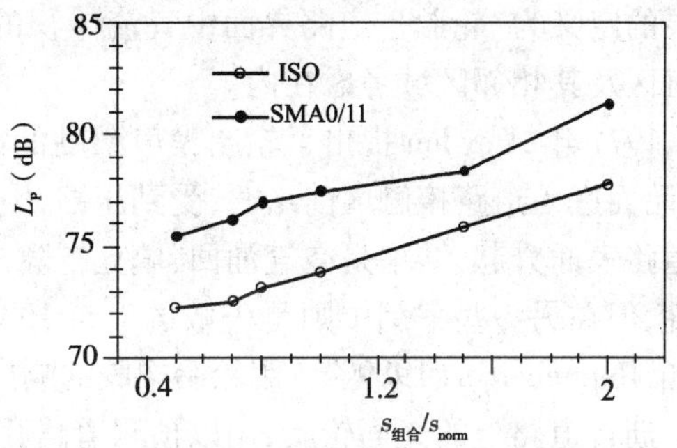

图 6-46　用 SPERon 计算模块，80km/h 下，ISO 和 SMA 0/11 表面上，以组合劲度为函数，Michelin Energy 轮胎计算的声压级

6.4.2　相互作用模型

6.4.2.1　声源项

（1）轮胎振动

这个机理涉及轮胎结构振动产生的噪声。振动是由轮胎和道路之间接触的时变力引发的。振动能（即整个表面上速度积分的平方）正比于接触中的方形力。Wullens 的参数研究表明，总接触力是轮胎振动激励的一个良好估计指标。最近这已由 Hamet（2006 年）得到证实。

在相互作用模型中，轮胎振动项主要是基于导致轮胎结构激励和声音辐射的预先计算的接触力 F_c。辐射强烈依赖于喇叭效应，从而依赖于道路表面的流阻 σ 和轮胎宽度 B。它还依赖于胎面劲度 s。

在频率范围 400～800Hz，对轮胎宽度和胎面劲度的强烈依赖是明显的。这是喇叭效应开始起作用的范围（图 6-47）。增大轮胎的尺寸将使得喇叭效应更早“开始”。这个增大可能很显著，因此必须在轮胎振动和气流相关效应的统计学模型中加以考虑。

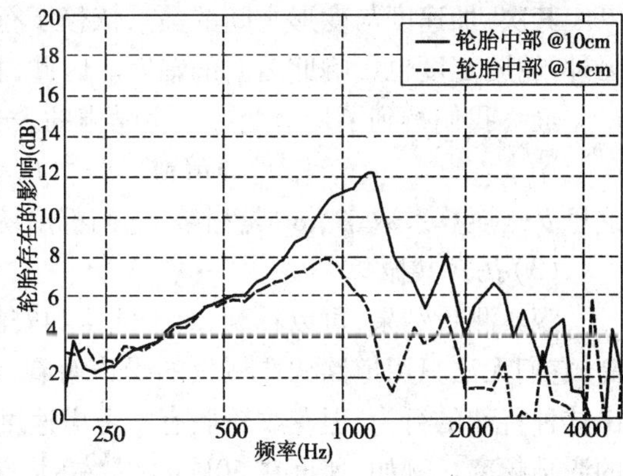

图 6-47　距接触区中心 10cm 和 15cm 处有两个单极声源的轮胎，ISO 10844 表面上实测的喇叭效应

这一项的表达式为：

$$p_{振动}^2(f) = a(f) \cdot F_c^2(f) \cdot \sigma^{\alpha_1} \cdot B^{\alpha_2} \cdot s^{\alpha_3} \tag{6-68}$$

这里 a 是系数，α_1、α_2、α_3 是统计模型所确定的指数。

由于不同的轮胎具有不同的辐射性质，因此可能产生发散的结果。需要较高精度时，可能需要考虑轮胎振动和辐射的更为复杂的模型进行修正。

（2）气流相关过程

气流相关过程作为第二机理进行考虑。它是众多机理共同作用的结果,最终使得接触区的空气突然加速(例如胎面的黏滑、粘扣或局部变形)。

关于气泵定义的讨论已经有些年头了。1979 年,斯德哥尔摩国际轮胎噪声研讨会提出,气泵的定义为"轮胎—道路界面中气流体积的波动"。据此,为了研究气泵机理,必须将整个接触区及其相邻区域考虑在内。

1971 年,Hayden 提出了轮胎噪声激励的第一个以气泵为基础的半量化模型。Hayden 认为,胎面进入道路接触区前缘时,受到压缩,空气被挤出,渗到道路表面中。在后沿,胎面解压,从道路表面升起,结果是空气涌回,填充空隙。不过,尽管特定案例中,模型显示出了良好的符合性,但在另一些案例中则是失败的。自 Hayden 模型始,大量的出版物提出了不同的构想。例如,Ronneberger(1989 年)用轮胎橡胶的响应性质,轮胎—道路接触的印迹以及几何因素,模拟了沥青道路上的光面轮胎,用以预测道路孔穴中空气的体积变化。他发现,频率 1000Hz 以上时,预测值与测量结果有良好的一致性。不过,进一步研究该模型,发现也有不一致的情形。

据此,人们可以认为虽然已经作了大量的尝试,但还有待成功。这主要是因为,直到现在,还没有一个模型考虑道路在流阻方面的表面性质。在目前的模型阶段,只有一个机理包括了局部变形,但它更多的是基于直觉,而不是物理学的充分推导。假设胎面的变形 ξ 正比于接触力 F 与胎面劲度 s 之间的比值,形式为 $\xi(f) \sim F(f)/s$,于是稳态的加速度 $a(f) \sim f^2 F(f)/s$。我们知道,流体加速时,压力正比于加速度。不过,存在两大不确定性。

首先,我们不知道能够从接触区域逃逸的排移气体有多少。这可以考虑用表面实测的流阻来权衡加速度的表达式(改编测量程序,使之能描述从接触区内部区域到外部区域的流动阻力 σ)。该流阻不是道路表面的内在流阻,而是接触区内移动空气在现实的轮胎—道路接触中经受的阻力。这个流阻用 Müller-BBM 开发的专利方法测量。

其次,加速度与变形之间的关系依赖于行车速度 U。为此考虑,还要引进一个速度系数。另外,轮胎宽度也影响此声源的辐射。因此,将轮胎宽度引入作为一个参数。

最终我们得到了局部变形产生噪声的表达式:

$$p^2_{气流} = b(f) \cdot [F_c^2(f) \cdot \sigma^{-1.5} \cdot s^{-2}]^{\beta_1} \cdot B^{\alpha_2} \cdot U^4 \tag{6-69}$$

这里 b 是换算系数,β_1、α_2 是指数,它们都由统计学模型确定。

(3)孔穴共振

观察测量结果,可以看到,对于低速和安静的道路表面,某些三分之一倍频程的水平相当高,它们无法只用道路构造诱发的噪声解释。500Hz 频程尤其如此。尽管光面轮胎没有显示出这种特殊的行为,但花纹轮胎有。考虑速度和环周的花纹块数,人们可以计算各花纹块冲击的激励频率。例如,速度在 50km/h 左右时,获得的典型激励频率值在 450 与 500Hz 之间。同时,在这个范围内,发生了轮胎和轮缘之间孔穴内的第二周向内部共振。尽管孔穴共振的辐射没有对高速下的整体声级形成显著贡献,但对于低速行车,它可能是一重要的机理。因此,考虑胎面花纹变化的功率谱 G,设计了一个模型:

$$p^2_{孔穴}(f) = c(f) \cdot G^{\gamma_1}_{花纹}(f,U) \tag{6-70}$$

这里 c 是换算系数,γ_1 是指数。两者都由统计学模型确定。G 的确定将在下文解释。

由图 6-48 可见孔穴共振的影响。图中显示了以不同道路表面为函数的,不同机理对整体声级的贡献。不过,对大多数的频程,孔穴共振对整体声级贡献甚少(只有很安静的表面试槽

1-3)，而对于500Hz，几乎所有表面，这项机理都很突出。

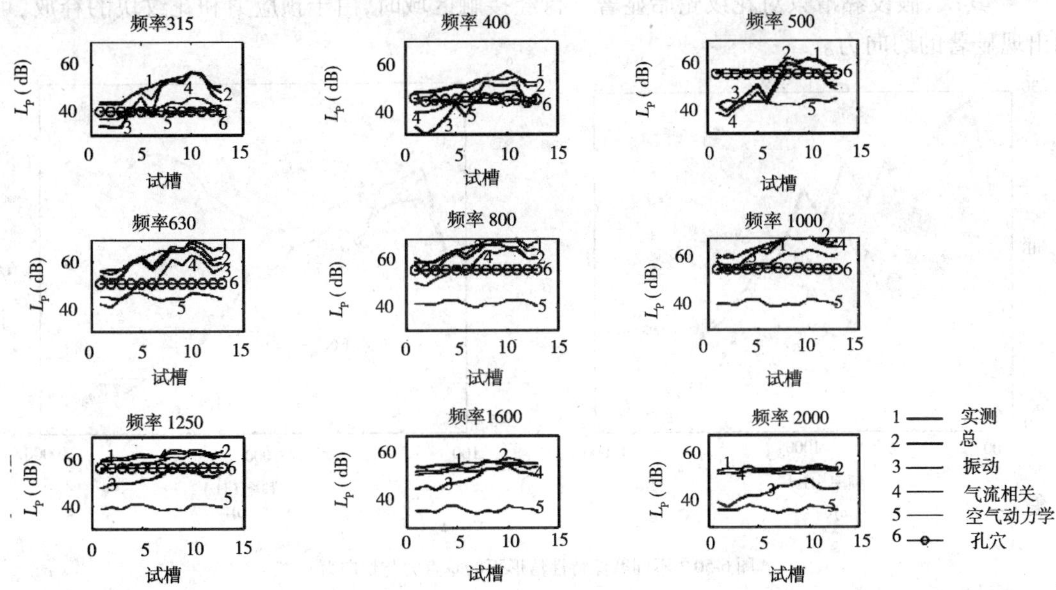

图 6-48　车速范围在 40 ~ 60km/h 时，与实测声压级比较，不同源项对总的计算声压的贡献(14 种不同的道路表面，4 条轮胎平均)

(4)空气动力学车辆噪声

这一部分代表了车辆产生的空气动力学噪声，基于了测量用车在风洞中实施的测量。这意味着系数 d 与指数 δ_1 真实给出，只允许小的调整。

$$p_{车}^{2}(f)=d(f)\cdot U^{\delta_1} \tag{6-71}$$

(5)与摩擦和附着效应相关的噪声

摩擦和附着力可能与巡游水平相关。为研究这些力在什么条件下相关，采用了轮胎—道路相互作用的完全 3D 模型进行研究。重要的有两个主要因素：

- 道路表面的摩擦特性(以动态摩擦系数表示，见图 6-49)；
- 轮胎上的荷载，即轮胎和道路之间的界面上是否作用有制动或拖曳。

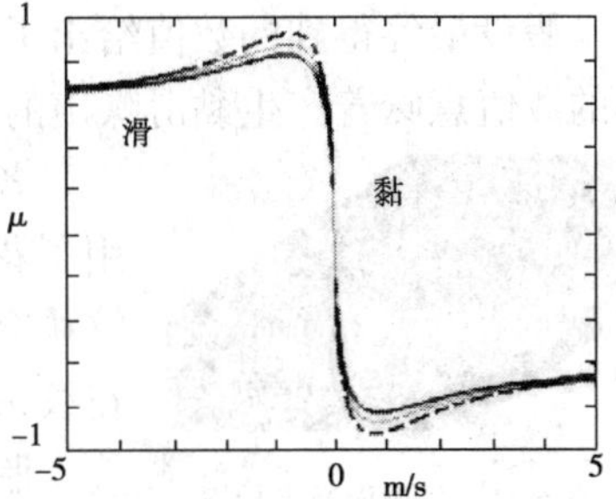

图 6-49　干摩擦的摩擦特性示意图。滑溜区域中斜率越陡，越可能出现黏滑噪声

图 6-50 显示了以摩擦系数为函数的垂直接触力和切向接触力。增大滑溜区中摩擦特性的斜率(也即减小表面上的微观构造)，动态切向力上升，同时垂直力也增大，尤其在 1 000Hz 以上的范围。可以认为，这种情况下，黏滑噪声变得更为突出。

这类计算，即便只是 2D，也要数小时的计算时间。另外，要获得以道路和轮胎组合为函数的摩擦特性的可靠数值十分困难。因此在 SPERoN 模型中，采用了不同的途径，基于了以下假设：

- 首先,假设表面的光滑度(涉及短粗糙度波长)是摩擦曲线性质的量度。
- 其次,假设黏滑只对花纹轮胎显著。行经接触区域时,由于预应力和花纹块的释放,可能出现显著的切向力。

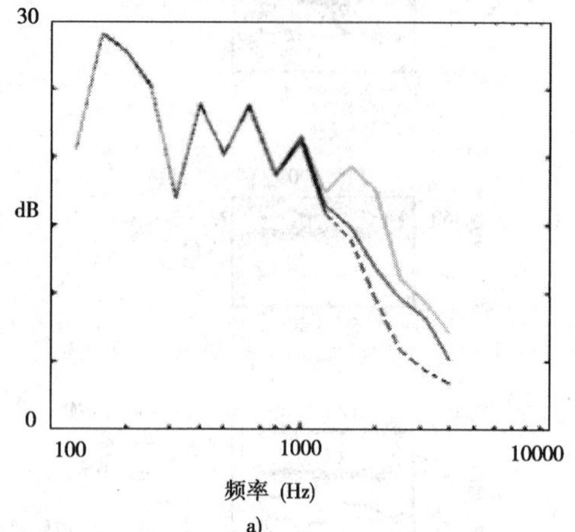

a)

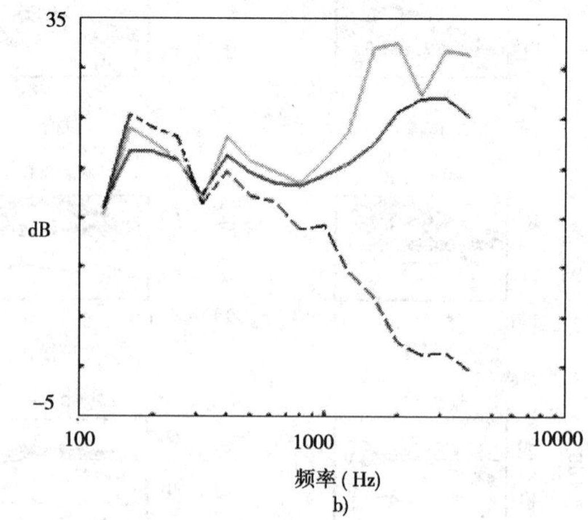

b)

图 6-50　不同摩擦特性情形下的垂直力与切向力

a)垂直力;b)切向力

- 第三,声音主要是各花纹块开始滑动时,空气突然位移而辐射出的。

道路的光滑意味着微观构造的缺乏。最理想的是直接测量微观构造。替代方案是在较低的空间分辨率下对表面性质进行测量估计。在这个模型下,可通过以下方式对既有的粗糙度进行扫描(以 1mm 的分辨率沿着轮迹实施)评估:

- 选择 0.1 m 长度的 10 个不同的斑区,
- 粗糙度的高通过滤(仅考虑波长小于 4mm 的粗糙度),
- 对所有十个样品进行平均,计算经过高通过滤后的粗糙度中的能量。

假设最终得到的数值给出了某一表面光滑程度的短波长量度,这个数值对摩擦十分重要。小的数值意味着产生黏滑噪声的高倾向性。高通过滤后粗糙度的能量命名为 X。

图 6-51　轮廓面激光扫描

各花纹块的行为很难用有计算效率的方式模拟。代之,这里采用了花纹变化产生的劲度函数。这一劲度函数描述了由于胎面花纹块突然释放产生的切向力激励。劲度函数由胎面花纹取得。该花纹采用激光扫描器测量,见图 6-51。

胎面轮廓的信息被转换为每个周向位置的总劲度。图 6-52 左上角显示了头 150 片的轮廓(一般周向被分为 750 或 1024 片)。图 6-52 右上角显示了这些片和水平实线。每一片都计算出了水平线以上的面积。想法是轮胎只在该区域上跑。滚动时可以称之为可见轮廓,如图 6-52 左下角所示。水平实线以上的区域给出了胎面归一化的劲度曲线,如果轮胎为光面,则为 1。图 6-52 显示了沿着周向劲度的波动,右下角代表胎面轮廓引发的轮胎激励。

用劲度函数的时序计算三分之一倍频程的功率谱 $G_{花纹}$。由于劲度函数时序的时间刻度依赖于滚动速度,因此该功率谱隐性地依赖于车速。

花纹块的突然移动导致轮胎结构的激励和空气的突然移位。当黏滑占主导时,实测噪声

的速度指数接近于“4”，这表明，是空气移位的后一机理，才是主导性的辐射机理。将它们汇集在一起，得到了摩擦和附着贡献的公式：

$$p_{摩擦}^{2}(f)=e(f)\cdot[G_{花纹}(f,U)\cdot\sigma\cdot X^{-1}]^{\varepsilon}U^{4} \tag{6-72}$$

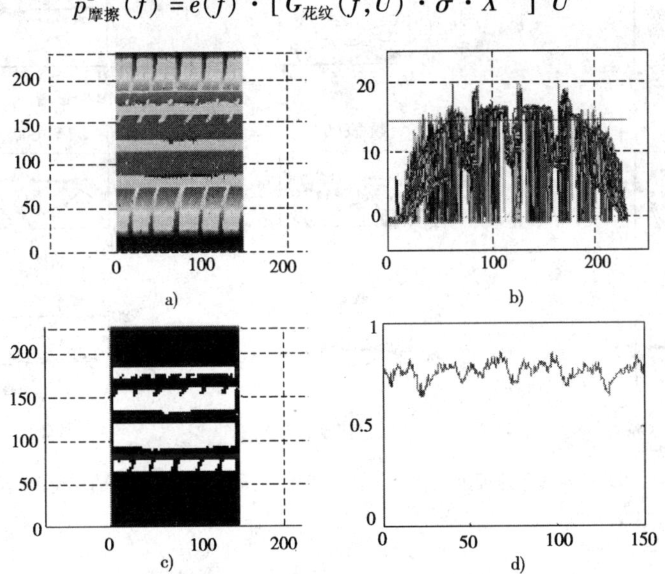

图 6-52　提取胎面轮廓劲度

a）借助激光扫描测得的头 150 片轮廓面；b）这 150 片轮廓面均指示出了滚动时接触到的橡胶数量（即水平实线以上的区域）；c）滚动时可见的轮廓面（白）；d）胎面轮廓产生的归一化胎面劲度的波动

这里 e 是未知的系数，ε 是未知的指数。流阻与 X 的比值乘以功率谱 $G_{花纹}$ 代表了声源强度。

摩擦/附着机理与非常光滑表面上的卡车轮胎相关。图 6-53 中，在 8 种不同表面上采用该（卡车轮胎）模型，其中表面 6 为非常光滑表面。大约 1 000Hz 以上，非常光滑表面的摩擦机理很显著。这种表面上，仅用气泵机理来解释滚动噪声是不够的。

6.4.2.2　回归模型

相互作用模型假设行驶车辆产生的声能排放包括五部分：轮胎振动声辐射产能，气流相关声源声辐射能，孔穴噪声，车辆源产能（例如车体空气动力学噪声），摩擦/附着噪声。这里的声能定义为在 CPB 测量位置（距车道中心 7.5 m，路表以上 1.2 m 高）得到的声压级。统计学模型中，假设总的声功率为各声功率各自贡献的函数：

$$p_{总}^{2}=f(p_{振动}^{2},p_{气流}^{2},p_{孔穴}^{2},p_{车}^{2},p_{摩擦}^{2}) \tag{6-73}$$

我们可假设这些贡献来自互不相关的声源，总的声功率是各自贡献的线性和。于是，这些声源对总声功率的贡献可描述为：

$$p_{总}^{2}=p_{振动}^{2}+p_{气流}^{2}+p_{孔穴}^{2}+p_{车}^{2}+p_{摩擦}^{2} \tag{6-74}$$

替换成声源表达式，得到如下总声能的表达式：

$$p_{总}^{2}=a\cdot F_{c}^{2}\sigma^{\alpha_1}B^{\alpha_2}s^{\alpha_3}+b\cdot(F_{c}^{2}\sigma^{-1.5}s^{-2})^{\beta_1}B^{\beta_2}U^{4}+c\cdot G_{花纹}^{\gamma_1}+d\cdot U^{\delta_1}+e\cdot(G_{花纹}\sigma X^{-1})^{\varepsilon}U^{4} \tag{6-75}$$

每部分声能（强度）由多元回归方程中的一项表示，每项包括依赖频率的系数（例如 a、b、c 等）、独立变量和指数。

客车轮胎噪声和卡车轮胎噪声的回归模型方程相同。不过，由于对每类轮胎，源项在总噪声中的相对重要性不一样,因此客车和卡车轮胎模型的频率依赖系数(a 到 e)是不一样的。

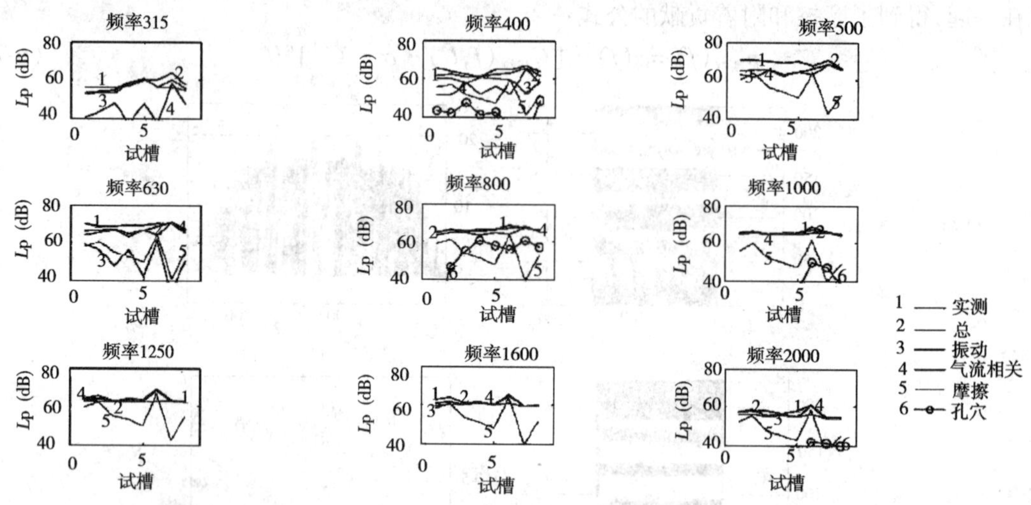

图 6-53　60 ~ 70km/h 速度范围下,不同道路表面不同声源机理对总的巡游声级的贡献

6.4.3　传播模型

6.4.3.1　模型输入:近似声功率级

(1)根据近场阵列的测量确定声功率级

为能使用传播模型,声功率和轮胎需要有方向性的量度。因此,用轮胎周围的麦克风阵列来测量滚动噪声。麦克风阵列包括位于轮胎周围的 11 个麦克风。麦克风位置的选择,应使得它能处于 CPX 正常测量位置的平面内。

为取得滚动轮胎辐射声功率的相关数值,需要有平均 11 个接收器位置近场声级的方法。如果采取所有麦克风的线性平均,则辐射到轮胎侧面的声音将取得更多的权重,因为麦克风更靠近轮胎。另外,麦克风间距不等,这样轮胎前后区域将取得更多的权重,因为这些地方布置了更多的麦克风。

这里采用的方法是,在包围噪声源的封闭区域上,对噪声级积分,可以用球、长方体或其他封闭表面进行包围。在这个封闭表面上,麦克风被放置于若干位置。将每个麦克风的噪声级 $L_{p,i}$ 乘以它在总表面中的各自面积 S_i,进行表面积分。N 个麦克风的声功率级由下式给出:

$$SPL = 10 \cdot \log_{10}\left(\sum_{i=1}^{N} S_i \cdot 10^{L_{p,i}/10}\right) \tag{6-76}$$

对于近场测量,采用图 6-54 所示的包围区域。每一个麦克风,区域 S_i 包括轮胎—道路接触区中心以上的半球部分,其半径等于到麦克风的距离。图 6-54 中,画出了麦克风 5、6、7 的球段,以给出该方法的一个概念。每段的边界通过麦克风的中部及其邻接麦克风。总面积受道路表面限制。为取得通过全部半球辐射的能量,假设轮胎两侧的辐射相等。于是,应以类似的方式,将球段延伸到 x/z 平面的对侧,或简单地将 S_i 面积乘以系数 2。

这种方式取得的结果不是真实的声功率级,因为只考虑了在轮胎周围特定水平面辐射的噪声。不过,这样取得的声功率相关量对向路侧辐射的声音是有代表性的,因此可被认为与声入射的评价相关。这个数值被称为入射相关声功率级。

采用所描述方法，任何麦克风布置都可取得入射相关声功率级。因此客车和卡车轮胎可以采用相同的传播模型，即便用于卡车轮胎近场测量的麦克风阵列与客车轮胎测量有所不同。而且，如果测量中一两个麦克风显示出异常，可以将其删除，通过调整剩余麦克风各自球段的尺寸，仍可重构声功率级。

所有麦克风在一个水平面上，声功率级未包括垂直方向的变化，稍后将给出修正。

(2)根据声功率级的计算结果反向传播

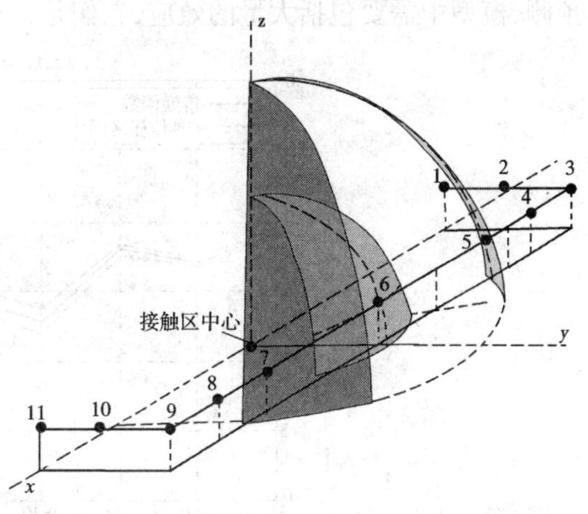

图6-54　估计声功率级的方法，球段上近场麦克风声级积分

由于SPERoN相互作用模型计算的是1.2 m高度处的路旁通过声级，因此在输入传播模型之前，必须根据这些结果计算相应的入射相关声功率级。这就需要确定根据SPERoN计算得到的结果同近场阵列测量结果导出的声功率级之间的关系。这个关系代表着所预测的轮胎通过声级的反向传播。由于SPERoN模型只以密实表面为基础，因此采用了荷兰Kloosterzande的密实ISO和SMA表面的声功率级测量结果进行此项分析。

产生声功率级的声源的精确方向是未知的。轮胎当然不能被视为点源：它的辐射模式远为复杂，并且还依赖于频率。对胎面上各位置多重声源的可能性进行了研究，并且在这些表面上(动态)划分了辐射声能，不过这没有增加精度。因此这里不再进一步探索。

在SPERoN模型中，从相互作用模型的结果到声源的传递函数基于了相互作用模型的预测结果和实测入射相关声功率级之间的统计关系，形式为

$$p_{SPL}^{2}(f)=H_{CPB\to SPL}(f)\cdot p_{SPERoN}^{2}(f) \tag{6-77}$$

最终的传递函数，以频率为函数绘制，连同平均值的95%信任区间，见图6-55。对于统计关系，采用密实Kloosterzande测试表面上实测的实际表面构造和流阻以$L_{A,\max}$值计算SPERoN结果，用上节介绍的方法由近场测量值估计SPL水平。分析中包括了五种密实表面(ISO，4 × SMA 0/6到0/16)上所有客车轮胎的测量。于是，传递函数中包括了：

- 轮胎(未知的)辐射模式，
- 轮胎到路旁声场的几何扩展产生的衰减，
- (完全反射)表面的作用，
- 整车(四条轮胎)的$L_{\max}$向单轮胎的L_{eq}的转换。

6.4.3.2　声吸收对声功率级的影响

(1)包括的效应

为研究道路表面吸声对轮胎辐射噪声的衰减作用，在若干密实和多空隙的路面上实施了一系列的静态传播测量。采用真实轮胎的实体模型，在这些测量中包含了轮胎—道路几何形状的声放大，即“喇叭”效应，以及这种声吸收作用的减弱。图6-56中，给出了测量中使用的声源与接收器的位置。

对这些传播进行测量，分析得到的结果，可以看到，为了获得道路表面对传播影响的正确

预测,模型中需要包括大量的效应,它们是:

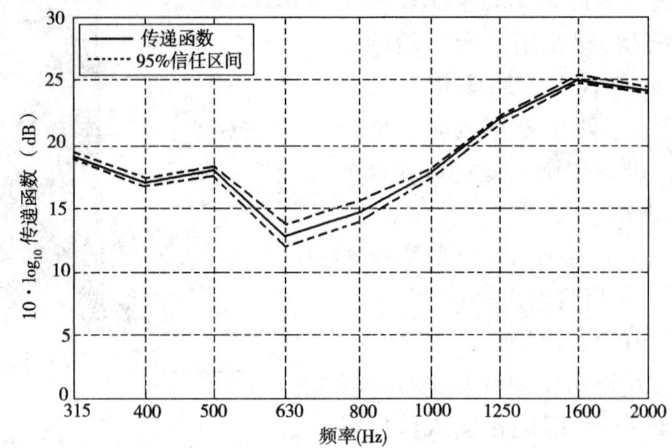

图 6-55 基于统计分析,SPERoN 模型向入射相关声功率级的传递函数

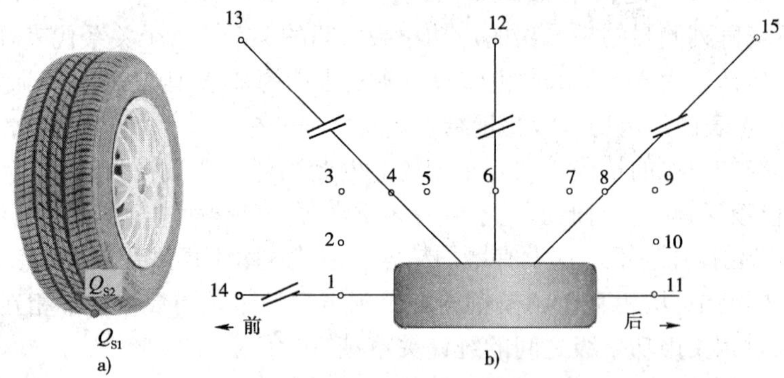

图 6-56 传播模型的声源与接收器布置

a)轮胎上两声源的位置;b)11 个近场与 4 个远场接收器位置

- 道路声吸收产生的噪声衰减在最大吸声系数附近的频率处为最大值;
- 两条曲线之间存在频率迁移:特定频率(例如 $f_{\alpha,\max}=800\text{Hz}$)下垂直入射测得的声吸收,在传播测量的衰减曲线中发现处于了较高频下(900 ~ 1 000Hz);
- 800 与 1600Hz 之间的频率范围中,声吸收更为有效,因为喇叭效应在低频和高频下不存在;
- 吸声作用依赖于声源与接收器的位置。

(2)模拟吸声作用

根据传播测量得到的结果,显然,道路表面的声吸收导致接受器的声级在特定频率处下降。因此采用垂直入射下测得的一般声吸收谱,作为传播模型的输入参数。不过,传播路径中出现降噪的频率,略高于声吸收达到最大值时的频率(见图 6-57)。频率迁移是过去模型研究中观察到的一个物理现象:吸声作用依赖于辐射声场与道路表面的入射角度。

将整个吸声曲线沿频率向前迁移一特定系数 f_{sh},再将吸声系数乘以特定的放大因子 A,就得到了传播的作用:

$$\Delta L_p = A \cdot \alpha\left(\frac{f}{f_{sh}}\right) \tag{6-78}$$

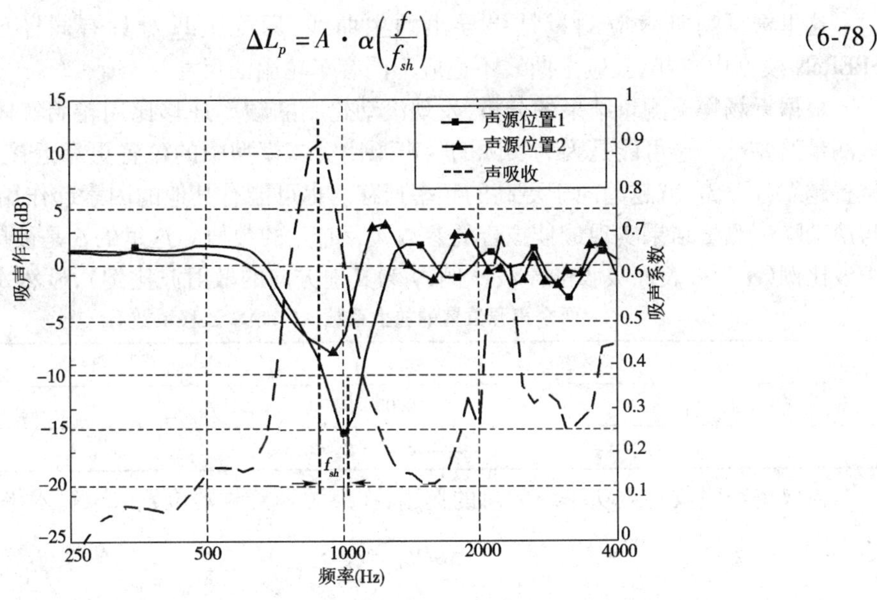

图 6-57　轮胎实体模型中两个麦克风位置模拟的吸声作用与测量频率的关系——对应 50mm 的双层多空隙沥青路面；黑虚线显示的是吸声系数

这是一两参数（A 与 f_{sh}）模型，参数可由对传播的测量确定。不过，在喇叭效应不太强的低频或高频范围，声吸收不太有效。因此，SPERoN 传播模型采用了下面的表达式：

$$\Delta L_{p,i,j} = A_{i,j} \cdot H_{\text{喇叭},i}(f) \cdot \alpha\left(\frac{f}{f_{sh,i}}\right) \tag{6-79}$$

这里引入了权重曲线或主曲线 $H_{\text{喇叭}}(f)$，以频率为函数表示了喇叭效应的强度。索引 i 表示了轮胎上的声源位置，索引 j 表示了测量阵列上的接收器位置。这个主曲线的刻度从 0 到 1，由密实表面上轮胎实体模型测量值的平均数决定。它依赖于声源的位置 i，也就是声源进入喇叭的深度。图 6-58 给出了胎面上距接触区中心 10 和 15cm 的声源位置处，头六个位置近场接收器 1 到 6 的曲线，其中还包括了每个声源位置的最终 $H_{\text{喇叭},i}(f)$ 曲线。

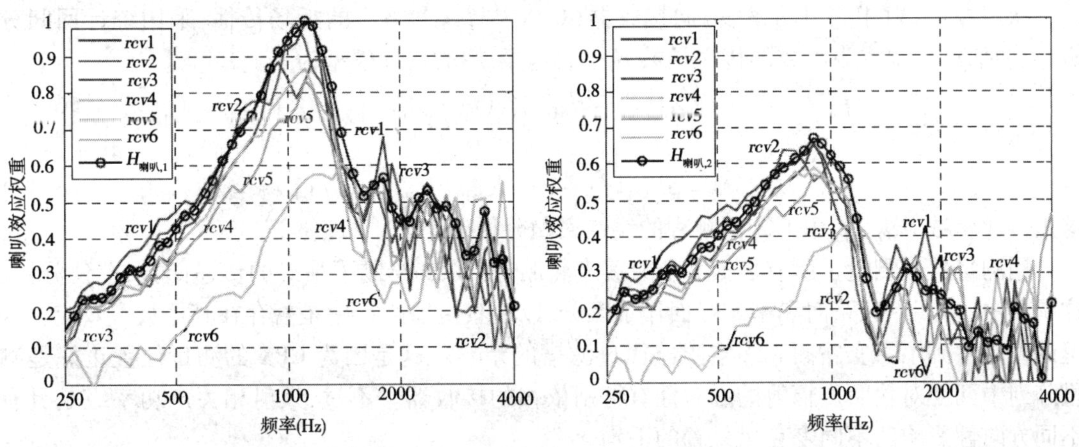

图 6-58　距轮胎—道路接触区 10cm 的声源位置 1（左）和 15cm 的声源位置 2（右）的喇叭效应主曲线，对应近场接收器位置 1 到 6 和平均刻度的权重曲线 $H_{\text{喇叭}}$

这里根据喇叭效应测量结果导出的主曲线,原则上只对具有同样尺寸的轮胎有效。SPERoN 模型中,喇叭效应主曲线不适应不同客车轮胎的尺寸。

根据近场噪声测量结果的分析,发现滚动轮胎的频率迁移比用轮胎实体模型静态喇叭效应测量的要高。这可能是因为实际的噪声源比实体模型中的位置更靠近接触区中心的缘故,位置越靠近道路,就越趋向于更高的频率迁移。也可能有其他的因素起作用。表 6-30 给出了与滚动噪声测量结果实现最佳拟合的参数 $A_{i,j}$ 和 $f_{sh,i}$ 的数值。这里的 β 是被接收器接收的散射声波比例(α 为被表面吸收的声波比例,γ 为其他方向的散射波比例),显然 A 为负值。

两个声源位置的放大系数 A 和频率迁移系数 f_{sh} 表 6-30

	A	f_{sh}
低声源	$0.09 \cdot \beta - 18$	1.30
高声源	$0.09 \cdot \beta - 16$	1.25

为取得声吸收对声功率级的总的作用,在声源和接收器位置采取算术平均:

$$\Delta SPL_{\alpha} = \frac{1}{12}\sum_{i=1}^{2}\sum_{j=1}^{6}\Delta L_{p,i,j} \tag{6-80}$$

公式(6-80)是吸声作用过滤器的一个数学表示,描述了密实表面上和吸声表面上普通轮胎声辐射之间的差别。

6.4.3.3 从声源向接收器的传播

采用反向传播过滤器和吸声作用过滤器,根据 SPERoN 相互作用模型的成果,可以估计包括多空隙路面在内的任何表面上任何轮胎的声功率级。一旦拥有了声功率级,就可以计算接收器位置的声压级。这里要给出的是以下结果:

- CPX 内部位置处的 $L_{A,eq}$ 水平,是前后麦克风的平均,
- 距道路车道中心 7.5 m 的 SPB 位置的 $L_{A,\max}$,有三个高度:1.2 m、3.0 m 和 5.0 m。

这意味着 SPERoN 框架中需要一个传播过滤器模块,描述声音从轮胎向这些接收器位置的传递。

(1)向 CPX 内部位置的传播

从声源(入射相关声功率级)向接收器(CPX 内 $L_{A,eq}$ 水平)的近场传播,采用统计回归分析,以便估计以频率为函数的传递函数 $H_{SPL\to CPX}$。采用的统计模型为

$$p_{CPX}^{2}(f) = H_{SPL\to CPX}(f) \cdot p_{SPL}^{2} \tag{6-81}$$

或:

$$L_{A,eq}(f) = SPL_{A}(f) + 10 \cdot \log_{10}[H_{SPL\to CPX}(f)] \tag{6-82}$$

这里传递函数 $H_{SPL\to CPX}$ 用 1/3 倍频程的线性回归分析确定。

用测量挂车测量了所有表面和所有客车轮胎,图 6-59 绘制了最终的传递函数,单位分贝。这幅图中,对多空隙路面和密实路面作了区分,以观察传播路径中是否存在其他吸声效应。这里的确观察到了密实路面和多空隙路面过滤谱的差异。这是因为 CPX 的测量位置正好是测量阵列中两个对轮胎声辐射的方向性有特别依赖的接收器。不过,入射相关声功率级是具有不同方向性影响的不同麦克风位置的平均。

从过滤图看,传递函数的差异很小,特定的频程最大也只有 0.5dBA,因此不对吸声作另外的修正。由声功率级计算 CPX 水平,采用所有表面的平均值。

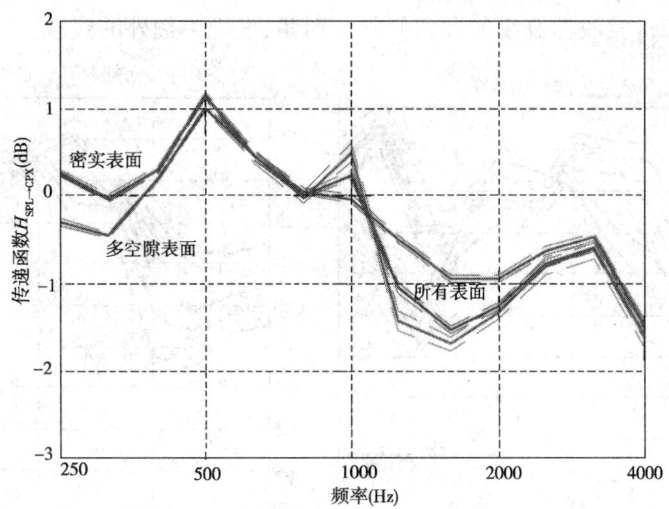

图6-59　所有表面、密实表面和多空隙表面，以频率为函数，声功率级向CPX内水平的传递函数；虚线表明平均值周围95%的信任区间

(2)向SPB接收器位置的传播

入射相关声功率级向高度1.2 m、3.0 m、5.0 m，距车道中心7.5 m的路旁接收器位置的传递函数，采用与CPX内部接收器位置类似的方法。采用的统计模型为：

$$\vec{p}^{\,2}_{SPB}(f)=\begin{pmatrix}p^2_{SPB,1.2\mathrm{m}}\\ p^2_{SPB,3.0\mathrm{m}}\\ p^2_{SPB,5.0\mathrm{m}}\end{pmatrix}=\begin{pmatrix}H_{SPL\to SPB,1.2\mathrm{m}}(f)\\ H_{SPL\to SPB,3.0\mathrm{m}}(f)\\ H_{SPL\to SPB,5.0\mathrm{m}}(f)\end{pmatrix}\cdot p^2_{SPL}=\vec{H}_{SPL\to SPB}(f)\cdot p^2_{SPL}(f) \tag{6-83}$$

或：

$$\vec{L}_{A,\max}(f)=SPL_A(f)+10\cdot\log_{10}(\vec{H}_{SPL\to SPB}(f)) \tag{6-84}$$

这里传递函数集合$\vec{H}_{SPL\to SPB}(f)$对应了每个接收器高度，用1/3倍频程的线性回归分析确定。图6-60显示了所有道路表面以及多空隙和密实路面每个接收器高度的最终传递函数。

图6-60中，多空隙表面的传递函数与密实路面没有多大的不同，除了1.2m的高度。这个接收器高度上，在高于500Hz的区域中，多空隙表面的衰减高于密实表面。图6-61中，绘制了两种多空隙表面与所有密实表面平均值传递函数的差异。可以看出，多空隙路面与密实路面之间传递函数的差异与吸声曲线是相关的。下面解释控制这种现象的物理学原理。

为研究作为麦克风高度函数的吸声作用，绘制了多空隙表面吸声作用对传播的影响。采用的是点到点传播模型。研究结果示于图6-62中。垂直轴上，为特定多空隙沥青表面计算的传递函数的绝对值与密实表面之间的差值。水平轴上，绘制了频率和路旁接收器的高度。

于图可见，吸声作用依赖于接收器的位置：低的接收器位置(<2m)比高的接收器位置大得多。前期本构吸声模型的研究表明，吸声作用的大小依赖于入射角，最大作用出现在非常倾斜(相对于垂直的角度>75°)的入射上。

基于距离道路10cm高度的近场麦克风阵列的位置，计算了入射相关声功率级，作为传播模型的输入。这个阵列，麦克风的入射角大致等于3.0 m路旁位置的入射角。根据图6-62，这个入射角的吸声作用小于1.2m的SPB接收器。因此，由于声源的吸声作用组合到了声功率级中，于是对应1.2m接收器高度的非常倾斜入射角，发现了额外的衰减。

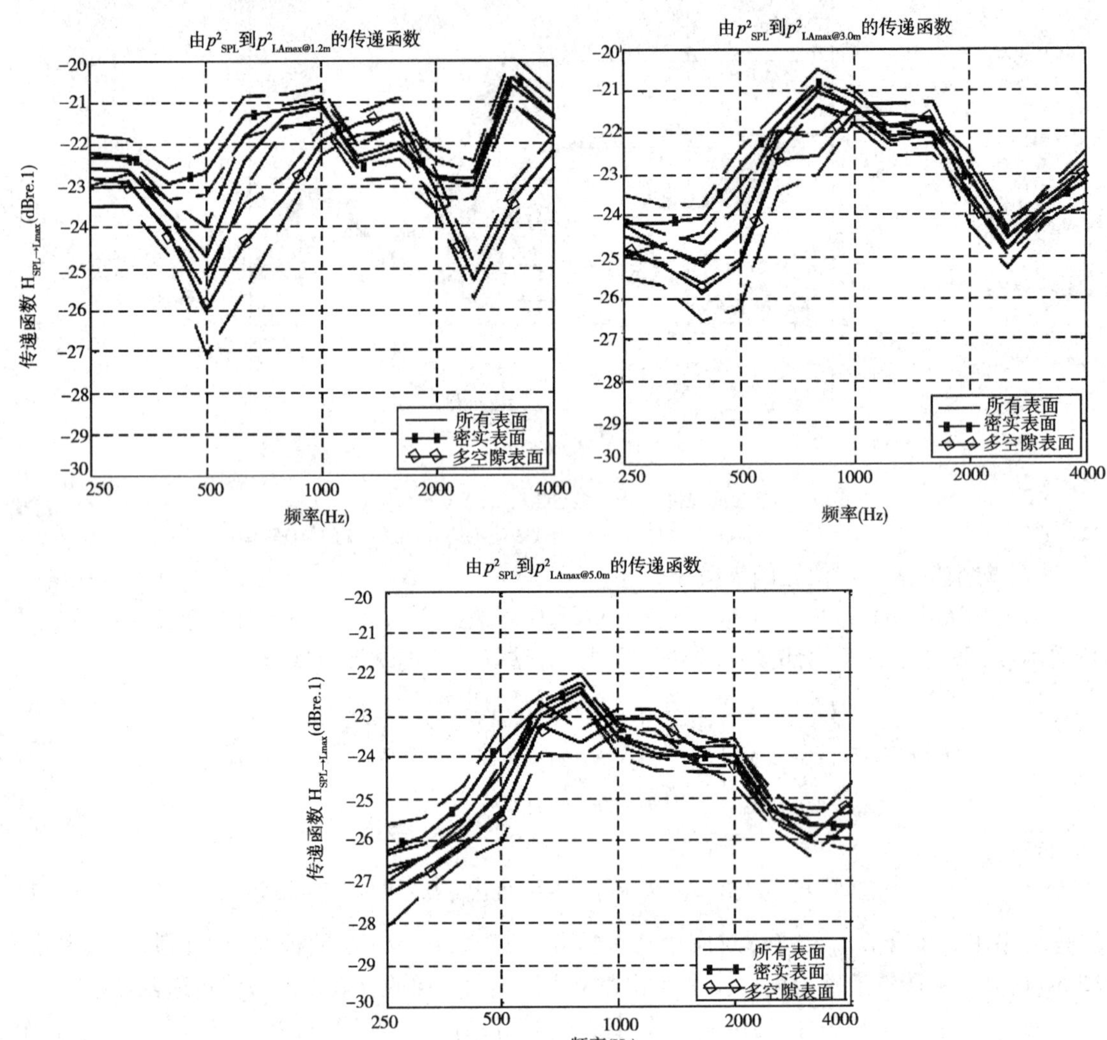

图6-60 轮胎声功率级向CPB测量得到的$L_{A,\max}$的传递函数，虚线显示均值周围95%的信任区间

基于点到点吸声模型和五种表面实施的CPB测量，单独为1.2 m接收器高度推导了声吸收的额外修正：

$$\Delta L_{A,\max,1.2\,m}(f) = -5.0 \cdot \alpha_0(f) \tag{6-85}$$

这里$\alpha_0(f)$是垂直入射吸声系数。

6.4.3.4 传播模型的验证——声功率级的吸声作用

公式(6-80)得到的吸声作用ΔSPL_α无法直接验证，只能比较不同的多空隙路面与密实路面的计算结果与实测值的差异。

图6-63示出了验证实例。图中，比较了两对道路表面，为了排除构造波动产生的噪声差异，取表面构造相同。下面两幅图的实线和虚线分别表示两种表面的实测声功率级。现在从第一种表面中扣除ΔSPL_α，得到点线，再加上另一表面的ΔSPL_α，得到圆圈点线。于是，这条线

代表着用上面介绍的模型,对吸声差值修正后,基于某一表面的声功率级,对另一表面声功率级的估计。

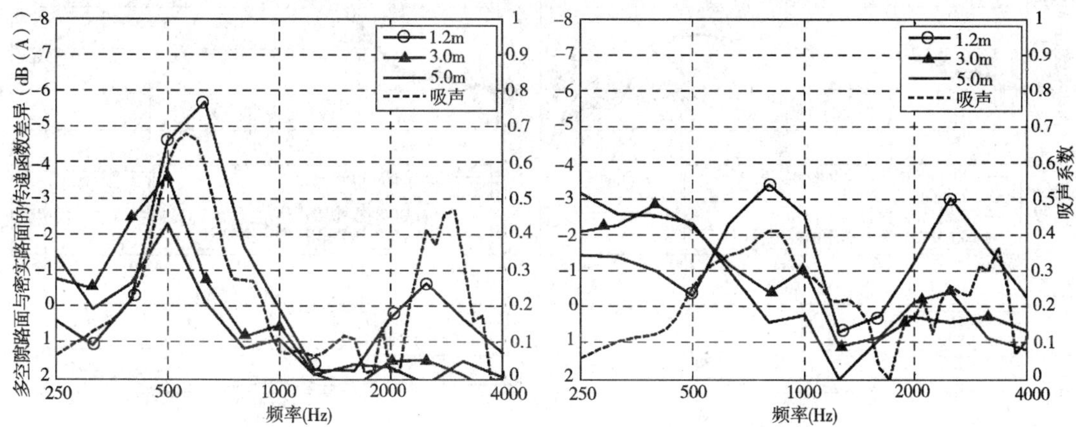

图 6-61　两种多空隙沥青路面[左:上层 25mm PAC 8/11,下层 45mm PAC 11/16;右:上层 25mm PAC 2/4,下层 25mm PAC 8/11]向远场传播的吸声作用——每个 SPB 高度下,相对所有密实路面平均的传递函数差异(SPL→SPB)

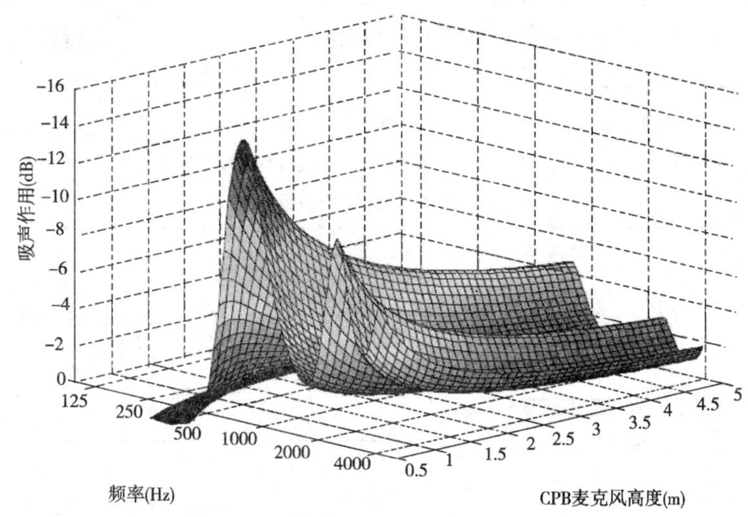

图 6-62　以频率和接收器麦克风高度为函数的,吸声对向远场点到点传播的模拟影响

从图 6-63a)看出,吸声模型非常适合于这两种表面。它们具有同样的表层,仅总厚度有差异(25 对 50mm),因此,估计构造和气流诱导的噪声是一样的,其差异可由吸声模型解释。图6-63b)中,将多空隙表面与密实的 SMA 0/8 相比较。看到,吸声模型解释了两种表面之间差异的一部分,但还存在一定的差异。剩余的差异最可能由气流诱导的噪声进行解释,因为 SMA 表面的流阻远高于多空隙沥青混凝土。

6.4.4　DEUFRAKO 模型

模型的主要目标是尽可能地模拟真实的道路布局,计算每种情形下由于地面、地形和气象作用(借助于风速梯度$\partial c/\partial h$)而产生的额外的衰减。这些布局归纳于表 6-31 中及相应的图 6-64 ~ 图 6-67。

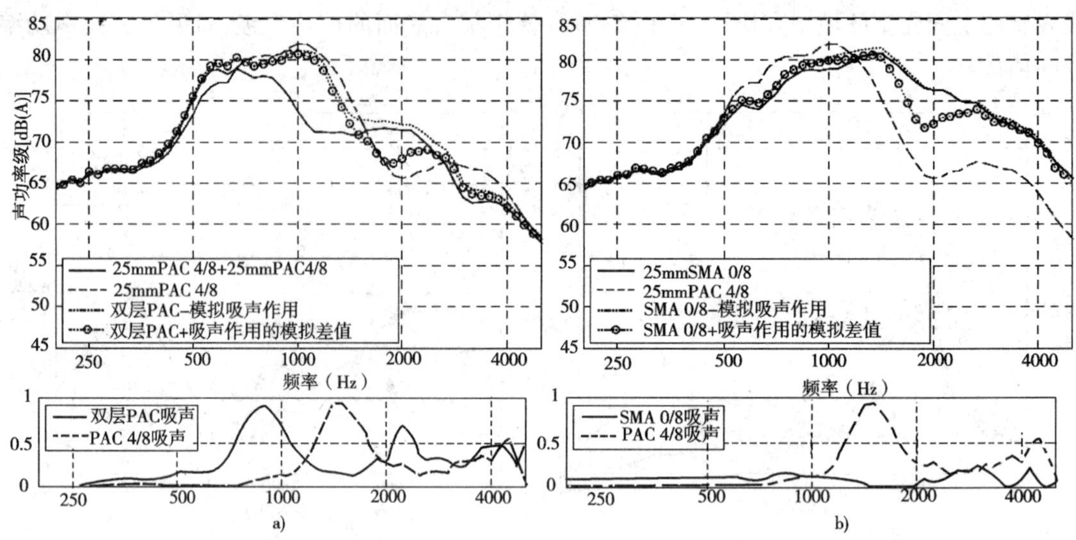

图 6-63　实测声功率级和模拟吸声作用(采用了 Michelin Energy 195mm 轮胎)

对于模型中计算的所有布局,局部反应表面,由 Delany 和 Bazley 单参数(σ)模型估计地面声阻;对于多空隙路面,由现象学三参数(σ,Ω 和 K)模型估计。σ 为流阻,Ω 为空隙率,K 为迂曲度。考虑以下的特性参数:

- 对草:$\sigma = 200\ \text{kN}\cdot\text{s}\cdot\text{m}^{-4}$;
- 对多空隙沥青(PA):$\sigma = 10\ \text{kN}\cdot\text{s}\cdot\text{m}^{-4}$,$\Omega = 25\%$,$K = 3.5$。

道路几何布局和计算假设　　表 6-31

情形编号	几何布局		计算假设
1-a(基准)	R S	• 平坦均质地面 • 短距离	• $Z\to\infty$;Z(grass)和 Z(PA) • $h_R = 1.20$ m,$d(S, R) = 7.50$ m • $\partial c/\partial h = 0$
1-b	R S	• 声阻不连续的平坦与混合地面 • 短距离	• $Z_1\to\infty$ 和 $Z_1 = Z$(PA);$Z_2 = Z$(grass) • $h_R = 1.20$ m,$d(S, R) = 7.50$m • $d(S, \text{disc}) = 4$ m • $\partial c/\partial h = 0$
1-c	R S	• 平坦均质地面 • 长距离	• $Z\to\infty$;Z(grass)和 Z(PA) • $h_R = 2$ m,$d(S, R) = 200$ m • $\partial c/\partial h = 0$ 和 $\partial c/\partial h > 0$
1-d	R S	• 声阻不连续的平坦与混合地面 • 长距离	• $Z_1\to\infty$ 和 $Z_1 = Z$(PA);$Z_2 = Z$ (grass) • $h_R = 2$ m,$d(S, R) = 200$m • $d(S, \text{disc}) = 4$m • $\partial c/\partial h = 0$ 和 $\partial c/\partial h > 0$

续上表

情形编号	几何布局		计算假设
2-a		• 上坡和均质地面	• $Z \to \infty$ • $h_R = 2\text{m}$/接收者水平 • $d(S, \text{slope}) = 4\text{m}$ • $h_{\text{slope}} = 1.5\text{m}, \theta = 8°$ • $d(S, R) = 50\text{m}, \partial c / \partial h = 0$ • $d(S, R) = 100\text{m}, \partial c / \partial h > 0$
2-*b*		• 上坡和声阻不连续的混合地面	• $Z_1 \to \infty$ 和 $Z_1 = Z(\text{PA}); Z_2 = Z(\text{grass})$ • $h_R = 2\text{m}$/接收者水平 • $d(S, \text{slope}) = 4\text{m}$ • $h_{\text{slope}} = 1.5\text{m}, \theta = 8°$ • $d(S, R) = 50\text{m}, \partial c / \partial h = 0$ • $d(S, R) = 100\text{m}, \partial c / \partial h > 0$
3-a		• 下坡和均质地面	• $Z \to \infty$ • $h_R = 2\text{m}$/接收者水平 • $d(S, \text{slope}) = 4\text{m}$ • $h_{\text{slope}} = 1.5\text{m}, \theta = 8°$ • $d(S, R) = 50\text{m}, \partial c / \partial h = 0$ • $d(S, R) = 100\ \text{m}, \partial c / \partial h > 0$
3-b		• 下坡和声阻不连续的混合地面	• $Z_1 \to \infty$ 和 $Z_1 = Z(\text{PA}); Z_2 = Z(\text{grass})$ • $h_R = 2\text{m}$/接收者水平 • $d(S, \text{slope}) = 4\text{m}$ • $h_{\text{slope}} = 1.5\text{m}, \theta = 8°$ • $d(S, R) = 50\text{m}, \partial c / \partial h = 0$ • $d(S, R) = 100\text{m}, \partial c / \partial h > 0$
4-a		• 隔音墙和均质地面	• $Z \to \infty$ • $\partial c / \partial h = 0$ • $h_R = 3\text{m}$ 和 $h_{\text{barrier}} = 2\text{m}$ • $d(S, \text{barrier}) = 4\text{m}$ • $d(\text{barrier}, R) = 40\text{m}$
4-b		• 隔音墙和声阻不连续的混合地面	• $Z_1 \to \infty$ 和 $Z_1 = Z(\text{PA}); Z_2 = Z(\text{grass})$ • $\partial c / \partial h = 0$ • $h_R = 3\text{m}$ 和 $h_{\text{barrier}} = 2\text{m}$ • $d(S, \text{barrier}) = 4\text{m}$ • $d(\text{barrier}, R) = 40\text{m}$

注:Z 为地面阻抗,Z_1 为前一部分阻抗,Z_2 为后一部分阻抗,S 为声源,R 为接收者,h_S 为声源高度,h_R 为地面以上的接收者高度,$d(S, R)$为声源与接收者之间的距离。disc 为不连续点,slope 为坡度,barrier 为声屏障。

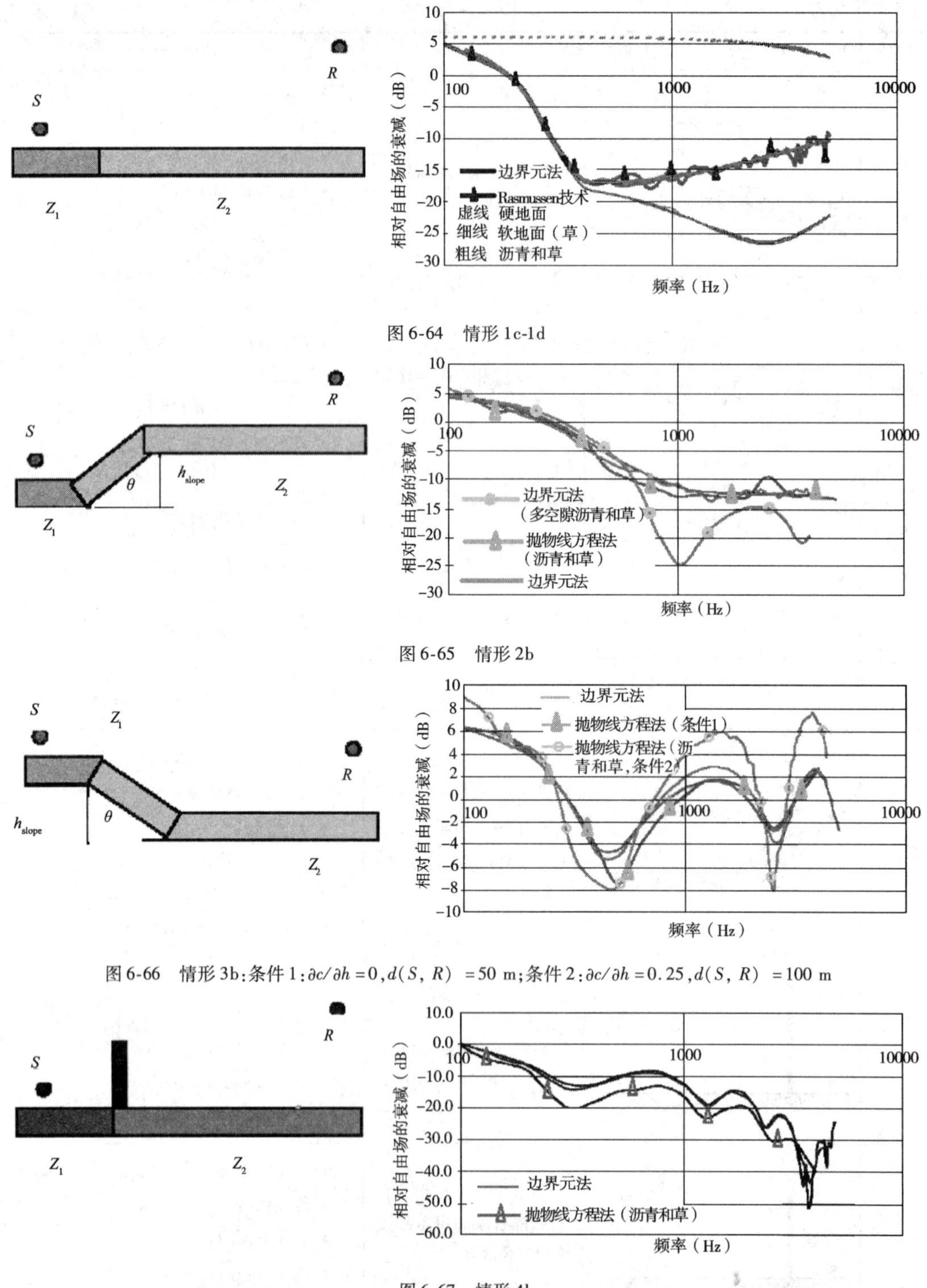

图 6-64 情形 1c-1d

图 6-65 情形 2b

图 6-66 情形 3b：条件 1：$\partial c/\partial h=0$，$d(S, R)=50$ m；条件 2：$\partial c/\partial h=0.25$，$d(S, R)=100$ m

图 6-67 情形 4b

所有计算中，某一条道路的交通噪声，均取 h_S 等于 0.05 m 作为代表，$T=20℃$。至于气象条件，$\partial c/\partial h>0$ 对应有利的传播条件，主要出现在夜间。依赖于几何布局和计算的收敛性，

$\partial c/\partial h$取0.15和0.25之间,这对应着相当强烈的作用。

依赖于情况的复杂性,根据几何和微气象观点,可以采用若干理想方法。简单情形(1a、1b、1c和1d),适用于分析模型。更为复杂的情形(2到4),需要数字方法。

6.4.4.1 分析模型

这些方法是以光线跟踪理论为基础的。将声场分为三项:声源与接收器之间的直达波,地面上的反射波和表面波。在吸声平面上存在全向点源的情形中,吸声平面的归一化表面阻抗为$Z(f)=\zeta(f)/\rho c$(ζ和ρc分别代表地面的特性阻抗和空气的阻抗),则接收点R的声压级可借公式(6-86)得到:

$$\frac{p}{p_0}=\frac{A_d}{r_d}e^{ikr_d}+Q\frac{A_r}{r_r}e^{ikr_r} \tag{6-86}$$

这里$k=\omega/c$,为空气中波数,ω为$2\pi f$,f是频率,c是声速。r_d和r_r分别是声源与接收者以及虚声源与接收者之间的距离。A_d和A_r分别是直达波与反射波的振幅,这里假设它们具有$e^{-i\omega t}$的时间依赖性。Q是由表面阻抗$Z(f)$估计的平面波反射系数的球反射系数函数。根据这些假设,许多情形下,某一平面上的声能由其归一化阻抗Z描述,对均质的传播条件($\partial c/\partial h=0$),可由公式(6-87)表示:

$$<p^2>=\frac{[A_d]^2}{r_d^2}+|Q|^2\cdot\frac{[A_r]^2}{r_r^2}+\frac{2|Q|A_dA_r}{r_dr_r}\times\cos[\omega(\tau_r-\tau_d)+\mathrm{Arg}(Q)] \tag{6-87}$$

这里$\tau_{r,d}=r_{r,d}/c$。

在有利的传播条件($\partial c/\partial h>0$)下,声波向下弯曲。依赖于距离和$\partial c/\partial h$的数值,有若干波线可到达接收者,使得声能显著增加。该条件下,此声能由下公式表示:

$$<p^2>=\sum_{i=1}^{N}\frac{A_i^2\cdot|Q_i|^2}{r_i^2}+2\sum_{i=2}^{N}\sum_{j=1}^{i-1}\frac{A_i|Q_i|\cdot A_j|Q_j|}{r_ir_j}\times\cos\left[\omega(\tau_j-\tau_i)+\mathrm{Arg}\left(\frac{Q_j}{Q_i}\right)\right] \tag{6-88}$$

当混合地面呈现出阻抗不连续时,采用另外的方法。最适合本问题的其中一种方法是由K. B. Rasmussen开发的。它以Green公式为基础。尽管计算时间很长,但这种方法比半经验的公式无疑更为准确。

6.4.4.2 数字模型

可用不同的方法来计算大气中的声传播。一种是基于边界元公式,还有一种是采用抛物线方程。用边界元法(BEM)来解答均质无折射大气中的声传播方程是相当准确的,但当传播距离很大,并且处于高频时,计算量很大。BEM的另一优点是它能处理非常复杂的形状,如具有不规则轮廓面的地面,以及诸如隔音墙这样复杂障碍的存在。而抛物线方程似乎最适合于解答同时具有折射和湍流的大气中,具有地形不规则性的混合地面以上的声传播问题。

(1)边界元法

该方法寻求仅由区域边界定义的以下方程的数字解答。其实,波方程的解答也是下方程的解答:

$$\frac{1}{2}p(\overrightarrow{x})=\int_{\partial\Omega}\left[\frac{\partial G(\overrightarrow{x},\overrightarrow{y})}{\partial n_y}p(\overrightarrow{y})-G(\overrightarrow{x},\overrightarrow{y})\frac{\partial p(\overrightarrow{y})}{\partial n_y}\right]d\Gamma+p_{inc}(\overrightarrow{x}) \tag{6-89}$$

这里$p(x)$是流域边界的未知声压,G是该问题的Green统一函数,$p_{inc}(x)$是自由空间声源产生的入射声压,如果边界为刚性,或者边界由阻抗关系定义,则有$\partial p/\partial n=i\rho\omega v$,前者速度为0,后者由

$v=p/Z$ 给出。公式6-89离散化后,在以下形式下取得一线性体系:

$$KP=F \tag{6-90}$$

该线性体系的解答给出了边界上声压 p 的离散值,最后得到整个流域内的声压。

(2)抛物线方程法

对于户外声传播的数字模拟,采用有效声速的近似,将风的矢量效应考虑在内,导出了抛物线方程。为此,采用了Ostashev等人(1997年)和Dallois等人(2001年)建立的2D特殊抛物线方程,确实保持住了速度介质的矢量性质。

$$\left[\Delta+k^2(1+\varepsilon)-\sqrt{1+\varepsilon}\frac{2ik}{c}v\cdot\nabla+\frac{v_xv_z}{c^2}\frac{\partial^2}{\partial_x\partial_z}\right]p(r)=0 \tag{6-91}$$

这里 p 是声压,ω 是脉动,$k=\omega/c$,$\varepsilon=[c_0/c(r)]^2-1$ 为标准折射指数的变异,x 和 z 分别是水平和垂直方向,v 代表介质的速度。至于边界条件,地面被认为是局部反应的表面,具有由Delany和Bazley模型确定的复数阻抗。但不巧的是,多空隙路面的阻抗模型,采用这种技术至今仍无法实现。在非平坦地形时,可以用连续平坦域进行模拟,在域跳跃的地方,让坐标体系(x, z)旋转,使 x 轴始终保持平行于每个域的地面。至于传播介质,假定风和温度的垂直断面在每个域是恒定的,具有对数的形状。这就使得能用以下表达式书写有效的垂直声速断面 c_{eff}(m/s):

$$c_{eff}(z)=c_0\left(1+\frac{1}{2}\frac{T_0}{273.15}\right)+\left[\frac{1}{2}\frac{c_0}{273.15}a_T+\cos(\theta)a_v\right]\ln\left(\frac{z-z_0}{z_0}\right) \tag{6-92}$$

这里 z_0 是粗糙度参数,a_T 和 a_v 分别是对应温度和风的折射参数。T_0(K)是基准温度($T_0=293.15$ K),c_0(m/s)是同一温度下的基准速度(例如 $T_0=293.15$ K时,$c_0\approx344$ m/s),θ 是风向和传播方向的夹角。

6.4.4.3 不同方法之间的比较结果

图6-64~图6-67展示了相对于自由场的多余衰减的比较,对应于表6-31中的情形。

根据这些图,可以看到,所有方法都有给出一致结果的可能性。唯一的差别是声屏障的抛物线方程法,必须考虑在屏障上将声压设定为零,这类似于考虑完全吸声的屏障。BEM不需要这个限制性假设。还可注意到图中多空隙沥青的影响和较大距离处声速垂直正梯度的影响。

6.5 小结与讨论

排水性沥青路面声学设计的目的有两个,一是设计声学性能优化的排水性沥青路面,这涉及了诸多影响其声学效益的因素,还有与其他声学模型的结合,如最大公称粒径越小,降噪效果越显著,因此相比普通排水路面,小粒径薄层排水性沥青路面具有更优异的降噪作用;又如空隙率越大,降噪作用越突出,这也是如今排水性沥青路面向20%以上空隙率发展的主要原因之一;还有,路面劲度越接近轮胎劲度,轮胎激励噪声越低,这使得橡胶沥青排水路面和多孔弹性路面等的应用越来越广泛,可以这样说,随着对排水路面降噪因素越来越深入的挖掘,新型的排水路面还会更多地涌现。而双层排水路面、悦耳路面、生态科技路面等以排水路面为基础的其他新型降噪路面的出现,则是亥姆霍兹共振器等声学模型向排水路面的移植。

声学设计的第二个目的是评价已有排水路面的降噪性能。按照SILVIA项目的建议,这种

评价分为两类,一类是对不同路面的标识,或者说是不同声学性能路面的区分,将路面按声学性能进行分类;第二类是生产符合性论证,也就是,譬如,从声学分类上,认为排水路面具有一定的降噪效果,但具体施工的排水路面,其施工质量是否达到了设计时的声学效益预期。这里最重要的是现场测量方法和比较基准。现场测量方法大致分为路旁法与近场法,路旁法受背景噪音和周围声反射环境的影响较大,作为不同路面的比较应用较困难,近场法目前国际上还未能有效统一,不过,美国的 OBSI(车载声强法)有越来越普及的趋势。而比较基准,也是目前很不统一的地方。如美国以水泥混凝土路面作为基准路面,而欧洲多以一定粒径的密实路面作为基准路面。我国很多的噪声报道缺乏基准,或者以排水路面铺之前的老路面为基准,这样排水路面的噪声性能得不到客观评价,因为沥青路面的噪声性能会随时间而变差,以噪声性能已经变差的旧路面为基准,对新修排水路面的噪声性能会高估。

声学设计的标准与地方的具体政策有关,也与道路的周边环境有关。值得注意的是,如果某一道路有比较严格的噪声标准,通常不能单靠排水性沥青路面达到,而是必须结合隔音墙等其他措施组合实现。如果是某一国家的普遍噪声控制行为,还应与车辆本身噪声的降低与静音轮胎的使用相结合。从这一层意义上讲,美国专家认为排水性沥青路面能缩短隔音墙的高度,这种说法可能更现实些。如果单靠路面本身,需要依赖双层排水路面、多孔弹性路面等价格更为高昂的方案。

排水性沥青路面本身的声学性质,以垂直入射吸声系数最为常用,要注意的是,吸声系数不仅依赖于频率,还依赖于入射角。在声学模型中,流阻也是一重要参数。不过,需要注意的是,SPERoN 的气流相关机理模型中,采用的流阻概念与作为材料内在属性的流阻概念并不一致,前者与具体的轮胎—道路界面相关,而后者仅与道路材料相关。

排水性沥青路面噪声产生与传播的控制方程或模拟方程,本章主要给出了 SPERoN 的核心与德/法 DEUFRAKO 模型的大致情况。前者更多地依赖于实测数据,或者说是数学统计模型为主,而后者依赖于物理本质方程,更能挖掘降噪的机理,但应用的方便性上,不如前者。排水性沥青路面在模型中,主要有三方面的影响:

1)排水性沥青路面宏观构造发达,表面粗糙,也就是说对轮胎的激励可能更甚于密级配路面,因此,日本的研究认为,排水性路面可降低在 1 000Hz 以上的轮胎噪声,但不能抑制 250~500Hz的振动噪声,反而会增加其噪声分贝。也正由于这个原因,行车时,有时会感觉车内噪声比较大,发出车辆在粗糙不平的砂石路面上行驶时的“咣咣”声(频率在 80~300Hz 范围)。要进一步降低这个频率范围内的噪声,可减小集料的粒径,使宏观构造或凹凸不平减小或减少。

2)在声源范围内,由于空气流阻的大大降低,使得该机理的噪声产生大为下降。同时,喇叭效应中,由于表面吸声作用的存在,也使扩声机理受到抑制,这是目前报道的,排水性沥青路面主要的降噪来源。它与多空隙沥青混合料的吸声系数谱相关,但存在着“频率迁移”。

3)相对来说,物理学解答最完备的是排水性沥青路面上声音的传播。SPERoN 模型采用的是相对近距离的传播,以传递函数法为基础,而 DEUFRAKO 模型计算的是相对远距离的传播,采用了光线跟踪的分析模型与以边界元法(BEM)和抛物线方程法为基础的数字解法。排水性沥青路面是作为一种吸声性表面出现在模型中的,表面吸声性主要通过表面声阻抗得以反映。

第七章　排水性沥青路面的热学设计

在密级配沥青路面中，热学设计的目标通常是获取沥青层的最高温度与最低温度，为结合料的选择提供依据。但对于排水性沥青路面，面向城市热岛效应应用的性能评价与优化是更为迫切的要求。结合排水性沥青路面的性能特点，本章将从三个方面阐述排水性沥青路面的热学设计目标：

（1）排水性沥青路面干燥时，与密级配沥青路面相比，其表面最高温度的性能表现，以及这一性能进一步优化的途径；

（2）上面层为排水性沥青路面时，对中面层温度影响的评价，以期能对中面层结合料的选择有所裨益；

（3）排水性沥青路面蒸发降温的设计思想，包括降温与含水率的关系。

7.1　热学设计的背景与控制目标

7.1.1　路面对城市热岛效应的贡献

城市热岛效应的出现，是因为城市建筑群与生活设施的吸热与散热，还有更重要的是，地面逐渐变成了不透水的沥青或混凝土，使得地面的蒸发散热功能大为削弱。现代城市越来越发展，带来的副作用是道路面积越来越大。如图7-1所示，美国加州萨克拉门托的铺装表面面积已经占了城市面积的将近一半。国内像上海等大城市，新兴高架桥的出现，使铺装表面的面积进一步增加。

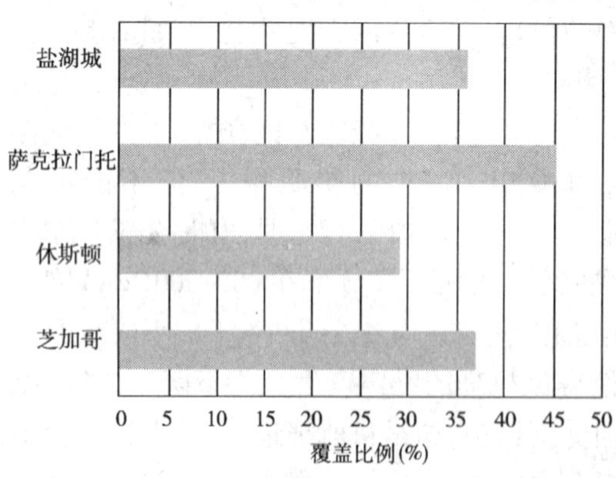

图7-1　美国四个城市的铺装表面统计

传统不透水的混凝土与沥青，可以达到48～67℃的峰值表面温度。这些表面可以将热量向下传递，储存在路面下层中，夜间这些热量重新释放。较温暖的白天，雨水从路面流到地方水道时，表面温度也可使流水升温。这些作用加剧了城市热岛（尤其是夜间），削弱了水质。

路面对热岛效应的作用很早就为专家所认知，在提出“凉爽屋面”的同时，也提出了“凉爽路面”的概念。但在凉爽屋面逐渐走向市场的今天，凉爽路面的应用却相当落后。其原因主要是：

（1）路面很复杂。影响路面温度而不是屋面材料温度的条件为：①由于人的日常行走以及车辆来往产生的表面污染与磨耗，影响着路表性质；②路面上交通移动产生的对流；③人和

车、植被以及邻近结构和建筑产生的遮挡。

（2）路面温度受到放热和热学性质的影响，这与凉爽屋面不同，凉爽屋面的放热性质是主要的关注，但路面的热学性质影响着路面整体结构的热量平衡与温度波动。

（3）路面在整个城市区域中起着各种各样的功能。其使用的范围从步行小道到重载公路（与凉爽屋面不同，后者一般实现同一功能，是现成产品）。这些不同的用途需要不同的材料和规范，路面常常有个别的规定，这使得定义或标识凉爽路面很困难。

7.1.2　热效应

热对人类的影响是多方面的。热舒适（Thermal Comfort）是人类没有不舒适的感觉，而热压力（Heat Stress）意味着更为严重的健康问题。另外，热对空气污染水平以及动植物生命都有着不利的影响。热还使夏季电能需求不断冲击高峰。

7.1.2.1　热舒适

热舒适是一种精神状态，表达了对周围环境的满意。热舒适性的衡量，已经开发出了一些系数。大多数的系数都考虑了这四个物理变量：气温，水蒸气压力，风速，平均辐射温度。

热舒适还受个体行为和个人特征的影响。在热舒适的感觉中，服装、性别、年龄、活动水平和先前遭受的温度都有作用。标定热舒适值的一般做法是在研究场合同人群进行交流。

近数十年来，已经实施了大量户内与户外热舒适性的研究。户内气候下，采用稳定的条件，实施了成百项研究，已经发布了若干标准，如美国加热、冷冻和空调工程师的标准“55”。该领域的研究仍在继续。近期的研究正尝试考虑前一天经受温度的心理作用，以及用户控制户内温度的可能性，例如开窗。在一定热条件下施加某种形式的控制，可使人们接受更宽范围的温度。

户外热舒适性的研究则没有那么多。热条件有很宽的数值范围，这意味着各种模型中需要引入更多的变量，才能分析人的热舒适性。户内舒适性的一些调查结果被用于评估人体户外热舒适感觉的预测模型。各国之间的工作有着显著的差别。致力于城市气象学的团体通常是解决这一参数的组织。例如，德国的 Kassel 大学和 Freiburg 大学，英国的 Bath 大学，瑞典的 Gothenburg 大学，都拥有致力于热舒适性研究项目的研究组。

PUROS，重寻城市领域，是一个包括了若干国家（英国、德国、希腊、意大利和瑞士）的很有意思的研究项目（2001～2004 年）。根据英国和德国的成果，可以推断，风对冬天的热舒适性有很大的负面影响。不过，现代城市高楼鳞次栉比，阻挡、分割了风在城市中的自由流动，加剧了热岛效应，热舒适性减弱。

7.1.2.2　热压力

温度不只从心理上，还从生理上影响人，产生热压力。热压力采用和热舒适相同的物理变量进行评价。它决定于气温和湿度（它对人体通过出汗释放热量的能力有影响）以及太阳辐射（直接加热身体）。

热压力还依赖于人的工作负荷，它将决定人的代谢放热。美国职业安全和健康管理局根据工作负荷，设定了容许的热接触阈值范围（表 7-1）。

美国劳工部、职业安全和健康管理局设定的热接触标准　表 7-1

工作/休息情况	轻	中	重
连续工作	30.0℃	26.7℃	25.0℃
每小时 75% 工作,25% 休息	30.6℃	28.0℃	25.9℃
每小时 50% 工作,50% 休息	31.4℃	29.4℃	27.9℃
每小时 25% 工作,75% 休息	32.2℃	31.1℃	30.0℃
* 湿球温度			

世界各国对高温热浪的研究很多,不同国家和地区依据不同的研究方法,分别对高温热浪进行了不同的描述。如世界气象组织建议,日最高气温高于 32℃ 且持续 3d 以上的天气过程为热浪;荷兰皇家气象研究所认为,热浪为一段最高温度高于 25℃ 且持续 5d 以上(其间至少有 3d 高于 30℃)的天气过程;美国国家天气局、加拿大、以色列等国家气象部门根据对气温和相对湿度对人体影响的热指数的综合考虑发布高温警报,当白天热指数预计连续两天有 3h 超过 40.5℃ 或者热指数预计在任一时间超过 46.5℃ 时,则发布高温警报;我国根据气候和环境特点,将每日极端最高气温分为三个等级:高温≥35℃,危害性高温≥38℃,强危害性高温≥40℃。每个站连续出现 3d≥35℃ 高温或连续 2d 出现≥35℃ 并 1d≥38℃ 定义为一次高温过程,连续出现 8d≥35℃ 或连续 3d≥38℃ 高温定义为强高温过程。

在较高的温度下,人体无法排出多余的热量。症状是易怒、干渴、疲惫、眩晕,有时肌肉痉挛。长期遭受高温可诱发中风。这些症状的出现不只与热量有关,水分和风也起着重要的作用。

热压力出现时,处于风险中的特殊团体为:

- 对极端炎热问题缺乏意识,没能调整其行为或服装,或没摄取额外液体;
- 无法从过热地方转移;
- 婴儿、小孩和老弱人群;
- 心血管疾病患者,以及有心脏病额外风险的病人。

人无法正常入睡连续超过 3d 时,热压力通常开始成为一现实的问题。这样的环境下,精疲力竭可能具有致命的后果。

7.1.2.3　空气污染

热浪常常与热雾(街道层次的臭氧)一道出现,导致颗粒物(小于 10μm 的空中颗粒)水平增加。暑期通常与低的风速相对应,因为风可扩散和稀释空气污染。这就是城市地区暑期污染水平高的主要原因,尤其是颗粒物。

热浪发生时,所记录的死亡率的提高,估计 30% ~40% 的原因是空气污染的作用。英国、法国、荷兰等的研究都显示出同样范围的数字。法国 2003 年热浪的一项研究显示了遭受热浪最轻的城市也有显著臭氧水平。不过,巴黎、里昂尽管是热受灾最多的城市,但空气污染可能只占热受灾者数量的 10% 以下。看起来,这表明了在更为严重的热压力条件下,热量在致死率中起着比空气污染更为重要的作用。可能很重要,但需要进一步研究的其他因素包括:

- 致死率不只受外部温度的影响,内部温度也很重要,它与外部温度不直接相关。例如,街道上树木的冷却作用,对于公寓建筑较高楼层的室内温度没有作用。建筑物中的热之所以缓慢上升,只是因为建筑物质量产生了一定的惯性作用;

- 降低夜间温度至少同降低白天温度一样重要,但需要其他措施;
- 空气湿度也对致死率起着作用。较高的湿度阻止了皮肤通过蒸发的散热作用,汗积聚在皮肤上。湿度在热诱发的致死性方面的作用通常是公认的,但研究中没有明确量化。1995年芝加哥热浪的过量致死率中,湿度的作用为人们所认同。新西兰的研究,也在1992～1996年奥克兰的致死数据中证实了它的作用。更高的空气湿度也意味着刺激蒸发(通过植被或露天水源)变得更不有效,因为实际气温太接近蒸发停止的露点温度了。

7.1.2.4　有机生命

热对野生生物也有影响,例如,更大数量的昆虫每年更早出现。有些野生动物属种可能发生迁移,产生公害。非本土属种一般存活于较寒冷的区域,而那些能适应城市环境的属种则因城市热岛效应,而就此兴旺起来。植被也可受到影响。大量的植被可导致过敏症的增加。

由于高温,更多的菌类生物(如沙门氏菌)可使得食物受感染概率增加,或产生水储存问题,如冷却塔中的军团杆菌感染。

7.1.2.5　能量消耗

国内近些年来空调市场增长极为迅猛。关键因素是安装简单,小型号(通常在1到4kW之间)的低价格。新的冷却设备极大地增加了电力需求,电力需求的高峰正转向夏季,2006年这种情况已在希腊出现。

1988年,在南加州Edison(洛杉矶地区),计算峰值负荷的增量为400MW/℃。Akbari等人(2001年)计算,洛杉矶中心比1920年气温上升了2.5℃,这导致电力需求增加1 500MW。在美国,城市热岛效应的控制在能量用量方面可潜在每年节约1 000亿美元。在大多伦多地区,城市热岛效应控制策略潜在可降低峰值电力需求250MW,每年节约1.5亿度电。

办公室建筑中,空调使用是相当普遍的。由于高的舒适度标准,大的玻璃面,对自然通风的限制(安全性、噪声、气流),以及办公室增大的热产量(IT设备),外部温度上升到12～15℃以上时,空调成为普遍需求。随着人们经济生活水平的提高,家庭空调也迅猛增加。

夏季电力需求还可能产生新的问题。在漫长的热浪期间,发电厂无法将冷却水排泄到明水中。根据欧盟指令2006/44/EC,水温超过28℃(鲤科水体)或21.5℃(鲑科水体)时,禁止排放热。热排放的温度差异不得超过3℃(鲤科水体)或1.5℃(鲑科水体),这意味着需要大量的冷却水。由于热浪常常与干燥相一致,内陆发电厂可能无法得到冷却水的这个用量。

7.1.3　热源与受照表面的特点

道路表面的温度来源于路面上方的太阳辐射与路面下方地球的内热。地球的内热是比较稳定的热源体,已经在道路断面形成了稳定的温度分布,或者说它影响道路深层的温度分布。而对于与城市热岛效应密切相关的道路表面温度,热源主要是太阳能。

太阳能主要由紫外光、可见光与红外能量组成。它们以不同的比例到达地球:5%的太阳能为紫外光光谱形式,由于它能量高,主要促成物质化学反应,包括人体的晒伤;43%的太阳能为可见光,颜色从紫到红;剩余52%的太阳能为红外光谱,由于和物体的固有频率接近,常常以热的形式被感觉到。所有这些波长的能量都与城市热岛效应形成相关。图7-2显示了某一晴朗夏日到达地球表面的典型太阳能分布。

受照表面有两个重要的表面光照性质,一是日光反射率(Albedo),一是长波辐射能力(Solar Emittance)。日光反射率是被表面反射的太阳能的比例。凉爽路面的多数研究都集中于这个性能,它是某一材料表面最高温度的主要决定因素。日光反射率还影响表面下的路面温度,因为表面得到越少的热量,则传递到路面中的热量也越少。研究人员、工程师和行业正合力开发确定日光反射率的方法,目前的方法是测量某一材料是如何反射每个波长能量的,然后计算这些数值的加权平均(见表7-2)。

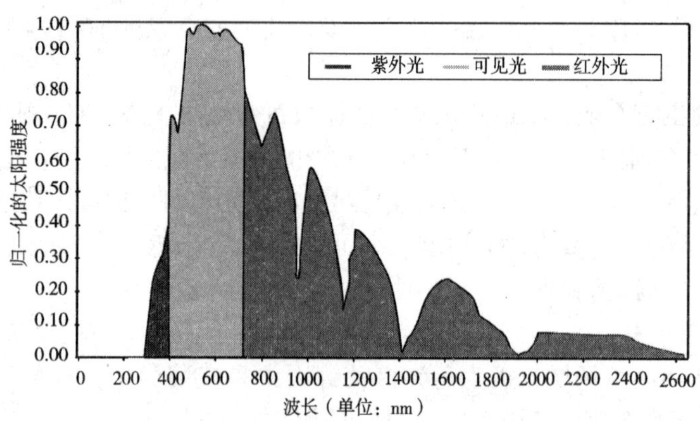

图7-2　典型晴朗夏日,到达地球表面的太阳能与波长的关系

日光反射率与辐射强度测试方法　　表7-2

性　　质	测试方法	所用设备	测试位置
日光反射率	ASTM E903——用累计球测试材料日光吸收率、反射率和透射率的标准方法	累计球分光光度计	室内
	ASTM C1549——用便携式日光反射仪测定近室温日光反射率的标准试验方法	便携式日光反射仪	室内或现场
	ASTM E1918——现场测量水平和低坡度表面日光反射率的标准试验方法	日射强度计	现场
总辐射强度	ASTM E408-71——用监测仪技术测定表面正常总辐射的试验方法	便携式,监测仪	室内或现场
日光反射率指数	ASTM E1980——计算水平和低坡度不透明表面日光反射指数的标准做法	无(计算)	—

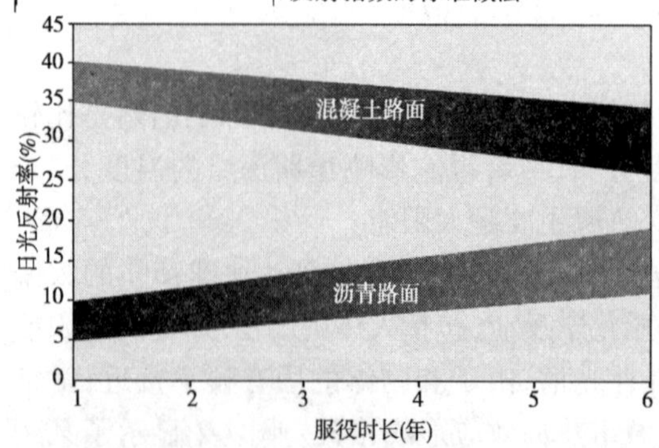

图7-3　传统沥青和混凝土路面随时间进行典型的日光反射率

传统铺路材料,如沥青与混凝土,日光反射率为5%～40%,这意味着它们吸收了95%～60%的入射能,而不是将其反射到大气中(图7-3)。不过,图7-3也表明,由于风化和脏物的积累,传统沥青和混凝土的日光反射率趋向于随时间而变化。沥青混合料主要由石油衍生物如沥青混合以砂或碎石集料组成。随着结合料氧化,更多的集料因磨耗而暴露,沥青混合料的表面颜色趋向于变浅。混凝土也采用砂和碎石集料,但与沥青相反,一般采用水泥作为结合料。

步行和车辆交通常常使水泥变脏,导致它的颜色随时间变深。

某一材料的长波热辐射能力决定了给定温度下,每单位面积它能辐射多少热量,也就是说,某一表面流出热量的难易程度如何。接触热辐射的任何表面都会升温,直至到达热平衡(也即,释放出它接收的热量)。暴露于阳光下时,具有高辐射能力的表面会比低辐射能力的表面在更低温度下达到热平衡,因为高辐射能力表面释放热量更容易。根据表7-2,可以用ASTM方法来测量这项性质。

长波热辐射能力决定了某一材料对城市热岛的贡献。2007年的研究表明,反射率与长波热辐射能力对决定传统铺装如何冷却或升温有着最大的影响,反射率对表面最高温度有很大影响,辐射率则影响最低温度。尽管长波热辐射能力是一项重要性质,但改变它的数值是困难的,因为大多数路面材料本质上具有高的辐射率数值。

除了这两个参数之外,还采用了两个参数的组合——日光反射率指数(Solar Reflectance Index,SRI),用单参数来表征铺装表面的光反射性质。SRI代表了相对于标准白色(SRI = 100)和标准黑色(SRI = 0)的表面温度,如公式(7-1)所示。

$$\mathrm{SRI} = 100\,\frac{T_b - T_s}{T_b - T_w} \tag{7-1}$$

式中:SRI——日光反射率指数,%;

T_s——稳态表面温度;

T_b——稳态黑色表面温度;

T_w——稳态白色表面温度。

图7-4显示了新老热拌沥青混凝土(HMA)与水泥混凝土(PCC)路面的SRI值。

透水性表面则有不同的反应。干燥时,透水性铺装表面的温度可能高于相对应的不透水铺装;但初步的研究显示,表面下温度通常与对应的传统铺装类似,甚至更低,这是因为透水层减少了到下面的热传递。为认识潜在的热岛影响,需要表面下热传递的更多信息,因为表面下储存的热量可显著影响夜间的温度。表面与表面下各层之间仍发生着许多复杂的相互作用。

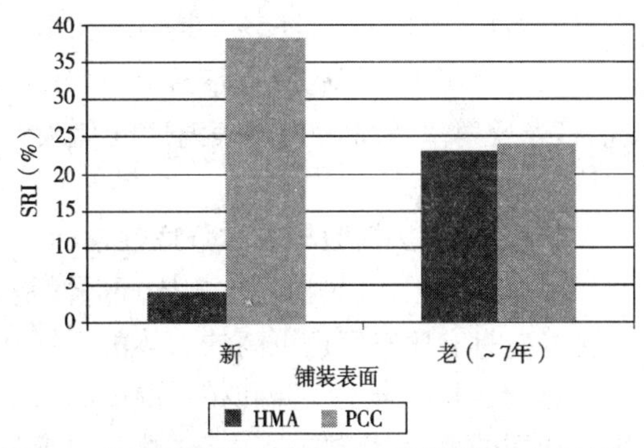

图7-4 热拌沥青混凝土(HMA)与水泥混凝土(PCC)路面SRI值随时间的变化

7.1.4 排水性沥青路面热学设计的控制目标

排水性沥青路面的热学设计目标有三个层次,一是热岛效应层次,一是人体舒适性层次,还有一个是材料最高温度层次。

7.1.4.1 路表温度与气温的关系

表面温度对气温有着间接的但显著的影响,尤其是在最接近表面的树冠层。例如,公园和覆盖植被的区域,一般都拥有较凉爽的表面温度,对较凉爽的气温有贡献。相反,密集的、高楼林立的地区,一般产生较温暖的气温。由于大气层内空气相互混合,因此表面温度与气温之间的关系并不是一成不变的,某一区域气温的波动一般弱于表面温度(见图7-5)。

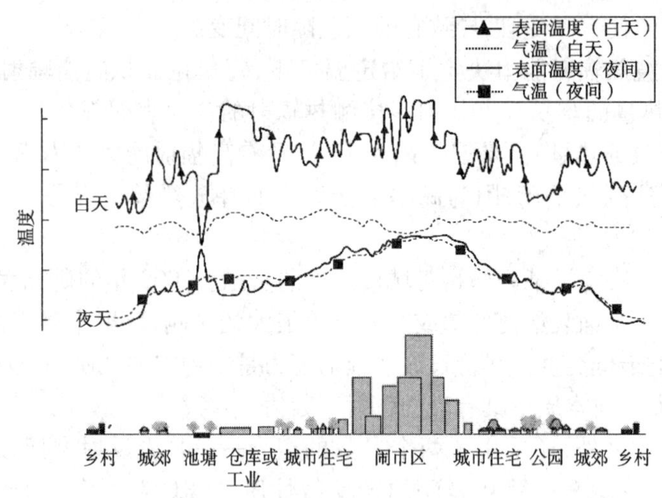

图 7-5　表面温度与气温的波动

不同的土地用途,表面温度和气温的变化是不一样的。白天表面温度的波动高于气温,但夜间它们颇为相似。池塘上表面温度的沟和峰表明由于水的高热容,白天和夜间其表面保持了相当恒定的温度。

当然,路表温度与气温的关系,不但与路表类型有关,还与路面类型所占比例有关。也就是说,排水性沥青路面对热岛效应的影响,不能以一条路作为评价对象,而是它的大量应用,在达到一定规模后才会有显现。加州的研究(Pomerantz 等人,2000 年)估计,如果所有路面的日光吸收率从 90% 下降到 65%,某一城市区域中的最高气温将降低 0.6℃。这个降低大致相当于某一特定城市区域的所有路面上,将其中 25% 的日光反射率增加 0.25。根据实验和计算发现,日光反射率增加 0.1,路表温度变化大约 -4℃。从这一点看,这一层次的设计目标,带有整体区域规划的本质。

7.1.4.2　热指数与人体舒适性指标

根据道路用途,热指数与人体舒适性是具体铺面热学设计的较好控制目标,譬如,人行道、广场等应具有比车行道更高的人体舒适性和更低的热指数。

热指数是组合了气温和相对湿度的一个指数,目的是确定体感等效温度。人体一般通过出汗和汗的蒸发,将热带离人体,从而使自身凉爽。不过,相对湿度高时,蒸发率降低,因此热以更缓慢的速度从人体排出,这使得相比干燥空气中人体保持了更多的热量。基于给定温度和湿度下,热主体感觉的主观描述进行量度,得出了将温度和湿度的组合与较干燥空气中更高温度下温度和湿度的组合相关联的一个指标。

热指数是 Steadman(1979 年)导出的。类似于风冷指数,热指数包含了人体质量和高度、服装以及风速的假设。与这些假设显著的偏离将导致热指数值无法准确反映体感温度。

在加拿大,用类似的湿润指数替代了热指数。热指数与湿润指数的不同是热指数用的是相对湿度而不是湿润指数使用的露点。

热指数是这样定义的,当水蒸气的分压力等于 1.6kPa 的基准值时,它就等于实际的气温。在标准大气压(101.325kPa)下,这个基准对应于 14℃的露点和 0.01 的混合比(每公斤干燥空气 10g 水蒸气)。这对应于气温 25℃,海平面湿度图 50% 的相对湿度。

在高温下，使热指数高于实际温度所需要的相对湿度水平比较凉爽的温度低。例如，在大约27℃时，如果相对湿度为45%，则热指数与实际温度是一致的，但在大约43℃时，读数超过17%的相对湿度将使得热指数高于43℃。

只有当实际温度高于27℃，露点温度大于12℃，并且相对湿度高于40%时，才开始计算热指数。热指数和湿润指数都是基于遮阳处，而不是在太阳下进行的温度测量，因此处于太阳下时必须格外注意。

有时热指数和风冷指数合起来以一个术语"表观温度"或"相对户外温度"命名。

Steadman 建立的室外无遮蔽温感模型为

$$T_{\text{body}} = 4.5 + 1.02T_a + 0.28e_u - 1.0v - 5.8\Phi_s + 0.0054(Q_d + Q_D) \qquad (7\text{-}2)$$

式中：T_{body}——体感温度；

T_a——气温；

e_u——水汽压；

v——风速；

Φ_s——直接辐射与间接辐射之比；

Q_d——散射辐射；

Q_D——直接辐射。

1994年，Kyle 提出了温湿指数 THI，根据温度和湿度这两个因子进行计算，表达式为：

$$\text{THI} = T_a - (1 - RH)(T_a - 14.5) \qquad (7\text{-}3)$$

式中：T_a——气温；

RH——空气相对湿度。

THI 对于人体舒适度的划分标准见表7-3。

THI 舒适度划分标准　　表7-3

THI 范围	舒适度	THI 范围	舒适度
>30	酷热	20～26.5	热
26.5～30	很热	15～20	舒适

7.1.4.3　材料性质的温度依赖性

无论是热岛效应的设计目标还是人体舒适性的设计目标，均对应任意类型的铺面，甚至是自然地面。而这里讨论的材料性质的温度依赖性，主要与沥青铺面相关，是因为沥青作为结合料具有温度敏感性，高温容易变软，低温容易发脆。如果某一结构层可能经受的最高温度能够下降，则对结合料的要求有可能放宽，从而有利于成本的节约。

不过，结合具体情况来看，排水性沥青路面的中面层温度相比密级配路面是降低的，但同时根据第三章的叙述，有些国家认为，排水性沥青路面本身的结构贡献比密级配路面差，这使得中面层将承受更高的荷载，这一正一反的两种作用，必须在设计阶段进行权衡比较。

7.2　排水性沥青铺装表面的干燥温度

排水性沥青表面的温度比同样条件下的密级配表面低1～2℃，这已为诸多的实际测量所证实，本书在第二章中也作了说明。要进一步优化排水性沥青路面的降温性能，必须首先了解它的降温机理。不幸的是，对于这些机理的认识，至今仍处于较为初步的阶段。有些机理使得排水性沥青表面升温，有些降温，其综合作用是降温，但降温幅度不大，而且冬天的降温是我们不希望的。

图 7-6 显示了路表温度的影响因素，大致可分为三类：一是热辐射，一是对流热传递，第三个是层间热传导。下面我们对这三个因素分别进行阐述。

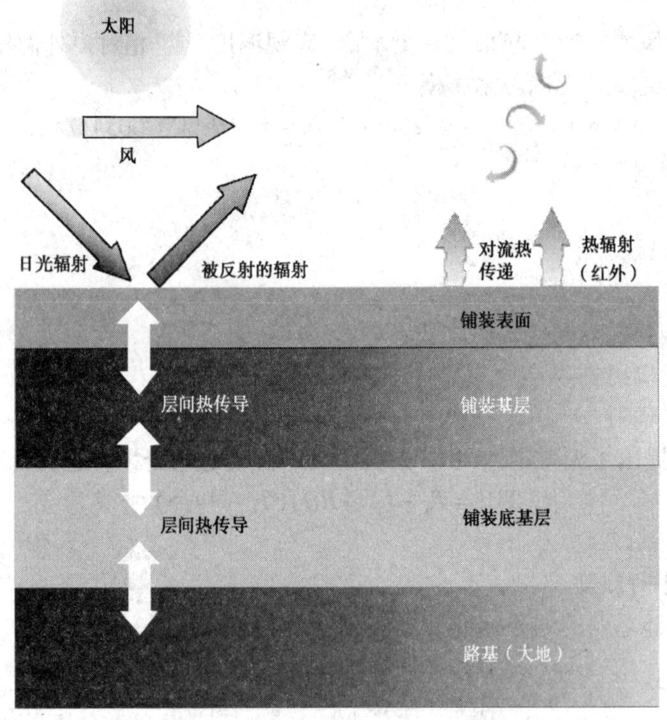

图 7-6　路面热传递机理

7.2.1　排水性沥青路面的热辐射特点

7.2.1.1　表面净辐射

辐射热传递不需任何物质做媒介，因此能在真空状态下形成热传递。它主要是利用电磁辐射(光子)，光子能在 0K(−273.15 ℃)以上以光速运动。它的热传递方式是光子撞击物质产生热。

表面净辐射包括表面向外的长波辐射、大气长波逆辐射和太阳短波辐射之间的平衡。

假定地球表面以黑体形式发射长波辐射，从而向外的长波辐射遵循 Stefan-Boltzman 法则：

$$q_e = \varepsilon_e \sigma T_s^4 \tag{7-4}$$

式中：q_e——路表的向外辐射；

ε_e——辐射系数；

σ——Stefan-Boltzman 常数，取值 5.67×10^{-8} W/(m^2K^4)；

T_s——路表温度，K。

由于大气吸收辐射，并以长波形式辐射到地球上，因此按下式计算路表吸收的这个逆

辐射：

$$q_a = \varepsilon_a \sigma T_a^4 \tag{7-5}$$

式中：q_a——被路表吸收的逆辐射；

ε_a——路表对应长波辐射和云量的吸收率；

T_a——气温。

借助下面的表达式，考虑长波辐射的热平衡：

$$q_r = h_r(T_s - T_a) \tag{7-6}$$

式中：q_r——长波辐射热平衡；

h_r——热辐射系数。

用于获得 h_r 的表达式如下：

$$h_r = \varepsilon\sigma(T_s + T_a)(T_s^2 + T_a^2) \tag{7-7}$$

式中：ε——路表辐射系数。

太阳发射出的部分高频（短波）辐射在地球大气中向所有方向散射，到达地球的散射辐射被称为散射入射辐射。到达地球表面的太阳辐射，如没有被云反射，没有被大气吸收或散射，则被称为直接入射短波辐射。采用式（7-8）可估算总的入射（直接和散射）辐射：

$$q_i = \eta S_c f\cos\theta \tag{7-8}$$

式中：q_i——入射太阳热辐射；

η——考虑短波辐射被大气散射和吸收的损失系数；

S_c——太阳常数，假设为 1353W/m^2；

f——考虑地球轨道偏心力的系数；

θ——天顶角。

被路表吸收的太阳有效入射辐射可由式（7-9）确定：

$$q_s = \alpha_s \cdot q_i \tag{7-9}$$

式中：q_s——被路表吸收的入射太阳辐射；

α_s——太阳辐射吸收系数。

于是，被路表吸收的净辐射为：

$$q = q_s - q_r \tag{7-10}$$

7.2.1.2 排水性沥青表面的辐射性质

根据传热学的理论，路表的辐射系数，也可以称之为黑度，表示路表辐射力与黑体辐射力接近的程度，取值为 0～1，1 为黑体，0 为白体。另外，理论上，同一温度下的辐射系数与吸收率在数值上是相等的。

路表辐射系数的影响因素众多，如物质种类，一般非金属在 0.9 左右（沥青大约 0.92），金属在 0.2 左右。还有表面状况，如颜色，颜色越浅，辐射系数越小；又如粗糙度，不过这个粗糙度主要是与波长量级的比较，与通常路面的宏观粗糙度是有区别的，可以认为非金属下，这一影响因素很小。这方面的研究目前仍较少。图 7-7 是美国亚利桑那州在各类铺装表面上获得的实测数据。注意，如果不考虑透射率，日光反射率和吸收率之和为 1。可以认为，要显著改变路面的辐射性质，沥青路面本身类型的影响，其作用是微弱的，更可行的是采用高反射率涂层。日本在排水性沥青路面基础上，开发了以这一思路为主导的遮热性铺装。

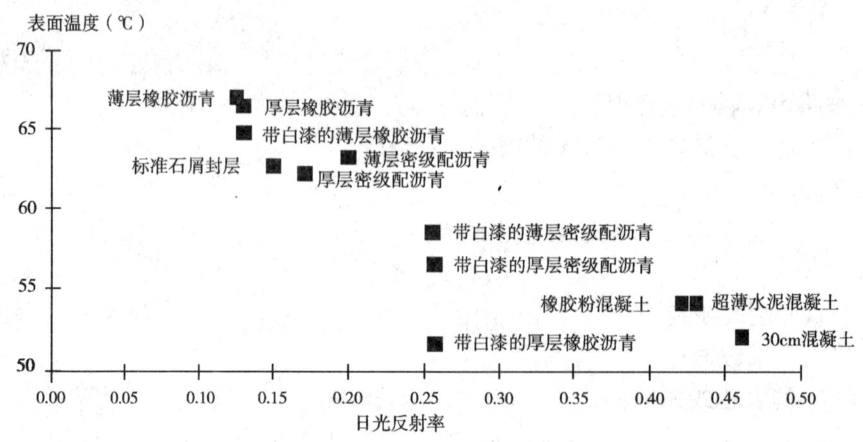

图 7-7 不同路面类型的日光反射率

7.2.2 排水性沥青路面的热对流特点

7.2.2.1 表面热对流

热能通过流体颗粒的流动从表面传递到周围环境中。而且，这种热传递受到流体中分子随机运动的促进。换句话说，对流热传递发生在处于不同温度的风流和沥青混凝土表面之间。如果表面与风流之间的温度有差异，流体的温度将从表面的 T_s 变化到远离表面的 T_a。自然对流是风流由空气自身产生，空气密度随着空气加热而降低，因此热流比冷流轻。暖流包围着热流，并且被冷流取代，从而产生空气流动，如图 7-8。

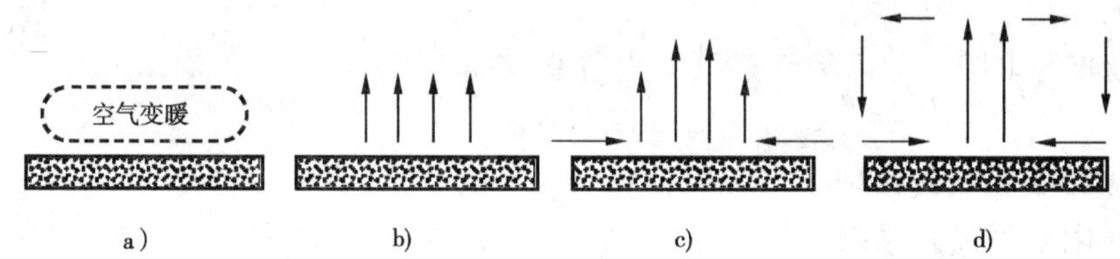

图 7-8 自然对流

a）热表面加热周围空气；b）暖空气上升；c）空气被冷空气替代；d）循环流动开始

强迫对流是利用外界方法推动空气，在路面上，主要是在滚动轮胎的作用下，热量被轮胎带走而产生。滚动轮胎的速度越快，空气流动速度也越快，从而对流系数越高。对流热传递可表示为：

$$q_{conv} = h_c(T_s - T_a) \qquad (7\text{-}11)$$

式中：q_{conv}——对流热流量，W/m^2；

h_c——对流传热系数，W/m^2/K。

公式(7-11)实际上是牛顿冷却定律的一种表达。对流传热是一非常复杂的物理过程，公式(7-11)给出的简单表达式，实际上是把大量影响因素归到了对流系数 h_c 中。因此，下面对排水性沥青路面的这个性质进行一定的讨论。

7.2.2.2　排水性沥青表面的对流性质

首先，要解释几个概念。

(1) Nusselt 数

如果热传递位于某一流体内的边界(表面)处，则 Nusselt 数为通过(垂直于)边界的对流热传递与传导热传递的比值。Nusselt 数无量纲。传导分量是在和热对流相同的条件下测量的，但采用(假想)静止的流体。Nusselt 数接近 1，也就是对流和传导处于类似的数量，这是层流的特征。更大的 Nusselt 数对应更多有效的对流，紊流一般在 10 ~ 1 000 的范围内。对流和传导的热流动相互平行，也与边界面的垂直面平行，简单情形下都垂直于流体的平均流动。

一般的，对于自由对流，平均 Nusselt 数表示为 Rayleigh 数和 Prandtl 数的函数，写为 $Nu = f(Ra, Pr)$。对于强迫对流，Nusselt 数一般为 Reynolds 数和 Prandtl 数的函数，写为 $Nu = f(Re, Pr)$。

(2) Rayleigh 数

流体力学中，某一流体的 Rayleigh 数为与浮力驱动的流动(也被称为自由对流或自然对流)相关的无量纲数。Rayleigh 数低于该流体临界值时，热传递主要为传导形式；超过临界值时，热传递主要为对流形式。Rayleigh 数定义为 Grashof 数与 Prandtl 数的乘积。因此，Rayleigh 数本身也可被视为浮力与热扩散率和动量扩散率乘积的比值。在多数工程应用中，Rayleigh 数都很大，在 $10^6 \sim 10^8$ 附近。

(3) Grashof 数

Grashof 数(Gr)为流体力学和热传递中的一个无量纲数，近似为某一流体上浮力和黏性力的比值。它常常出现在涉及自然对流的环境研究中。

$$Gr_L = \frac{g\beta(T_s - T_\infty)L^3}{\upsilon^2} \tag{7-12}$$

式中：g——重力加速度；

β——体积热膨胀系数(理想流体大致等于 $1/T$，T——绝对温度)；

T_s 与 T_∞——分别为表面温度与整体温度；

L——特征长度；

υ——运动黏度。

垂直平板发生自然对流时，向紊流的转化发生在 $10^8 < Gr_L < 10^9$ 范围内。更高的 Grashof 数时，边界层为紊流；更低的 Grashof 数时，边界层为层流。

(4) Prandtl 数

Prandtl 数(Pr)为一无量纲数，近似于动量扩散率(运动黏度)和热扩散率的比值。它定义为：

$$Pr = \frac{\upsilon}{\alpha} = \frac{\text{黏性扩散率}}{\text{热扩散率}} = \frac{c_p\mu}{\lambda} \tag{7-13}$$

式中：υ——运动黏度；$\upsilon = \mu/\rho$，m^2/s；

α——热扩散率，$\alpha = \lambda/(\rho c_p)$，$m^2/s$；

μ——动力黏度，Pa·s；

λ——热传导率，W/(m·K)；

c_p——比热，J/(kg·K)；

ρ——密度，kg/m^3。

Pr 的典型值如：水银大约0.015，空气0.7～0.8，水大约7(20℃)，机油100～40 000之间。

在热传递问题中，Prandtl 数控制了动量和热边界层的相对厚度。当 Pr 很小时，意味着与速度(动量)相比，热扩散非常快。这意味着，液体金属热边界层的厚度远大于速度边界层。

(5)特征长度

特征长度的选择应位于边界层的增长(或厚度)方向。特征长度的一些例子为：(外部)横向流动(垂直于圆筒轴)中的圆筒外径，经受自然对流的垂直板的长度，或球的直径。对于复杂形状，特征长度可定义为流体体积除以表面积。流体的热传导率一般(但不总是)是在膜温度下评估的，对于工程应用，可按流体整体温度的平均与壁表面温度的均值计算。对于定义了某一局部 Nusselt 数的关系，应取特征长度为表面边界到所关注局部点的距离。不过，为了得到平均 Nusselt 数，必须在整个特征长度上积分。

对流机理解释了自由对流与强迫对流在路表产生的热传递现象。对流系数(h_c)为 Nusselt 数(Nu)的函数。不同几何参数下，确定对流系数存在若干经验公式。对于某一种铺装表面，与水平平板的相关关系是最为适宜的。

自由对流热传递中，Nu 为 Rayleigh 数(Ra)的函数。外部自由对流流过水平平板上时，临界 Rayleigh 数大约为10^7。因此，对于加热或冷却板上表面产生的自由对流，Incropera 和 DeWitt(1996 年)在其模型中采用了 Nusselt 数的两个经验关系：

$$\mathrm{Nu}=0.54\mathrm{Ra}^{\frac{1}{4}} \qquad (10^4<\mathrm{Ra}<10^7,\text{层流}) \tag{7-14a}$$

$$\mathrm{Nu}=0.15\mathrm{Ra}^{\frac{1}{3}} \qquad (10^7<\mathrm{Ra}<10^{11},\text{紊流}) \tag{7-14b}$$

于是，可根据下式确定自由对流的对流系数(h_c)：

$$h_c=\frac{\mathrm{Nu}\cdot\lambda}{L} \tag{7-15}$$

式中：λ——薄膜温度下所评价空气的导热系数；

L——水平平板的特征长度，系面积与周长的比值。

在强迫对流热传递中，Nu 与 Reynolds(Re)数和 Prandtl(Pr)数相关。对于在铺装表面这样的平板上的强迫对流，临界 Reynolds 数大约为10^5。因此，对于平板上的强迫对流，Incropera 和 DeWitt(1996 年)在其模型中也采用了 Nusselt 数的两个经验关系：

$$\mathrm{Nu}=0.664\mathrm{Re}^{\frac{1}{2}}\mathrm{Pr}^{\frac{1}{3}} \qquad (\text{层流域}) \tag{7-16a}$$

$$\mathrm{Nu}=0.037\mathrm{Re}^{\frac{4}{5}}\mathrm{Pr}^{\frac{1}{3}} \qquad (\text{混合流与紊流}) \tag{7-16b}$$

强迫对流的对流系数仍由公式(7-15)计算，特征长度值描述为周长与长度(平行于风向)的比值。

排水性沥青路面与密级配路面相比，对对流系数的影响主要是因为排水路面有更大的粗糙度，这加剧了表面空气流动形态的复杂性，促进了空气与路表的热交换，因此对流系数有所增大，对降低路表温度有所贡献。在强迫对流情况下，由于滚动轮胎可以将空气驱到排水层的空隙中疏散(降噪机理之一)，相比密级配沥青层，对流的程度显著增大，因此对流换热作用更为显著。

Minhoto 等人(2004 年)计算的路面对流热传递系数为：

$$h_c = 698.24\{(1.44\times10^{-4}T_{ave}^{0.3}U^{0.7}) + [9.7\times10^{-4}(T_s - T_a)^{0.3}]\} \tag{7-17}$$

式中：T_{ave}——平均温度，即$(T_s - T_a)/2$；

U——风速。

蒋甫(2008 年)考虑了排水性沥青层内的对流作用，他将排水沥青层假设为正方形排列的直管，得到最大公称粒径 13mm 的排水性沥青混合料，在温度差 8℃时，其对流系数与空隙率的关系如图 7-9。

7.2.3 排水性沥青路面的热传导特点

7.2.3.1 热传导的基本理论

热传导，是热能从高温部分向低温部分转移的过程，是一个分子向另一个分子传递振动能的结果。根据傅立叶定律，固体热传导的基本公式为：

$$\Phi = -\lambda \nabla T \tag{7-18}$$

式中：Φ——热流密度矢量，方向与传热方向一致，其值表示单位时间内通过垂直于传热方向的单位截面积所传导的热量；

∇T——测点处的温度梯度，负号表示传热方向从高温到低温，与 ΔT 方向相反；

λ——热导率，即导热系数，或热传导系数。

根据图 7-10，dt 时间内所传递的热量(热流)dQ 为：

$$\mathrm{d}Q = -\lambda \mathrm{d}A\frac{\partial T}{\partial n} \tag{7-19}$$

式中：dA——垂直于传热方向被测物体的微截面积，m^2；

dQ——通过微截面积 dA 的热量或热流，W。

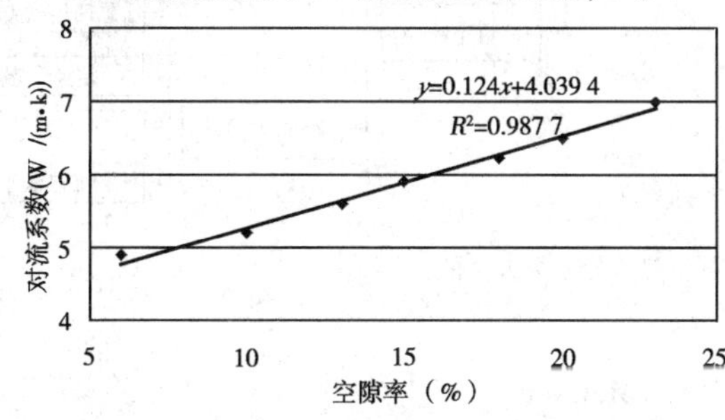

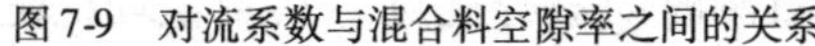

图 7-9 对流系数与混合料空隙率之间的关系

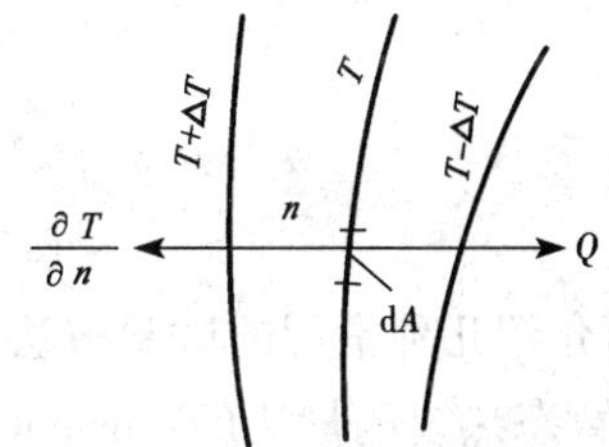

图 7-10 温度梯度与热流的关系

固体的热传导率 λ 是温度的函数。对于长为 L 的粗细均匀的棒状固体，若两端温度分别为 T_2 和 T_1($T_2 > T_1$)，则在稳定情况下，热流 Q 与测点位置无关。当温度间隔固定时，热流 Q 的大小取决于材料的 λ 值。当材料 λ 值小时，表明材料传热能力小，反之，则大。

对于非稳定情况，材料各处温度随时间的变化用含时间 t 的热传导方程描述，为：

$$\frac{\partial T}{\partial t} - \alpha\nabla^2 T = 0 \tag{7-20}$$

这里 α 为热扩散率或温度传导系数，有的文献也称之为传温系数。

式(7-20)可写为：

$$\frac{\partial T}{\partial t}=\alpha\nabla\cdot\nabla T \tag{7-21}$$

由于温度梯度∇T正比于热流密度Φ,因此式(7-21)的右边表示热流的空间变化。该方程表明,热流的空间变化是引起内部温度随时间变化的原因。例如,当某处进入的热流大于传出的热流时,该处温度将升高。显然,温度的变化快慢与物质的性质有关,它正比于热导率λ,而与单位体积的热容$c_p\rho$成反比,即由热扩散率α决定。由此分析可知,热导率λ直接关系到材料温度变化的快慢以及传递热量的大小等。另一个决定因素是热容$c_p\rho$。

7.2.3.2 排水性沥青路面热传导基本参数的测试方法及表现

1)热传导系数

量测热传导系数的方法有很多种,每一种方法都有其特性与使用限制,因此选择测量热传导系数的方法时,必须先了解试样本身的特性,再从中选择符合时间成本与经济成本的最适合方法。图7-11为测量热传导系数方法的分类树状图,由图7-11可知,测量热传导系数的方法,主要分为间接加热法和直接加热法两大类,这两类方法中,又可分为稳态法(Steady-State Method)和暂态法(Transient Method)两类。

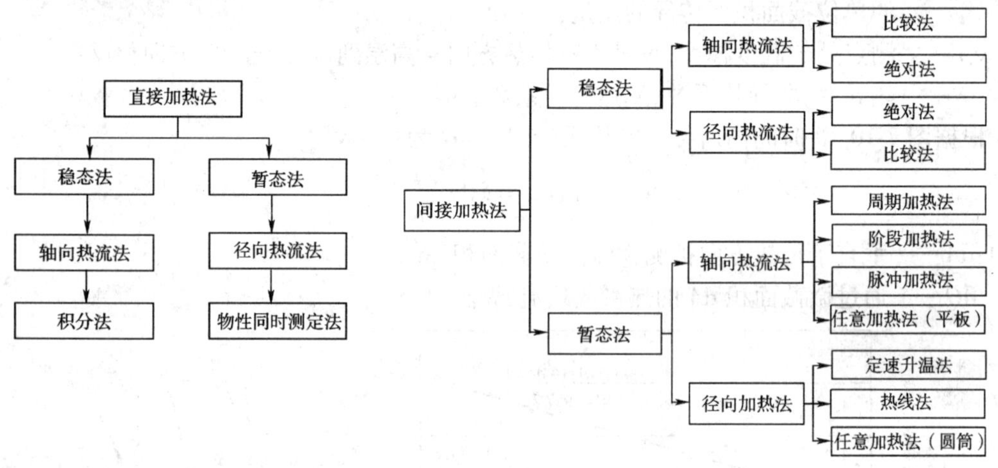

图7-11 测量热传导系数方法的分类

下面介绍几种常用的试验方法。

(1)暂态热线测量法(Transient Hot Wire Method)

暂态热线测量法具有使用方便、精度高、量测时间短等优点。其测量理论是假设一无限长的探针埋在无限大的均质介质中,探针产生单位长度的定热通量q来加热介质,因此可将此视为一维径向热传导问题。探针的温度T上升值可由式(7-22)求得。

$$\Delta T=\frac{q}{4\pi\lambda}(\ln 4F_r-\gamma) \tag{7-22}$$

式中:F_r——$\alpha t/r_0^{\ 2}$;

α——热扩散率;

λ——热传导系数;

r_0——探针半径;

γ——欧拉常数,为 0.577 2。

当 $4\alpha t/r_0^{\ 2} >> 1$ 时,由式(7-22)推得介质的热传导系数为:

$$\lambda = \left(\frac{q}{4\pi}\right)\left(\frac{\mathrm{d}T}{\mathrm{d}\ln t}\right)^{-1} \tag{7-23}$$

当时间足够长时,温度与时间的自然对数函数为线性关系;如果单位长度的热通量 q 已知,则介质的热传导系数可由测量数据在温度与时间的自然对数函数图中的直线斜率决定。

(2)稳态热流测量法(Steady-State Heat Flow Method)

该方法为一维傅立叶热传导方程的直接应用,基本原理是制造一稳定的温度场,直接由热流量与温度梯度的关系与距离求得热传导系数。借助于物体两侧固定的温度,本法可精确测量物体的热传导系数,但所需测量时间较长,且对可能因为加热而改变热传导性质的物体不适用,所需仪器也较为昂贵。

根据能量守恒定律,当系统达到稳定时,传入系统的能量将等于传出的能量。再利用傅立叶热传导定律,求出试件的热传导系数。傅立叶热传导定律可写为:

$$Q = \frac{A(T_1 - T_2)}{R} \tag{7-24}$$

式中:Q——热通量;

T_1——试件上端温度;

T_2——试件下端温度;

A——试件截面积;

R——试件热阻,$R = L/\lambda$,L 为试件长度,λ 为热传导系数。

(3)热探针法(Hot Probe Method)

热探针法最早是 Schleiermacher 在 1888 年提出的,原理是利用热探针内具有相当长径比的线热源间接测量热传导系数。将热探针插入试件中,利用已知的电压与电流,借助热探针内部的加热元件与感温元件,对应出时间与试件温度变化的关系,利用其关系曲线中的直线段斜率(图 7-12),推求热传导系数。

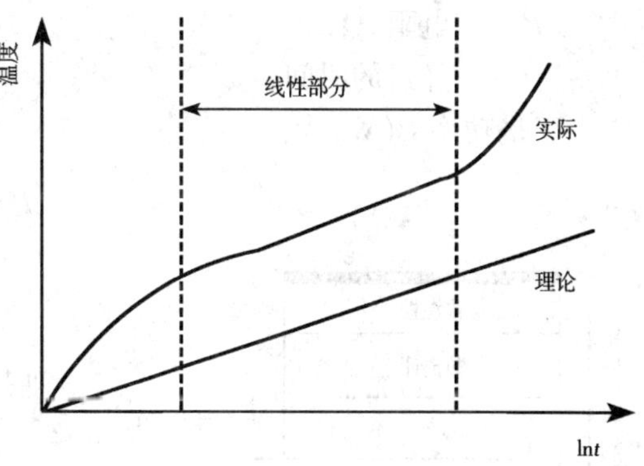

图 7-12　热探针法理论与实验测量曲线示意图

以一维单向热传导进行说明。假设 X-Y 平面上一半无限、均质且各向同性的定义域中,存在一线状热源,该热源所提供的热量没有侧向热流,完全沿 X 轴方向流入该定义域,如图 7-13 所示。

定义域中沿 X 轴方向的温度分布与时间的关系应符合基本傅立叶定律:

$$\frac{\partial T}{\partial t} = \alpha \frac{\partial^2 T}{\partial x^2} \tag{7-25}$$

其中 T 代表 t 时刻的温度,α 为该定义域的热扩散率。若将该定义域以 Y 轴为轴心旋转扩张为一圆柱状区域并代替以圆柱坐标系统,则有:

$$\frac{\partial T}{\partial t}=\alpha\left(\frac{\partial^2 T}{\partial r^2}+\frac{1}{r}\frac{\partial T}{\partial r}\right) \tag{7-26}$$

其中 r 为定义域中任一点对热源的垂直距离。假设在 $t=0$ 时，每单位长度的热源开始提供稳定的热能输入 q，则在定义域中，任何一点的温度上升量 ΔT 可由式(7-27)求得。

$$\Delta T=\frac{q}{4\pi\lambda}\left[-Ei\left(-\frac{r^2}{4\alpha t}\right)\right] \tag{7-27}$$

其中，$Ei(x)=\int_{-\infty}^{x}\frac{e^t}{t}\mathrm{d}t$ 为指数积分。若在轴心 $r=0$ 处，时间 t_1、t_2 时，分别测量得温度为 T_1、T_2，则将数据代入后相减得式(7-28)：

$$T_2-T_1=\frac{q}{4\pi\lambda}\ln\left(\frac{t_2}{t_1}\right) \tag{7-28}$$

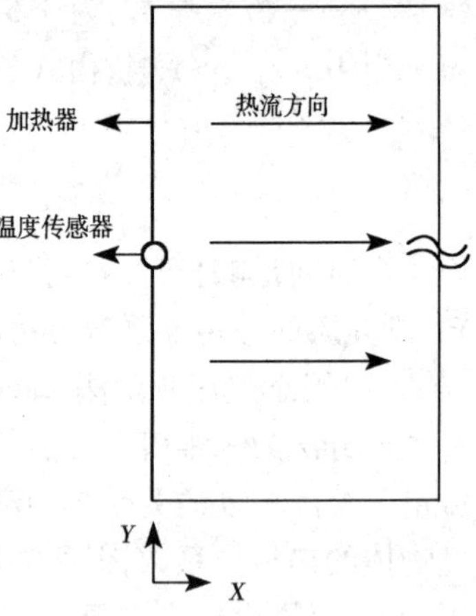

图 7-13　一维半无限域中线状热源布置图

由式(7-28)得到热传导系数为：

$$\lambda=\frac{q}{4\pi(T_2-T_1)}\ln\left(\frac{t_2}{t_1}\right) \tag{7-29}$$

热探针法中，加热元件多为点阻式电热丝，利用焦耳定律可得其在一定时间内因为电流通过而产生的热能：

$$W=I^2Rt \tag{7-30}$$

式中：W——功，J；

I——电流，A；

R——电阻，Ω；

t——经过的时间，s。

于是功率 P(W)为：

$$P=\frac{W}{t}=I^2R \tag{7-31}$$

(4)热流计法(Heat Flow Meter Method)

为符合一维傅立叶方程的假设，热流计的设计原理是使产生的热流只限于轴向流动。

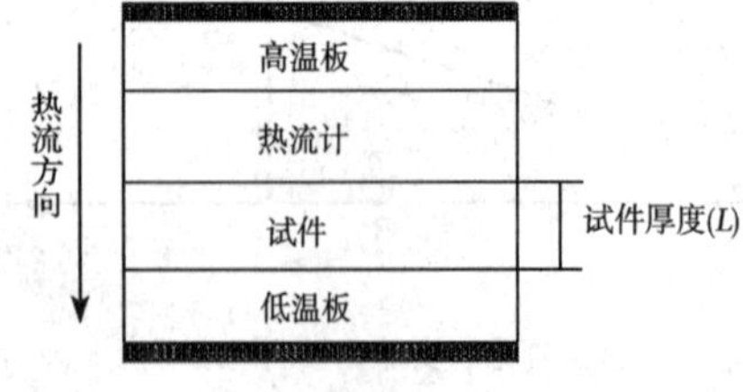

图 7-14　稳态热传导系数测量方法示意图

图 7-14 显示了热流计的设计概念。试验时，将试件置于两固定温差的冷热板之间紧密接合。当试件与两冷热板达到热平衡时，试件将产生固定的温度梯度。置于两板与试件间的热流计可测量出流经试件的热流大小，代入式(7-32)，可得到试件的热传导系数。

$$\lambda=\frac{Q_L+Q_H}{2}\cdot\frac{L}{\Delta T} \tag{7-32}$$

式中：Q_L——低温端热流，W/m²；

Q_H——高温端热流，W/m²；

ΔT——试件温差，℃；

L——试件厚度,m。

一些研究人员测定了排水性沥青路面的热传导系数,这里提供台湾逢甲大学吴宗骍(2007 年)(图 7-15)和牛俊明等人(1998 年)(图 7-16)的研究成果。可以看出,随着沥青混合料空隙率增大,导热系数逐渐减小,当空隙率达到一定程度后(大约 25%),导热系数的减小变得缓慢,并逐渐接近其水平渐近线。

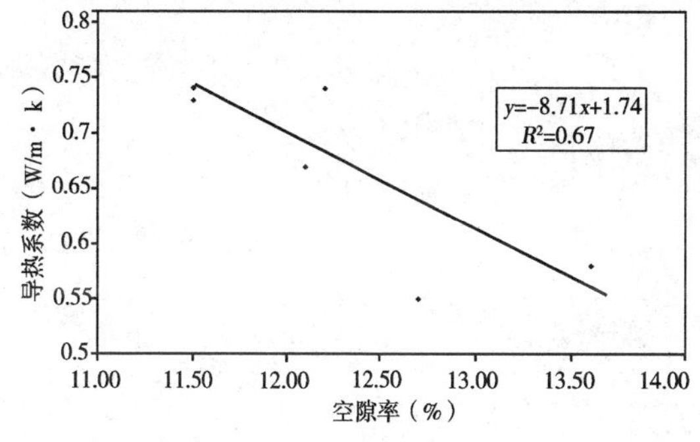

图 7-15　开级配路面空隙率与导热系数的关系(台湾吴宗骍)

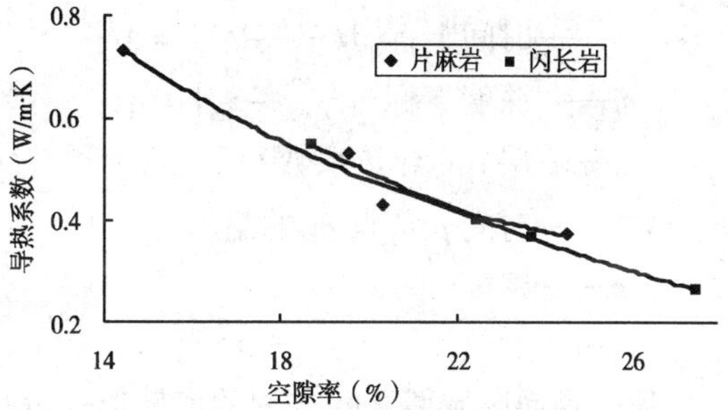

图 7-16　沥青混合料空隙率与导热系数关系图(牛俊明等人)

2)热容

热容为改变物体温度一给定量时,所需热量的一个可测物理量。对于给定物质,物体的热容与它含有的物质量成正比。物体中物质量加倍,则热容加倍。

不过,当将热容除以物体中的物质数量时,该效应得到校正,这被称为比热容,是物质本身结构的函数。

对于排水性沥青路面,由于沥青和石料的比例与密级配路面相仿,因此比热容变化不大。对热容有影响的是混合料的密度显著下降,导致热容减小。不过,由于热传导系数同样减小(降低幅度略大于密度降幅),使得热扩散率 α 的变化有减小,但幅度并没有想象当中那么大。这表明单考虑排水性沥青层本身,热传导对其温度的影响是存在的,热扩散率的减小,使得温度随时间的变化减缓,从而对降低表面温度是有利的。

7.3　排水性沥青铺装的中面层温度

排水性沥青表层对中面层温度的影响,可从两个方面分析。一是表层热扩散率的降低,使得表面排水层向中面层的热量传递更为缓慢,从而中面层的温升相对小;另一则是由于表层的多空隙(空隙为空气所占据),一定意义上表面的对流发展到了上、中面层的交界处,尤其在强迫对流的情况下,这使得中面层向空气的热传递大为加强。这两个作用都有利于中面层最高温度的降低。本节将从理论模型和实测数据两方面作一阐述。

7.3.1　理论计算模型

7.3.1.1　有限差分法

路面的瞬态温度响应可采用有限差分法,运用能量平衡原理和傅立叶热传递方程,借助数字化的步增式回归模型进行分析。采用收敛的方法来估计路面的导热系数和热扩散率。

层内傅立叶方程的离散形式可写为：

$$\lambda_i\left(\frac{T^p_{m-1}-T^p_m}{\Delta z}\right)-\lambda_i\left(\frac{T^p_m-T^p_{m+1}}{\Delta z}\right)=\rho c\left(\frac{T^{p+1}_m-T^p_m}{\Delta t}\right)\Delta z \tag{7-33}$$

式中：Δt——时间增量；

Δz——深度增量；

p——时间上标，$|t^{p+1}-t^p|=\Delta t$；

m——深度下标，$|z_{m+1}-z_m|=\Delta z$；

λ_i——层 i 的导热系数；

T^p_m——时间 p 节点 m 的温度；

ρ——密度；

c——比热。

各层界面区域傅立叶方程的离散形式可写为：

$$T^{p+1}_m=\frac{2\Delta t}{r(\Delta z)^2}(\lambda_i T^p_{m+1}+\lambda_{i+1}T^p_{m+1})+\left[1-\frac{2\lambda_i\Delta t}{r(\Delta z)^2}-\frac{2\lambda_{i+1}\Delta t}{r(\Delta z)^2}\right]T^p_m \tag{7-34}$$

这里：

$$r=c_i\rho_i+c_{i+1}\rho_{i+1}$$

表面处($z=0$)路面与其周围之间的相互作用可写为：

$$h_r(T_a-T^p_s)+q_s+h_c(T_a-T^p_s)+\lambda_i\left(\frac{T^p_1-T^p_s}{\Delta z}\right)=\rho c\frac{\Delta z}{2}\left(\frac{T^{p+1}_s-T^p_s}{\Delta t}\right) \tag{7-35}$$

模型的解答需要在启动瞬态分析前确定层体系中的初始温度分布。该初始温度分布是由现场测量得到的。

7.3.1.2 有限元法

(1)传导

利用热力学第一定律，即热能守恒定律，借助有限单元来解答路面热学问题。考虑路面的微分控制体积，热能守恒由式(7-36)表示：

$$\rho c\frac{\partial T}{\partial t}+\{L\}^T\{q\}=0 \tag{7-36}$$

式中：ρ——密度；

c——比热；

T——温度，表示为 $T(x,y,z,t)$；

t——时间；

$\{L\}$——矢量运算符 $\{L\}=\left\{\frac{\partial}{\partial x}\quad\frac{\partial}{\partial y}\quad\frac{\partial}{\partial z}\right\}^T$；

$\{q\}$——热流矢量。

应指出，项 $\{L\}^T\{q\}$ 还可说明为 $\nabla\{q\}$，这里 ∇ 代表发散运算符。可用傅立叶定律，遵循式(7-37)，将热流矢量与温度梯度相关：

$$\{q\}=-[D]\{L\}T \tag{7-37}$$

式中：$[D]$——导热率矩阵，$[D]=\begin{bmatrix}\lambda_{xx} & 0 & 0\\ 0 & \lambda_{yy} & 0\\ 0 & 0 & \lambda_{zz}\end{bmatrix}$；

λ_{xx}、λ_{yy}、λ_{zz}——分别为单元 x、y 和 z 方向的导热系数。

将方程扩展到更常见的形式：

$$\rho c\frac{\partial T}{\partial t}=\frac{\partial}{\partial x}\left(\lambda_{xx}\frac{\partial T}{\partial x}\right)+\frac{\partial}{\partial x}\left(\lambda_{yy}\frac{\partial T}{\partial y}\right)+\frac{\partial}{\partial x}\left(\lambda_{zz}\frac{\partial T}{\partial z}\right) \tag{7-38}$$

考虑材料各向同性（$\lambda=\lambda_{xx}=\lambda_{yy}=\lambda_{zz}$）：

$$\rho c\frac{\partial T}{\partial t}=\frac{\partial}{\partial x}\lambda\left[\left(\frac{\partial T}{\partial x}\right)+\frac{\partial}{\partial x}\left(\frac{\partial T}{\partial y}\right)+\frac{\partial}{\partial x}\left(\frac{\partial T}{\partial z}\right)\right] \tag{7-39}$$

（2）边界条件

考虑三类边界条件，它们覆盖了整个模型：作用在模型所及表面上的指定热流；作用在模型上层表面上的指定对流面；上层表面及其周边之间的指定辐射能。

某一表面上作用的指定热流遵循一般的表达式：

$$\{q\}^T\{\eta\}=-q^* \tag{7-40}$$

式中：$\{\eta\}$——单位外法线矢量；

q^*——指定热流。

某一表面上作用的指定对流面热流遵循一般的表达式：

$$\{q\}^T\{\eta\}=h_c(T_s-T_a) \tag{7-41}$$

式中：h_c——对流系数；

T_s——模型表面处的温度；

T_a——相邻流体的总体温度。

模型表面与其周围的辐射能交换由下式表示，它给出了表面与代表周围的某一点之间的热传递率：

$$q_r=\sigma\varepsilon(T_s^4-T_a^4) \tag{7-42}$$

式中：σ——Stefan-Boltzman 系数；

ε——有效辐射系数；

q_r——表面热流损失。

7.3.2　案例分析

7.3.2.1　沪宁高速镇江支线排水路面（倪富健等，2006）

作者选取了两类路面结构进行计算与观测，如图 7-17 所示，其路面结构热学参数如表 7-4 所示。实际观测结构如图 7-18 和图 7-19 所示，有限元计算结构如图 7-20 所示。可以看出：

（1）上面层顶部，两种结构温度相差不大。

（2）中面层顶部，相较普通沥青路面，排水路面中面层顶部 8 月最高气温低 2℃左右，1 月最高气温低 1℃左右，温度变化幅度相对更小。

（3）有限元模型的计算结果与实测结果相当接近。

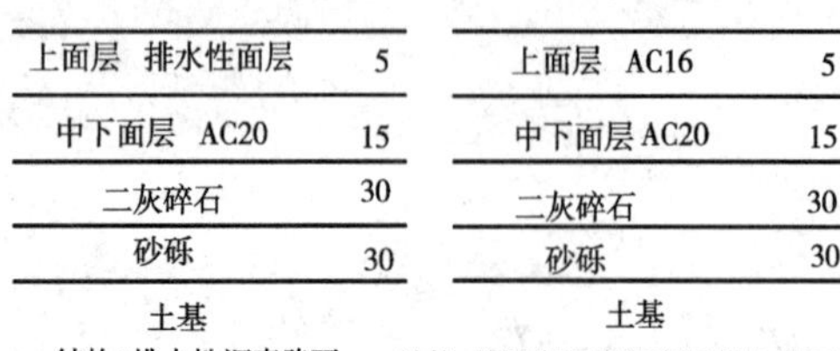

图 7-17 路面结构示意图(单位:cm)

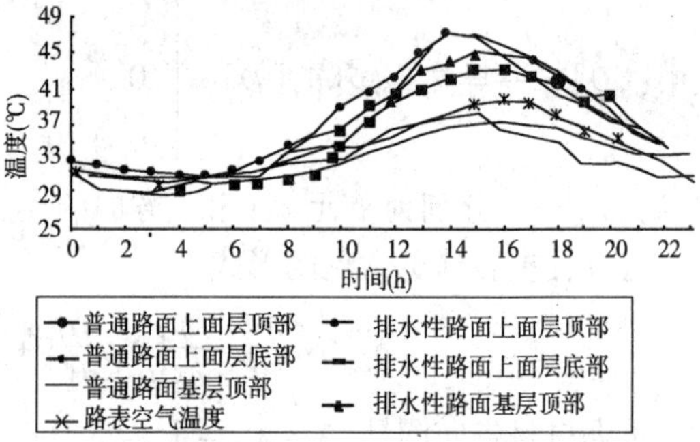

图 7-18 8 月路面温度场实测结果

铺装层热学参数 表 7-4

结 构 层	导热系数 [W/(m·K)]	比热容 [J/(kg·K)]
排水性沥青混合料	0.80	1099
中下面层(普通密级配沥青混合料)	1.25	894
基层	1.28	943
底基层	1.57	935
土基	1.61	1097

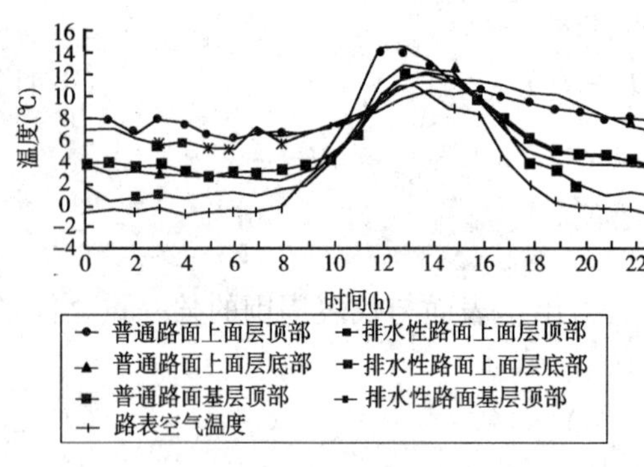

图 7-19 1 月路面温度场实测结果

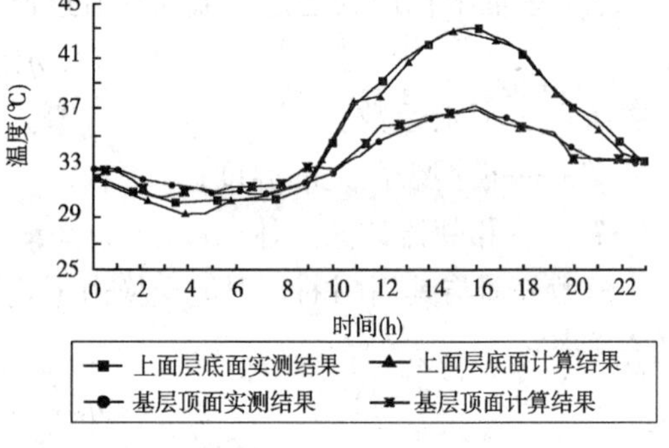

图 7-20 有限元计算与实测结果对比图

7.3.2.2 浦东五洲大道配套工程排水路面(宋宪发,2008 年)

该项目是上海市科技委 2005 年立项项目“城市快速干道生态环保综合技术研究与示范”子课题“低噪声抗滑沥青路面及其路用性能衰变规律”中的研究内容。项目组分别在 2007 年 1 月 30 日、3 月 28 日、7 月 26 日作为上海冬季、春季和夏季的代表进行了排水性沥青路面及相邻 SMA 路面中面层温度的实际测量,得到图 7-21、图 7-22 和图 7-23 的实测温度变化图。从中可以看出,气温越高,排水路面对中面层的降温效果越显著,其效果高于上一节的案例。

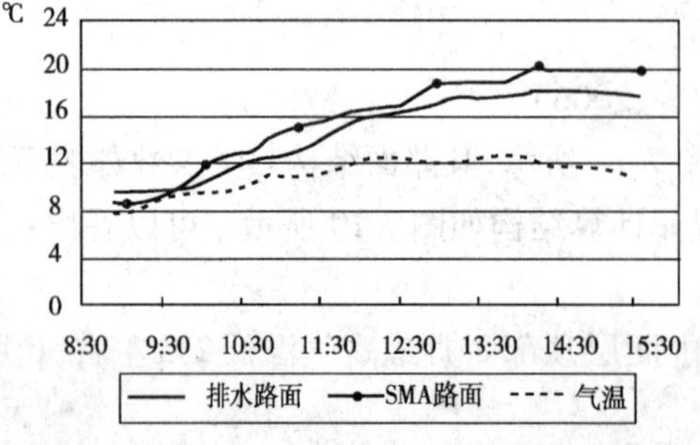

图 7-21 两种路面中面层温度比较(1 月 30 日)

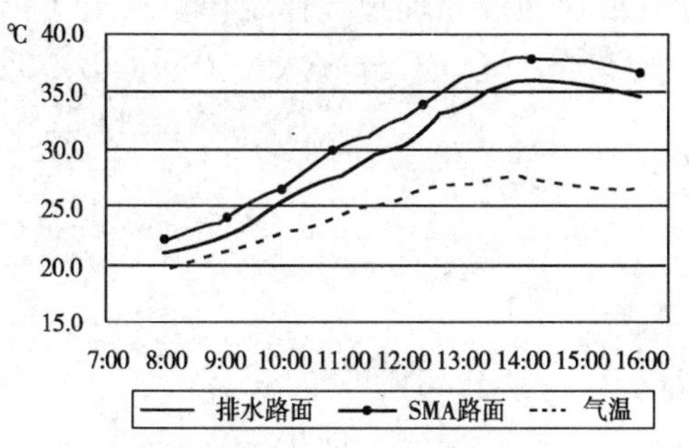

图 7-22　两种路面中面层温度比较(3 月 28 日)

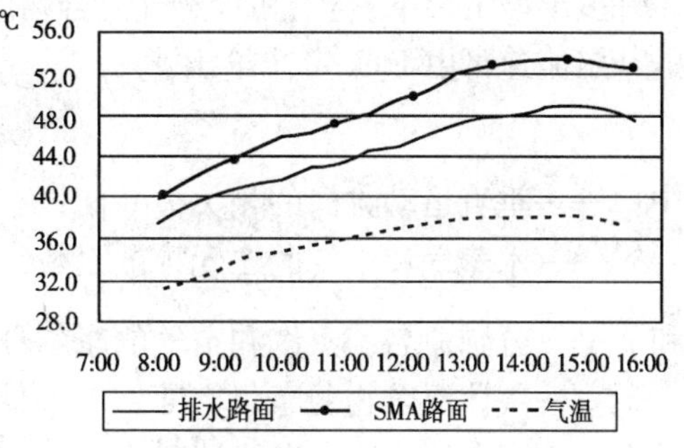

图 7-23　两种路面中面层温度比较(7 月 26 日)

7.4　排水性沥青铺装的蒸发降温

7.4.1　多孔介质蒸发原理和干燥过程

7.4.1.1　基本原理

干燥情况下排水性沥青表面的降温,尽管有着一定的效果,但在以热学舒适性为目标的道路表面温度控制下,这样的幅度与不可控性显然无法满足要求。于是,以日本为代表,排水性路面(保水性路面)和喷淋技术的组合使用,逐渐成为多空隙路面主动降温的一种有效手段。其降温机理是利用水分蒸发吸收潜热,带走路表蓄积的热量,使铺装表面保持在较低温度下。与密级配路面不同的是,由于水分保存在路面空隙中,蒸发缓慢,使得降温作用能长期维持。

蒸发是液体在任何温度下都能发生,并且只在液体表面发生的汽化现象。在干燥过程中,蒸发是很重要的因素。蒸发是因为孔介质中的水发生了相变,由液态变成了汽态,然后以蒸汽扩散的方式沿着多孔介质的内部孔道排出。整个干燥过程其实就是一个多孔介质中内部水分相及空气相的动态迁移过程。整个干燥过程可以这样来描述:多孔介质从完全是湿区,到湿区被空气所割裂、包围,然后出现干区,随后干区向介质内部延伸,直至整个多孔介质完全干燥。干燥过程结束。

也可以将多孔介质的干燥过程简单看成是四种状态的动态过程:第一种状态为一个沅场体系,是多孔介质的初始状态;第二种状态是指干燥已经开始,但多孔介质内部的液相仍然宏观相连,气相与液相宏观上是连续的;第三种状态是指干燥进行到多孔介质内部的液相被分成尺寸大小不一的单个液体团,这些液体团被侵入的空气包围着;第四种状态是指液相附着在多孔介质壁面,而且液体膜的厚度越来越薄,直至完全干燥。

多孔介质分为三类:一是孔隙空间充满液体的湿饱和多孔介质;二是湿分以液体和蒸汽形式存在于多孔骨架孔隙内的非饱和多孔介质;三是湿分以纯蒸汽的形式出现于孔隙空间中。

干燥过程中,质量传递和热传递可以扩散、对流形式发生,对热传递还有传导等形式。这些现象可以分别或同时出现。

7.4.1.2　迁移现象

(1)浓度梯度产生的气体和液体的扩散

许多干燥情形下，空气和水蒸气混合物的组分可被视为遵守理想气体定律。水蒸气和空气的摩尔流速可由 Fick 定律给出

$$\dot{N}_v = -n_g A\delta_{va}\nabla\tilde{y}_v, \dot{N}_a = -n_g A\delta_{va}\nabla\tilde{y}_a \tag{7-43}$$

式中：A——垂直运动方向的相关横断面；

δ_{va}——水蒸气和空气的二元扩散系数；

$\tilde{y}_v$ 和 $\tilde{y}_a$——分别命名了蒸汽和空气的摩尔分数；

n_g——气体混合物的摩尔密度。

摩尔密度由理想气体定律计算

$$n_g = \frac{P_g}{\tilde{R}T} = \frac{\rho_g}{\tilde{M}_g} \tag{7-44}$$

在二元混合物的扩散中，由于守恒的原因，蒸汽分子的流动等于空气分子的流动，但方向相反：$\dot{N}_a = -\dot{N}_v$（等摩尔扩散）。除了摩尔分数 $\tilde{y}$ 的概念以外，干燥分析中也采用质量分数 y。这两个量之间的关系可写成：

$$y_v = \tilde{y}_v\frac{\tilde{M}_v}{\tilde{M}_g}, y_a = \tilde{y}_a\frac{\tilde{M}_a}{\tilde{M}_g} \tag{7-45}$$

在质量流量方面，式(7-43)可写成如下：

$$\dot{m}_v = -\frac{\tilde{M}_v P_g}{\tilde{R}T}\delta_{va}\nabla\tilde{y}_v, \dot{m}_a = -\frac{\tilde{M}_a P_g}{\tilde{R}T}\delta_{va}\nabla\tilde{y}_a \tag{7-46}$$

表示扩散流量的另一方法是：

$$\dot{m}_v = -\rho_g\delta_{va}\nabla y_v, \dot{m}_a = -\rho_g\delta_{va}\nabla y_a \tag{7-47}$$

用于多孔介质（二元扩散系数 δ_{va} 用有效扩散率 D_{eff} 替代），蒸汽和空气的扩散可表示为如下的质量分数形式：

$$\dot{m}_v = -\rho_g D_{eff}\nabla y_v, \dot{m}_a = -\rho_g D_{eff}\nabla y_a \tag{7-48}$$

这里有效扩散率 D_{eff} 为二元扩散系数 δ_{va}、饱和度和具体材料结构的函数。

(2)由于总的压力梯度产生的气体和液体的对流

液体水和气体的对流迁移按液体和气体的速度描述。这些速度由普遍性 Darcy 定律给出

$$\boldsymbol{v}_w = -\frac{\boldsymbol{K}\cdot\boldsymbol{k}_w}{\eta_w}(\nabla P_w - \nabla\Psi_w), \boldsymbol{v}_g = -\frac{\boldsymbol{K}\cdot\boldsymbol{k}_g}{\eta_g}(\nabla P_g - \nabla\Psi_g) \tag{7-49}$$

这里 $\boldsymbol{v}_w$ 和 $\boldsymbol{v}_g$ 为液体水和空气的质量平均速度，Ψ_w 和 Ψ_g 为相应重力势。许多情况下，重力效应很小，可以忽略。$\boldsymbol{K}$ 为绝对透水系数张量。这是透水性的量度，或介质中只有一种流体时，液体流经某一介质能力的量度。绝对透水性与流体无关，只依赖于干燥材料的结构。符号 $\boldsymbol{k}_w$ 和 $\boldsymbol{k}_g$ 表示液体水和气体的相对透水性张量。这些张量描述了由于第二相的存在，透水性是如何降低的。相对透水性依赖于流体的饱和度。

(3)能量迁移

多孔介质干燥时的热传递通过不同的机理发生：扩散、对流、传导和辐射。第一项可按摩

尔梯度描述,第二项按压力梯度描述。对于对流干燥,忽略辐射。传导产生的热传递(由于温度梯度)由 Fourier 定律计算:

$$q_{conduction} = -\lambda_{eff} \nabla T \tag{7-50}$$

式中:∇T——温度梯度;

λ_{eff}——有效导热系数张量,该张量依赖于材料的结构及其饱和度。

7.4.1.3 干燥曲线和干燥率曲线

干燥分析中,过程特性可由干燥曲线或干燥率曲线描述。图 7-24 显示了对流干燥时典型的干燥曲线,其中平均含水率 X(或饱和度 S)是相对于时间绘制的。这些平均值通过给定时间下计算域 V 上 X(或 S)的积分计算:

$$X_{av} = \frac{1}{V}\int_V X\mathrm{d}V, S_{av} = \frac{1}{V}\int_V S\mathrm{d}V \tag{7-51}$$

图 7-24 中,第一干燥期或恒速期开始于短暂的变暖期之后。在第一干燥期中,自由水通过毛细力连续移动到外部表面,含水率以恒速减少。这是因为在这个时段,外部表面足够潮湿,它的行为类似液体表面,干燥率等于该液体表面的蒸发率,只依赖于干燥气体的状态和边界层的传递系数。此时,固体温度保持在湿球温度 T_{wb}(图 7-25)。随着干燥的进行,含水率达到临界含水率 X_{cr},第一干燥期结束,第二干燥期或降速期开始。含水率为 X_{cr} 的临界点或过渡点依赖于第一干燥期的干燥速率和样品的性质。第二干燥期(降速期)中,扩散力胜于毛细力,液体的损失主要受扩散控制。这期间,含水率缓慢减少,直至达到吸湿性材料的平衡值 X_{eq}(低于此,材料无法干燥),或非吸湿性材料直到零(这种情况下 $X_{eq} \approx 0$)。固体的温度渐近上升到干燥空气的温度(图 7-25)。

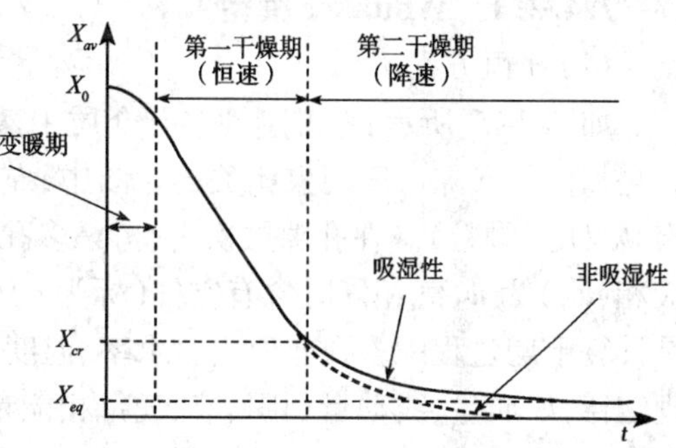

图 7-24 干燥曲线:平均含水率与时间的关系

干燥率曲线是说明干燥过程的另一方法(图 7-26)。该曲线是通过对应于(平均)含水率绘制干燥率得到的。在构建干燥率曲线时,干燥率或是蒸汽质量流量按式(7-52)计算:

这里 A 为待干燥多孔介质的表面积。

$$\dot{m}_v = -\frac{M_s}{A}\frac{\mathrm{d}X}{\mathrm{d}t} \tag{7-52}$$

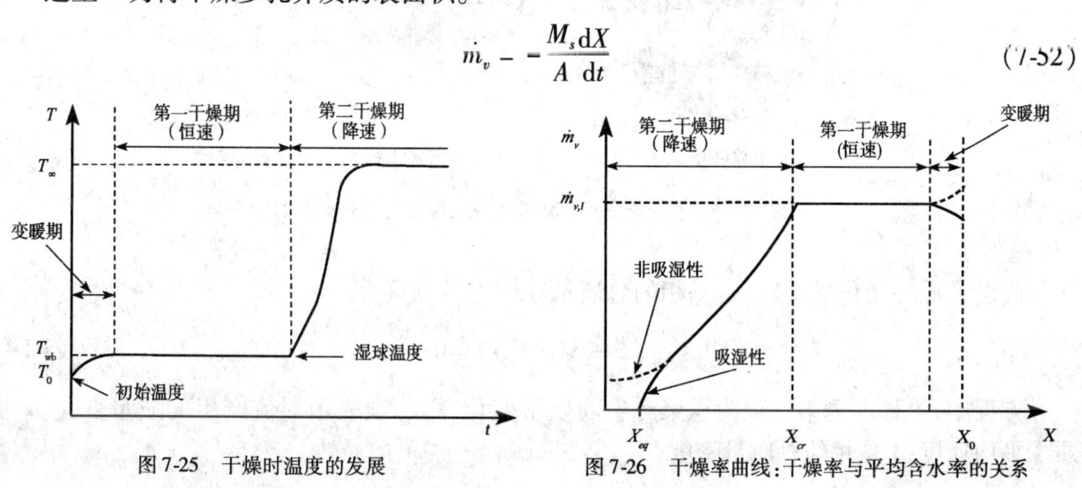

图 7-25 干燥时温度的发展

图 7-26 干燥率曲线:干燥率与平均含水率的关系

正如上面提到的那样,在第一干燥期中,干燥率是恒定的,只依赖于干燥气体的状态(温度 T_∞ 和相对湿度 φ)和传递系数(质量传递系数 β 和热传递系数 α)。在第二干燥期中,干燥率降低,依赖于颗粒内的迁移现象。干燥过程结束时,吸湿性材料干燥率到零(对应的含水率达到平衡值),非吸湿性材料到有限值。

干燥时间通过重排并积分式(7-52)计算:

$$\tau_{\rm dry} = \frac{M_s}{A}\int_{X_0}^{X_t} \frac{{\rm d}X}{\dot{m}_v(X)} \tag{7-53}$$

这里 X_0 与 X_t 分别为初始含水率和时间 t 含水率。

7.4.2 多孔介质蒸发模型

这里介绍多孔介质最常见的两个蒸发模型,一是 Whitaker 模型,还有一个是后退峰面模型,可在排水性沥青路面蒸发计算中采用。

7.4.2.1 Whitaker 模型

(1)守恒方程

如图 7-27 所示,考虑刚性多孔介质中液相和蒸汽相的运动,它显示了干燥过程的宏观行为是如何与孔隙尺度现象相关的。图中,左手侧显示了孔隙尺度(微观尺度),右手侧显示了宏观尺度(颗粒)。在孔隙层次上,考虑多孔结构具有三相:固体、液体和气体。固相命名为 s,液相(水)为 w,气相同时含有空气(标为 a)和蒸汽(标为 v),标识为 g。干燥分析中,主要目标是计算干燥过程中多孔介质内含水率、温度和内部气压的分布。在孔隙层次上,采用合适的物理定律,如质量、线动量和固、液、气每相能量的守恒,可以确定每一点的(局部)含水率、温度和气压。

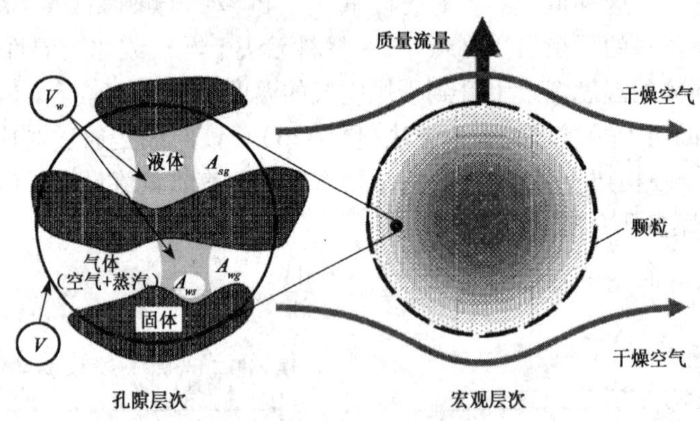

图 7-27 多孔介质中的干燥过程:从孔隙层次到宏观层次

①质量守恒

假设干燥时无化学反应,每一相的总质量守恒方程可写为:

$$\frac{\partial \rho}{\partial t} + \nabla \cdot (\rho \boldsymbol{v}) = 0 \tag{7-54}$$

方程中,等号左侧第一项为积聚产生的质量变化,第二项表示对流产生的质量变化,$\boldsymbol{v}$ 是质量平均速度,ρ 是相的总质量密度。

②线动量原理

对每一相，线动量原理都可书写为：

$$\rho \frac{\mathrm{D}\boldsymbol{v}}{\mathrm{D}t} = \nabla \cdot \boldsymbol{T} \tag{7-55}$$

这里忽略体力如重力的贡献。上方程中，$\boldsymbol{T}$ 为应力张量。角动量原理要求该张量对称

$$\boldsymbol{T} = \boldsymbol{T}^T \tag{7-56}$$

③能量守恒

每一相的热能方程为：

$$\frac{\partial}{\partial t}(\rho h) + \nabla \cdot (\rho h \boldsymbol{v}) = -\nabla \cdot \boldsymbol{q} + \frac{\mathrm{D}P}{\mathrm{D}t} + \tau : \nabla \boldsymbol{v} + \Phi \tag{7-57}$$

式中：h——单位质量的焓；

$\boldsymbol{q}$——传导热流量矢量；

τ——黏性应力张量；

$\tau : \nabla \boldsymbol{v}$——黏性耗散；

P——压力；

$\frac{\mathrm{D}P}{\mathrm{D}t}$——压缩功；

Φ——电磁辐射的源或汇。

传导热流量矢量 $\boldsymbol{q}$ 由 Fourier 定理计算：

$$\boldsymbol{q} = -\lambda \nabla T \tag{7-58}$$

式中：λ——导热系数。

这里忽略 Φ 的贡献。并且假设对液相和气相，黏性耗散和压缩功可以忽略。还假设热焓独立于压力，这样所有的热容都一样，于是：

$$h = c_p (T - T_R) \tag{7-59}$$

式中：c_p——比热容；

T_R——基准温度。

④现在将上面讨论的守恒定理应用于所考虑三相体系的每一相。

Ⅰ. 固相

固相被认为是刚性的，固定在空间中，速度为零。这意味着对于这一相，只需要研究能量守恒，即：

$$\rho_s \frac{\partial h_s}{\partial t} = -\nabla \cdot \boldsymbol{q}_s \tag{7-60}$$

若采用式(7-58)，结合式(7-59)的假设，有：

$$\rho_s c_{p,s} \frac{\partial T_s}{\partial t} = \lambda_s \nabla^2 T_s \tag{7-61}$$

Ⅱ. 液相

对于只含水的液相，质量守恒方程为：

$$\frac{\partial \rho_w}{\partial t} + \nabla \cdot (\rho_w \boldsymbol{v}_w) = 0 \tag{7-62}$$

利用式(7-58)和(7-59),将液相的能量守恒方程写为:

$$\rho_w c_{p,w}\left(\frac{\partial T_w}{\partial t}+\boldsymbol{v}_w\cdot\nabla T_w\right)=\lambda_w\nabla^2 T_w \tag{7-63}$$

Ⅲ.气相

气相含有空气和蒸汽两种成分,因此比固相和液相更为复杂。气相总的质量守恒为:

$$\frac{\partial\rho_g}{\partial t}+\nabla\cdot(\rho_g\boldsymbol{v}_g)=0 \tag{7-64}$$

纯类速度 $\boldsymbol{v}_i$ 可按照质量平均速度 $\boldsymbol{v}_g$ 和扩散速度 $\boldsymbol{u}_i$,写为:

$$\boldsymbol{v}_i=\boldsymbol{v}_g+\boldsymbol{u}_i \qquad i=a,\ v \tag{7-65}$$

按下面形式书写空气和蒸汽的质量守恒:

$$\frac{\partial\rho_i}{\partial t}+\nabla\cdot(\rho_i\boldsymbol{v}_g)=-\nabla\cdot(\rho_i\boldsymbol{u}_i) \qquad i=a,\ v \tag{7-66}$$

另外,扩散流量 $\rho_i\boldsymbol{u}_i$ 可表示为:

$$\rho_i\boldsymbol{u}_i=-\rho_g\delta_{v,a}\nabla\left(\frac{\rho_i}{\rho_g}\right) \tag{7-67}$$

这里 $\delta_{v,a}$ 为蒸汽和空气的二元分子扩散系数。

根据能量方程,对于气相,有:

$$\rho_g c_{p,g}\left(\frac{\partial T_g}{\partial t}+\boldsymbol{v}_g\cdot\nabla T_g\right)=\lambda_g\nabla^2 T_g-\nabla\cdot(\rho_a h_a\boldsymbol{u}_a+\rho_v h_v\boldsymbol{u}_v) \tag{7-68}$$

这里:

$$c_{p,g}=\frac{(\rho_a c_{p,a}+\rho_v c_{p,v})}{\rho_g}$$

除以上守恒方程外,分气压和总气压还假设符合理想气体定律:

$$P_i=\frac{\rho_i\widetilde{R}T}{\widetilde{M}_i} \tag{7-69}$$

这里 i 代表 a、v 或 g,$\widetilde{R}$ 为理想气体常数,$\widetilde{M}_i$ 代表空气、蒸汽或气体的摩尔质量。分气压与总气压的约束关系为:

$$p_a+p_v=p_g \tag{7-70}$$

(2)边界条件

为完成上面列出的方程组,还需要规定联系三个分离相迁移方程的边界条件。图 7-27 中,A_{wg}代表液气相界面面积,A_{sw}代表固液相界面面积,A_{sg}代表固气相界面面积。

固液界面 A_{ws}的边界条件相当简单,可写为:

$$\boldsymbol{v}_w=0,\boldsymbol{q}_s\cdot\hat{\boldsymbol{n}}_{ws}=\boldsymbol{q}_w\cdot\hat{\boldsymbol{n}}_{ws},T_s=T_w \tag{7-71}$$

这里,$\hat{\boldsymbol{n}}_{ws}$代表从液相指向固相的单位法矢量,$\hat{\boldsymbol{n}}_{sw}=-\hat{\boldsymbol{n}}_{ws}$。

类似的,固气界面 A_{sg}的边界条件写为:

$$\boldsymbol{v}_g=0,\boldsymbol{q}_s\cdot\hat{\boldsymbol{n}}_{sg}=\boldsymbol{q}_g\cdot\hat{\boldsymbol{n}}_{sg},T_s=T_g \tag{7-72}$$

液气界面 A_{wg}的边界条件比上面列出的更为复杂。该表面被视为一移动表面,边界条件定

义为：

$$
\begin{cases}
\rho_v(\boldsymbol{v}_v-\boldsymbol{w})\cdot\hat{\boldsymbol{n}}_{gw}=\rho_w(\boldsymbol{v}_w-\boldsymbol{w})\cdot\hat{\boldsymbol{n}}_{gw}\\
\rho_a(\boldsymbol{v}_a-\boldsymbol{w})\cdot\hat{\boldsymbol{n}}_{gw}=0\\
\rho_g(\boldsymbol{v}_g-\boldsymbol{w})\cdot\hat{\boldsymbol{n}}_{gw}=\rho_w(\boldsymbol{v}_w-\boldsymbol{w})\cdot\hat{\boldsymbol{n}}_{gw}\\
\rho_w(h_v-h_w)(\boldsymbol{v}_w-\boldsymbol{w})\cdot\hat{\boldsymbol{n}}_{gw}=(\boldsymbol{q}_w-\boldsymbol{q}_g)\cdot\hat{\boldsymbol{n}}_{gw}\\
T_w=T_g
\end{cases}
\tag{7-73}
$$

这里 $\boldsymbol{w}$ 表示液气界面的速度。

7.4.2.2　后退锋面模型

根据这个模型，在临界点时（此时降速期开始），产生一个蒸发锋面，逐渐移动到区域内部：图 7-28 中显示的湿区（吸湿性材料称吸着区）和干区。在干区中，自由水含量为零，水分传递的主要机理是蒸汽流动。干燥时，后退蒸发锋面的位置随时间而变化。

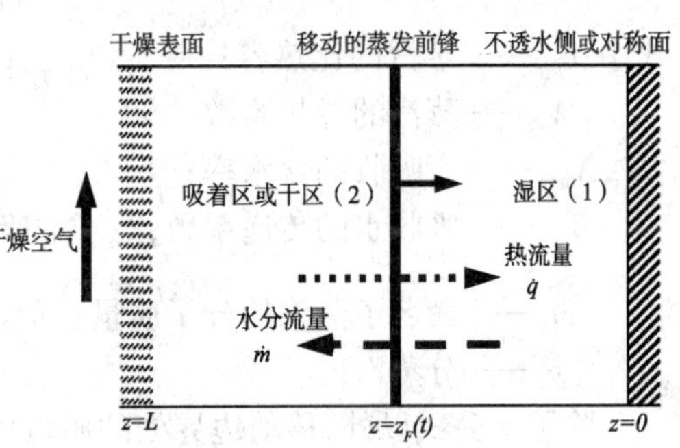

图 7-28　后退锋面模型

后退锋面模型最早是在 20 世纪 60 年代开发的。后退锋面模型的最简单形式是湿区饱和度 S 为 1，干区为 0 的模型。以下各段中，以 Chen 和 Schmidt(1990)提出的一个模型作为例子。根据 Chen 和 Schmidt，可书写描述耦合热传递和质量传递的一维方程组如下（下标 1 和 2 命名湿区和干区）：

在湿区($0<z<z_F(t)$)

$$
\frac{\partial X_{fw}}{\partial t}=\frac{\partial}{\partial z}\left(\delta_l\frac{\partial X_{fw}}{\partial z}\right)
\tag{7-74}
$$

$$
\rho c_{p,w}\frac{\partial T_1}{\partial t}=\frac{\partial}{\partial z}\left(\lambda_{eff}\frac{\partial T_1}{\partial z}\right)
\tag{7-75}
$$

式中：δ_l——液体传递系数；

$c_{p,w}$——水的比热容；

X_{fw}——自由水的含水率；

λ_{eff}——有效导热系数，由式(7-76)计算：

$$
\lambda_{eff}=\lambda_l+\frac{\delta'_v\widetilde{M}_v\partial P_v^*(T)}{\widetilde{R}T\qquad\partial T}\Delta h_v
\tag{7-76}
$$

式中：λ_l——液体的导热系数；

Δh_v——蒸发焓；

p_v^*——饱和蒸汽压；

δ'_v——蒸汽传递系数，覆盖了对流和扩散流动的贡献

$$
\delta'_v=\delta_v\left(1+\frac{\dfrac{k_gKP_v}{\eta}}{\delta_v+\dfrac{k_gK}{m\eta}(P_g-P_v)}\right)
\tag{7-77}
$$

式中：m——空气和蒸汽扩散系数的比值；

k_g——气相的相对渗透性；

η——动态黏度；

δ_v——蒸汽扩散系数。

在干或吸着区（$z_F(t)<z<L$）：

$$\rho\frac{\partial X_{sorb}}{\partial t}=\rho\frac{\partial}{\partial z}\left(\delta_{sorb}\frac{\partial X_{sorb}}{\partial z}\right)+\frac{\partial}{\partial z}\left(\frac{\delta'_v\widetilde{M}_v\partial P_v}{\widetilde{R}T\quad\partial z}\right) \tag{7-78}$$

$$\rho c_{p,v}\frac{\partial T_2}{\partial t}=\frac{\partial}{\partial z}\left(\lambda_v\frac{\partial T_2}{\partial z}\right) \tag{7-79}$$

式中：$c_{p,v}$——蒸汽的比热容；

λ_v——蒸汽的导热系数；

X_{sorb}——所吸收的含水率；

δ_{sorb}——吸收水的传递系数，对于非吸湿性材料，X_{sorb}为零，δ_{sorb}可以忽略；

$\widetilde{M}_v$——命名了蒸汽的分子质量；

p_v——分蒸汽压。

除了上公式以外，移动边界处的质量传递和热传递必须满足以下条件：

$$\rho\delta_l\frac{\partial X_{fw}}{\partial z}=\rho\delta_{sorb}\frac{\partial X_{sorb}}{\partial z}+\frac{\delta'_v\widetilde{M}_v}{\widetilde{R}T}\frac{\partial P_v}{\partial z} \tag{7-80}$$

$$\lambda_{eff}\frac{\partial T_1}{\partial z}=\lambda_v\frac{\partial T_2}{\partial z}+\Delta h_v\frac{\delta'_v\widetilde{M}_v}{\widetilde{R}T}\frac{\partial P_v}{\partial z} \tag{7-81}$$

$$\begin{aligned}T_1&=T_2\\X_{fw}&=0\end{aligned} \tag{7-82}$$

模型中采用等温吸着，需要表面边界条件。

后退锋面方法的缺陷为，采用扩散方程，而不是类似毛细压力、液压梯度、透水性等更基本的概念来描述湿区中的毛细活动。另外，热传递只由有效导热系数描述。确定移动蒸发锋面与热传递和质量传递系数时出现困难，它们是干区和湿区的函数。

7.4.3 实验模拟

排水性沥青路面理论上的蒸发降温设计，由于模型的复杂和参数取得的困难，目前还没有真正取得实际应用。而室内模拟，目前所做工作也很少见，以下提供北京交通大学于红润（2007 年）对多空隙混凝土所做试验的部分结论，可供排水性沥青路面借鉴。

7.4.3.1 试验方案设计

采用两盏 1 000W 的碘钨灯照射来模拟太阳辐射，用立式风扇模拟自然风的效果。首先用精密电子天平（精度为 0.1g）称取试样干质量，用钢尺量取试样外观尺寸，计算试样表观体积，测试试样孔隙率（有效孔隙率），然后将试样在水中浸泡 24h，使水分充分进入试样内部。

为模拟实际地面铺装的蒸发过程，试样下底面用塑料薄膜和胶带密封，只留出试样的上表面作为蒸发面。碘钨灯距试样表面垂直距离45cm，风扇距试样水平距离为40cm。采用清华同方RHAT-301型数字式风速仪测量风速，实际测定风扇的风速为3.3m/s，碘钨灯的辐射量用太阳总辐射测定仪DFY2测量总辐射量，实际测定碘钨灯的辐射强度为1 307W/m^2。试样采用PVC圆管成型，圆管内柱形试样高15cm，直径10.6cm。试验时每隔一定时间(1h)用精密天平(精度为0.1g)称量试样质量，相邻时刻的质量差即为该时间段内试样的蒸发量。同时用Raytek非接触红外测温仪测定试样表面温度。特定时间段试样的蒸发强度是对应时间段蒸发量除以该试样的表面面积。

7.4.3.2 不同孔隙率透水混凝土表面温度的变化

透水性混凝土铺装在热辐射作用下，吸收的能量使内部水分变为水汽。逸出铺装表面是通过两种过程来进行的，一种是铺装表面的直接蒸发，另一种是铺装内部水分进行的蒸发，再通过铺装中的孔隙扩散逸出铺装表面。水分蒸发吸收大量的热量，使得地表温度和空气温度均得到降低，这是透水性铺装改善城市夏季热环境的重要途径。夏季透水性混凝土铺装受热后，向铺装地表上部空间辐射热能，类似灰体辐射。因此，降低透水性混凝土铺装地表温度对于减轻夏季该铺装地表热辐射起着重要的作用。如图7-29所示为不同孔隙率透水性混凝土试样表面温度变化对比曲线。

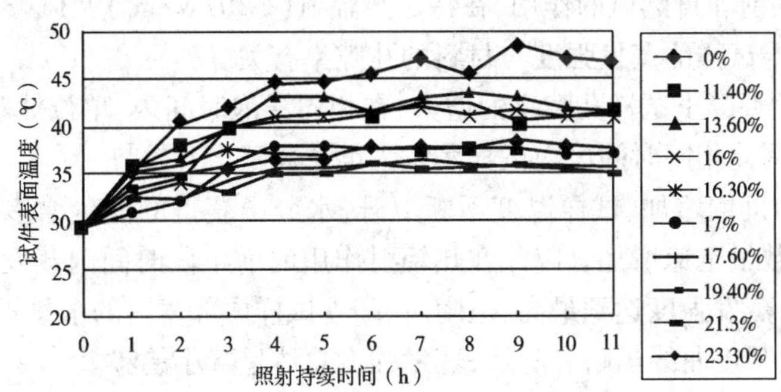

图7-29 不同孔隙率透水性混凝土试样表面温度变化对比曲线

由此可得到如下结论：

(1)模拟太阳辐射和自然风的作用，在特定热辐射(1 307W/m^2)及风速(3.3m/s)作用下，不同规格透水性混凝土试样的表面温度与材料的孔隙率有关。

(2)随着照射时间增加，试样表面温度不断升高，升高速率由大变小，最后趋于稳定。

(3)透水性混凝土试样孔隙率越大，单位体积含水率越大，蒸发水量越多，表面温度随时间升高的速率越小，最终的温度就低。

7.4.3.3 不同孔隙率透水性混凝土蒸发强度变化曲线分析

因为水比热大，城市中的河流、水池、雨水蒸气、城市排水及土壤和植物中的水分都将影响城市的温、湿度。水是气温稳定的首要因素。水在远未到沸点时就开始蒸发，蒸发时能吸收大量的热量。把1g液态水从冰点(0℃)加热到沸点(100℃)大致需要100卡热。在不需要升高其温度的情况下，还需要540卡热才能把水变成蒸汽。水的蒸发需要的热量约为液体水从冰点上升到沸点需要热量的5.4倍。水或其他液体蒸发的速度随温度的升高而加快，这说明温度升高使具有足够速度突破液体表面薄层逃逸出去成为蒸汽的分子数量迅速增加。如果蒸汽一形成就被流动的空气带走,蒸发的速度还要快,气流卷走逃逸的蒸汽分子并阻止它们再进入液体。因此,自然风的作用直接影响铺装地表水分蒸发降温过程。蒸发强度的定义是单位时间单位面积的蒸发水量。图 7-30 所示为不同孔隙率透水性混凝土铺装试样的蒸发强度变化对比曲线。

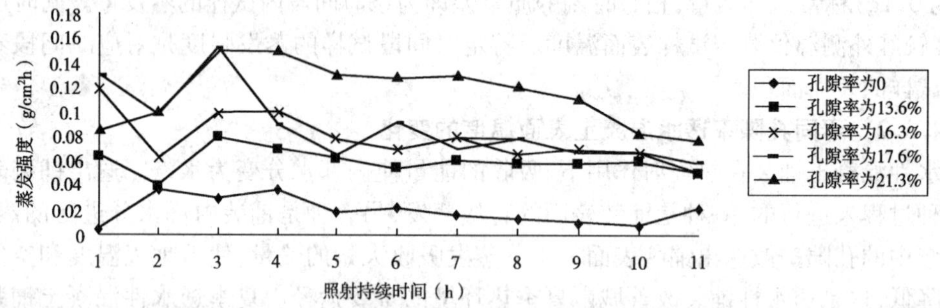

图 7-30　不同孔隙率透水性混凝土蒸发强度对比曲线

由图 7-30 分析可得出如下结论:

(1)模拟太阳辐射和自然风的作用,在特定热辐射(1 307W/m^2)及风(3.3m/s)作用下,不同规格的透水混凝土试样的蒸发强度与材料的孔隙率有关。

(2)随着透水性混凝土试样孔隙率的增大,在相同浸泡时间内,单位体积试样的含水量增多,蒸发通路越多,因此相同时间段内试样蒸发强度总体呈上升趋势。

(3)随着照射时间的增加,试样温度不断上升,水分子获得的能量增多,突破表面吸附力成为水蒸气的分子数量迅速增加。因此在热辐射作用的前半段时间内蒸发强度有上升趋势,并在经过 3 ~4h 时,蒸发强度达到最高,但随后,随着试样内部蓄留的水量不断减少,水分子蒸发的通道变长,蒸发强度曲线虽略有起伏,蒸发强度总体呈减小趋势。

(4)观察透水性混凝土试件的蒸发强度曲线,发现在照射的第一个小时内,蒸发强度降低,这可能是因为开始照射时试件有个预热期,表层水分子遇热即迅速蒸发,随后试件内的水分子有个吸热升温的过程,根据本试验,可推知这个过程大概要 1h,然后水分子大量蒸发,使试件表面温度降低。

总之,透水混凝土路面由于自身一系列与外部空气及下部透水结构层相连通的多孔构造,雨过天晴后,透水性混凝土路面内部的水分通过太阳辐射作用下的蒸发作用使地表温度和近地层空气温度降低,从而减轻夏季不透水性路面对行人的烘烤感,改善夏季城市热环境,缓解日益严重的热岛效应。

7.5　小结与讨论

前面几章,无论是结构设计,还是水力设计与水文设计,或是声学设计,路面温度都是作为设计参数出现的,这主要是因为沥青混合料中结合料的温度敏感性所导致,如温度升高,沥青一般会变软,导致结构强度下降;空隙更容易堵塞,导致透水系数下降;混合料的劲度也降低,

使得噪声有所下降。把温度作为设计目标看待,是在两大背景下出现的:一是热岛效应与全球变暖,这促使人类进行反思,为了人类的可持续发展,人类必须主动为地球“降温”;其二是车辆的发展与城市的扩大,使得城市道路占城市面积的比例急剧增加,仅依赖城市绿化的维持与“绿色屋面”的推广,其作用尚不充分,还要考虑“绿色道路”,或者说“凉爽道路”,才能使城市逐渐找回已经失去的地面的“调温”功能。

对排水性沥青路面降温性能最初的发现,不是作为排水路面效益的面貌出现的,恰恰相反,是作为扼杀排水路面大面积推广的一种阻碍现身的。这主要是因为排水路面冬季时,路表温度比相邻密级配路面有所下降,导致路表结冰的情况更早出现,维持时间也更长。不过,随着排水路面冬季养护策略的逐渐完善,其不利面正在减弱;目前,更多的国家开始注意排水路面夏季时路表降温的有利表现。但是,排水路面干燥时,降温幅度仅在1~2℃的数量级内,这样的降温效果显然是不够的。幸运的是,科学家正在两方面努力改善路表的降温作用:一是增大路面的日光反射率,如日本的“遮热式铺装”,其要点是避免像水泥混凝土路面那样,虽然降低了表面温度,却对驾驶员的眼睛形成了更强的光线刺激,也避免白天降温,夜间却辐射出更多热量的情形;二是利用路面空隙内水的蒸发带走路表热量,排水路面这一作用的降温效应远大于干燥情形,但不利的是,由于连通空隙的缘故,这部分水不仅有蒸发作用,还有渗流作用,使得蒸发水的数量遭到损失。为降低这种影响,日本发明了“持水性铺装”或“保水性铺装”,使水的蒸发作用极大化,或者将排水性沥青路面的使用与喷淋工艺相结合,定期补充路面水分,维持路表低温。

而对排水性沥青路面降低中面层温度的发现,其大背景是国内愈演愈烈的改性沥青风潮。欧美等国家,改性沥青的使用相对较少,但在中国,改性沥青的使用越来越猛,不仅表层用,而且中面层与下面层也加入了使用的行列,其用量还在增大。使用的根本理由恐怕只有一个,就是抵抗车辙。这样,排水路面降低中面层温度的结论就能够带来直接的经济效益,降低中面层结合料改性程度甚至取消改性。不过,目前这一效益尚未发挥,主要是因为排水路面本身在国内仍未大面积推广,同时也缺乏实证。

第八章　排水性沥青路面的光学设计

严格地说，排水性沥青路面的光学设计是一边界相对模糊的概念。不过，本章试图从以下两方面进行阐述，一是排水性沥青路面本身的光反射特性，作为眩光与照明的设计依据，二是将光线本身分为紫外线、可见光与红外线，紫外线主要影响结合料的老化，可见光影响路面的色彩显示，而红外线则影响路表的温度，以此来说明针对这些因素，路面的相应反应与对策。

8.1　排水性沥青路面的光反射特性

8.1.1　光学基础知识

8.1.1.1　照度(Illuminance)和亮度(Luminance)

为研究空间中光波能的传播，也即实施光学研究，就意味着要考虑光能作用于观察者而产生的视觉效应，根据人体的视觉系统响应研究光的发射。描述参数必须考虑视觉系统的光谱响应(称为敏感度分布曲线)；将辐射度参数与人眼的光谱响应曲线相关。该曲线在白天视觉中显示为适光曲线(与人眼圆锥细胞相关的光谱响应)，夜间视觉中显示为适暗曲线(与人眼杆状细胞相关的光谱响应)。

确定光感应的客观评估时，光学单位起着重要的作用，它提供了实现视觉问题正确定义的参数。与道路环境的视觉和感觉紧密相关的光学单位是照度和亮度，代表着光线对路表的作用。照度 E(勒克斯)为表面上入射光通量 Φ 和同一表面面积 A 之间的比值。它是单位表面上入射光的数量。

某一水平面上的照度为(图 8-1a)：

$$E_0 = \frac{\mathrm{d}\Phi}{\mathrm{d}\omega}\frac{1}{r^2}\cos\alpha,$$

此时：

$$\mathrm{d}A_0 = \frac{r^2\mathrm{d}\omega}{\cos\alpha} \tag{8-1}$$

某一垂直面上的照度为(图 8-1b)：

$$E_V = \frac{\mathrm{d}\Phi}{\mathrm{d}\omega}\frac{1}{r^2}\sin\alpha,$$

此时：

$$\mathrm{d}A_0 = \frac{r^2\mathrm{d}\omega}{\sin\alpha} \tag{8-2}$$

亮度 L($\mathrm{cd \cdot m^{-2}}$)为某一固定方向中某一光源的光强 I 与表面表观面积(垂直同一方向的

某一平面的表面投影，见图 8-2）之间的比值。亮度代表了从某一主光源（本身发光的物体）或某一辅助光源（反射某一主光源发射光线的物体）接收的光感应。其表达式为：

$$L=\frac{\mathrm{d}I}{\mathrm{d}A\cos\alpha} \tag{8-3}$$

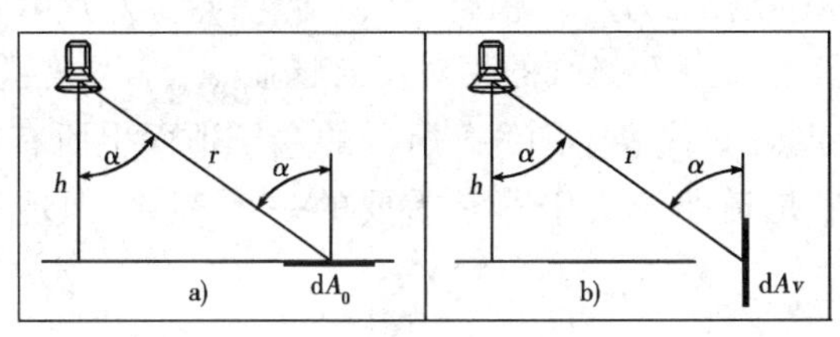

图 8-1　照度的概念

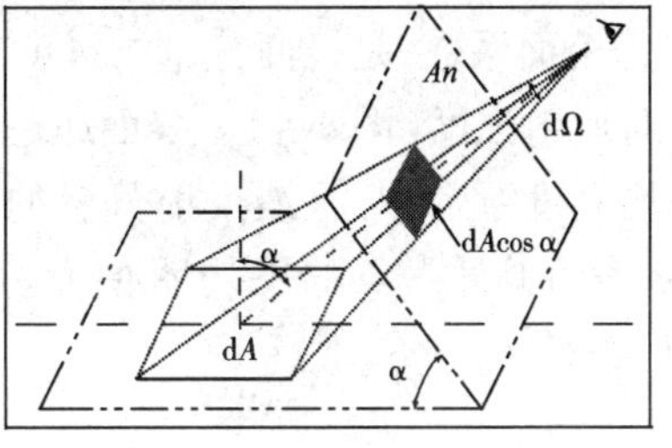

图 8-2　亮度的概念

8.1.1.2　*I* 表和 *R* 表

好的交通路线照明技术，是将道路表面照得让驾驶员所观察的前面一段距离足够明亮。这项技术显示出了行车路线，更重要的，明亮的表面构成了一个均匀的背景，可以看到物体的廓影。为确保照明设计实现必要的均匀性和亮度水平，设计者基于图 8-3 的数学关系进行计算机模拟。

观察者看到的点 P 的亮度由式（8-4）表示：

$$L=\frac{I(C,\gamma)\cdot q(\beta,\gamma)\cdot\cos^3\gamma}{H^2} \tag{8-4}$$

式中：L——点 P 的亮度；

I——角度 C 和 γ 的光强；

q——亮度系数，是道路表面反光性质的度量；

H——照明器具的安装高度。

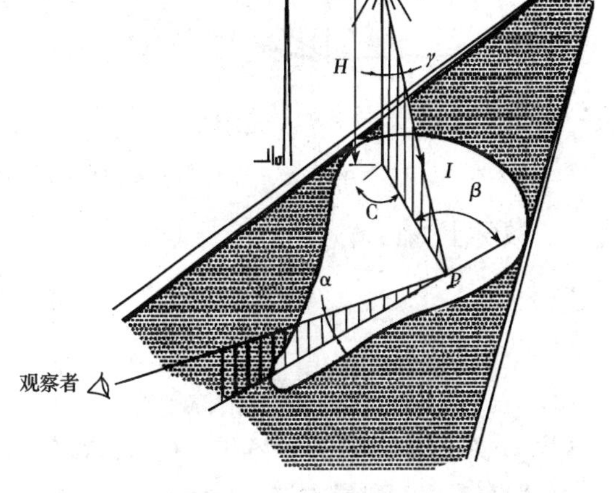

图 8-3　用于描述道路表面任意点 P 亮度的数学模型

为计算简单起见，常常采用简化的亮度系数“r”，此时 $r(\beta,\gamma)=q(\beta,\gamma)\cdot\cos^3\gamma$。于是，上式简化为：

$$L=\frac{I(C,\gamma)\cdot r(\beta,\gamma)}{H^2} \tag{8-5}$$

式（8-5）表明，道路亮度计算需要两个矩阵。这两个矩阵一般被称为 I 表与 R 表。

I 表量化了角度 C 与 γ 定义的方向上，照明器具发送的光强。它们是由照明器具制造商发布的。只要生产出一种新的照明器具或改进了老的照明器具，就必须有授权试验室实测的 I 表形式的性能数据。

R 表为道路反射表，表明了路表在观察者方向反射入射光的能力。R 表的取得可通过：

①室内芯样的全面测量；

②采用便携式反光计进行现场测量；

③采纳 CIE(国际照明委员会)定义的标准(或预先定比的标准)表面。

8.1.1.3　镜面系数(Specular Factor)**和平均亮度系数**(Average Luminance Coefficient)

国际照明委员会已经研究了道路表面的反光性质。每种表面的反光性质相当复杂,目前统一的做法是只采用两个参数来描述表面,被称为 S_1 和 Q_0。

S_1 为镜面系数,是镜面分量的量度。它可被视为点 P 相比于点 A 照明器具对点 B 照明器具的相对反射强度(图 8-4)。表面越趋于镜面,点 B 光线的相对反射越强烈,S_1 系数越高。

平均亮度系数 Q_0 是漫反射分量的量度。它代表了图 8-5 所示的盒子顶面上所有点照明下,道路表面上某一点的平均明亮度。Q_0 是道路分类中非常重要的一项参数,但现场很难测量。

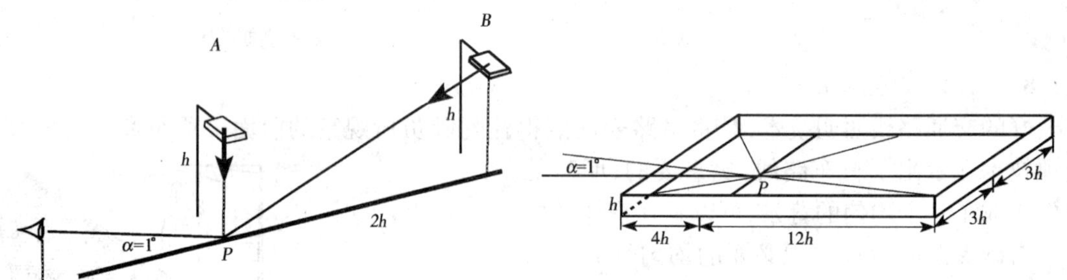

图 8-4　镜面系数的概念(h 为照明器具安装高度)　　图 8-5　求取 Q_0 值时,对 q 积分的立体角

数学上,有:

$$Q_0 = \frac{\int_{\Omega_0} q \cdot \mathrm{d}\Omega}{\Omega_0} \tag{8-6}$$

这里 Ω 为积分区域的立体角。Q_0 计算的积分范围为 $\beta = 0° \sim 180°$, $\tan(\gamma) = -4 \sim 12$。

8.1.1.4　测量方法

目前广泛公认的是,现场测量反光性质的需求甚于借助芯样。钻芯的费用及其破坏性阻碍了它的广泛使用。

2008 年 7 月在意大利都灵,国际照明委员会(CIE)就路表光学特性的测量体系和结果召开了国际研讨会,其中包括了 Memphis 装置和荷兰、法国、阿根廷、意大利制造的装置。在支撑性研究和制造数量方面,Memphis 装置看来是最为先进的。不过,在 Philips 照明公司的帮助下,法国开发的"Coluroute"装置也有一些令人印象深刻的优点。

"Memphis"(图 8-6)为 Schreder 集团和比利时 Liege 大学经过四年研究,开发出的便携式道路测角反光计的名称。研究成果是小到足以放置在汽车防尘罩内的仪器,能评估很宽范围入射与反射角的道路反光性质。Memphis 配备有 4 个光源,预置与路表法向的入射角 $\gamma = 0°$、30°、50°和 70°。每盏灯都照明道路 110mm 直径的圆形面积。用放置在专门设计的灯箱内的小型传感器连续监测 4 个光源的输出。在 $\alpha = 5°$、10°、20°、30°、40°、50°、60°、70°、80°处还有 9 个亮度计,测量路表反射光。这些角度是道路照明中使用的真实角度的近似。道路照明情形中,驾驶员对道路的观察角 α 定义为 1°。使用多个观察角的目的是建立对表面的数学认识,

可与一系列已有的数据库进行比较。在微型设备中作出1°的可靠观察是困难的，Memphis也是如此，这样做只能提供不准确的结果。

图8-6　Memphis装置（左为实际外形，右为除去外壳后的布置）

Memphis还进行了5个β角（照明方向与观察方向之间的水平夹角）的测量，分别为β=0°、10°、20°、30°与150°。所有测量（和标定）是在手提电脑的控制下自动进行的，电脑构成了装置的集成部分。整组180个测量在12s内就完成了，之后Memphis可快速移动到下一样本点。数据储存在计算机中，稍后可提取并与完全光学化表面的数据集匹配。

Coluroute装置（图8-7）利用了光线的各向同性本质，将照明器具到观察者的光线路径反转。取代在仅1°的角度下观察道路表面，该装置在1°下照明道路表面，并以更容易达到的观察角实施观察。用光纤系统来确保光线提供在合适的位置和角度。总的效果是利用一紧凑的装置，用标准的CIE几何学进行测量，无需使用备查数据库。测量角存在一些限制，但总体上，输出与完全光学化的表面有着良好的一致性。

图8-7　Coluroute装置

8.1.2　排水性沥青路面的反光性质

8.1.2.1　排水路面与其他路面反光性质的比较

英国的Cooper等人（2000）利用从英国至少服役两年的道路上钻取的芯样，测量了大量路面材料的反光性质。每个场地取三个芯样，一个在行车道左边缘附近，一个在轮迹带近侧，还有一个在油性车道上。这些位置经历了不同程度的磨耗与污染。行车道边缘附近的芯样很可能遭受最少的磨耗与污染。轮迹处的芯样可能遭遇最严重的磨耗，但几乎没有污染，而油性车道的芯样可能污染最严重，但几乎没有磨耗。表8-1显示了三个位置各种材料的Q_0和S_1值，包括其平均值。

根据表8-1，有以下结论：

（1）与沥青路面相比，混凝土路面平均亮度大，镜面反射弱。

（2）在沥青路面中，排水性沥青路面的平均亮度最大，镜面反射最弱。

不过，这样的结论只有相对的意义，因为路面的反光性质随时间和空间而变。

各铺装材料的 Q_0 和 S_1 值 表 8-1

材 料	Q_0				S_1			
	路边	轮迹	油道	平均	路边	轮迹	油道	平均
热滚压沥青	0.045	0.052	0.046	0.048	0.37	0.38	0.44	0.40
刷毛混凝土	0.074	0.089	0.070	0.078	0.32	0.52	0.27	0.37
表面处治	0.043	0.050	0.043	0.045	0.44	0.45	0.47	0.45
露石混凝土	0.089	0.080	0.072	0.080	0.22	0.28	0.30	0.27
SMA	0.042	0.048	0.039	0.043	0.64	0.72	0.86	0.74
多空隙沥青	0.051	0.056	0.046	0.051	0.26	0.39	0.33	0.33

8.1.2.2 排水路面反光性质随空间和时间的变化

路肩测量通常是在寿命期中几乎没有交通磨耗的一段路上进行的。多数情况下，路肩的反光性质在路面寿命期内多保持相同。相反，在石料磨光与路面受压产生集中磨耗的区域，进行轮迹测量。两区域之间的差异显示了交通对反光性质的典型作用。

新西兰运输署的 Jackett 等人(2009 年)实施的一项研究显示于图 8-8 中，结果表明，Q_0 和 S_1 一定程度上以类似的比例随交通磨耗而增大。图中箭头趋向于指向图的右上区域。表 8-1 也显示出相同的趋势。

法国人认为，与其他沥青路面相比，排水性沥青路面以一种独特的方式稳定。它变得更为漫射，其明亮度增加，如图 8-9 所示。图中显示了从典型角度向道路观察时，计算机生成的反光特性图像。过去最常遇到的角度是下视 1°。法国人和瑞士人认为，由于更低的车速和城市的环境，需要其他的视角。最常提到的角度是 3°和 5°。

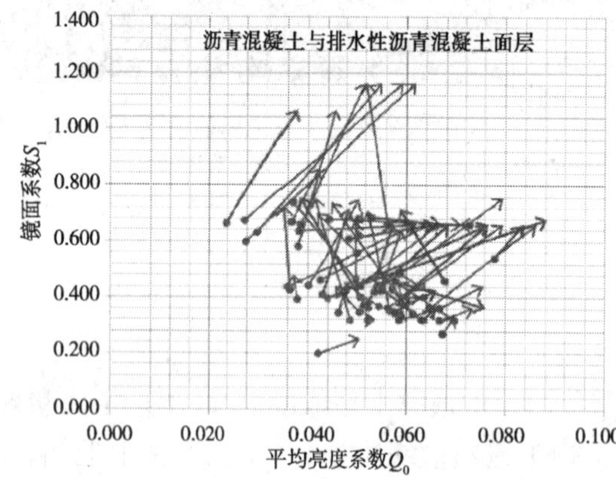

图 8-8 AC 和 OGFC 面层的 Q_0 和 S_1(箭头表明路肩向轮迹的移动方向，实心圆为路肩车道，箭头为轮迹值)

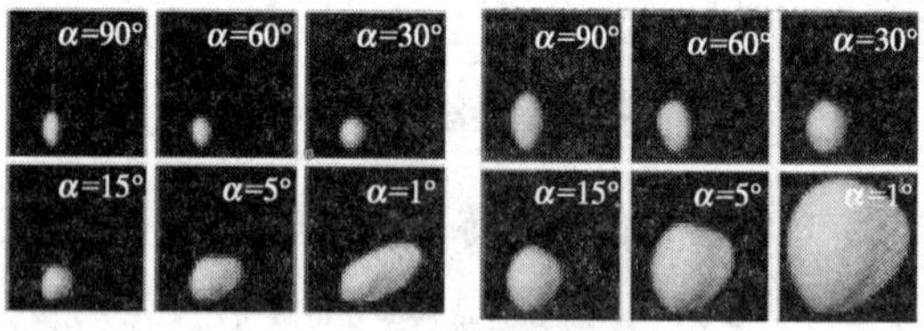

图 8-9 新的(左图)和 12 个月后的(右图)排水性沥青路面的反光图像

8.1.3 道路的亮度设计

欧洲在高速公路和隧道中成功采用亮度设计技术已经超过 30 年了。与照度设计技术相比，该方法基于了人眼看到的道路，也就是被道路反射并进入观察者眼睛的光线所见到的道路表面。照度方法仅与照明器具相关，而亮度方法则不仅与照明器具相关，也与道路表面的反光

性质相关,设计更为合理。

欧洲照明设计中,亮度水平及均匀程度的要求都比较高。比利时专家表示,路面高的均匀度使得驾驶员有良好的舒适性。他们认为,驾驶员舒适性等同于驾驶员安全性。不过,这方面他们没有将之相互联系的正式研究。基于比利时的经验,专家建议,道路照明的水平在 1 ~ 2cd/m^2 之间能产生好的可视性,而小于 1 cd/m^2 的道路照明无法产生好的可视性。

由于亮度设计方法依赖于反射光线并进入观察者眼睛使之能见的道路表面,路面的反光性质就成为照明设计方法的集成部分。1976 年公布了现有的路面反射表 R 表,此后,全世界的亮度设计中都开始使用它。R 表仅指干燥路表条件下的路面反光特性,基于两项路面性质:S_1,镜面反射度或路面光滑度;Q_0,某一道路表面的光亮度或从白到黑的灰度。S_1 值的范围决定了路面从 R_1 到 R_4 归属的类别,见表 8-2。

根据路面分类的 R 表数值　　表 8-2

路面类别	标准 S_1	S_1 范围
R_1	0.25	<0.42
R_2	0.58	>0.42 但 <0.85
R_3	1.11	>0.85 但 <1.35
R_4	1.55	>1.35

为准确起见,平均亮度系数 Q_0 必须针对所考虑的特定路面进行测定。一般的,Q_0 的数值是,$R_1=0.1$,R_2 和 $R_3=0.7$,$R_4=0.8$。不过,这些典型数字是变动的。在比利时,多空隙沥青归于 R_2,Q_0 从 0.05 到 0.08 cd/m^2/lux(相应的,普通沥青路面属于 R_3,Q_0 从 0.07 到 0.10 cd/m^2/lux)。

法国专家要求可能时采用道路的真实 $R(r)$ 值。不过,为快速估计,法国采用了以下道路照明的亮度/照度转换:

浅色路面上 8lux 产生 1cd/m^2;

深色路面上 18lux 产生 1cd/m^2;

均色路面上 14lux 产生 1cd/m^2。

瑞士、法国、比利时等在大的项目中都实施了路面性质的精细化分析。分析要求,在室内测量未来道路铺装的试样,将简化的反射系数矩阵结合到规范当中,还有项目最低要求的照明水平和均匀度。评估实际道路表面时,为取得实际的 R 值,比利时人评估若干芯样,并将结果平均。舍弃异常值。而且,研究成果表明,对于排水性沥青路面,一般要花 6 个月到一年才能获得稳定的可靠的 R 值。

图 8-10 解释了为什么现场测量要延迟到路面稳定之后。注意,左车道几乎不行车,近乎“浇筑”时的路况,而右车道显示出车辆交通导致的反光性质的典型变化。还注意到,轮迹处有着与其他路面区域大相径庭的镜面反射度,这使得测量整条路面的亮度很困难。实测的所有亮度值必须量化到路面的具体位置,但根据各个单点收集的数据来确定总的亮度值至今还无方法。这个例子说明了试图实施亮度规范或验证设计时遇到的典型困难。两条车道上进行的亮度测量表明,右车道 140cd/m^2,具有左车道 70cd/m^2 两倍的亮度值。

图 8-10　瑞士 Milchbuck 隧道的道路照明情况

8.2 紫外线对排水性沥青路面的影响

8.2.1 基础知识

8.2.1.1 紫外线的基本特征

紫外线的波长介于100~400nm之间，比可见光波长短，一般又按波长大小将其分为短波(100~280nm)、中波(280~320nm)和长波(320~400nm)。其中，短波的频率最高，能量最大，对高分子材料具有强烈的破坏作用，但几乎被大气臭氧层完全吸收，很难到达地面。影响人类环境的紫外线主要是中波和长波。到达地球表面的紫外光能量约占地球表面太阳光总辐射能的5%左右，光子能量与其波长成反比。表8-3为各波长光的能量值。

各波长光的能量值　　表8-3

波长(nm)	200	300	420	470	530	580	620	700	1000
能量(kJ/mol)	595.5	397.1	283.6	253.5	224.8	205.3	192.1	170.2	119.1

紫外线的特点主要是化学作用强，生理作用强，荧光作用强。

8.2.1.2 我国紫外线分布的特点

祝青林等(2005)根据研究，得出了图8-11所示的国内典型的紫外线分布图。分析紫外辐射的空间分布，可以看出:11月、12月、1月，青藏高原、云南地区紫外辐射最强，华南和其他省份次之，向北递减。东北和新疆北部最低，紫外辐射都不太强，月紫外总辐射平均值都在20MJ/m^{2}以下。2月、3月、4月、9月、10月，青藏高原最高，其余地区由南向北减小，但四川盆地和长江中下游地区比周边地区低，2月、3月、9月还出现由东向西增大的趋势，海南和两广相对小一些。7月、8月高值区在青藏高原一带，西北明显高于东南，东北的东部、环渤海地区、长江下游一带及华南地区较小。5月、6月淮河以南地区辐射相对较小，青藏高原最高，趋势也是西北大于东南。

近年来，随着臭氧空洞的逐渐增大，臭氧对紫外线的吸收作用正在减弱，这意味着各地区的紫外线辐射有增强的趋势。

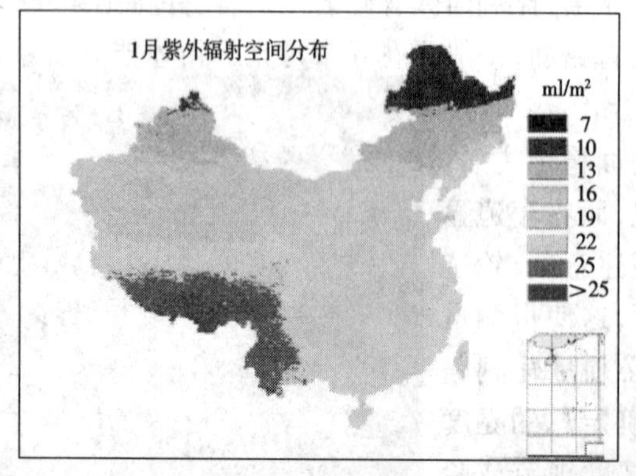

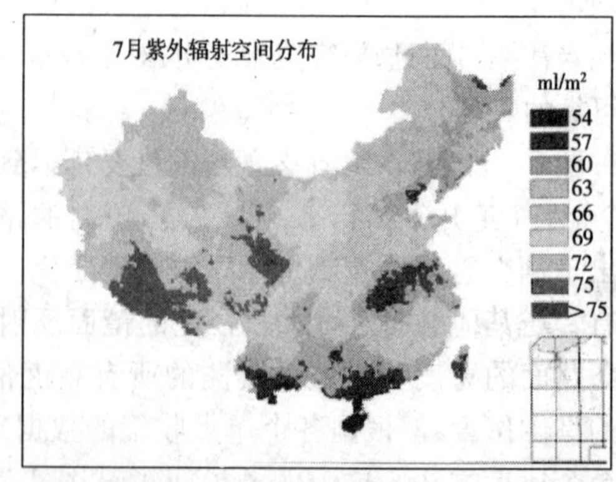

图8-11　国内1月、7月的紫外辐射空间分布

8.2.1.3　光氧化机理

沥青由复杂的碳氢化合物及非金属取代碳氢化合物中的氢后生成的衍生物等组成，还含有微量的金属离子。沥青中的碳、氢、硫、氮、氧等元素形成了稳定的沥青大分子结构，需要一定的键能才可使它们破坏，键能越高，分子结构越稳定。大分子结构遭到破坏时，沥青材料的性质会衰减。

沥青在紫外线照射下会发生键的断裂从而导致一系列氧化降解过程，该过程取决于各分子链所吸收波长的能量以及化学键的强度。表 8-4 列出了沥青中主要分子结构的键能值。

沥青中主要分子结构的键能值　　表 8-4

化学键	O-H	C-F	C-H	N-H	C-O	C-C	C-Cl	C-N	C = C
键能(kJ/mol)	463.0	441.2	413.6	389.3	351.6	347.9	328.6	290.9	615.3

沥青中主要有 C-H、C = C 和 C-C 键，除了 O-H、C-F 键，绝大多数的聚合物分子键能和 290 ~ 400nm波长范围的光能相当，其中 C = C 双键键能总值为 615.3 kJ/mol，但第一个键的断裂能大约为 270 kJ/mol，相当于表 8-3 中 420nm 波段光的能量值，即在 290 ~ 400nm 范围的紫外光所具有的光能一般高于引起沥青分子链上各种化学键断裂所需要的能量。因此，沥青材料很容易受到紫外线的光老化作用，造成成分和化学结构的变化，路用性能衰变。

光氧化反应可用自由基理论加以解释。初始自由基的生成可由光激发产生，大分子自由基很容易与氧分子作用，生成氢过氧化物（ROOH）和羰基（C = O）。这两个基团在吸收紫外光后进一步诱发光氧化反应，当高分子链所吸收的光能比键解离能大时发生高分子链断裂，促使沥青光降解。沥青分子最初吸收辐射能后键断裂生成自由基，其后与氧分子结合，该反应为链式反应，过程如下：

$$R \rightarrow R\cdot \qquad R\cdot + O_2 \rightarrow ROO\cdot$$

老化速度取决于开始生成自由基的速度，而自由基的生成速度又取决于光辐射能的强度，沥青紫外光老化的速度随辐射强度的增大而加快。另外，沥青中微量金属离子的存在也将大大加速沥青的氧化，微量金属离子与 ROOH 相遇可形成不稳定的配价络合物，加速 ROOH 分解为自由基的速度。组成沥青的各组分（饱和分、芳香分、胶质、沥青质）的抗老化性能是不一样的，胶质和芳香分反应性较大。

紫外光对 3μm 厚的沥青性能有显著影响，随沥青膜厚度增加影响降低。排水性沥青混合料中沥青膜厚通常在 14μm 以上，光化学反应只发生在沥青表面很薄一层，尽管如此，紫外光辐射仍对混合料性能有较大的影响。在光—氧—热联合作用引起沥青老化的过程中，沥青中的轻质成分转化成了胶质，而胶质转化成了沥青质。

8.2.2　排水性沥青路面的紫外线效应

8.2.2.1　排水性沥青路面的光氧化特点

排水性沥青路面发达的宏观构造与上部突出的空隙率，使得路面接触紫外线的机会大大高于其他混合料。如图 8-12 所示，在温度、紫外线和水分的共同作用下，表面沥青膜逐渐老化，发脆，从而更易被车辆轮胎所磨耗，使得老化逐渐向沥青膜的深处侵入，从而造成表面膜较薄或膜断裂的软弱点，水分从软弱点侵入，导致集料与结合料分离，产生松散或飞散。

不过，排水性沥青路面一般采用改性沥青作为结合料，甚至采用高黏度改性沥青或掺入纤

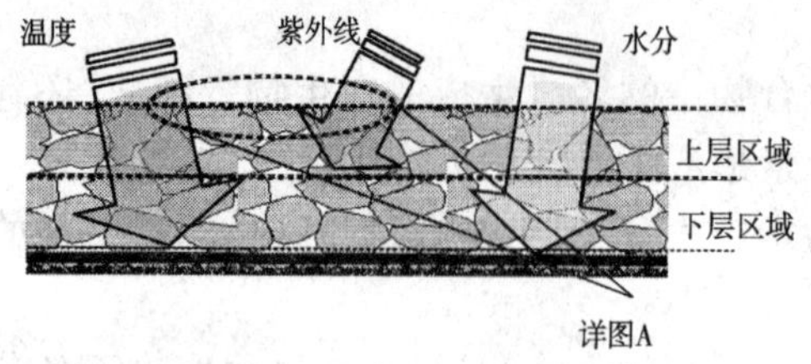

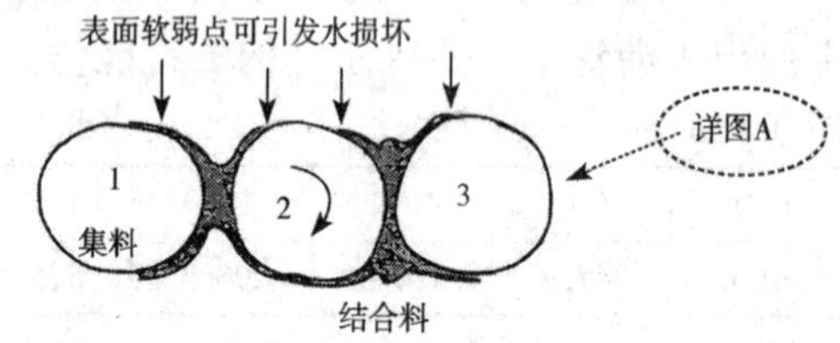

图 8-12 排水性沥青路面中温度、紫外线和水分的共同效应

维，也有的使用橡胶沥青，这确保了厚的沥青膜或结合料抗紫外线能力的提高，使整体结合料的老化速度减缓。

8.2.2.2 紫外线老化的室内模拟

关于沥青的光氧老化试验，人们很早就进行了大量的研究。Montepara(1996 年)研制了一种紫外老化箱对沥青进行长期老化，该老化箱使用汞灯(波长 180 ~ 315nm)作为紫外辐射光源，试验温度为 140℃。试验中将沥青均匀铺在玻璃板上形成 1.5mm 厚的沥青膜，在该紫外老化箱中老化 450 天(相当于 2 000 个日照天数)，每隔 20 天取出一组试样进行针入度、软化点、黏度和核磁共振及红外光谱试验，结果显示沥青在紫外老化过程中发生了蒸发、氧化及聚合反应。

Montepara 和 Giuliani(2000 年)对两种不同针入度级沥青在 2 000W 的紫外线辐射灯下进行老化，模拟野外老化 1 年、2 年、6 年和 10 年的情况，比较了 RTFOT(旋转薄膜烘箱)、PAV(压力老化容器)和 UV(紫外线)这三种不同老化方法之间的关系。Bocci 和 Cerni(2000 年)设计了一种加速老化试验方法，沥青试样膜厚 1mm，在不同波段的紫外光下分别照射 12 天或 35 天，使每个试样受到的紫外光总辐射量均为 360 000W · h/m^2，并在整个西欧选了 40 个参照点进行对比验证试验，试验结果证明：沥青经 RTFOT 老化后再进行 PAV 老化与沥青的光氧老化效果不同，这说明沥青的光氧老化技术不可能由热氧老化技术来取代，特别是对紫外老化敏感的沥青，因此为了更好地模拟沥青的长期自然老化，需要将光氧老化技术与热氧老化技术结合起来。

为了使对沥青长期老化的研究更接近沥青路面使用的环境条件，Kuppens 在 1997 年设计了气候环境来模拟老化试验，试验时重复如下步骤：沥青先在 50℃ 的紫外光中老化 16.25h，然后用 40℃ 盐水喷淋 4h，接着用 20℃ 水喷淋 1h，最后在 20℃ 的干燥环境中冷冻 2.75h。在这种循环试验条件下，试图模拟沥青在路面实际使用期间的光氧老化、温缩变化和水损害，然而其实验结果证明这种模拟试验与室外自然老化相关性不大。2005 年 Katsuyuki 采用沥青胶结料薄膜制样法将沥青制成 100μm 厚的薄膜，在紫外灯下进行紫外老化，证实紫外光老化1 ~2个月沥青的老化程度相比模拟室外老化 5 ~ 10 年的压力老化试验，沥青的老化程度更严重。

可以说，现阶段人们关于沥青自然环境条件下长期老化的研究，采用类似于塑料、高分子聚合物的老化方法或室外暴晒的试验方法做了大量试验，同时也研究了利用碳弧灯、氙灯、紫外光等不同光源进行室内加速老化试验的效果，不过目前为止未能形成广为接受的沥青光氧老化标准试验方法。目前沥青的紫外老化试验，试验温度基本都控制在 80℃ 以下，沥青试样膜厚在 1mm 左右，试验时间根据室内外紫外辐射量来换算。

8.2.2.3 紫外线对 SBS 改性沥青的老化影响

由于改性剂的介入，使得聚合物改性沥青老化过程变得很复杂。改性沥青的老化伴随着聚合物的降解(或交联)和基质沥青的氧化。影响基质沥青老化过程的因素同样也会影响改性沥青,除此之外,改性剂的种类、添加量的大小、加工方式等因素都会对聚合物改性沥青的老化有影响。

Xiaohu Lu 和 Isacsson(1998 年)等通过红外光谱对热老化后的 SBS 沥青进行分析,发现 SBS 改性剂的加入并没有阻止老化过程中羰基的产生,但可抑制亚砜基的形成,老化沥青的流变性能的变化取决于沥青的氧化和 SBS 降解的双重影响。Gordon D. Aire 和 Stephen F. Brown(2003 年)对 SBS 改性沥青的短期老化和长期老化后的性能进行了大量研究,结果表明改性沥青老化后性能的变化趋势与基质沥青不同,高剂量的改性沥青老化后不是变得更富弹性,而是更具有黏性特征,改性沥青的软化特征归结于 SBS 的降解。同时,利用动态流变试验结果也显示改性沥青在老化后表现出更大的流动特性,老化对 SBS 改性沥青流变性能的影响与改性剂降解生成小分子物质有关。他们还发现针入度和黏度的老化指数对于基质沥青和改性沥青具有相同的趋势,而软化点的老化指数变化趋势却不相同。Francoise(2007 年)对 SBS 改性沥青的室内外紫外老化进行了研究,通过 FTIR 分析表明,SBS 改性沥青在室内紫外灯下暴露 10 小时和室外暴露 1 年老化程度相当,且研究表明 SBS 改性沥青中基质沥青和 SBS 不会相互“保护”不受光老化,基质沥青和 SBS 的光氧老化是同时进行的。

荷兰 Delft 大学的 Eyassu T. Hagos(2008)对排水性沥青路面进行了室内外的老化研究,结果如图 8-13 所示。可见,紫外线可加速羰基的产生,但这种加速作用不适用于亚砜基。路面上层区域的老化明显比下层严重。

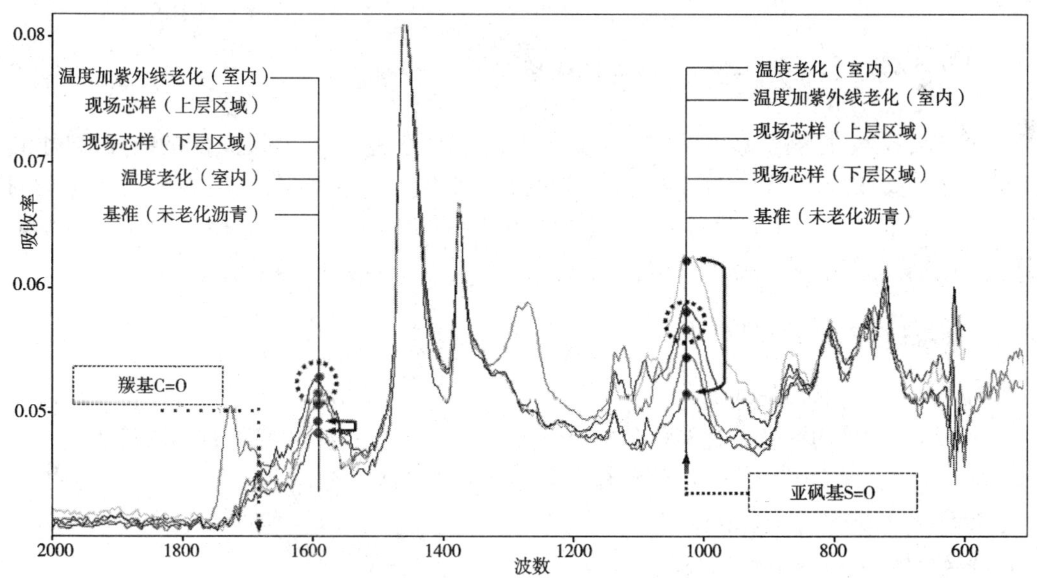

图 8-13 排水性沥青路面室内外老化后的结合料光谱

8.2.2.4 紫外线老化的控制对策

Wnerstne(1960 年)对道路沥青抗氧化作用进行了研究,显示如酚类、胺类及胺基酚等这类对一般低沸点石油馏分有效的抗氧化剂,对沥青都没有明显的作用;有时一种抗氧化剂对某种沥青有抗氧化作用,对另一种沥青却具有加速老化的作用。Januszke(1971 年)对 24 种添加剂的抗氧化效果进行了研究，认为二乙基二硫代氨基甲酸锌（ZDC）及二乙基二硫代氨基甲酸铅（LDC）对科威特道路沥青的抗氧化效果较好。他还将炭黑与 ZDC 或 LDC 混合加入沥青中进行长期老化试验，发现其抗老化效果明显。

炭黑、白炭黑（SiO_2）、二氧化钛（铯）等纳米材料由于具有高度的分散性和遮盖力，可反射有害的光波，或可将吸收的光能转化为热能发散而发挥防护作用。其中炭黑是高性价比的光屏蔽剂，同时具有抗光氧化作用和转移聚合物激发态能量的作用。橡胶和塑料中加入炭黑不仅可起补强作用，也可起抗老化作用，而不必另加抗老化的助剂。早在 50 年前，澳大利亚的 Alliotti 和 Martin 就证明，在沥青中掺加 10% ~ 15% 的炭黑，可以显著改善沥青的抗磨耗性和温度敏感性。沥青用炭黑微填料加劲后，既有助于减轻低温开裂，又有助于提高高温抗车辙的能力。纳米 CeO_2 能够吸收阳光中 99% 的紫外线，还能吸附沥青中的轻组分，减少其挥发，增强材料的强度、韧性、耐磨性等，使沥青具有抗紫外光老化、抗氧化等功能，有效地改善沥青的抗老化性能。

目前利用废橡胶粉代替高分子聚合物来改性道路沥青成为人们的研究热点，这不仅可以降低改性沥青的成本，同时又可以有效解决废旧橡胶对环境的污染，符合发展循环经济模式的要求，是一项社会效益和经济效益均很显著的技术。可以考虑在 SBS 改性沥青中加入废橡胶粉进行紫外线老化试验，因为废橡胶粉里含有炭黑，炭黑是很好的紫外线光屏蔽剂，且炭黑可以改善 SBS 改性沥青的高温稳定性，同时废橡胶粉对沥青性质也有很好的改进作用。以部分橡胶粉代替 SBS，既利用了废物资源又节约了改性沥青的成本。

8.3 可见光对排水性沥青路面的影响

可见光对排水性沥青路面的影响，可从三方面进行论述，一是潮湿路面的眩光，排水路面大大减少了此类眩光的产生，这在本书第二章已有阐述；二是干燥路面的照明，排水路面对照明亮度的绝对值和均匀性有明显改善，这在本章第一部分也有专门叙述；三是路面色彩的体现，排水性沥青路面有其独到的特点，本节将重点讨论这方面的内容。

8.3.1 彩色路面的基础知识

8.3.1.1 彩色路面的功能

长期以来，黑色的沥青路面与白色的水泥混凝土路面已经成为道路表面的代表色。随着交通环境与人们生活出行要求的逐渐提高，彩色路面越来越多地出现在人们的视野当中。

彩色路面主要有四方面的作用：

(1) 与周围的景物协调，增强景观效果

这主要出现在家居环境或旅游场所中。如图 8-14 所示，左图红色的道路与两边绿色的植被搭配得相当好，而右图蓝色的道路与绿色的植被，为山中别墅增添了一种宁静与安逸。还有如寺庙、皇宫附近黄色的道路，大型广场模拟绿化的绿色铺装，都将道路视为了景观组成的一部分。

(2) 划分车道，导向车流

用不同的颜色将不同用途的车道予以区分，如自行车专用车道、公交车专用车道等（图

8-15)。这种用途下,路面多采用红色,因为红色有比较明显的警醒作用,有些地方也有采用绿色等其他颜色的,但相对数量较少。

图 8-14　与环境相协调的彩色路面

图 8-15　彩色专用车道

(3)起到警示、强调、提醒等作用

这是在路面的局部小块区域,采用不同于大部区域的颜色,以警示驾驶员该区域或该区域附近的特殊性,如行人横穿通道,又如表明附近有闹市、校园等行人穿越较多、需要减速的场合,也有指示附近特殊场合的(图 8-16)。

图 8-16　带有警示、强调、提醒等作用的彩色路面

(4)娱乐设施铺面,代替高价格塑胶铺面

有些娱乐或运动场合的路面,以彩色沥青路面取代塑胶路面(图 8-17)。

8.3.1.2　彩色路面的性质描述与测量

彩色路面的主要性质是色彩。色彩一般通过数字照相机输入电脑中。通常,数字照相机采用的图像格式是 RGB 颜色空间。RGB 为红(Red)、绿(Green)、蓝(Blue)的首字母缩写。这个空间一般是由笛卡儿坐标体系中的颜色六方体表示的。R、G 和 B 分别是 x、y 和 z 轴,每个轴都用 8 位颜色的 0 与 255 之间的数字定义。于是,点(0,0,0)代表黑色,点(255,255,255)

图 8-17 娱乐、运动设施中的彩色铺面

代表白色，立方体的对角线描述了明亮度或颜色的灰度。图 8-18a) 显示了 RGB 颜色空间。除了 RGB 颜色空间以外，HSI 颜色空间也接近于人对色彩的感觉。HIS 分别是色调(Hue)、亮度(Intensity)和饱和度(Saturation)的缩写。一般来说，色调、饱和度与亮度是通过将 RGB 颜色空间中的 R、G、B 数字值转换到 HIS 颜色空间的各种转换方程取得的。例如，可以应用 Gonzalez 和 Woods(1992 年)定义的一组公式，如下：

$$I = \frac{R + G + B}{3} \tag{8-7}$$

$$S = 1 - \frac{\min\{R, G, B\}}{I} \tag{8-8}$$

$$H = \cos^{-1}\left\{\frac{0.5 \times [(R - G) + (R - B)]}{\sqrt{(R - G)^2 + (R - B) \times (G - B)}}\right\} \tag{8-9}$$

色调与颜色如红、黄、绿的波长相关。饱和度是混合色白度的数量。亮度指明亮度或颜色的灰度级。通常，HIS 空间在圆柱坐标系统中描述，如图 8-18b) 所示。角度代表色调，通常红色位于 0°。因此，色调被视为其他颜色偏离红色的度数。例如，绿色偏离红色 120°，蓝色偏离 240°。圆柱的径向距离为饱和度的量度。圆柱的圆周代表 100% 的饱和度，而中心轴为 0% 的饱和度。亮度是沿着中心轴测得的高度，随着高度从原点上升到圆柱顶部，亮度从黑变到白。

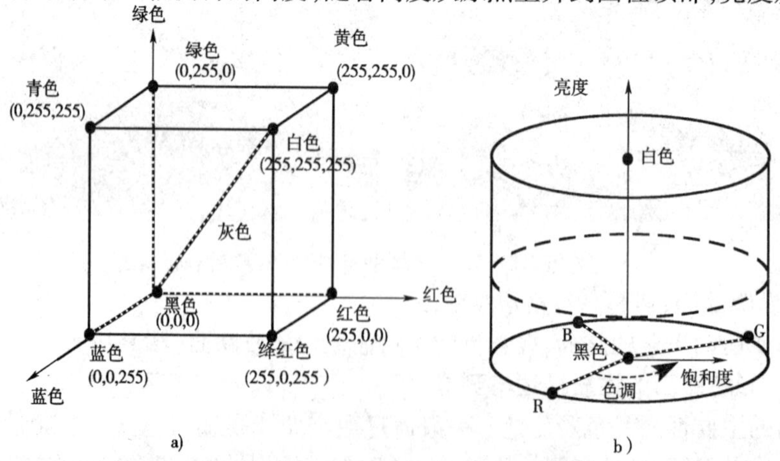

图 8-18 RGB 和 HIS 颜色空间

a) RGB 颜色空间；b) HIS 颜色空间

用数字照相机获取数字图像前，必须调整数字照相机的白平衡，方法是调整颜色三个主要分量：红、绿、蓝的相对亮度，对光线变化作出电子补偿。达到白平衡后，按照一定的标准获取彩色沥青试样的真实色彩。图 8-19 是台湾义守大学的林登峰、罗焕琳（2004 年）采用的拍摄尺寸。获取图像后，应采用合适的计算机软件对图像和色彩进行分析。

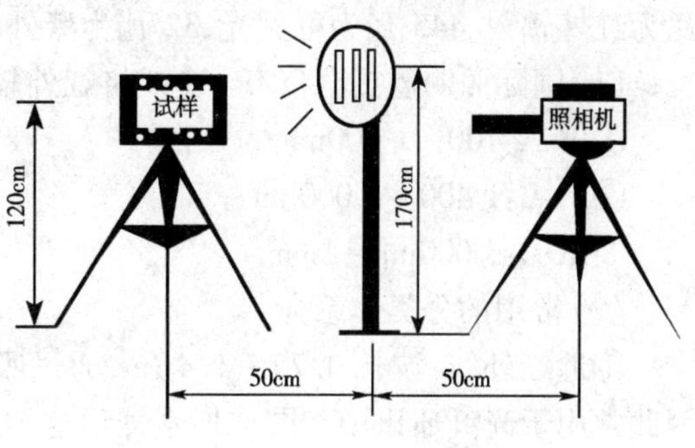

图 8-19　试样照相时的布置

8.3.2　彩色排水沥青路面

8.3.2.1　彩色排水沥青路面的色彩特点

排水性沥青路面有着与其他类型路面不同的显色特点，如图 8-20 所示。图中，左边为密级配的黄色路面，右边为排水性的黄色路面。可以观察到：

图 8-20　密级配与开级配彩色沥青路面的不同色彩表现

（1）密级配路面显示出典型的镜面反射，而排水性路面则显示出典型的漫反射。它们的区别是，镜面反射在某一观察方向，色彩显示有很高的亮度，而在另一方向，则色彩很暗，而漫反射在各个方向，尽管可能色彩亮度不如某一观察角度的密级配，但亮度值相对更为均匀。

（2）受到构造深度与镜面反射的影响，稍远距离密级配表面很难观察到具体的路面纹理，而排水路面则纹理清晰，有明显的质地感。

（3）排水路面一般采用改性沥青以及厚的沥青膜，油分产生的光泽保持时间更长。

8.3.2.2　彩色排水沥青路面的实现

彩色排水性沥青路面的实现方法与普通排水性沥青路面基本相同，最大的不同是混合料的组成。结合料一般采用高黏度的合成结合料或高黏度的脱色沥青，集料采用天然彩色集料或人工烧制彩色集料，公园等磨耗小的场合下，也有采用普通石料的，还需要加入颜料。

生产施工时，若采用与普通沥青混合料相同的生产施工设备，应采取措施保持彩色沥青混合料不受普通沥青混合料的污染。

与彩色排水沥青路面相关的还有一种做法，是将颜料混入水泥浆中，再让水泥浆流入普通排水性沥青混合料的空隙中，这被称为彩色半柔性铺装，特别适用于公交站点或车辆制动起动频繁的地方。

8.4　红外线对排水性沥青路面的影响

红外线辐射是波长在 0.7～300μm 之间的电磁辐射。其波长长于可见光，短于太赫兹辐射微波。在海平面上，明亮的日光仅提供了每平方米 1 千瓦以上的辐射。在这个能量中，527

瓦为红外辐射,445 瓦为可见光,32 瓦为紫外辐射。

(1)国际照明委员会(CIE)建议将红外辐射分成以下三个区间:

①IR-A:700 ~ 1 400nm

②IR-B:1 400 ~ 3 000nm

③IR-C:3 000nm ~ 1mm

(2)常用的分类体系为:

①近红外线:波长 0.75 ~ 1.4μm,通过吸水率定义,由于在 SiO_2 玻璃介质中衰减损失低,因此常用于光纤通讯中。图像增强器对这个区域的光谱敏感。实例如夜视装置,比如夜视镜。

②短波红外线:1.4 ~ 3μm,吸水率在 1 450nm 处显著增大。1 530 ~ 1 560nm 范围是长距离电信的主光谱区。

③中波长红外线:3 ~ 8μm。在导弹技术中,这个区间 3 ~ 5μm 的部分是被动红外线"热寻的"导弹寻址目标飞行器红外线信号,一般为喷气式引擎羽流的寻的制导头所工作的大气窗口。

④长波红外线:8 ~ 15μm。这是"热图像"区域,此时传感器只基于热排放就可取得外部世界完整的被动图片,无需外部光线或热源,如太阳、月亮或红外照明器。前视红外线系统采用了这个区域的光谱。有时也称为"远红外"。

⑤远红外:15 ~ 1 000μm。红外线辐射常被称为"热",有时也被称为"热辐射",这是因为许多人将所有的辐射热归因于红外光与/或所有导致升温的红外辐射。这是一个普遍的误解,因为许多频率的光线与电磁波都使吸收它们的表面升温。来自太阳的红外光只占了地球 49% 的加热,其余是由可见光导致的,它们被吸收,并在较长波长下再辐射。室温下物体的热辐射多集中在 8 ~ 25μm 的区间,但这种热辐射与白炽物体发射的可见光以及更热物体发射的紫外光没有什么不同。

关于红外线对排水性沥青路面的热效应,第七章已经作了相应阐述,本章不再赘述。

第九章　排水性沥青混合料的原材料选择

排水性沥青混合料的原材料选择，是决定排水性沥青混合料性质的关键。这里我们从矿料的选择、结合料的选择以及相关添加剂的选择三方面进行阐述。值得注意的是，重交通下高强度的材料和再生材料的循环利用是本章讨论的重点。

9.1　矿料的选择

9.1.1　粗集料的选择

9.1.1.1　石石嵌挤结构对粗集料强度的要求

类似SMA、OGFC（或PA）这样实现集料嵌锁的混合料，石石接触形成承载骨架是其最大的结构特征。由于石石接触，石料接触点之间将产生大的接触应力。不过，对最大接触应力水平，目前没有深刻的认识，很多国家和机构根据经验，要求采用强度很高的优质粗集料。但英国、美国等专家也提出，道路施工是一项迫切希望就地取材的活动，如果对集料的质量提出很高的要求，无疑对这种类型材料的大面积推广是不利的。

排水性沥青混合料要容纳更宽来源的石料，就必须从配合比设计与施工工艺等方面寻求依靠。这就牵涉到以下问题的回答：

(1)如何界定粗集料骨架的嵌挤状态？

(2)如何通过试验进行比验或验证集料在施工或使用过程中的抗压碎能力？

(3)除强度外，影响集料压碎值的因素还有哪些？

(4)如果不选择优质石料，如何通过混合料设计或施工工艺调整实现不压碎碾压？

石石嵌挤的概念最初来源于SMA。1994年，Brown等人的一项研究探索了SMA石石嵌挤的实验测定。研究人员发现，同时绘制粗集料间隙率VCA与矿物集料间隙率VMA，可以识别出石石嵌挤。当沥青混合料压实后的VCA小于或等于混合集料中粗集料部分的VCA（VCA_{DRC}）时，可以认为达到了石石接触或石石嵌挤。这个概念是容易理解的，干捣状态下的集料，由于部分集料的间断，可以认为已经实现了石石接触，当有沥青存在的情况下，由于沥青的润滑作用，石石接触的程度应得到加强，因此有$VCA \leqslant VCA_{DRC}$。

不过，压实时，石石嵌挤通常是中间状态，而不是最终状态，这就意味着，实现石石嵌挤后继续碾压，压实度还可以继续增大，但这通常是以石料的压碎为代价的。理论上，实现石石嵌挤而不压碎石料的点，被称为“锁点”（Locking Point）。室内试验中，一般采用旋转压实仪连续两次压实，试样高度几乎不变的转数为锁点。不过对有些比较软弱的石料，这样的一个判定标准可能无法实现，此时可采用连续两次压实，试验高度变化率几乎不变的转数为锁点。

评价集料抗压碎能力的试验方法，常用的有集料压碎值，集料冲击值，百分之十细料值。

国内采用的是集料压碎值。

集料压碎值试验通过压缩试验机逐步施加压力荷载，提供了抗压碎能力的一种量度（图9-1）。该作用压碎集料的程度取决于材料的抗压碎能力。这个程度用破碎集料的筛分析进行评价，采用集料压碎值（Aggregate Crushing Value，ACV）的量度。

图 9-1　集料压碎值测试装置

将一定量的材料在 105℃下烘干。使材料冷却到室温，然后筛分到 13.2 和 9.5mm 的筛网之间。将材料分三层等厚装入 12.7cm 高 15.2cm 直径的圆钢筒中，每层夯击 25 次。待集料压实后，压缩试验机借助一个自由移动的活塞施加 400kN 的标准荷载。荷载施加 10min 的时间。然后释放荷载，移出破碎材料并称重，确定集料质量（M_1）。对材料筛分，将通过 2.36mm 筛网的质量记录为 M_2。集料的压碎值用式（9-1）表示：

$$\mathrm{ACV} = \frac{M_2}{M_1} \times 100 \tag{9-1}$$

为量化荷载作用下的集料行为，加载过程中监测样品的荷载和变形。每次试验均建立应力-应变曲线。图 9-2 显示了一个例子。应力应变曲线可用两条直线近似。较低应变时直线的斜率称为“压缩模量”，可解释为抗压实能力。较高应变时直线的斜率被称为“压碎模量”，与抗压碎能力有关。

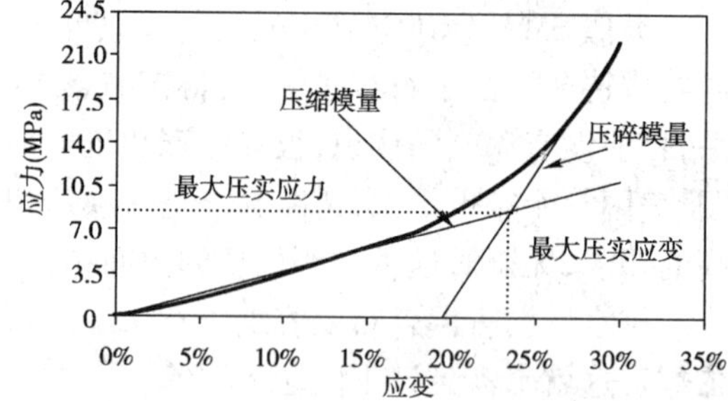

图 9-2　ACV 试验的典型结果

两条直线交叉点处的应力被称为“最大压实应力”，它对应为接受压实时集料不被压碎而可对材料施加的最大应力。最大压实应力可能与压实时压路机施加到新鲜摊铺面上的能量有关。两条直线交叉点处的应变被称为“最大压实应变”。如果压实能被限于最大压实应变，则概念上这个参数可被用于估计集料预期的体积变化。这个参数或可被用于估计沥青混合料实现预期空隙率需要的压实遍数。

集料冲击值（Aggregate Impact Value，AIV）提供了集料抗冲击能力的量度。试验中，将样品压入到一开口的钢杯中（图 9-3）。样品承受落重的多遍垂直冲击。该作用破碎集料的程度取决于材料的抗垂直冲击能力。样品的烘干、冷却、筛分同压碎值试验。将材料铺在高度 5.1cm、直径 10.2cm 的圆筒钢杯中，放到冲击装置之前，用夯棒击打 25 次。待杯子牢固地置于装置基座上时，用 13.6kg 的金属锤对材料实施 15 次垂直冲击，每次间隔不短于 1s，下落距离 38.1cm。冲击后，将破碎集料从钢杯中移出，称量，记录其质量 M_1。再实施筛分析，称量并记录通过 2.36mm 筛网的材料重量 M_2。由式（9-2）确定集料冲击值：

$$\mathrm{AIV} = \frac{M_2}{M_1} \times 100 \tag{9-2}$$

传统上，干燥 AIV 值 20 被假设为可接受与不可接受集料的分界。

实施百分之十细料值（Ten Percent Fines Value，TFV）试验的规程大体与 ACV 相同，仅有

一个例外。所施加的荷载被缩减到达到最大压实应力所需要的近似荷载。然后释放荷载，用 2.36mm 筛网筛圆筒中的破碎材料。测量通过筛网的材料重量。取得产生百分之十细料值的力的经验关系为：

$$F = 14 \times \frac{f}{m + 4} \tag{9-3}$$

式中：F——每次试样产生 10% 细料所需要的力，kN；

f——产生所需贯入度施加的最大力，kN；

m——ACV 试验中，通过 2.36mm 筛网的材料比例，%。

英国规范要求，排水性沥青路面粗集料的 TFV 不小于 180kN。

图 9-3　集料冲击值测试装置

我国要求排水性沥青路面粗集料的压碎值不大于 26，有些高速公路甚至提出不大于 20，德国规范要求不大于 18，曹东伟等(2010)甚至提出不大于 16 的要求。对于压碎值要求的提升，严重限制了这类路面的大面积应用。料源的选择是有限的，那么，能否通过集料的加工手段来提高其压碎值呢？这就牵涉本节开头提到的第三个问题，集料压碎值的影响因素究竟有哪些？

首先，集料压碎值必然与母岩的强度有关。Graham West（1994 年）由母岩的无侧限抗压强度来估计集料压碎值。可以想象，母岩强度越高，集料压碎值越小，但这种关系还受到后期加工方式的影响。

目前岩石的破碎方式中，主要分为机械与石料挤压（如颚式、对滚式等）与石料自身的相互撞击（反击式、冲击式）两种。机械与石料的相互挤压，石料通常是沿着节理面等薄弱面破碎的，破碎方式对石料的内损伤不大，但颗粒形状不佳。石料相互作用的破碎方式，可以产生非常有利于嵌挤的立方形状颗粒，但对石料的内损伤较大。内损伤对压碎值是不利的，但颗粒形状的改善对压碎值却是有利的，因此，很难评价破碎方式对集料压碎值的作用。

可行的方式是直接从破碎后颗粒的物理性质来讨论它们对压碎值的影响。Markwick 等人（1945 年）曾研究了集料粒径与压碎值之间的关系（图 9-4），从中可以看出，集料公称粒径越大，压碎值越大，但当集料粒径较小时，其变化趋势较为平缓。对于石灰石这样较软的集料，减小粒径的方式是有效的，如 19.1mm 粒径时，其压碎值达到了 32，而当粒径到 12.7mm 时，仅有 28，继续到 9.5mm 时，已经下降到了 24。但对较硬的石料，这种方式所起的作用不是非常显著。

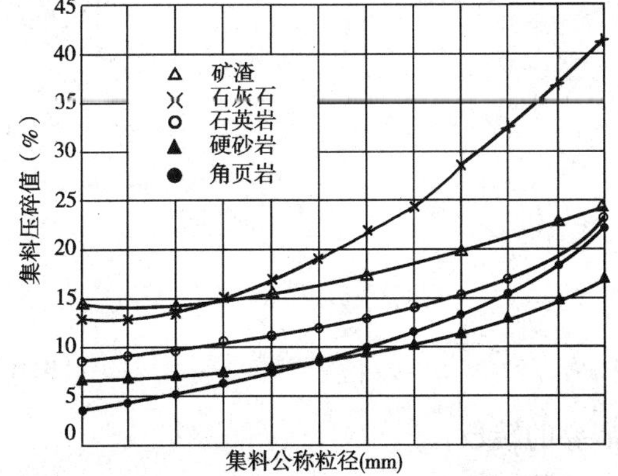

图 9-4　5 种不同岩石类型的集料粒径与集料压碎值之间的关系（Markwick 和 Shergold，1945 年）

针片状含量对集料压碎值也有一定的影响。图 9-5 显示的是张金柱等人（2007 年）对某一种石料针片状含量与压碎值之间关系的研究成果。由图可见，针片状含量从 0 增大到 20%，压碎值也从 19 增大到了 20.1。研究中也发现，压碎的主要是针状或片状颗粒的石料，

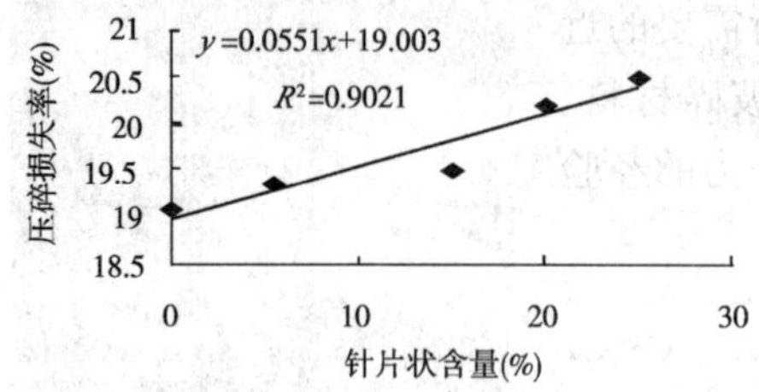

图 9-5　某种粗集料针片状含量与压碎值之间的关系（张金柱等人,2007 年）

因此控制石料形状对降低压碎值也有一定作用。

集料压碎值主要由料源决定,加工方式能起一定作用,但要进一步扩展排水路面粗集料的选择范围,无疑调整混合料设计与施工工艺,是更可行的路线。

集料的压碎主要来自于碾压与车轮的反复作用,后者我们将之归入集料的抗磨耗能力,这里讨论碾压产生的破碎作用。碾压破碎起始于集料相互接触之后,也就是达到"锁点"之后。这里也涉及两方面的问题,一是混合料达到"锁点"所需的压实功如何,另一则是达到"锁点"之后混合料结构的稳定性如何。

混合料达到"锁点"的压实功可以采用旋转压实仪(SGC)确定。根据众多学者的研究,排水路面与 SMA 相似,达到"锁点"的压实功均在 50 转左右。不过,由于排水性沥青混合料密度小,空隙率大,更容易吸收压实能,因此现场所需的压实功要比 SMA 小。

达到"锁点"之后,一般采用接触能指数(Contact Energy Index,CEI)来评判混合料结构的稳定性。CEI 是旋转压实仪压实后混合料稳定性的一种度量,表明其建立集料接触,抵抗剪切变形的能力。CEI 是混合料中剪切力和压实过程中变形的乘积。Dessouky 等人(2004 年)建立了计算混合料中剪切力的公式如下:

$$S_\theta = (N_2 - N_1)\cos\theta + \frac{1}{2}(\sum P_i - W_d)\tan\theta + \frac{(N_2 - N_1)\sin^2\theta}{\cos\theta} \tag{9-4}$$

$$N_2 - N_1 = \frac{\left(A + \dfrac{W_m}{2}\right)\left(x_\theta - \dfrac{h}{2}\tan\theta\right) - \dfrac{1}{2}(\sum P_i - W_d)\left(x_\theta - \dfrac{r}{\mu}\tan\theta\right)}{\dfrac{h}{4\cos\theta} + \mu r\cos\theta - r\left(\dfrac{\sin^2\theta}{\mu\cos\theta}\right)} \tag{9-5}$$

式中:S_θ——剪切力;

P_i——传动装置的力($i=1,2,3$);

W_m——沥青混合料的重量;

W_d——模具的重量;

A——传动装置施加的上压力的合力;

θ——转角,°;

h——试样高度;

r——试样半径;

N_i——作用在试样一半表面上的垂直力;

μ——摩擦系数。

$$\mathrm{CEI} = \sum_{N_{G1}}^{N_{G2}} S_{N\theta} d_e \tag{9-6}$$

式中:N_{G1}——达到压实曲线坡度变化为零的点所需要的转数;

N_{G2}——达到压实曲线坡度为零的点所需要的转数;

d_e——每转高度的变化。

Dennis Gatchalian 等人(2006 年)对冰川砾石、河川砾石、花岗岩、暗色岩(玄武岩、辉绿岩

等深色灰山岩)以及石灰石为粗集料的SMA混合料计算了旋转压实过程中的剪切应力(图9-6)。由图可见,所有混合料几乎都在50转处达到最大剪切应力,之后尽管转数增加,但花岗岩、暗色岩与河川砾石的剪切应力几乎保持不变,表明其结构是稳定的,而石灰石与冰川砾石却呈现了不稳定的下降曲线。尽管这是由SMA得出的,但对于同样属于嵌挤结构的排水性沥青混合料而言,结论具有一定的类比性。

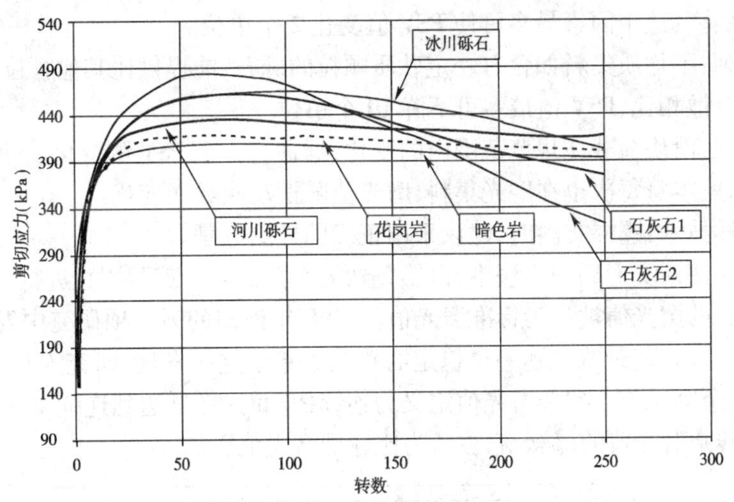

图9-6　采用SGC得到的混合料剪切应力

如果选择了类似石灰石这样压碎值比较高的粗集料,可行的办法必然是先找到"锁点"所对应的压实功,在压实到"锁点"之后,再选择小吨位或低线荷载的压路机进行揉搓或收光。

9.1.1.2　粗集料的抗磨光性能

排水性沥青路面在高速下具有良好的摩擦性能,这种摩擦性能与集料的微观构造和混合料的宏观构造相关。但是,随着车辆轮胎的反复作用,集料接触轮胎部分的微观构造逐渐被磨光,使得摩擦系数下降,尤其是排水路面嵌挤结构的本质和发达宏观构造的表面轮廓,使得轮胎的冲击和单颗集料的受力尤较其他路面为甚。我国一般规定磨耗层的粗集料磨光值(Polished Stone Value,PSV)不小于42,但像英国,在对抗滑要求较高的地区,甚至提出不小于60的要求。不过,应注意,我国测试磨光值采用的是10~15mm的粗集料,而英国采用的是6.3~10mm的粗集料。

磨光值一般采用英国轮/摆法测量。由于这方面的研究以英国居多,为便于参考,这里主要介绍英国的测试方法。首先,每种待测样品制备四个弯曲试样。每个由35~40颗粒径严格控制的代表性石料组成,支承于刚性铸模中。在"车轮"周边夹14个试样,承受胶轮两阶段磨光作用(图9-7a)。第一阶段用粗粒金刚砂磨耗3h,接着用细金刚砂粉磨光3h。14个试样中有两个作为控制石料。

a)

b)

图9-7　粗集料磨光值测定中使用的设备

a)英国磨光轮;b)英国摆式测试仪

然后用便携式滑动阻力测试仪(采用专门的窄滑块,更短的测试长度和补充刻度)在严格控制的条件下测量样品的磨光程度(图9-7b)。控制样品被用于测试前调节和核对滑块;14 个试样的每次试验中,也都包括了一对控制试样,用于核对整个程序,并调整结果,以补偿磨光与/或摩擦测试中小的波动。结果表示为每种集料四个试样的均值。PSV 值越高,表明集料摩擦性质越好,滑动阻力越高。

Won 和 Fu(1996 年)发现该试验得到的 PSV 值具有很高的变异性。研究成果将高的变异性归因于 PSV 值对以下若干因素的依赖性:

①铸模的曲率:这个因素最多可使 PSV 值变化 2 个单位。

②集料排列:不均质集料如含有一定砂质颗粒的砾石,能提供比其他颗粒更高的摩擦。砂质颗粒团簇与分散相比,PSV 值最多可下降 10 个单位。

③滑块荷载:滑块荷载在规范范围内的变化,据称有 4 个 PSV 的变化。

④摆数:滑块本身每次也在磨光集料,磨光值随摆动次数而变化。

⑤集料取样技术:选择集料时,建议采用正确的样品分割。

在美国得克萨斯交通局的方法中,以第 2 到第 5 摆的 4 个英国摆数进行平均,取得集料磨光值。这样得到的磨光值被称为标准磨光值。1998 年该州的另一项研究中发现,随着每一次摆动,BPN 值迅速减小,最终到达一个稳定的残数。基于这一发现,研究人员引入了一项新的参数,称之为残余磨光值。残余磨光值定义为连续摆动时,最早达到连续 4 次不变的 BPN 值。图 9-8 显示了残余磨光值的概念,它被认为比标准磨光值更佳。

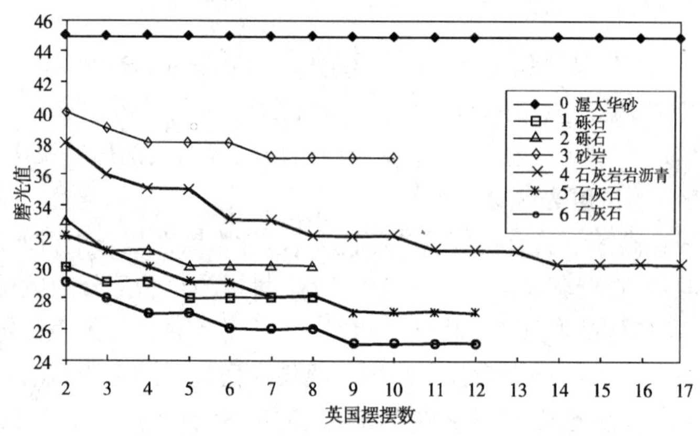

图 9-8　标准磨光值与残余磨光值

Mullen 等人(1971 年)提出了两种室内评价集料磨光的不同方法。第一种称为环道磨耗法,以磨光待评价集料制备的路面样品为基础。路面样品被铺在环道中,然后用小直径轮胎磨光 16h。该方法也用英国摆来取得 PSV 值。推荐的第二种试验方法被称为罐磨机磨耗法,一样用英国摆来获取路面样品的 PSV 值,但磨光方法不一样。首先磨光集料,以之制备路面样品,然后再用英国摆测试。磨光集料采用罐磨机,干燥条件下以燧石子作为磨蚀剂。某些集料需要大约 120h 才能达到最终的磨光。

美国田纳西州的 Crouch 等人(1995,1996,2001,2005 年)开发了评价沥青面层中集料抵抗磨光能力的两种方法。第一种方法为田纳西最终构造条件法(Tennessee Terminal Textural Condition Method,T^3CM),基于了磨光集料样品直至达到最终构造条件的思想。最终构造条件代表了集料颗粒达到其最小棱角性和表面粗糙度的状态。T^3CM 采用洛杉矶磨耗和冲击机来实现最终构造条件。不过,没有像标准洛杉矶试验那样使用钢球,试验持续到最终构造条件实

现。用 T^3CM 未压实空隙率仪器来评价集料样品的构造条件。该仪器测量集料样品中的未压实空隙率，作为集料棱角性和构造的指标。第二种方法为 9h 微型 Deval 空隙，作为 T^3CM 试验的替代。该试验的样品容量更小（4500g，T^3CM 为 60kg），室内时间缩短（T^3CM 为 30 ~ 47h），规定了停止点（T^3CM 没有规定停止时间）。

磨光值是一项料源属性，也是一项试验属性，而似乎与集料的加工工艺或混合料的设计无关。为此，如果当地无法获得要求磨光值的粗集料，而只能依靠外地进口，则势必极大地增大路面的建设成本，从而影响排水性沥青路面的推广。那么，混合料设计方面是否真的无法可循吗？研究人员给出了否定的回答。

Sherwood（1970 年）认为，不同粒径和硬度的颗粒组合，表现出差异磨耗以及颗粒的拔出或剪切，形成不断更新的研磨表面。Shupe（1958 年）的研究表明，良好的抗滑性质与特定的矿物有关。例如，含白云石的石灰石相较相对纯的碳酸盐石灰石，具有卓越的性能。

宾夕法尼亚交通研究所（Dahir，1978 年）展开了岩相学分析，来揭示集料磨耗与磨光的敏感性。他发现组成矿物的性质以及结合很大程度上决定了集料的性能。坚硬、结合良好的矿物抗磨耗，但最终被磨光，但与较软的矿物相比速度更慢。松散结合、粗晶粒、坚硬的矿物抗磨光，但以某一速率磨耗，从而使它们不耐久。为了同时抵抗磨耗与磨光，理想上集料应含有高比例的坚硬、粗糙、棱角状晶体，与更软、更细晶粒的骨架结合良好，或在一个多孔结构中硬质晶体相互间良好结合，使得晶体缓慢地、逐渐地、不规则地断裂。

堪萨斯州交通局展开的岩相学研究（Smith 和 Fager，1970 年）揭示了对不同集料磨光趋势的深入认识。他们发现多孔的或较软的岩石比结晶岩石磨光少，很细结晶的岩石磨光极为出色。还发现膨胀页岩与砂岩有很好的抗磨光性质，炉渣和暗色岩的表现好于类似外观的钢渣与硅质砾石材料。燧石表现出差的磨光值。碳酸盐集料磨光值范围很宽。

波多黎各的研究（Gandhi，1978 年）发现，碳酸盐的磨光超过砾石和非碳酸盐。密实的石灰石具有低的磨光值，而多孔性石灰石表现出较高的磨光值（石料磨坏时，多孔隙赋予其粗糙的构造）。

路易斯安那州交通局非常细致地研究了集料混合（Ashby，1980 年）。当地无法得到高抗滑的集料，从其他州进口这些集料费用很高，这促使了当地可获取的低抗滑集料与高抗滑集料的混合。用于解释混合效应的基本机理是差异磨耗。差异磨耗的机理用硬度的差异来解释。它使低抗滑集料的锐边更为暴露，从而提高了滑动阻力，例如在破碎燧石中。相反，高抗滑集料较软时（具有未破碎燧石的膨胀黏土），则较软的集料被磨蚀，使低抗滑集料暴露。总体结论是，将当地可获得的低抗滑集料与天然的抗滑集料进行混合，的确增强了前者的抗滑性质。

得克萨斯公路局研究部公路设计处实施的局内研究也着眼于观察两种不同集料混合的关系（Underwood 等人，1971 年）。图 9-9 清楚地表明，每种混合体的磨光值与 100% 的纯集料成线性比例。

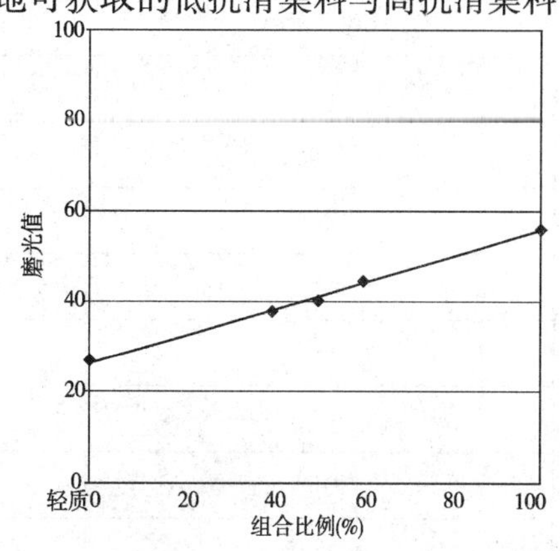

图 9-9　轻质集料和石灰石集料组合得到的磨光值

这些发现受到了近期研究观察结果的支持，表明，集料混合体的残余磨光值大致等于混合的各种集料重量的加权平均。

9.1.1.3 粗集料形状对排水路面的影响

颗粒形状是粗集料一项非常重要的特性。这是因为,第一,它对排水性沥青混合料的强度、稳定性、空隙率、透水性等指标均有显著的影响。第二,它是一项加工特性,很少受当地料源的影响,而与当地石料破碎的工艺水平有关。为此,针对排水性沥青路面,各国多制定了较为严格的粗集料形状要求,如表9-1。事实上,在石料破碎技术许可的范围内,尽可能改善集料形状,或者说集料形状的要求越来越严格,已经成为一种趋势。

各国对于排水性沥青混合料粗集料形状的规定　　表9-1

国家或地区	针片状比例	要求标准	
日本	1:5	<10%	
西班牙	1:3	<25%	
美国	1:3	<20%	
	1:5	<5%	
中国台湾	1:3	<12%	
	1:5	<5%	
英国	片状指数	<25%	
曹东伟(2010年)等人的推荐	1:3	9.5~13.2mm	<10%
		4.75~9.5mm	<12%

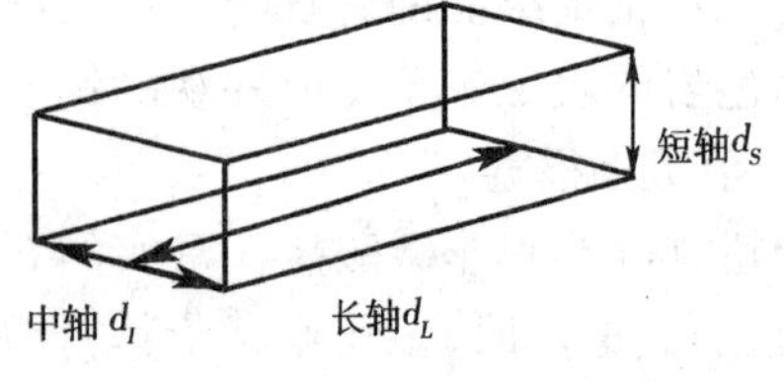

图9-10　集料颗粒的三维尺寸表示

颗粒形状一般采用图9-10所示的用长方形拟合后的三个尺寸表示,最长的尺度(或者称长)表示为d_L,最短的尺度(或者称厚)为d_S,中间尺度(或者称宽)为d_I。随着计算机识别技术的发展,出现了越来越多的形状参数,不过基本上都建立于这三个基本尺寸之上,如表9-2所示。

基于形状参数的各数字图像处理参数定义　　表9-2

参　数	英文对照名称	定　义
针度	elongation	长度/宽度
片度	flatness	宽度/厚度
扁度	flakiness	厚度/宽度
球度	sphericity	$\sqrt[3]{厚度\times宽度/长度^2}$
形状因子	shape factor	厚度/$\sqrt{长度\times宽度}$
形状系数	form factor	$4\pi\times$面积/周长^2
糙度	roughness	周长/($\pi\times$平均直径)
圆度比	convexity ratio	投影面积/凸面积
丰满度	fullness ratio	$\sqrt{圆度比}$

针片状含量对于混合料强度的影响主要体现在抗车辙能力上。由于排水性沥青路面的石石嵌挤结构，粗集料作为了主要的承载体传递路面荷载，但针片状等形状不好的石料压碎值高，施工碾压或使用过程中，在压路机荷载或反复车轮作用下易于破碎，级配发生变化，产生新的无沥青膜的断裂面，从而使得混合料局部强度下降，容易变形。

台湾国立成功大学的李金鸿(2002 年)研究了粗集料形状对于排水性沥青混合料车辙性能的影响，不过研究中采用的沥青软化点只有 52.5℃(尽管 60℃黏度有 11.4 万 Pa·s)，因此动稳定度的绝对值不高。从图 9-11、图 9-12 可以看出，针片状含量越高，混合料总的变形量越大，动稳定度越低。像无针片状含量与针片状含量 30% 的排水性沥青混合料，动稳定度可相差 1000 次/mm，因此粗集料形状的改善，间接地可使结合料的要求能有所降低。

针片状含量对于混合料稳定性的影响，主要体现在混合料的抗松散性能上。飞散来源于两个方面，一是断裂"创口"本身结合力的损失。飞散可能的机理是石料强度、结合料强度或石料与结合料黏附强度不足以抵抗所承受的应力而断裂，失去约束的石料颗粒被车轮带离而引发飞散。针片状颗粒压碎飞散尽管是局部的现象，但由于嵌挤结构的荷载传递性，某处约束的损失，可能会使相邻石料失去支承而诱发更大面积的飞散，因此应予重视。飞散的另一来源是针片状颗粒破碎后为水剥离石料提供了接触界面，水的侵入将取代结合料-石料界面上的沥青从而使黏附失效，促使集料颗粒飞散。这两方面的影响可用干、湿 Cantabro 试验进行评价。

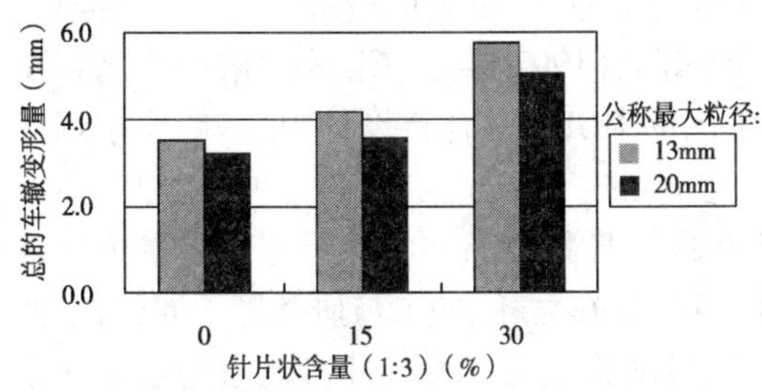

图 9-11　针片状含量与车辙试验总的车辙变形量的关系

图 9-12　针片状含量与动稳定度的关系

针片状含量对排水性沥青路面的透水性能有较大的影响。这主要是因为，一方面扁长的颗粒容易架桥，使空隙被截断，导致连通空隙率减小；另一方面，针片状颗粒也容易被压碎，产生小的颗粒甚至粉尘，也会使空隙堵塞。图 9-13 与图 9-14 是台湾李金鸿(2002 年)给出的试验成果，其中试样是在 160℃下击实成型的。由图可见，公称粒径 13mm 的排水性沥青混合料，针片状含量从 0 增加到 15%，连通空隙率从 13.7% 减小到 11.3%，绝对值下降 2.4%，而相应的透水系数从 0.16cm/s 减小到 0.13cm/s 左右，这样的影响是较为显著的。因此，从排水性沥青路面效益最大化的考虑起见，粗集料的针片状含量应在技术许可的范围内择低规定，目前冲击式的破碎方法能产生低针片状含量的颗粒，应予推荐。

9.1.1.4　粗集料的抗水损坏与抗磨耗能力

排水性沥青混合料中，粗集料作为主要的荷载传递媒介，在车轮荷载的反复作用下，石料间不断发生着碰撞与冲击形式的磨耗。尤其是排水性沥青混合料允许雨水在层间流动，使得粗集料骨架更多地也是更为不利地在潮湿环境下经历着磨耗作用。从这个意义上讲，粗集料的抗水损害性质与抗磨耗，尤其是抗湿磨耗性质相较其他混合料更为重要。

模拟水对粗集料的强度影响一般采用硫酸钠（$NaSO_4$）或硫酸镁（$MgSO_4$）坚固性损失试验进行评估，以硫酸盐结晶膨胀模拟水的冻融循环作用。不过，由于测试温度下 $NaSO_4$ 具有三种结晶形式，因此结果变异性较大。许多研究成果认为，$MgSO_4$ 的结果相对更为稳定，与现场性能也更为吻合。排水性沥青混合料的粗集料，美国乔治亚州采用15%的硫酸镁最大损失，俄勒岗州采用12%的硫酸镁最大损失。

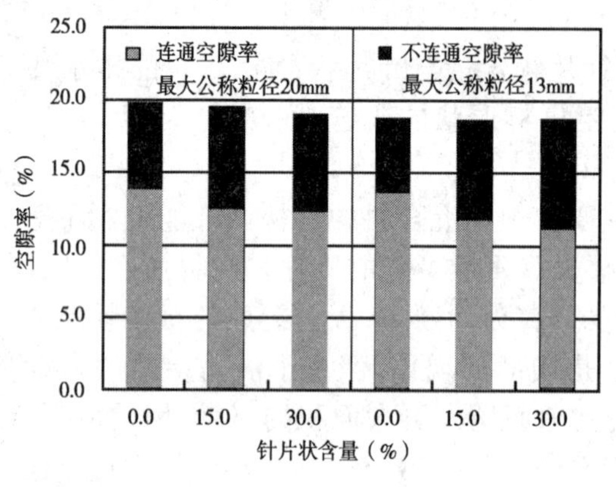

图9-13 排水性沥青混合料针片状含量与连通空隙率的关系

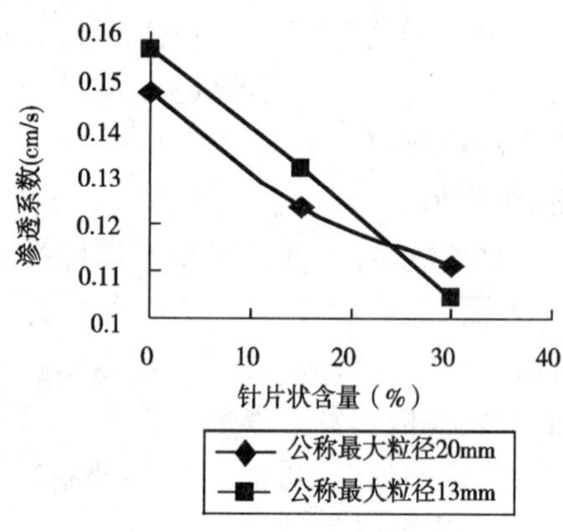

图9-14 排水性沥青混合料针片状含量与渗透系数的关系

随着排水性沥青混合料中集料接触的增加，碾压与交通下，更大的应力施加在了粗集料上，从而相比密级配混合料，集料更易于破碎。Brown 等人（1997 年）发现，采用洛杉矶磨耗试验，破碎与集料强度之间存在强相关关系。目前，美国的 OGFC 混合料设计中，一般要求粗集料的洛杉矶磨耗值不得超过30%。

试验中采用了一个水平安装的大滚筒，转动500次。集料样品和特殊尺寸与重量的钢球混合放置于滚筒中。滚筒转动时，集料与钢球相互作用，存在磨耗、冲击与研磨等不同的机理。集料的上升与掉落作用产生了非常高的冲击力，这使得试验成为一种抗冲击能力的量度而不是抗磨耗能力。最初的时候，试验名字是洛杉矶磨耗试验，但后来加入了"冲击"两字，以突出它测量的是抗冲击能力，因此，现在许多文献中改叫洛杉矶磨耗冲击试验。表9-3提供了 AASHTO 相应程序中的试验条件。

AASHTO 洛杉矶磨耗冲击试验的试验条件 表9-3

集料尺寸	许多级配（最大尺寸76.2mm）	钢球尺寸	直径46.8mm
转速	30～33r/min	磨耗载荷	2500～5000g，也就是6到12个钢球（随集料粒径而变）
总的转数	500（大粒径级配时1000）	确定损失	1.7mm 筛网通过率

微型 Deval 试验也被用于测量集料的抗磨耗能力。这个试验最早是法国在20世纪60年代开发的。试验借助于有水存在的情形下，集料颗粒之间以及集料颗粒与钢球之间的磨耗，测量集料的耐久性和抗磨耗能力。表9-4提供了 AASHTO 相应程序中的试验条件。图9-15显示了微型 Deval 试验中有水时集料与钢球之间的相互作用。

AASHTO 微型 Deval 试验的试验条件　表 9-4

集料尺寸	4.75 到 16.0mm(3 种级配类型)
转速	100 ± 5r/min
总的转数	9500 到 12000
钢球尺寸	直径 9.5mm
磨耗载荷	5000 ± 5g
确定损失	1.18mm 筛网通过率

图 9-15　微型 Deval 试验中有水时集料与钢球之间的相互作用

微型 Deval 试验的潮湿条件使得它有能力模拟排水性沥青路面的现场条件,这优于洛杉矶试验中的干燥状态。而且,微型 Deval 罐中集料与钢球之间的相互作用引入了比冲击更多的翻转运动。洛杉矶试验结果与现场性能相关性差,而微型 Deval 试验与集料现场性能的关系则褒贬不一,但比洛杉矶试验更可靠则是相当一致的看法。从这样的分析来看,似乎将微型 Deval 试验应用于排水性沥青路面更为合适,但目前它的普及性尚远不及洛杉矶磨耗。一般要求粗集料最大的微型 Deval 值不超过 18%。

测量集料抗磨耗能力的其他试验有"集料磨耗试验"与"北欧球磨试验"。这两个试验在欧洲应用更为广泛。集料磨耗试验是一干燥试验,采用一块平的旋转钢板来磨耗集料。北欧球磨试验和微型 Deval 试验略有差异。前者用的钢球直径更大(15.0mm),转速更慢(90 ± 3r/min),总的转数也只有 5400 转,磨耗总荷载 7000 ± 10g,测量 2mm 筛网的通过率。

9.1.1.5　粗集料规格要求的总体概念

排水性沥青混合料中粗集料占 80% 以上,因此其性质对最终排水路面的性质有较大的影响。前面从压碎值、抗磨光值、针片状含量与抗磨耗性质四方面对粗集料的规格要求进行了讨论。那么,除此之外,粗集料还有哪些性质值得关注呢?这些性质要求的重要性如何?美国国家合作公路研究计划"透水性磨耗层的施工与养护工法"(NCHRP 报告 640)作了一项研究,要求各公路机构对排水性沥青混合料中采用的各集料特性进行排序。

集料特性包括抗磨耗性质、耐久性、抗磨光性质、棱角度、形状、洁净度和吸水性。调查结果显示于图 9-16 中。集料的各项特性以 1 到 7 的刻度排序,1 为最重要的性质,7 最不重要。基于调查结果,重要性表现出了三个层次。抗磨光性质和耐久性(硫酸盐坚固性)为最重要的性质。重要性次之的为棱角度、抗磨耗性质、颗粒形状和洁净度。最后是集料的吸水性。这表明,抗磨耗性质、耐久性、抗磨光性质、棱角度、形状和洁净度需要试验方法和标准。

粗集料的棱角度常规定为破碎面的最低数量。最常见的是具有两个或更多破碎面的集料比例。规范值的范围,对两个或更多破碎面的粗集料的要求,低到 90% 以上,高到 100%。集料的洁净度常常通过砂当量来规定,要求范围从 45 ~ 55。

9.1.1.6　排水性沥青混合料中使用的其他类型的粗集料

鉴于以上的要求,排水性沥青混合料的粗集料多选择玄武岩、辉绿岩、花岗岩等火成岩类岩石。不过,随着工业化和城市化的发展,新开采矿石的获取面越来越小,而城市固体废弃物的产量则日益增加,将固体废弃物用于道路建设是非常自然的想法,也是可行的想法。排水路面中作为粗集料应用较为典型的固体废弃物是钢渣,本节将就钢渣用于排水性沥青混合料作一定的讨论。

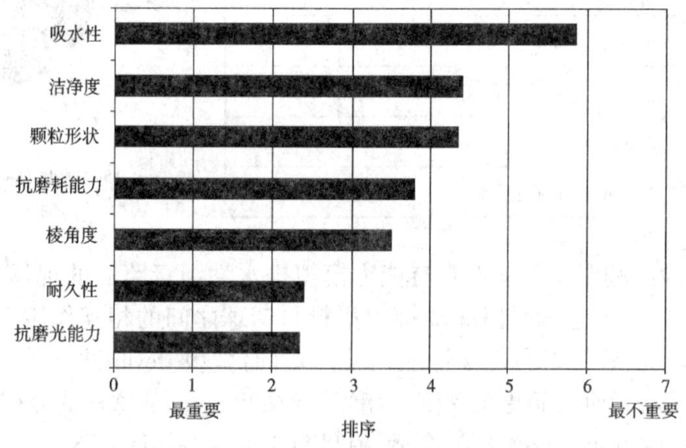

图 9-16　机构调查得到的集料特性排序

(1)钢渣的基本概念

铁矿渣(化铁高炉,炼钢,铸造,铁合金)是路面建设中人们最感兴趣的工业副产品。其最佳应用是高炉矿渣颗粒与水泥相混合(磨细高炉渣和水泥混合料),而钢渣则被用在沥青混凝土中作为集料。铁矿渣在路面上早有应用(铁熔渣在英国的罗马道路建筑时期就使用了),它们也不是废弃物,而是为建设行业加工的有价副产品,并且目前有向水泥应用的持续趋势。高炉矿渣(毛体积密度低—气冷一般 1 300kg/m^3,稳定,无膨胀趋势)不得与钢渣混淆(毛体积密度高——般 1 900kg/m^3—存在与未结合氧化物相关的潜在膨胀性)。

化铁高炉渣产生于软化的石料与炭灰的熔合,铁从矿石中还原并分离后,硅质和铝质残渣仍保持着。高炉作业是一连续过程,受到严格控制的原料喂入后,定期拉出均匀的产品:熔融铁和液体矿渣。液体矿渣的选择性冷却产生了四种不同类型的高炉矿渣:①气冷(在环境条件下固化),广泛用于传统集料;②膨胀或发泡(采用控制水量固化,有时用空气或蒸汽),主要用作轻质集料;③粒化(水快速淬灭到玻璃态而固化),主要用在混合水泥的制造中;④制粒(水淬与气淬固化),可用作轻质集料,也可用在混合水泥制造中。

在炼钢过程中(平炉、顶吹氧气转炉和电弧炉),产生了大量钢渣(图 9-17、图 9-18),它们可回到高炉重新装载,最终仍有大量可被用于道路建设。钢渣的组成和性质一般变异性大,甚至同一厂与同一炉都存在变异。与高炉矿渣相比,各种炼钢过程一般都施加了限制。钢渣一般具有膨胀性(体积变化 10% 甚至更多,归因于钙与镁氧化物的水合)。不加区分地使用钢渣可能产生严重的破坏,因此实施对其的应用前必须检查可能的长期体积变化。钢渣不得用在水泥混凝土或贫混凝土中,膨胀将使混凝土快速破坏。不过,存在许多膨胀尚可容忍的应用,借助合适的老化或处理使其受控,或用沥青胶浆涂层封闭钢渣。某些国家已经开发了基于自由石灰含量选择性的应用。

钢渣的膨胀性可追溯到炼钢过程中,其中生铁到钢的转换涉及各种杂质的受控调整,以及少量成分的加入,它们赋予了钢特殊的性质。钢渣化学组成的比例与高炉矿渣是完全不一样

的，钢渣有更高的铁含量，反映在3.2～3.5的高相对密度上，与之相比，气冷高炉矿渣为2.2～2.5。钢渣的矿物组成与高炉矿渣也根本不同，其钙和镁的氧化物组合在了硅酸盐和铝硅酸盐矿物中，主要包括硅酸钙、氧化钙-氧化铁固体溶液、氧化物和自由石灰等。钢渣相的组成类似于弱的硅酸盐水泥熟料，硅酸二钙可能处于亚稳的β形式，表现为非活性。钙和镁的氧化物并不是完全组合在钢渣中，很大程度上自由生石灰（CaO）和氧化镁（MgO）的触水对钢渣的膨胀负责。生石灰快速水化，可导致几周后大的体积变化。氧化镁水化更为缓慢，产生长期膨胀，可能花若干年才能在现场完成。炼钢矿渣还可能出现的问题是钢制品垃圾如耐火材料的污染，某些耐火材料从炉衬进入钢渣，不过少量耐火材料一般不会在公路中产生问题。

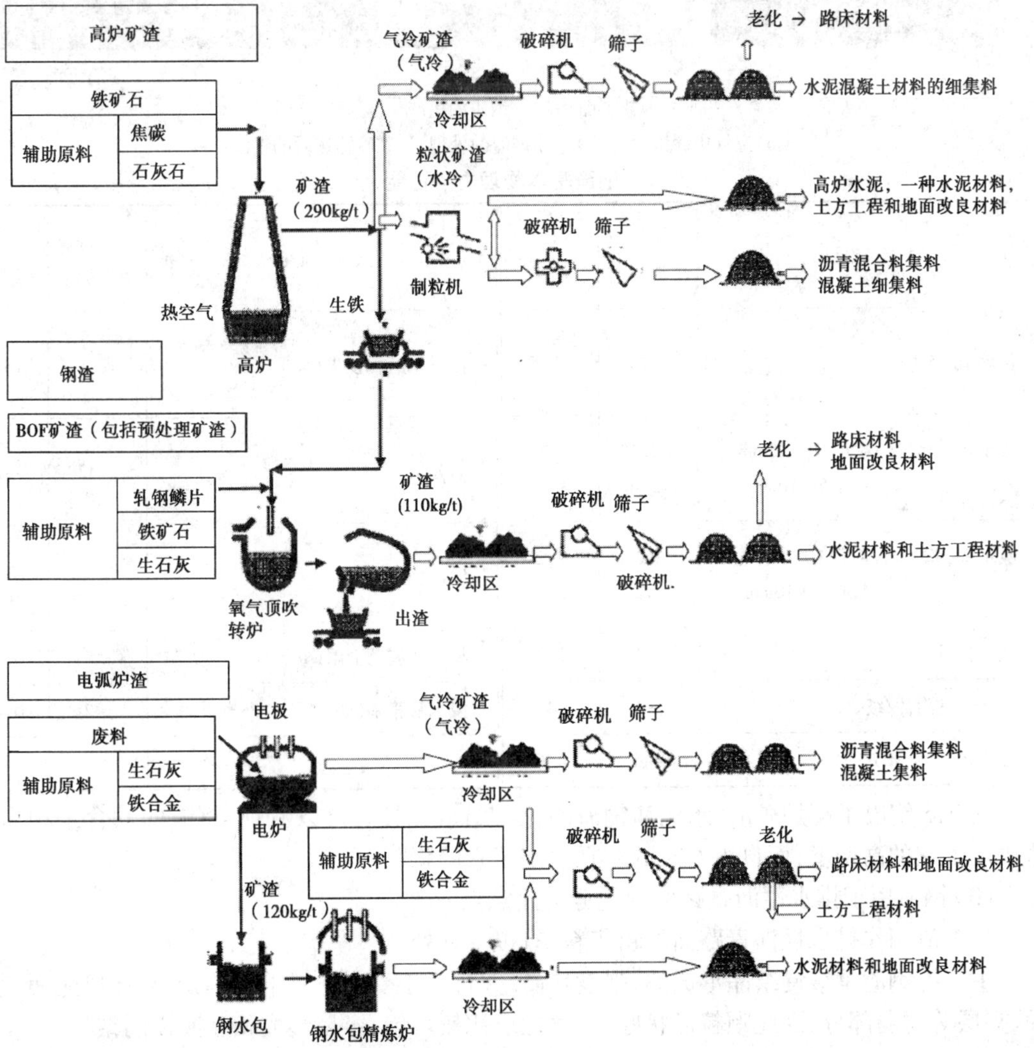

图9-17　BOF（氧气顶吹转炉）和EAF（电弧炉）生产钢渣的流程图（NSA，2006）

（2）钢渣的物理性质与化学性质

炼钢工艺的不同，产生的钢渣在物理性质与化学性质上是存在差异的。表9-5提供了崔丽（2008年）测得的某种钢渣的基本性能，数据具有一定的代表性。可以看到，与交通行业的标准相比，钢渣作为排水性沥青路面的粗集料，各项指标是满足要求的，尤其是针片状含量相当低。

a)

b)

c)

图 9-18　钢渣的生产

a)空气中缓慢冷却；b)结晶钢渣的处理；c)破碎筛选后的钢渣

钢渣基本物理力学性能　　表 9-5

试验项目	交通行业集料标准	试验结果	试验项目	交通行业集料标准	试验结果
压碎值(%)	≤26	17.5	洛杉矶磨耗损失(%)	≤28	18.5
表观相对密度　粒径 10~15mm 粒径 5~10mm	≥2.60 ≥2.60	3.24 3.36	磨光值(PSV)	≥42	45
吸水率(%)　粒径 10~15mm 粒径 5~10mm	≤2 ≤2	2.2 2.4	fCaO(%)	≤3	0.04
软石含量(%)	≤3	2.7	粉化率波动上限(%)	≤5	0.47
与沥青黏附性/级	≥4	4	浸水膨胀率(%)	≤2	0.46
针片状含量(%)	≤15	4.6			

表 9-6 给出了高炉矿渣、水泥和钢渣的化学组成比较。可以看到，钢渣的铁含量相当高，这决定了它的高密度，而自由石灰的存在决定了它的膨胀性。

(3)钢渣用于排水性沥青路面的优势与注意点

将钢渣用作排水性沥青路面的粗集料，有以下好处：

①气冷钢渣是缓慢结晶形成的，强度较高，并且由于受到外界干扰小，不存在风化面、节理面、夹层等薄弱部分，因此颗粒形状好，力学性质比较均匀，容易形成相互嵌锁的结构。

②钢渣内含有氧化钙等活性物质，并且呈强碱性，与沥青黏附性好。

③尽管钢渣内的游离氧化钙与氧化镁会吸水膨胀，但排水路面的空隙结构有相当充裕的容纳空间。

④钢渣本身的多孔隙结构，对排水路面降噪降温等性能可能有额外的贡献。

不过，钢渣集料也有以下一些注意点：

①钢渣表面多气孔，吸水率和吸油率偏大，这对集料的堆放和沥青的用量提出了更高的要求。

②钢渣比重很大，单位面积所占质量高。

③钢渣潜在的膨胀对空隙率将会有损失。

化铁高炉矿渣、水泥和钢渣的化学组成 表9-6

成分(%)	化铁高炉矿渣			钢渣	
	通常范围	典型	水泥	平炉	氧气顶吹转炉
氧化钙(CaO)	36~45	37.6	64.1	25.8	41.3
二氧化硅(SiO_2)	33~42	34.8	22.0	16.4	15.6
氧化铝(Al_2O_3)	10~16	8.1	5.5	2.4	2.2
氧化镁(MgO)	3–16	15.4	1.4	10.0	6.9
铁(FeO 或 Fe_2O_3)	0.3~2	0.8	3.0	26.0	20.0
硫(S)①	1~3	1.3	2.1②	—	—
氧化锰(MnO)	0.2~1.5	0.61	—	11.2	8.9
二氧化钛(TiO_2)	—	0.31	—	0.8	0.5
自由石灰(自由CaO)	—	0.47	—	2.1	3.3

注：①主要是硫化钙；

②SO_3。

实际使用时，应对钢渣实施严格的质量控制，如：在钢渣处理区避免受到耐火材料和垃圾的污染；钢渣处理完成后，筛分前，至少保持一个月的风化期；运输前应生产和维持至少5000t的风化后和筛选后钢渣（粗和细），确保级配和组成一致；风化后钢渣的自由石灰含量应予以监测（例如，乙二醇抽提），平均值不得超过规定的百分比（该水平还未确立，但可能在6%范围内）；聚团的与/或结壳的料堆钢渣（粗和细）应重新筛选。

9.1.2 细集料的选择

排水性沥青混合料中，由于粗集料大的用量以及级配间断的关系，细集料的用量相对比较少，主要是和沥青、填料或者纤维等一起构成玛蹄脂，调整混合料的空隙率，提高胶浆在集料表面的膜厚等。从这方面看，细集料除了满足沥青混合料一般要求外，没有针对排水性沥青混合料的特殊要求。

一般来说，细集料是通过4.75mm筛网而保留于0.075mm筛网的集料，包括石屑、机制砂、天然砂或其混合物，要求其洁净，质地坚硬，致密，颗粒富有棱角，表面粗糙，不含有机土、黏土、有机物等有害物质，不得结块。排水路面的细集料一般要求砂当量在45%以上，棱角度不低于45%，硫酸镁坚固性损失（5次循环）不大于20%，吸水率不高于2%，有些规范还规定了液限，如不大于25%，还有些规范按照美国俄亥俄州的标准测试方法测试亚甲蓝值，一般不超过10mg/g。

不过，值得指出的是，在密级配沥青混合料中，粗集料悬浮在细集料等组成的玛蹄脂连续体中,也就是细集料承受着相当的载荷,这就对细集料的互锁能力提出了比较高的要求,相当多的规范要求采用机制砂,增强细集料的传荷特性。而在排水性沥青混合料中,粗集料构成了承受荷载的主骨架,因此对细集料的要求可有所放宽,许多石屑、天然砂等均可以一定的比例加入。不过,这并不是说细集料就对提高混合料的强度没有作用,而只是说明它在排水性沥青混合料中的作用不如密级配混合料中的作用而已。

天然砂的应用或天然砂与机制砂的组合用作排水性沥青混合料的细集料是值得推荐的。不过,值得注意的是,天然砂中的山砂多由风化作用产生,坚固性较差,并且含泥土和有机质相对较多,应进行一定的处理,使之符合相应的有害物质规范要求。天然砂中的河砂和海砂是由河水和海水的冲刷作用形成的,因此质地坚硬,并且颗粒相对干净,但棱角性较差,使用之前应对由它们组成的混合料进行专门的力学性质检验。至于海砂中所含盐分,按照日本排水路面规范的说法,对排水性沥青混合料的物性没有特别的影响。海砂中还可能含有贝壳物质,台湾林登峰等人(2000 年)通过研究发现,含扁平碎片状贝壳的海砂,有助于减少沥青的剥落,而含圆形贝壳的海砂,则极易发生沥青剥落现象。天然砂由于采掘地点不同,粒径也会有所不同,因此使用前必须调查清楚。图 9-19 为三种典型的天然砂。

a)

b)

c)

图 9-19 三种典型的天然砂

a)海砂;b)河砂;c)山砂

日本规范中,还提到石英砂、(高炉)水淬炉渣和熔渣灰等特殊砂也可以用作排水性沥青混合料的细集料。石英砂主要由石英岩加工而成,山砂与海砂中也都含有这种砂。它是一种坚硬、耐磨、棱角性强、吸水率小、化学性能稳定的硅酸盐矿物,主要矿物成分 SiO_2 含量高达 99%。水淬炉渣是高炉炼铁过程中排出的熔渣,用大量水淬冷后,制成的以玻璃体为主的细粒水渣,具有潜在的水硬胶凝性能,有气泡者质软而轻,无气泡者质硬并与砂有同等重度,都具有棱角,且内摩擦角大。水淬炉渣与气冷炉渣的根本区别在于,水淬炉渣由于炉渣是淬冷,来不及结晶,因此形成的是非晶体的玻璃态。熔渣灰是将炉渣和炉灰重新烧结产生的集料,由于耗能较大,多用于人工烧制彩色集料。

9.1.3 填料/抗剥落剂的选择

为达到排水性沥青混合料所要求的空隙率,有些机构很少使用甚至不使用填料。但为了提高沥青混合料中集料和沥青结合料之间的结合作用,世界上也有许多机构要求采用填料或其他的抗剥落剂。荷兰在排水性沥青混合料的生产工艺中加入了石灰石填料来加强结合,石灰石填料的消石灰含量至少 25%。澳大利亚也要求排水性沥青混合料加入填料,不过优先选择消石灰,水泥和磨细石灰石矿粉也是许可的。美国的 Watson 等人(1998 年)称,乔治亚州要

求排水性沥青混合料中使用消石灰作为抗剥落剂。

1998 年,美国国家沥青技术中心的 Kandhal 和 Mallick 作了一次全国性排水性沥青混合料的调查,获取各种混合料设计方法下开级配混合料所报道性能的信息。其中一项调查项目就是询问机构,是否规定使用填料/抗剥落剂。为了更好地评价这些信息,作者将各机构按所在 SHRP 气候区分类,气候区包括湿冻区、湿不冻区、干冻区和干不冻区。总体上,在 19 个报道良好性能的机构中,有 53% 加了某种类型的填料/抗剥落剂,可能是消石灰,也有用液体抗剥落材料的。反之,只有 21% 的机构采用填料/抗剥落剂,但报道了开级配混合料不良的性能。有意思的是,干冻气候区内报道良好性能的机构都使用了消石灰,而这个气候区内报道不良性能的 75% 的机构没有规定使用填料/抗剥落剂。

排水性沥青混合料使用的填料,多采用石灰岩经粉碎加工而成的石粉(Rock Dust)。也有采用渣粉(Slag Dust)、水泥、消石灰、飞灰(Fly Ash)或者混合料拌和设备中的回收粉的。下面逐一予以简要介绍。

9.1.3.1　石粉

石粉的粒径分布应满足表 9-7 的要求。可以看到,小于 0.075mm 的颗粒含量要求大于 70%,有些质量要求比较高的工程,甚至提出大于 90% 的规格要求。同时,由于石粉的含水量超过 1.0% 时,很难用螺旋推进设备送料,也会使加热效率降低,增加生产成本,因此一般要求石粉的含水量在 1.0% 以下。考虑到和沥青的结合要求,一般要求采用碱性的石灰岩石粉。

石灰岩石粉的粒径规格　表 9-7

筛孔大小(mm)	重量通过率(%)
0.6	100
0.15	90 ~ 100
0.075	70 ~ 100

石粉的主要作用有:

①使黏稠沥青劲化,这主要是由石粉的空间位阻效应实现的。

②扩展黏稠沥青。一般认为,颗粒厚于沥青膜的石粉对集料的互锁有贡献,而薄于沥青膜的部分则悬浮在沥青中,构成混合料的结合料,从而可增加混合料中的有效沥青含量。当然,这部分悬浮的石粉会因体积填充而产生较小的劲化作用,因沥青与石粉表面的物理化学作用而产生较大的劲化作用。

③改变混合料的抗水性。这一方面缘于石粉低的亲水系数,另一方面也缘于石粉与沥青所发生的物理化学反应。

④影响混合料的老化特性。

⑤影响混合料的和易性。

还有一种特殊的石粉,当沥青混合料拌和机因加热集料而产生灰尘,通过袋式过滤器(除尘布袋)等集尘装置予以收集,就得到了所谓的回收粉,若难于处理,可考虑作为填料使用。日本规定,回收粉在填料中的含量应在 50% 以下,当含量超过 30% 时,应进行剥离试验并要求合格。

9.1.3.2　渣粉

渣粉一般指水淬粒化高炉矿渣或钢渣经粉磨后达到规定细度的一种粉体材料。按照姚爱玲等人(2006 年)与孙家瑛等人(2007 年)的研究,磨细矿渣粉的比表面积为 $450m^2/kg$,而钢渣微粉的比表面积为 $540m^2/kg$,典型的石灰岩石粉的比表面积为 $330m^2/kg$,可见渣粉的比表面积比石粉要大许多,因此吸附能力比石粉更大。

渣粉中的 CaO 含量高于石灰岩石粉,特别是游离 $Ca(OH)_2$ 的存在,提高了体系的碱性,故而对沥青吸附能力较强。$Ca(OH)_2$ 与沥青中的酸性成分(羧酸与亚砜)反应,在沥青与渣粉之间形成较强的化学黏结力,生成物能牢固黏附在集料表面而不剥落,因此宏观上表现为沥青混合料水稳定性和抗车辙能力的提高。

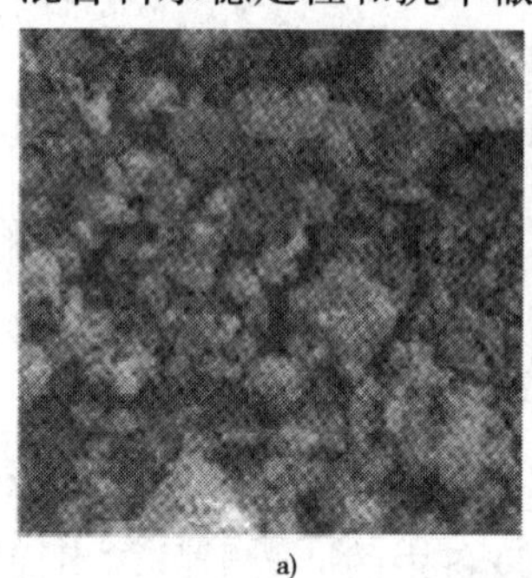

a)　　b)

图 9-20　石灰岩石粉与矿渣粉的电镜扫描(放大 5000 倍)
a)石灰岩石粉;b)矿渣粉

姚爱玲等人(2006)还发现,用矿渣粉替代石灰岩石粉可减少沥青用量,并进行了微观结构分析。如图 9-20 所示,石灰岩石粉中大颗粒较多,细小颗粒有黏结,颗粒轮廓较差,大、小颗粒间过渡颗粒较少,小颗粒吸附在大颗粒表面上,形成断级配。而矿渣粉颗粒则级配较好,细小颗粒间松散,没有结团现象。因此,石灰岩石粉之间的较大空隙会被沥青占据,沥青用量要比矿渣粉作填料时大,同时沥青混合料性能却未得到提高。

9.1.3.3　水泥

利用水泥来替代部分或全部矿粉,以求提高沥青混合料水稳定性是国际上比较普遍的一种方法,尤其在美国、欧洲应用比较广泛。我国现行规范中也提到了用水泥替代 2% 的石灰石矿粉来提高沥青混合料的水稳定性。与石灰岩矿粉相比,水泥比表面积略大(约 $340m^2/kg$),CaO 含量也远高于石灰岩矿粉,因此水泥活性大,沥青与水泥界面上形成较强的化学黏结力,使沥青牢固地黏附在集料表面而不剥落。

由于水泥填料对沥青混合料的影响主要取决于水泥细度和 CaO 含量,因此水泥标号对其应用效果没有直接影响,而水泥类型(普硅水泥、钢渣水泥等)却有一定的影响。

9.1.3.4　消石灰

消石灰在排水性沥青混合料中的使用,无论是欧美国家,还是我国台湾或内陆,都相当普遍。这是因为,消石灰不仅可以发挥填料的一般作用,当使用酸性石料(如花岗岩)等作为排水性沥青混合料的粗集料时,还能作为抗剥落剂使用,并且其他性能也均有改善,经济、技术上均较其他方案更优。

图 9-21 显示了美国内华达州用热拌沥青混合料实施的 Lottman 试验的结果,其中包含了不同类型的抗剥落剂(其中,BA2000 在美国被称为“超级”抗剥落剂)。这里,MR 为回弹模量,TS 为拉伸强度。可以看到,由于消石灰的加入,Lottman 水调节后残留强度相当高,表明消石灰在降低水损坏方面的巨大作用。Tarrer(1996 年)认为,在现场,集料表面的水具有高 pH 值,表面大部分的液体抗剥落剂在高 pH 水平下是溶于水的。为避免被冲走,液体抗剥落剂必须给予时间养生(超过 3h)。相反,消石灰硬化迅速(在 15 ~ 30min 内),形成不溶于水的化合物。消石灰在沥青与集料之间产生非常强的结合,在所有 pH 水平下都能防止剥落。Tarrer 还发现,消石灰与氧化硅和氧化铝集料以凝硬性方式反应,为混合料增加了相当的强度。

最近几年实施的室内和现场性能研究显示,消石灰改善了玛蹄脂的流变学,产生了混合料中的多功能和协同效益。美国和欧洲的工作证明,消石灰可显著提高热拌沥青混合料对高温

永久变形损坏的抵抗。近期的研究表明，消石灰实际上是一种“活性”填料，能与沥青反应。石灰颗粒吸收了沥青的极性组分。这被吸收的中间层使消石灰成为非常有效的添加剂。消石灰的片状和粗糙表面构造也贡献了劲化效应，它超过了体积填充模型所预测的效应。沥青-石灰反应的水平依赖于沥青。“活性”填料效应具有渐进的温度敏感性。在高温下，填料效应最突出；在沥青玻璃转换温度附近，它显著降低。这非常积极的特征使沥青抵抗高温的流动破坏，在低温下还能松弛，通过流动而不是断裂来消散能量。将消石灰加到沥青玛蹄脂中，除存在高温和低温流变学效益外，还由于它有利地改变了氧化动力学进程，并与氧化产物相互反应，使得老化硬化敏感性降低，抗水性提高。另外，热拌沥青混合料的集料可能含有塑性黏土，此时，石灰是降低黏土塑性特征有效的化学添加剂，其机理是黏土表面上的离子交换（包括钙离子）、黏土矿物的絮凝和凝聚以及凝硬性反应。显然，消石灰是包括排水性沥青混合料在内的热拌沥青混合料一种吸引人的多功能添加剂。尤其是排水性沥青路面，由于它老化作用较其他混合料更为强烈，消石灰的作用更显突出。

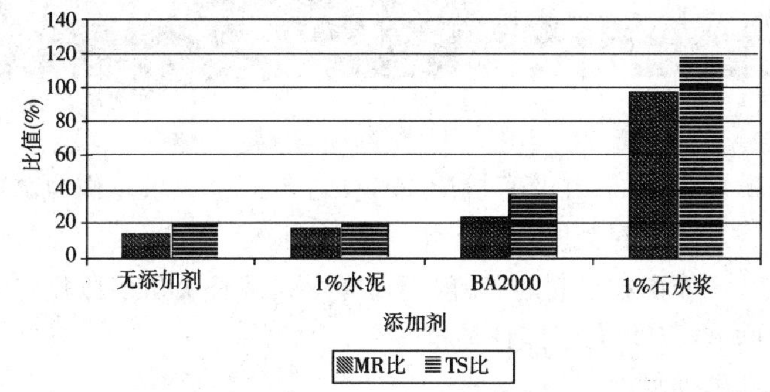

图 9-21　6.0%黏稠沥青的沥青混合料，各种添加剂对残留强度（Lottman 调节后）的影响[Epps(1992)]

需要强调两点。一是不得将生石灰加到沥青混合料中，除非它已经先被完全消解。如果未水化的生石灰保持在混合料中，当它与水接触时，会变为 $Ca(OH)_2$。这个反应（也就是从 CaO 变为 $Ca(OH)_2$）是体积膨胀的，将造成排水性沥青混合料的空隙损失，并损失强度和性能。二是关于在排水性沥青混合料中的最佳掺量问题。事实上，具体的配合比有不同的数值，这里给出高丹盈等人(2008 年)给出的一个具体案例取值：水泥的最佳掺量为矿料总质量的 2.8%，消石灰的最佳掺量为矿料总质量的 4.2%。

9.1.3.5　飞灰

飞灰是由燃煤电厂和燃煤锅炉产生的。煤经过粉碎后，与空气一道被送到燃烧器的燃烧室中，燃烧产生热量，同时产生熔化的矿物残渣，冷却后形成灰。粗灰落在燃烧室底部，称为底灰或炉渣，细粒较轻，悬浮在废气中，称为飞灰，由相关收集装置进行收集。

飞灰一般比水泥和石灰还细，颗粒呈球形，典型尺寸在 10～100μm 之间。基于其化学组成，AASHTO 和 ASTM 定义了 C 类与 F 类飞灰。C 类飞灰一般来自于亚沥青煤，主要由钙铝-硅酸盐玻璃以及石英、铝酸三钙和自由石灰（CaO）组成。C 类飞灰也被称为高钙飞灰，因为它一般含有 20%以上的 CaO。F 类飞灰一般来自沥青和无烟煤，主要由铝-硅酸盐玻璃组成，还存在石英、高铝红柱石和磁石。F 类或低钙飞灰中，CaO 少于 10%。表 9-8 是飞灰与水泥的典型化学组成。

灰和水泥的样品氧化物分析　　表 9-8

化合物	飞灰 F 类	飞灰 C 类	水泥	化合物	飞灰 F 类	飞灰 C 类	水泥
SiO_2	55	40	23	CaO(石灰)	9	24	64
Al_2O_3	26	17	4	MgO	2	5	2
Fe_2O_3	7	6	2	SO_3	1	3	2

飞灰的颜色取决于其化学和矿物成分,可从棕黄到深灰(图 9-22)。棕黄和浅色一般具有高的石灰含量。褐色一般有铁含量。深灰到黑色多归因于高的未燃烧碳含量。每个电厂和煤源飞灰的颜色一般都非常稳定。

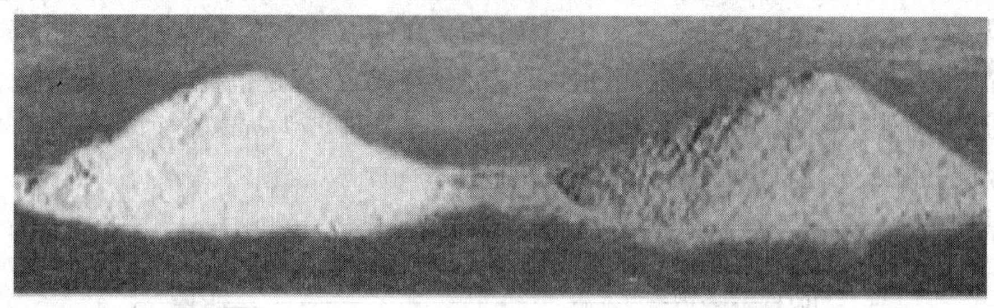

图 9-22　典型的飞灰颜色

飞灰通常满足矿物填料的级配、有机杂质和塑性的规范要求。作为矿物填料使用时,飞灰必须处于干燥的形式。下面对其质量指标作简要说明。

有机杂质。飞灰用作矿物填料时,一般不对碳含量或烧失量予以规定,室内在沥青胶浆中加入烧失量高达 10% 的飞灰,其性能评估也是令人满意的。

塑性。飞灰是非塑性材料。

级配。飞灰多落在 75μm 筛网通过率 60% ~90% 的范围内。

细度。一般的,飞灰拥有 40% ~70% 的 20μm 筛网通过率,胶浆测试和现场性能表现良好。

相对密度。飞灰的相对密度各个来源不一样,一般从 2.0 ~2.6。多数"非飞灰"矿物填料具有 2.6 ~2.8 的相对密度;因此,用飞灰设计的沥青混合料通常需要较少重量就能取得相同性能。

Rigden 空隙。研究表明,采用改进 Rigden 空隙试验(美国宾州开发)确定的超过 50% 空隙率的矿物填料趋向于使沥青结合料过度劲化。大多数飞灰的 Rigden 空隙少于 50%。

9.2　结合料的选择

在各国排水性沥青混合料的发展过程中,尝试了相当多的沥青结合料种类,不改性的与改性的,都取得过成功。Huber(2000 年)的 NCHRP 汇总中,报道了大量不同类型的沥青结合料,有按照 Superpave 性能分级(PG)系统分级的,也有按照黏度分级程序或针入度分级系统分级的。欧洲的沥青结合料主要采用针入度分级。Huber(2000 年)对英国、西班牙、意大利和南非的材料要求进行了报道。当时,英国采用的是聚合物改性的以及不改性的针入度 100 的沥青结合料。西班牙采用的或是聚合物改性的针入度 60/70 沥青结合料,或是聚合物改性的 80/100 沥青结合料。意大利使用的也是聚合物改性的针入度 80/100 的沥青结合料。采用聚合物改性时,这三个国家的改性剂或指定为苯乙烯-丁二烯-苯乙烯嵌段共聚物(SBS),或指定为

乙烯-醋酸乙烯共聚物(EVA)。Huber指出,南非允许使用聚合物改性,也允许使用橡胶改性。

而对于美国,Huber报道正在使用的沥青结合料种类很宽泛。PG分级和黏度分级都有。美国有些机构使用不改性的沥青结合料。例如,对某些OGFC混合料,亚利桑那州规定为PG64-16,乔治亚州规定为PG67-22。而对于所谓的PFC混合料(类似欧洲的排水性沥青混合料),多数机构规定使用改性沥青结合料。例如,俄勒岗州规定黏度等级AC-30的沥青结合料,其中将12%的橡胶粉添加到沥青结合料中。乔治亚州也规定使用聚合物改性沥青。总之,随着OGFC中空隙率的增大,以及同时出现的沥青油源的过度开发,全球性的气候变暖和车辆轴载的增大,OGFC中使用改性沥青已经逐渐成为美国各地方的共识,并且改性沥青的类型逐渐集中到SBS改性沥青与橡胶改性沥青上。

欧洲也普遍使用聚合物来改性沥青结合料,常常使用的聚合物类型也是SBS与EVA。英国的聚合物改性允许使用苯乙烯丁二烯橡胶(SBR)。当前,没有报道使用改性沥青结合料的唯一的欧洲国家只有瑞士了。奥地利在较低交通量的道路上也允许使用未改性的结合料。而对于较高交通量的道路,SBS、SBR、EVA和橡胶改性结合料在奥地利都是许可的。

排水性沥青混合料中沥青结合料的正确选择基于许多因素。Ruiz等人(1990年)指出,沥青结合料选择的基础是工程现场的气候条件和该条道路将承载的预期交通流量。文献中一般都指出,排水性沥青混合料需要高劲度的结合料,从而多数机构都规定使用改性沥青结合料。需要高劲度结合料来防止析漏,从而促成裹覆集料的厚沥青膜。Molenaar等人(2000年)指出,聚合物改性的硬质结合料还有助于防止短期松散。短期松散定义为轮胎/路面界面处强剪切力导致的松散,它出现在新铺的排水性沥青路面上。Ruiz等人(1990年)称,太软的沥青结合料在热天可能出现泛油,引发车辙问题。即便希望硬质结合料,但Ruiz等人同时也表示,结合料太硬也可能不利。沥青结合料太硬,可较早地达到一个临界硬度,产生长期松散问题。

在排水性沥青混合料所用结合料方面,日本通过数年的实践,提出了独特的概念,即高黏度改性沥青的概念,或者说60℃绝对黏度在20 000Pa·s以上的改性沥青。这一概念目前已经被包括我国在内的东亚和东南亚地区以及荷兰等国所熟悉与接受。日本认为,由于排水性沥青混合料有较大的空隙率,与一般的沥青混合料相比,易受日光、空气、水等的影响,因此要求所使用沥青对集料有持久包裹力、高黏附性,同时还要有较强抗剥离性,能以较厚的薄膜裹覆集料等各种高性能,主要特性如表9-9所示。

排水性沥青混合料的结合料应具主要特性　　表9-9

项　目	混合料要求的特性	结合料的特性
集料抗飞散性	为确保混合料的稳定性,应对集料强力黏着,使之具有高强的包裹力、黏附性	使用黏附性好的结合料(高韧度、高抗拉强度)
耐候性	混合料因空隙率大,易受日光、空气等因素影响,为防止由此产生的老化,包裹集料的结合料薄膜要有足够厚度	使用耐候性强,能形成厚薄膜的高黏度结合料
耐水性	由于雨水等对混合料的浸透,为确保耐水性(抗剥离性),结合料对集料应有很好的黏附性	使用与集料有强黏附性的结合料(高抗剥离性)
耐流动性	在重交通道路上应用时,混合料应具有较高的抗塑性变形能力(不易产生车辙)	使用软化点及60℃黏度指标较高的沥青

针对表9-9的要求,不改性的纯沥青黏度低,集料裹覆厚度不足,因此作为排水性沥青混

合料的结合料,其耐久性不高,要确保较大的空隙率比较困难。此外,它的耐流动性也较差,所以必须加入纤维、消石灰等材料来提高黏度,目前主要用在交通量小的道路上。在基质沥青中加入橡胶和树脂的普通改性沥青,软化点大为提高,黏韧性和韧性显著增强,它在耐流动性和集料抗飞散性方面显著高于基质沥青。不过,普通改性沥青用在重交通道路时,也常需要添加纤维和消石灰。高黏度改性沥青的软化点、60℃黏度、黏韧性、韧性等都较普通沥青更高,使用时一般无需再添加纤维材料就能保持较大的空隙率,且能得到耐久性高的混合料。

9.2.1 排水性沥青混合料的破坏机理及结合料性质的影响

随着排水性沥青混合料空隙的增大,最直接的体现是集料颗粒之间接触的减少,这使得集料颗粒相互之间的接触力增大,可导致集料发生飞散;使得集料内摩擦角减少,可导致集料剪切变形,出现车辙或损失透水性;可使得空气和水更容易侵入,导致沥青更快老化。这些可能出现的破坏,必须通过结合料性质的改善予以弥补。

9.2.1.1 飞散与结合料的作用

对于排水性沥青混合料飞散的研究,荷兰研究人员做了大量的工作。这里,总结并扩展了相关分析与结论。首先,对飞散起作用的路面载荷可分三类:当路面石料接触轮胎时,石料承受了路面弯沉、轮胎-道路直接的接触力以及温度荷载的组合效应。轮胎通过该石料后,路面弯沉和温度的组合效应起着作用。轮胎远离石料后,只有温度荷载得到保留。当轮胎经过石料上方时,水平方向相互接触的石料,应力水平相当高,而且应力状态比较复杂;而垂直方向相互接触的石料,主要承受的是压缩应力。从这一点看,飞散主要产生于水平接触的拉伸应力。

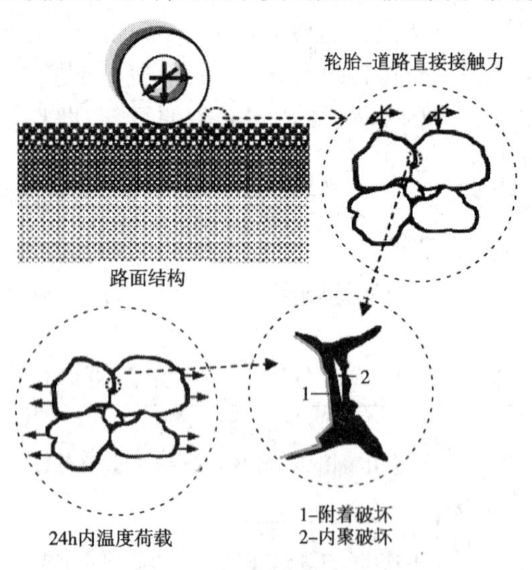

图 9-23 由轮胎-道路直接接触力、24h 内温度荷载及路面弯沉产生的路面飞散

如图 9-23 所示,飞散主要有沥青与石料之间失去黏附作用而产生的附着破坏与沥青本身拉伸强度不足产生的内聚破坏。属于哪类破坏,多依赖于温度。在高温下(如 20℃),轮胎-道路的直接接触力占主导,随着温度下降,破坏作用主要来自于路面的弯沉,温度的进一步下降则使温缩应力显著增大。路面弯沉产生的约束对抵抗轮胎-道路弯沉诱发的剪切力起了重要的作用。弯沉盆强烈依赖于整个路面结构,它随温度变化的波动范围在 ±15% 内。沥青劲度控制着路面弯沉所产生约束应力的数值大小。劲度低(即在高温下)的沥青混凝土,约束小,而劲度高(即在低温下)的沥青混凝土,则约束较高。

黏附破坏,内聚破坏或两者组合作用解释了石料和轮胎接触域内的破坏。破坏总是寻找材料组分中最薄弱的局部连接,包括了沥青石料黏附区和胶浆。普遍来说,低温下黏附破坏占主导,而高温下内聚破坏占优势。Babcock 和 Statz(1998 年)用滞后剪切结合力对各沥青结合料实施了一项研究,发现从黏附破坏到内聚破坏的转换温度大约为 6℃。Khattak 和 Baladi(2007 年)发现,沥青-集料体系的破坏模式由 0 ~ 20℃温度下的内聚破坏变为低于 -10℃温度

下的黏附破坏。聚合物改性可使得所处理结合料的低温黏附性质有轻微改善。沥青类型、集料和填料类型、抗剥落剂的引入都可能影响黏附破坏与内聚破坏的相关性以及抗水损坏性能。

断裂面的进一步分析还表明，由石料-沥青-石料夹心体系代表的黏附区，表现出了两种破坏机理：沥青-石料界面的黏附破坏和薄沥青膜内的内聚破坏。老化提高了黏附破坏的可能性，尤其是在相对高的温度下。接触域内的破坏机理表现了强烈的温度依赖性（图 9-24）。当沥青由于温度降低、延时老化、聚合物甚至填料的引入而变得更硬或更坚固时，则黏附破坏的风险高于内聚破坏。实际上，集料和沥青之间可能因为集料表面脏、水分渗入等原因而存在薄弱的黏附点。所有这一切都可进一步增大黏附破坏的几率。

图 9-25 给出了轮胎通过时，相对松散损坏随温度的变化。其中对软或硬沥青的使用、再生剂以及沥青自愈合的影响予以了评估。从图可见，老化后或当使用硬沥青时，相对松散损坏曲线趋向于向更高温度迁移。不过，软沥青或再生剂的使用可使曲线迁移到更低的温度。沥青的自愈合可减少疲劳损坏，尤其是在相对高的温度下。

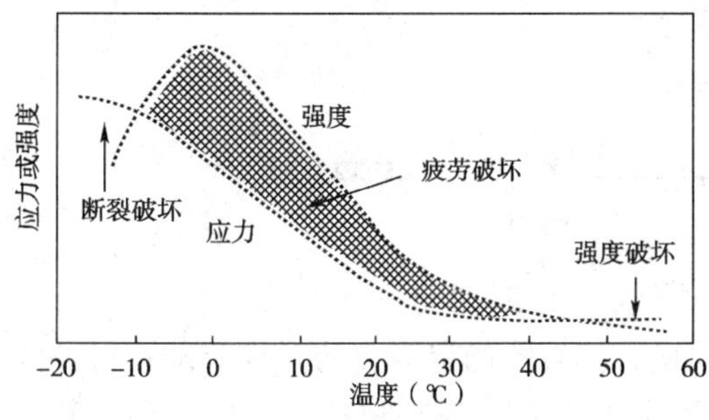

图 9-24　材料应力和强度随温度的变化

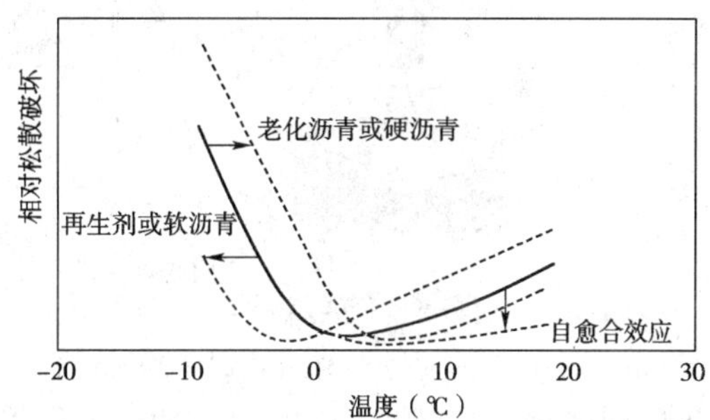

图 9-25　轮胎通过时，相对松散破坏随温度的变化

9.2.1.2　强度与结合料的作用

从一定意义上说，飞散也与强度有关，主要是结合料的拉伸强度以及与石料的黏附强度。这一节主要讨论混合料的剪切强度，它与混合料的抗永久变形能力紧密相关。

第 3 章讨论排水性沥青混合料的初始压密时，讨论了混合料抗剪强度的组成：一部分是由石料骨架构成的，石料之间存在着对石料之间相互运动的抵抗，它与石料承受的法向正应力与石料之间的内摩擦角的正切值成正比。显然，由于排水性沥青混合料空隙率的增大，石料之间的相互接触减少，使得内摩擦角显著降低，这使得混合料抗剪强度也大为减小。另一部分是结合料的内聚作用，是结合料分子对相互运动的抵抗。由于结合料分子运动对温度的强烈依赖，结合料内聚力在不同温度下是显著不同的。一般来说，内聚力通过沥青混合料的三轴试验测量得到。但在道路材料领域，三轴试验并不普遍，而且试验时间长，试验过程烦琐，因此常通过其他指标间接测量。排水性沥青混合料比较常见的是 25℃黏韧性试验与 60℃黏度试验。下面予以简单介绍。

韧性/黏韧性试验是 Benson 在 1955 年提出的一项试验，旨在确定沥青结合料的拉伸强度。试验中，将一固定尺寸的金属半球埋置在热熔沥青结合料样品下大约 11mm 深度处，半球面向下。将端部和结合料冷却到 25℃，然后以大约 500mm/min 的速度将端部从沥青试样中拉出，根据荷载与位移的关系曲线，确定拉出所需要的力（图 9-26）。韧性是被图中连接 A、B 和 E 等点的直线所包围的面积以及连接 C、D、F 和 E 等点的直线所包围的面积之和。黏韧性由连接 C、D、F 和 E 的直线所包围的面积确定。这项试验被各机构用来作为对聚合物改性结合料的测试，但认为它存在着一些缺陷。首先,试验是在室温下进行的,但沥青结合料的黏度和相关性质对温度敏感,韧性和黏韧性也同样受到影响。第二,试样的横断面面积不均匀,重复试验时无法再现相同的横断面面积。比较不同结合料时,由于其横断面面积可能显著不同,因此问题趋向复杂化。由于荷载正比于横断面面积,结果的解释和比较受到限制。例如,不知道横断面面积就无法计算实际的应力-应变曲线。同时,曲线下面积的计算也是一大问题。对于某些 SBS 改性沥青,荷载达到最大值之前不存在可识别的下降,黏韧性在哪里开始完全依赖于操作者的判断。第三,应用于高黏度改性沥青时,试验中存在着试件与金属半球拉脱模的问题,这样韧性、黏韧性就不能正确反映沥青的特性。所以,Benson 试验被认为是结合料内聚性质的表征,而不是真实的拉伸强度。

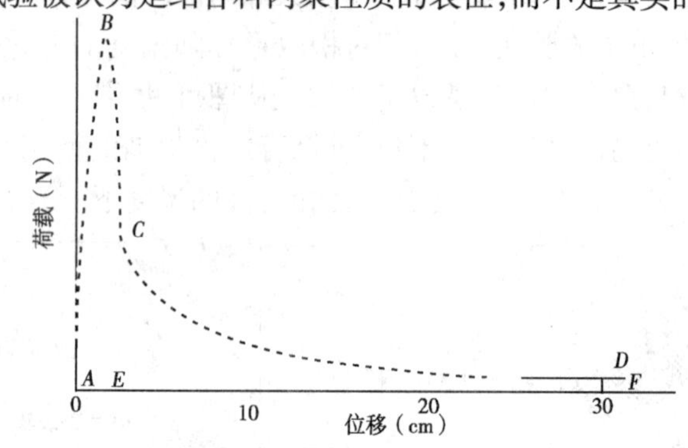

图 9-26 沥青结合料韧性-黏韧性试验

类似地,还有一种结合料弯曲试验(图 9-27),试样为矩形断面的平行六面体形状(120mm×20mm×20mm),跨距 80mm,以 100mm/min 三点加载,按右图确定弯曲功。这个试验得到的弯曲功为最大应力和应变的乘积,被认为代表了 SBS 改性沥青使集料颗粒相互黏结在一起的结合强度(黏附断裂能)。

$$W_b = \sigma \times \varepsilon \tag{9-7}$$

式中:W_b——弯曲功,MPa;

σ——最大应力,MPa;

ε——应变。

该试验结合了结合料的拉伸与剪切作用,因此更能代表结合料的内聚性质。但由于试验条件是在 -20℃ 下进行的,因此它只能说明排水性沥青混合料的附着破坏特征。

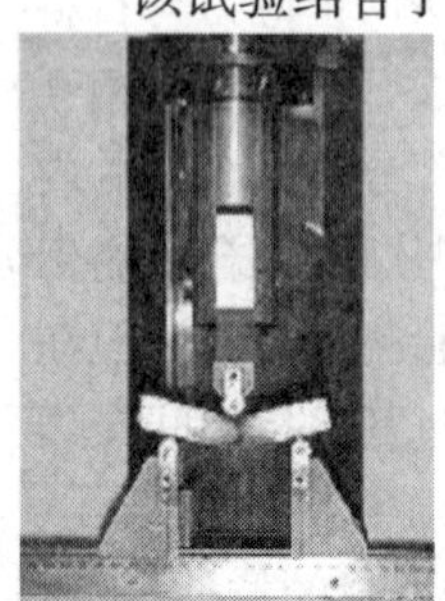
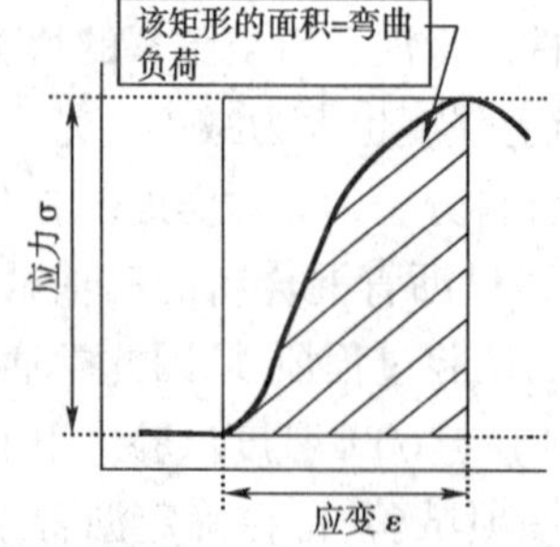

图 9-27 结合料弯曲试验

黏度是流体对流动的抵抗能力。沥青的 60℃ 绝对黏度一般采用真空毛细管测量,使一定量的 60℃ 沥青在 40kPa 的真空下流过一定管径的两点,将通过时间乘以管子的标定系数,就得到了所需黏度。关于黏度的详细讨论见后文。60℃ 绝对黏度只能表征结合料的高温性能,不过由于目前的高黏度改性沥青基本上都是建立于 SBS 改性沥青之上,因此 60℃ 黏度与常温和低温黏度有着强烈的相关性,从而与常温疲劳和低温飞散也相关。

根据中西弘光(2002 年)的研究,随着改性沥青 60℃ 黏度的提高,轮胎对路面集料的影响区域越来越小(图 9-28),集料的移动范围也越来越小,这势必能提高混合料的稳定性

（图 9-29）。同时，集料的抗飞散性质也有明显改善，如图 9-30 所示。根据多元回归分析，可得出排水性沥青混合料强度性质的经验公式如下：

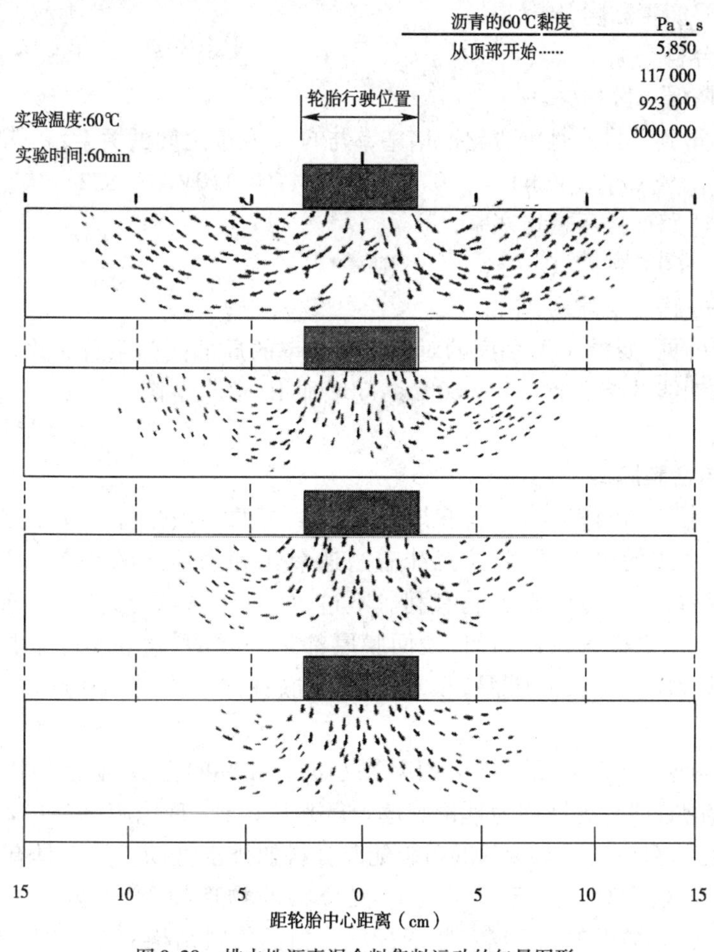

图 9-28　排水性沥青混合料集料运动的矢量图形

$$DS = 1516\log(\eta) - 362.6V + 4725$$

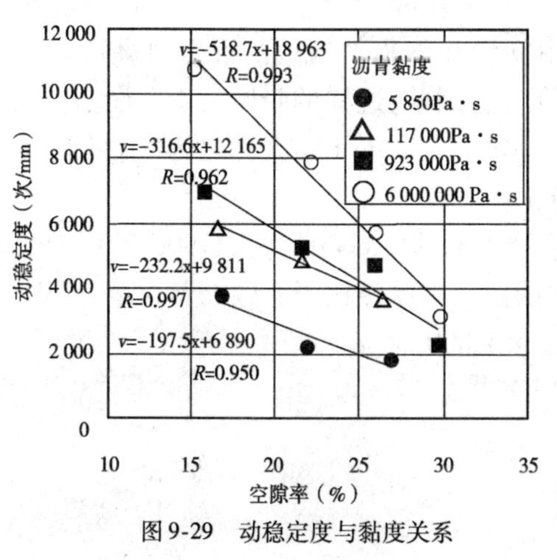

图 9-29　动稳定度与黏度关系

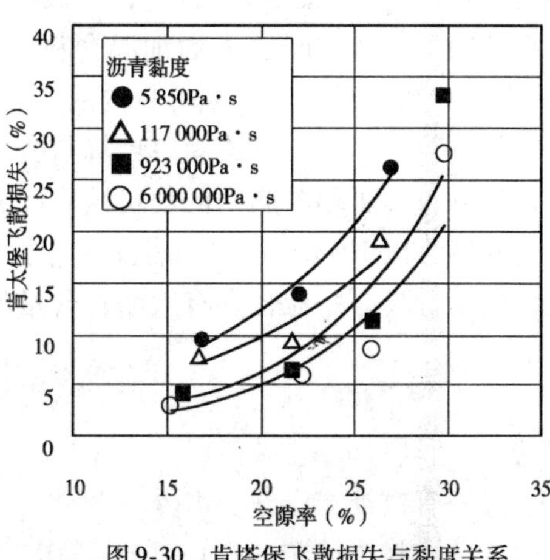

图 9-30　肯塔堡飞散损失与黏度关系

$$\log(CL) = -0.115\log(\eta) + 0.055V + 0.420 \tag{9-8}$$

式中：DS——动稳定度，次/mm；

η——60℃沥青黏度，Pa·s；

V——混合料空隙率，%；

CL——肯塔堡飞散损失，%。

中西弘光还得到了排水性沥青路面堵塞率与60℃黏度之间的关系：

$$\log A(V,\eta) = -0.239\log(\eta) - 0.110V - 1.852 \tag{9-9}$$

式中：$A(V,\eta)$——路面再压密堵塞率；

η——60℃黏度，Pa·s；

V——路面空隙率，%。

从公式9-9可见，沥青60℃黏度的对数与空隙率的局部回归系数大致是2∶1。这意味着对于混合料排水功能的持久性，沥青60℃黏度增加10倍与空隙率扩大2%具有几乎相同的效果。

9.2.1.3 结合料膜厚

对排水性沥青路面而言，结合料膜厚是相当重要的一项指标。这是因为，排水性沥青混合料接触氧气和水的机会更多，这意味着遭遇氧化和水损坏的几率越大。而且，结合料膜越厚，对混合料抵抗疲劳能力也越有利。不过，如何计算结合料膜，具有相当的假设性。最关键的假设是，无论集料粒径如何，表面膜厚都是一样的，这在实际上是不存在的，因为粗集料表面膜薄，细集料表面膜厚，填料甚至镶嵌在结合料中，因此膜厚是一平均化的概念。

Goode和Lufsey（1965年）最早作了计算最小沥青膜厚的尝试，假设集料为预定表面积的圆球，均匀覆盖着沥青膜，这被称为理论膜厚。后来认识到"理论膜厚"计算主要是为细级配混合料开发的，它与粗集料石石接触的粗级配混合料如排水性沥青路面具有相当不同的集料结构。Nukunya等人（2001年）基于粗级配混合料的物理模型，开发了有效膜厚的概念。Nukunya等人观察到，细级配混合料和粗级配混合料的集料结构完全不同。细级配混合料趋向于更连续的级配，这样细集料成为碎石玛蹄脂的集成部分。而粗级配具有由粗集料部分主宰的集料结构（即石石接触）。因此，粗级配排水性沥青混合料基本由两部分组成：相互接触的粗集料和粗集料颗粒间嵌入的细混合料。由沥青和细集料组成的混合料裹覆着粗集料颗粒，玛蹄脂内的细集料接触了混合料内的所有沥青。因此，这样的膜厚大于假设沥青均匀分布在所有集料颗粒上的传统理论膜厚计算得到的厚度。Nukunya等人称之为"有效膜厚"，此时沥青结合料分布到了玛蹄脂内的集料结构部分上。

理论膜厚法以Hveem提出的表面积计算系数为基础（Roberts等人，1996年），示于表9-10中。集料的沥青膜厚是粒径和有效沥青含量的函数。膜厚正比于有效沥青含量，反比于粒径：

$$T_{film} = \frac{V_{eff} \times 1\,000}{SA \times W_{agg}} \tag{9-10}$$

式中：T_{film}——膜厚，m；

V_{eff}——有效沥青含量，mL；

SA——集料表面积，m^2/kg；

W_{agg}——集料重量，g。

Hveem 提出的表面积系数　　表 9-10

筛网孔径(mm)	表面积系数	筛网孔径(mm)	表面积系数
通过的最大筛孔	2	0.6	14
4.75	2	0.3	30
2.36	4	0.15	60
1.18	8	0.075	160

在有效膜厚法中，只有通过 2.36mm 筛网的集料才在表面积计算中进行考虑，而所通过的最大筛孔与 4.75mm 筛网，表面积系数均为 0。日本按照理论膜厚法，要求排水性沥青混合料沥青膜厚在 14μm 左右，而美国乔治亚交通局则按照有效膜厚法，规定最小膜厚为 27μm。

刘红瑛(2004 年)通过试验，得出了 OGFC 混合料沥青膜厚与混合料劈裂强度、劈裂模量、和磨耗损失率的关系(图 9-31)，据此，认为 OGFC 的最佳沥青膜厚为 12μm。不过，值得注意的是，刘红瑛在 OGFC 中采用的是 90 号重交沥青，而不是改性沥青，更不是高黏度改性沥青，因此，当采用高黏度改性沥青时，最佳沥青膜厚应更大。

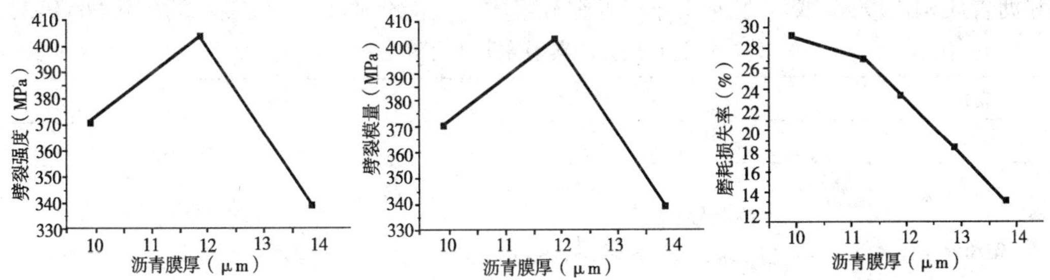

图 9-31　OGFC 混合料沥青膜厚与混合料劈裂强度、劈裂模量和磨耗损失率的关系(刘红瑛,2004 年)

从老化的角度讲，沥青膜的厚度是“越大越好”，但受到了沥青流淌的限制。过量的沥青(也即高的膜厚)与/或细的混合料都可能导致油斑与车辙的出现。另一方面，开级配混合料的飞散破坏一般是由于沥青结合料的老化以及随之的脆化而导致的。薄的沥青膜连同空气和水在空隙间的运动使得黏稠沥青氧化与硬化，导致飞散，产生表面早期破坏。增加裹覆在集料颗粒上的沥青厚度，可获得对开级配混合料中沥青硬化的抵抗。寻求不流淌的最大膜厚，是混合料配合比设计的任务。

提高沥青膜厚度的方法主要有：①减小集料的最大粒径；②加入纤维；③使用高黏度改性沥青；④降低混合料拌和温度等。

9.2.2　SBS 改性沥青及高黏度改性沥青

9.2.2.1　SBS 改性沥青的基本形态及对其物理力学性质的影响

当前世界上，使用最广泛的改性沥青是聚合物改性沥青，主要种类见表 9-11。聚合物改性沥青中，使用最多的，尤其是在中国，又是 SBS 改性沥青，这主要是因为它改性的相对便利以及所改良性质的全面，兼顾了高温与低温的性能。

用于改性沥青的聚合物　　表 9-11

TPE(热塑性弹性体)		聚烯烃	
SBS	苯乙烯-丁二烯-苯乙烯三嵌段共聚物	APAO	非晶态α-烯烃共聚物
SIS	苯乙烯-异戊二烯-苯乙烯三嵌段共聚物	APP	无规聚丙烯
SEBS	苯乙烯-(乙烯-丁烯)-苯乙烯三嵌段共聚物	PE	聚乙烯
SEPS	苯乙烯-(乙烯-丙烯)-苯乙烯三嵌段共聚物	弹性体或橡胶	
TPR(热塑性树脂)		IIR	异丁烯/异戊二烯橡胶(丁基橡胶)
EVA	乙烯-醋酸乙烯共聚物	CR	氯丁二烯橡胶(氯丁橡胶)
EEA	乙烯-丙烯酸乙酯共聚物	NR	天然橡胶
EPM	乙烯-丙烯共聚物	SBR	苯乙烯/丁二烯橡胶(丁苯橡胶)
PU	聚氨酯		

要讨论 SBS 改性沥青的改性机理,首先要了解沥青的基本组成。沥青组分一般分为两大类,即软沥青质与沥青质,其中软沥青质又可分为正构烷烃、异构烷烃和环烷烃组成的饱和分,带环烷基和长链烷基的芳香烃组成的芳香分,含有氧、氮、硫等元素的多环芳香烃化合物组成的树脂(胶质),而沥青质则由大分子树脂和芳香分子组成,如表 9-12 所示。其组成结构是树脂和沥青质构成胶团,胶溶在饱和分和芳香分组成的分散介质中,形成稳定的胶体(图 9-32)。

沥青成分的典型分子结构和性质　　表 9-12

成分	分子结构	C/H	分子量
软沥青质			
饱和分	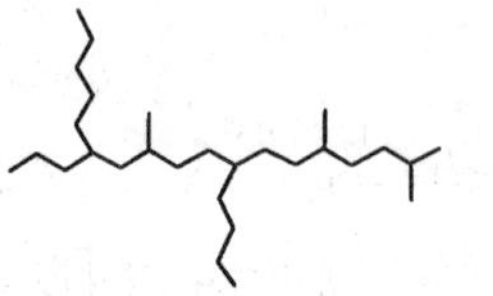	0.5	300 ~ 20 000
芳香分	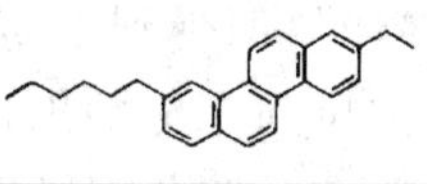	0.7	300 ~ 20 000
树脂	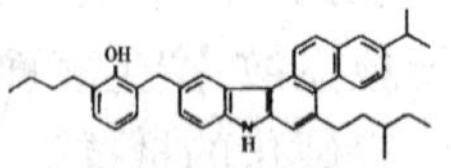	0.8	500 ~ 50 000
沥青质	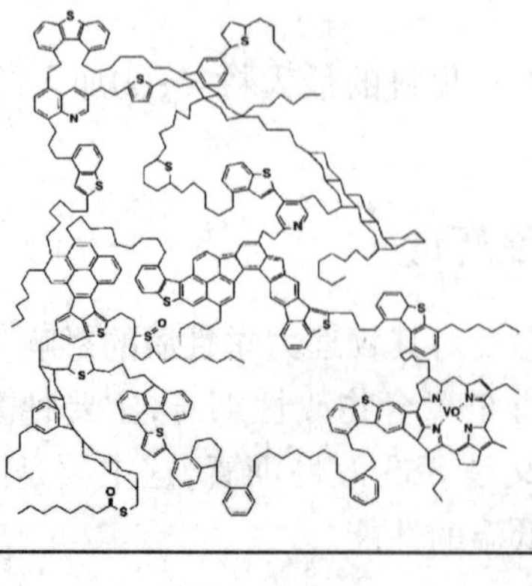	0.7 ~ 0.9	1 000 ~ 100 000

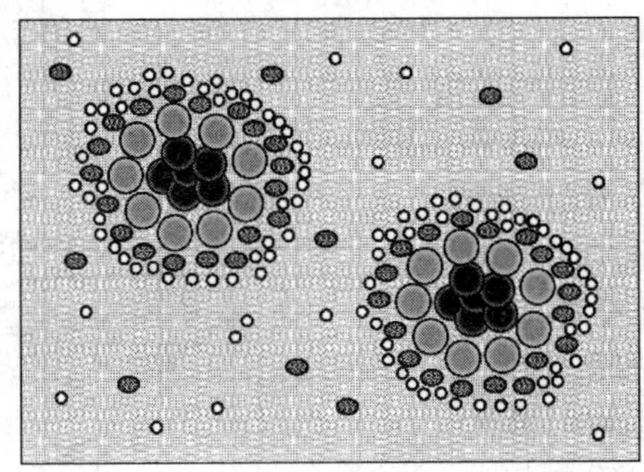

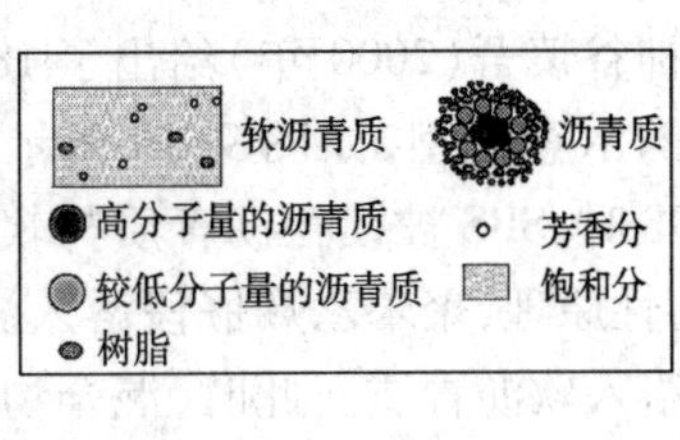

图 9-32　沥青物理结构的示意性描述

SBS 是嵌段共聚物。线形聚合物包括中心的丁二烯单体(长度范围从 10 000～100 000 个单元)嵌段,端部镶以苯乙烯单体的两个嵌段。在聚合过程中,通过引入连接,可以形成星形的 SBS(各种形式示于图 9-33 中)。

丁二烯和苯乙烯的化学性质显著不同,嵌段聚合工艺建立了不同极性的分离区域,一种坚硬并且为玻璃态(苯乙烯),另一则本质上为橡胶态(丁二烯)。区域之间的不相容性使得聚合物内相分离,产生被橡胶态基阵相互连接的坚硬的聚苯乙烯域网络(图 9-34)。

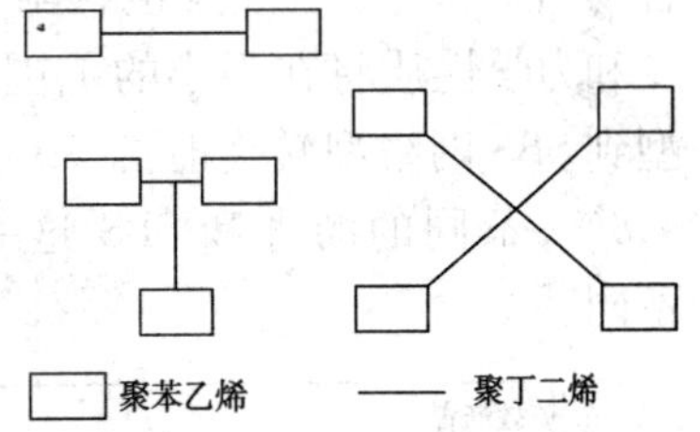

图 9-33　线形和星形的 SBS

从溶解度参数看(表 9-13),聚丁二烯嵌段与软沥青质溶解度参数最接近,因此易溶于软沥青质中,而聚苯乙烯嵌段则与沥青质相近,具有一定的可溶性。这说明了 SBS 改性沥青中 SBS 的存在状态,如图 9-35 所示。其改性的基本机理是:SBS 被沥青中的软沥青质溶胀,其表观体积增大,同时,由于它被分散到沥青中,原来的分子团缩小,从粗的形态变为细的形态。相对应的,在没有与 SBS 结合的沥青组分中,软沥青质相对减少,沥青质表观增加。

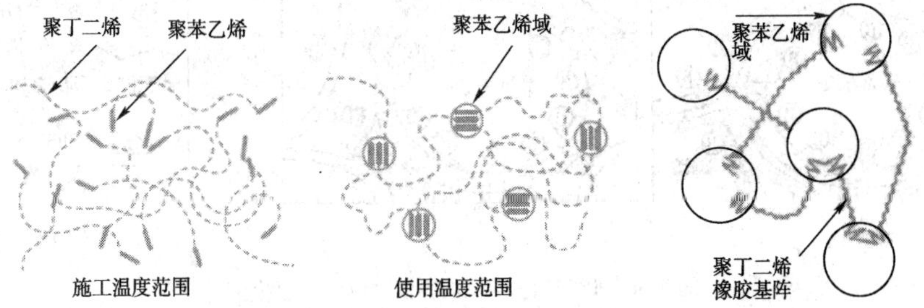

图 9-34　SBS 相的结构

SBS 改性沥青的微观结构一般分三类,一类是沥青连续相,SBS 分散相(“沥青网络型”),另一类是 SBS 连续相,沥青分散相(“SBS 网络型”),还有一类是沥青与 SBS 互成连续相(“互穿网络型”),也有的将沥青网络型与互穿网络型统称为沥青网络型。普通 SBS 改性沥青一般是互穿网络型,SBS 浓度在 3%～5%。我国 A 型

SBS 与沥青的溶解度参数　　表 9-13

聚合物	溶解度参数
(沥青)	
沥青质	8.0～10.0
软沥青质	8 以下
(SBS)	
聚丁二烯	8.0
聚苯乙烯	9.1

与B型的SBS改性沥青，多属沥青网络型。高黏度SBS改性沥青属SBS网络型，SBS浓度很高。

日本的神谷慎吾（2000年）给出了185℃下SBS/沥青混合料的示意模型，如图9-36所示。在沥青中添加少量SBS时，SBS被锁在沥青质与软沥青质界面间，根据相溶性原理，聚苯乙烯嵌段溶入沥青质，而聚丁二烯嵌段溶入软沥青质。此时，混合物的黏度和力学性质有一定的提高。SBS的用量继续提高时，除沥青质/软沥青质界面上的SBS外，软沥青质分散相中也将分散一部分SBS微团，此时混合物的黏度和力学性质将明显变化。继续增加SBS，如图9-36d）所示，出现了反相，即SBS构成连续相，沥青构成分散相，混合物黏度和力学性质发生急剧变化。再增加SBS，黏度和力学性质将在很小的范围内变化。由互穿网络型到SBS网络型转变时的SBS浓度一般认为是6%~8%，不同的沥青和SBS这一临界浓度数值略有不同。

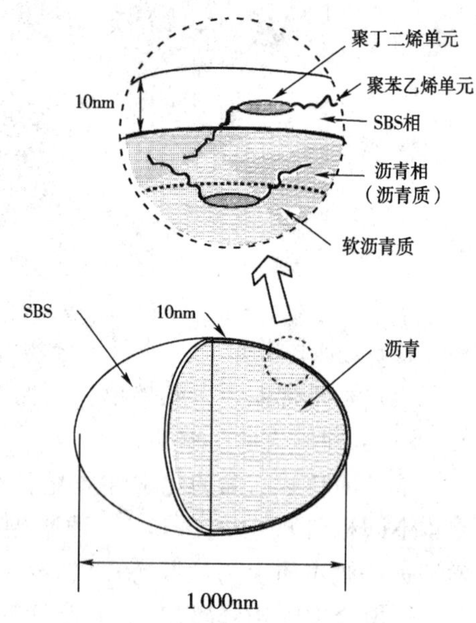

图9-35 沥青与SBS界面示意模型

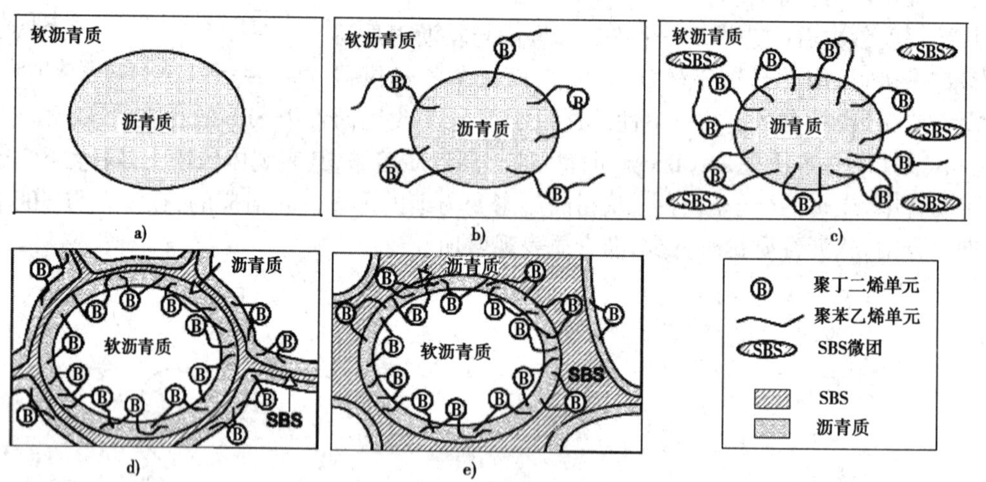

图9-36 185℃时SBS/沥青混合物的示意模型

a）沥青；b）SBS（3%~5%）/沥青；c）SBS（<5%）/沥青；d）SBS（5%~10%）/沥青；e）SBS（>10%）

下面讨论SBS的含量、结构、分子量、颗粒大小等对SBS改性沥青力学性质和黏度的影响。

图9-37显示，当SBS含量在3%左右以上时，改性沥青的软化点开始出现急剧增长，这一趋势在10%左右时开始减缓。针入度的变化相对比较单调。拉伸强度与延度的变化与软化点相似。黏度的影响相对比较复杂，将在后文阐述。注意，这里探讨的是一种趋势，具体数值不同的原材料可能不同。

从流变学角度看，SBS改性沥青的工程性质受到复合体形态的强烈影响，这可用两个模型

来解释。当 SBS 含量相对低时，用 Kerner 模型来模拟改性沥青的工程性质。当 SBS 浓度充分高时，Jian-Shiuh Chen 等人(2002 年)提出了一个修正 Kerner 模型来描述 SBS 改性沥青的力学行为。对含有近球形内容的玛蹄脂，可用 Kerner 模型计算复合体的工程性质。Kerner 模型是一自相容的近似模型，基于复合体内变形和应力的分析导出表达式。SBS 改性沥青的微观结构模拟为一连续介质，其中 SBS 颗粒作为内容被分散。沥青是围绕这些 SBS 颗粒的玛蹄脂。Kerner 模型提供了复合体剪切模量的表达式如下：

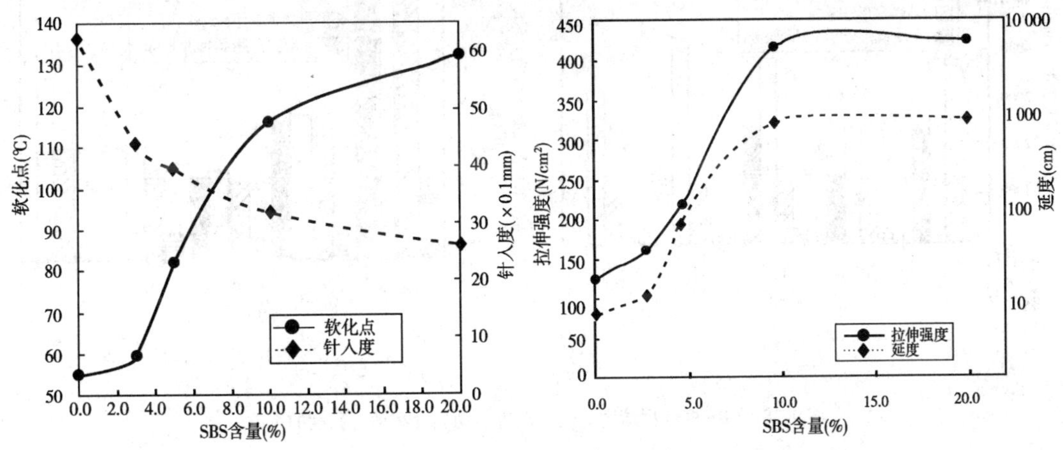

图 9-37　软化点、针入度、拉伸强度和延度(10℃，500mm/min)随 SBS 含量的变化

$$\begin{cases}\dfrac{G_c}{G_m}=\dfrac{(1-\phi_i)\cdot G_m+(\alpha+\phi_i)\cdot G_i}{(1+\alpha\phi_i)\cdot G_m+\alpha(1-\phi_i)\cdot G_i}\\ \alpha=\dfrac{2(4-5\mu_m)}{(7-5\mu_m)}\end{cases}\tag{9-11}$$

式中：G_c——复合体的剪切模量；

G_m——玛蹄脂的剪切模量；

G_i——内容的剪切模量；

ϕ_i——内容的浓度；

α——复合体泊松比函数；

μ_m——玛蹄脂泊松比。

当 SBS 浓度充分高时，Kerner 公式低估了模量对聚合物浓度的依赖性。Kerner 模型假设浓度的范围受到可被 SBS 占据的有限的体积比例的约束。不过，在高的 SBS 浓度下，将 SBS 表面上作为玛蹄脂一部分的沥青视作无法移动是合适的。考虑改性沥青中被 SBS 有效占据的体积比例 ϕ_{eff}，可得到：

$$\phi_{eff}=\phi_i+\frac{\phi_i^2\cdot(1-\phi_{fm})}{\phi_{fm}^2}\tag{9-12}$$

式中：ϕ_{fm}——最大紧堆比例。

公式(9-11)中，用 ϕ_{eff} 替代 ϕ_i，就得到了修正 Kerner 公式。有效体积比例可由复合模量的实验测定值计算。

SBS 的结构大体上可分为线形和星形两种。由于星形相互之间有更多的接触,因此同等情况下,其改性效果要优于线形。如 Xiaohu Lu 等人(1997 年)采用不同来源的基质沥青 A、B、C、D、E 以及线形和星形两种 SBS,得到图 9-38 所示的试验结果。由图可见,星形对黏度的提高,135℃更甚于60℃,这表明,使用星形时必须考虑加工黏度的要求。

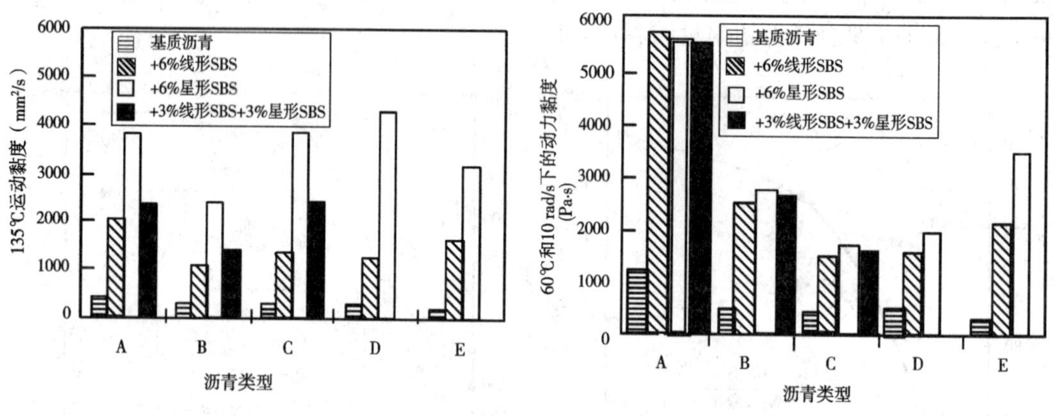

图 9-38 SBS 聚合物结构对改性沥青运动黏度和动力黏度的影响

SBS 的分子量对改性沥青的黏度也有显著影响。李望明(2005 年)给出了图 9-39 所示的试验结果,显然,分子量越大,分子间的作用力越强,对流动的抵抗也就越强,黏度也就越高。从反方向看,这也给高黏度改性沥青的研制提供了一种思路,如图 9-40,当 SBS 用量达到 8% 时,减小分子量可使得其高温黏度降低,有利于高黏度改性沥青的加工制作。

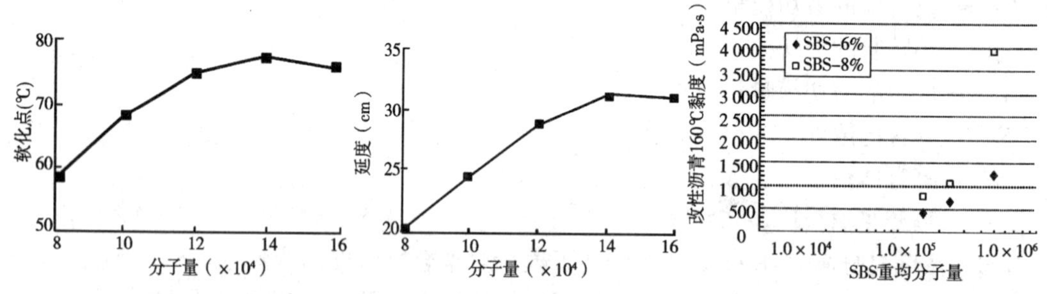

图 9-39 SBS 分子量对软化点和 5℃ 延度的影响

图 9-40 改性沥青 160℃ 黏度与其分子量的关系(杉浦麻衣子,2009 年)

最后,SBS 在沥青中的分散细度也极大地影响着改性沥青的力学性质和黏度。可以设想,SBS 分散得越细,其作用力越强,改性沥青的黏度也将越大。日本的羽入昭吉等人(2004 年)将 SBS 改性沥青的形态分为三类,如表 9-14 所示。

SBS 改性沥青形态的分类(400×)　　表 9-14

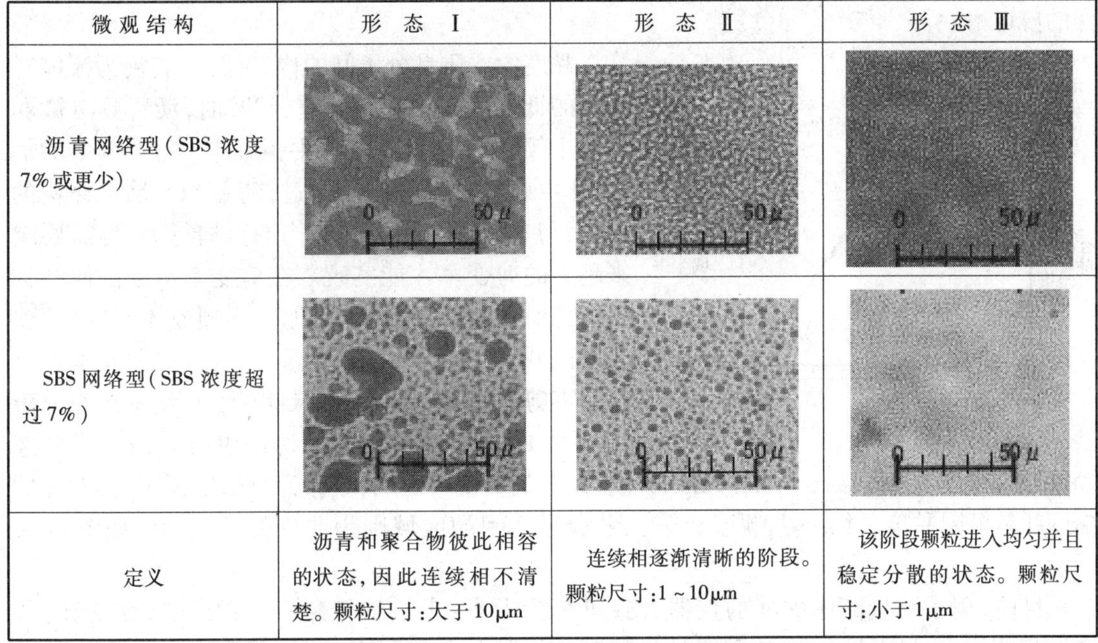

微观结构	形态 Ⅰ	形态 Ⅱ	形态 Ⅲ
沥青网络型(SBS 浓度 7%或更少)	0　50μ	0　50μ	0　50μ
SBS 网络型(SBS 浓度超过 7%)	0　50μ	0　50μ	0　50μ
定义	沥青和聚合物彼此相容的状态,因此连续相不清楚。颗粒尺寸:大于 10μm	连续相逐渐清晰的阶段。颗粒尺寸:1~10μm	该阶段颗粒进入均匀并且稳定分散的状态。颗粒尺寸:小于 1μm

根据图 9-41,SBS 分散越细,改性沥青的离析率越低,当 SBS 颗粒小于 1μm 时,即便 SBS 浓度达到 7% 左右,离析率仍接近于 0,这为生产储存稳定的成品高黏度改性沥青提供了合理的途径。从软化点上来讲,SBS 颗粒的粗细影响不是很显著,但对延度的影响较为明显,似乎在浓度较高的情况下,细颗粒没有粗颗粒对延度的改善显著。

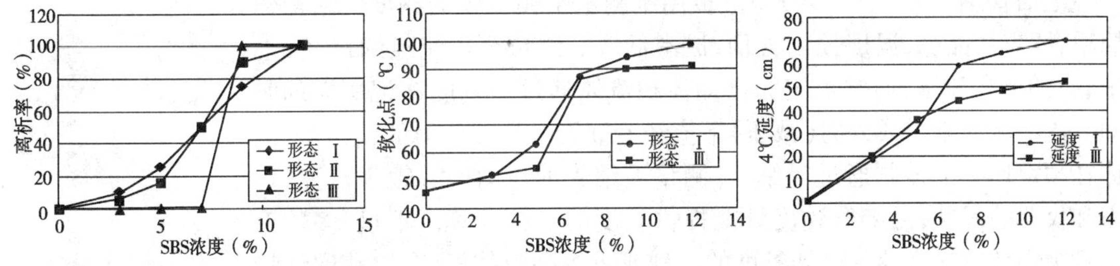

图 9-41　SBS 含量对离析率、软化点和延度的影响

9.2.2.2　黏度的概念、测试手段及高黏度改性沥青的黏度特点

随着日本高黏度改性沥青排水性沥青混合料在中国的推广,黏度这一核心概念被提高到了前所未有的重要程度。但在人们冷静之余,也逐渐体会到了黏度概念应用的局限性:①60℃黏度大于 20 000Pa·s 是日本提出的高黏度标准,被认为与排水性沥青混合料的高低温性能,尤其是飞散性能关系密切。但从指标看,这是一高温指标,认为它与抗永久变形性能相关是合理的(不过,也有专家认为,这种情况下采用 70℃黏度更为合适),但与飞散性能等缺乏必然联系,因为飞散多是低温行为。不过,对特定的 SBS 网络型概念制作的高黏度改性沥青,这样的说法未必不合理,但如果推及其他类型结合料,则需谨慎。②目前 60℃黏度多采用真空减压毛细管法测定,但实际使用下来,发现影响因素较多,目前数据的统一性不足。③改性沥青存在着牛顿行为(黏度与剪切率无关)和非牛顿行为(黏度与剪切率相关),60℃下的高黏度改性

沥青表现出的是牛顿行为还是非牛顿行为。若是非牛顿行为,20 000Pa·s 的概念对应的是怎样的剪切率。

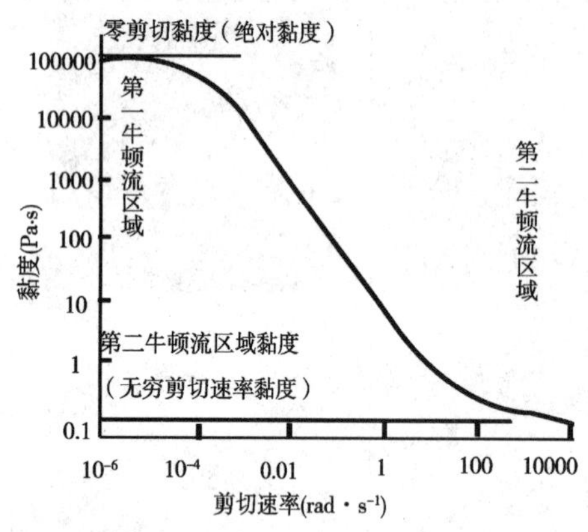

图 9-42 高黏度改性沥青黏度随剪切速率的变化

黏度的本质是分子间的内摩擦力,表现为流体对流动的抵抗。从黏度行为看,60℃时,沥青具有微弱的非牛顿性,一般把它视作牛顿流体。随着 SBS 的加入,非牛顿性逐渐增强。不过,随着 SBS 网络结构的形成,与非牛顿性相关的结构的重构行为,也需要越来越大的剪变率才能实现。在剪变率不足以使结构重构之前,结合料的行为类似于牛顿流体,此时的剪变率区域,被称为第一牛顿区,其对应的黏度基本上就是零剪切黏度。当剪变率足够大时,结构被充分破坏,重构的速度远赶不上剪切作用引起的变形的速度,此时的剪变率区域,被称为第二牛顿区,其对应的黏度就是极限黏度。第一牛顿区和第二牛顿区之间的区域则为非牛顿区。具体如图 9-42 所示。

目前,用于测量流体黏度的仪器大致可分为七类:①毛细管黏度计;②孔口黏度计;③高温高剪切率黏度计;④旋转黏度计;⑤落球黏度计;⑥振动黏度计;⑦超声黏度计。包括日本在内,采用真空减压毛细管法来测量高黏度改性沥青的 60℃黏度是相对比较普遍的,而采用动态剪切流变仪来测量高黏度改性沥青 60℃的零剪切黏度作为一项新的提议也在推广之中。

毛细管黏度计(图 9-43)一般被用于测量牛顿流体的黏度。它操作简单,所需样品少,温度控制方便,成本低廉。测量流体流经细口径(毛细管)的体积流率,通常规定为已知体积流体通过两刻度标记所需的时间。流体可在重力或外力(减压)下流经毛细管。施加外力的仪器中,流体在预定速率下强制通过毛细管,测量毛细管的压力降。根据流速、压力和仪器的尺寸,毛细管黏度计能提供黏度的直接计算。不过,多数毛细管黏度计首先必须用已知黏度的一种或更多种流体标定,以获取该特定黏度计的“常数”。玻璃管黏度计测定牛顿流体的黏度最为方便。通常驱动力是测试流体本身的静水头。这些黏度计一般测量运动黏度。同样的原理也可用于测量非牛顿流体的黏度,不过需要外部压力来使非牛顿流体流过毛细管。玻璃毛细管黏度计是低剪切应力的仪器。通常仅重力操作时,剪切应力范围在 1~15Pa 之间,如果施加额外的压力,则在 1~50Pa 之间。玻璃管黏度计的剪切率范围为 1~20 000s^{-1}(基于出流时间 200~800s)。

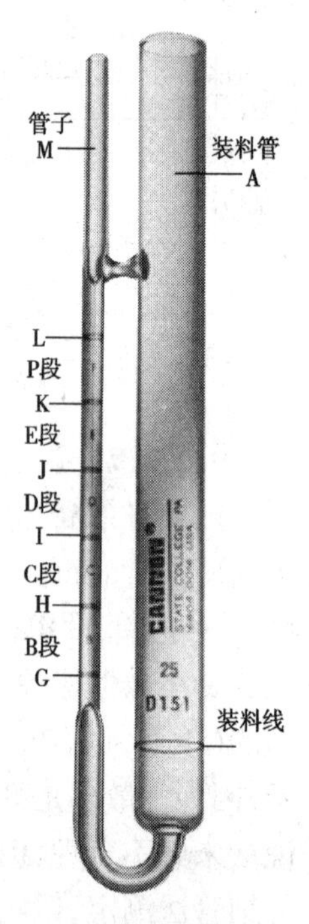

图 9-43 毛细管黏度计

用玻璃管黏度计测得的数据,是基于 Poiseuille 公式进行的黏度计算。这里,首先推导 Poiseuille 公式,然后解释该公式作出的各种修正,目的是更好地理解目前所测得的大量黏度数据。考虑一直径为 a、长度为 l 的圆柱毛细管(图 9-44),两端压力差 ΔP。P_1 和 P_2 是两端的压力,流体

承受力 F。

为了推导 Poiseuille 公式,需要以下假设:

(1)流动处处平行于管轴,也即遵循流线流动。

(2)流动是稳定的,管子内任一点都不存在流体的加速。

(3)管壁无滑移,也就是流体在毛细管壁静止。

(4)流体为牛顿流体。

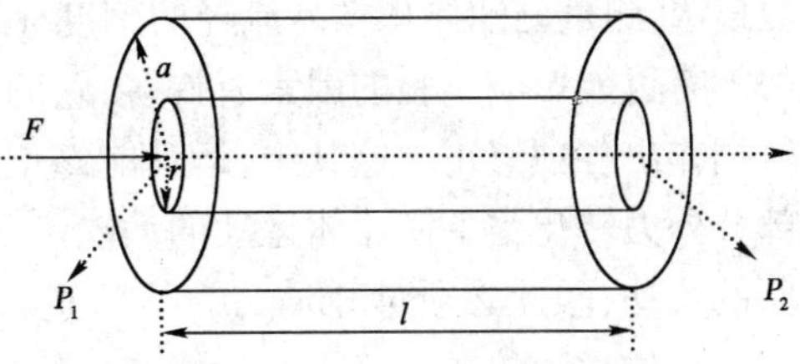

图 9-44　Poiseuille 公式的推导

由于为牛顿流体,有以下关系:

$$\sigma = \eta\dot{\varepsilon} = \eta\frac{\mathrm{d}v}{\mathrm{d}r} \tag{9-13}$$

式中:σ——剪应力;

$\dot{\varepsilon}$——应变率;

η——动力黏度;

v——速度;

r——距毛细管中心的距离。

毛细管长度 l、半径 r 的同心轴圆柱单元,应用力平衡得到式(9-14):

$$\sigma \cdot 2\pi rl = \Delta P \cdot \pi r^2 \tag{9-14}$$

将公式(9-13)代入式(9-14),得到:

$$\frac{\mathrm{d}v}{\mathrm{d}r} = \frac{\Delta P}{2\eta l}r \tag{9-15}$$

采用毛细管壁的边界条件 $v(a)=0$,积分上式得到:

$$v = \frac{\Delta P(a^2 - r^2)}{4\eta l} \tag{9-16}$$

由式(9-16)可见,毛细管横断面处的速度分布为抛物线。注意到,单位时间内,半径 r 与 $r+\mathrm{d}r$ 之间的流体体积为 $2\pi rv\mathrm{d}r$,于是,可得到整体流速 Q 为:

$$Q = \int_0^a 2\pi rv\mathrm{d}r = \int_0^a \frac{2\pi\Delta P}{4\eta l}r(a^2 - r^2)\mathrm{d}r = \frac{2\pi\Delta P}{4\eta l}\int_0^a r(a^2 - r^2)\mathrm{d}r = \frac{\pi\Delta Pa^4}{8\eta l} \tag{9-17}$$

式(9-17)被称为 Poiseuille 公式,用于毛细管黏度计的黏度计算。在大多数毛细管黏度计竖管排列的情形下,静水压力 ρgh 依赖于流体的高度 h。因此,压力差 ΔP 为外加压力与静水压力之差,但由于 h 为时间的函数,因此它为变量。重排公式 9-17,得到

$$\eta = \frac{\pi\Delta Pa^4}{8Vl}t = Kt \tag{9-18}$$

式中:Q——V/t;

V——实验中测试流体的确定体积;

t——这部分体积的流体流经某一黏度计两个刻度标记所需的时间;

K——黏度计常数。

大量的黏度计需要标定 K 的数值,这通过采用已知黏度和密度的流体取得。一旦知道了

数值 K,测量已知体积样品流经两刻度标线所需的时间就可获得所测试流体的黏度。

有可能影响实验的因素有许多,它们将带来测量误差。为提高测量精度,应对实验测定的数据作出各项修正。这其中,运动能修正和端部效应修正最为重要。多数类型的黏度计中,一部分外力转化为了使流体运动的动能。不过,由于 Poiseuille 方程严格对应具有抛物线速度断面的流动,因此必须对 Poiseuille 方程进行修正,以考虑克服黏性阻力时所使用的压力。

单位时间传递到流体的动能产生的功可表示为:

$$W_{KE} = \int_0^a \frac{1}{2}v^2 2\pi r\rho v \mathrm{d}r = \int_0^a \pi\rho \frac{\Delta P^3}{4^3\eta^3 l^3}(a^2 - r^2)^3 r\mathrm{d}r = \frac{\rho Q^3}{\pi^2 a^4} \tag{9-19}$$

因此,抵抗黏力所做的功为:

$$W_{vis} = PQ - \frac{\rho Q^3}{\pi^2 a^4} \tag{9-20}$$

于是有效压力差可写为:

$$\Delta P_{eff} = P - \frac{\rho Q^2}{\pi^2 a^4} \tag{9-21}$$

为准确估计毛细管黏度计的黏度,必须考虑毛细管进口与出口处的收缩与分岔流线。Couette 最早提出,将毛细管长度 l 增大 na 来考虑端部效应。动能与端部效应修正后的 Poiseuille 方程可写为:

$$\eta = \frac{\pi a^4 P}{8Q(l + na)} - \frac{m\rho Q}{8\pi(l + na)} \tag{9-22}$$

n 为曼宁糙度系数,数值在 0~1.2 之间变化。经验参数 m 主要依赖于毛细管端的形状和 Reynolds 数。

高黏度改性沥青在毛细管的剪变率范围内,有可能为非牛顿流体。这里,作一简单分析,将非牛顿流体作为牛顿流体考虑,测量结果可能产生的误差程度。

首先,要应用一个非牛顿流体的幂法则关系假设,为:

$$\tau_{rz} = m\dot{\gamma}_{rz}^{n} \tag{9-23}$$

可以看出,当 $n=1$ 时,m 就是牛顿流体的黏度。n 值越小,非牛顿特性越明显。

由此可以推得:

$$\eta = \frac{4n}{3n + 1}\eta' \tag{9-24}$$

其中 η' 为按照牛顿流体计算出的黏度。由于 $n \leqslant 1$,可以看出,非牛顿流体的实际黏度要小于实测的黏度。如果非牛顿特性很强,差别将相当显著。符合幂法则关系的非牛顿流体,毛细管断面的速度分布将比牛顿流体平坦得多。

考虑到毛细管黏度计对非牛顿流体的显著误差与物理意义的不明确(对应的剪切率不明),提出了使用动态剪切流变仪(DSR)测量零剪切黏度(ZSV,Zero Shear Viscosity)的方法。而要了解这种测试方法,必须了解 SBS 改性沥青黏度的剪切依赖性(或非牛顿行为)以及零剪切黏度的概念。

无外荷载时,SBS 的大分子以三维线团的形状处于最低能量状态(图 9-45)。每个线团都表现为大体上的球形,与相邻大分子多次缠绕。剪切过程中,分子沿着剪切方向定向。这样,

分子一定程度上解开，降低了流动阻力。对于很低浓度的 SBS 溶液，在高剪切下，链甚至完全解开，此时各分子不再相互接触。

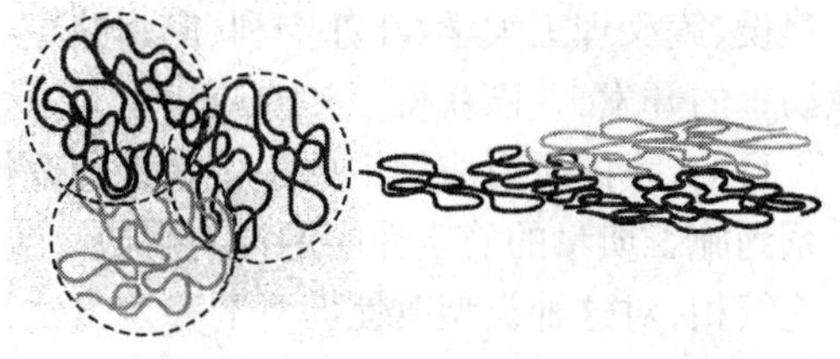

图 9-45　SBS 大分子无荷载时的缠绕与高剪切时的解开

回顾图 9-42，SBS（未交联的缠绕大分子）改性沥青的黏度函数显示出三个不同的黏度范围，第一个是具有零剪切黏度 η_0 平台值的第一牛顿范围，第二个是具有剪切率依赖性 $\eta = f(\dot{\gamma})$ 的剪切变稀范围，第三个是具有无限剪切黏度 η_∞ 的第二牛顿范围。可设想含有许多缠绕的 SBS 分子的体积单元，存在两个同时发生的过程：

（1）剪切时，大量的大分子沿剪切方向重定向，有些局部解开。因此，在这部分体积单元内黏度降低。

（2）同时，在早些加载时段已经定向和解开的一些分子，重新成团并缠绕。这就是 SBS 分子只有在低剪切条件，也即很低 $\dot{\gamma}$ 和 τ 值时，才能显示出黏弹性行为的原因。这部分体积单元黏度再次增大。

在观察时段内，若大分子的局部定向与重新成团叠加，解开与重缠导致整个体积单元流动阻力没有显著变化，则黏度降低与增长的和使得其值不变，此时的黏度就被称为零剪切黏度 η_0。于是，对于未填充、未交联的分子，零剪切黏度 η_0 可定义为剪切率依赖的黏度函数在“无限低”剪切率下的极限值：

$$\eta_0 = \lim_{\dot{\gamma} \to 0} \eta(\dot{\gamma}) \tag{9-25}$$

对于第二个剪切范围，中等剪切率下，解开的数量超过了重新缠绕的数量。此时，SBS 显示出剪切变稀的行为，黏度函数曲线 $\eta(\dot{\gamma})$ 斜率向下。SBS 溶液的“高剪切范围”多开始于 $\dot{\gamma} = 1\,000 s^{-1}$ 左右。在这样高的应变率下，所有大分子几乎完全定向和解开。由于相互滑离的单个分子间的摩擦，流动阻力降低到一个最小值，无法再进一步降低，此时的黏度值成为一个常数，被称为无限剪切黏度 η_∞。无限剪切黏度是剪切率依赖的黏度函数在“无限高”剪切率下的极限值：

$$\eta_\infty = \lim_{\dot{\gamma} \to \infty} \eta(\dot{\gamma}) \tag{9-26}$$

对于高黏度 SBS 改性沥青，其黏度可能有以下特征：

（1）由于 SBS 的苯乙烯嵌段相互汇聚，开始剪切时，不光需要使丁二烯嵌段解缠绕，还要使苯乙烯嵌段相互脱离，这在宏观上表现为剪切开始时出现类似“塑性”的特征，然后才出现零剪切平台。同济大学的李立寒老师等认为，毛细管黏度计（40kPa 真空）的剪切率就在这“塑性”范围内，这使得毛细管黏度计测得的黏度有可能大大高于零剪切黏度，因此她建议用零剪切黏度代替毛细管黏度。

（2）温度与剪切率是相关的，温度越高，相当于剪切率越高，因此高温时，黏度有向第二牛顿区发展的趋向，而在低温时，则向第一牛顿区发展，这表明在 60℃ 常规的黏度测试温度下，高黏度改性沥青有比较明显的非牛顿行为，这也使得规定剪切率（0）的零剪切黏度较毛细管黏度更有可比性。

9.2.2.3　成品高黏度改性沥青

成品高黏度改性沥青的优点主要体现在较好的质量控制上。在这方面，上海交大、上海浦东建设、武汉理工大学、江苏宝利、广州路翔、浙江兰亭高科等单位都相继进行了成品高黏度改性沥青的开发,并已获得了初步应用。

目前,我国研究应用主要集中在普通改性沥青上,对高黏度改性沥青的研究甚少,特别是关系到施工质量的稳定性问题没有解决。高黏度改性沥青中聚合物用量较高,聚合物容易形成连续相,对这种类型改性沥青的稳定方法,国内外研究也较少。我国在钢桥面铺装上使用高黏度改性沥青,但仍主要采用现场拌和的方法,改性沥青的稳定性问题没有很好地解决。

下面介绍成品高黏度改性沥青的性能评价标准、结构及其制备关键技术,并对其应用前景进行展望。

排水路面用高黏度沥青所采用的性能检验方法中,除15℃延度和60℃动力黏度应符合道路石油沥青的试验检测方法外,其余性能检验方法应符合聚合物改性沥青的试验检验方法,具体试验检测包括:延度、针入度、软化点、闪点、黏韧性、韧性、黏度、薄膜烘箱加热试验等性能。

根据国内外的大量研究报告,沥青材料的软化点和60℃黏度是影响排水性沥青混合料性能的关键指标。在级配确定的条件下,它们与多空隙沥青混合料的各项强度及耐久性能有着很强的相关性。软化点和黏度的指标越高,混合料的性能越好。60℃黏度评价沥青在较高使用温度下的黏度,软化点评价等黏度下的软化温度,二者也有一定的关联性,一般60℃黏度越高,软化点也越高。

评价高黏度改性沥青的主要指标60℃黏度。日本要求其大于20 000Pa·s,而排水路面实际使用的改性沥青黏度一般都大于此值。对于60℃黏度的测试,除真空减压毛细管外,国内外还有采用布氏黏度计、动态剪切流变仪等方法,无论何种方法,其零剪切黏度值都应相同。另外,国内还有采用测试100℃左右几个不同温度下的黏度,然后根据黏温曲线外推得到60℃黏度的方法,其合理性仍需验证。

评价高黏度改性沥青的另一个指标是黏韧性,用于衡量其对集料的把握力,一般数值越大,路面抵抗集料飞散的能力越强。

对于施工和易性,普通改性沥青都采用135℃黏度小于3Pa·s,对于高黏度改性沥青,一般也应符合此条件,但因高黏度改性沥青具有更明显的剪切变稀现象,加之排水性沥青混合料因细集料少容易析漏,在满足输送的前提下,此黏度可以稍大,但是一般不超过5Pa·s。

日本对排水路面用高黏度改性沥青提出了标准,见表9-15。对改性沥青的软化点、60℃黏度和黏韧性有较高要求。另外建议标准中添加135℃运动黏度这一指标,以完善该产品的质量规格,保证其正常使用。还应对成品高黏度改性沥青的稳定性提出要求。

日本高黏度改性沥青的标准 表9-15

试验项目		标准性质	试验项目		标准性质
针入度(25℃)	1/10mm	>40	薄膜加热残留针入度	%	>65
软化点	℃	>80.0	黏韧性	N·m	>20
延度(15℃)	cm	>50	韧性	N·m	>15
闪点	℃	>260	60℃黏度	Pa·s	>20 000
薄膜加热重量变化率	%	<0.6			

高黏度改性沥青之所以具有如此优异的性能,是因为它具有较高的聚合物含量(6%~12%),由于聚合物吸收了大量的轻质沥青组分,在沥青中形成连续相从而显示出聚合物的性

质，使改性沥青具有优异的黏结和抗飞散能力，所以通过观察沥青或沥青胶浆的显微结构，一定程度上可预测改性沥青性能的好坏。

由图 9-46a)～d)的显微结构可见，高黏沥青具有连续的相结构，即使使用 3 年后，仍可在胶浆中看到连续相结构。其中，图 9-46a)、b)为日沥公司普通和高黏改性沥青的显微结构，c)、d)为浦东建设高黏沥青及在上海外环线服役 3 年后现场采集胶浆的显微结构。

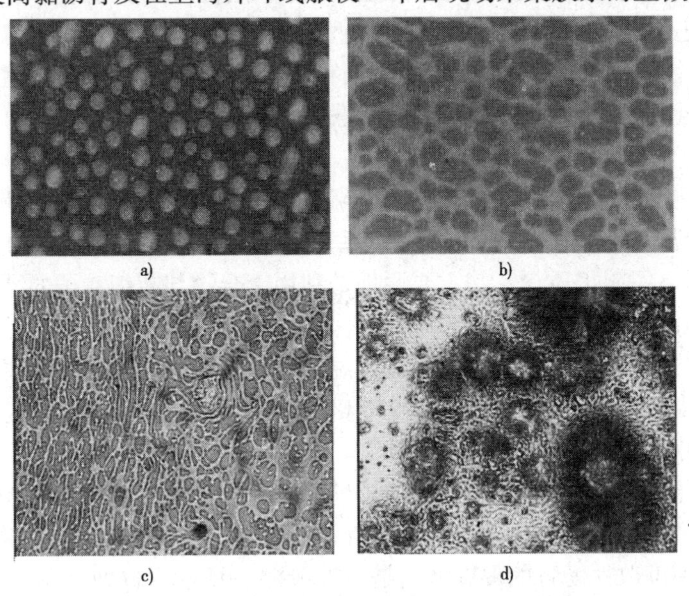

图 9-46　高黏度改性沥青的结构(400 倍)

a)普通改性沥青；b)高黏度改性沥青；c)浦东建设高黏度改性沥青结构，12% RST 改性沥青(70 号)；d)浦东外环线胶浆结构，2006 年铺设，2009 年取样

从以上讨论可以看出，由于 SBS 网络结构的形成，其黏度有着相当大的提升空间，因此，日本提出的高黏度改性沥青，绝大部分建立于 8% 甚至更高 SBS 含量的改性沥青基础上。不过，在相应成品高黏度改性沥青开发的过程中，需要解决以下两个基本问题：

(1)降低施工黏度

SBS 改性沥青的 60℃黏度尽管很高，但相应 135℃的黏度也很高，这使得成品高黏改性沥青的生产、施工出现困难，因此需要采取措施，在不过多损失 60℃黏度的情况下，降低其 135℃黏度。可行的办法有：

①与树脂混合。由于石油树脂属于低聚物，高温下的熔体黏度较小，并且与 SBS 的 S 段或 B 段有非常好的相容性，与沥青相容性优良，又能改善与石料的黏附性，因此经常用来配合制备高黏度改性沥青。但是我国目前石油树脂的质量参差不齐，质量波动较大，味道较重，选择时需要谨慎对待。

②降低 SBS 分子量。众所周知，SBS 的分子量对其与沥青的相容性和稳定性有着非常重要的影响，分子量低的 SBS 与沥青的相容性好，同时 135℃黏度也较低，但是 60℃黏度有所损失，因此制备高黏度改性沥青时 SBS 分子量的选择十分关键。据报道，日本高黏度改性沥青中 SBS 含量为 12%，仍具备良好的施工性能，这与使用低分子量的 SBS 有密切的关系。

③加入微晶蜡。借鉴有机添加型温拌沥青技术，添加 Sasobit 等微晶蜡可明显起到降黏效

果,但是这类添加剂的黏附性和低温性能仍受到置疑。

(2)必须保持储存稳定

目前,高黏度改性沥青的稳定技术主要采用硫化反应增容的方法,提高聚合物和沥青之间的结合能力,增加稳定性。但这种方法对高聚合物含量(大于6%)的改性沥青不太适应,因为此时聚合物形成连续相,化学反应增容剂会导致聚合物改性沥青的黏度增加,不容易摊铺施工。总体上看,使高黏度改性沥青储存稳定可行的办法有:

①加入硫等稳定剂。为保持高黏度改性沥青可储存稳定,必须加入稳定剂,目前普通SBS改性沥青的稳定化一般以含硫交联剂为主,交联过程势必造成135℃黏度的升高,所以在稳定体系选择时,尽量少用交联型稳定剂。

②等密度稳定。由于交联稳定反应容易导致施工黏度加大,上海交大筛选聚合物与超细粒子,选择了聚合物与超细粒子结合适中的体系,采用先复合再改性沥青的方法,提高其高温贮存稳定性,也提高了施工质量。其主要原理是利用聚合物与超细粒子的结合,降低聚合物与沥青的密度差,提高其动力学稳定性。同时在保证改性沥青良好施工和易性的前提下,采用化学反应增容的方法,进一步提高改性沥青的高温稳定性。改性沥青的性能指标已完全达到日本高黏度改性沥青的要求,60℃黏度达到220 000Pa·s,并且满足施工黏度小于3Pa·s的标准要求,高温贮存稳定性优异,不离析、无沉淀。

③尽可能细化分散(颗粒分散度小于1μm),微米化的实质就是改善其相容性,从选择芳香分高的沥青和低分子量的SBS,或对SBS进行化学接枝增强与沥青的相容来入手。

将来成品高黏度改性沥青的发展方向是高性能化。日本的日沥公司、东亚道路株式会社和昭和沥青等单位都有系列化的成品高黏度改性沥青,如用于寒冷地区的、用于钢桥面的、用于重载的、用于交叉路口的等,显示出其在高黏度改性沥青上的领先地位。由于SBS的耐老化性能较差,而排水路面与空气等外界条件接触机会较多,因此必须开发更耐老化的高黏度改性沥青。

高黏度改性沥青另外一个方向就是低成本化,目前高黏度改性沥青的成本较高,也限制了其应用。如何结合废弃聚合物资源,制备高性价比的高黏度改性沥青也是将来的发展方向。

9.2.3 直投式高黏度沥青改性剂

9.2.3.1 直投式高黏度改性剂的特点及机理

成品高黏度改性沥青尽管具有质量便于控制的特点,但也有以下不足:

(1)需要保温罐车输送,这为某些偏僻地方或海岛等的排水沥青路面铺设带来了先天的困难,同时对于大多数拌和厂来说,在目前排水路面市场还不饱满的情况下,专门为成品高黏度改性沥青腾罐也不太现实。

(2)排水性沥青路面对于结合料的要求,路口与路中实际上是存在差异的,因为路口受到的水平力更大,飞散的风险更严重,因此其黏度等指标要求更高。但实际操作中,不可能为路口定制指标要求更高的成品高黏沥青,或为将沥青指标统一而人为拔高,这无疑造成了极大浪费,或不考虑路口的特殊要求,这又为路口功能的耐久性埋下了隐患。

(3)成品高黏沥青经过了加工过程与拌和过程两次老化,对结合料性质的损伤比较严重,通过缩短加热时间或降低加热温度来尽可能减少老化是现实的需求。

在这样的背景下,我国现阶段大多数排水性沥青路面,都采用了直投式的高黏度沥青改性剂,直接投到混合料拌缸中,避免了结合料运输过程中的温度需求、储存过程中的专用罐、拌和过程中的二次老化(改性与拌和一次性完成)。目前,应用较多的有日本大有建设株式会社的 TPS 与上海浦东路桥建设股份有限公司的 RST(图 9-47)等。

图 9-47　浦东建设的 RST

直投式高黏度改性剂的作用机理是将 SBS 的溶胀通过加入与聚苯乙烯相容性好的相关树脂和与聚丁二烯相容性好的相关油类,高温下挤出造粒得以提前实现,这样当改性剂投入到混合料拌缸中时,集料的碾磨使得改性剂颗粒在集料表面扩展形成微米级薄膜,沥青的加入使得改性剂与之迅速熔融,这时已经溶胀的 SBS 扩散在沥青中,迅速形成三维网络结构。可以看到,这里有三个关键目标,第一是造粒后 SBS 应充分溶胀,不能期望将 SBS 的溶胀放到混合料一分钟左右的拌和过程中;第二是改性剂投入拌缸后必须被集料表面充分扩展成膜,这是靠所谓的"干拌",也就是不加沥青,只和集料拌和实现的,否则不能期望改性剂能迅速熔融到沥青中;第三是应保证改性剂与沥青有一定的混合时间,否则 SBS 无法均匀扩散在沥青中。SBS 与沥青的混合过程是如此短暂,因此即便在高温下,氧化、断链等热老化反应也极其有限。

9.2.3.2　直投式高黏度改性剂的性质指标

长期以来,对直投式高黏度沥青改性剂的质量指标只能依赖于和沥青改性后制成的高黏度改性沥青性质进行间接评价。由于 SBS 与沥青的配伍性以及沥青本身的质量问题,该方法不利于对改性剂本身质量的控制。要使改性剂成为一完全市场化的产品,必须有合适的质量控制目标。笔者认为,除颗粒大小、密度等必要的物理性质以外,还应实施以下内容的检测:

(1)指标必须能判断 SBS 的熔胀程度,一般来说,当 SBS 充分熔胀时,油与树脂等使 SBS 充分舒展,这表现为透光性的增强,因此可以用透光性指标来表征;

(2)熔体流动速率,以前称为熔融指数,可以表征改性剂与沥青的混合快慢,是此类直投式改性剂很关键的一项指标,可以此检验配方的准确性;

(3)表征改性剂颗粒储存时,压力下相互黏结趋势的指标,以此判断所用颗粒隔离材料的有效性与耐久性。

直投式高黏度改性剂性质另一间接的评价,就是与基质沥青混合后得到的高黏度改性沥青的评价。应该注意到,实际生产中,这样的高黏度改性沥青在产生的同时,已经与矿粉、细集料等混合而形成玛蹄脂,因此从根本上说,它没有单独存在过。室内之所以这样进行评价,还是受到了成品高黏度改性沥青指标控制的影响。需要强调的是两点:

(1)用直投式高黏度改性剂室内制备高黏度改性沥青,可以采用所谓的"熔融稀释法"或"普通剪切法"。熔融稀释法是先将一定量高黏度改性剂与约占改性剂质量三分之二的基质沥青混合,在 190℃ ±10℃下边加热边搅拌,使改性剂颗粒以糊状熔融于沥青中。之后边搅拌边继续(2 次左右)添加基质沥青至所需量。最后打开高剪切机,在 5 000r/min 下均化改性沥青 3min。普通剪切法则是在 163℃基质沥青中加入称量好的高黏度改性剂颗粒,再放回

163℃烘箱加热5min。从烘箱中拿出沥青罐放在电炉上,打开高剪切乳化机,剪切速率在5min内缓慢加速到5 000r/min。保持5 000r/min剪切速率剪切10min。整个过程温度控制在180℃ ±5℃。剪切完成后,将试样放入170℃烘箱保温10min消除气泡。然后拿出试样趁热浇样。熔融稀释法被认为与实际生产过程更为接近。而普通剪切法则不易受操作人员手法影响,容易实现标准化。根据目前的研究,两种制样方法可得到相似的样品。

(2)检验最终样品的质量,显微镜法最为直接。样品在显微镜下应形成"SBS网络型"的结构,如果未形成,则制样方法或实际产品存在欠缺。通过显微镜判别后,再采用成品高黏度改性沥青的指标对样品进行质量判定。

9.2.4 橡胶沥青及其在排水性沥青混合料中的应用

9.2.4.1 橡胶沥青概况

排水性沥青混合料中以橡胶沥青为结合料的做法,法国在20世纪80年代初就开始应用了,沥青中掺入了15% ~20%的废轮胎橡胶粉。但真正为我国所熟悉的,却是美国,尤其是亚利桑那州所做的工作,这里主要介绍以美国为代表的橡胶沥青发展历程。如今,包括日本、欧洲许多国家、南非、澳大利亚等都已介入这方面的研究与应用,尤其是在排水性沥青混合料方面。有些学者按照排水沥青混合料的发展过程,称普通沥青为第一代排水路面结合料,SBS改性沥青为第二代,而橡胶沥青为第三代。

废轮胎常常作为再生胶或燃料使用,但随着汽车产业的迅猛发展和对人类安全与环境的重视,大量的轮胎被填埋,这造成了资源的浪费,甚至废轮胎自燃引发大火。1991年,美国通过了水路运输功效联合法案,强制大面积推行橡胶粉用于沥青路面。业界专家为之震撼。尽管橡胶沥青路面是一有前景的概念,但只有少数机构致力于其的研究,大量机构尚未做好大规模实践的准备。尽管道路业成功地延迟并最终撤销了法案中的橡胶沥青条款,但在其效益与责任的争论中,这一路面概念受到了巨大的打击。争论之后许多地方橡胶沥青路面不再被提起,20世纪90年代美国北方大部分地区极少关注。

这一情况目前已经得到了改变。近些年来,橡胶沥青路面已经成为沥青行业安静路面行动的新范例。推广运动的起点是亚利桑那三年花费3 400万美元在凤凰城地区大约180公里的高速公路上进行的降噪项目,采用的是橡胶沥青开级配磨耗层。实际上,自法案争议以来,橡胶沥青只在亚利桑那、加利福尼亚、得克萨斯和佛罗里达等少数州默默地发展着,而现在在美国有了广泛使用的景象。技术倡议者是联邦公路管理局(FHWA)和国家沥青路面协会(NAPA)。FHWA将橡胶沥青路面作为安静路面先锋计划(QP3)的候选方案。NAPA则与橡胶路面协会一起共同致力于促进橡胶沥青路面的安静与环境友好。

技术上有大量重要的发展促成橡胶沥青路面发展到目前的接受水平,包括了轮胎破碎技术以及美国各地轮胎再生装置的建立。还有,亚利桑那州交通局证明了橡胶粉改性剂与Superpave性能分级的液体沥青结合料是兼容的,这使得橡胶沥青成为高性能路面设计的可靠候选。在亚利桑那,市民满意于橡胶沥青路面的环境效益,这进一步稳固了州政府和地方政府决定凤凰城所有主要快速干道都进行橡胶沥青薄层罩面的决策。

当然,橡胶沥青并不是什么都完美。它们在摊铺作业中带来了烟气和气味,并且回收的橡胶沥青路面其可再生性仍有疑问。摊铺队伍对这种黏稠产品的施工可能很难适应,它必须在

相对很窄的温度区间内摊铺和压实。

所谓的橡胶沥青，是掺有15%以上橡胶粉的沥青结合料。橡胶来自回收轮胎，它在与集料拌和前与沥青发生高温反应。这就是所谓的"湿法"（图9-48）。还有一种应用方法即"干法"，此时橡胶粉作为另类集料与石料一起加入。

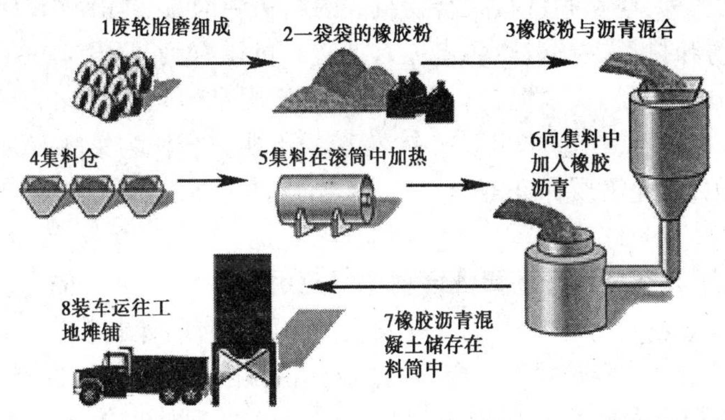

图9-48　橡胶粉在沥青混凝土中的"湿法"应用

加利福尼亚湿法使用有两类橡胶沥青。类型1仅含有磨细轮胎得到的橡胶，类型2同时含有磨细轮胎与天然橡胶得到的橡胶。加州交通局钟爱于类型2的结合料，因为它们具有更好的抗反射裂缝能力。

橡胶沥青既可用在热拌混合料，也可用在喷洒型表面处治中，如石屑封层、应力吸收膜（SAM）与应力吸收膜夹层（SAMI）中。橡胶沥青的强化性能有助于各机构处理需要薄层的应用，比如为了控制坡度或邻接路缘石与中央隔离带时，需要减薄罩面厚度的情况。而今天橡胶沥青的重新兴起来源于它在间断级配混合料与开级配混合料中的使用。

9.2.4.2　干法及其在排水性沥青混合料中的应用

热混料中干法使用橡胶粉有不同的方法，但其共同的特征都是作为集料的补充。沥青混合料中，固体形式的磨细橡胶粉作为集料的替代，最高达到5%。其结合料与传统混合料相同。不过，需要更高的拌和温度（通常介于160～190℃之间），更高的压实温度（150～160℃）。材料的生产与使用无需专门的设备或对拌和楼实施大的改动。与橡胶沥青不同，结合料与橡胶颗粒之间几乎没有反应。这样，干法中的沥青保持着未被橡胶粉改性的状态，没有使橡胶粉中的紫外线抑制剂或抗氧化剂得以释放。

干法生产的橡胶改性沥青混合料一般被用作表面磨耗层。它已经被作为具有良好抗滑性与抗冰冻性的产品进行销售。最广为人知的干法产品为"PlusRide"，是瑞典开发的一项专利产品。

理论上讲，排水性沥青混合料中掺入橡胶粉是完全可行的，由于它降低了路面的力阻抗，还能带来额外的降噪效益。不过，额外的担心是，橡胶粉作为集料后路面的抗滑能力和高空隙率下沥青混凝土的强度与耐久性，对此有些国家有过解决方案，用钢渣作为粗集料来增大路面的磨光性能，用聚氨酯树脂作为结合料来提高路面的强度和耐久性，从而诞生了"多孔弹性路面"的概念。

一般使用中，由于橡胶粉的价格远远高于集料，将它作为集料使用，混合料提高的价格与它带来的效益是不匹配的,因此像亚利桑那州干脆从规范中禁止了橡胶粉干法的使用,而其他地方也多从研究的角度进行尝试。这里值得一提的是,美国有些州从 1998 年开始,尝试在干法橡胶粉中使用了德国 Degussa 公司生产的"VESTENAMER"(反环聚辛烯聚合物橡胶反应剂,又被简称为 TOR),这是一种白色颗粒,具有双键结构,可以将硬沥青质中的硫与橡胶屑表面的硫交联起来形成一大环状和链状聚合物组成的网状结构。实际使用时,将胶粉和 TOR 预先按照比例配好,干拌时投入拌锅,然后再加入沥青。可以看到,TOR 促使轮胎橡胶和沥青经过化学变化合成新分子,既解决了混合料因黏稠而施工困难的问题,又由于产生新分子而加强了对石料的黏附力,本质上,在这样的工艺中,橡胶粉不能完全作为集料看待,而有相当一部分参与了结合料的作用,因此需要保证混合料有一定的储存时间,以使 TOR、橡胶粉与沥青充分反应。

9.2.4.3 湿法及其在排水性沥青混合料中的应用

湿法的本质是橡胶粉与沥青发生充分的反应。黏稠沥青与橡胶粉之间的所有反应过程包括两个主要的机理,它影响了所生产结合料的性质:颗粒溶胀与降解(脱硫与解聚)。橡胶颗粒溶胀时,颗粒边界产生凝胶相。反应时间与反应温度的不同组合,这些机理的表现有所不同。橡胶沥青生产时,温度的提高使溶胀速率加快,溶胀程度降低。橡胶粉改性剂的颗粒尺寸也控制着溶胀的机理,影响着结合料玛蹄脂的组成。实际上,溶胀所需时间随颗粒半径的平方增大。解聚和脱硫是化学反应,使化学键断裂,橡胶分子量减小。

湿法高黏度改性的早期发展中,给两种方法授权了专利。1975 年取得的一项私人专利为"用于路面破坏的弹性体路面修补料的组成及其方法,"其组成包括路用等级的沥青和处理过的回收橡胶或未处理的橡胶屑。1978 年授予了另一项类似的专利"弹性体路面修补料的组成"。这一改性方法后来被命名为"类型 1"。同样在 1978 年,加利福尼亚的一家石油公司取得了一项专利"橡胶沥青路用组成及其使用",除了路用等级沥青和回收轮胎橡胶外,还包括了高含量的天然橡胶和芳香矿物油溶剂(扩展油)。这一改性方法后来被命名为"类型 2"。这些专利在 1992 年都过期了。20 世纪 90 年代早期,加州交通局将类型 1 与类型 2 的橡胶粉结合料都视作投标候选,每一类都允许作为湿法高黏度结合料使用。基于 Hildebrand 等人回顾的 1996 年项目,当时加州交通局排除了类型 1 结合料的使用。佛州交通局和得州交通局允许使用类型 2 结合料,但没有硬性要求。它们报道,实际上仅有类型 1 结合料被使用。亚利桑那交通局则只对类型 1 结合料作出了规定。

橡胶粉生产商还开发了不同的湿法改性方法,通过"粉末化"橡胶(50 目)与路用等级沥青的连续混合,缩短了反应时间,降低了温度。反应温度降低到 135℃ 至 149℃。成品为湿法无搅拌结合料。这里需要说明的是,湿法结合料为两相体系,橡胶粉颗粒扩散在沥青相中,沥青相又由于轻质组分被吸收到橡胶粉相中而得到改性。高含量天然橡胶的橡胶粉比大多数废轮胎橡胶粉更快解聚,从而进一步改良和增稠了沥青相。研究还表明,橡胶粉加热到大约 121℃ 以上时,开始释放复合油,类似于扩展油,它占了组成的 25% 左右,表明了轻质组分的交换。加州交通局要求的芳香扩展油包括了另外的轻质组分,它促进橡胶粉与沥青的反应,减少相容性问题。

关于橡胶粉改性,存在两类思想。有些研究人员认为,改性应提供出均质体系,无需搅拌储存。这种方法要求橡胶粉解聚后完全消解到结合料的液相中。解聚一般需要长时高

温,这相当消耗能量。解聚大大降低了黏度和弹性,而这正是设计者认为具有最大效益的性质。这些性质主导着热拌混合料和石屑封层中橡胶粉的使用。解聚使得剪切模量(G^*)降低,相位角δ减小,回到了以前未改性的数值。换句话说,由于解聚的结果,改性的良好效益被损失了。湿法无搅拌结合料一般采用低浓度(占沥青重量10%以下,但也可使用更高的浓度)的细橡胶粉(50目以上)颗粒,它们足够小,通过储罐的正常循环就可保持在悬浮状态。橡胶颗粒不一定要解聚,可完全溶解也可不完全溶解:没有必然的要求。加州、佛州、得州和亚利桑那的交通局的确使用了不定量的湿法无搅拌橡胶粉改性结合料。佛州将之用在密级配和开级配沥青混合料中,但不用于应力吸收膜夹层。得州用在表面封层和密级配混合料中,也不用于SAMI。亚利桑那交通局允许无搅拌结合料作为一候选方案,但在一些间断级配混合料中,不等于高黏度结合料。这里要指出的是,并不是所有的细橡胶粉都会溶解,有些还保持着可识别状态。

加州交通局在20世纪90年代早期开发了改性结合料规范,作为从方法型或"处方"规范向基于性能的规范的迈进。该规范典型的是湿法无搅拌材料,没有最低黏度要求。规定橡胶粉为30目,但不设定橡胶粉含量的最低要求,也不要求使用高含量的天然橡胶粉。基于橡胶沥青结合料样品的流变学测量分析以及其现场性能的有限评价,加州交通局的研究人员采用压力老化容器中的老化残余物,建立了规定橡胶结合料的两个新参数。

- 相位角δ的剪切敏感性,它与弹性相关;
- 黏度的剪切敏感性,它与劲度相关。

第二类思想是橡胶颗粒分散在橡胶粉结合料中,产生很高的黏度(190℃黏度超过1.5 Pa·s)和弹性(回弹,相位角减小)。目前加州、亚利桑那、佛州和得州交通局的湿法高黏度结合料规范都是在第二类思想基础上写成的,这样就通过限制反应期,要求最低黏度值而限制了橡胶粉的解聚。Abdelrahman等人(1999年)的研究指出,橡胶颗粒膨胀过程中,橡胶结合料的剪切模量出现显著的增长。这个反应机理似不同于控制橡胶结合料弹性变化的机理。代之,脱硫与解聚似降低了沥青结合料的相位角,直至解聚完成,相位角收敛到最初的基质黏稠沥青。大量的室内试验揭示,橡胶粉的确影响结合料的性质,其效果随所加橡胶粉的级配和浓度而变化。尤其是,随着橡胶粉颗粒的减小与浓度的加大,结合料的黏度增大。橡胶粉结合料中可以注意到的其他性质的变化包括更高的应变依赖性,破坏应变的增大,破坏应力的增加。

已经普遍公认的是,室内应将湿法高黏度结合料设计为满足24h的要求,据此评估其反应稳定性。橡胶粉与黏稠沥青的每个组合都提供了所规定物理性质随时间变化的一个独特的设计情况,可被用作改性结合料生产时质量控制和质量保证的指南。

我国目前的橡胶沥青,无搅拌结合料与高黏度结合料两者都有企业生产,但无搅拌结合料一般不单独用于排水性沥青路面,做这方面应用时常常采用与SBS复合的方法。高黏度结合料也因为橡胶粉质量很难控制,以及对高温性能的疑虑,很少被用在排水路面上。不过,随着橡胶粉质量控制的完善和相关经验的积累,再加上废轮胎处理需求的日益加大,橡胶沥青作为排水性沥青路面结合料的案例将会逐渐增多。表9-16为亚利桑那和加州的高黏度湿法橡胶粉结合料的规格要求。

高黏度湿法橡胶粉改性结合料的规格要求(最低黏度 =1.5Pa·s)　　表 9-16

机　构	亚利桑那交通局			加州交通局	
结合料类型	1	2	3	1	2
橡胶粉类型	废轮胎	废轮胎	废轮胎	废轮胎	75 ±2% 废轮胎,25 ±2% 高天然
橡胶粉占结合料重量的最低比例(%)				15	15
基质黏稠沥青等级	PG64-16	PG58-22	PG52-28	AR-4000	AR-4000
沥青改性剂(扩展油)占黏稠沥青重量比例(%)	不允许	不允许	不允许	0	2.5 ~6.0
最低反应温度(℃)	163	163	163	190	190
最高反应温度(℃)	190	190	190	226	218
最短反应时间(min)	60	60	60	45	45
规定温度下旋转黏度范围(Pa·s)	1.5 ~4.0 177℃	1.5 ~4.0 177℃	1.5 ~4.0 177℃	1.5 ~4.0 190℃	1.5 ~4.0 190℃
针入度 @ 4℃, 200g, 60s,0.1mm	最小 10	最小 15	最小 25		
锥入度 @ 25℃, 150g, 5s,0.1mm				25 ~70	25 ~70
软化点,℃(最小值)	57℃	54℃	52℃	52℃	52℃
软化点,℃(最大值)				74℃	74℃
弹性@25℃,% 回弹	至少 25	至少 20	至少 15	至少 18	至少 18

9.2.5 环氧沥青及耐久性排水性沥青混合料

9.2.5.1 环氧沥青概述

环氧沥青是环氧树脂、固化剂(Curing Agent 或 Hardener)以及沥青的混合物。它作为一种优质材料,早在 1967 年就作为正交异性钢桥面铺装的解决方案应用于美国旧金山的 San Mateo 大桥,铺设 30 年后性能仍很出色。

环氧沥青一般分两部分提供。一部分为环氧树脂与沥青的混合物,称为 A 组分,另一部分为固化剂(B 组分),也有的 A 组分为固化剂与沥青的混合物,B 组分为环氧树脂,分组的依据是 A 组分拌制沥青混合料时的和易性。环氧树脂为任一端带有环氧基团的单体或短链聚合物。最常见的环氧树脂产生于环氧氯丙烷与双酚-A 的反应。固化剂一般有三种类型,胺固化剂、氨基固化剂和酸基固化剂。为简单起见,环氧沥青依据固化时间的不同,分为中硬(胺和氨基)和慢硬(酸基)。中硬的胺和氨基环氧沥青有时硬化太快,无法充分压实。快硬环氧在传统混合料拌和楼中无法兼容使用。表 9-17 给出了常见固化剂的一些性质。

常见固化剂的性质　　表9-17

固化剂类型	使用时限	高温	耐化学性	力学抵抗
脂族胺	环境温度或低温下快硬	好	非常好	非常好
脂环胺	范围	好	非常好	非常好
芳香胺	范围	好	好	好
酰胺基胺	固化速度较快	好	—	—
潜性胺	几个小时到六个月	—	—	—

当这些成分混合在一起时，胺的基团与环氧基团发生反应，生成共价键。每个氨基都可与一个环氧基团反应，因此最终的聚合物高度交联。聚合的过程被称为"固化"，可借助温度以及树脂和硬化剂的选择进行控制。有些配比还受益于固化期时的加热，而有些只需要时间和环境温度。

9.2.5.2　环氧沥青的相关性质

熟悉两组分结合料，考虑其固化历史，确定给定环氧沥青的条件作用规程，对材料的成功测试和评估至为重要。为此需要实施三类试验：一是评价其固化速率，第二是确定充分固化体系的性质，第三是确定不完全固化对环氧沥青性能的影响。

相比传统沥青，交联后的环氧沥青更为坚硬，具有显著更高的内聚强度，提供了更大的抗剪切应力能力，也更不易于氧化。由此，环氧沥青混合料在承受低应变时，在抗车辙能力、抗水损坏能力和疲劳寿命方面都有了显著提高。但当承受高应变时，这种改善并不显著，并且依赖于混合料设计。这表明，环氧沥青可能限于非常坚硬基础上的铺面应用。

对环氧沥青的重大关注是，较低温度下延度有较大损失。不过，研究表明，环氧沥青是较为坚韧的材料，在裂缝萌生和扩展方面都表现出更大的抵抗能力。而且，环氧沥青固化而不明显老化。在抵抗燃油泄漏方面，环氧混合料在柴油浸没的条件下，几乎没有质量损失，显示出了极强的抵抗能力。

9.2.5.3　环氧沥青在排水性沥青路面上的应用

将环氧沥青用于排水性沥青路面的应用，由于环氧沥青价格的昂贵，至今仍很少见。但近年来，新西兰为长寿命铺装的研究，对环氧沥青的开级配路面作了室内、现场多项研究，取得了一定的成果。总体来看，环氧沥青用于排水性沥青路面，有以下的特点：

(1)环氧沥青的高温性能和抗老化性能相当出色，这表明，在重载慢速(低的加载频率相当于高温)区域，可以采用环氧沥青排水路面，以抵抗相应的车辙，并长期保持高的空隙率；

(2)由于环氧沥青的固化有一定的时间，初期开放交通应注意，避免早期空隙的压密；

(3)环氧沥青的内聚强度高，为充分发挥排水路面的各项功能，当需要较高的空隙率时(如超过25%)，可以尝试采用环氧沥青作为结合料。不过新西兰在现场研究中尝试了30%的空隙率，飞散情况很差，因此应注意空隙率范围及室内性能的确认。

9.3　纤维的选择

排水性沥青混合料高的结合料用量，决定了结合料的流淌或析漏将是混合料设计中一项重要的考察内容。关于排水性沥青混合料的析漏指标，一般认为SMA的0.3%的控制目标太低，宜放大到0.6%。当超过该数值时，或者采用更高黏度的结合料，或者加入纤维。至于纤维的使用，欧洲多采用木质素纤维，而美国则以矿物纤维居多。另外，纤维还能对混合料的力学性质产生有益的影响，具体效果与纤维类型有关。本节将讨论各类纤维在沥青混合料中的使用，不只对排水路面有指导意义，对密级配路面也适用。

9.3.1 纤维的应用概况与作用机理

9.3.1.1 纤维的基本应用

纤维主要用于复合材料中的加筋，也就是将具有某些期望性质的材料加到缺乏这些性质的其他材料中。加筋作用主要有两种，一种是纤维在沥青混凝土或水泥混凝土中的随机排列，另一种是纤维的定向排列，如土工织物，这里我们主要讨论第一种。不过，在纤维机理的认识方面，目前的认识前一种还远不如后一种，不只是纤维性质的优化、纤维直径、长度、表面纹理等的影响，还有加筋机理的解释方面。如果纤维太长，会造成"起球"，也就是有些纤维会团聚在一起，无法与沥青良好混合。如果纤维太短，则可能无法提供任何加筋作用，只能起到昂贵的填料作用。

纤维作为加筋材料的主要功能是提供最终复合体中额外的拉伸强度，提高混合料疲劳和断裂过程中可被吸收的应变能数量。有些纤维具有比沥青混合料更高的拉伸强度，从而能提高沥青混合料的内聚强度和拉伸强度，它们赋予了沥青混合料一定的物理变化。另外，在降低沥青混合料析漏方面，纤维的表现普遍比聚合物更为出色，这也是广泛使用纤维的重要原因。向沥青中加入纤维，由于纤维和沥青内在的相容性以及其出色的力学性质，改善了材料的强度和疲劳特性，也使延度增大。一般将纤维的加筋视作裂缝的阻隔剂，而不是承载拉伸荷载以及防止裂缝形成与扩展的加筋单元。网格很细的纤维还提供了高的比表面积，其行为多如填料。纤维能撑住沥青，使沥青不致在施工时从集料表面流失。不过，这也使得掺纤维的沥青混合料，最佳结合料用量会略微偏大，此时，纤维的功能有些类似很细的集料。纤维稳定沥青，防止析漏的功能是排水路面中经常使用纤维的主要原因，不过所需要增加的沥青量依赖于纤维的吸油率（木质素纤维含有中空管，相对吸油率就比较高）与表面积，因此不只与纤维加量有关，还受纤维种类的影响。

纤维还改变了改性沥青的黏弹性质，使动态模量、水敏感性、蠕变柔量、抗车辙能力和抗冻融能力提高，并降低了沥青混合料和沥青路面的反射开裂。

9.3.1.2 纤维行为模型

目前，对纤维的加筋机理以及纤维参数的优化还缺乏更深层次的认识，因此对纤维加筋材料的行为模拟，更多的是基于一种理论推断。比较有名的有两个理论，一是由复合材料科学推导得到的"滑移理论"（Slippage Theory），另一个是由钢筋混凝土结构分析类推得到的"转换面积理论"（Transformed Area Theory）。这里作一简单介绍。

（1）滑移理论

采用图9-49的简化图，假设纤维处于基体中，上面作用一压力 P（类似 Marshall 试验）。这样的一个荷载在纤维与基体之间产生了一个界面剪切应力 τ，并在纤维中产生一个拉伸应力 σ。现在假设，拉伸时，纤维两端存在着滑移，纤维的中部被基体固定，称无滑移区。如果将 λ 定义为纤维的滑移率，也就是滑移部分的纤维长度与纤维总长度 L_f 的比值，则纤维每一端

的滑移为 $\lambda L_f/2$。λ 是进入基体的拉伸应力中，纤维协同与辅助的数值。根据短纤维复合体理论，滑移区的纤维拉伸应力和中央部分无滑移区的纤维拉伸应力分别为：

$$\sigma_{1f} = 4\tau x/d_f \tag{9-27}$$

$$\sigma_{2f} = E_f \times \varepsilon_f \tag{9-28}$$

这里 x 是纤维上某点距纤维端点的位置，d_f、E_f、ε_f 分别是纤维的直径、杨氏模量与应变。

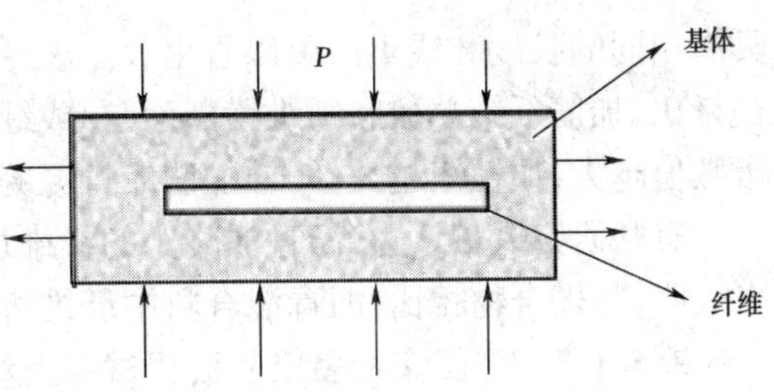

图 9-49　压力 P 作用下基体中的纤维，沥青混合料作为基体

显然，在 $x=\lambda L_f/2$ 时，拉伸应力 σ_{1f}、σ_{2f}是相等的。于是有：

$$\lambda = \frac{d_f \cdot E_f \cdot \varepsilon_f}{2 \cdot \tau \cdot L_f} \tag{9-29}$$

假定剪切应力 σ 很大，使纤维在荷载 P 作用下断裂，这样纤维的应变就可以按断裂点处假设，从而当纤维加筋沥青混合料破坏时可以取得参数 λ。随着 λ 增大，纤维和基体之间的结合降低。

(2)转换面积理论

在转换面积理论中，纤维所占据的面积（横断面）将被沥青所取代，就如同被混凝土取代的钢筋一样（图 9-50）。因此，为取得该转换面积 S_{new}，需要"材料强度"与/或"材料力学"合适的基本方程：

$$S_{\text{new}} = (E_f/E_{AC}) \cdot A_f \tag{9-30}$$

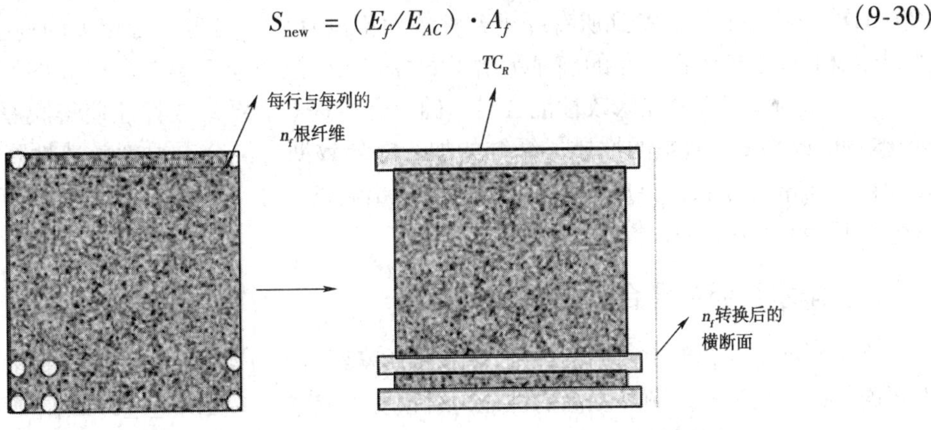

图 9-50　沥青混凝土中排序后纤维的"$n_f \times n_f$"矩阵以及相当的横断面，表明纤维参与的作用

这里 E_f 和 E_{AC}为纤维和沥青混凝土的杨氏模量，A_f 是纤维所占据的整个横断面。同时，关于中性轴新的横断面惯性矩 I_{new}，来自于"工程力学"的基本方程，有：

$$I_{\text{new}} = \sum(I_{\text{old}} + A_{\text{loc}} \cdot y)^2 - [(\sum A_{\text{loc}}y)^2/\sum A_{\text{tot}}] \tag{9-31}$$

这里 I_{old}为沥青混凝土横断面老的惯性矩，A_{loc}依赖于所预期的横断面，包括两项面积 A_{AC}与 TC_{R}（即每一行纤维向沥青混凝土表面转化后的横断面），y 为中性轴和沥青混凝土结构边缘之间的距离，随每个纤维行而变，并且依赖于特定的目标行，A_{tot}指 A_f 和 A_{AC}的累积。

计算时可以假设所有纤维都平行于沥青混凝土纵向主轴，按照 $n_f \times n_f$ 的正方形矩阵排列（它似不现实，不过可以说明预测不同纤维性能的理论的能力），所有纤维的横断面都为圆形，具有相同的长度和线重。可以看出,I_{new}这一指标依赖于特定的参数,包括纤维和基体的杨氏模量比,加筋纤维总数和纤维横断面与/或纤维密度,它们都可以很方便地计算。所提到的参数数值越大,惯性矩越大,纤维加筋沥青混凝土力学性能就越高。

有些研究人员认为,沥青混凝土的纤维加筋是一类聚合物改性,但复合材料科学得出的观点表明,与聚合物相比,沥青混合料中纤维将起到不同的并且独特的作用。

9.3.1.3 法国南特多空隙沥青试道上纤维的试验情况

1996年,Serfass和Samanos采用石棉纤维、矿棉纤维、玻璃棉纤维和木质素纤维,考察了纤维改性沥青对沥青混合料的作用。他们所实施的试验包括回弹模量、低温直接拉伸、车辙抵抗和疲劳抵抗。同时,在法国南特的试道上实施了三项研究。第一项研究表明,当13吨轴载作用110万次时,与未改性沥青和两种弹性体改性的沥青混合料相比,纤维改性的混合料保持着最高的空隙率。作者认为,这对应于更好的排水,因此降低了所测试多空隙混合料中与水相关病害产生的可能性。

在第二项研究中,他们向在具有疲劳病害迹象的路面上加罩的纤维改性沥青混合料施加了两百万次荷载。荷载施加后,注意到路面"维持了良好的宏观构造,基本没开裂,即便是在柔性结构的路面上"。作者认为,这证实了纤维改性沥青混凝土用作罩面混合料的性能。宏观构造完整性说明了滑动阻力能长期保持,而疲劳裂缝的缺乏意味着纤维改性罩面的疲劳寿命大于下面已经疲劳的未改性路面。

Serfass和Samanos报道的第三项研究中,纤维改性罩面还是修建在已疲劳的路面上。在120万次荷载作用后,观察到所有纤维改性罩面都没有显示出与疲劳相关的病害或车辙的迹象,与之相比较,未改性样品的确显示出了病害迹象。这对应于第二项研究的发现,也就是纤维改性路面的疲劳寿命在未改性混合料基础上有了提高。纤维改性还使得膜厚能够增加,使老化更低,改善了结合料的性质。纤维的加入还导致沥青混合料温度敏感性降低。"加入纤维使得开发富沥青混合料成为可能,使之表现出高的抗水、抗老化、抗疲劳和抗开裂能力",Serfass和Samanos报道。

9.3.2 排水性沥青混合料中可用的纤维

排水性沥青混合料中使用的纤维,除了木质素纤维和矿物纤维外,可选择的范围还很大,选择的依据主要是希望额外提高的性能与可接受的成本。下面对这些纤维作简要介绍。

9.3.2.1 聚丙烯纤维(Polypropylene Fiber)

聚丙烯纤维在水泥混凝土中被广泛用作加筋剂,能提供混凝土的三维加筋,使混凝土更坚韧和耐久,因此成为高性能混凝土的关键成分。美国也将聚丙烯纤维用在沥青混凝土中,俄亥俄州交通局颁布了高性能沥青混凝土中聚丙烯纤维的使用标准,见表9-18。

俄亥俄州交通局规定的聚丙烯纤维物理性质 表9-18

性　质	数　值	标　准
Denier *	4 ± 1	ASTM D-1577
长度(mm)	10 ± 2	—
拉伸强度(最小值)(MPa)	276	ASTM D-638
相对密度(kg/m^3)	910 ± 4	ASTM D-792
熔点(℃)	160	—

注:* Denier,丹尼尔,为纤维的度量单位,定义为每9 000m的质量(g)。

聚丙烯纤维有着良好的抗疲劳、抗车辙和抗反射开裂的能力。不过，其主要的特点是低的熔点，并由此而产生的与热沥青结合料内在的不相容性。不过，也有研究认为，正是由于这种低熔点，使纤维能更好地与沥青混合料“胶黏”，从而对性能的改善更为有利。Tapkin 等人（2009 年）认为，总剂量 0.3%、长度 3mm 的聚丙烯纤维采用湿法制得的改性沥青，在所有纤维加筋沥青混凝土试样中，在 Marshall 规范和静态蠕变性质方面表现最佳。

9.3.2.2 聚丙烯腈纤维（Polyacrylonitrile Fiber）

聚丙烯腈尽管 100 多年前就已生产出来，但直到 1942 年，德国人莱因与美国人莱瑟姆发现二甲基甲酰胺溶剂，才成功生产出聚丙烯腈纤维（我国又称之为“腈纶”）。目前，沥青路面中使用最为普遍的聚丙烯腈纤维是由英国 Acordis 公司在德国 Kelheim 工厂生产的德兰尼特道路专用纤维，其规格如表 9-19 所示。

德兰尼特聚丙烯腈纤维技术参数 表 9-19

项　目	数　值	项　目	数　值
纤维直径	13μm	切断长度	6mm
纤维数/克	87 万根/克	密度	≥1.18g/cm^3
最大拉伸率	8% ~12%	抗拉强度	>910MPa
耐日光性	很好	膨胀性	极低
耐碱性	高	耐热性	240℃

与其他种类纤维相比，聚丙烯腈纤维具有化学性质稳定、耐高温、不溶解、无毒等优点。它在沥青路面中不仅能起到很好的吸油作用，更能够对路面起到明显的加筋作用，提高路面柔韧性，减少高温车辙、低温开裂等情况的发生，从而延长路面使用寿命。目前的研究认为，德兰尼特纤维的最佳掺量是 0.2% ~0.3%。

9.3.2.3 聚酯纤维（Polyester Fiber）

自 20 世纪 70 年代以来，欧美等一些国家对沥青路面使用聚酯纤维进行了较为深入的研究。代表性的有美国 Kapejo 公司的博尼维（BoniFiber®）路用聚酯纤维，是一种适合于沥青混凝土加筋用的经表面特殊处理的聚酯纤维。

沥青用的聚酯纤维在后处理时增加了纤维表面的亲油性工序，以实现纤维在沥青中的均匀分散，同时还进行了抗老化处理，保持其在沥青路面中的耐久性，主要物理性能见表 9-20。

沥青混合料用聚酯纤维的主要物理性能 表 9-20

项　目	数　值	项　目	数　值
线密度（dtex*）	4 ~5	断裂伸长率（%）	15 ~30
直径（μm）	20	熔点（℃）	255 ~265
断裂强度（MPa）	≥500	密度（g/cm^3）	1.36

注：* dtex 指 10 000m 长的纤维束的克数。

工程上一般聚酯纤维占沥青混合料质量的 0.25% ~0.75%。由于沥青组分与聚酯纤维存在着相对分子量、化学组成、聚集态结构等方面的差异，热力学上属于不相容体系，并且聚酯纤维长径比大，使其在沥青中混合分散困难。可行的办法是改变纤维表面形态结构以加强纤维与沥青的结合。如美国通过对纤维表面“起皱”和“压纹”处理来增加纤维与沥青的接触面积,改善纤维在沥青中的分散效果。不过,纤维表面物理变形的方法会导致纤维刚度下降,容易产生“纤维球”,这可以通过用机械方法周期性压扁圆截面纤维,获取轴向可变的宽度或厚度,且表面粗糙和无应力缺陷的纤维而得以改进。其他方法有:采用聚烯烃/聚酯皮芯结构复合纤维或中空聚酯纤维,通过偶联剂或表面活性剂(如乙二醇醚表面涂敷)对纤维表面进行化学改性。

聚酯纤维能吸附沥青中的饱和烃和芳香烃,使改性沥青黏性增大,同时它们相互缠结,形成均匀分散在沥青中的巨大的三维分布网,充分发挥其“桥接”和“加筋”的作用,使沥青软化点迅速提高。当聚酯纤维质量分数接近0.3%时,由于纤维开始形成局部网状结构而使得黏度增大5~10倍。质量分数达0.4%时,纤维改性沥青复数模量急剧增加,损耗角正切值急剧下降,说明纤维在沥青中形成了连续网状结构,其抗车辙性能得到提高。纤维含量越大,纤维与沥青可承担的负载越大,因此拉伸强度随纤维含量的增加而增大;但当纤维超过临界含量时,纤维之间会发生缠结,导致纤维之间相互作用增大,产生应力集中而使复数模量下降,刚度随纤维含量的增加而下降。

由于聚酯纤维可以吸附沥青、增大沥青用量,且低温时纤维仍有很好的柔软性以及稳定加强作用,使聚酯纤维改性沥青混凝土的物理力学性能得到改善。马翔等人(2006年)认为,加入聚酯纤维后,沥青混合料的最佳油石比增加0.13%。由于纤维的弹性效应使得混合料相对难以压实,因此现场应增加压实功;聚酯纤维对沥青的吸附作用使得用油量增加,但由于其对沥青混合料的加筋作用而没有明显降低沥青混合料的高温稳定性,却提高了力学性能、水稳定性、低温性能和疲劳性能,从而能较大地延长沥青混凝土路面的使用寿命。

9.3.2.4 岩石纤维(Rock Fiber)

岩石纤维属于矿物纤维,包括石棉纤维、矿渣纤维、玄武岩纤维等。石棉纤维是用作织物纤维的唯一矿物纤维,在蛇纹岩或角闪石的纤维状岩腰中发现了该物质。最早,试图在路面中使用非合成的纤维,从而使用了棉花纤维和石棉纤维,但棉花纤维是可降解的,不适合于作为长期加筋。石棉纤维还在使用,但目前公认它具有健康威胁。

目前多数的岩石纤维是以矿渣、玄武岩或者玄武岩与石灰岩的混合物等为原料,经特定的预处理,在1 500℃的高温下熔融抽丝,并经特殊的表面处理生产获得的。比较有名的品牌有Fiberand(福倍安)、LOTUSFIBER、BMF、FIBROX等,原料多为玄武岩。其大致的规格见表9-21。

玄武岩矿物纤维基本物理性质 表9-21

项目		数值
平均直径(μm)		5
抗拉强度(MPa)		2000
杂质	250μm 筛通过率	≥95%
	63μm 筛通过率	≥65%
平均长度(mm)		6
熔点(℃)		1200

美国最早采用道路专用矿物纤维的州是乔治亚州,在1990年欧洲考察回来后,便在SMA的设计中予以采用。1994年在实验路段上取得优异成效后,乔治亚州交通局严格规定州际公路一律采用OGFC及SMA铺面,并在沥青混合料中采用道路专用矿物纤维,现在美国有越来越多的州跟进采用。

尽管排水性沥青路面的规范仅要求当沥青的析漏量高于规范要求时采用纤维,不过很多

研究认为，在这类沥青混凝土中，纤维实际还扮演着其他更重要的功能，包括耐久性、耐疲劳性、提高油膜厚度、稳定性、抗裂性及降低温度敏感性等，其中矿物纤维的作用机理为：

（1）加筋作用：矿物纤维在集料颗粒与沥青膜中以一种三维分散相存在，由于矿物纤维的棒状形态，它还有架桥作用，有效稳定沥青并抵抗开裂。

（2）吸附作用：矿物纤维能有效吸附沥青玛蹄脂而不是吸收沥青，因此可以减少沥青析漏，并使沥青用量有效提高，增加路面耐久性。

（3）稳定作用：由于矿物纤维温度敏感性低，因此沥青高温稳定性增大，能有效控制高温时沥青蠕动与泛油现象，延长路面使用寿命。

（4）增黏作用：矿物纤维能有效增加集料表面的油膜厚度，从而提高了颗粒间的黏结力，增大了路面抗剥离的能力，增强对水损坏的抵抗。

除了以上作用外，矿物纤维还具有以下特点：

（1）由于熔点达到1200℃甚至1500℃，因此纤维性能不受沥青混合料高温拌和影响，适合路面的各种高低温工作环境。

（2）与有些有机纤维不同，矿物纤维拌和时与沥青不发生任何化学反应，适应沥青路面的各种酸碱工作环境。

（3）矿物纤维不受沥青高温拌和的老化影响，也不会在长期使用中变质退化，能100%再生利用（矿物纤维仍保持其原始状态）。

（4）不吸水，不怕潮，易于运输储存，也有助抵制沥青氧化老化。

一般来说，在SMA中，矿物纤维的用量为0.4%，而在排水性混合料中多为0.5%。

9.3.2.5　木质素纤维（Cellulose Fiber）

SMA和排水性沥青混合料中使用最普遍的纤维是木质素纤维，一方面是因为它在降低沥青析漏方面的高度有效，另一则是它相对廉价。但同时，它也存在几大不足，一是它在改善混合料力学性质方面的效率不如矿物纤维与合成纤维，二是它耐混合料拌和高温的能力受到置疑，三是它容易吸潮（这也是目前商业木质素纤维从絮状向被沥青包裹的颗粒状发展的原因之一）。

木质素纤维是天然木材经过化学处理，所含的木质素和大部分纤维被分解后，留下来的惰性有机纤维所形成的一种纤维结构链。不过，目前原材料已经转向旧报纸、旧杂志等废弃材料。由于木材在化学处理时的温度高达260℃以上，因此处理后的纤维在通常环境条件下化学性质非常稳定，不会被酸、碱和一般溶剂所腐蚀。我国规范中对木质素纤维的技术指标要求见表9-22。其典型用量是混合料质量的0.3%。

路用木质素纤维的质量技术指标要求　　表9-22

项　目	数　值	项　目	数　值
筛分析：方法A：冲气筛分析		灰分含量	(18±5)%，无挥发物
通过0.15mm筛	(70±10)%		
方法B：普通筛分析		pH值	7.5±1.0
通过0.85mm筛	(85±10)%		
通过0.425mm筛	(65±10)%	吸油率	不小于纤维质量的5.0倍
通过0.106mm筛	(30±10)%	含水率	<5%（以质量计）

Decoene（1990年）研究了木质素纤维对多空隙沥青泛油、空隙率降低、磨耗以及排水的影

响。混合料中的木质素纤维可使沥青用量增加,并显著降低了结合料的泛油。加入木质素纤维后,没有观察到空隙率或磨耗的变化。对比利时道路上足尺试验段监测了6个月的排水,发现含有纤维的路段在6个月中保持着相同的排水质量,而没有纤维的路段排水时间翻倍。

Stuart等人(1994年)研究了松散的木质素纤维,颗粒木质素纤维和两种聚合物,评价了混合料的结合料析漏和抗车辙能力,以及低温开裂、老化和水损坏性能。析漏试验说明,含纤维的所有混合料其流淌都显著低于聚合物或控制试样。纤维改性混合料是其中唯一满足析漏试验规范的试样。

9.3.2.6 碳纤维(Carbon Fiber)

在沥青结合料改性方面,碳纤维被认为能提供比其他纤维类型更多的优点。由于纤维是由碳组成的,而沥青由碳氢化合物组成,它们之间具有内在相容性。并且碳纤维是在极端高温下(超过1 000℃)下生产出来的,不用担心高拌和温度下的纤维熔化问题。碳纤维高的拉伸强度能提高沥青的拉伸强度以及沥青混合料的相关性质,包括抗温缩开裂。加入其他纤维产生的劲化效应,在碳纤维改性混合料中也同样存在,可延长路面的疲劳寿命。因此,可作出推测,碳纤维是纤维中与沥青最相容,改良沥青结合料可得到最好性能的纤维类型。碳纤维是由聚丙烯腈(PAN)或沥青等碳化生产得到的。

碳纤维的测试结果是稳定的,它的加入的确改善了沥青混合料的性质,也就是其稳定度增大,流值减小,混合料中空隙增大。研究表明,在日益增长的交通荷载下,碳纤维具有抵抗路面中结构病害的潜力,并通过增大抗裂或抗永久变形能力改善疲劳。

有意思的是,沥青混合料中使用碳纤维还改善了路面的导电性,其性能好于石墨。因此,冬天公路上通过热电技术除雪和除冰成为可能。

9.3.2.7 玻璃纤维(Glass Fiber)

玻璃和玻璃纤维的历史起源尚无法确认。玻璃纤维的形成物质是玻璃。玻璃具有高的强度,其延伸只有3%~4%,但其弹性恢复是100%。玻璃纤维不会燃烧。不过,它们在815℃软化,在315℃以上的温度下其强度开始下降。据认为,按比例将玻璃纤维加到沥青混合料中,可增强材料的强度和疲劳特性,同时增大了延度。由于其出色的力学性质,因此玻璃纤维可提供给沥青改性以非常好的潜力。当前,在玻璃纤维新的生产技术发展下,与改性结合料相比,用它来加筋沥青混合料可能是最有成本竞争力和成本效率的。玻璃纤维加筋沥青混合料的使用可能会增大建设成本,却可节约养护费用。

玻璃纤维加筋沥青混凝土的临界应力强度系数或断裂韧度高于素沥青混凝土,表明它具有更强的抵抗裂缝扩展能力。玻璃纤维加筋沥青混凝土可提高沥青混凝土的稳定度和可变形能力,却不增加热拌沥青(HMA)的沥青用量,这对防止热季高温下车辙和泛油是有利的。

9.3.2.8 尼龙纤维(Nylon Fiber)

术语"尼龙"来自英文no-run。名字最初是由其发明者考虑的,强调了它生产的女袜的耐久性。Joon等人(2005年)用断裂能研究了尼龙纤维对沥青混凝土抗疲劳开裂能力的影响。试验计划设计为两阶段:单一纤维的拉拔试验和间接拉伸强度试验。通过15 denier单一尼龙纤维的拉拔试验,临界纤维嵌入长度确定为9.2mm。至于间接拉伸强度试验,基于拉拔试验(临界嵌入长度)和三个体积分0.25%、0.5%和1%,制备并测试了两种长度即6和12mm尼龙纤维混合的沥青混凝土样品。用1%体积和12mm长度制作的沥青混凝土样品比无加筋试

样断裂能高85%，表明了疲劳开裂抗力的提高。

9.4　小结与讨论

材料的保证与突破是排水性沥青路面得以推广的强大基石。目前，原材料的关键指标可能是粗集料的压碎值（甚至有些地方提出了高温压碎值的指标）和形状，前者是为了确保排水性沥青混合料的结构性能，而后者是为了确保其功能性能；结合料的60℃黏度，不过这一指标正由于结合料的非牛顿特性以及试验方法的离散性而受到置疑，零剪切黏度的提出和软化点指标的强化正是在这样的背景下出现的。

目前，国内存在一种普遍的动向，将排水性沥青路面原材料的各项指标不断拔高，如粗集料压碎值提高到了16%，磨光值上升到大于45BPN，结合料的60℃黏度加大到10 000Pa·s以上。这样的高要求其初衷是良好的，希望能提高路面质量，但副作用是使原材料的选择更加局促，采购成本不断上升，阻碍了这类路面的大范围推广，也限制了由于路面消耗材料数量巨大而作为废弃物再生的理想对象的实现。因此，技术研究的方向不应是指标的简单拔高，而是研究放宽指标的可能性（如在洞悉指标本身与路面实际性能相关性的基础上，选择更为合理的指标，或在指标无法满足的情况下，研究可以采取的补救措施），目的是使原材料的选择范围能拓宽，以便降低成本，促进排水路面的推广。

这里对废弃材料在排水路面中的使用作了较多介绍，目的就是为了避免排水路面本身是作为改善生态环境的一项有力举措而推荐的，却在原材料选择上背离了道路材料“就地取材，变废为宝”的生态思想。可使用的废弃材料有用作粗集料的钢渣、高炉矿渣等，用作细集料的水淬炉渣、熔渣灰等，用作填料的渣粉、飞灰等，用作结合料的废轮胎橡胶粉（橡胶沥青）等，用作添加剂的废报纸木质素纤维等。

结合料的进步是排水性沥青路面技术发展中极其重要的一个环节，它确保了排水性沥青路面在保证结构性能的前提下能有继续挖掘增大空隙率的潜力，也确保了在保证功能性的前提下存在尽可能延长其结构寿命的可能性。结合料代表性的是日本的高黏度改性沥青和美国亚利桑那的橡胶沥青，还有美国新一代OGFC所提倡的SBS改性沥青加矿物纤维和新西兰试验的环氧沥青，当然还有多孔弹性路面使用的聚氨酯树脂等，其中尤高黏度改性沥青最为国人所青睐。不过，高黏度改性沥青的黏度却是目前尚未完全理解的一个指标，这是由高黏度改性沥青的非牛顿特性所引发的，本章在这方面作了较多的阐述。

排水性沥青混合料中多添加纤维。纤维包括合成纤维，如本章提到的聚丙烯纤维、聚丙烯腈纤维、聚酯纤维、尼龙纤维等，它们的关键特点是加筋功能，包括植物纤维，如木质素纤维等，其关键特点是吸油功能，包括矿物纤维，如石棉纤维、矿渣纤维、玄武岩纤维、玻璃纤维、碳纤维等，关键特点是耐高温和可再生性。具体应用中，应根据路段状况和当地材料的具体特点，再辅之以经济判断，灵活选择。

第十章　排水性沥青混合料的配合比设计

实现排水性沥青路面在结构、水、声、热、光方面的作用，核心是配合比设计。配合比设计包括设计目标选择、级配的确定以及结合料用量的确定。目标选择时目前主要考虑的还是排水路面的结构性能，其他性能多以空隙率或透水系数为代表。级配的确定多在已提供的级配范围内选择，目标是在满足石石嵌挤的情况下达到所要求的空隙率。而结合料用量的确定则包括了初试沥青用量与最佳沥青用量的选择。

10.1　设计目标的选择

10.1.1　概述

设计目标的选择是最重要也是最容易被忽视的环节，不针对具体应用而千篇一律采用同样的标准，不是造成浪费就是造成路面过早破坏，如公园排水路面采用公路排水路面的标准，显然是“杀鸡用了牛刀”，没有考虑自身苛刻条件而盲目学习外方经验，这是 20 世纪 90 年代日本排水性沥青路面早期破坏的深刻教训。

排水性沥青混合料的设计目标应区分两种情形进行选择。第一种情形是依据应用场合调整设计目标，这种应用场合可以当量标准轴载进行区分，如公园、广场、人行道，这些场合可突出功能性（如景观、生态等），而适当降低结构性的要求；而在交叉口附近车辆频繁起动与制动区域，慢车道重载低速路段，小曲率紧急转弯路段，上坡路段，集装箱堆场等，则应提高结构性要求（如动稳定度）。又如对机场道面，停机坪、滑行道和跑道应按结构性逐次提高的三个等级进行设计。结构性要求的提高可能伴随着结合料要求的提高（尤其是 60℃ 黏度）与空隙率的减小。

第二种情形是依据用途调整设计目标。这种情形下，常常需要对结构作出相应的优化要求。如为了满足降噪的需要，可能需要减小粒径与提高空隙率，这将对结合料的黏度提出更高的要求，甚至改变结合料的种类（如由 SBS 改性沥青变为橡胶沥青）；为了满足抗滑的要求，又需要增大粒径，这对混合料的抗飞散性能提出了额外的要求；为了满足热学性能，需要缩小孔径，尽可能延长水分的保持时间，这也需要缩小粒径。可以看到，在功能性要求方面，集料最大粒径与空隙率是最经常调整的设计参数。

结构上的要求通常以飞散性和高温稳定性为主要控制目标。

10.1.2　设计目标

10.1.2.1　试样的拌和与压实

排水性沥青混合料的设计一般也是采用马歇尔试样进行的。不过，考虑到保持混合料空

隙的需要与石石嵌挤点的实现,一般采用双面击实50次。有些国家也采用旋转压实仪进行设计,此时设计转数为50转(澳大利亚采用本国的旋转压实仪器,要求为50转到80转)。

美国得克萨斯州根据对排水路面现场空隙率的实测结果,发现现场压实功与旋转压实仪15转相当。不过,由于该州并不对现场施工的压实度进行控制,因此很难判断现场密实度与室内试件密实度的差异。但可以肯定的是,若现场的压实功只相当于旋转压实仪15转,则或者意味着旋转压实仪15转以后直到实际设计时的50转,这其间转数对试件密度的作用是有限的,或者现场路面的结构性能达不到设计性能,路面存在再压密或结构破坏的可能。由于材料与级配的差异,很难作出合理的判断。这也提醒了道路工作者,对某种新材料或某种新级配,经验的积累与试验段的铺设都相当重要。

10.1.2.2 体积指标的控制

由于排水性沥青混合料的功能性主要依靠高空隙率体现,而其结构性又受到高空隙率的制约,因此,空隙率无疑是排水性沥青混合料最重要的设计指标。表10-1是世界各地对排水性沥青混合料空隙率的要求。可以看到,美国联邦公路管理局在1990年发布的OGFC技术咨询,规定的是15%的空隙率。在2000年之前,美国各州中只有俄勒岗州规定了最小空隙率。2000年后,有相当数量的州采用了美国沥青技术中心的建议,空隙率至少18%。欧洲的设计空隙率一般大于20%,甚至高达26%(丹麦)。

世界各地对排水性沥青混合料空隙率的要求 表10-1

国家		空隙率(%)	国家		空隙率(%)
美国国家沥青技术中心		>18	日本		20左右
美国得克萨斯州交通局		18~22	荷兰		>20
美国联邦公路管理局		15	意大利		18~23
瑞士	PA8	>20	丹麦	PA0/5	25.5
	PA11	>22		PA0/8	26
澳大利亚	OG10	>20		PA0/16	25.5
	OG14	>20	南非	高流量	>22
	OG20	20~25		低流量	18~22
西班牙		>20	比利时		>21

不过,应该指出,空隙率的具体数值对测试方法的依赖性较大。由公式(5-27)可见,它依赖于压实后混合料的毛体积相对密度(ρ)和混合料的理论最大相对密度(ρ_m)。尽管空隙率的计算很简单,但由于高的沥青用量、高的空隙率以及高黏度改性沥青的使用,排水沥青ρ和ρ_m的测量较为困难。正如第五章指出的那样,用于测定排水性沥青混合料ρ的方法主要是真空法(CoreLok)和尺寸分析法(体积法),而测定ρ_m的方法也有实测法和计算法两种。

尺寸分析中,试样的饱水重量没有施加真空,因此它与真空法不仅在空隙率上存在差异,在连通空隙率上也有不同。真空可能导致试样出现微损坏,将增大空隙的连通性,从而使实测连通空隙率提高,同时对耐久性会造成负面影响。还应注意,尺寸的采集应在试样击实后不脱模冷却大约15min后进行,以减少短时脱模对试样形状的改变。最好对尺寸直接测量,而不采用旋转压实仪与模具名义直径报道的高度,因为与旋转压实仪报道的高度值相比较,直接测量时观察到了竖向的膨胀(彻夜冷却后进行测量)。在橡胶沥青混合料中,高度的这种差异可能使空隙率产生高达3%的偏离。

规定温度(通常25℃)下,给定体积的无空隙热拌沥青混合料的质量与同一温度下等体积的无空气蒸馏水的质量之比被称为Rice相对密度,是ρ_m的一种测量方法。计算ρ_m还有一种方法,它假设集料有不变的有效相对密度(ρ_{se})。事实上,对于排水性沥青混合料,由于普遍采用高的沥青用量,直接测量ρ_m是比较困难的,尤其是对极其黏稠的橡胶沥青排水性混合料,美国使用的最佳沥青用量多超过了8%,这很容易导致直接测量ρ_m时沥青和某些细料的损失。因此,在较低沥青含量下测量ρ_m,取得ρ_{se}数值,然后在排水性沥青混合料实际的沥青用量下计算ρ_m。设计混合料的ρ_{se}计算需要实测的沥青相对密度(ρ_b)、沥青用量(P_b)和实测ρ_m:

$$\rho_{se} = \frac{100 - P_b}{\dfrac{100}{\rho_m} - \dfrac{P_b}{\rho_b}} \tag{10-1}$$

接着,在较高的沥青用量(等于或大于6%)下,如下计算ρ_m值:

$$\rho_m = \frac{100}{\dfrac{100 - P_b}{\rho_{se}} + \dfrac{P_b}{\rho_b}} \tag{10-2}$$

测量ρ_m的松散混合料样品在压实温度下烘箱干燥2h。之后,将混合料铺开在一干净的、不吸湿的表面上,集料只铺一层,冷却到室温。接着,用手将混合料尽可能分成单个颗粒,以减少颗粒间残留的空气。用一个金属制成的振动比重瓶确定测量ρ_m需要的质量。测量ρ_m的所有样品取自6 000g到6 500g的小批试样。14 000g～17 000g质量的更大批次被用于制作压实试样。

图10-1 得克萨斯A&M大学的X光CT装置

随着现代技术的发展,X光CT扫描图像也被用在了排水性沥青混合料压实试样的空隙分布分析中。图10-1显示了美国得克萨斯A&M大学的一台X光系统装置,包括X光源与检测器,试样置于其间。光源发射有一定初始强度的X光,检测器记录透过试样后衰减了的X光强度。围绕试样中心转动360°,在试样的每个特定的竖向位置产生两维的图像。图像存在竖向的间隙(取为1mm)和像素的尺寸(大致为0.17mm)。

图像分析分两个阶段。第一阶段根据尺寸分析得到的总空隙率确定空隙分布,第二阶段则根据前面分析的结果确定连通空隙率及其分布。这里需要应用到一个图像转换软件,将原始图像转换为黑白元素,黑色被指定为空隙,白色代表集料和玛蹄脂。这个转换需要依赖于用户输入的一个阈值,介于0和56 000之间。一旦用户确定了阈值,实测灰度小于标明阈值时,则软件分配一个零值(代表空隙),如果灰度高于阈值,则分配数值256(代表集料和玛蹄脂)。将所分析图像数据集合的总空隙率平均与尺寸分析确定的总空隙率相匹配,确定最终的阈值。

第二阶段的图像分析是用前面图像分析后取得的阈值图像来确定连通空隙率及其分布。黑白图像被转换为二进制文件。采用算法,分析二进制文件,确定从试样顶部到底部的连通路

径。含有连通空隙的位文件构成了算法的输出。然后再将该位文件转换回图像,最后量化该最终图像的空隙率,得到连通空隙率。

对这三种方法(真空法、尺寸分析法、CT图像法)进行比较,有以下结论:

(1)混合料设计中,沥青用量设计范围内ρ_m的室内测量所得到的沥青用量可能并不是最佳的。但是在较低沥青用量下(3.5%~4.5%),对排水性沥青混合料来说其值较为可靠。较高沥青用量时,实测ρ_m和计算ρ_m之间的差值可能使得总空隙率出现显著差别,从而使最佳沥青用量发生偏差。

(2)计算ρ_m的方法有以下优点:降低了重复试样产生的ρ_m变异性,室内制作和处理混合料更为方便,最重要的是,沥青损失更少,结果更为准确。

(3)测量ρ的方法(尺寸分析法和真空法)不只影响最佳沥青用量的选择,许多情况下还影响混合料集料级配的设计以及纤维的用量,因为这两种方法得到的总空隙率差异最高时可达5%。

(4)计算毛体积相对密度ρ的尺寸分析法与真空法之间,其主要差别是量化表面空隙的基准面的选择。尺寸分析法包括了所有的表面空隙(试样被假设为规则的圆柱),真空法中,包裹试样的袋子的形状标明了所包含的表面空隙的体积。这样,高劲度的袋子会使得真空法的测定体积与尺寸分析法的计算结果相似。而尺寸分析法与真空法在计算连通空隙率时的差别则主要体现在真空的应用(尺寸分析中不施加真空)和随后试样饱和重量的测量。

(5)相比真空法,确定总空隙率和连通空隙率的尺寸分析法更简单,更快,也更便宜。所需的设备容易获得,也无需其他的测试备件,还没有真空袋处置的环境问题。尺寸分析法取得的总空隙率数据还能被直接用作X光CT扫描图像分析计算的输入,实现耐久性和功能性的进一步分析。因此,在排水性沥青混合料中测量ρ,尺寸分析法优于真空法。

10.1.2.3　结构性指标的控制

结构性指标是沥青混合料设计的重要目标,它决定着沥青混合料的承载能力与耐久性。对排水性沥青混合料结构性指标的考虑,主要是基于以下几个方面:

①由于高的空隙率,石料之间的相互接触减少,需要结合料来补偿集料内摩擦力的降低,这方面的成效需要通过测试混合料抵抗永久变形的能力进行检验,目前使用的有动稳定度指标。

②飞散是排水性沥青路面主要的病害类型,基本上所有国家对排水路面结构指标的要求都有抗飞散能力的测试,主要是Cantabro飞散试验。

③由于水在排水性沥青混合料中的长期存在,其抗水能力也是许多国家的关注,这方面主要有残留拉伸强度指标和浸水Cantabro飞散,也有一些研究机构考察了汉堡车辙指标以及集料和结合料的表面能指标。

④考虑到排水路面的结构贡献,也有专家对排水路面的劲度(包括浸水劲度)提出了要求。

本节将对以上指标进行一定的阐述。

(1)抗永久变形

抗永久变形作为排水性沥青混合料的一项设计指标,在欧美各国并不常见。但在我国和日本,以动稳定度为代表的抗永久变形能力检验则比较普遍。这可能是因为这些地区排水性沥青路面的厚度更大(相比 OGFC),气候条件更为苛刻(相比欧洲),荷载条件更为严峻(尤其是我国,超载现象比较严重)的缘故。日本要求,一般道路上,动稳定度达到 800 次/mm 即可;在交通量大的道路上,动稳定度目标值确定为 1 500 次/mm;而在交通量特别大的情况下,动稳定度宜在 3 000 次/mm 以上。

需要注意的是,各国的轮辙测试装置不尽相同,指标采纳时必须了解清楚。我国借鉴的是日本的方法。它在一个 300mm×300mm×50mm 的模具中,压实温度下用 294N/cm 的荷载加载 25 个循环,使松散混合料压实。接着,将压实后的试样设定在 60℃,用 686N 的重复荷载以 42 遍/min 加载,荷载通过一专门的实心橡胶轮胎(直径 200mm,宽度 50mm)施加 1h。根据实测的车辙深度,由公式(10-3)计算动稳定度 DS:

$$DS(\text{次}/\text{mm}) = \frac{N_{15'}}{(d_{60} - d_{45})} \tag{10-3}$$

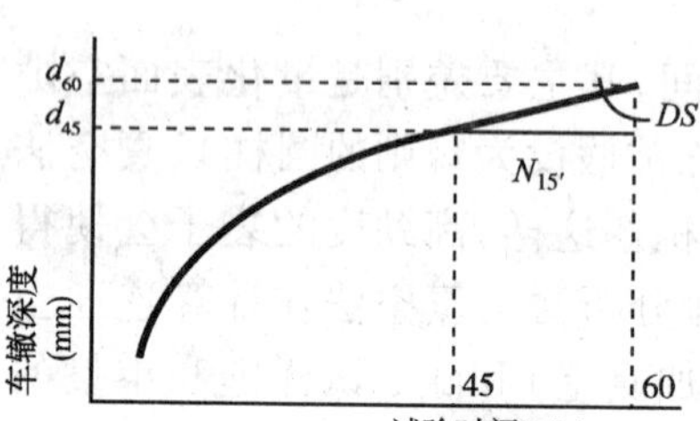

图 10-2　轮辙试验中 DS 的定义

这里 $N_{15'}$ 代表加载次数,即 $N_{15'}$ = 15(min)×42(遍/min),$d_{60} - d_{45}$ 为实验中最后 15min 车辙深度的变化(图 10-2)。

LCPC(法国桥路中心实验室)开发了另一类轮辙试验类型。混合料在 100mm×180mm×150mm 的钢模中用钢碾压实。试验在 60℃进行,试样用光面充气胶轮(直径 400mm,宽度 80mm)以 1Hz 加载,接触压力 505kPa。类似设备还有沥青路面分析仪(APA)与汉堡车辙仪等。

在排水性沥青混合料中,由于侧限的缺乏,一般认为马歇尔强度与路面的永久变形相关性不大。不过,作为马歇尔混合料设计的一项重要参数,也对其数值提出了要求,如日本规范提出,最佳沥青含量下的马歇尔稳定度值,希望在 3.5kN 以上。

(2)飞散性能

飞散是排水性沥青路面的主要病害。为评价排水性沥青混合料的抗飞散能力,西班牙开发了肯塔堡(Cantabro)试验,目前已被世界大多数国家所采用。肯塔堡试验提供了混合料内聚作用、抗分解能力和集料嵌锁程度的间接评价。尽管试验最初是针对干燥试样提出来的,但自 2001 年开始,西班牙要求试样在干、湿条件下都进行肯塔堡试验。引进浸水试验是为了评价集料-结合料的组合是否具有差的黏附性,是否使用了低质量的填料,它们被认为与混合料性能的快速衰变相关。

肯塔堡试验是将马歇尔击锤或旋转压实仪压实的试样放置在洛杉矶磨耗机中,不加钢球。机器以 30~33r/min 转动,300 转后(大约 10min),将试样的最终质量(W_f)与其初始质量(W_0)相比,计算肯塔堡损失率:

$$\text{肯塔堡损失率}(\%) = \frac{W_0 - [W_f - (W_d - W_0)]}{W_0} \times 100 \tag{10-4}$$

这里 W_d 为干燥后试样的重量(如试样被用于测量过连通空隙率,则消除残留的水分)。表 10-2 列出了各国对肯塔堡损失的规定。

各国排水性沥青混合料试样的肯塔堡损失值 表10-2

国家或机构	条 件	规定值	备 注
美国 NCAT	干燥(25℃)	<20%	试样采用 SGC(旋转压实仪 50 转)
	老化(25℃)	<30%	
美国得州交通局	干燥	<20%	试样采用 SGC(旋转压实仪 50 转)
	浸水	<35%	
西班牙	干燥(25℃)	<20% (T00-T1)	T00、T1、T2 和 T3 都是重交通下的分类。浸水为 60℃ 水中 1 天
		<25% (T2-T3)	
	浸水(25℃)	<35% (T00-T1)	
		<40% (T2-T3)	
比利时	18℃	<20%	
意大利	干燥(25℃)	<25%	
	浸水(25℃)	<30%	
南非	干燥(25℃)	<25%	
	浸水(25℃)	<30%	
	老化(25℃)	<30%	
澳大利亚	干燥	<20% (类型Ⅱ)	Ⅰ类和Ⅱ类,具体取决于预期交通。一般 OGAⅡ类被用于较高交通流量(大于 5×10^6 当量标准轴载与/或每天每车道超过 500 辆商用车)的道路上。试样为 AGC80 次
		<25% (类型Ⅰ)	
	浸水	<30% (类型Ⅱ)	
		<35% (类型Ⅰ)	
日本	干燥(25℃)	<20%	

为了与实际情况更为对应,肯塔堡试验一般是针对老化试样的。Kandhal(2002 年)曾建议,老化过程可这样模拟,将所需的压实后试样在强制通风烘箱中 85℃ 保存 120h。之后将试样冷却到 25℃ 保持 4h,再进行肯塔堡试验。不过,Watson 等人(2004 年)认为,用马歇尔击锤和 SGC 压实的老化试样和未老化试样实施的肯塔堡试验结果中,没有发现显著的差异,因此老化程序没有必要。他们推荐,未老化试样在肯塔堡试验中要求不超过 20% 的重量损失,如果采用老化试样,规定最多不超过 24% 的重量损失。

肯塔堡试验最大的问题是温度的控制。这是因为肯塔堡试验使用的是洛杉矶磨耗机,最初它被用于测试不受温度影响的集料的抗磨耗性能,设备没有考虑温度控制问题。但如表 10-2 所示,各国对肯塔堡飞散率的规定都有温度的要求,这是因为如图 10-3 所示,温度的波动对试验值有较大的影响,如 20℃ 附近时,温度变化 1℃,高黏度改性沥青的飞散率变化将近 1%。但可惜的是,尽管注意到了温度的影响,但通常温度只能依靠房间内的空调进行控制,空调的精度问题以及试样敲击对磨耗机筒壁的升温作用等温度波动足以混淆对试验结果的正确判断。因此,现阶段日本的规范中,只要求肯塔堡试验起到从沥青用量与肯塔堡损失量的关系图中得到拐点,获得在集料保持稳定时求得最小沥青量的作用,此时一连串的试验都是在同一温度下实施的,绝对数值意义不大,而没有硬性规定肯塔堡飞散的目标值(但许多工程提供了建议值)。

除了肯塔堡试验外，丹麦和荷兰等都提出了用旋转表面磨耗试验（Rotating Surface Abrasion）作为替代方案的建议（图 10-4）。这个试验是在 20℃下进行的。让一带实心胶胎的负载钢轮在一排水性沥青混合料板块上来回行走。为了模拟车辆的剪切作用，使轮轴方向略微偏离运动方向。为此，将轮子固定在 33.7°的角度上。为使磨耗力分布在一定区域上，板块本身在磨耗力作用下也缓慢移动。轮子前移，板块随之旋转，轮子后移，板块的旋转被阻止。这个阶段，力达到最大值。抗飞散能力表示为测试 24h 后松散材料的总量。这个试验还可测量出车辆作用下的车辙深度。

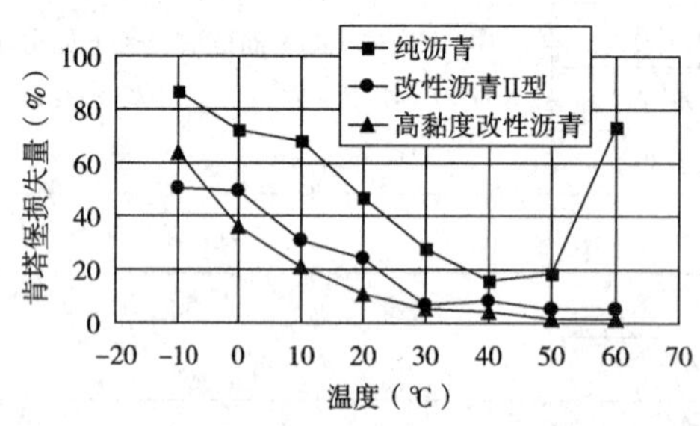

图 10-3　各种沥青在各温度下的肯塔堡试验结果（改编自岛崎等（1993 年））

图 10-4　旋转表面磨耗试验

（3）抗水损害能力

排水性沥青混合料对水的抵抗，各国有着不一样的对策。有些国家（如日本），随着沥青膜的增厚，在混合料设计环节并未将混合料抗水损害能力包括进来。美国的乔治亚州和得克萨斯州等采用了最原始的水煮法，即将松散的 OGFC 或 PFC 混合料置于沸水中 10min，取出并放置 24h 后目测确定沥青结合料完全或部分掉落的集料颗粒的近似比例。不过，得克萨斯州目前已经舍弃了这种方法，而改用浸水肯塔堡试验代替。

美国联邦公路管理局 1990 年发布的 OGFC 规范，则采用浸水抗压强度作为控制指标。相比马歇尔强度的测试方法，成型压力为 13.8MPa，而不是规定的 20.7MPa。49℃下浸水 4 天后，所测残留强度指数不得小于 50%。而美国国家沥青技术中心（NCAT）新一代 OGFC 的指南中，采用的则是改进的 Lottman 方法，试样采用真空饱和，饱和度 55% ~80%，然后承受 Lottman 方法中的 1 次冻融循环（ –18℃下 16h，60℃下 24h），以 50mm/min 的加载速度测试其间接拉伸强度（ITS）。间接拉伸强度评价的是材料的低温行为，因此测试温度一般是模拟冬天的 5℃，也有采用 15℃的。欧洲要求试验前温控箱 5℃至少养生 4h，而我国是 15℃恒温箱至少 2h。之后，将试样放置于抗压试验机的承压条之间，沿着圆柱轴以 50.8mm/min 的均匀速度径向加载，直至破坏（图 10-5）。每种混合料类型准备三个试样。之后，立即测试所有试样，直至在最大荷载 P 下破坏。根据 P，某一试样的间接拉伸强度 ITS 如式（10-5）确定：

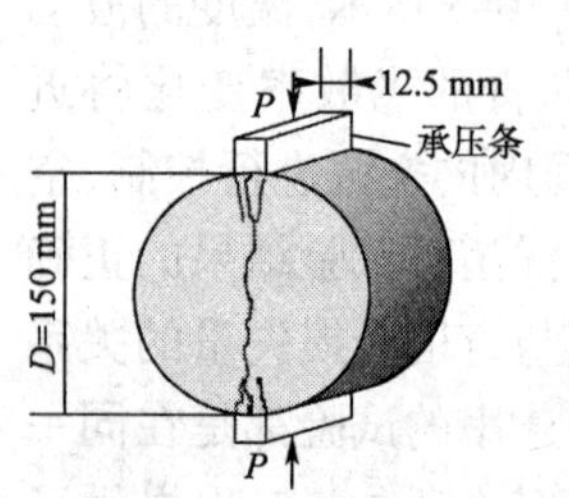

图 10-5　间接拉伸试验

$$ITS = \frac{2P}{\pi DH} \tag{10-5}$$

式中：ITS——间接拉伸强度，GPa；

P——极限荷载，kN；

D——试样直径,mm;

H——试样高度,mm。

瑞士采用的也是劈裂(间接)拉伸试验,评价饱水和加速浸水对圆柱试样 ITS 的影响。这个试验方法对于水对排水性沥青路面的长期影响的评价,实践经验还不充分。试验时,干燥试样储存在室温(20 ± 5)℃下,浸水试样在 30kPa 绝对压力下真空饱和 5min,然后 60℃保存 24h。之后试样在试验温度 25℃下进一步浸水 24h。根据欧洲标准,试样自水中或温控室中取出后,一分钟内必须实施试验。间接拉伸强度比 *ITSR* 如式(10-6)计算:

$$ITSR = 100 \times \frac{ITS_w}{ITS_d} \tag{10-6}$$

式中:*ITSR*——间接拉伸强度比,%;

ITS_w——浸水试样的平均间接拉伸强度,kPa;

ITS_d——干燥试样的平均间接拉伸强度,kPa。

NCAT 和瑞士都要求排水性沥青混合料的 *ITSR* 不得小于 80%。

美国得克萨斯州还评价了汉堡车辙与表面能在评价排水性沥青混合料抗水能力方面的应用,下面作一简单介绍。

图 10-6　汉堡车辙试验的装置

汉堡车辙试验被用于评价车辙和水损坏的敏感性。试验装置示于图 10-6,用往复式实心钢轮同时测试两块板。板长 320mm,宽 260mm,厚度可以分别取 38、76 或 119mm。轮子的直径 203mm,宽 22.87mm。试样采用直线式揉搓压实仪压实。过程中用水箱取得所需试验温度。水温可以设定为 25 ~ 70℃,50℃最普遍。施加荷载为 705N,平均接触应力大致为0.73MPa,接触面积在 970mm^2 左右。这个接触压力模拟了双轴卡车后轮胎的作用。接触面积随车辙深度增加而增大,因此接触应力是变化的。

试验典型的是来回总共 20 000 次,或直到发生 20mm 的变形,哪个先到取哪个。每个轮子的平均速度大致为 1.1km/h。返回前,每个轮子行进 320mm 左右,装置的运行速度是 53 ± 2 遍/min。线性差动变化器自动连续测量每块板的车辙深度,精度 0.01mm。运行 20 000 遍大约需要 6.5h;不过,如果板中的车辙深度超过 30mm,装置会自动停止。从试样制作开始,完成一次试验的总时间是 3 天。得克萨斯州交通局采纳了该试验,建议改性沥青运行 20 000 次,车辙深度最大允许值 12.5mm。

图 10-7 是汉堡车辙试验典型的试验结果,其中有四项特征。后压实是 1 000 遍时的变形(mm),试验前几分钟迅速发生。之所以该试验被称为后压实,是因为假设头 1 000 遍时轮子处于压密混合料的状态。蠕变坡度是后压实之后,剥落之前(如果出现剥落),变形曲线线性域内变形率的倒数。蠕变坡度测量车辙的敏感性,量度的是主要由于水损坏之外的机理引发的累积永久变形。

剥落坡度是剥落开始后,变形曲线线性变形内变形率的倒数。剥落反弯点是对应蠕变坡度和剥落坡度交叉点的车轮遍数。剥落坡度测量水损坏引发的累积永久变形。它被用于估计沥青混合料对水诱破坏的抵抗。换言之,它是水损坏开始主导性能的遍数。反剥落坡度越小,

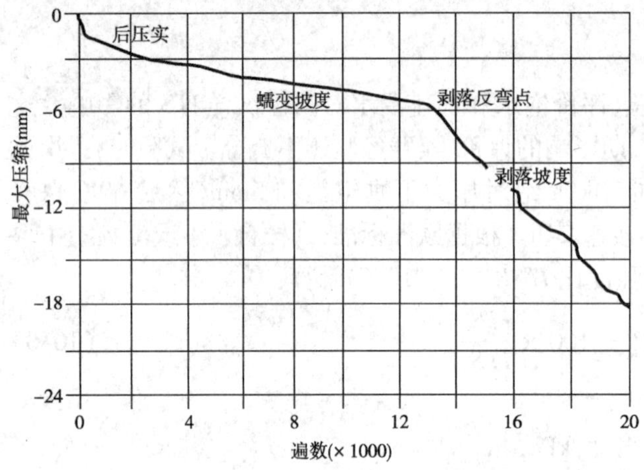

图 10-7　汉堡车辙试验的典型试验结果

水损坏越严重。蠕变坡度和剥落坡度都采用了反坡形式,这样在剥落反弯点处二者就都可以与车轮遍数一同报告。蠕变坡度、剥落点和剥落坡度越高,表明破坏越小。曲线的最后一个域被称为第三域,表明了试样的快速破坏。曲线第三域主要表现为水损坏,而不是导致永久变形的其他机理,比如黏流。易于水损坏的混合料,在剥落反弯点附近还趋向于开始掉落细集料。

得克萨斯州评价的另一试验方法是材料表面能。从热动力学观点看,某一材料的表面能是真空中该材料创造一单位面积新表面所需的功量。根据 Good-Van Oss-Chaudhury(1994 年)理论,基于分子间力的来源,表面自由能可分解为三个独立分项,分别是:Γ^{+},单极酸;Γ^{-},单极碱(这两项定义了极性分 Γ^{AB});Lifshitz-van der Waals 或非极性分 Γ^{LW}。某一给定材料的表面自由能根据公式(10-7)计算,它适用于计算沥青和集料的表面能。

$$\Gamma = \Gamma^{LW} + 2\sqrt{\Gamma^{+}\Gamma^{-}} = \Gamma^{LW} + \Gamma^{AB} \tag{10-7}$$

沥青和集料的表面自由能分量分别用 Wilhelmy 板(WP)法和普适吸着装置(USD)测定。WP 法可计算沥青表面上探测液体的接触角。裹覆有薄沥青膜的薄玻璃板(50mm×24mm×0.15mm),以非常慢的并且均匀的速度浸没于探测液体中并撤回,玻璃板同时悬挂在一精密天平下方,它记录了浸没与后撤时的作用力(图 10-8)。采用前进与后退时实测的力,分别计算前进接触角与后退接触角。前进(或润湿)与后退(或去湿)接触角被用于分别计算两独立的表面自由能分量集合。公式(10-8)是由测量装置的力分析得到的,被用于计算接触角(θ):

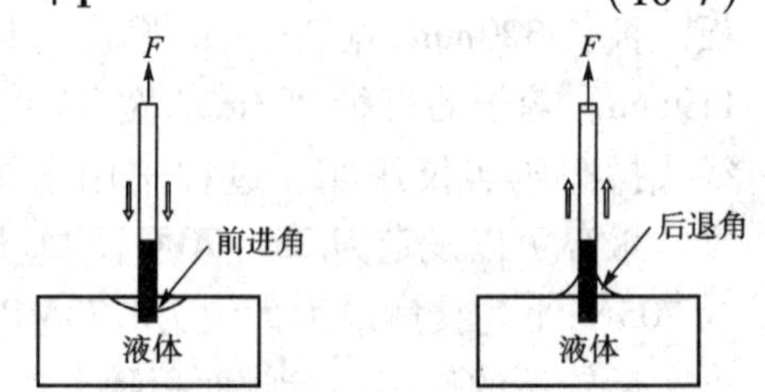

图 10-8　Wilhelmy 板技术示意图

$$\cos\theta = \frac{\Delta F + V_{im}(\rho_L - \rho_{air})g}{P_t \Gamma_L} \tag{10-8}$$

式中:ΔF——天平测得的力;

V_{im}——浸没板的体积;

ρ_L——探测液体的密度;

ρ_{air}——空气的密度;

g——当地重力加速度;

P_t——被沥青裹覆的板的周长;

Γ_L——探测液体总的表面能。

Good、van Oss 和 Chaudhury(1988 年)提出了公式(10-9),将与固体 S 接触的探测液体 L 的接触角与液体和固体的表面能分量(Γ^{LW}、Γ^{+}、Γ^{-})建立了关系:

$$W^a_{L,S} = \Gamma_L(1+\cos\theta) = 2\sqrt{\Gamma_S^{LW}\Gamma_L^{LW}} + 2\sqrt{\Gamma_S^{+}\Gamma_L^{-}} + 2\sqrt{\Gamma_S^{-}\Gamma_L^{+}} \tag{10-9}$$

式中：$W^a_{L,S}$——附着功。

要测定某一沥青的接触角，至少需要三种已知的探测液体，以便基于公式(10-9)得到联立方程组。该方程组的解答提供了沥青表面自由能分量的数值。表10-3给出了某些探测液体的表面自由能特征。表面能是按照 Hefer 等人(2006年)介绍的程序进行的测量。

20℃时探测液体的表面自由能(尔格/cm²)　　表10-3

液体	Γ_L	标准偏差	Γ_L^{LW}	Γ_L^{+}	Γ_L^{-}
水	72.8	0.2	21.8	25.5	25.5
甘油	64.0	0.3	34.0	3.92	57.4
甲酰胺	58.0	0.2	39.0	2.28	39.6
乙二醇	48.0	0.2	29.0	1.92	47.0
二碘甲烷	50.8	0.1	50.8	0.0	0.0

集料的表面能是基于三种探测蒸气的气体吸着特征，采用 USD 间接测定的(图10-9)。试样吊在磁悬浮钩上之后，将吸着室用氟化橡胶圆环封闭。用机械真空泵为吸着室排气。排气是在70℃下，大约5毫托真空下2h，接着真空下冷却到25℃保持4h。吸着室的温度用软件控制的水浴保持。排气完成后，用软件取得探测蒸气和集料的等温吸着。取得完全等温的典型顺序为：完全排气后真空中测量集料质量。然后允许探测液体产生的小剂量蒸气进入吸着室，以获得探测器大致十分之一最大饱和蒸气压力的蒸气压。被吸收蒸气的质量按与蒸气接触后的平衡质量与真空下质量的差值计算。增大蒸气压力，重复前两步骤，增量大致为其最大蒸气压力的十分之一，直至吸着室达到饱和蒸气压力。

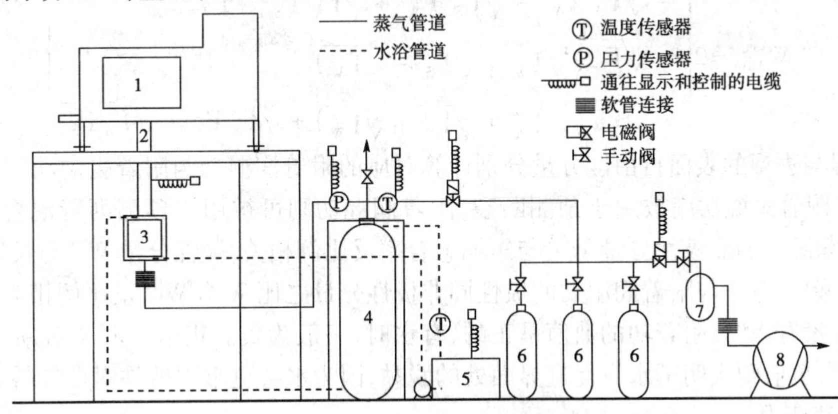

图10-9　普适吸着装置(USD)布局图

1-微量天平；2-磁悬浮；3-试样室；4-缓冲罐；5-水浴；6-探测液体容器；7-气液分离罐；8-真空泵

某一固体(集料)(S)上探测蒸气的附着功(W_a)及其表面能分量有公式(10-10)所示的关系。

$$W_a = 2\sqrt{\Gamma_S^{LW}\Gamma_V^{LW}} + 2\sqrt{\Gamma_S^{+}\Gamma_V^{-}} + 2\sqrt{\Gamma_S^{-}\Gamma_V^{+}} \tag{10-10}$$

该附着功还可以按照固体表面上探测蒸气的平衡分布压力(π_e)和探测蒸气的表面自由能(Γ_V)量化：

$$W_a = \pi_e + 2\Gamma_V \tag{10-11}$$

采用USD确定的恒温下被吸收溶剂量的等温吸附与相对压力的关系，根据下式计算分布压力：

$$\pi_e = \frac{RT}{A}\int_0^{P_0} \frac{n}{P}\mathrm{d}P \tag{10-12}$$

式中：R——普适气体常数；

T——绝对温度；

A——集料的比表面积；

n——集料表面上被吸收蒸气的质量；

P——探测蒸气的蒸气压力。

集料的比表面积也是用USD借助BET方程（Brunauer，Emmett和Teller，2005）计算的。因此，解答公式（10-10）、式（10-11）得到的三个方程就可得到集料的表面能。为此，集料必须在USD中用三种不同的已知探测蒸气试验，如表10-4所示。

探测蒸气的表面自由能（尔格/cm^2）　　表10-4

蒸气	Γ_L	Γ_L^{LW}	Γ_L^+	Γ_L^-
蒸馏水	72.60	21.60	25.50	25.50
正庚烷	18.40	18.40	0.00	19.60
甲基丙基甲酮	24.70	24.70	0.00	0.00

一旦量化了沥青和集料的表面能分量，则这两种材料（干燥条件）之间的附着功计算如下：

$$W_{AS}^{dry} = 2\sqrt{\Gamma_A^{LW}\Gamma_S^{LW}} + 2\sqrt{\Gamma_A^+\Gamma_S^-} + 2\sqrt{\Gamma_A^-\Gamma_S^+} \tag{10-13}$$

有水时，沥青与集料之间的附着功按照下式计算：

$$W_{ASW}^{wet} = 2\begin{bmatrix} -\sqrt{\Gamma_A^{LW}\Gamma_W^{LW}} - \sqrt{\Gamma_S^{LW}\Gamma_W^{LW}} + \sqrt{\Gamma_A^{LW}\Gamma_S^{LW}} + \Gamma_W^{LW} \\ -\sqrt{\Gamma_W^+}\left(\sqrt{\Gamma_A^-} + \sqrt{\Gamma_S^-} - \sqrt{\Gamma_W^-}\right) \\ -\sqrt{\Gamma_W^-}\left(\sqrt{\Gamma_A^+} + \sqrt{\Gamma_S^+} - \sqrt{\Gamma_W^+}\right) + \sqrt{\Gamma_A^+\Gamma_S^-} + \sqrt{\Gamma_A^-\Gamma_S^+} \end{bmatrix} \tag{10-14}$$

用润湿与去湿的表面自由能分量分别计算对应的附着润湿功与附着去湿功。根据Lytton（2004年），附着去湿功应被用于预测断裂，附着润湿功则可被用于预测沥青混合料的愈合。另外，附着润湿功的非极性分量W^{LW}与短期愈合率反比例相关，极性分量W^{AB}与长期愈合率正比例相关。愈合总量与附着润湿功的极性同非极性分量之比W^{AB}/W^{LW}正比例相关。

界面上没有水时，附着功的数值是正的，有水时，一般为负。正值表明了对断裂的抵抗与愈合的能力，负值则表明了水将促进界面处的脱黏，因为水会更牢固地黏附在集料表面上。

（4）承载能力

各国对于排水性沥青混合料结构能力的要求，很少有对其支承能力的考虑，这主要是因为大多数国家把排水性沥青层只作为功能层或磨耗层看待，而几乎不考虑它的结构贡献。但当中、下面层的结构支承能力并未有富余时，有时也必须加以考虑。如英国利物浦大学的Khalid和Pérez（1996年）提出了排水性混合料设计的三项基本性质，要求采用重复荷载间接拉伸试验（RLIT）测定混合料的20℃劲度模量（≥2 000MPa），以确保其结构支承能力；采用25m/d以上的渗透系数，以确保其排水能力；采用不超过25%的20℃肯塔堡损失要求，以确保其有足够的抗分解能力。在另一项研究中，Khalid和Walsh（1996年）提出了另一种混合料设计标准，见

表 10-5。可以看到,弹性劲度和残留劲度被作为了很重要的一项设计指标。

Khalid 和 Walsh 提出的设计规范 表 10-5

20℃测得的性质	交通流量(车辆数/车道/天)		
	≤1500	1500~3000	>3000
劲度(MPa)	≥500	≥700	≥1000
残留劲度(%)	≥70	≥70	≥70
空隙率(%)	≥20	≥20	≥20
肯塔堡损失(%)	<20	<20	<20

排水性沥青混合料的回弹模量是其强度的材料性质指标。回弹模量定义为施加动态荷载时外加应力与可恢复应变的比值。回弹模量采用外加荷载、试样尺寸和实测泊松比以及水平变形计算。借助半正弦波压缩荷载的重复施加,实施混合料的重复荷载间接拉伸回弹模量测试(图 10-10)。压缩荷载是沿着混合料圆柱试样的垂直径向平面施加的。固定数值的重复周期性应力具有 0.1s 的加载历时,总的周期历时 1.0s。荷载水平确定在保持试样在线黏弹性范围内。这是通过 150 到 500 微应变的目标实现的。试验时,试样承受一动态周期应力(总荷载的 90%)和一固定应力(总荷载的 10%)。用贴在试样中心的位移测量计测量变形。总的回弹模量的公式如式(10-15)计算:

图 10-10 重复荷载间接拉伸试验

$$M_{RT}=\frac{P(\nu_{RT}+0.27)}{t\Delta H_t} \tag{10-15}$$

式中:M_{RT}——总的弹性回弹模量,MPa;

P——重复荷载(外加荷载 - 最小接触荷载),N;

t——试样厚度,mm;

ΔH_t——总的可恢复水平变形,mm;

ν_{RT}——总的回弹泊松比。

可计算瞬时和总体情况下的泊松比,如式(10-16)计算:

$$\nu_{Rt}=-0.10+1.480\left(\frac{\Delta H_t}{\Delta V_t}\right)^2-0.778\left(\frac{t}{D}\right)^2\left(\frac{\Delta H_t}{\Delta V_t}\right)^2 \tag{10-16}$$

式中:D——试样直径,mm;

ΔV_t——总的可恢复垂直变形,mm。

瑞士还评价了另外三种与劲度模量相关的试验,可作为备选试验。

(1)同轴剪切试验(CAST)

CAST 是轴向加载的动态体系,用于确定沥青路面的复数模量(E^*)(图 10-11)。试验是在一传统的液压伺服温控拉压机上进行的。垂直于试样圆形表面施加剪切荷载,侧向约束由围绕试样的金属环提供。这样的形式使得可以沿与车轴相同的轴加载,同时侧向约束模拟了现场的半无限条件。同轴剪切试验设备还可被用于确定水和温度循环的双重作用下,力学性质的发展。该试验方法由于重复加载、温度循环以及浸水而产生了力学破坏。此时采用25℃到30℃和30℃到25℃的四次温度循环，每次18 000s。

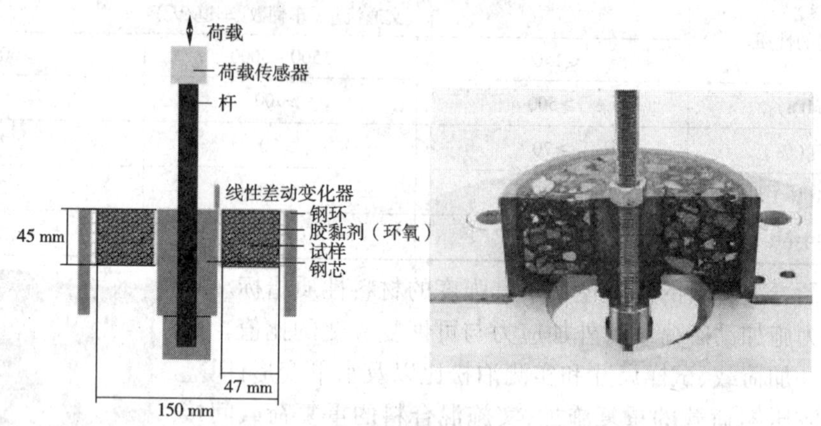

图10-11　同轴剪切试验装置示意图

试验参数列于表10-6中。试验是在荷载控制下进行的，将试验结果与有限元分析相联系，得到模量E^*和变形的关系。根据变形反演模量E^*的公式见式(10-17)：

$$E^* = \frac{F_a}{\delta_a}A(E^*) \tag{10-17}$$

式中：E^*——复数模量；

F_a——沿钢芯力的数值；

δ_a——沿钢芯位移的数值；

$A(E^*)$——采用递归迭代，由有限元法导出的系数函数。

同轴剪切试验参数　　表10-6

温度(℃)	-10、-5、0、5、10、15、20	每个加载条件模量测定数	6
频率(Hz)	0.25、0.5、1、2、4、8、16	胶黏剂模量(MPa)	2000

假定为线黏弹性行为，采用时温叠加法来构建基准温度25℃下的主曲线，采用式(10-18)所示的反曲函数：

$$\log E^* = \delta + \frac{\alpha}{1 + e^{\beta\gamma(\log f_r \log a_T)}} \tag{10-18}$$

式中：E^*——动态复数模量；

δ——描述E^*最小值的参数；

f_r——基准温度下的加载频率；

α——描述E^*最大值与最小值跨距的参数；

β,γ——描述反曲函数形状的参数；

a_T——迁移系数，由时温等效关系确定。

(2)两点弯曲试验

两点弯曲试验是在梯形试样上进行的。试样上部用线性域内的正弦曲线循环挠曲应变加载(ε限于50×10^{-6}，以避免破坏)。应力和应变同时测量。图10-12给出了试验装置的一个

示例。复数模量 E^* 是某一给定时刻应力与应变的比值：

$$E^* = (\sigma_0/\varepsilon_0)(\cos\varphi + i\sin\varphi) \quad (10\text{-}19)$$

模量(E^*)是一个复数，对应着模(σ_0/ε_0)和相角 φ。相角又代表着应力与应变水平之间的相位差。该复数可如式(10-20)表达：

$$E^* = E_1 + iE_2 = |E^*|e^{i\varphi} \quad (10\text{-}20)$$

这里实部 $E_1 = \gamma(F/D\cos\varphi)$，虚部 $= \gamma(F/D\sin\varphi)$，F 为正弦曲线荷载的幅值(N)，D 为位移的幅值(mm)，γ 为系数，依赖于试样尺寸。

图 10-12　两点弯曲试验装置示例

(3)直接拉伸试验(DTT)

试验目的是借助低温下的直接拉伸试验来评价排水性沥青混合料中所采用的各结合料的黏附现象与内聚现象。已经表明，应变率没有起到显著作用，因此在较高的应变率下展开试验是可能的，建议为 2 000 × 10^{-6}m/m · h。直接拉伸试验(图 10-13)可以达到低应变率下的低温断裂现象，类似于温降时沥青混合料的体验。试验的目的是在 -10℃ 到 -30℃ 的低温范围内，在恒定的应变率下，借助单轴拉伸对沥青混合料试样加载。试验通常是在 30mm × 30mm × 100mm 试样上进行的，但排水性沥青混合料时，横断面增大到 60mm × 30mm × 100mm。

图 10-13　直接拉伸试验示例

10.1.2.4　功能性指标的控制

从排水性沥青路面的设计目标考虑，有着不同的功能性指标。如从抗滑的角度出发，潮湿路面的高速抗滑能力是设计中的功能性指标；从排水的角度出发，则是渗透系数或透水系数；从降噪的角度出发，控制指标可以是最大垂直入射声系数及对应的声频率；从降温的角度出发，则可以选择导热系数；从光学的角度出发，将是镜面反射系数与漫反射系数。但是，目前世界各国的规范中，除了透水系数，其他指标的要求极少见到。这主要是因为：

①目前排水性沥青路面还处于功能发现阶段，还没有到功能设计阶段。事实上，许多功能是否存在或者程度如何，至今仍没有达成统一的认识。

②如何在混合料设计阶段调整这些指标也缺乏必要的理论支撑和实验支撑。在理论上，各项指标的数值与混合料设计参数之间的规律尚无系统的研究；在实验上，这些指标的室内测试设备还不是实验室内常备的仪器，甚至有些还相当昂贵。

③这些指标的数值与路面最终的声学、热学、光学等效益之间的关系缺乏必要的研究，目前更多的是基于定性的分析。

不过，透水系数作为功能指标的代表，在有些国家作出了一定的要求。如美国国家沥青技术中心要求排水性沥青混合料的透水系数大于100m/d(0.12cm/s)，不过它也指出，压实试样透水系数的测定是可选的。日本则是作了比较明确的规定，要求设计目标值在0.01cm/s以上，与美国的控制目标相比，这一指标是偏低的。具体的测试方法参见本书第五章。

10.1.2.5 析漏指标的控制

排水性沥青混合料开放性的结构使得各国普遍采取了增厚沥青膜的抗老化手段，但沥青用量的增大也加剧了沥青混合料生产、储存、运输、摊铺过程中由于重力作用沥青结合料从集料表面流失(这被称为析漏或流淌)的趋势。换句话说，排水性沥青混合料中沥青用量的增大将受到析漏指标的控制。

评价排水性沥青混合料的析漏趋势有许多方法。Decoene(1990年)介绍了比利时采用的两种方法：网篮流淌试验与Schellenberger流淌试验。在网篮流淌试验中，首先用3.0MPa的压力将排水性沥青混合料在Duriez模具中压实。然后将装有压实混合料的模具转移到180℃烘箱的格网中。在此温度下，试样放置7.5h，使沥青结合料从压实试样上流淌下来。最后计算流失沥青结合料重量占初始结合料重量的百分比。Schellenberger流淌试验中，一开始将1 000到1 100克的松散排水性沥青混合料试样放到一玻璃烧杯中。然后将烧杯转移到170℃烘箱中，保持1h。在这个规定时间之后，将松散的排水性沥青混合料从烧杯中移出，测定保留在烧杯中的沥青结合料数量。流淌趋势用保留在烧杯中的结合料描述，表达为它与初始结合料重量的比例。作者认为，这两种方法产生的结果是类似的。

美国乔治亚州交通局的Santha(1997年)介绍了一种耐热碗法，用于评价流淌的趋势。该方法中，制备混合料并放到一透明的耐热碗中。然后将碗放到一设定在121℃的烘箱中1h。1h后目测碗内情况，量化留在耐热碗中的沥青结合料数量。Santha也指出，乔治亚州交通局已经使用了德国Schellenberger流淌试验。

图10-14 网篮法流淌试验

Watson等人(1998年)指出，乔治亚州交通局已经采纳了美国国家沥青技术中心开发的流淌试验。Mallick等人(2000年)介绍，该方法首先将松散混合料放到网篮中。然后将混合料和篮子一起放到设定在规定温度的烘箱中。Mallick等人采用的试验温度为160℃和170℃，后来他们又建议测试温度比预期的生产温度高15℃。在烘箱中的网篮底下，放上已知重量的合适容器(图10-14)。然后使混合料在该高温下放置1h。1h后，从烘箱中移出篮子，测定容器的重量。将通过篮子从混合料流淌到容器中的结合料占混合料总重量的比例作为流淌计算。

2003年，Watson等人采用流淌篮对各种排水性沥青混合料进行了流淌试验，不过制作篮子时采用了不同尺寸的网格。代表性的两种网格尺寸是4.75mm和2.36mm。标准网格是4.75mm。不过，Watson等人认为，有些中等尺寸的集料可能会从4.75mm网格中通过，因此研究了更小网格尺寸的使用。对标准程序的另一个改动是1h后保留在篮子里的沥青结合料也被视作流淌

的一部分。标准流淌试验和改进流淌试验的结果比较表现出了非常强的相关性。不过，Watson 等人指出，2.36mm 网格篮子实施的试验得到重现性更好的试验结果。他们没有对流淌测定方式的改动作出建议。

目前标准的 Schellenberger 一般采用 800ml 的烧杯。为简便起见，计算结果常常表达为流失结合料与初始混合料重量的比值，而不是初始结合料。南非认为，小于 0.2% 的流淌损失被认为良好，而 0.2% 到 0.3% 的损失是可接受的，超过 0.3% 则被认为差，应采取补救措施。为此，许多国家都设定了 0.3% 的流淌规定值（包括网篮法）。

日本则采用搪瓷盘法或平盘法来测定结合料的流淌。搪瓷盘法反转时，必须除去附着在搪瓷盘表面的碎石。一般认为，搪瓷盘法由于集料平铺在盘子表面，没有堆积情况，因此其析漏量应高于烧杯法。而搪瓷盘法的流失沥青保持在盘子上，对后续结合料的流失有一定的阻碍作用，这表明网篮法的析漏量又会高于搪瓷盘法。对网篮法也采用 0.3% 的析漏控制量应是偏严厉的。日本没有对搪瓷盘法的析漏量作出具体的控制要求，我国规范参考了 SMA 的控制要求，一样用 0.3% 作为控制目标。不过，杨军等人（2007 年）认为，这一指标宜放大到 0.8%。

10.2　级配的确定

排水性沥青混合料的级配选择，一般来说，需要实现两大目标，一是达到所需的空隙率，这是实现混合料功能性的基本要求，另一则是实现石石嵌挤的混合料结构特征，这是实现混合料结构性的关键。

10.2.1　实现设计空隙率的基本方法

目前，各国根据实验与实践，推荐了排水性沥青混合料的级配范围。但要实现譬如 21% 的设计空隙率，还需要进一步的微调。日本的方法是，如图 10-15所示，先利用 2.36mm 筛网的上限通过率、中间通过率与下限通过率，建立空隙率与 2.36mm 筛网通过率的线性关系。然后根据设计空隙率，寻找对应的2.36mm筛网通过率。这一方法对应的机理是：以筛孔 4.75mm 为粗、细集料的分界，粗集料构成骨架，2.36mm到 4.75mm 的集料基本间断，2.36mm 以下集料与结合料、矿粉一起构成填充粗集料骨架间隙的玛蹄脂。显然，改变 2.36mm 筛网的通过率，意味着增加或减少填充粗集料骨架间隙的玛蹄脂，从而调整混合料的整体空隙率。当然，改变矿粉用量或结合料用量也能达到这一效果，的确有些地方也是这么做的，但就效率和成本而言，无疑 2.36mm 筛网通过率的调整最合适。

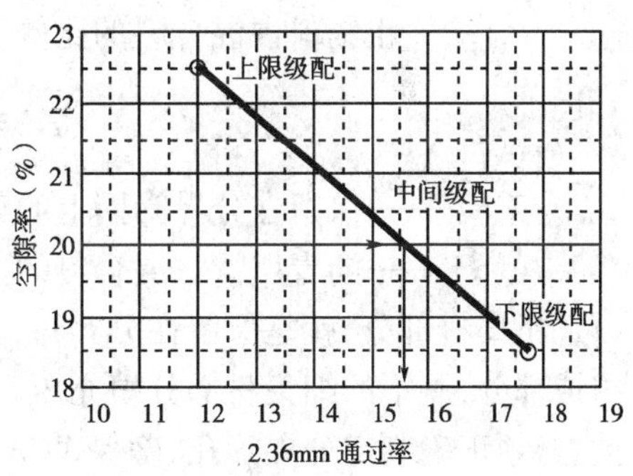

图 10-15　排水性沥青混合料 2.36mm 筛网通过率与空隙率的关系

不过，2.36mm 筛网通过率的调整有一定的应用局限性。譬如图 10-15 所示，在 2.36mm 筛网通过率的变动范围内，空隙率仅能在 18.5% ~ 22.5% 之间变动，如设计空隙率为 18% 或 25%，显然，光靠调整 2.36mm 筛网通过率就不够了。从数学知识可以知道，完全单粒径的球体可以达到40%以上的空隙率，但如果球体是两种直径，空隙率将会减小，这就意味着，如果排水性沥青混合料的最大公称粒径是13.2mm，变动4.75~9.5mm筛孔之间集料的数量，也能达到显著改变空隙率的目的。有研究指出，空隙率与2.36mm筛网通过率的相关性最大，与4.75~9.5mm之间筛网保留率的相关性次之，这揭示了实现空隙率的两条途径，一是改变填充粗集料间隙率的玛蹄脂，二是改变构成粗集料骨架的集料粒径的均匀性。

10.2.2 石石嵌挤的实现与判断

根据美国国家沥青技术中心的研究成果，排水性沥青混合料达到石石接触的判断条件为：

$$\frac{\mathrm{VCA_{mix}}}{\mathrm{VCA_{DRC}}}<1 \tag{10-21}$$

其中，$\mathrm{VCA_{mix}}$和$\mathrm{VCA_{DRC}}$如下计算：

$$\mathrm{VCA_{DRC}} = \left[\frac{(G_{CA}\times\gamma_w)-\gamma_s}{G_{CA}\times\gamma_w}\right]\times 100 \tag{10-22}$$

$$\mathrm{VCA_{mix}} = \left[1-\frac{G_{mb}\times P_{CA}}{G_{CA}}\right]\times 100 \tag{10-23}$$

式中：G_{CA}——粗集料的毛体积相对密度；

γ_s——粗集料的干捣比重；

γ_w——水的比重；

G_{mb}——压实后排水性沥青混合料的毛体积相对密度；

P_{CA}——粗集料占混合料的比例，如下计算：

$$P_{CA} = \left(\frac{\%R_{BS}}{100}\right)\times\left(1-\frac{P_b}{100}\right) \tag{10-24}$$

式中：$\%R_{BS}$——保留在分界筛网上的集料比例；

P_b——沥青用量占混合料的比例。

粗集料部分，就是保留在分界筛孔以上的集料，是构成石石接触和颗粒嵌锁的粒料骨架的组成部分，剩下的细集料部分填充压实后排水性沥青混合料中由粗集料构成的空隙结构。因此，必须正确判定分界筛孔，确保VCA计算中的粗集料部分是实际贡献于混合料中石石接触建立的那一部分。用于确定排水性沥青混合料分界筛孔的标准有：

①标准1：选择4.75mm筛网作为所有排水性沥青混合料的分界筛网。目前，这一标准在排水性沥青混合料的设计中应用最为广泛。

②标准2：选择在该筛孔以下，级配曲线坡度开始变平的筛孔（Watson等人，2004年）。

③标准3：选择至少保留有10%集料的最细筛孔（Watson等人，2004年）。

Brown和Mallick在1995年最初提出的标准就是公式(10-21)，是用来评价碎石玛蹄脂沥青SMA混合料中的石石接触的。按照这个标准，干捣条件下的VCA就是石石接触条件下的VCA，因此压实后SMA混合料中粗集料的$\mathrm{VCA_{mix}}$如等于$\mathrm{VCA_{DRC}}$，就意味着已经产生了相当于干捣集料中存在的石石接触条件。这个验证标准目前也被用于评价排水性沥青混合料。不过，干捣比重对应的密度不一定与保证混合料耐久性与排水性之间适当平衡的压实后排水性

沥青混合料中粗集料所要求的密度相联系。另外，Alvarez 等人(2009 年)提供了证据，表明达到石石接触条件的阈值后(VCA 比值 =1)，继续压实来获得充分发展的石石接触的粒料骨架的必要性，这样才能确保排水性沥青混合料在抗永久变形和抗飞散方面充分的耐久性。Alvarez 等人(2010 年)通过离散元法的分析与图像分析技术认为，分界筛孔的选择可采用标准 2，而 VCA 比值 =0.9 可作为石石接触充分建立的判断标准，当然，这一标准仍需要长期性能的观测予以检验。

在日本的排水性沥青混合料规范中，未对混合料的石石接触状态进行检验，这在一定程度上建立于日本对高黏度改性沥青贡献的更多依赖。由于 VCA 比值 =1 的条件相当容易达到，因此重复作这样的判断的确有些多余，但若选取 VCA 比值 =0.9，可能充分嵌挤条件是否满足就有必要予以验证了。由于排水性沥青混合料中集料的取向空间较 SMA 混合料更为充分，因此选择比 SMA 更严格的嵌挤判断依据是有一定的理论基础的。

10.2.3　世界各地排水性沥青混合料级配的概况

在典型的混合料设计中，建立设计级配的过程就是设计若干试验级配，采用混合料设计标准来选择最合适的试验级配。

俄勒岗州是美国拥有 25mm 最大集料粒径排水性沥青级配的唯一一个州。图 10-16 显示了该级配。图中显示，排水沥青级配在 4.75mm 筛网处间断。该级配允许的填料含量范围为 1% 到 6%。许多机构提供了 19mm 最大集料粒径的级配要求。图 10-17 显示了美国各机构规定的排水性沥青级配范围。该图中示出的级配一般也是在 4.75mm 筛网处间断的；不过，有些机构也允许级配间断在 2.36mm 筛网。许可的填料用量低到 1%，高到 5%。有意思的是，许多机构有着 19.0mm 最大集料粒径排水沥青混合料相同或几乎相同的级配要求。阿拉巴马州、乔治亚州、路易斯安那州和南卡罗莱纳州都规定了基本相同的级配要求。这样的规范可能要追溯到乔治亚州采用的最初的欧洲多空隙混合料以及国家沥青技术中心实施的研究。

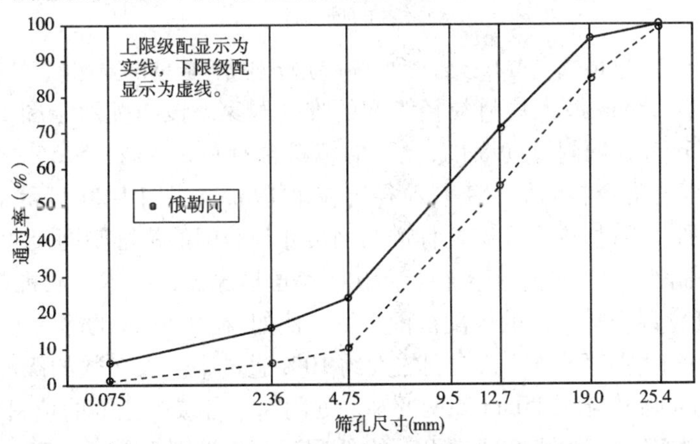

图 10-16　美国最大粒径 25mm 的排水性沥青混合料级配要求

路易斯安那州是提供 12.5mm 最大集料粒径排水性沥青混合料级配要求的唯一一个州，级配示于图 10-18。在这个级配范围上，集料在 2.36mm 筛网处间断。填料标准是最少 2%，最多 4%。

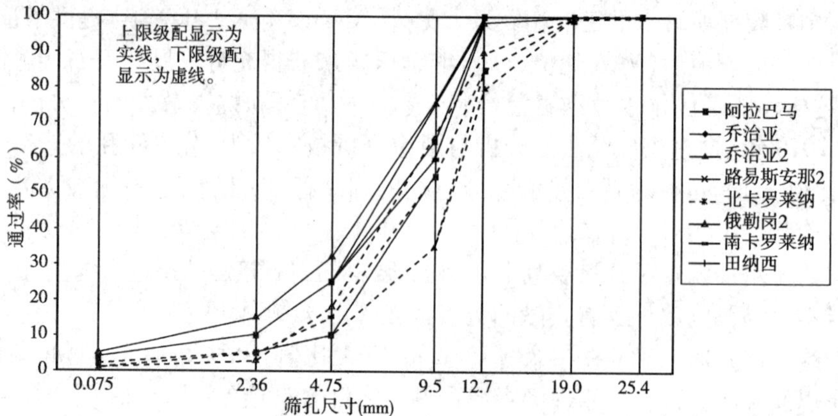

图 10-17　美国最大粒径 19mm 的排水性沥青混合料级配要求

除了美国以外，其他国家也规定了排水性沥青混合料的级配要求。主要有三种不同的最大粒径级配(25mm、19mm 和 12.5mm)。

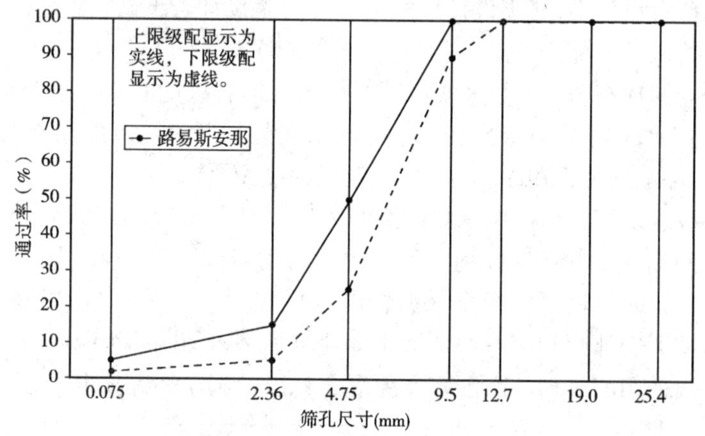

图 10-18　美国最大粒径 12.5mm 的排水性沥青混合料级配要求

英国是已知有 25mm 最大集料粒径级配的唯一国家。该级配示于图 10-19 中。由图可知，级配是在 4.75mm 筛网附近间断的，允许的填料含量在 3.5% ~5.5% 之间。国际上更多的国家把排水性沥青混合料的最大集料粒径定在了 19mm。图 10-20 显示了 19mm 最大集料粒径的各级配范围。不过，许多国家的标准筛网尺寸与美国的标准筛网尺寸不一致，图中显示的是美国的标准筛网尺寸。这个图上还显示出了美国国家沥青技术中心推荐的级配范围。可以看到，排水性沥青混合料允许的级配范围很宽。例如，在 9.5mm 的筛网上，级配要求范围从西班牙的大约 75% 通过率下降到意大利的大约 10% 通过率。大多数的级配范围强制要求集料混合物在 9.5mm 筛网与 4.75mm 筛网的某一处间断。各级配范围的填料用量相差也很大。意大利给出了 0.075mm 筛网通过率 0% 的低限，而南非则允许 0.075mm 筛网通过率高达 8%。

图 10-21 则显示了 12.5mm 最大集料粒径的级配，是英国规定的级配范围。从图中可以看出，这个粒径的级配或者在 4.75mm，或者在 2.36mm 筛网处间断。允许的填料比例介于 3% 到 6% 之间。

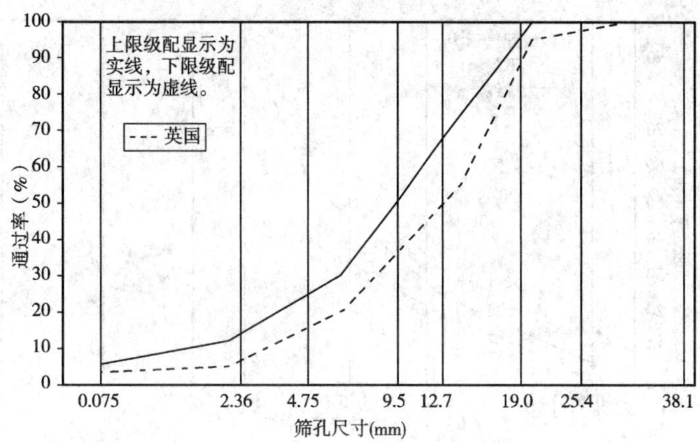

图 10-19　世界范围最大粒径 25mm 的排水性沥青混合料级配要求

表 10-7 给出了日本排水性沥青路面的级配范围。之所以单独给出日本的级配，是因为目前国内许多工程都借鉴了日本级配的规定。注意，日本没有对 9.5mm 筛网的通过率提出要求，考虑国内实际供料规格情况，以及进一步质量控制的需要，有条件时技术人员可以相应作出规定。

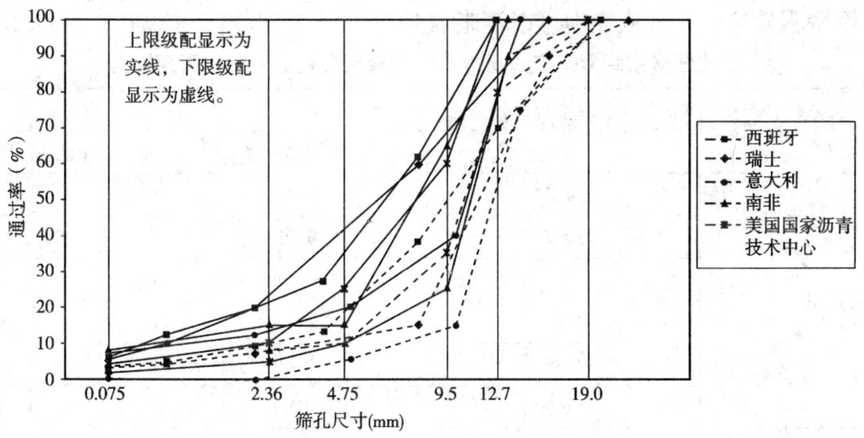

图 10-20　世界范围最大粒径 19mm 的排水性沥青混合料级配要求

日本排水性沥青混合料的标准级配范围　　表 10-7

筛孔尺寸（mm）		级配范围	
		最大粒径(20)	最大粒径(13)
重量通过率(%)	26.5	100	
	19.0	95～100	100
	13.2	64～84	90～100
	4.75	10～31	11～35
	2.36	10～20	10～20
	0.075	3～7	3～7
沥青含量(%)		4～6	

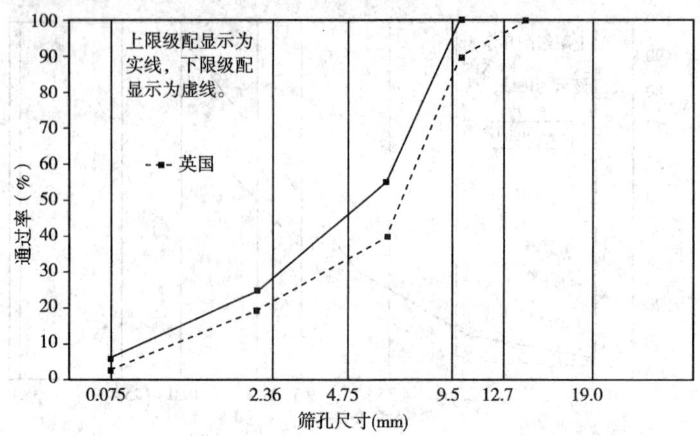

图 10-21　世界范围最大粒径 12.5mm 的排水性沥青混合料级配要求

表 10-8 给出了美国得克萨斯交通局排水性沥青混合料的级配范围，其中使用了 PG76 改性沥青和橡胶沥青两种结合料。之所以单独给出得州的级配，是因为有必要说明，使用美国橡胶沥青作为结合料时，由于橡胶沥青中存在未完全溶解的橡胶粉颗粒，它的存在，一方面减少了橡胶沥青中有效结合料的数量，使总的结合料用量增大，另一方面，它替代了部分细集料，使细集料的用量明显偏少。这从表中可以清晰看到。

美国得克萨斯州交通局排水性沥青混合料的标准级配范围　　表 10-8

筛 孔 尺 寸(mm)		级 配 范 围	
		PG76 结合料	橡胶沥青结合料
重量通过率(%)	19.0	100	100
	12.7	80 ~ 100	95 ~ 100
	9.5	35 ~ 60	50 ~ 80
	4.75	1 ~ 20	0 ~ 8
	2.36	1 ~ 10	0 ~ 4
	0.075	1 ~ 4	0 ~ 4
沥青含量(%)		5.5 ~ 7.0	8.0 ~ 10.0

10.2.4　紧堆法(Packing Method)在排水性沥青混合料级配选择中的应用

10.2.4.1　基础知识

基于经验，在规范中给出可供选择的级配范围，是沥青混合料设计中常采用的手段。它简单易行，但物理意义不甚明确，也无法寻找出集料最优的组合，当集料组合超越级配范围时，容易发生误判。为此，Cabrera 等人(1994 年)专门为排水性沥青混合料开发了干紧堆法(Dry Packing Method, DPM)，从粗集料组分的最小空隙率开始，设计干集料(也即无结合料)压实后的目标空隙率。其基本原理见图 10-22，使用 A、B、C、D、E 五种粒径的集料组分。第一步中，将最大粒径的集料组分 A 与更细的组分 B 混合，寻求具有最小空隙率的组合 AB。然后，将混合物 AB 与次细的组分 C 混合，以此类推。最后，加入最细的集料组分 E，实现目标空隙率。

具体实施时，可采取以下步骤：

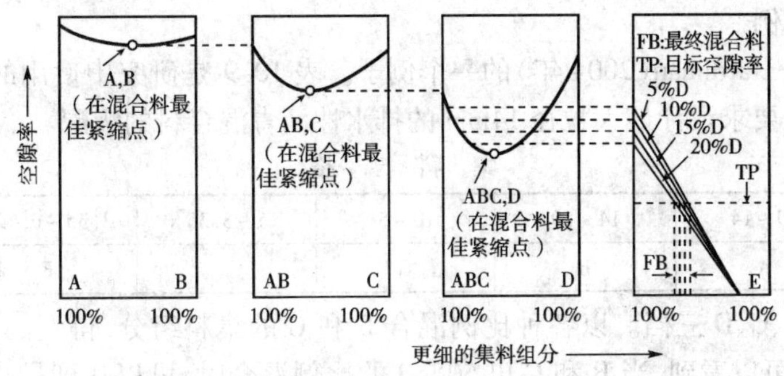

图 10-22　排水性沥青混合料的干紧堆法（DPM）

(1)为使集料能紧缩堆积，宜采用振动压实。可选择水泥混凝土试验中常采用的振动台，在沥青混合料试样顶面放置一个 4kg 的钢柱超载，以取得均匀压实的表面。压实时间宜选择 65s，振动频率 40Hz。

(2)选择集料总重量 1 000g。先根据组分 B 重量（以 10% 的重量递增）称取组分 A 重量，在拌和锅中将其混合，然后从恒定高度倒到 Marshall 模具中。将钢柱超载放到模具中的集料试样顶面，打开振动压实，65s 后关闭振动，然后在试样顶面的三个等分点记录高度，精确到 0.01mm，将试验结果平均后作为设计输入。根据干集料的最小空隙率确定 A 与 B 之间的最佳比例。这里需要给出空隙率的计算公式：

$$P = 100\left(1 - \frac{D}{Dr}\right) \tag{10-25}$$

式中：P——干集料混合体的空隙率，%；

D——干集料混合体的压实密度，g/cm^3；

Dr——干集料混合体的计算密度，g/cm^3。

$$Dr_n = \frac{100}{(\sum Pw_i / Dr_i)} \tag{10-26}$$

式中：Dr_n——加入第 n 种集料后集料混合体的计算密度，g/cm^3；

Pw_i——第 i 种集料在集料混合体中的重量比例；

Dr_i——第 i 种集料的相对密度，g/cm^3。

(3)按 A 与 B 之间最佳比例得到的集料混合体 AB 作为新的较粗集料组分，往其中再加入下一档更细的集料组分 C，同样得到产生新的最低干集料空隙率的集料混合体 ABC。接着，按以上步骤向集料混合体 ABC 加入集料组分 D。集料混合体 ABCD 代表着 A、B、C、D 四种集料构成的干集料空隙率最低的集料骨架。这个骨架被认为是稳定的，能充分提供强度和抗变形能力。

(4)最后一步是变化细集料比例，实现被认为适合于透水混合料的目标空隙率。集料组分 E 以比例 0%、5%、10% 和 15% 与集料混合体 ABCD 相组合，在已知的目标空隙率下，就可得到各档集料的比例。只要粗集料骨架的干集料空隙率最小，这个方法可以实现任何期望的空隙率。

Zoorob 等人（1999 年）对干紧堆法进行了改进，引进了湿紧堆法（Wet Packing Method，WPM），此时集料在压实前先在拌和器中裹覆以沥青结合料。

10.2.4.2 算例

这里给出的是 Hardiman(2004 年)的一个例子。表 10-9 是研究中使用的 A、B、C、D、E、F 六种集料的规格。要求设计最大粒径 14mm 的排水性沥青混合料的级配。

集 料 规 格 表 10-9

筛网(mm)	20 ~ 14	14 ~ 10	10 ~ 5	5 ~ 3.35	3.35 ~ 0.425	0.425 ~ 0.075
组分	A	B	C	D	E	F

粗集料选择 B、C、D 三档。以各种比例混合 B 和 C 的集料组分,得到的干集料空隙率值曲线见图 10-23。可以看到,当 B 和 C 以 50∶50 的比例混合时,可以达到最小空隙率,此时最小的干集料空隙率为 41%。将 D 组分集料与达到最佳组合(50∶50)的 BC 混合体混合时,同样方法取得三组分体系的最小干集料空隙率,此时 D 组分相对于 BC 组分比例为 43%,这样产生的混合料应给出比 BC 混合料更稳定的粗集料骨架。调整 BCD 混合体中三组分的比例为 B∶C∶D = 28.5%∶28.5%∶43%。研究结果表明,由若干组分构成的体系的最小干集料空隙率总是小于单一组分的最小干集料空隙率。

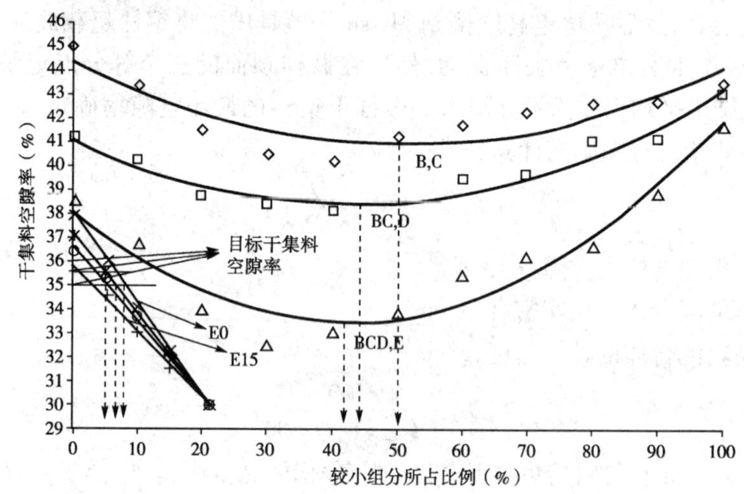

图 10-23 最大公称粒径 14mm 的排水性沥青混合料的最小干集料空隙率

加入细集料时,透水系数将下降。10.5% ~ 15% 细集料组成的混合料,产生 0.11 ~ 0.19cm/s 的透水系数与 4.5 ~ 6.1kN 的稳定度。如设计目标定透水系数为 0.15cm/s,稳定度大于 5kN,基于图 10-24 所示的细集料含量与透水系数之间的关系,则细集料数量需要 11.75%。此时按照图 10-25,稳定度值为 5.7kN,可以满足要求。最终四档集料的比例为 B∶C∶D∶E = 25.15%∶25.15%∶37.95%∶11.75%。

紧堆法的概念是比较容易理解的,但它存在以下的缺陷:

(1)所谓紧堆的概念,如图 10-26 所示。可以看到,实际上是集料的一致定向问题,却没有考虑到排水性沥青混合料中集料的嵌挤本质。集料的一致定向,并未考虑组成集料是否能构成嵌挤,因此紧堆法只追踪不同集料的优化比例,但对集料本身的分档却未提供任何标准。换句话说,不管集料如何分档,紧堆法总能找到其程序设定范围内的最优化比例。不过,排水性沥青混合料强度的发挥很大程度上来源于石石嵌挤的贡献,因此必须寻求合理的集料分档。这就是下一节贝雷法的思想来源。

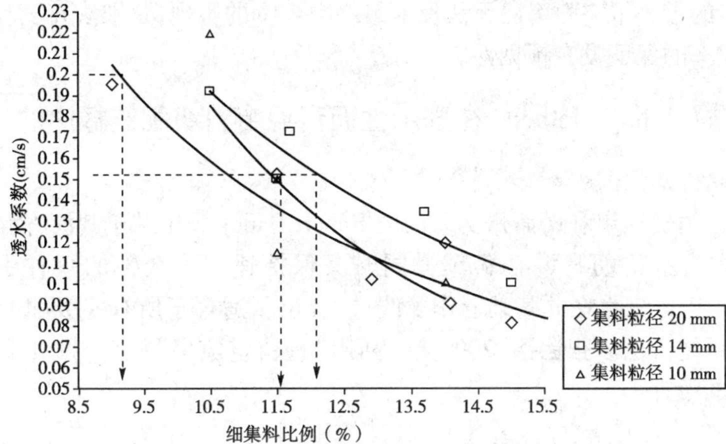

图 10-24 细集料比例与透水系数之间的关系

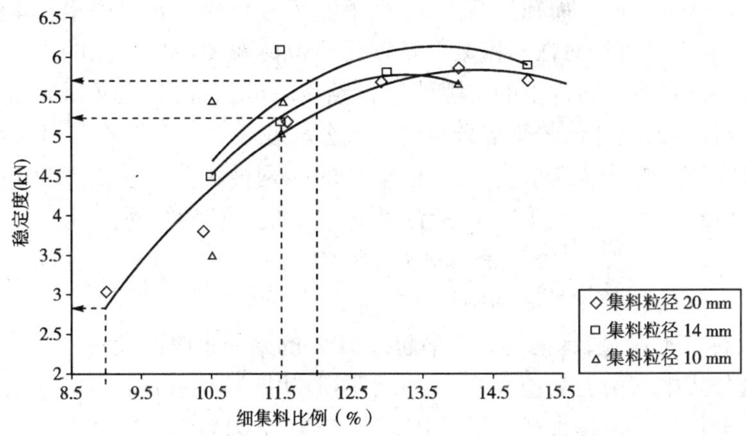

图 10-25 细集料比例与稳定度之间的关系

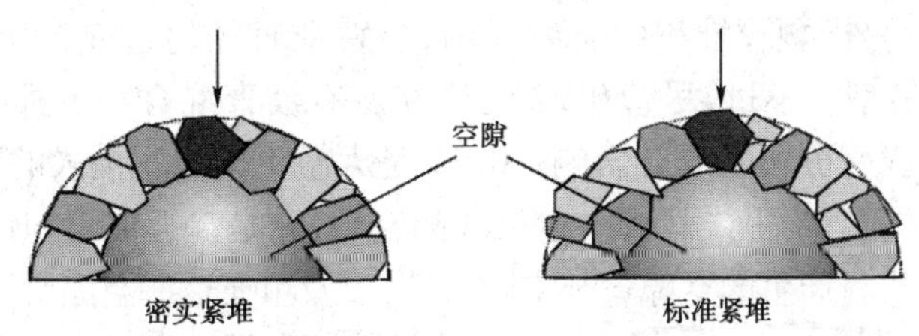

图 10-26 左侧密实紧堆的架桥在孔上的石拱提供了比右侧更高的稳定度

(2)A、B 的最优组合与 C 结合后，只变化 C 的比例就能达到 A、B、C 三者的最优组合，这是一个错误的命题。试想，如果 C 正好能填充 A 的空隙，加入中间粒径的 B 将会破坏这种填充模式。但是按照紧堆法的思想，A 首先必须与 B 进行最优化组合，无论如何，A 与 B 这个确定的比例在以后的各步中将不再会改变。如果考虑改变，无疑紧堆法将趋向复杂，因此这是该方法的局限性。所以紧堆法寻找的是多组分体系按照其设定的寻找过程得到的最优解，而不是多组分体系本身的最优解。

(3)紧堆法最终的设计空隙率的取得，是通过变化细集料比例实现的。但如果在达到这一步之前,上一步的最小干空隙率已无法保证最终空隙率的实现,紧堆法并没有对策。换句话说,紧堆法对空隙率的保证没有预见性。

10.2.5 贝雷法(Bailey Method)在排水性沥青混合料级配选择中的应用

10.2.5.1 基础知识

贝雷法最初是由美国伊利诺斯州交通局的 Robert Bailey 先生基于其沥青混合料的设计经验建立的,用于作为抵抗沥青混合料车辙同时又保持适当耐久性的一种手段。后来 Bill Vavrik 博士和 Bill Pine 先生在此基础上作了改进,提出了适合于所有密级配沥青混合料所有公称粒径的一种系统方法。张铭铭(2009 年)利用“预留空隙率”概念,将贝雷法应用到了排水性沥青混合料的设计中。

贝雷法的首要特征就是对传统粗细集料的重新定义。粗集料的传统定义是保留在 4.75mm筛网上的颗粒。细集料被定义为通过 4.75mm 筛网的集料。9.5mm 混合料与25.0mm 混合料定义的是同样的筛网。而在贝雷法中,为了确定各粒径混合料中集料组合提供的堆积和嵌锁,粗细的定义更具有针对性。粗集料是置于单位体积中产生空隙的大集料颗粒。细集料是可填充混合料中由粗集料产生的空隙的集料颗粒。可以看到,定义粗集料或细集料需要的不只是一种集料粒径,具体依赖于混合料的最大公称粒径。

基于集料混合体公称最大粒径定义粗细集料的筛网被称为主控制筛网(Primary Control Sieve,PCS)。PCS 定义为与公式(10-27)所计算的 PCS 最接近的筛网:

$$PCS = NMPS \times 0.22 \tag{10-27}$$

式中:PCS——集料混合体的主控制筛网计算尺寸;

NMPS——公称最大粒径,比集料保留率超过 10% 的第一个筛网大一号的筛网。

主控制筛网公式中采用的数值 0.22 是由不同形状颗粒堆积的两维与三维分析得到的。颗粒组合的两维分析显示颗粒直径比的范围从 0.155(全圆)到 0.289(全平),平均值 0.22。颗粒组合的三维分析给出了类似的结果,颗粒直径比从 0.15(六边形密集堆积的球体)到0.42(球体的方形堆积)。另外,颗粒堆积的研究显示,当特征直径超过或低于 0.22 的比值时,颗粒堆积服从于不同的模型。不过,尽管 0.22 无法在所有沥青混合料下都准确,但如果值的范围是 0.18 到 0.28,则级配分析不受其影响。0.22 是大量不同堆积模式的平均条件。

所有集料的混合体都含有一定量和一定尺寸的空隙,它是混合体堆积性质的函数。混合集料时,首先必须确定粗集料产生的空隙量与空隙尺寸,以及填充这些空隙所需要的细集料的合适数量。为评价某一混合料中集料嵌锁的程度,设计者必须建立在体积基础上,这与上节的紧堆法(紧堆法中,尽管追求的是体积性质的最小干空隙率,但集料的掺合比例是重量比而不是体积比)存在着差别。要评价集料的体积组合,需要一些额外的信息,包括粗集料的松装密度和干捣密度与细集料的干捣密度。

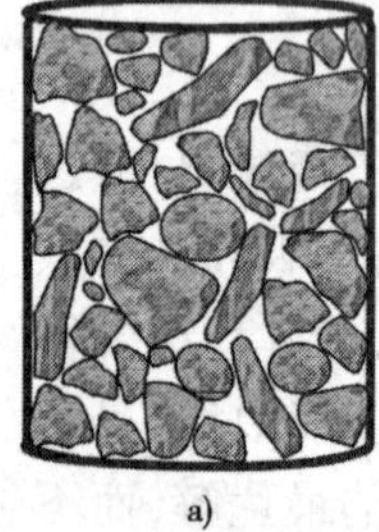

a)

b)

图 10-27 集料的松装密度与干捣密度
a)松装密度;b)干捣密度

某一集料的松装密度是不施加压实功时填充单位体积的集料数量。这个条件代表着还没施以压实作用时粗集料嵌锁的开始。图 10-27a)显示了松装密

度的示意。将集料装在一个金属桶中,集料的重量除以金属桶的体积就得到了松装密度。集料的干捣密度是在压实功作用下,填充单位体积的集料数量。压实功增大了颗粒与颗粒的接触,减小了集料中的空隙体积。图 10-27b)显示了干捣密度的示意。干捣密度的取得除了压实条件外,其他同松装密度。这个条件代表着由于压实功的作用,颗粒进一步接触产生的空隙体积。

根据混合料设计的目标,需要选择粗集料的设计密度,它确定了集料混合体中粗集料的体积和集料嵌锁的程度。细级配混合料没有足够的粗集料来形成骨架,因此荷载主要由细集料承受。选择设计密度时,设计者必须决定混合料是粗级配还是细级配,其选择可参考图 10-28。

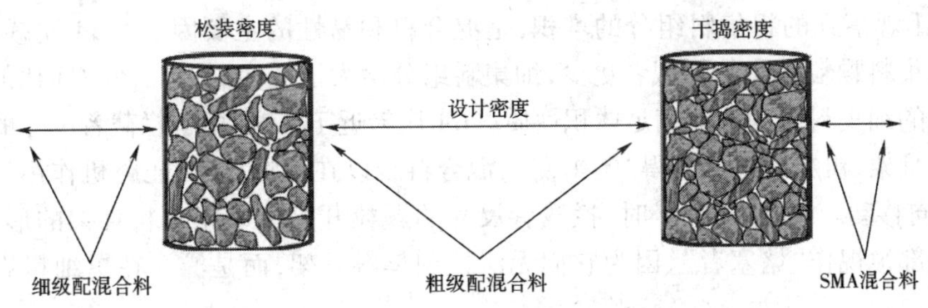

图 10-28　粗集料的设计密度

松装密度是粗集料嵌锁的下限。理论上,它是细级配和粗级配混合料的分界线。如果选择粗集料密度小于松装密度,则粗集料颗粒被推开,不是均匀的石石接触的条件,从而形成细集料骨架,集料混合体性质主要与细集料的性质相关。干捣密度是密级配混合料中粗集料嵌锁的上限,其值在松装密度的 110% 附近。设计密度逼近干捣密度时,压密需要的压实功显著增大,使现场混合料难以施工。密级配混合料的设计密度选为粗集料松装密度的某一百分比。如果想获得一定程度的粗集料嵌锁,则所用比例范围应在松装密度的 95% ~ 105%。细级配混合料的设计密度应低于松装密度的 90%,以确保主骨架由细集料结构控制。

密级配混合料中,设计密度下粗集料产生的空隙是由干捣密度下等体积的细集料填充的。用干捣密度来确保细集料结构在最大强度附近。而在排水性沥青混合料中,将预留一定的空隙不被细集料填充,以实现设计空隙率。

确定了组合级配之后,进一步分析集料的堆积情况。混合体分解为三部分,每部分单独评价。粗部分是从最大颗粒到主控制筛网,它们被视为混合体中的粗集料。细集料分成两部分。为确定从哪里将细集料分开,同样采用 0.22 的系数来决定第二控制筛网 SCS(Secondary Control Sieve)。SCS 成为粗砂与细砂的分界。将 SCS 乘以 0.22 的系数,继续确定第三控制筛网 TCS(Tertiary Control Sieve),对细砂进行进一步评估。图 10-29 显示了级配是怎样分成三部分的。

集料级配的三个部分是采用比值实施的分析。定义了三个比值:粗集料比(*CA* 比),细集料粗比(FA_c 比),细集料细比(FA_f 比)。三个比值描述了集料的堆积性质。

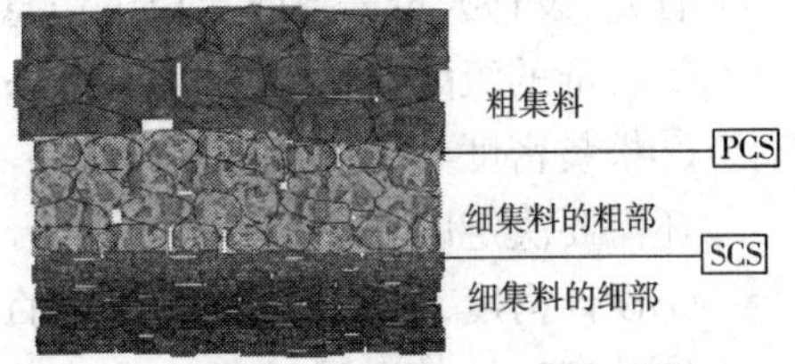

图 10-29　连续级配的划分

(1) *CA* 比

用CA比来评价粗集料的堆积情况，分析它所产生的空隙结构。理解粗集料的堆积需要引进半筛的概念。半筛定义为公称最大粒径的一半。小于半筛的颗粒被称为“拦截者”。拦截者无法适应更粗集料颗粒产生的空隙，从而将其推开。可用这些颗粒的平衡来调整混合料的体积性质。改变拦截者的数量，就有可能改变混合料的VMA，得到平衡的粗集料结构。有了平衡的集料结构，混合料在现场就应当易于压实，在荷载下表现充分。*CA* 比的计算见公式(10-28)：

$$CA\text{ 比} = \frac{\text{半筛通过率} - \text{主控制筛网通过率}}{100\% - \text{半筛通过率}} \tag{10-28}$$

由 *CA* 比观察到的粗集料组分的堆积，是混合料和易性的主要因素。*CA* 比减小时，由于限制较大粗集料颗粒压实的拦截者更少，细集料组分增大了压实。因此，低 *CA* 比的混合料一般需要更强的细集料结构才能满足体积性质。*CA* 比趋近于1时，由于拦截者尺寸的集料试图控制粗集料骨架，粗集料组分变得“不平衡”，混合料难以在现场压实，压路机作用下无法将其“锁住”，趋向移动。*CA* 比超过1时，拦截者尺寸的颗粒开始主宰粗集料骨架的形成。此时，粗集料的粗部被视作“堵塞者”，因为它们无法控制集料骨架，而是漂浮在更细粗集料颗粒的基架上。

(2) FA_c 比

主控制筛网以下的细集料本身也可被视作含有粗部和细部的混合体。公式(10-29)描述了细集料的粗比(FA_c)。FA_c 增大时，由于细集料细部体积增大，细集料更紧密地堆积在一起。一般认为该数值小于0.50比较理想，更高的数值多表明混合料中含有了过量的细集料细部。

$$FA_c = \frac{\text{第二控制筛网通过率}}{\text{主控制筛网通过率}} \tag{10-29}$$

(3) FA_f 比

细集料的细部填充细集料粗部产生的空隙。这个比值表明了细集料细部是怎样堆积在一起的。类似于 FA_c 比，典型的密级配混合料，FA_f 比也应小于0.50。值减小，混合料VMA将增大。FA_f 比的计算公式如下：

$$FA_f = \frac{\text{第三控制筛网通过率}}{\text{第二控制筛网通过率}} \tag{10-30}$$

10.2.5.2 排水性沥青混合料的贝雷法级配设计

这里首先提供粗级配或细级配混合料典型的级配设计程序，然后针对排水性沥青混合料作一定的改动。

首先，设计人员需要收集以下信息：

①料堆的级配与毛体积相对密度；

②松装密度与干捣密度。

还需要决定以下项目：

①设计密度，为松装密度的某一百分比；

②0.075mm筛网通过率；

③粗集料体积配比；

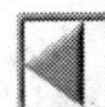

④细集料体积配比。

设计步骤如下：

第一步：按照每种粗集料的松装密度与该混合料总的粗集料设计密度，确定每种集料的设计密度。细集料的设计密度简单取其为干捣密度。

第二步：按照粗集料希望的体积配比，确定单位体积内每种粗集料贡献的重量。

第三步：按照相应的设计密度和体积贡献，确定每种粗集料的间隙率。将每种粗集料贡献的间隙率求和。

第四步：按照细集料希望的体积配比，确定单位体积内每种细集料贡献的重量。它是单位体积内填充粗集料间隙的重量。

第五步：确定单位体积内集料混合体总的重量。

第六步：确定每种集料初始的合成重量百分比。

第七步：根据混合料的公称最大粒径，选择粗集料与细集料的分界筛网（主控制筛网），确定粗集料料堆分界筛网的通过率和细集料料堆分界筛网的保留率。

第八步：按照粗集料在集料混合体中的比例，确定每种粗料堆中的细集料。

第九步：将所有粗集料料堆中的细集料颗粒百分比求和。

第十步：按照混合体中细集料料堆的比例，确定每种细料堆的粗集料。

第十一步：将所有细集料料堆中的粗集料颗粒百分比求和。

第十二步：考虑粗集料料堆中含有的细集料数量，以及细集料料堆贡献的粗集料数量，修正每种粗集料初始的配比。

第十三步：考虑细集料料堆中含有的粗集料数量，以及粗集料料堆中贡献的细集料数量，修正每种细集料初始的配比。

第十四步：采用调整后的料堆比例，确定每种集料贡献的0.075mm以下材料的数量。

第十五步：确定所需矿物填料的数量，使0.075mm筛网通过率达到希望水平。

第十六步：把矿物填料的相应比例加到细集料中，确定细集料料堆的最终合成比例。这一步中粗集料的合成比例保持不变。细集料的合成配比考虑矿物填料加以调整。

针对排水性沥青混合料，贝雷法级配设计中要考虑“预留空隙率”的概念。预留空隙率是为了符合排水性沥青混合料空隙率大的要求，在粗集料堆积后预先保留的空隙。这些空隙不会被细集料完全填充，填充后剩余的空隙率可达到排水性沥青混合料空隙率的要求。

预留空隙率的实现需要在上面第四步加以考虑，也就是说，细集料只填充粗集料间隙率中扣除预留空隙率后剩下的那部分空隙，用式(10-31)表示如下：

$$\text{单位体积细集料的重量} = \text{细集料的干捣密度} \times (\text{VCA} - \text{预留空隙率}) \tag{10-31}$$

这里：VCA——粗集料骨架间隙率。

10.2.5.3　算例

这里借用Vavrik等人(2002年)中的数据（图10-30），但增加排水性沥青混合料空隙率20%的设计目标，并根据排水性沥青混合料的设计要求作了一些微调。

第一步：

将每种粗集料的松装密度乘以混合料选定的粗集料设计密度

$$\text{粗集料的设计密度} = \text{松装密度} \times \text{松装密度期望百分比}$$

CA-1　设计密度 = 1 425kg/m³ × 103% = 1 468kg/m³

CA-2　设计密度 = 1 400kg/m³ × 103% = 1 442kg/m³

	粗集料编号			细集料编号			矿物填料
	CA-1	CA-2	CA-3	FA-1	FA-2	FA-3	
材料等级	粗	中等		矿砂			MF

	设计值	规范
粗集料的设计密度（%）	103	95-105
0.075 mm希望通过率（%）	4.5	3-7

粗集料体积配比		
25.0	75.0	
配比之和必须等于100%		100.0

细集料体积配比	
100.0	
配比之和必须等于100%	100.0

所有集料的混合毛体积相对密度	2.888

粗集料总的体积	53.7
细集料总的体积	12.8
预留空隙率	33.5

集料性质	CA-1	CA-2	CA-3	FA-1	FA-2	FA-3	MF
19.0	100.0	100.0		100.0			100.0
12.5	94.0	100.0		100.0			100.0
9.5	38.0	99.0		100.0			100.0
4.75	3.0	30.0		99.0			100.0
2.36	1.9	5.0		79.0			100.0
1.18	1.8	2.5		48.8			100.0
0.60	1.8	1.9		29.0			100.0
0.30	1.8	1.4		14.2			100.0
0.15	1.8	1.3		8.8			98.0
0.075	1.7	1.2		30			90.0
毛体积相对密度	2.702	2.698		3.162	3.162		2.806
表观密度	2.812	2.812		3.600	3.600		2.806
吸水率（%）	1.452	1.502		3.844	3.844		
松装密度（kg/m³）	1426	1400					
干捣密度（kg/m³）	1608	1592		2167	2167		

图 10-30　排水性沥青混合料配比设计算例

第二步：

将粗集料的体积配比乘以每种集料的设计密度

$$贡献 = 粗集料百分比 \times 设计密度$$

CA-1：贡献 = 25% × 1 468kg/m³ = 3 67kg/m³

CA-2：贡献 = 75% × 1 442kg/m³ = 1 081kg/m³

第三步：

首先计算1减去设计密度除以毛体积相对密度和水密度后的值。将结果乘以粗集料的合成比例。然后，求和每种粗集料的贡献。

$$粗集料间隙率 = \left(1 - \frac{设计密度}{G_{sb} \times 1\,000}\right) \times 合成\,\%$$

这里 G_{sb}——毛体积相对密度。

CA-1：$CA\text{-}1\ 间隙率 = \left(1 - \frac{1\,468}{2.702 \times 1\,000}\right) \times 25.0\% = 11.4\%$

CA-2：$CA\text{-}2\ 间隙率 = \left(1 - \frac{1\,442}{2.698 \times 1\,000}\right) \times 75.0\% = 34.9\%$

总计：CA-1 间隙率 + CA-2 间隙率 = 11.4% + 34.9% = 46.3%

第四步：

首先确定预留空隙率。粗集料的间隙将被细集料、结合料与空隙所占据。结合料与空隙的体积就是预留的空隙。由于级配选择时，还未到选择用油量的时候，因此这里只能预估。假设结合料用量为5%，其相对密度在1左右，集料的毛体积相对密度假设为2.7，也就是说，重量比5%的结合料其体积相当于13.5%，加上设计空隙率20%，则预留空隙率取为33.5%。

在细集料混合体中，将细集料的设计密度乘以该集料的体积比，然后把它与扣除预留空隙率后的粗集料间隙率相乘。

每种细集料的贡献 = 细集料设计密度 × 细集料体积比 ×（粗集料间隙率 − 预留空隙率）

FA-1：贡献 = 2 167kg/m^3 × 100% ×（46.3% − 33.5%）= 277kg/m^3

（注意：如果细集料不止一种，则针对每种细集料重复计算）

第五步：

求和单位体积内每种集料的重量

单位体积内混合体重量 = 367kg/m^3 + 1 081kg/m^3 + 277kg/m^3 = 1 725kg/m^3

第六步：

将单位体积内每种集料的重量除以集料混合体的重量

重量比 = 单位体积集料的重量/单位体积集料混合体的重量

CA-1：$重量\% = \frac{367\text{kg/m}^3}{1\,725\text{kg/m}^3} = 21.3\%$

CA-2：$重量\% = \frac{1\,081\text{kg/m}^3}{1\,725\text{kg/m}^3} = 62.7\%$

FA-1：$重量\% = \frac{277\text{kg/m}^3}{1\,725\text{kg/m}^3} = 16.1\%$

料堆比例的初始估计是以选择混合料中含有的粗集料数量为基础的。之后，应根据粗集料料堆中含有的细集料颗粒与细集料料堆中含有的粗集料颗粒对初始估计进行调整。

第七步：

对于公称最大粒径12.5mm的混合料，粗集料与细集料的分界筛网为2.36mm筛网。

CA-1：2.36mm 筛网通过率 = 1.9%

CA-2：2.36mm 筛网通过率 = 5.0%

FA-1:2.36mm 筛网保留率 = 100.0% − 79.9% = 20.1%

第八步:

对应每种粗集料料堆,确定 2.36mm 筛网通过率(集料混合体的比例)。

混合体中细集料比例 = 混合体中粗集料料堆比例 × 粗集料中细集料比例

CA-1:混合体中细集料比例 = 21.3% × 1.9% = 0.4%

CA-2:混合体中细集料比例 = 62.7% × 5.0% = 3.1%

第九步:

针对所有粗集料料堆,贡献于混合体中的细集料比例 = 0.4% + 3.1% = 3.5%

第十步:

每个细集料料堆,均确定其 2.36mm 筛网的保留率(占集料混合体的百分比)。

混合体中粗集料比例 = 混合体中细料堆比例 × 细料堆中粗集料比例

FA-1:混合体中粗集料比例 = 16.1% × 20.1% = 3.2%

第十一步:

针对所有细集料料堆,贡献于混合体中的粗集料比例 = 3.2%

第十二步:

$$\text{调整后混合体中的料堆比例} = \text{初始\%} + \text{粗集料中的细集料} - \left(\frac{\text{初始\%} \times \text{细集料中粗集料总和}}{\text{粗集料总的比例}}\right)$$

$$\text{CA-1:调整后混合体中料堆比例} = 21.3\% + 0.4\% - \left(\frac{21.3\% \times 3.2\%}{21.3\% + 62.7\%}\right) = 20.9\%$$

$$\text{CA-2:调整后混合体中料堆比例} = 62.7\% + 3.1\% - \left(\frac{62.7\% \times 3.2\%}{21.3\% + 62.7\%}\right) = 63.4\%$$

第十三步:

$$\text{调整后混合体中的料堆比例} = \text{初始\%} + \text{细集料中的粗集料} - \left(\frac{\text{初始\%} \times \text{粗集料中细集料总和}}{\text{细集料总的比例}}\right)$$

$$\text{FA-1:调整后混合体中料堆比例} = 16.1\% + 3.2\% - \left(\frac{16.1\% \times 3.5\%}{16.1\%}\right) = 15.8\%$$

第十四步:

将每种集料的 0.075mm 筛网通过率乘以每种集料调整后的合成比例。

每种料堆 0.075mm 筛网的贡献率 = 调整后的料堆比例 × 该料堆 0.075mm 筛网通过率

CA-1:0.075mm 贡献率 = 20.9% × 1.7% = 0.4%

CA-2:0.075mm 贡献率 = 63.4% × 1.2% = 0.8%

FA-1:0.075mm 贡献率 = 15.8% × 3.0% = 0.5%

第十五步:

本例中 0.075mm 筛网希望的通过水平为 4.5%。

$$\text{矿物填料比例} = \left(\frac{\text{\%希望的 0.075mm} - \text{\%混合体中的 0.075mm}}{\text{\%填料中的 0.075mm}}\right)$$

$$\text{MF:矿物填料比例} = \frac{4.5\% - 1.7\%}{90\%} = 3.1\%$$

第十六步：

$$\text{细集料最终合成比例}=\text{调整后合成比例}-\left(\frac{\%\ \text{细集料}\times\%\ \text{矿物填料}}{\text{总的}\ \%\ \text{细集料}}\right)$$

$$\text{FA-1:最终合成比例}=15.8\%-\frac{15.8\%\times 3.1\%}{15.8\%}=12.7\%$$

最终得到合成比例为：

CA-1:20.9%;CA-2:63.4%;FA-1:12.7%;MF:3.1%

采用上合成比例,得到配合比如图 10-31。图中还示出了日本排水性沥青混合料的级配范围。计算贝雷法的三个比值如下:*CA* 比为 1.13(假设半筛 6.5mm 的通过率为 60.9%),FA_c 比为 0.50,FA_f 比为 0.63。

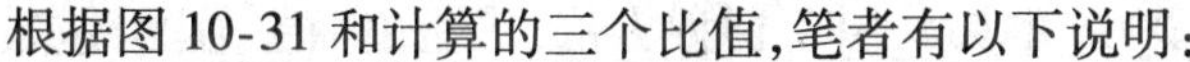

根据图 10-31 和计算的三个比值,笔者有以下说明:

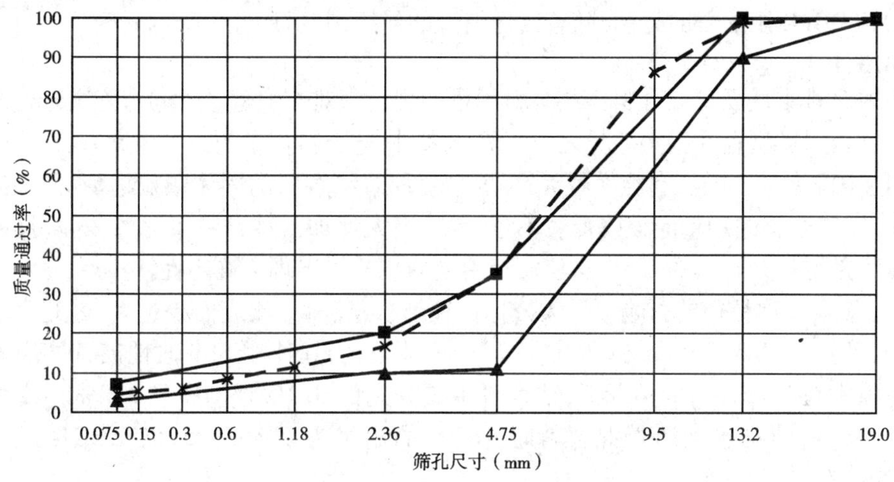

图 10-31　贝雷法算例得到的合成级配(虚线为贝雷法获得级配)

(1)这里的 *CA* 比超过了 1,按照上文的分析,此时"拦截者"控制了粗集料骨架,较粗的集料成为了"堵塞者",悬浮在较细集料的骨架上。这主要是因为两种粗集料的比例 25%:75% 是人为给定的,没有按照最佳配置进行设计。事实上,这里完全可以结合"紧堆法"的基本做法,采用最小干空隙率来寻求两种集料的最佳搭配。

(2)预留空隙率究竟预留多少,是一个值得探讨的命题。本文采用设计空隙率外加结合料所占空间的做法并不一定准确。这是因为,尽管粗集料间隙被划分为细集料填充空间与预留空隙,从道理上有合理性,但填充的细集料本身也有一定的间隙,从本例来看,考虑细集料在集料混合体中所占体积比,细集料的间隙大约为 3% ~4%。这个间隙由矿物填料来占据,如果矿物填料体积小于该间隙,则预留空隙需要加上这个剩余空隙;如果矿物填料体积大于该间隙,则矿物填料除了占据细集料间隙外,还将侵占粗集料间隙中的部分预留空隙。本例中,矿物填料料堆重量比为 3.1%,假设矿物填料设计密度取为 2 806kg/m^3,则四种料堆的体积比为 21.8%:67.5%:9.0%:1.7%,考虑原来的预留空隙率 33.5%,则矿物填料的体积为 1.7% ×66.5% =1.1%,也就是说,矿物填料无法填满细集料的间隙,原来的预留空隙有富余,按照 33.5% 预留空隙率设计的混合料,其最终得到的空隙率将超过 20%。

10.3 结合料用量的确定

排水性沥青混合料的级配确定后，需要根据选定的结合料选择其合适的用量，在保持成本效率的前提下确保混合料的耐久性和施工性能。一般来讲，结合料用量的选择分为两个阶段，首先是初试结合料用量的选择，然后在初试结合料用量的基础上，按照0.3%或0.5%的结合料用量级差上下扩大范围，进行一定的试验，按照试验结果选择最佳结合料用量。

10.3.1 初试结合料用量的选择

初试结合料用量的选择大致有三种方法，一是经验法，根据当地所用材料，建立一定的用量规律；二是沥青膜厚法，目前日本、国内基本都采用了这种方法；三是表面能力法，这是美国早先估算OGFC用油量的方法，随着改性沥青的使用，其适用性正受到质疑。

10.3.1.1 经验法

各国对排水性沥青混合料中结合料用量的规定很难有普遍性的参考意义。这是因为各国采用的结合料类型存在很大差异之故。具体来讲，结合料用量的影响因素有：

(1)空隙率的影响。空隙率越大，需要包裹沥青结合料的固体颗粒越少，如果沥青膜厚保持不变，则结合料的用量应该降低。不过，空隙率大增加了结合料氧化的风险，目前世界上普遍的做法是增加结合料的膜厚，这使沥青用量的总效果出现不确定性。

(2)最大公称粒径的影响。最大公称粒径越小，集料的比表面积越大，因此用油量也将越大。如，丹麦PA0/5、PA0/8和PA0/16三种公称粒径，在使用SBS改性沥青外加木质素纤维并且空隙率在25%左右的情况下，结合料用量分别为6.3%、5.4%和3.9%。澳大利亚采用不改性结合料的排水性沥青混合料时，OG10的用量为4.5%～5.5%，OG14为4%～5%，OG20为3.5%～4.5%。

(3)SBS类改性沥青的影响。沥青中SBS的加入改变了结合料与集料的界面特性，使得集料表面结构沥青的厚度增大，这使得结合料用量增加。譬如，澳大利亚采用聚合物改性沥青，OG10的用量提高到了5.5%～6.5%，OG14为5%～6%，OG20为4.5%～5.5%。日本采用高黏度改性沥青，用量规范值为4%～6%，但实际上对于公称粒径13mm的混合料，用量多在5%附近。NCHRP在2009年提出的排水性沥青混合料设计，给出了具有不同毛体积相对密度的集料对应的最低沥青用量要求(表10-10)，也是建立在SBS改性沥青与纤维的基础上。在该方法中，当相对密度小于等于2.75时，要求选择6%～6.5%的结合料用量，相对密度大于2.75时，结合料用量可缓慢减少。

NCHRP提出的排水性沥青混合料最低沥青用量选择标准 表10-10

混合后集料毛体积相对密度	沥青用量(%)	混合后集料毛体积相对密度	沥青用量(%)	混合后集料毛体积相对密度	沥青用量(%)
2.40	6.8	2.45	6.7	2.50	6.6
2.55	6.5	2.60	6.3	2.65	6.2
2.70	6.1	2.75	6.0	2.80	5.9
2.85	5.8	2.90	5.7	2.95	5.6
3.00	5.5				

(4)橡胶沥青的影响。由于目前橡胶沥青不同的实现方法,导致即便采用的都是橡胶沥青,其用量也会产生显著的差异。以美国亚利桑那、得克萨斯等州为代表,加入20%以上的较粗橡胶粉,呈现典型的固液二相体系,由于未溶解橡胶粉无法起到结合料作用,同时高温下这种橡胶沥青又具有高的黏度,因此得克萨斯州为这种结合料的排水性沥青混合料规定了8%~10%的结合料用量。国内有些厂家使用较细的橡胶粉或在工艺中存在反复剪切作用,使橡胶粉几乎完全降解,此时结合料的用量大为下降。

(5)纤维和集料的影响。在改性沥青中加入纤维,有助于稳定结合料,并且由于纤维大的比表面积,也增大了结合料的用量。尤其是木质素纤维,其中空管能保持一定的结合料,使实际结合料用量加大。另外,集料可能有一定的吸油作用,在加强沥青与结合料相互作用的同时,也加大了结合料的用量。

10.3.1.2 沥青膜厚法

上一章中已经讨论了这一方法。这里我们给出理论膜厚的计算。假设沥青膜厚度为14μm,则有:

$$暂定沥青用量(相对于集料)=假定膜厚(14\mu m)\times集料表面积 \tag{10-32}$$

$$集料表面积=\frac{(2+0.02a+0.04b+0.08c+0.14d+0.3e+0.6f+1.6g)}{48.74} \tag{10-33}$$

式中的a、b、c、d、e、f、g为累积重量通过率,其与筛孔尺寸关系见表10-11(与表9-10类似):

筛孔尺寸与累积重量通过率的关系　　表10-11

筛孔尺寸(mm)	4.75	2.36	1.18	0.6	0.3	0.15	0.075
累积重量通过率(%)	a	b	c	d	e	f	g
系数	0.02	0.04	0.08	0.14	0.3	0.6	1.6

10.3.1.3 表面能力法

FHWA 的 OGFC 设计程序中,用离心煤油当量(Centrifuge Kerosene Equivalent,CKE)方法来确定集料的表面能力K_c,它提供了集料表面积和吸油特性的量度。排水性混合料仅对粗集料组分实施该试验。试验中,将设计混合体的粗集料部分放置在一个金属漏斗中。然后室温下将金属漏斗和集料浸没在含有美国汽车工程师协会(SAE)10号润滑油的烧杯中5min。5min后,将漏斗移出烧杯,使其沥干2min。接着,在60℃的温度下,使漏斗和样品再沥干15min。集料前后质量的差异被用于确定残留油率。然后根据残留油率,采用残留油率与表面常数K_c之间的关系图(图10-32),确定集料的K_c。

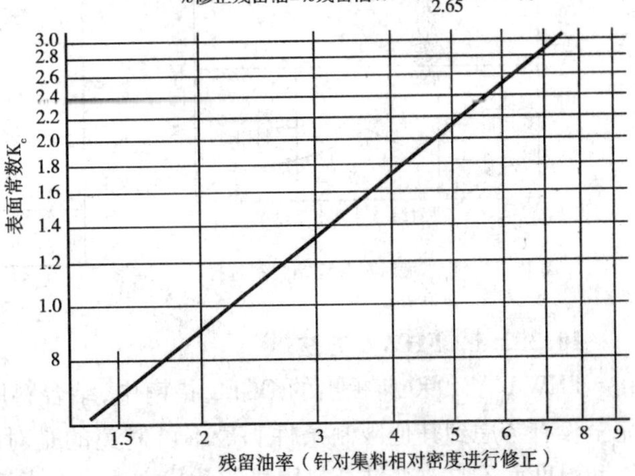

图10-32 表面常数与残留油率之间的关系(Smith等人,1974年)

如果粗集料组分的表观相对密度为2.6或更高,但不超过2.7,则:

$$AC = 2K_c + 4.0 \tag{10-34}$$

如果粗集料组分的表观相对密度大于2.70或小于2.60,则

$$AC = (2K_c + 4.0) \times 2.65/S_f \tag{10-35}$$

式中:AC——设计沥青用量,为占集料质量(非混合料质量)的百分比;

S_f——粗集料的表观相对密度。

在以上数值基础上,再加入被集料吸收的沥青。不过,这种方法无法应对沥青中不同改性剂的加入,目前已经较少使用。

10.3.2 最佳结合料用量的选择

尽管排水性沥青混合料的级配设计中,多采用马歇尔方法成型的试件,但在选择最佳结合料用量方面,却很难采用马歇尔的方法。这是因为,首先对于多空隙的嵌挤结构,侧限条件对强度的影响十分关键,因此无侧限的马歇尔强度很难体现结构的稳定性,也就是说它与优化结构不存在对应关系,通常也无法获得马歇尔稳定度的最大值。其次,由于沥青膜厚的增大,通常也无法获得矿料间隙率的极值,这与密级配存在着很大的不同,换句话说,密级配中沥青结合料存在着对应最小矿料间隙率的最佳值,此时我们认为混合料的结构性能得到了优化,但对排水路面而言,对应最小矿料间隙率必然也存在着最优值,但在该最优值下,沥青膜厚无法保证混合料的耐久性。因此,必须寻求其他的方法来确定排水性沥青混合料的最佳结合料用量。

Khalid 和 Walsh(1996年)提出了表10-12,作为选择最佳沥青用量的基础,它代表了目前许多方法的共同思想。不过,最常见的是在结合料流淌所对应的结合料用量最大值与肯塔堡飞散所对应的结合料用量最小值之间进行选择,如图10-33所示。下面我们针对各机构典型的做法作一简单阐述。

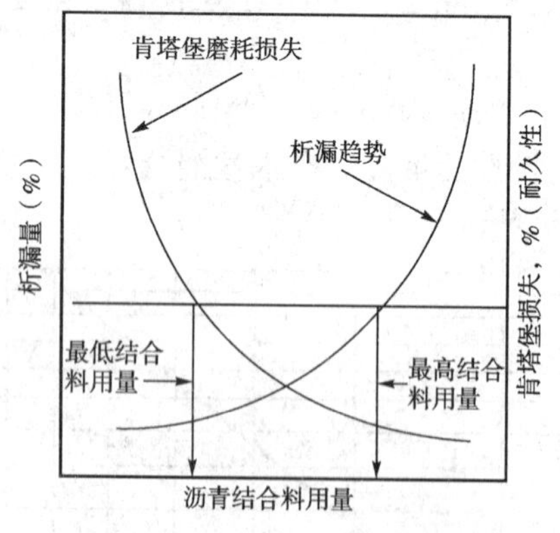

图10-33 排水混合料最佳结合料选择的典型方法

目前的混合料设计方法　　表10-12

结合料用量	混合料性质	程序
最大值	结合料流淌	结合料流淌试验
最大值	空隙率	体积测量
最大值	空隙结构	变水头渗透试验
最小值	弹性劲度	RLIT
最小值	残留劲度	浸水 RLIT
最小值	耐久性/胶黏性	肯塔堡

10.3.2.1 FHWA 方法

FHWA 在1990年提出的 OGFC 指南中,结合料用量是根据表面能力法确定的。显然,它完全没有考虑到其他限制条件。最不可避免的是对结合料流淌的关注。FHWA 采用了变换拌和温度而不是改变结合料用量的替代方法来考虑流淌问题。

准备大约1 000g 的集料样品,将之与表面能力法确定的沥青用量在对应于800厘泊

$(8.0cm^2/s)$黏度的温度下拌和。当集料被沥青完全裹覆时，将混合料转移到一个耐热玻璃板（直径20～23cm）上，最小动作地将混合料铺开。将样品带板在拌和温度下一起放到烘箱中。60min后观察板的底部。如图10-34，60min后集料和玻璃板间接触点上有少量油洼被认为是合适的。否则，在更高或更低的拌和温度下来达到所希望的接触面积。如果发生沥青流淌的拌和温度太低，无法充分干燥集料（一般不得低于107℃），则应使用更高黏度的沥青。15min时可对板进行中间观察。如果接触点存在过量流淌，可废弃样品，在更低温度下重复试验。

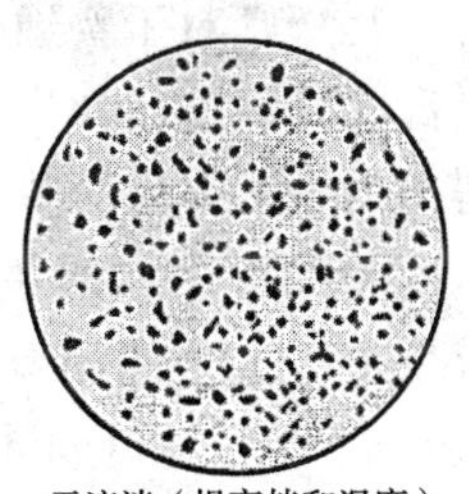

无流淌（提高拌和温度）

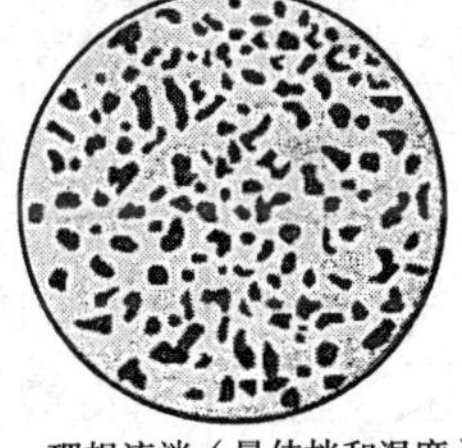

理想流淌（最佳拌和温度）

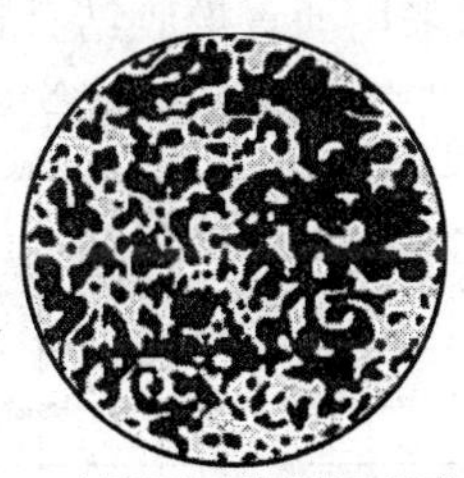

过量流淌（降低拌和温度）

图10-34 沥青混合料的流淌特征

可以看到，正是在这样一种设计思路下，导致美国的OGFC出现了诸多问题。要增加混合料耐久性，必须增加沥青用量；增加了沥青用量必然增大流淌可能性，而这居然是通过降低拌和温度来满足；降低了拌和温度，必然使得沥青黏度增大，压实困难，使混合料耐久性变差。幸亏1998年，美国国家沥青技术中心的Kandhal等人对OGFC作了一次调查，发现了这个问题。他们开始采用空隙率、未老化试样的磨耗损失、老化试样的磨耗损失与析漏四项指标来围堵结合料用量的合适范围。不过，从简单化操作出发，加州以流淌试验为标尺，而得州以满足目标密度为标尺，再辅之以其他试验的检验。

加州的做法是：对于每组3个具有相同结合料用量的1 500g样品，加热集料和沥青结合料到135℃±5℃。然后在每个图10-35所示的流出滤筒底部放置一铝盘，附有螺纹旋盖底部，使铝盘牢固定位。铝盘装置就位后，称量每个滤筒皮重。在135℃±5℃的烘箱中预热3个流出滤筒装置、3个顶盘、3个圆柱钢块均至少15min。机械拌和或手工混合3个集料与沥青结合料的样品2min±5s。要求在热源上拌和，如红外灯或热盘，避免温度损失。拌和后，立即将每种混合料转移到加热后的流出滤筒装置。用铲子刮清拌和碗或盘的内部。在每种混合料顶面放置一铝盘。在每个盘子顶面放置一圆柱钢块。将3个装配好的样品都放进维持在135℃±5℃温度的烘箱中30min±15s。从烘箱中移出样品，移掉圆柱钢块和顶盘，反转滤筒，将试样倒到一个盘中。用铲柄轻敲滤筒装置底部10次，移掉所有松散材料。从滤筒装置移出大于2.36mm的集料颗粒。使滤筒和底盘装置冷却到室温至少20min。重新称量底盘装置就位的

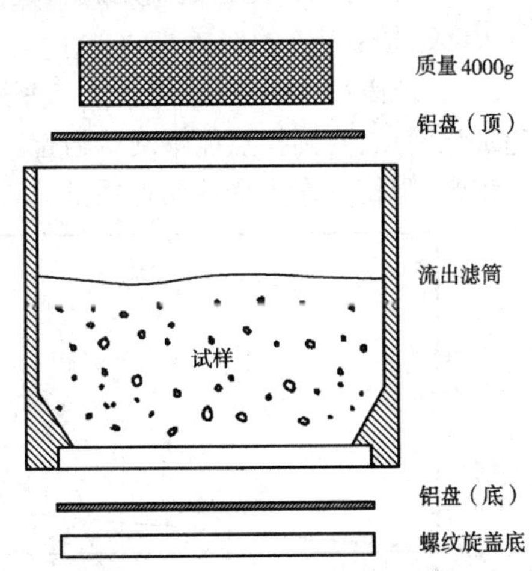

图10-35 加州混合料流淌测试装置

每个滤筒,如下确定沥青流淌克数:

沥青流淌克数 = 重新称量重量 - 皮重

3个样品沥青流淌结果取平均。采用其他沥青用量制备的试样,重复以上步骤。对应每个沥青用量绘制平均流淌量,采用直尺连接相继各点。在该线与横坐标上4.0g最大流淌线的交汇处,从横坐标上读出沥青用量。以 OBC_1 报道该值。如果该线与4.0g最大流淌线不相交,则调整结合料用量,另制作3个试样,重复上述步骤,确定沥青流淌量。

如采用未改性沥青、聚合物改性沥青结合料和轮胎橡胶改性沥青结合料,则最佳结合料用量就取 OBC_1。如采用沥青橡胶结合料(橡胶粉用量在15%以上),则对于普通开级配,$OBC = OBC_1 \times 1.4$;对于结合料用量在混合料重量10%左右甚至更高的开级配,$OBC = OBC_1 \times 1.65$。

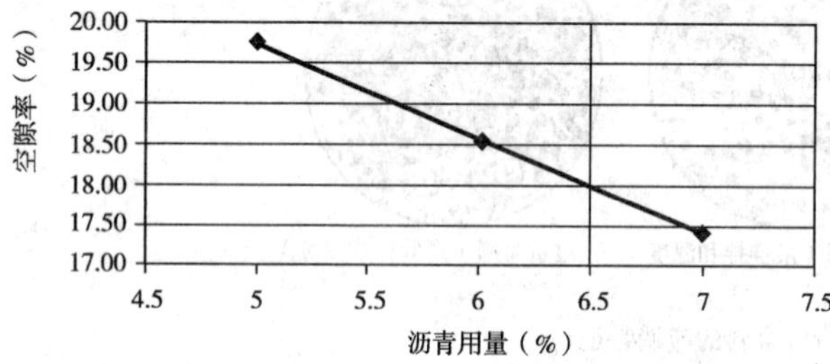

图10-36 得克萨斯利用空隙率与沥青用量的关系获取最佳结合料用量

得州的做法更为简单:先绘制成型试样的密度与沥青用量的关系图。在室内目标成型密度上下的沥青用量间插值求得最佳结合料用量(Optimal Binder Content,OBC)。如果OBC小于6.0%,则调整粗集料比例或加入纤维,实现OBC超过6.0%的要求。图10-36是一个示例,如目标空隙率为18%,则沥青用量选择为6.5%。

10.3.2.2 日本方法

由于我国近些年排水性沥青路面的技术多学习日本,因此两国获取最佳结合料用量的方法也基本一致。

日本的方法首先也是利用流淌试验来确定最低沥青用量。一般情况下沥青含量为4.0%~6.0%,按0.5%的级差取5个沥青含量进行试验,得出各自的流淌量。如果在4.0%~6.0%的范围内,流淌量曲线上无法判别拐点,则在4.0%以下及6.0%以上仍以0.5%为级差追加试验点,直到拐点能够确认为止。如果拐点求得的沥青含量能确保沥青膜厚度,且使混合料均匀,则将其作为最佳沥青用量。具体方法见图10-37a)。

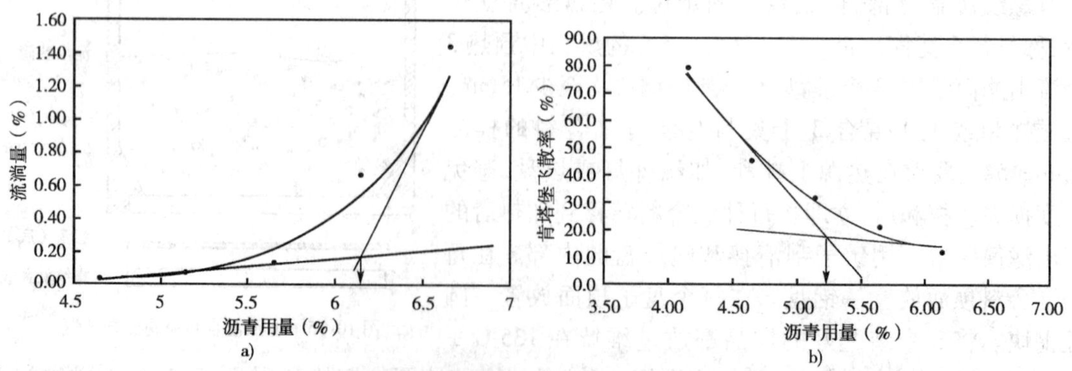

图10-37 利用流淌量与肯塔堡飞散率求取最佳结合料用量

如果以上方法得到的沥青用量制作的试件可观察到沥青流出现象,则在由流淌试验求得的最大沥青用量与肯塔堡飞散试验求得的最小沥青用量之间选择一适宜的用量作为最佳沥青

用量。

此时的肯塔堡飞散试验中，沥青用量取值4.0%～6.0%，按0.5%的级差取5个沥青含量制作马歇尔试件。若在4.0%～6.0%的范围内，沥青用量与肯塔堡损失率关系曲线上拐点不易判定的话，则在4.0%以下及6.0%以上仍以0.5%为级差追加试验点，直到拐点能够确认为止。具体方法见图10-37b）。

10.3.2.3　南非方法

南非获取排水性沥青混合料最佳结合料用量的方法如图10-38所示。在空隙率确定的最大结合料用量与流淌决定的最大结合料用量之间选择一个最小值作为最佳结合料用量的上限，而肯塔堡飞散损失决定了最佳结合料用量的下限。

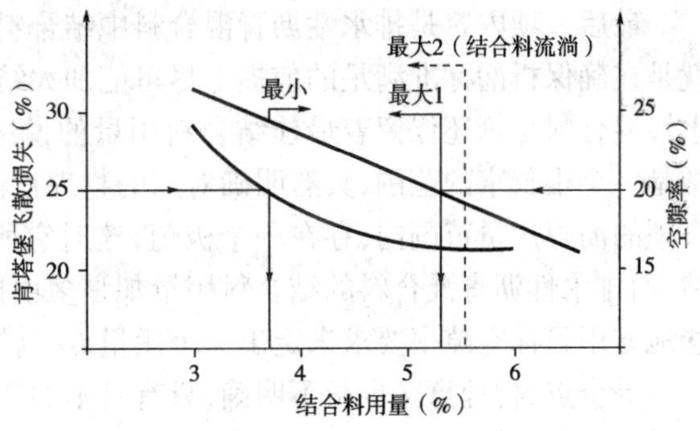

图10-38　利用肯塔堡飞散损失、空隙率和结合料流淌求取最佳结合料用量

事实上，以上三种方法是类似的。美国是析漏或空隙率的单尺度，日本是析漏与肯塔堡损失的双尺度，而南非则再加上空隙率，成为三尺度。笔者对于空隙率作为确定最佳结合料用量的一个尺度不是非常赞同，因为靠结合料用量来调整空隙率牺牲了结合料对结构的贡献，空隙率应通过改变级配来调整，而结合料在保证析漏标准情况下尽可能放大，这有利于保证混合料的耐久性。

10.4　小结与讨论

在前面章节中，将排水性沥青路面表面不积水、全天候降噪、表面降温和光照均匀性等特点从设计角度上作了阐述，但这些特点的发挥与保持，技术核心在于本章，在于混合料的配合比设计。排水路面从1930年美国俄勒岗州的萌芽，到如今全世界的普遍认可和推广，其历史发展也主要是材料选择和配合比设计的演变。空隙率从12%提升到了20%以上，厚度从2cm左右提升到了5cm，结合料从普通沥青发展到高黏度改性沥青，可以想象，这样的发展趋势还将继续下去，使排水路面的结构更加耐久，同时各项功能更加充分地发挥。

本章将排水性沥青混合料的设计分为目标选择、级配选择和结合料用量选择三部分，也有的将目标选择放在最后，称为性能检验。不过，目前的目标选择更多的基于已有的经验，很多方面的技术尚不成熟。譬如说，无法在混合料设计阶段设定噪声、温度或者光反射的控制标准，即便是结构要求，各国的规定也有很大出入，统一难度较大。不过总体看来，空隙率、肯塔堡飞散、析漏和透水系数是比较一致的选择标准，尤其是肯塔堡飞散，已经成为各国普遍性的参考指标，这也表明排水性沥青路面的飞散是最为普遍的结构病害。不过，相对应的，尽管堵塞是排水性沥青路面最为普遍的功能性病害，但目前却没有对应于堵塞的设计目标，这也反映出目前在结构设计上对预防堵塞还欠缺手段。

排水性沥青混合料的级配设计，目前仍以规范中提出一定的范围的形式出现。这种方式带有“处方”的味道，也就是说，它建立于已经设计过的同类型材料的经验基础上。不过，笔者曾设计过空隙率28%的超大空隙排水性沥青混合料,目前的规范无法提供适合级配的选择,也没有合适的级配设计理论能针对具有这种空隙率的混合料,因此这方面还需加强研究。紧堆法和贝雷法的理论是从经验型级配向分析型级配迈进的有力尝试,可惜的是,这方面的研究还不多,有待进一步完善。美国得克萨斯提出的排水性沥青混合料的嵌挤判别新标准$\left(\frac{VCA_{mix}}{VCA_{DRC}} \leqslant 0.9\right)$也有待进一步检验。

最后一项内容是排水性沥青混合料中结合料用量的选择。笔者比较认可日本的做法,也就是在确保析漏标准满足的前提下尽可能加大结合料用量。这里面包含了两层意思:第一,排水性混合料尽管还保留着最佳结合料用量的说法,却很难体现"最佳"两字,这是因为最佳通常是一个很狭窄的范围,具有明确对照的物理指标,在密级配的混合料设计中,马歇尔强度在合理的沥青用量范围内,存在一个极值,这时它所对应的沥青用量称为"最佳"有一定的合理性;而排水性沥青混合料的结合料用量却是多项控制指标围堵的结果,选择范围相对较大,有些地方用目标空隙率要求来定出一个用量点,这笔者是不赞成的,同样用规定一定的析漏量来定出一个点,物理意义也很不明确,只有日本的选择原则定出的结合料用量点物理意义是明确也是合理的。第二,只要沥青不从集料上流走,沥青用量就往上加。这包含着对普通密级配混合料设计中一般不加考虑的混合料耐久性的重视,由于排水性沥青混合料接触水、空气的概率大大高于其他类型混合料,因此把耐久性放在极其重要的位置上考虑,这是合理并且也是必要的。

第十一章　排水性沥青混合料的生产施工

排水性沥青混合料的施工与其他沥青混合料相似,也包括四个主要阶段:生产,运输,摊铺,碾压。由于 SMA 混合料与排水性沥青混合料在粗集料用量、嵌挤结构、改性沥青以及纤维稳定剂的使用等方面都存在着相似性,因此 SMA 的许多实际施工经验都可以为排水性沥青路面所借鉴。不过,排水路面高空隙率带来的高温度损失,可能使用的高黏度改性沥青,以及为保持透水性所需采取的必要防护措施等,也使它的施工方法有着自身的明显特点。

11.1　排水性沥青混合料的生产

一般来说,生产排水性沥青混合料的拌和设备遵循的程序与生产其他沥青混合料的程序是一样的。能生产出质量高的热拌沥青混合料的生产装置也能生产出质量高的排水性沥青混合料。可以采用间歇式(盘式)拌和设备,也可以采用连续式(滚筒式)拌和设备。

11.1.1　原材料的堆放与输送

11.1.1.1　集料

与其他沥青混合料铺装层的施工一样,质量控制开始于集料料堆的正确管理。料堆必须建造在倾斜、干净并且稳定的表面上,并且使不同的料堆相互分隔。要竭力维持集料料堆处于一个相对低的含水量上。低的含水量和低的含水量波动使拌和温度更容易控制。

为了提供高的空隙率从而获得与透水性相关的效益,排水性沥青混合料必须含有相当高比例的粗集料,一般占混合料重量的 80% 以上。这样高的比例提供了高空隙率混合料实现稳定铺装层所必需的石石接触。不过,粗集料的超高比例使得冷料仓的喂料速度极为不平衡,因此希望粗集料冷料仓能分开成两个甚至更多。更可取的是,将一种规格的粗集料分成两种以上提供,如最大粒径 13.2 mm 时,粗集料不是选择 5 ~ 15 统料,而是 5 ~ 10、10 ~ 15 两档料,这样既平衡了冷料仓供料速度,又能更好地进行质量控制,减小粗集料级配的波动,还能通过两档料的紧堆计算,提高混合料结构的稳定性。

11.1.1.2　结合料

排水性沥青混合料对于液体沥青结合料的装卸和储存与其他混合料大体相同。不过,如果采用改性沥青,则拌和现场必须配备与普通沥青罐不同的专门储罐,储存温度略有提高,储罐内还需安装机械搅拌。如果使用成品高黏度改性沥青,最好也有专门的储罐。如果成品高黏度改性沥青的用量不大,最好使用往拌锅中直投的高黏度改性剂,避免储罐中成品高黏度改性沥青的积压浪费。如果使用橡胶沥青,应视橡胶粉是否充分降解作出不同的对策。如保持固液两相,则最好将橡胶沥青生产装置与拌和楼对接,避免橡胶沥青的储存离析。如已经充分降解,则可以视同普通改性沥青。沥青结合料进入混合料的计量和导入由使用温度补偿系统的标准方法实现。

并且,沥青结合料必须重量计量,而不能流量计量,确保沥青结合料称量的准确。

11.1.1.3 稳定剂

为了保证排水性沥青混合料中结合料膜的厚度,需要加大结合料的用量,同时排水性沥青混合料又具有高比例的粗集料,相应的集料比表面积减小,因此很多情况下需要使用某种类型的稳定剂来保证粗集料结构在储存、运输与摊铺时沥青结合料的保持,避免流淌。如果运输或摊铺时发生流淌,则竣工后的路面将产生油斑,堵塞路面空隙,并使路面光滑。使沥青结合料改性与/或使用纤维,有助于减少流淌。一般来说,排水性沥青混合料或者同时使用纤维与改性沥青结合料,或者使用高黏度的改性沥青,可大大减少析漏现象,提高其耐久性。混合料设计时,应实施流淌试验来确认析漏与所需稳定剂的指标。

(1)纤维

排水性沥青混合料生产中,木质素纤维和矿物纤维都可以使用。它们的剂量并不固定,一般是木质素纤维占混合料质量0.3%,矿物纤维占0.4%。目前市场上的纤维一般以两种形式出售,松散的与颗粒的。Decoene(1990年)曾指出,颗粒纤维是专为连续式拌和楼开发的,不过目前颗粒纤维也大量用在了间歇式拌和楼中。干燥的松散纤维或是塑料袋包装,或是散装。当然,加入一定量黏结剂后,也可以将它做成颗粒状。已经使用的黏结剂有沥青结合料,也有蜡。松散纤维或颗粒纤维在间歇式与连续式拌和楼中都已经成功使用。

在间歇式拌和楼的生产中,松散纤维有时是袋装运到生产现场。袋子在拌和温度下将熔化。每次干拌时,将袋子连同纤维一道直接投到拌缸中。袋子立即熔化,只留下了纤维。工人可以从拌缸的入口平台添加纤维袋。每次在干拌周期的适当时机,工人按要求将所需数量的袋子投入到拌缸中。也可以采用传送带将一袋袋的纤维提升到拌缸入口平台上。这种人工加料的方法尽管运作是成功的,但却很费人工,工作时间一长,也难免不出错。

另一种向间歇式拌和楼添加纤维的方法是风送法,所用机器一般由纤维生产商设计和供应(图11-1)。将干燥的松散纤维放置于机器的料斗中,用大的桨叶打松。打松后的纤维进到一螺旋进料系统中,并将其调节到一已知的密度。然后在合适的时机由机器计量,风送到混合料拌缸中,或由称料斗计量。这些机器可以计量出纤维合适的重量,或吹入已知的体积。

纤维的风送法也可以用在连续式拌和楼中。所用机器相同,只是将纤维吹到滚筒中。连续式拌和楼采用这种方法时,纤维的进料管线应放置在滚筒内沥青结合料管线上游端0.3 m内(图11-2)。也有用户在石灰喷入点(若使用石灰的话)加入纤维。这都使得纤维能在加入沥青结合料之前与集料混合。无论采用哪种喂料方法,纤维都必须在接触滚筒内的高速气体前被沥青结合料捕获。如果纤维进到了气流中,就会被带到拌和楼的除尘系统中。

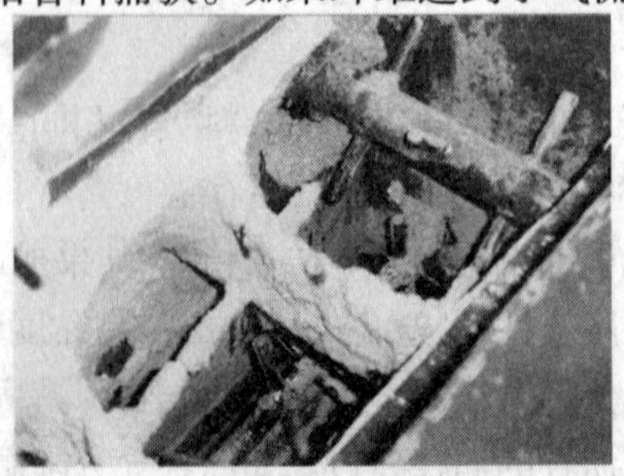
图11-1 纤维添加系统

图11-2 连续式拌和楼中纤维加入的典型位置

无论松散纤维何时被吹入生产流程中，也无论使用的是连续式还是间歇式拌和楼，纤维风送设备都应连接到拌和楼的控制系统上。生产过程中，纤维输送系统应予以标定并持续监控。常见的做法是在纤维风送设备和生产流程加入点之间的软管上包含一短的透明节段（图11-3）。这个透明段能提供纤维是否被正确吹入滚筒内的快速定性评估。排水性沥青混合料中纤维数量的波动对最终路面有着不利的影响。

颗粒状的纤维，连续式与间歇式拌和楼也都可以使用。颗粒是以散装形式运到工厂的，需要时放到料斗里（图11-4），然后通过计量输送到滚筒或通过经过标定的传送带输送到混合料拌缸内。在连续式拌和楼中，纤维一般在沥青铣刨料套环处加入，在间歇式拌和楼中，可直接投到拌缸。无论是滚筒还是拌缸，颗粒都是先与加热后的集料混合，集料的热量使颗粒中的黏结剂熔化成为液体，这使得纤维得以释放，便于分散到集料中。颗粒纤维有时含有一定量的沥青结合料作为黏结剂，此时在配合比设计中应把这部分结合料也考虑在内。还应注意，纤维，尤其是松散纤维或称絮状纤维，都容易吸潮，储存时应注意采取防潮措施。

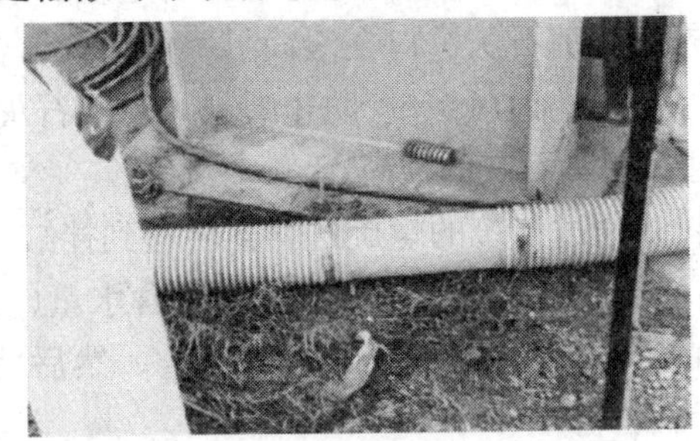

图11-3　纤维输送管线的透明节段

图11-4　颗粒纤维用的典型纤维加料斗

（2）沥青改性剂

使排水性沥青混合料稳定的另一方法是使用沥青结合料改性剂，目前多采用SBS或以SBS为主体复合而成。结合料可在炼厂改性，也可直接加到混合料拌和楼。第一种方法中，混合料生产商购置改性沥青结合料，以传统方式计量加入排水性沥青混合料中。这里主要讨论第二种方法，生产商必须确保加入合适数量的改性剂，并与沥青结合料充分混合。

在拌和楼加入沥青结合料改性剂，有两种不同的方法。一种是在喷入生产流程之前，预先与沥青结合料混合，可以称之为预混式沥青改性剂，其特点是对储存稳定性要求的降低（与第一种方法不同），譬如现场改性的SBS改性沥青、橡胶改性沥青等，可以在线混合，也可以在辅助储罐中混合。另一方法是在生产中直接加到干燥集料上，如直投式高黏度改性剂RST。使用RST时，必须注意直投剂的堆放与保存。由于直投剂通常是SBS与树脂的复合体，树脂容易老化，也容易粘连，因此应避光避热保存，堆高最好不超过2m。少量使用时，可以采用人工投放；但当批量使用时，最好采用类似图11-4的自动投放。间歇式拌和楼中，将它直接投入到拌缸，连续式拌和楼中，可借助沥青铣刨料上料系统送入滚筒。不推荐使用沥青铣刨料的皮带秤，因为它精度较差，如果沥青铣刨料喂料装置无法标定，就必须使用专门的计量装置。

如果改性剂是直接投到拌和楼里，而不是与沥青预混，则测量改性沥青结合料的性质是无法实现的。不过，将预期比例的沥青与改性剂在室内混合并测试，可以估计出改性沥青结合料的性质。

（3）消石灰

由于排水性沥青混合料长期与水接触，因此世界各国普遍采用消石灰来增强混合料抵抗水损坏的性能,同时消石灰的使用还能进一步提高混合料的各项力学性能。不过,如何将消石灰加到混合料中,目前尚未统一,存在各种做法。笔者认为,可以归纳为三种,一是矿粉法,一是腌泡法,一是浆液法。

矿粉法中,消石灰类似矿粉处理。最早美国的乔治亚州是在沥青结合料喷入点正"下游"将消石灰喷到连续式拌和机的滚筒中的。靠近沥青引入消石灰的目的是减少被废气带入除尘室的消石灰数量。但批评者认为消石灰是被包围在沥青结合料中,而不是裹覆集料表面。后来出现了逆流滚筒,热的废气远离了结合料和热集料的拌和区,燃烧器区域的后面有额外长度的滚筒,在此进行拌和。还出现了双滚筒装置,围绕集料干燥器/加热器滚筒又套了一个外部拌和区,相当于滚筒内的滚筒,外壳静止,内筒转动,以此干燥和加热集料。沥青结合料和消石灰被喷入到两个滚筒之间的区域,与热集料拌和时没有热废气来损伤液体沥青结合料。双滚筒拌和部分无正压力,大大减少了废气和除尘室粉尘夹带走的消石灰。拌和楼一般配备两个筒仓,分别用于消石灰和矿粉,消石灰筒仓由槽罐车气吹送料。向拌和楼送料时,称重斗称出所需重量的消石灰,由旋叶喂料器送入螺旋传送带,然后喷入双滚筒外壳。消石灰进口在滚筒另一侧沥青结合料喷入点前大约1m(图11-5)。消石灰筒仓配备了带去湿器的通风系统,防止喂料点上消石灰架桥。筒仓顶部还配备了小的过滤除尘室,防止补料或通风时消石灰的损失。

采用间歇式拌和楼时,消石灰由称重斗配料,并通过传统的螺旋送料器转移到拌缸。一般要求在集料传送带上安装喷水系统,使集料在与消石灰混合前具有至少3%的含水量(如果集料已经含有足够的水,就不再喷水)。消石灰在双轴拌缸中与潮湿集料混合。然后将消石灰—集料从拌缸转移到干燥筒(图11-6)。

图11-5 消石灰加入双滚筒外壳

图11-6 消石灰加入拌缸与集料拌和

第二种方法是用干石灰处理湿集料,然后腌泡处理过的集料。筒仓中的消石灰借助筒仓底部的旋叶喂料器送到皮带秤,然后经螺旋传送带输送,卸入双轴拌缸,与目标混合料的集料组分(粗或细)混合。消石灰到拌缸的进口处,按需要加水,加水比例根据料堆含水量调整。其目的是确保充分润湿集料,活化消石灰。要求拌缸的拌和模式和流动速率能确保集料被消石灰充分裹覆。消石灰裹覆后的集料从拌缸卸到传送带进行堆料(图11-7)。美国内华达州要求,腌泡至少48小时,腌泡后的集料在45天内必须用掉。

图11-7 腌泡中的消石灰裹覆集料

第三种方法是用石灰浆处治集料。消石灰通过一标定的旋

叶喂料器体积计量或重量计量进入螺旋传送带，螺旋传送带上方安装了大量喷嘴喷水。也有做法是在竖罐内生产出消石灰浆，通风保持消石灰悬浮。稀浆借助重力从石灰溶液罐送往双轴拌缸，与集料混合。经消石灰处理后的材料从拌缸卸到传送带上，进入干燥、加热与拌和等传统程序。

11.1.2　混合料的生产

11.1.2.1　拌和楼的标定

排水性沥青混合料生产前，必须对拌和楼的喂料系统进行仔细标定。集料冷料仓的准确运转对最终混合料的质量有着重大影响，即便是间歇式拌和楼中存在着热仓也是如此。因此，必须对集料的冷料仓进行认真标定。

生产过程中，无论是纤维稳定剂还是高黏度改性剂的输送系统，都应经过标定并连续监控。添加剂数量的波动对路面质量有着极为不利的影响。纤维用量多，由于结合料用量不变，会表现出用油量的不足，纤维用量少，路面会出现结合料流淌产生的油斑。高黏度改性剂用量不足，沥青60℃黏度无法满足要求，将出现早期飞散等状况，高黏度改性剂用量高，除了生产费用上升以外，还可能因高温黏度大而影响混合料的施工和易性。通常，稳定剂和改性剂的生产商会帮助混合料拌和厂安装、标定和监控添加剂系统。

11.1.2.2　生产配合比与生产率

采用间歇式拌和楼生产排水性沥青混合料时，必须考虑筛板的筛分能力。由于排水性沥青混合料的级配趋向于单粒径，可能会出现筛板与热仓的超负荷，导致“窜仓”或“溢仓”。如果出现这种情况，应降低生产率。

对热仓集料进行取样，根据目标配合比选择生产配合比，按室内配合比的程序进行各项验证。

根据日本的实践，生产排水性沥青混合料相比生产密级配沥青混合料，沥青拌和设备的生产能力会降低到60%左右。生产能力降低的主要原因为：

(1)排水性沥青混合料含有较多的单粒径粗集料，计量等待时间需要延长，热料仓的储存量需要增加相应调整作业。

(2)排水性沥青混合料生产中，为了防止沥青的流淌，所确定的温度比通常用温度—黏度曲线所得出的拌和温度低，因此为了使集料获得均匀的裹覆，混合料所需的拌和时间应适当延长。

(3)使用纤维材料、消石灰、高黏度改性剂直投料时，与通常情况相比，材料的计量、人力投入、干拌与湿拌时间的可能延长等都会使生产时间增加。

11.1.2.3　拌和温度的确定与稳定

一般来说，排水性沥青混合料的生产温度是由沥青结合料的性质所决定的。拌和温度不得随意提高或降低。高的拌和温度增大了沥青结合料快速氧化产生破坏的可能性。这样的破坏有可能使排水性沥青混合料层产生早期病害。人为提高拌和温度还可能加大排水性沥青混合料储存、运输、摊铺时的流淌。随意降低拌和温度可能使得干燥过程中无法完全清除集料中的水分。残留在集料中的水分增大了排水性沥青混合料层产生水诱损坏的可能性。人为降低拌和温度还很有可能使得发送到施工现场的排水性沥青混合料比要求的压实温度低。出现这种情况时，排水性沥青混合料无法通过黏层与下卧层牢固结合，增大了松散与分层的可能性。

目前，确定拌和温度基本上有两条途径，一是根据结合料的黏度等指标，还有一个是利用历史经验。最早，AASHTO为非改性沥青的拌和温度与压实温度所选择的对应黏度标准为

0.17 ±0.02 Pa·s与0.28 ±0.03 Pa·s。随着改性沥青使用的逐渐增多，人们将该标准套到改性沥青上，却发现获得的拌和温度明显偏高，既加重了对结合料的损伤(基质沥青的老化与SBS等聚合物的断链)，也与实际操作不符。研究发现，这是因为普通沥青在高温下表现为牛顿行为，黏度不随剪切速率而变，而改性沥青在高温下通常表现为剪切变稀的非牛顿行为，黏度与剪切速率存在着相关性。这就带来了两大问题，第一是实际拌和时的剪切速率大概在多少范围，第二是应该选择怎样的黏度指标。

在NCHRP的报告648(2010年)中，关于这两个问题都提供了相关解释，如表11-1与表11-2所示。不过，迄今为止，还没有形成统一的意见。笔者认为，对于剪切变稀表现不一的聚合物改性沥青来说，选择一定剪切率下的条件黏度指标可能是不现实的。这是因为，正如表11-1显示的，不同的搅拌设备对应的剪切率是不一样的。即便搅拌设备固定，表11-1计算的剪切率，混合料各点也不一样，况且混合料本身还存在着湍流，沥青结合料还存在着相对于集料表面的流动，因此，剪切率只是一个宏观统计数值，而不可能是一具体数值，这样具有不同剪切变稀行为的改性沥青，即便使用同一种设备，宏观统计的剪切率也可能不一样。换句话说，拌和温度对应的条件黏度，必须加上拌和设备规格类型与结合料具体类型两个条件，这在应用中是相当不方便的，这也是目前世界各地对于排水性沥青混合料的拌和温度多选择经验法的原因之一。

某些现场和室内设备的剪切率 表11-1

装　置	型　号	转速 (r/min)	半径 (mm)	切向速度 (mm/s)	剪切率 (1/s)
桶式搅拌机	KOL M-60	65	142.2	961	96,100
叶片式搅拌机	7590-H	128	99.1	1341	134,100
和易性装置	Instrotek	20	152.4	319	31,919
斗式搅拌机	Hobart A200	48	101.6	425	42,558
旋转黏度计	Brookfield DV-Ⅱ +	20	8.4	17.5	6.8
动态剪切流变仪		10 rad/s	25 8		125 20

确定拌和温度与压实温度的研究方法 表11-2

方　法	描　述	优　点	缺　点
等黏温度	用旋转黏度计来测定2个温度与1个剪切率下的黏度。绘制对应温度的黏度，选择对应0.17 ±0.02 Pa·s的温度范围作为拌和温度，0.28 ±0.03 Pa·s的温度范围作为压实温度	• 获取和分析结果简单。 • 可在1h以内完成	• 假定黏度与温度之间为线性关系。 • 假定所有沥青结合料均为牛顿液体；不考虑其剪切率依赖性。 • 某些改性沥青结合料可能产生不必要的高拌和温度与高压实温度

续上表

方 法	描 述	优 点	缺 点
高剪切率黏度	用旋转黏度计来测定2个温度(135℃,165℃)下某一沥青结合料的剪切率依赖性。每个温度下,将数据拟合到一条反平方曲线上并外推,估计490 1/s剪切率下的黏度。对应温度绘制高剪切黏度,分别在0.17±0.02 Pa·s和0.28±0.03 Pa·s的目标值下确定拌和温度和压实温度范围	•考虑了改性沥青结合料的剪切率依赖性。 •试验实施简单。 •无需复杂模型	•需要将结果外推到高剪切率
稳态剪切流动	在76℃、82℃、88℃和94℃下进行DSR稳态流动试验。在0.16到500 Pa的应力范围内测量稳态黏度。对应温度绘制500Pa黏度值,分别在0.17±0.02 Pa·s和0.35±0.03 Pa·s的目标值下确定拌和温度与压实温度范围	•实施简单,采用标准的DSR设备和试验程序	•改性沥青可能很耗时。 •并不是所有的改性沥青都能在500Pa下达到稳态剪切。 •需要将黏度外推到高得多的温度
零(低)剪切黏度	在3个温度(120、135、165℃)下用旋转黏度计测定某一沥青结合料的剪切率依赖性。用Cross -Willimas模型将每一个温度下的数据拟合到一曲线,从中估计0.0011/s剪切率下的黏度。对应温度绘制低剪切黏度,分别在3.0Pa·s和6.0Pa·s的目标值下确定拌和温度与压实温度范围	•考虑了改性沥青结合料的剪切率依赖性。 •试验实施简单。 •改性沥青结合料产生较低的拌和温度与压实温度	•可能无法准确描述改性沥青结合料的剪切变稀行为。 •需要将结果外推到低剪切率。 •Cross-Williams回归模型很复杂。 •零剪切黏度的定义没有完全一致。 •某些结合料的结果产生了不现实的低拌和温度与低压实温度
混合料和易性	用一大的搅拌装置来测量混合料冷却时搅拌它所需要的扭矩。扭矩反比于和易性。和易性与温度之间的关系可用于帮助确定混合料最容易加工的温度范围	•考虑集料颗粒形状和尺寸对混合料可压实性的影响	•新设备。 •耗时的程序。 •不适合常规使用。 •集料特性与级配可能掩盖了结合料的影响
压实试验	用未改性的"控制"结合料压实一标准混合料,确定了基线密度。然后将改性结合料加到标准混合料上,在温度区间内压实试样。提供出与控制结合料相同密度的温度为改性结合料的压实温度	•基于密度和体积性质,分析很方便	•耗时的程序。 •SGC对结合料稠度不敏感。 •只提供了压实温度下的结果。 •结果依赖于"标准"混合料。其他混合料可能提供出不同的结果

美国有些州为减少结合料组分的降级,对拌和温度的上限作出了规定。例如,在沥青橡胶得到广泛使用的亚利桑那州,制定了175℃的最高拌和温度;而俄勒岗州则分别规定改性沥青结合料和未改性沥青结合料的最高拌和温度为175℃和160℃。FHWA 推荐的结合料黏度范围为700~900厘泡(7.0~9.0 cm^2/s),也是从防止流淌问题的角度制定的拌和温度。

英国的道路和桥梁设计手册,规定了0.5 Pa·s的结合料黏度,以此来选择最高拌和温度。类似地,公路工程合同文件手册指出,除聚合物改性结合料外,均以沥青针入度值为函数来选择排水性沥青混合料的最高拌和温度。

瑞士以结合料针入度值为函数,制定了所有生产阶段中许可的温度范围。针入度50/70(1/10mm)的结合料,温度范围为145~175℃,70/100的结合料,对应于140~170℃。另外,欧洲的排水性沥青路面规范提供了拌和楼中结合料各铺路等级对混合料温度的限制,见表11-3。不过,采用改性结合料时,这些限制可以改变。西班牙标准规定,滚筒式拌和楼的最高温度为155℃,间歇式拌和楼的生产温度为170℃。

日本采用高黏度改性沥青,要求拌和温度为175~185℃。采用成品高黏度改性沥青时,改性沥青的温度控制在160~165℃,集料温度控制在190~200℃。采用直投式高黏度改性剂时,由于改性剂是冷态投入,可将基质沥青的温度控制在170℃,但不可再提高,以免沥青过度老化。由于集料温度较高,对于耐高温性能有怀疑的集料,应检查其高温压碎值。

欧洲排水性沥青路面规范提供的混合料温度范围 表11-3

结合料的铺路等级	温度(℃)	结合料的铺路等级	温度(℃)
35/50	150~180	100/150	130~160
40/60	150~180	160/220	130~160
50/70	145~175	250/330	120~150
70/100	140~170		

排水性沥青混合料的另一问题是保持拌和温度稳定相对较难。这主要是因为排水性沥青混合料的级配是不连续的,因此形成的集料帘也不密实。沥青拌和设备在干燥筒出口设有红外感温自动控制装置,遇到断级配集料帘时,温度自动控制系统显示的温度与实际集料温度有一定偏差,无法测到真实的集料温度。通常情况下,拌和设备在生产排水性沥青混合料时,会加入过量细集料,除了消耗掉相对过剩的烘干能力外,还能借此构建密实的料帘,使沥青拌和设备的温度自动控制系统能真实反映加热后的集料温度。不过,以传统细集料充当降温剂,增加物料进给量,吸收过剩多余热能,则多余物料从溢料管溢出,将造成燃料和物料的浪费,即便物料重复使用,受热后其性能也可能产生变化。

程战锋等(2006年)等根据观察认为,当集料粒径变大,混合料变粗时,红外感温系统显示的温度比之实际测得的料温有变大的趋势;在不加细料情况下与普通沥青混合料相比,红外感应温度与真实料温相差约10~20℃。因而可以据此掌握集料粒径大小与设备红外感温系统显示之间的变化关系,探索出设备温控系统在不加细料情况下实现自动真实的对热集料的测控。当冷集料各种粒度相对稳定时,排水性沥青混合料的热集料形成的是稳定的不连续料帘,这样就可以利用红外感应温度与真实料温之间相对温差进行校正,实现自动真实测控。测控

温度误差不大于 ±5℃，完全符合排水性沥青混合料温差控制需要。

引起料温变动的另外因素是粗集料含水量的变化。由于含水量在粗集料料堆中分布不均匀，这加大了温度控制的难度。尽管含水量增加可以消纳一部分燃烧器的过剩能力，但不均的含水量易使集料加热温度过高或过低。还有，集料颗粒均匀性对温度控制也有影响：集料粒径均匀性若不稳定，则特别容易形成不稳定、不连续的断级配料帘，使红外测温更难反映真实温度。

11.1.2.4　拌和时间的确定与优化

向排水性沥青混合料添加纤维时，经验表明，拌和时间应比传统的热拌沥青混合料略有增加。这个增加的时间是为了使纤维在混合料内充分分散。在间歇式拌和楼中，干拌和湿拌时间都要延长 5～15s。在并流滚筒式拌和楼中，沥青结合料的喷入管线需要重新布置，使用颗粒纤维时，通常是使其更为延后。这样，颗粒就可以在沥青结合料加入前得到更为彻底的混合。两种情况下，对混合料进行目视观察，都可以估计出合适的拌和时间。如果卸料槽中的混合料存在成团的纤维，或者仍可看到没打开的颗粒，亦或者集料颗粒没有获得足够的裹覆，则拌和时间应延长，或采取其他的变动措施。其他的拌和楼，譬如双滚筒拌和机，有效拌和时间可通过许多方法调整，如减速比、滚筒坡降等。

若排水性沥青混合料选择现场高黏度改性的方法，干拌时间和湿拌时间也需要作相应调整。以采用浦东建设的直投式高黏度改性剂 RST 为例，图 11-8 中的 a)、b)、c) 均为干拌周期，干拌的效果是使 RST 在集料表面形成一层均匀的薄膜。由于 RST 的密度与沥青相仿，其用量与沥青之比多为 12∶88，假设沥青膜厚为 14μm，则 RST 膜厚在 1.9μm 左右。这样一个过程需要 5～15s 的干拌时间，时间长短与 RST 颗粒的大小及其熔体流动速率有关。不过需要注意的是，由于集料温度很高（多接近 200℃），为避免老化，干拌时间也不能太长。湿拌时间大致为 40～45s，也要视 RST 与沥青的融合程度而定。一般来说，由于 RST 与沥青的接触面积相当大，热力学与动力学反应的进程是相当快的。如果在 RST 投入的同时，还添加了纤维，则干拌时间可取纤维要求与 RST 要求的长者。

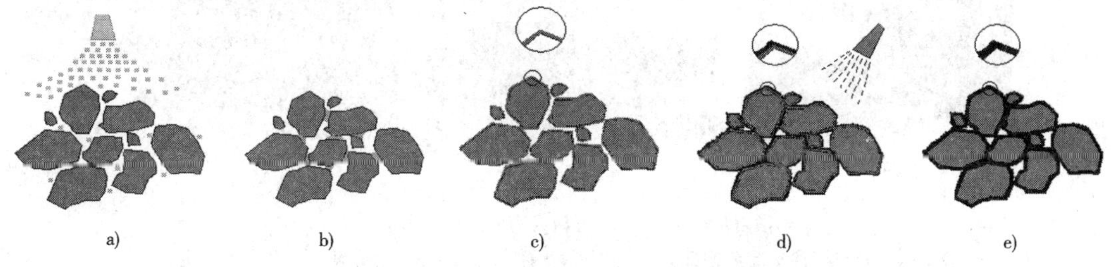

图 11-8　RST 直投式高黏度改性剂投入拌缸后与集料和沥青的相互作用

a) RST 喷入拌缸；b) 集料对 RST 进行融熔碾磨；c) RST 在集料表面形成薄膜；d) 喷入沥青，覆盖在 RST 薄膜表面；e) 沥青与 RST 充分融合，形成高黏度改性沥青膜

11.1.2.5　混合料的储存

排水性沥青混合料高温下的储存时间不能太长，否则可能加剧结合料的流淌。一般来说，排水性沥青混合料最长可以储存 2h，此时不利影响较小。另外，无论什么情况下，排水性沥青混合料都不得彻夜储存。

11.2 排水性沥青混合料的装车、运输与卸料

11.2.1 装车

排水性沥青混合料的运输设备与密级配沥青混合料所用相同。排水性沥青混合料中普遍使用改性沥青,甚至使用高黏度改性沥青,它们有很强的黏结趋势,因此卡车的车厢要经常清洗,装料前全面涂抹浓的沥青隔离剂。沥青隔离剂的类型从硅脂到植物油到乳化蜡有各种类型,但严格禁止使用任何形式的燃料油。隔离剂使用前先与水混合,混合比例将直接影响隔离效率,不同的隔离剂生产厂商提供有不同的稀释比例。隔离剂在车厢壁涂抹后,应提升车厢,使积滩的隔离剂能流走。如果过量的隔离剂没有清除掉,会使排水性沥青混合料进一步冷却,导致混合料中出现局部冷块。

排水性混合料同样要防止料车装料时可能发生的离析。而且,当前的载货汽车越来越大,因此更需要避免混合料在载货汽车车厢中锥形堆积。一般来说,装料过程至少包括三次下落(图 11-9)——前端、后端与中央。混合料首先应卸在车厢前壁附近,使前端和侧壁产生堆垛效应。第二次下落在车厢后壁,使产生同样的条件。第三次下落应搭接前两次的锥面。这个程序并没有消除离析,但使它展开,降低了其影响。对于更大的载货汽车,没有要求一定要下到车的后面,但各次下落要平衡,前后的装料次序要产生搭接。

a)

b)

c)

图 11-9 排水性沥青混合料的三次装料法

a)首落混合料抵住车厢前壁;b)次落混合料抵住车厢尾板;c)三落混合料在车厢中央

装完料后,运料车辆上部应覆盖油布,防止运输过程中混合料出现过多的外层结壳。由于排水性沥青混合料空隙率大,比通常的热沥青混合料更容易冷却,因此以日本为代表的做法中通常推荐使用两层保温布,施工时气温低于 5℃ 而不得不施工时,甚至提出 3 层帆布,并采用具有特殊保温的盖布。如果出现冷块,则不容易在施工中分散开,因此可能会在摊铺面拉丝。为解决这个问题,运输车辆最好选择具有隔温功能的车厢。除此之外,还有一种替代方案,是采用“加热的可倾卸车身”。加热的可倾卸车身指能将引擎排气转向的车辆(图 11-10),在可倾卸车身内均匀传递热量,使混合料不至于过量冷却。

11.2.2 运输控制

这一阶段的目标是在合适的温度下将排水性沥青混合料送到工地现场。为确保混合料到达现场时具有摊铺和压实的合适温度，有三种方法可选择。

第一种方法是限制排水性沥青混合料在运输车辆中所处的时间，第二种方法是限制运输距离。一般来说，运输时间比运输长度更具有控制性。排水性沥青混合料的运输时间一般限制在2h以内，最好是1h以内，越短越好。不得为了获得更长的运输时间而随意提高混合料的温度。温度提高后，运输过程中车辆的振动可使发生流淌的可能性大大增加。这两种方法都假定混合料是在拌和温度附近离开拌和楼的。

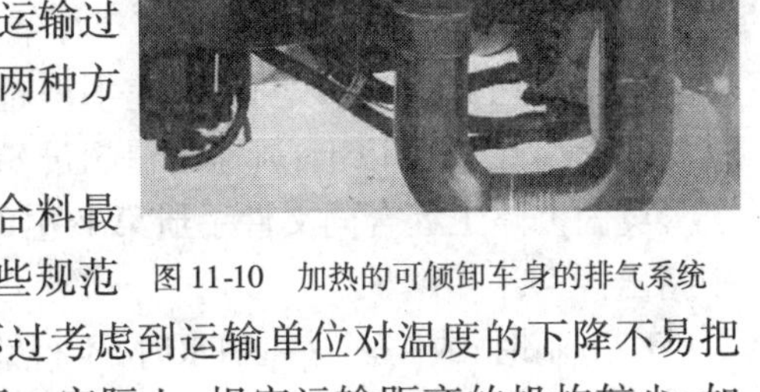

图11-10　加热的可倾卸车身的排气系统

第三种方法是规定混合料到达工地现场时的混合料最低温度。事实上，第三种方法是根本性的控制，如有些规范规定混合料到场温度比出厂温度最多下降10℃。不过考虑到运输单位对温度的下降不易把握，才将温度指标换算为运输距离或运输时间的指标。实际上，规定运输距离的机构较少，如美国某州将最长运输距离限制为80km，而更多的则是限制运输时间。

11.2.3 卸料

一般要求，排水性沥青混合料的运输车辆至少有3～5辆在摊铺机前等候卸料时，才允许正式摊铺。这是为了保证施工能均匀连续地进行。运输车辆卸料到摊铺机料斗中时，必须由专人进行指挥。卸料过程中，车辆在距摊铺机前20～30cm左右以空挡停车，不得碰撞摊铺机，而是摊铺过程中由摊铺机推动运输车辆前进。运料车只有在一车即将卸料完成时，下一辆车的篷布才允许掀开，这也是因为排水性沥青混合料容易散热的原因。卸料以后，车厢内残余的混合料应及时清除，防止其结硬。

除以上外，还要特别注意以下两事项：①测量料车上混合料的温度时，必须采用数显插入式热电偶温度计，尽可能深入（插入深度大于150mm），检测孔距车厢底面约300mm。②料车进场时，必须检验车辆轮胎，避免受污染轮胎污染经过路线上已摊铺完成的排水性沥青路面，若轮胎确实受到污染，应清洗后方可入场；同时严禁其急转或紧急刹车。

11.3 排水性沥青混合料的摊铺

11.3.1 天气限制

为了实现合适的摊铺和碾压，原则上排水性沥青混合料不得在冷天或其他不利天气下施工。一般推荐的排水性沥青混合料摊铺的最低路面温度为10℃。环境气温也至少为10℃并处于温度上升阶段，有些机构还规定了更高的温度。实际上，拌和楼有一定的混合料升温空间，料车和摊铺机的受料斗可以辅助以一定的保温措施，甚至料车与摊铺机之间还可以加上材料转运车，通过搅拌使混合料的温度重新均匀，并且有的转运车还能有一定的升温作用。只有当混合料摊铺后等待碾压以及碾压过程中,混合料温度才处于无法控制的状态,并且由于排水性混合料大的空隙率,其散热速度还相当快。这样,混合料碾压所需要的时间决定了对天气的要求。混合料碾压所需要的时间决定于碾压开始的温度、碾压结束的温度、碾压速度以及已摊铺混合料温度下降的速度。前三个因素取决于混合料本身性质和施工机械的配置情况,而后一因素则依赖于初始料温、风速、湿度、摊铺层厚以及下层路面的温度。

Eijbersen(2005 年)在介绍荷兰双层排水性沥青路面的铺设经验时,将风速作为天气限制条件的要求之一提了出来,可以为单层排水性沥青路面所借鉴:

①下雨与/或气温 <10℃时不得摊铺;

②气温在 10~15℃之间,风速不得超过 4m/s;

③气温在 15℃以上,风速不得超过 8m/s。

英国公路工程合同文件手册第 1 卷 0900 系列关于多空隙沥青面层的条款 938(2006 年)中指出:

①下雨时,或路面存在积水时,不得铺设多空隙沥青;

②如果前一小时 10m 高度的平均风速超过 50km/h(2m 高度 40km/h),则无论多少温度都不允许摊铺。

11.3.2 摊铺面的准备

摊铺排水性沥青混合料之前,应先将封水系统与排水系统完成。排水性沥青混合料应能使雨水渗入铺面,在排水性混合料与下卧层之间的不透水界面上,侧向流到路边。因此,排水混合料只能铺设在不透水的热拌沥青混凝土层或水泥混凝土路面上,这样能确保下雨时,水从排水性沥青混合料中通过,而不是被截留在下卧的铺装层中,从而有助于减少水损坏(剥落)的可能性。考虑到第四章所介绍的“浴缸效应”,排水性沥青混合料不得铺设在车辙路面上。有车辙的路面首先应铣刨或者整形到相应深度,使水能在排水混合料铺设前自由流到路边。

如果选择自由出流,则与路肩的连接应参照第四章的介绍,排水路面或者延伸到整个路肩,或者延伸进入路肩 50cm,总归是使排水路面的侧端能够暴露,不至被堵塞。如果选择管沟引流,应在中面层相应位置做好开挖,按照管沟的要求进行布设。如果选择孔槽接流,则安装好相应的排水平石或复合排水沟,注意检查其排水的通畅性。

排水性沥青混合料施工中必须要做的一点就是拥有一个不透水的下卧层,或者使它不透水。用排水混合料给老的沥青路面加罩时,下卧路面应尽可能的不透水,含有大的永久变形的区域必须铣刨掉,或者用整平层填充。如果现场混合料的状况非常糟糕,则必须将它清除到一个预定的深度。有病害的所有区域都应进行合适的修补。另外,如果老路加罩时,同时必须保持交通开放,为避免铣刨碎屑堵塞已铺好的排水性沥青路面段,邻近铣刨段的排水路面最好用卷材覆盖(图 11-11)。

新压好的密级配沥青混合料层一般具有高达 8% 的空隙率,有可能透水。只有当空隙率小于 5% 时,才可被视为不透水。这个条件无法满足时,应洒高浓度的黏层、雾封层或其他类型的封层来封闭老路面。封层应均匀,喷洒率足够,使下卧层的表面空隙得以填充与封闭。

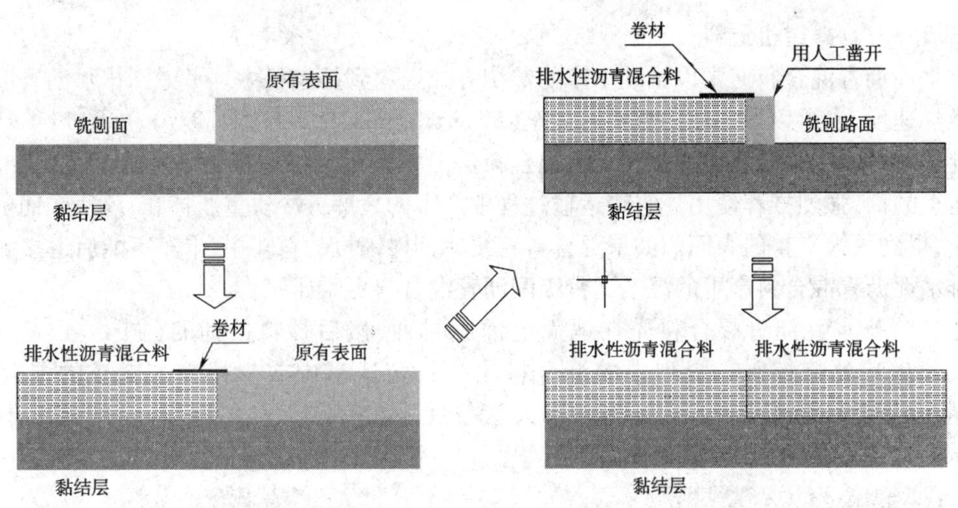

图 11-11　多车道老路面加罩排水性沥青混凝土施工示意图

对于具有病害的老路面,表面的封闭方法将依赖于路面病害的严重程度。轻度并且随机开裂的表面应将宽的裂缝清扫干净,跨接封闭。如果整个路面都处于随机开裂,则必须采用全宽度的处理才能使它不透水。使用材料的类型及比例无需与传统路面构造不同。用黏层封闭下卧路面时,建议用 50% 稀释的慢凝乳液黏层以 0.2 ~ 0.4L/m² 的喷洒率喷洒。Ruiz 等人(1990 年)建议是 0.45 ~ 0.55L/m²。在英属哥伦比亚,喷洒率甚至采取了 0.7L/m²。尽管喷洒率要求不一,但基本原则是它应足以完整地填充表面空隙。使用慢凝的乳液黏层,使得它比黏稠沥青黏层更为有效地渗入到表面空隙中。不过,也有人推荐使用快凝的乳液。密级配沥青路面在开放交通两到三年后,多数都变得相当不透水。这样的表面在摊铺排水沥青混合料前不一定需要封层,但考虑层间黏结而需要喷洒一定的黏层。如果老路面高度磨光,则最好采用稀浆封层。严重开裂的表面需要采用不透水薄膜。另外,正如第四章所述,往老的排水性沥青层上铺设新的排水沥青层时,不可使用封层或黏层。

11.3.3　摊铺机的运行

11.3.3.1　摊铺机的基本要求

排水性沥青混合料采用传统的沥青摊铺机摊铺。不过,需要注意三点:第一,应采用具有双排振捣梁的熨平板,同时调整摊铺机的振捣频率和振幅,尽可能使熨平板对混合料的预压实度能达到 90% 以上,并且不使集料振碎。其目的是减少后期碾压次数,在排水路面散热速度快的情况下确保碾压时间足够。第二,应实现预热熨平板,使其温度在 100℃ 以上。这样就可避免对混合料的推动,减少耙料的需求,否则可能产生空隙率较低的区域,或路面形成不均匀的空隙分布。并且,耙料会形成不美观的表面构造,无法通过碾压消除。要求每次起步前用丙烷枪或其他方式加热摊铺机熨平板。第三,采用熨平板加长的沥青摊铺机时,要求螺旋布料器一起加长,避免摊铺机中央与边缘之间混合料分布不均匀。

关于摊铺机的数量,应确保道路流水方向不发生改变的整幅路面能一次性摊铺完成,避免出现可能阻碍水流的冷接缝。

11.3.3.2 摊铺机上料

排水性沥青混合料通常以推动卡车的传统方式送料到摊铺机中。考虑到排水沥青混合料快的散热速度,也可以考虑使用材料转运车(Material Transfer Vehicle,MTV),如图11-12所示。用复拌式的材料转运装置将排水性沥青混合料从卡车转运到摊铺机是可选的,不过如果有材料转运车的话,强烈推荐使用。它将运输过程中产生的大部分冷块重新拌和,还使摊铺机能连续作业,得到更为平整的表面。如果混合料直接倒到摊铺机的料斗中,卡车不能后退接触摊铺机。排水性沥青混合料产生的沉陷比密级配沥青混合料更难压平。

也有将排水性沥青混合料先在地面上铺成料列,然后抄料摊铺的(图11-13);不过,料列的长度应严格控制。料列中的混合料比材料转运车中或直接倒入料斗的混合料损失热量更快。采用料列技术前还应考虑天气条件。在有利天气条件下,料列长度不得超过50m。

图11-12 摊铺排水性沥青混合料时材料转运车的使用

图11-13 排水性沥青混合料的料列摊铺工艺

11.3.3.3 摊铺机标定

摊铺排水性沥青混合料之前,应先对摊铺机进行准确的标定。其程序与摊铺传统热拌沥青料并无二致,包括料门、链板式输送机、螺旋布料器等。料门的设定应使链板式输送机能将合适数量的混合料发送到螺旋布料器。采用可加长的熨平板时,应采用螺旋布料器的加长件。不使用螺旋布料器的加长件,则粗集料趋向于被推挤到摊铺面的边缘,而沥青结合料则留在后面。

11.3.3.4 摊铺机速度

排水性沥青混合料摊铺时,摊铺速度很大程度上取决于压实混合料的碾压作业能力。拌和楼的生产率,混合料的运输能力,以及压实能力应该协调一致,这样摊铺机就不必不断地开开停停。摊铺机的停步和起步应尽可能地保持到最低限度,因为这很可能对行车质量(平整度)产生严重的负面影响。

除了摊铺机的连续移动外,排水性沥青混合料的运输速度和摊铺机速度也应该进行标定,这样使螺旋布料器能在85% ~90%的时间内保持转动。这有助于确保螺旋布料器可能的最低速度。应避免螺旋布料器短期内运转非常快。高的螺旋速度有可能将胶浆从粗集料上剪切下来,导致路面出现油斑。摊铺机的两翼不得提升,除非材料准备丢弃。

根据我国的实践,摊铺速度宜为起步时1~1.5 m/min,正常情况下2~3 m/min。切不可为了抢温度而使摊铺速度过快,否则容易造成摊铺层表面的粗颗粒在熨平板下方沿摊铺方向

产生滑移,使表面粗颗粒后方出现小坑洞,影响面层的平整度和预压实度。

11.3.4　手工作业

一般规范都要求排水性沥青混合料施工时,尽量不要出现手工作业。这主要是考虑到排水混合料降温快,尤其是采用了高黏度改性沥青时,由于沥青流动性变差,后补的沥青混合料与已摊铺好的沥青混合料很难良好结合,这样补料区域今后很可能出现早期飞散。所以,在实践中,通常要求小的缺陷不再补料。不过,在摊铺机紧后,已知排水性沥青混合料粗糙而且非常黏稠,此时不得不实施最低程度的耙料与其他手工作业。

在摊铺机不便作业的狭小区域(窨井盖附近、交叉口角部等)、陡坡或急弯路段,手工摊铺不得不实施时,应保持足够的细心。此时应考虑以下因素:

①将混合料堆放在离待铺筑区域足够远的地方,待铺区域的料堆必须全部搬移。如果料堆位于摊铺区域,则该区域的外观、密度或集料分布就有可能与周围的手工作业表面出现轻微差异。

②用铲子小心堆放材料,然后用耙子进行摊铺。不可用铲子撒播(抄起并投掷)混合料,否则很可能导致集料的离析。

③所有的材料都应充分疏松并均匀分布。不容易破碎的大团混合料应予清除并废弃。

④碾压前用直尺或模板检查手工作业的表面,确保其均匀。

11.3.5　特殊地段的摊铺

11.3.5.1　混合料与平石相接处的摊铺

市政项目中使用排水性沥青路面时,排水路面的侧面与混凝土结构如路肩或平石相接触,竣工后排水路面的高度应等于混凝土结构的高度。如果排水路面的高度高于所接触的结构,有时会产生集料的飞散。为了防止摊铺时松铺厚度高于平石的混合料撒到平石上,可在混合料露出平石部分与平石之间立木模。粘到木模上的混合料应废弃,不得再使用。

11.3.5.2　道路两侧的摊铺

市政道路两侧 50~60cm 宽度内,考虑排水需要,上、中、下面层有可能均采用排水性沥青混合料。由于宽度较小,若分层压实,就只能依靠人工摊铺,这样无法保证初压温度。因此,实践中多采用所有排水性沥青混合料一次摊铺的方法,确保压实温度。

由于厚铺段压实量大,因此摊铺后应马上人工加料,以保证统一初压。如图 11-14 所示,h 为人工用铁模加料的松铺厚度,Δh 为机摊混合料压实到竣工路面的压缩量。先假设所有机摊松铺系数均相等,即厚铺段与非厚铺段均按 1.12 计算,而人工摊铺部分松铺系数取 1.2,若下面层厚 6cm,中面层厚 5cm,封层厚度取 0.5cm,上面层厚 4cm,则人工填料厚度 h 为 $[15.5-(4\times1.12+11.5)/1.12]\times1.2=1.5$cm,添料宽度 60cm,在与非厚铺段相接的 10cm 范围内人工添料厚度要少一些,这是因为该段的

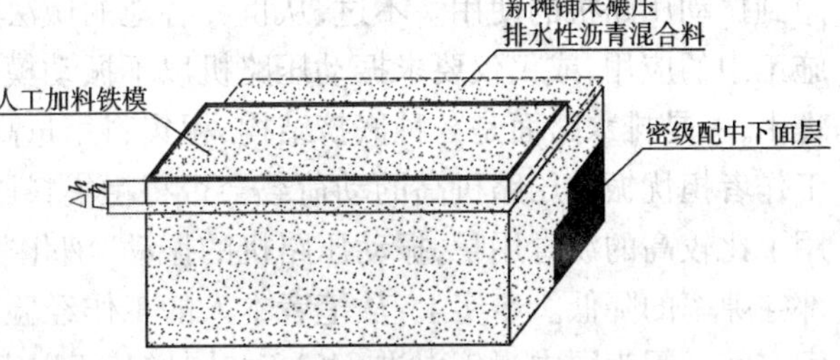

图 11-14　路侧加厚段排水性沥青路面的摊铺

摊铺厚度仅为 9.5cm(相应于 h 为 0.7cm)。以上计算假设机摊松铺系数均相等是比较粗糙的,因为压实能在厚度方向上的传递是呈衰减趋势的,因此实际施工时,应先在试验段获得人工补充材料的经验,在正式路段时按照经验快速补料,以保证压路机紧跟碾压。

正是由于压路机的压实功无法保证在 15.5cm 的厚度内均匀传递,而选用大吨位的压路机又可能会将非厚铺段的石料压碎,因此考虑在这一区域内先用平板压路机压一遍,再较其他地方适当增加钢轮压路机在紧靠路侧处的碾压遍数。

11.3.5.3 接缝的施工

排水功能层之间的接缝,也是面层的排水通道之一,施工时必须注意不能影响这一渗水通道。

横向接缝是在施工结束或中断时在道路的横断方向设置的接缝,它必须平整。摊铺结束,末端预埋与路面等厚度的钢模板,宽度宜窄,碾压结束后,取出模板,将模板外的混合料清理干净,未进行切割的缝应具有丰富的黏结料,因此在摊铺邻近材料时没必要喷洒沥青。后续摊铺段施工前,可用接缝加热设备对其进行加热,以与后续摊铺段有效连接。熨平板从横向接缝后面 30cm 起步,平置于前面已经铺好的排水性沥青混合料铺装面上,可以构建抵住已铺好排水路面的横缝。接着,熨平板前面热的排水性沥青混合料螺旋送出,开始行进时,硬拉出新的接缝。之后,用钢轮初碾压路机横向碾压该接缝。当摊铺作业被长期中断时,摊铺末端也必须进行压实。注意不要使上下两层的接缝重叠。

纵向接缝是道路分幅摊铺时形成的平行于道路中心线的接缝,一般采用斜接缝处理。纵缝若压实不充分,易产生接缝开裂或纵向裂缝,而若过压,又容易在此形成雨天的表面积水。其设置要和道路中心线重合,并且上下两层接缝不得重叠,其位置不得处于车轮正下方。无论哪种接缝,都应尽量避免切缝。若实在无法避免,应采用动力锯完成,实施时应采取正确的措施如抽吸来避免切屑对表面造成污染。切完后,应采用少许乳化沥青黏层如聚合物改性乳液小心喷洒在冷接缝上以促进黏结。注意该黏结料并不是像密实材料一样用于封闭接缝的。

11.4 排水性沥青混合料的碾压

11.4.1 压路机的基本要求

11.4.1.1 振动压路机的使用

排水性沥青路面由于散热降温快,希望能尽快地将全部压实功传递到混合料中,这样自然想到振动压路机的使用。不过,从世界各地的做法来看,几乎都限制了振动压路机在排水路面施工中的应用,或仅仅要求振动压路机以不振动模式使用。这样的限制基本上基于以下两点理由,一是排水路面是一种嵌挤结构,粗集料用量高达 80% 以上,石石点接触的结构促使道路工作者担忧振动压路机高的动荷载会否将粗集料压碎;二是现代排水路面为了增加耐久性,使用了比较高的沥青用量,振动压路机的振动“液化”作用,会否产生对胶浆的提升作用,导致上部空隙率的降低。事实上,从笔者本人的工作经验来看,这样的理由既有道理,又有一定的探索空间。因为国内当年引进 SMA 时,同样基于以上两点理由,而不敢使用振动压路机。不过,由于 SMA 压实度的难以实现,使道路工作者不得不尝试振动压路机的作用,从目前 SMA 的做

法来看，振动碾压几乎成为一种标准操作。

事实上，笔者认为，真正使道路工作者抛弃尝试振动压路机的理由，一是排水路面达到嵌挤结构相当快，还没有到对振动碾压的依赖；二是排水路面更多地关注其透水功能，振动压路机的使用容易造成过压，损失空隙率，这一点在上海排水路面的早期试验中已经得到了证实。这里介绍台湾对排水性沥青路面中使用振动压路机的建议（稍作改编）：

单钢轮或双钢轮振动压路机的总重均不得少于7吨，且应能调幅调频，能将不同材料、配合比与温度的排水性沥青混合料按规定压到所需的压实度。振动压路机的振动频率通常以2 000～3 000r/min为宜，振幅以0.4～0.8cm为佳。通常铺筑厚度较薄时，宜采用高频低幅。振动压路机仅适用于复压。终压时不得振动。若粒料有被振动压路机压碎现象时，应停止使用。摊铺厚度薄于5cm时，不宜采用振动压路机滚压。振动压路机的滚压速度为每小时3～5km。

事实上，由于目前我国排水性沥青路面的厚度多定为4cm，因此即便按台湾的说法，这样的厚度也不宜使用振动压路机。不过，正如第三章提到的，日本的酒井公司正在推广水平振动压路机在排水性沥青路面中的使用。据该公司称，在排水性沥青路面的施工中采用水平振动而不是竖向振动，能够起到抵抗表面松散的好处。不过，水平振动对混合料抵抗松散能力的提高还没有实测的数据，同时也没有关于其副作用的报道，这方面研究仍需加强，结论也有待进一步确认。

11.4.1.2　胶轮压路机的使用

关于排水性沥青路面施工中胶轮压路机的使用也是一争议的问题。普通沥青混合料的碾压是采用钢轮压路机和轮胎压路机组合的方法，使用钢轮压路机的作用是提高下层的密度，而使用轮胎压路机后，则可得到上下层比较均一的密度，并且轮胎压路机碾压后，混合料中的胶浆上浮，有提高表面致密性的效果。轮胎压路机还可消除车痕或细小裂纹，使表面进一步细致化。但这样的细致化对于排水路面来说，却有着对排水机能损失的负面影响，对降噪作用也会带来不可避免的削弱。因此，在美国、欧洲等国家，均提出了禁止胶轮压路机使用的条款。

但在日本，许多道路工作者认为，仅用钢轮压路机碾压的排水性沥青路面，其表面纹理呈现出粗集料向上挤的状态，十分粗糙，交通开放后汽车轮胎与上露的集料存在着反复的碰撞和剪切作用，对路面抵抗飞散不利。在这样的考虑之下，轮胎压路机的使用被许多机构所采纳，并传到我国。不过，日本也指出，初碾时要避免使用轮胎压路机，应通过钢轮压路机保持需要的压实度。轮胎压路机应在70～90℃左右的较低温度下进行，目的是避免轮胎压路机产生压密作用，也避免粘轮。碾压次数1～2次，轻碾表面集料。不过，日本专家也指出，表面纹理的平整能够在多大程度上防止集料的飞散，还是个未知之数。

在国内的实践中，有时为了避免轮胎压路机轮胎的粘料问题，极端情形下要等到混合料温度接近50℃方可，这大大阻碍了施工的正常开展。从理论上说，由于胶轮和液体沥青各自化学结构相互具有亲和性，轮胎中的橡胶和沥青中的油分形成化学键，使得沥青粘到轮胎上。采用沥青隔离剂将它们分离是常用的做法。沥青隔离剂起到胶轮压路机轮胎和沥青摊铺面之间润滑隔离层的作用，阻止了橡胶轮胎和石油基沥青的黏结。最早的隔离剂选用的是柴油，不过，柴油不是一种好的解决方案。柴油有可能污染现场土壤和附近地下水，其产生的烟气还可能负面影响压路机操作人员和其他摊铺员工的健康。更重要的是，柴油还能渗到沥青摊铺面（尤其是排水性路面）中，降低其强度和质量，因此目前一般选用类似载货汽车上使用的沥青隔离剂,前面已有介绍。

选择了合适的沥青隔离剂后,应正确使用,使其确实起到作用。最有效的方法是借助压路机的水罐将之喷洒到轮胎上之前,先用水混合隔离剂。为达到合适的浓度,沥青隔离剂必须在充水罐中均匀分散。首先加几升水到罐的底部。接着加入要求数量的沥青隔离剂。最后,用水灌满罐的剩余空间。

为阻止轮胎粘料,正确的胶轮压路机作业也很重要。作业开始前要先检查轮胎,确保气压足够。如充气不足,则轮胎压力的缺乏将导致沥青粘轮胎而不是粘摊铺面。

另一关键步骤是压路机接触待压沥青混合料之前先加热轮胎到热沥青温度附近。如果轮胎保持在热的温度下,沥青中的油分也将保持足够的温度,能起到橡胶轮胎润滑剂的作用,有点像隔离剂。不过,轮胎一旦凉到热沥青温度以下,集料就开始粘到橡胶上。可以先使压路机在某一热的沥青混合料表面通过,将轮胎温度提升上来,使其温度达120℃以上。之后,压路机必须保持运动,以维持轮胎中的热量。即便摊铺车队中剩余设备停止,胶轮压路机也应在沥青路面上以4~4.8km/h的速度继续跑动,否则胶轮会快速冷却。

11.4.1.3 三轮压路机的使用

由于三轮压路机有比较大的线荷载,可以把混合料中的胶浆下压,有利于防止提浆产生的堵塞,因此日本有推荐三轮压路机的建议。不过,英国的规范明确提出,排水性沥青路面不得使用三轮压路机,理由是三轮压路机形成的压痕,后续碾压很难清除。我国由于三轮压路机不够灵活、机动性差的原因,沥青路面的碾压中三轮压路机的使用已经很少见到,因此很难有明确的结论。

11.4.2 碾压的基本控制

排水性沥青混合料的碾压量略小于传统混合料的一半。传统热拌沥青混合料的碾压量大约是层厚的20%~25%,而排水性沥青混合料通常为层厚的10%~15%。这将反映在摊铺机的松铺系数中。

密级配路面通常以压实度作为碾压的控制目标,表层多为98%以上。不过,对排水性沥青路面而言,仅规定压实度的下限如不小于98%并不充分,因为这仅代表了混合料结构能力的满足,而对于功能目标来说,还应给压实度一个上限。在上海的实践中,给出了98%~102%的压实度要求,这应是合理的。不过,许多工程中都出现了超压密的现象,也就是说压实度大于100%。合理的解释是,压实度采用的是马歇尔标准试样,对于粗集料取向空间比较自由的排水性沥青混合料,仅仅依靠马歇尔击锤的击实作用,其最终变形量与实际压实中剪切、揉搓等共同作用下的变形量相比,还有一定的余量。或许采用旋转压实仪更好些,但仪器的昂贵与不普及目前仍是障碍。

有些地方没有对排水性沥青混合料的压实度或最小密度提出要求,甚至采用竣工表面的透水系数来替代控制。这样的方法是不充分的,通常铺设后很快会出现再压密现象。

11.4.3 压实温度

混合料的压实只可能在沥青黏结料保持足够的热度并且可流动以润滑混合料,使集料颗粒可在压实设备的作用下移动这样的情况下达到。因此,压实必须在路面冷却到黏结料失去

润滑作用前实施，这个温度被称作有效压实的最低温度。澳大利亚规定其对应黏度为10Pa·s。比这个温度更低的压实作用，实际的压实效果已经很微弱，只能作为消除轮迹、规整表面之用。对此澳大利亚也作了规定，终压最低温度要求结合料黏度为100Pa·s。而压实还有一个最高温度，这是结合料与集料结合的最低要求，高于此温度，结合料过于流动，混合料缺乏足够的结合力来支持压路机，从而导致过量的位移。我们在拌和一节已经作了说明。采用高黏度改性沥青时，最高压实温度大约为160℃，有效压实的最低温度为105~110℃。

事实上，由于温度损失以及等待碾压工作段（至少30m）之故，即使紧跟碾压，初压温度也很难在160℃进行，因此这个条件是很容易满足的。由于排水性沥青混合料的强度依赖于所使用的沥青的黏结力，因此混合料应在合适的温度下压实才能获得足够的黏结能力。

不过，在较低温度下碾压，尽管只要高于有效压实的最低温度，总能实现压实功的传递，但由于排水性沥青混合料降温快，可能碾压开始温度降到有效压实最低温度所经历的时间无法满足压实功的充分作用。可以采取的办法，一是采用温拌剂或降黏剂，将碾压的温度区间扩大，另一办法是增加压路机数量，在有限时间内施加更多的压实功。

11.4.4　压实程序

11.4.4.1　压实步骤

碾压程序一般分三个阶段，即初压、复压与终压。初压又称稳压，紧跟摊铺进行，也是熨平板预压实后对混合料压实程度最大的碾压，绝大部分的密度在此阶段获得。一般采用10~12t的钢轮压路机碾压二遍。对于排水性沥青混合料而言，由于其散热速度快，黏度值上升也快，因此初压客观上决定了混合料嵌挤程度的形成。碾压的顺序应从低端开始，因为初压时的压缩量很大，在压路机作用下混合料有向低端路面迁移的趋势。如果碾压起始于高的一侧，则其迁移量将大大高于以低的一侧为起始点的情形。初压也是通过补料对路面平整度进行修整的最后一个机会，否则补的料黏度过大，不易与其他料黏结，可能会产生飞散。实际工作时，应将钢轮压路机的驱动轮朝向摊铺行进的方向，尤其是在初压中。主要的原因是与方向轮相比，驱动轮施加的竖向荷载更为直接（图11-15）。如果压路机初压时方向轮向前，推动力与重力弧将略超前于向下的竖向力，导致材料被推到该轮的前方。而驱动轮更大的重力产生了压实作用，同时转动力倾向于将热料卷到轮前的下方。

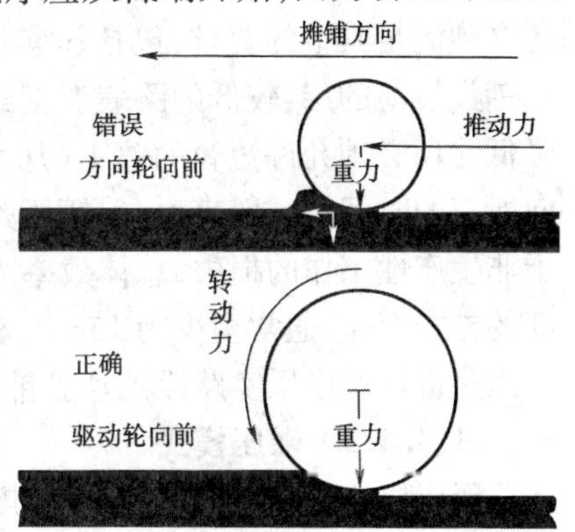

图11-15　方向轮或驱动轮向前时的作用力

复压紧跟初压进行。一般来说，复压以后，路面就可以达到预设的密度或压实度（由于排水性沥青路面复压与终压有一定间隔，则更是这样）。进行复压时，可采用初压时使用的10~12t的钢轮压路机，也可同时采用6~10t的钢轮压路机。

终压是碾压的最后一个环节，用以消除轮迹，平滑路面。一般来说，终压均采用钢轮压路机，这是因为钢轮压路机是所有类型的压路机中产生表面最平滑的。但对于排水性沥青混合料来说，如前节所述，有时也使用胶轮压路机。经过胶轮作业后，路表存在一定程度的色差，实际操作时，待胶轮完成后，再用很小吨位的压路机（7t左右）收光一遍。

11.4.4.2 碾压速度

压路机本身的速度不快，一般来说，其最快的运行速度也就达到 11km/h 左右。不过，考虑到作业的连续性、压实作用等，通常排水性混合料的压路机速度在 2 ~ 5km/h 左右，按照初压、复压、终压的顺序略有增大。

从理论上讲，为了能够使摊铺面充分并且均匀地压实，压路机应在恒定慢速下运行。高速运行的压路机会减小压实作用，而波动的压路机速度将使得压实不均匀。压路机对路面的压实作用分两部分：一是地面接触面积下材料的压缩，另一是压缩面与未压缩面之间的剪切应力。较低速度下运行的压路机，与特定摊铺面位置的接触时间长于较高速度。这样压路机每一遍产生更多的压缩，增大了压实作用。碾压速度还影响所产生剪切应力的大小。较低的速度使得特定区域压缩面与未压缩面之间的剪切力施加更长的时间(给予更低的剪切率，如果是"剪切变稀"非牛顿行为的改性沥青，则表现出更高的沥青劲度)，从而产生更高的剪切应力。剪切应力越高，集料越能重定向到一更为密实的配置。因此，随着压路机速度降低，剪切应力增大，压实作用增加。正是因为速度影响着压实作用，因此压路机速度的变化将改变压实作用，使得压实不均匀。这种情况一般出现在压路机操作人员没有密切关注自身速度或为了能赶上摊铺机而更快加速碾压的时候。压路机不得停在新铺的表面上，这会导致大的齿陷，很难清除。如果压路机无法赶上摊铺作业的步伐，不得不以更高的速度运行，这会减小压实作用，代之，摊铺作业应减慢，或使用更多/更大的压路机。

在压路机配置时，必须考虑到在给定的时间框架内，压路机比摊铺机要走更多的距离。压路机的碾压遍数并不随层厚按比例增长，而净的向前行进速度则依赖于碾压速度与涵盖整个摊铺宽度的碾压遍数。决定压路机生产能力的主要因素为：钢轮宽度、碾压遍数与碾压速度。还必须满足其他的要求，包括压实沥青要求的压路机遍数与新铺沥青在压实前的暴露时间。当铺设较薄的层、较低的路表温度或寒风增加了混合料的冷却速率时，压实所允许的时间还会降低。还必须允许短暂的停工(加水等)，接缝压实，变化车道时走过的额外路程以及变换方向所花的时间。一般来说，一辆压路机可以期望其 1h 工作 50min，另有 10% ~15% 的时间用于非生产性工作的损失，总体效率为 70% ~75% 左右。纵向搭接将根据钢轮适合总的摊铺宽度的方式变化，通常至少为 15cm。总的遍数是压路机行程的数量乘以每个行程的遍数，再加上压路机行经已压实路段到达新铺路面的补充遍数。

11.4.4.3 碾压模式

碾压模式是碾压顺序、碾压速度、碾压遍数与碾压位置的组合，目的是完全覆盖整个摊铺面，以形成达到规定空隙率的均匀压实，可接受的表面平整度以及停止碾压前完全的压实。

均匀压实依赖于在摊铺路面的每一个区域都接受到相同数量的压路机遍数。这意味着必须建立这样的模式，即每一种类型的压路机，覆盖整个摊铺面，具有等同数量的压路机遍数。如果压路机属于不同类型，则每台压路机都需要各自覆盖整个摊铺面。下面是压实实践中总结出来的一些经验：

(1)多车道摊铺时，其摊铺顺序应参照图 11-16。

(2)两个相邻行程间的搭接至少 15cm。这确保了方向轮小的转向不致在相邻行程间留下间隙。

(3)当压路机掉转方向或停止时，应小幅转向到侧边。移动时压路机会产生一个小的弓

形隆起，掉转方向或停止时就会在原地留下这个隆起。一般来说，如果这个隆起垂直于压路机行进方向，则很难在后续的碾压中将该隆起消平。而若压路机变化方向或停止前小幅转向，则形成的隆起就会与压路机行进方向成对角，易于在后续碾压中压平。但应避免硬性变换方向，否则会撕扯或推挤摊铺面。

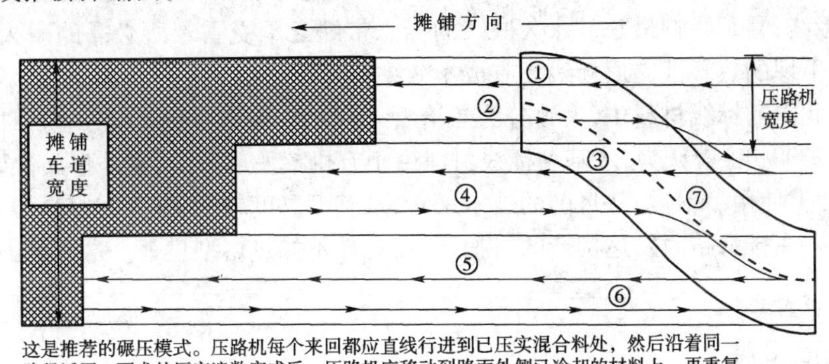

这是推荐的碾压模式。压路机每个来回都应直线行进到已压实混合料处，然后沿着同一路径返回。要求的压实遍数完成后，压路机应移动到路面外侧已冷却的材料上，再重复以上程序。

图 11-16 多车道碾压时压路机行进路线

(4)压路机每个行程后在端部应终止于不同的点，以防止跨越整个摊铺面横向长度的隆起(由方向的改变引起)。

(5)当摊铺面存在无限制边缘时，压路机的第一遍应离开摊铺面边缘 0.15～0.30m。未碾压摊铺面小的长条有助于限制其余的摊铺面，减少摊铺面附近的侧向位移。在下一个碾压行程时将该长条压实。

(6)碾压纵缝时，压路机第一遍应完全在离接缝 0.15～0.30m 的热摊铺面上碾压。在接下来的碾压中，压路机应大部分行经在新施工的摊铺面上，只搭接较老摊铺面约 0.15m。

(7)接缝处压路机应平行接缝碾压。

碾压市政道路两侧较厚铺装段时，初压前，应先用平板压路机压一遍，其目的是为了避免厚铺段加高的料造成压路机倾斜，使得压实功分布不均，影响路面压实质量。另外，厚铺段应增加两遍钢轮压实，以提供额外的压实功给额外的厚度。实践证明，尽管压实遍数增加了 2 遍，但压实温度仍能充分保证。这是因为，厚铺段摊铺面仅有很窄的散热面，大大小于厚度增加引起的热量的增加，这显著减缓了热量损失的速度，故厚铺段在碾压中温度下降极为缓慢。

开放交通的温度对初期车辙及空隙坍垮影响较大，通常在路表温度 50℃以下时，才可开放交通。

11.5 其他附属设施的施工

11.5.1 标志标线

排水性沥青路面使用过程中一个潜在的问题领域是路面的标志标线。美国马萨诸塞州公路局已经报道了使用热塑性油漆带来的性能问题(2001 年)。热塑性油漆施工时可加热排水性沥青路面的沥青结合料，使得局部出现流淌。这导致热塑性标线下方发生分层与/或松散。

马萨诸塞州没能提供出此问题的解决方案。

Corrigan 等人(2001 年)实施了一项研究来制定更为持久的、性能表现更好的热塑性路面标线的规范。作者指出,采用雪犁是导致耐久性发生问题的主要原因。考虑了两个参数:标线的耐久性和逆反射系数。对埋槽式与非埋槽式标线都进行了评估。研究结论是,充分下埋的热塑性交通标线,雪犁影响最小。永久嵌入的标志带缺乏承受雪犁所必需的耐久性。费用分析表明,充分下埋的热塑性交通标线具有成本效率。

目前,在我国的标线材料中,大致分为热溶型、溶剂型、水基型和双组分型四种。日本的加藤真司等人(2000 年)曾认为,水基型标线材料由于有机挥发成分少,室外耐久性好,推荐在排水性沥青路面上使用。不过,从目前的技术来看,水基型黏度较低,施工时容易渗入路面空隙,同时厚度较薄,在排水路面发达构造的衬托下,可见性不如热熔型显著。这方面的工作有待进一步深化。

11.5.2 隔离设施

多车道的排水性沥青路面上,如果使用隔离墩,应该放置于分水岭上。隔离墩两边容易堆积堵塞物,要预留一定的堵塞空间,并定期吸除。注意避免冲刷,这会使堵塞物向下转移。可能情况下,可以用风与水可以透过的隔离栏替代隔离墩。

当必须在水流方向上布置隔离墩时,应按照隔离墩为道路边界的条件布置排水沥青路面的排水设施。

11.6 小结与讨论

排水性沥青混合料的生产与施工,主要有十大特征。第一个特征就是由于其粗集料含量高,导致混合料拌和时温度的波动比较大,可以采取加入多余细集料让其溢料来稳定温度的方法,不过这同时也浪费了能量。第二个特征就是拌和楼生产率的下降。生产能力下降到密级配混合料的60%是比较典型的。第三个特征是多空隙使得混合料散热快,为此采取了大量措施,如运输时的两层保温,摊铺时的增加预压实度,压实时的缩短碾压段,以及更严格的天气限制,更高的拌和温度等。第四个特征是以日本为代表的高黏度改性沥青的使用,使得或者增加了成品高黏度改性沥青的储存与输送,或者有了直投式高黏度改性剂的投放与拌和要求。第五个特征是以美国为代表的橡胶沥青的使用,这引进了橡胶沥青的现场生产工艺,本书没有展开。第六个特征是为保证路面排水畅通而采取的措施,包括老路加罩排水路面,铣刨老路时对邻近已铺排水路面的保护,以及纵横缝施工的考虑等。第七个特征是排水路面容易压实的本质特征,使得无需使用振动压路机,相比密级配沥青路面少许碾压遍数即可达到所需密实度。第八个特征是出于对排水性沥青路面主要病害特征飞散的考虑而采取的措施,如紧跟碾压,水平振动压路机的使用以及胶轮压路机的使用等。第九个特征是透水系数成为排水路面重要的质量控制手段,这成为排水路面的核心参数。最后一个特征就是排水路面对人工作业的敏感。人工补料可能成为未来的飞散点而最好避免,局部地段的人工摊铺由于不可避免的离析,影响排水的通畅性,而应尽可能减少。

第十二章　排水性沥青路面的养护

排水性沥青混合料路面的养护主要分为功能性养护、结构性养护和季节性(冬季)养护三大类,其中冬季养护问题本书在第三章已经作了叙述,本章将重点介绍前两种养护。功能性养护的核心是排水机能的维持与恢复,结构性养护的核心是如何确保结构性的养护措施不影响排水路面的正常排水。这方面的工作在我国还未实质性展开,但随着我国排水性沥青路面的逐渐推广,养护问题已经被提上了议程。

12.1　功能性养护

12.1.1　表面清洗机械

排水性沥青路面随着时间的进行,将被逐渐堵塞,由于灰尘与垃圾进入了内部空隙结构,局部丧失透水性。为了维持或者恢复路面的排水机能,就需要以一定时间为周期对路面实施清洗。按照 Kandhal(2002)的研究,清洗排水路面有三种方法:①用消防水龙带清洗;②用高压清洗机清洗;③用专门研制的清洗车清洗。Kandhal 认为,用高压清洗机清洗在上述三种方法中最为有效。

不过,从 20 世纪 90 年代初开始,日本就进行了排水性沥青路面清洗车的研制工作,至今已经推出了五代产品(图 12-1),具有相当的代表性。下面结合其他地区的设备开发,详细阐述这五代产品以及其他的清洗技术。

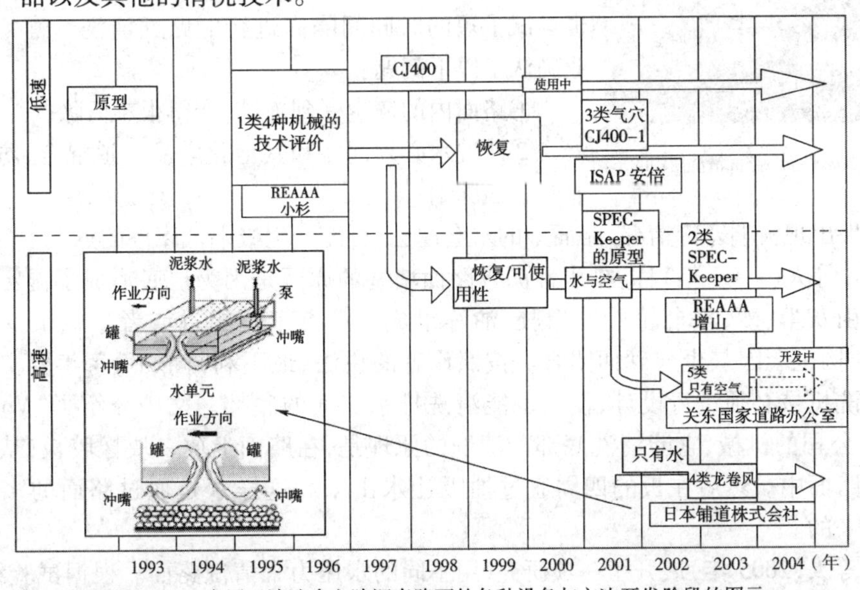

图 12-1　日本用于清洗多空隙沥青路面的各种设备与方法开发阶段的图示

12.1.1.1 高压水喷射与抽吸

这是最传统的作业,欧洲采用的多是这种类型,日本最早使用的也是此类。如瑞士制造的专用清洗车辆,能一次性冲洗和抽净表面。排水性沥青路面中沉积的脏物能在安装于车辆上的前冲梁产生的工作压力大约3 450 kPa的高压水流下冲出。然后将路面上水和脏物的混合物用一重型真空清洗机吸到一个容器中。研究中,基于清洗后的透水性测试,发现高压清洗机的清洗最为有效。据称其平均清洗速度高达1 000m^2/h。目前,该产品已经在新西兰、澳大利亚等国的排水性沥青路面上得到应用,其商标名为"Frimokar",其基本构成如图12-2所示。其中A为单功率源,B为全自动作业,C为新鲜水罐,D为真空储罐,E为水力冲刷装置,F为高速真空吸尘系统,回收喷射到道路上的所有水,G为侧向装置,用于更精细的场地与有难度的区域。

图12-2　瑞士制造的排水性沥青路面专用清洗车 Frimokar

荷兰也使用了图12-3所示的排水路面清洗车。据称该车辆的工作效率是15 000～25 000 m^2/d,水压能达到17MPa。

图12-3　荷兰排水性沥青路面清洗使用的车辆

Arnevik在1993年也报告了挪威用静和动高压喷水,然后立即回吸所冲水的排水路面清洗方法。清洗设备的作业速度很低,大概是14 000 m^2/d。普遍结论是,用所测试的清洗方法重新打开排水沥青路面中的孔隙是不可能的。其中也尝试了短的时间间隔内进行的路面清洗。就冬季清洗作业确认了以下问题:

①路面内的灰尘受到冻结,变得很难清除;

②冲洗水必须同盐和其他化学品一道混合,防止清洗作业时水的冻结;

③如果出现极端寒冷情况,路面中的水会冰冻,可能产生极端低摩擦的点。

Jansen等人(1997年)称,排水性沥青路面堵塞的原因是因为层底形成了湿污泥。这部分湿污泥由灰尘、砂、来自轮胎的橡胶、油等组成。没有车辆经过或者车辆很少的路面上部,开放结构也会因灰尘与砂而闭合。按照作者的说法,最不利情形下,每年要实施清洗若干次。清洗机械必须进行设计,使它也能清洗排水路面的底部。文中介绍了"Volker Stevin Materieel"公司的机械,它能清洗底部。清洗的原理是,在路面上放一块橡胶板,从板的中央将水压到路面中。然后在板的四周通过抽吸让水出来。这样水是通过路面的多孔结构水平向抽出来的。

Lane等人(2005年)展开了一项研究,用不同的水压力来清洗路面。根据试验结果,作者认为,20MPa给出了最佳的结果。35MPa时路面开始产生材料损失,而7MPa对透水性没有改

善。清洗后对水实施了化学分析，表明水中含有铜、镍、铅、锌和油污。

日本曾对第一代的各种清洗作业进行了作业效果的评价研究，研究成果见图 12-4。可以看到，潮湿路面上高压水具有最高效率。

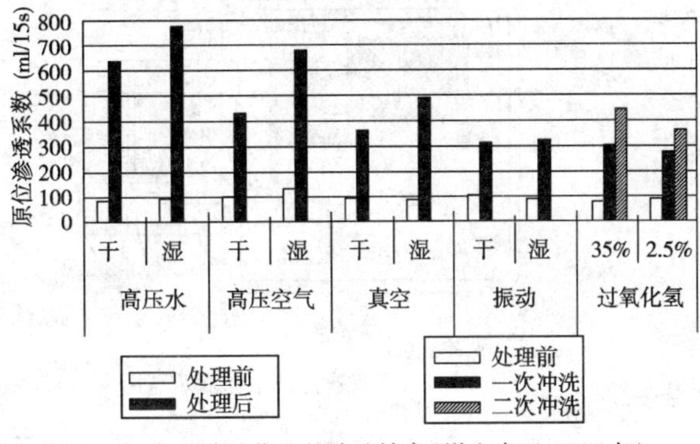

图 12-4　各种清洗作业的清洗效率(增山幸卫,2005 年)

第一代清洗设备的特点是利用高压水，有些设备直接来自用于路面构造再生（Retexuring）的水力切削（Water Cutting）装置，只不过将水压力有所降低。另外，这类设备工作效率不高，工作深度不够，一般认为仅能处理浅层堵塞(2cm 左右)，由此日本出现了第二代的清洗车辆。

12.1.1.2　以“空气幕帘”为特征的高速机械

随着对排水性沥青路面清洗机械的研究，日本开始出现两种流派，一种是以堵塞后的路面为工作对象，在低速下作业，一次性清除空隙内脏物，每年运行一次或几次。这是传统的方法，日本称之为“排水机能恢复”。不过，这种方法的缺陷很明显，一是工作速度缓慢，清洗作业严重影响正常交通；二是有些堵塞很难恢复，或者说，有些堵塞需要很高的压力才能克服，这样高的压力可能对路面造成损坏，有些情况甚至即便压力提高也无法解决；三是作业费用很高，对道路养护部门施加了很大的经济负担。

这样就出现了“排水机能维持”的清洗概念。清洗车辆高速作业，每次作业部分清除脏物，清洗作业定期并频繁实施。它的好处是使得每次作业占用道路的时间缩短（不过，由于作业次数增加，对交通的干扰频次提高了），同时避免了夏季灰尘被结合料黏附、冬季砂石被冷缩的集料骨架嵌入等深化堵塞现象的出现，清洗车辆的清洗功率也可得到相应降低。不过，作业次数的提高无形中加重了养护部门的精神负担。

日本比较典型的是世纪东急公司推出的 SPEC-Keeper 清洗车（图 12-5）。它的一大特点是，在冲洗装置周边应用空气幕帘（Air Curtain）保护水不外洒，而且它与普通的隔水箱罩不同，空气的作用可以透过排水路面，使进入排水路面的水在两侧空气的作用下从表面推出，增强了冲洗水的吸力。SPEC-Keeper 的标准作业速度是 10km/h，当路面局部堵塞时，可以采用这一速度，但如果堵塞区域相当密集，则速度必须降到 2 ~ 5km/h。工作水压是 5MPa，最高可达 10MPa，与第一代机械相比，显然水压减小了。工作真空为 -5kPa，污泥水收集容量最高达 100m^3。采用了无旋转的固定喷嘴，喷射量 340 dm^3/min。另外，两边喷气的压力是 10kPa，流量 100 m^3/min。

图 12-5　SPEC-Keeper 排水路面清洗车

高速清洗的机理示意图示于图 12-6。图 12-7 显示了一个典型的冲洗装置，图 12-8 显示了空气幕帘的原理。可以看到，左侧喷射的空气帮助将水推到表面上以利于其收集，而不是将水留在路面中。

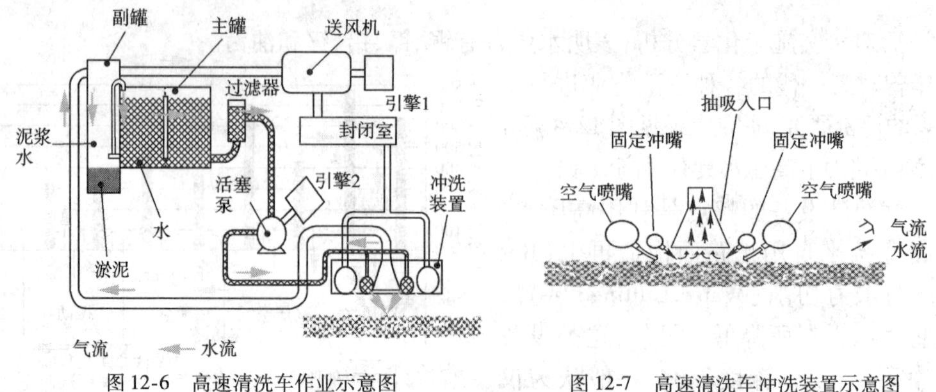

图 12-6　高速清洗车作业示意图　　　　图 12-7　高速清洗车冲洗装置示意图

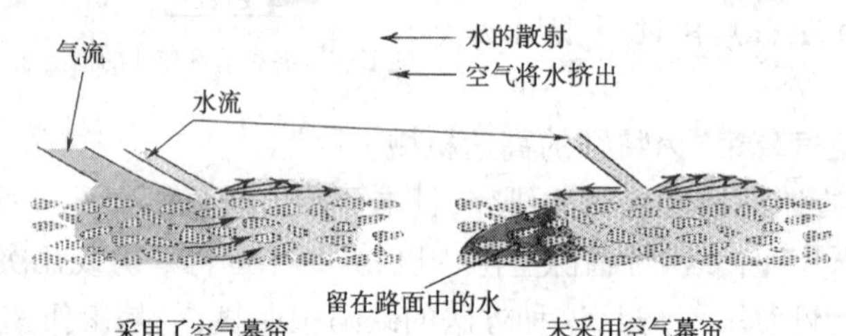

图 12-8　空气幕帘原理示意图

12.1.1.3　以"空化"为特征的半高速机械

酒井公司在开发排水性沥青路面的清洗车辆(图 12-9)时,引进了"空化"(Cavitation)的概念。将高速水流喷射到静止的水体中,将促使这些水体发生空化。注意与其他清洗车辆的区别是,需要有高速水流,还需要排水路面中预先有静止水体。事实上,接触高速水流的机械诸如水泵、马达等,机械工程师特别关注的就是避免空化气泡产生,从而避免空蚀。空化产生的无数气泡在极短的时间内扩张、溃灭,在水中形成激波或高速微射流,产生脉冲高压。这些脉冲高压使得排水路面中水的清洗力高于空气中水流的清洗力,使脏物从空隙壁被剥离下来。由于气泡扩散面积大,因此清洗面积也要宽于空气中水流。这样,借助于空化现象,使清洗效率大为提高。事实上,目前空化的概念已被用于家庭洗衣机中。图 12-10 显示了清洗作业时的空化现象。

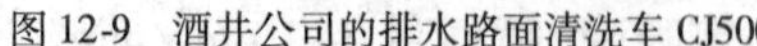

图 12-9　酒井公司的排水路面清洗车 CJ500

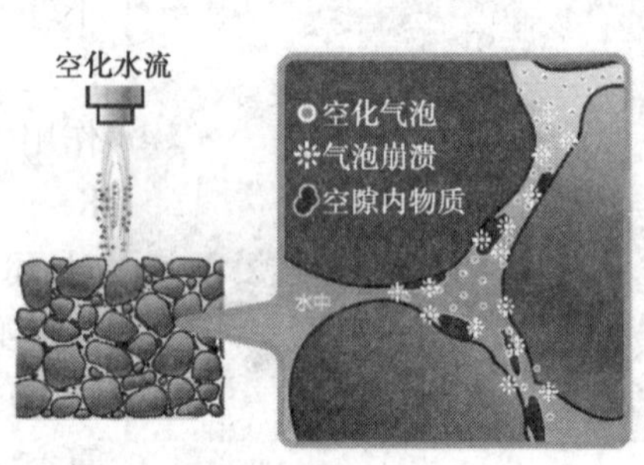

图 12-10　排水性沥青路面清洗时的空化现象

图 12-11 显示了酒井公司设备中专门设计的高压喷水系统和真空抽吸系统。

该清洗车的额定作业速度为 0 ~ 30km/h,一般在 6km/h 左右工作,因此称其为半高速。高压水的最高水压为 14MPa,抽吸系统的最高真空度可达 -40kPa。据酒井公司称,由于引入了空化作用,清洗车的清洗深度可达到 6cm。

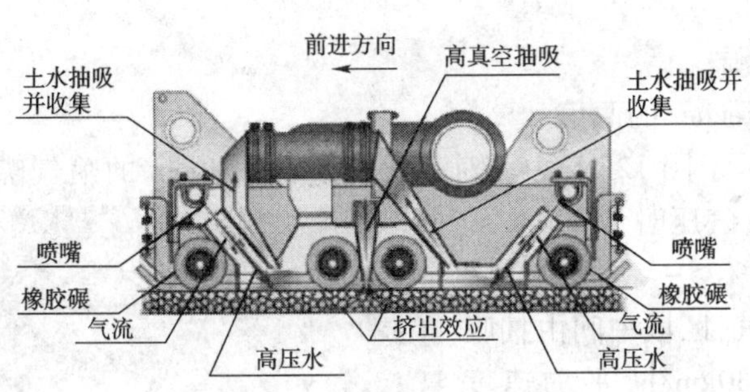

图 12-11　高压喷水系统和真空抽吸系统

12.1.1.4　"龙卷风"高速机械

日本铺道公司也开发了一种排水性沥青路面的清洗车辆，将之命名为了"龙卷风"（图 12-12）。它的工作原理是，在高压下（喷嘴处压力达到 19MPa）以 45 度角将水喷射到排水性沥青路面上，并将水与脏物予以回抽。水在抽吸装置前后喷洒。整个清洗过程都是在橡胶与钢外缘构成的封闭空间内进行的，见图 12-13。可以看到，喷射的两股水流在中心处形成一定的真空，类似于龙卷风的形态，有助于脏物的吸出。它的作业速度是 6 ~ 10km/h，清洗宽度大约为 2.0m。清洗前后的路面情况对比见图 12-14。

图 12-12　日本铺道公司的"龙卷风"清洗车

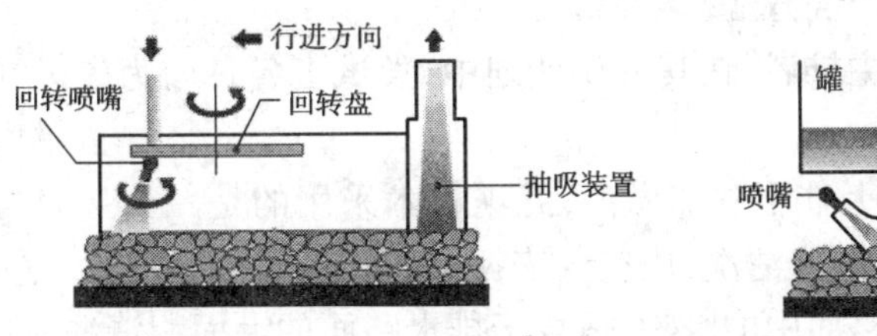

图 12-13　"龙卷风"清洗车辆的清洗原理图

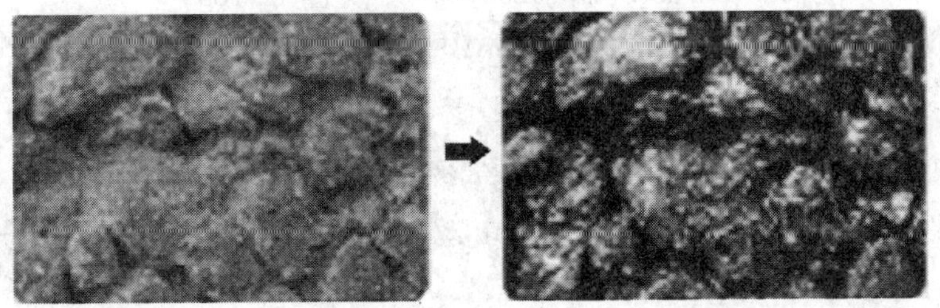

图 12-14　"龙卷风"清洗作业前后排水性沥青路面表观状态

12.1.1.5　只使用空气的下一代机械

在前四代清洗车辆中，清洗介质主要是水，水的供应与水的再生成为影响清洗作业的效率与成本的重要因素。目前，以日本世纪东急公司为代表，正在开发第五代的排水性沥青路面清洗车辆，它将只以空气为清洗介质，据称费用可下降 50%。它的主要改进是：

①喷气更为集中;

②与喷水的点源不同的是,喷气为线源;

③气流增加到200m^3/min,是SPEC-Keeper的两倍。

这里最为关键的部件是喷气嘴,显示于图12-15中。对于出口宽度1.0mm的喷气嘴,10kPa气压时,吹气速度为126m/s,25kPa气压时为200m/s。出口宽度1.5mm时,空气速度大约降低6%。

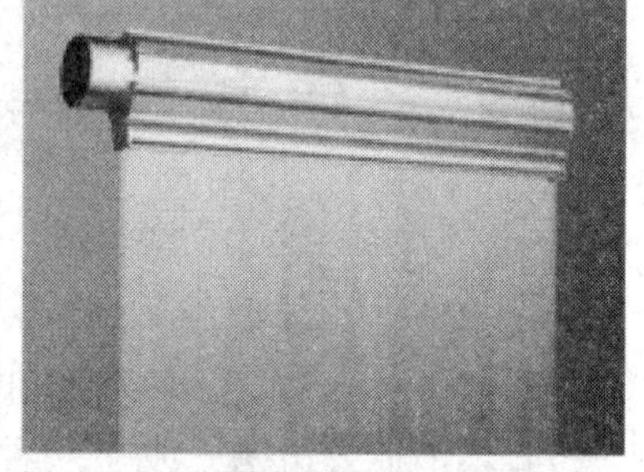
图12-15　日本喷雾系统公司生产的喷气嘴

其工作原理是从待清洗路表两侧吹气,区域中间由抽吸系统收集脏物与尘土。工作速度0~30km/h,平均速度20km/h。世纪东急公司就传统类型、具有高压水的高速清洗车和只有空气的高压吹气车辆其作业效率与费用进行了比较,见表12-1(比较当时1美元=0.807欧元)。这里假定所有三种清洗效果是相似的。这种费用的估计不只包括清洗机械的购买费用,还包括了真空/抽吸设备的费用、水罐车的费用、职员费用、燃料费用、作为工业危险废弃物清除垃圾的费用以及交通控制费用。所有的清洗作业都假定为在夜间实施。可见,高压吹气的清洗费用最低。

三种多空隙沥青路面清洗原理的比较　　表12-1

清洗机械	传统类型	高压水与空气喷射	仅高压吹气
收集质量/循环(g/m^2)	100	10	6
频率(次/年)	3	30	50
清洗费用(欧元/m^2)	6.90	0.22	0.08
清洗费用(欧元/m^2/年)	20.70	6.60	4.00

12.1.1.6　其他清洗机械或清洗方法

荷兰作为排水性沥青路面的主推者,在其IPG计划中,尝试了各种较为先进的清洗方法。主要的三种方法如下:

(1)真空清洗:取代将脏物从上往下吹的做法,此项技术采用的是一个强力真空,将脏物从表面吸上来。存在两种做法①快速清洗,用空气来搬运排水路面中的脏物,适合于日常维护;②慢速清洗,用水来搬运排水路面中的脏物,适合于排水路面的大面积清洗。目前,IPG计划只选择了第二种方法(van Bochove等人,2007年)。见图12-16a)。

a)

b)

c)

图12-16　荷兰IPG计划中排水性沥青路面的清洗方法

a)真空清洗;b)超声清洗;c)蒸汽清洗

(2)超声清洗:首先将表面的松散脏物真空吸除,然后用水湿润,使排水路面中的脏物好清除。用超声先疏松堵塞脏物,然后用真空将松散脏物抽出(Eppinga和van der Heiden,2007年)。见图12-16b)。

(3)蒸汽清洗:本方法只适合于双层排水路面。首先将表面的松散脏物真空吸除,然后用蒸汽吹到排水路面中,使上层脏物被吹落到底层。在底层中用与通常脏物相同的方式,即雨水作用搬离道路。见图12-16c)。

日本的北海道开发局提出了过氧化氢溶液(双氧水)的清洗方法(图12-17)。不过,过氧化氢溶液的原液是剧烈性药物,使用时必须特别小心。由于其价格较贵,并且无法移动,因此多用于人行道、公园等的排水路面上。

12.1.1.7　国产清洗机械

2009年,上海浦东路桥建设股份有限公司与河南高远公司联合开发了排水性沥青路面清洗车(图12-18)。设备重22.3t,清洗速度1.5~3km/h,水压力≥7MPa,回收负压≥20 kPa,清洗水回收率≥80%。2009年在上海世博园区的排水路面上进行了测试,清洗效果明显。

图12-17　排水性沥青路面的化学清洗

图12-18　国产清洗车

12.1.2　清洗时机与清洗频率

排水性沥青路面的清洗时机与清洗频率受制于以下因素:①经济预算;②对路面效益的依赖性;③所采用的清洗技术;④路面堵塞机理与堵塞水平。

从经济预算来看,目前绝大多数机构对排水性沥青路面排水机能的养护缺乏测算。尤其是在我国,排水路面的修建多是政府创新的结果,而要其为排水机能的保持而持续提供大量的政府财政支持,显然超越了政府创新的初衷。即便是在排水路面普及的日本,采用清洗车定期养护的做法也不常见。

从对路面效益的依赖性来看,排水路面的堵塞在多大程度上影响着当初决策时所看重的效益是决定着决策者是否愿意进行养护的重要因素。在第二章中,我们已经讨论了排水路面的诸多效益,但这些效益通常被作为一种附加属性看待,而不具有决定性意义。试想,如果堵塞状况与路面的降噪性能有很强的相关性,而排水路面是作为一种必需的降噪措施使用的,则防止堵塞必然成为决策者的决策目标之一。但可惜的是,我们更多的是把道路就视作道路,它的功能就是行车,只要不影响行车,附属效益有所损失并不会受到多大的关注。

另外,何时采用清洗养护以及清洗养护的频率与所采用的养护技术有极强的相关性。如在使用第一代清洗设备的丹麦,养护时机和频次的选择是,施工后三个月实施第一次清洗,此后每半年实施一次。丹麦人认为,尽管高速车辆存在着自清洗作用,但排水路面事实上第一年就开始堵塞。如果不定期清洗,两年或更短时间内可能会过于堵塞而无法有效清洗。而荷兰人则认为,排水路面施工后6个月开始表现出堵塞迹象。他们提出排水路面的清洗是每年实施两次，不过这个频次并不是千篇一律的，而是与交通量、车速等因素密切相关。他们还认为，如果表面被完全堵塞了，就不可能进行清洗了。这种情况下，清洗之后由于堵塞材料被提上了表面，而会使得降噪性能与透水性更差。日本清洗车辆由排水机能恢复向排水机能维持的改变，使得清洗的频次大为增加。图12-19是日本铺道公司采用龙卷风清洗车对排水性沥青路面养护的观测结果。可以看到，采用该公司生产的高速型清洗车辆，比较理想的是每年清洗3次。而在表12-1中，高压水与空气喷射工艺的养护频率达到30次/年，而仅高压吹气甚至达到50次/年，基本上是一周清洗一次。可见，不同清洗工艺下，清洗时机与清洗频率存在着很大的差别。

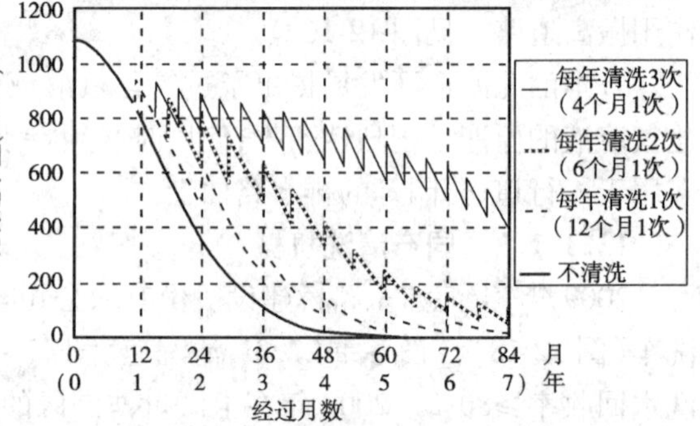

图12-19 日本铺道公司龙卷风清洗车辆的工作情况

最后一个因素是堵塞机理与堵塞水平。分析堵塞机理非常重要，因为有些堵塞属于不可逆堵塞，如再压密引起的堵塞，又如水泥浆或滴漏的化学溶剂产生的堵塞，清洗作业对这种堵塞将无任何作用。实际实施时，应对路面先进行试清洗，根据收集到的堵塞物情况决定后续清洗作用的安排。接下来就是一些比较棘手的问题，清洗作业发起的堵塞标准是什么，清洗后要达到的标准又是什么。

南非对判断排水路面的空隙率堵塞情况提供了三种方法：

①下雨时或下雨后马上进行目测：注意铺面上的积水，或主观评判该层的排水能力；

②一种灰尘监测器：可用该装置来量化水花与水雾随时间的变化；

③现场透水性测试。

其清洗标准是：

①排水能力轻微下降，无积水，空隙率超过18%：采用安装在水车上的高压冲洗系统。

②排水能力显著下降，积水，空隙率小于18%：采用安装在专门清洗车上的高压冲水和抽吸装置。

两种情形下，空隙都是用高压水冲洗的。如果出现了严重的堵塞，则脏物通过快速气流迅速吸进一容器内。一般来说，清洗在一场雨之后进行，这样雨水先将堵塞脏物泡软，便于后续清洗作业的进行。

荷兰的Leest van A. J. 等人（1997年）曾给出表12-2的清洗条件。按照荷兰使用的仪器（见第五章），当路面透水性小于75s/10cm时，路面就被认为太脏而需要清洗。

排水性沥青路面清洗条件 表12-2

排水性沥青路面堵塞程度	水出流时间(s)	透水性分级
新的排水性沥青路面	30	高
局部堵塞的排水性沥青路面（能够冲洗干净）	50	中等
完全堵塞的排水性沥青路面（无法冲洗干净）	75	低

不过实际作业中，表12-2这样的条件是不充分的。由于排水路面车道宽度内，透水性的下降并不同步，因此堵塞标准对应的是哪一位置的透水性需要明确。另外，不同位置的车道，对透水性的要求显然也不一样，譬如，最靠近道路中心的车道，疏导水流的压力最小，透水性标准可低些；而靠近道路边缘的车道，水流经过的流量最大，需要提高透水性标准。这方面目前

似乎没有相应的研究成果，这里笔者仅提出个人的看法。

首先，轮胎经过的路线上存在着自清洗作用，换句话说，轮迹带处排水路面透水性的下降应比其他区域缓慢。从这层意义上讲，选择车道中心线处的透水性作为判断依据应是合理的。不过，如果轮迹带出现可测的车辙，则必须考虑再压密引起的附加透水性损失，此时轮迹带应进行辅助检测。

对于不同位置的车道，从流量平衡角度上看，假设车道宽为 L，排水路面深度为 d，横坡为 i，雨量为 r，并假设全断面过水，则相邻车道的透水系数 k_1、k_2 应有下关系：

$$k_2 - k_1 = \frac{rL}{id} \tag{12-1}$$

不过，透水系数与现场透水性测试指标之间的关系应经验确定。从保守角度看，水流上游车道的透水性要求比下游车道降低 100ml/15s（我国测试方法）应是可行的。

至于清洗后路面要达到的恢复标准，这跟具体的清洗方法密切相关，在目前方法还未取得统一的情况下，很难作出合适的判断。而且，局部点的堵塞情况并不一样，要求每一个点都服从某一恢复标准也不是很现实，比较合理的是采用代表值的方法，从总体上去把握清洗效果。

12.2　预防性养护

排水性沥青路面的结构性养护也可分为预防性养护、矫正性养护和修复性养护。预防性养护是指带有保护路面、防止病害进一步扩展以减缓路面性能恶化速度以及延长路面使用寿命为目的的，提高路面服务效能的养护作业，作业时路面通常没有发生损坏或只有轻微病害。矫正性养护是指修复路面局部损坏或某种特定病害的养护作业，此时路面只有局部的结构性损坏，还没有波及全局。修复性养护则是指路面损坏已经波及路面的大部分，使之出现全面性结构损坏，从而需要在一定深度下进行面层再生和重铺或整体翻修的作业。

排水性沥青路面的预防性养护主要是针对飞散的预防和对结合料老化的预防。由于我国尚缺乏这方面的经验，这里我们选择荷兰与美国的典型做法，以示借鉴。

12.2.1　针对飞散的预防性养护

排水性沥青路面主要的病害是飞散引起的集料损失，飞散的原因有施工作业（摊铺时混合料温度太低，压实不够，结合料离析，横向接缝没做好等），或结合料的硬化（内聚力和黏附力的损失）。与施工相关的问题除了清除替换外很难克服，但结合料的硬化速率可以通过定期喷洒再生剂或扩展油得到控制。荷兰将排水性沥青的飞散分为三个阶段，如图 12-20 所示。第一个阶段是飞散开始之前的阶段，此时在排水路面表面喷洒掺有再生剂的乳液。第二个阶段是飞散过程已经开始，此时在排水路面的上部施工开级配的乳液、砂、沥青混合料，这种混合料已经取得了专利，被称为 Via-Ral（图 12-21）。第三个阶段时飞散已经相当严重，必须将其铣刨掉，铺设新的排水性沥青路面。事

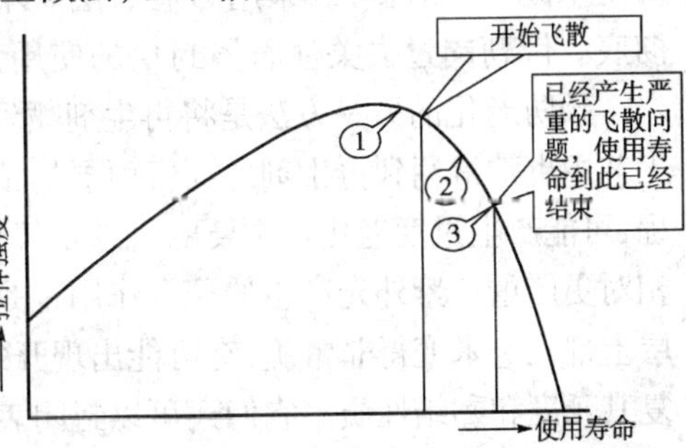

图 12-20　荷兰对排水性沥青路面飞散病害的养护
1-预防性养护的时机（封层技术）；2-临时性养护的时机（Via-Ral）；3-铣刨老的排水路面，铺设新的排水路面的时机

实上第一阶段属于预防性养护，第二阶段属于矫正性养护，而第三阶段属于修复性养护。

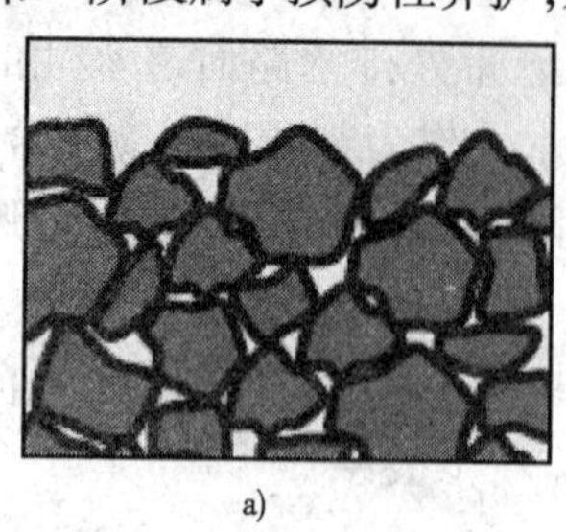
a)

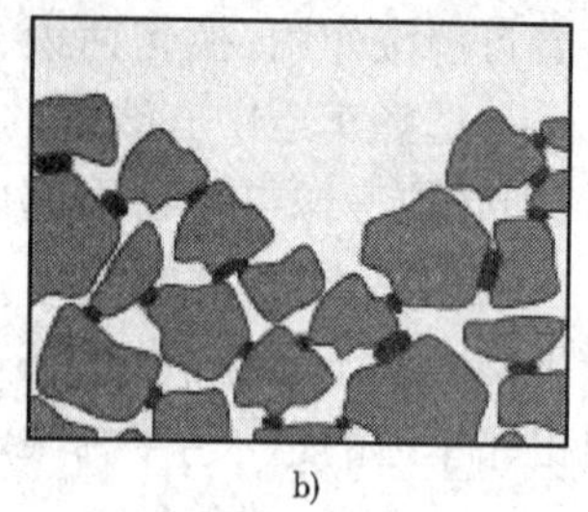
b)

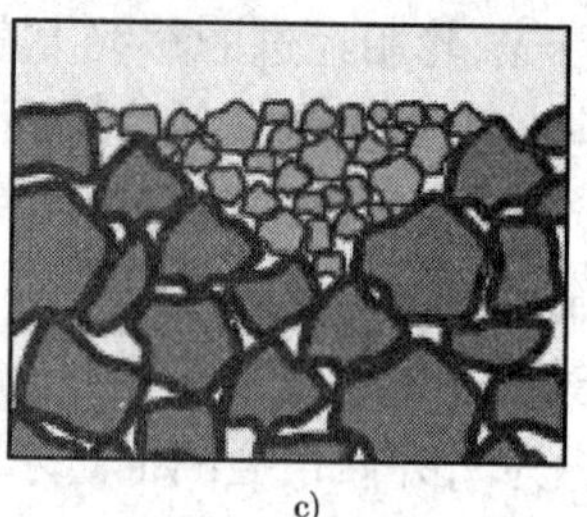
c)

图 12-21 荷兰的 Via-Ral 修补技术
a)新的排水路面；b)出现飞散；c)Via-Ral 技术

奥地利处理飞散排水性沥青路面的方法是使用浆膜封固，让稀薄的浆膜流动到排水路面的内部空隙中，使飞散区域排水沥青混凝土整个厚度的空隙全部填满，不过这是以牺牲排水路面的透水性为代价的。

12.2.2 针对老化的预防

排水性沥青路面在经过一段时间使用后，沥青结合料会缓慢氧化，变硬变脆。这是路面后期发生飞散的根本原因。美国许多州，如新墨西哥州，怀俄明州，南卡罗莱纳州，俄勒岗州等，都在排水路面上使用雾封层来实现预防性养护。雾封层在表面上提供了一层纯沥青结合料的薄膜，被认为能延长排水路面的寿命。美国联邦公路管理局建议，雾封层分两遍喷洒，每一遍的喷洒率是 0.23L/m^2，乳化沥青和水的混合比例是 50∶50，不掺再生剂。

俄勒岗州的研究指出，喷洒雾封层降低了排水铺装层的透水性。另外，将雾封层喷洒到排水路面上还会削弱排水沥青表面的摩擦性质。不过，随着雾封层被交通车辆逐渐磨耗掉，施工后头一个月摩擦力就得到显著提高。雾封层并不影响排水路面的宏观构造，因此降低水漂的性能依旧得到保持。Rogge(1999 年)认为，定量研究没有充分表明雾封层延长排水沥青路面寿命的预期效益。他还建议，如果放弃排水沥青层的自由排水特性是可以接受的，并且路面结构是坚固的，则也可以采用石屑封层。不过，石屑封层费用更高，相比雾封层，封闭表面也更为彻底。俄勒岗过去关注石屑封层的使用是因为下卧层水损坏的几率在提高。

预防老化的另一方法是将再生剂喷到路面上，改善老化沥青的性质。热拌再生与冷拌再生工艺中也常常用到再生剂。沥青面层的顶部直接暴露在环境中，由于大量的化学过程和物理过程，可能产生过度老化。主要的机理是氧化硬化，由于路表温度更高，并且接触大气中的氧，因而相对更严重。紫外光产生的聚合作用也是一部分因素。这种老化作用使得结合料黏度增大，面层上部几毫米变得非常脆，有可能出现开裂和飞散。使用再生剂的目的是改善结合料的性质，恢复其延度和黏结性质。它们还可以封闭表面，有助于阻止石料的损失，并使结合料中可挥发成分更多。一般来说，将一种再生剂喷洒到现有路面上时，它仅对厚度 5 ~ 10mm 的铺面有效。据称路面寿命可延长五年左右，此后可以再进行处理，寿命进一步延长。如果公路另一部分计划大修（或者是某一结构，或者是路面相邻长度），并且这个处理计划需要几年时间，则再生剂尤为有效。由于采用相对快速并且无损的再生处理来延长路面寿命，再生路段的结构养护可予以推迟，在稍后可与其他较大的工程一起展开，从而极大地降低了对公众的干扰。

通过增加老化结合料损失的组分，或改变其化学组成，再生剂可再生沥青或对沥青化学重

塑。它具有渗透性,可将活性成分带到铺面顶部5~10 mm深度内。再生剂是油性组分,或高针入度沥青,被用于软化沥青混合料中老化的或硬化的沥青,从而延长其寿命。它可喷洒在路表上,或与其他液体混合,从而使其在再生过程中均匀分散到混合料中。结合料的再生主要是通过恢复沥青老化过程中损失的软沥青质与由于老化生成并沉积的沥青质之间的平衡而实现。加入合适的富软沥青质组分可恢复受损失的轻质成分。

可起到再生剂作用的液体与混合物如下,它们都有软化结合料的作用:

①软沥青;

②轻制油,如杂酚油类液体,或沥青稀释油,如柴油类液体;

③乳液;

④专利性液体。

厂拌再生可加入软沥青,热再生工艺中还使用轻制沥青或沥青稀释油,它们可降低沥青的黏度,但由于它们可能蒸发,有时甚至破坏沥青的内聚力,因此无法保证它成为老化问题的耐久方案。道路上使用阳离子或阴离子的水—沥青乳液。热再生工艺和表面再生与封层作业中也都有专利性液体在使用。

尽管目前再生剂的使用已经相当普遍,但再生剂对路面性能的影响能提供出令人信服证据的案例还相当少。这一问题的原因之一是存在着大量的再生剂和交通、结合料类型、沥青混合料类型、环境条件以及其他因素的组合,这使得很难确定出其使用的可靠指南。尽管再生剂在某些情况下是有效的,但毋庸置疑,需要更多的工作才能确定其在不一样的环境里也有效。还有,从健康和卫生的角度看,考虑到工人接触可挥发成分的风险,有时应避免使用纯再生油。

12.2.3　排水性沥青路面的再生工艺

12.2.3.1　基本概念

表12-3归纳了目前道路路面再生的各种工艺。现场再生工艺由一机械车队组成,先铣削材料,紧接着处理材料,然后将之重新铺设,而不是把它搬离场地。由于它没有回收材料堆放、装卸、库存和长距离运输的费用,并且对交通干扰更少,因此费用较低,通常作为优先的选择。场外再生工艺是在远离路面的中央拌和楼加工材料。

现场热再生是通过高温软化现有表面,再机械搬移路表材料,将回收沥青材料与再生剂混合,可能情况下加入新沥青与/或新集料并重新摊铺,从而修复路表病害的工艺。再生过程由前后连续作业的一队机械完成。设备的规模和费用使得这种工艺只适合于较大的道路。使用这种技术,为控制成品的质量,需要长的、均匀的摊铺路段,这通常只有大的道路才行。

道路材料再生可利用的工艺　　表12-3

地　点	热	冷
现场(浅)(面层养护到20mm左右的深度)	加热器/翻松,复拌与/或重铺	翻新
现场(深)(养护到350mm的深度)	无	现场深层再生
场外	中央拌和楼热再生	中央拌和楼冷再生

(1)现场热再生工艺可以是:

①单遍作业,可以使修复路面与新鲜材料重新组合,也可以不组合;

②两遍作业,一段临时过渡期后铺设新的面层。

(2)美国沥青再生和回收协会认可了三项基本工艺,它们有时被总称为表面再生。以下所有三项工艺中,一般都用乳化沥青来再生沥青,并提供更高的结合料含量。

①加热器-翻松:工艺包括了加热,整平前翻松和再生老的材料,整形,压实再生层。开挖的典型深度是 25 mm 左右;

②重铺:工艺包括加热和翻松道路表面,拌和与摊铺挖出的材料,加罩新材料。处理深度从 25 ~ 50mm。

③复拌:是上述工艺的改动,车队中加入了一个小的拌和装置。在这个装置里,回收材料与一定的新拌材料混合。将含有高达 30% 回收沥青材料的再生混合料均匀铺设到加热后的表面上,形成替换的再生面层。

(3)现场冷拌工艺包括粉碎老路面,筛分回收沥青路面材料,加入添加剂(如乳化沥青与消石灰,乳化沥青与水泥,或聚合物改性乳液),然后摊铺并压实混合料。之后加罩新的材料。

①浅层或翻新:该工艺的实施深度是 25 ~ 75mm。该工艺已经很完善了,并在第二次世界大战期间首次采用。它包括翻松和整形表面,作为重新布置纵断面的一部分,按需要加入新集料或除去多余石料。沥青通过喷洒加入,并将该层耙松。压实后,为封闭表面空隙和提供良好构造,用表面处治来罩面。该工艺一般用于轻交通道路。

②深层:可以是全厚度工艺(深度通常为 125 ~ 330mm),也可以是半腰修补工艺(深度一般 150 ~ 300mm)。

(4)场外工艺中,回收材料以 10: 90、30: 70,最大比例 50: 50 的典型配比与新集料混合。有些规范不允许面层使用含有任何比例回收材料的热再生混合料,也有一些情形下,含有回收材料的混合料取得了成功应用。

场外冷铣刨:通过翻松到特定深度移去沥青层,将表面恢复到希望的纵坡和横坡,无隆起、车辙等。该工艺可用于将路面粗糙化或构造化,恢复其抗滑性质。回收的路面材料装到卡车中,运往石料堆场作将来使用。

12.2.3.2 排水性沥青路面再生情况

排水性沥青路面完全破坏后,多是用新层替换而不再生。不过,荷兰在最近的工作中证明,大部分破坏的排水路面是可以再生的。

作为比较,密级配沥青路面目前再生的比例很高。例如,在美国,拓宽与重铺项目中清除的沥青面层材料,超过 80% 得到了再生。这样高的比例至少部分是因为开发了冷铣刨机的缘故。该设备提供了可再生材料的供应,是修复工艺的集成部分。标准路面的冷拌再生是今天可利用的各种再生方法之一。修建稳定的路面,冷拌再生可以比传统施工方法少 40% ~ 50% 的消耗。由于保护资源和保护能源的独特性质,冷拌再生已经成为最受欢迎的修复技术之一。而根据欧洲的观点,热拌再生是最高价值水平的再利用。

当前,欧洲密级配沥青路面的再生水平各国之间差别相当大。在欧洲的有些国家,公路环境中材料的再生比例常常达到 100%。下面给出了一些欧洲国家沥青路面的再生率:

①瑞典:回收沥青路面材料 95% 再生,产生了 80 万吨,使用了 76 万吨。

②德国:回收沥青路面材料 55% 再生,产生了 1 200 万吨,使用了 660 万吨。

③丹麦:回收沥青路面材料 100% 再生,产生并使用了 48 万吨。

④荷兰:回收沥青路面材料 100% 再生,产生并使用了 10 万吨。

荷兰由于计划中排水性沥青路面高的用量,因此它们将重点放在了排水路面的再生上,包括厂拌再生与现场再生。排水性沥青路面最常见的再生是采用热拌程序在固定式的拌和楼中实现。Duval(2002 年)讨论了铣刨并用新排水性沥青混合料替换的排水性沥青混合料再生程序。英国关于排水性沥青路面再生的研究也注意到,荷兰实施的试验段证实了排水性沥青路面再生的技术可行性。

关于排水性沥青路面的寿命与再生,可得到以下结论:

(1)排水性沥青路面耐久性的降低可能会增加材料用量,增大摊铺和养护作业(封层,重铺和撒盐/清洗)中的能量消耗。排水路面平均预估寿命 10 年,相对应的,密级配沥青混凝土为 12 年。

(2)开级配路面再生率指南表明,通常 50% ~80% 的再生率是可能的。

(3)由于排水性沥青混合料的结合料非常强劲,其集料在铣刨时可能遭到破坏,因此现场再生设备必须有良好的加热能力,能在不破坏集料的前提下进行铣刨。

(4)老排水性沥青层的材料应考虑一些特殊问题:老材料中结合料的针入度可能非常低,甚至到针入度 10,这样硬的沥青与新结合料混合可能存在问题;如果老的排水性沥青混合料使用了改性结合料,则改性结合料与新加入结合料的相容性可能存在问题;由于老的排水沥青路面中,有机与无机材料积累构成了污染(如重金属),因此环境限制是否被超越应进行验证。

12.3 矫正性养护

12.3.1 坑洞修补

由于各种原因,排水性沥青路面层偶尔也需要对脱层区域和坑洞进行修补。美国俄勒岗州交通局推荐,若材料用量很充分,则修补排水性沥青混合料可以采用铣刨掉病害混合料并嵌入排水混合料的做法。但如果只需要少量的修补材料,则建议这样的补丁材料使用密级配的传统沥青混合料。美国联邦公路管理局提出,进行这样的打补丁修补时,需要考虑排水性沥青路面的排水连续性问题。若补丁区域很小,补丁周围水的流动能够得到保证,则密级配沥青混合料的使用是可以考虑的。但要将补丁转动 45 度,以提供出菱形的形状,因为这样有利于水沿着密级配补丁的流动,也可以减少车轮对补丁接缝的冲击。在英国,建议只对小的和大的坑洞用排水性沥青材料打补丁修补。密级配混合料的补丁限于 5m×5m 的尺寸。如果紧急情况下使用了密级配混合料,则稍后必须用排水性沥青混合料替换。

用排水性沥青材料打补丁修补时,只允许对现有路面的垂直面喷洒轻量的黏层(最好是乳液)。重量的黏层会阻碍水通过补丁的流动。

当然,如果能用排水性沥青混合料打补丁,并且和周围排水混合料结合紧密,不影响水的畅通流动,则最为理想。不过,受修补面积和黏结能力的限制,普通的排水性沥青混合料很难实现少量补丁材料的供应以及性能。为此,有些机构开发了以树脂等为结合料的多空隙混合料,比较典型的是日本日沥公司的 TECHNOPATCH TOUGH(图 12-22)。这是一种修补排水性沥青铺装中坑洞或者集料出现飞散的地方的冷铺多空隙混合料。它采用环氧树脂作为结合料,具有高的耐久性,并通过使用燃烧器加热和养生树脂,使较早开放交通成为可能。其特点是:

(1)即便是在夏季的高温下,也能获得足够的使用时间。

(2)由于燃烧器加热可以实现短期内硬化,冬季低温下较早开放交通是可能的。

(3)由于只需要向集料中加入硬化剂,并一起拌和,因此现场制作混合料很方便。

(4)由于使用了5~8mm之间的集料,因此混合料可用在很宽的施工领域,从表面粗糙化,到坑洞和轨道补丁。

(5)其性质和状况类似于甚至好于通常的排水性沥青混合料。

图12-22　TECHNOPATCH TOUGH的施工及修补后的路面

12.3.2　裂缝修补

排水性沥青路面服役时也可能产生横向裂缝与纵向裂缝。由于排水路面极其开放的构造,其表面上窄的裂缝通常很难看到。当排水路面表面出现裂缝时,需要将其封闭。封闭后可以保持应力的连续,避免裂缝处应力集中而使裂缝进一步发展成飞散。由于封缝料不会阻碍排水路面内水的流动,因为水本身就沿着横向流动,因此封闭横向裂缝不会造成问题。

封闭排水性沥青路面中的纵向裂缝的确是一大问题,因为封缝材料有可能阻碍排水路面内水的横向流动。有可能的一种解决方案是,以窄的条带方式铣刨掉纵向裂缝对应的排水性沥青混合料,然后再用新的排水性沥青混合料嵌入,不过该方案费用有些高。如果下卧层也表现出了纵向裂缝,也必须将其正确封闭。老路面的竖面应轻微喷洒黏层。如果开裂的严重程度很高,就必须采用修复路面的其他方案。

12.4　修复性养护

Van Der Zwan等人(1990年)称,排水性沥青路面的小修策略与传统的密级配层相似,不过,他们也指出,排水路面固有的排水特征应予以保持,因此修复排水性沥青层的首选方法是将现有的层铣刨掉,用新的磨耗层替换。Lefebvre(1993年)指出,排水性沥青层的小修与大修需要作出明确区分。按照他的说法,小修是路面有小的破坏或病害,而其他部分状况良好时所必需的小的局部修补。这样的情况本书将之归结为矫正性养护。如果整个结构层都需要修补,就必须实施大修。大修技术则包括了整个结构层的替换或者整个结构层的翻新。排水性沥青路面的替换包括彻底清除该层,并用新层替换。这一层的翻新则包括了现场再生。这一项技术我们把它归在了预防性养护中。事实上,不同深度的现场再生很难说是哪一类的养护。

排水性沥青路面的平均使用寿命,一般认为是8~10年。不管其预期寿命如何,到了某个点,排水路面就不得不进行修复。Rogge(2002年)指出,排水性沥青路面的修复有三种方法:铣刨与嵌料,现场再生或重铺,罩面。同样,Brousseaud等人(2005年)也提到,法国使用了三

项修复技术:用新的排水性沥青面层替换,加罩(有封层或无封层),现场再生或厂拌再生。按照 Rogge 的说法,只有当美国俄勒岗州的排水路面 F 混合料铺设在路肩上时,才采用铣刨和嵌料。当排水路面达到其功能寿命的终点或产生需要修复的问题时,多数机构都会将之铣刨掉,然后用另一个排水性沥青层替换。Kandhal(2002 年)指出,通常都建议铣刨掉旧的 OGFC,而用新的 OGFC 或其他类型的热拌沥青混合料替换。乔治亚州交通局倒是对铣刨面上铺设排水性沥青混合料表示了担心。尽管没有给出解释,但猜测是因为下卧层留下的沟槽的缘故。这些沟槽会保留水分。乔治亚州交通局正在研究微铣刨技术。

Winsatt 和 Scullion(2003 年)报道,开级配混合料顶面上加罩的路面出现了大的病害。Moore 和 Hicks(2001 年)指出了开级配沥青混合料的两种修复工法:加罩,铣刨并填充。他们提到,罩面用开级配或密级配混合料实施,铣刨和填充作业包括铣刨掉开级配混合料,用另一开级配混合料替换。他们还提到,为了确保作为铣刨和填充作业的一部分而铺设的新料能充分排水,必须给予足够的小心。用开级配沥青混合料修复路面时,需要作几点考虑,并且要研究这类路面合适的修复方法。重要的考虑包括加罩前进行嵌料修补,改变磨耗层混合料的类型,开级配沥青混合料中间层的排水问题等。Moore 和 Hicks 还提到,欧洲经验表明,再生优于铣刨和嵌料,它消除了与排水路面加罩相关的一些挑战。

美国的马萨诸塞州公路局提供了以下修复技术:最理想的做法是将 OGFC 铣刨到 6.4cm 深度,然后用 4.5cm 密级配混合料和 1.9cmOGFC 替换;第二种选择是将 OGFC 铣刨到密级配混合料顶面,然后用 1cm 或更薄的表面处治替换;最后一个选择是微铣刨 OGFC 到密级配混合料顶面。

Bishop 和 Oliver(2001 年)引用了文献和经验来说明,加拿大英属哥伦比亚的 OGFC 路面寿命预期大约是 12 年,相比较,传统路面是 14 ~ 15 年。他们提到,采用诸如老的 OGFC 混合料上现场热再生这样的方法无法取得行车表面时,用另一 OGFC 层作为修复方法是可能的,前提是老的 OGFC 层得到有效封闭。他们还提到,修复整条路面十分重要,要包括路肩在内,确保充分的排水得到保持。

12.5　小结与讨论

由于排水性沥青路面的养护技术至今仍处于探索期,没有形成比较统一的认识与标准,因此本章仅就目前已经取得的和正在研究的养护技术作了一个比较简单的介绍。事实上,排水性沥青路面的清洗,即便日本的世纪东急、酒井、日本铺道等公司都开发了相应的产品,但应用了了,究其原因,或许额外的养护费用和对养护效果的疑虑等因素起着作用。这方面更为廉价技术的研究仍需要继续进行。

排水性沥青路面的结构性养护也处于相对简单的操作当中,或许将来机械、材料或工艺的发展能使排水路面真正拥有起有针对性的养护解决方案。目前的做法,比较普遍的是,当排水路面结构破坏面积小于总面积 10% 时,认为可以采用密级配混合料打补丁。而像日沥公司那样的产品,由于专利保护,也由于价格因素,目前使用极不普遍。当排水路面达到寿命期后,目前比较推崇的是铣刨加罩的做法,不过,荷兰主推现场再生工艺。从再生工艺而言,由于我国目前多采用高黏度改性沥青,寿命期结束后,高黏度改性沥青的残余性能如何,加入怎样的添加剂能恢复其性能等,仍是今后需要研究的方向。

第十三章　排水性沥青路面的工程实例

道路技术是一门实践性学科，只有通过工程实践，才能验证理论，发现问题，从而进一步完善技术。在国内，以上海浦东路桥建设股份有限公司为代表，自 2002 年于上海浦东北路修建全国第一条采用高黏度改性沥青的排水路面以来，将近十年，在不同的环境下修建了有着不同应用目的的排水性沥青路面，积累了比较丰富的经验，本章将选择部分有代表性的工程进行介绍。

13.1　2002 年浦东北路工程

13.1.1　工程背景

2002 年之前，上海排水路面施工极少，如西藏路成都北路下穿地道，当时设计空隙率在 15% 以下，据专家介绍，设计空隙率低主要是怕其飞散。同时应用地段选择在了隧道下面，显然设计目的不是为了排水，更可能的原因是为了降噪。

在修建浦东北路之前，许多国内道路专家对日本提出的空隙率在 20% 左右的排水路面有置疑，主要是国内超载现象比较严重，这么高空隙率的路面强度是否足够，心中是没有底的。不过，通过对日本排水路面应用情况的考察以及与日本专家的交流，浦东新区公路署同意选择浦东北路其中一段(1.7km)进行排水性沥青路面的试验铺设。

之所以选择浦东北路，主要是基于苛刻性检验的考虑。这种苛刻性条件包括：①采用了 22% 的设计空隙率，比日本常用的 20% 的设计空隙率还要高。②浦东北路位于浦东新区高桥地区，是集装箱车辆进出外高桥保税区的主要通道。当时，由于保税区内集装箱车均从东塘路—嫩江路车渡口过江，大量的重车荷载对原老路结构影响很大。老路结构不堪重负，结构破损，发生开裂等现象。局部路段沉陷严重，路面雨天积水，为此，实施对浦东北路(港城路—航津路)进行大修，同时重荷载对排水路面也构成了苛刻性检验。③浦东北路的设计车速为 60km/h，而道路两旁多为工厂或民房，有些甚至还处于施工中，施工材料路边堆积情况屡有发现，这对排水路面保持排水机能的持久性带来了严峻的挑战。

13.1.2　结构设计

浦东北路大修工程为了抵抗集装箱重载，将原来上海常用的三渣基层改为水泥稳定碎石基层，基层上采用了 15cm 分三层铺设的沥青混凝土。基层之上以及中面层与排水表层之间均采用了 0.5cm 的稀浆封层，确保层间连接以及雨水在排水表层内流动(图 13-1)。当时，试验段曾采用了高浮标的改性乳化沥青黏封层，效果是相当不错的，但考虑到上海水损坏现象的普遍性，采用了更为保守的稀浆封层，这一做法也延续至今。

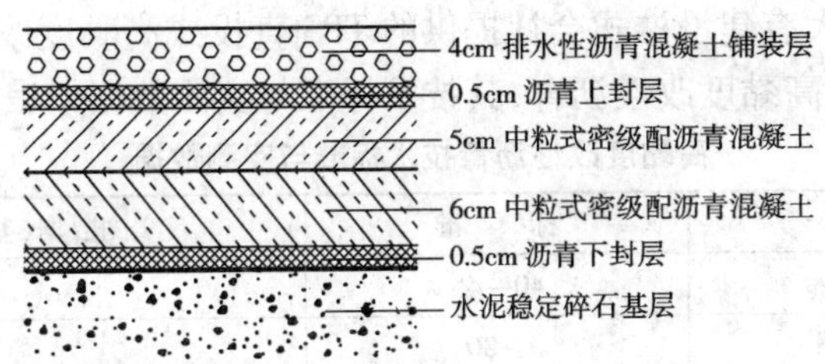

图 13-1　浦东北路大修工程纵向断面

在平面设计上，道路为 2m 的人行道，3.5m 的非机动车道，16m 的机动车道，3m 机非隔离带，3.5m 非机动车道，2m 人行道，总宽度 30m。机动车道与人行道的横坡均为 2.0%。

值得注意的是，第四章提到的排水平石就是借助这一工程实现的发明。

13.1.3　配合比设计

13.1.3.1　材料的选择和质量要求

粗集料的质量要求如表 13-1，选择为浙江湖州的辉绿岩。

粗集料质量技术参数　　表 13-1

试验项目	标准	试验项目	标准
石料压碎值(%)	≤18	1:3细长扁平颗粒含量(%)	≤10
洛杉矶磨耗损失(%)	≤24	1:5细长扁平颗粒含量(%)	≤5
视密度(t/m^3)	≥2.60	水洗法 <0.075 颗粒含量(%)	≤1
吸水率(%)	≤1.5	软石含量(%)	≤3
对沥青的黏附性	达到 5 级	磨光值(PSV)	≥42

细集料的质量要求如表 13-2，选择为石灰石。

细集料质量技术参数　　表 13-2

试验项目	标准	试验项目	标准
表观相对密度	≥2.50	含泥量(<0.075mm 的颗粒含量)(%)	≤6.0
棱角性(流动时间)(秒)	≥30.0	业甲监值(g/kg)	≤25
砂当量(%)	≥60.0		

填料的质量要求如表 13-3，选择为石灰石磨细矿粉。

矿粉质量技术参数　　表 13-3

试验项目	标准	试验项目		标准
表观相对密度	≥2.50	亲水系数		<1.0
含水量(%)	≤1	塑性指数(%)		<4.0
外观	无团粒结块	粒度范围(%)	<0.6 mm	100
			<0.15 mm	90~100
			<0.075 mm	85~100

结合料采用由日本大有建设株式会社提供的 TPS 直投式高黏度改性剂与 70#埃索沥青以 12:88的比例混合而成的高黏度改性沥青，其技术标准与实测数据如表 13-4。

高黏度改性沥青技术标准与实测数据　　表 13-4

试 验 项 目	标 准	实测数据（基质沥青 +12% TPS）
25℃针入度（0.1mm）	40 ~ 45	43
软化点（℃）	≥80	94
15℃延度（cm）	≥100	96
5℃延度（cm）	≥30	50
闪点（℃）	≥260	≥260
薄膜加热质量损失（%）	<0.6	0.1
薄膜加热残留针入度比（%）	≥80	95
25℃黏韧性（N · m）	≥25	28
25℃韧性（N · m）	≥20	23.7
135℃黏度（Pa · s）	≤5.0	2.4
60℃黏度（Pa · s）	200 000 ~ 400 000	344 067

13.1.3.2　配合比设计

（1）目标配合比

浦东北路排水性沥青混合料选取最大公称粒径 13.2mm，其中 2.36mm 至 4.75mm 间断。其具体级配符合表 13-5 和图 13-2。

排水性沥青混合料标准矿料级配范围　　表 13-5

筛孔尺寸（mm）	16.0	13.2	9.5	4.75	2.36	1.18	0.6	0.3	0.15	0.075
级配下限	100.0	90.0	60.0	12.0	10.0	6.0	4.0	3.0	3.0	2.0
级配上限	100.0	100.0	80.0	30.0	22.0	18.0	15.0	12.0	8.0	6.0
级配中值	100.0	95.0	70.0	21.0	16.0	12.0	9.5	7.5	5.5	4.0

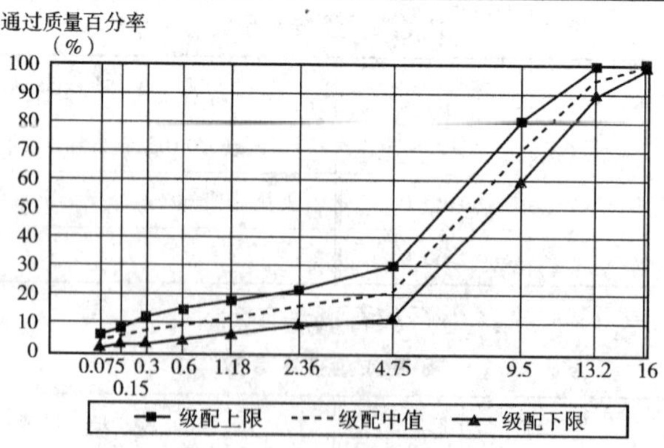

图 13-2　排水性沥青混合料标准级配范围曲线图

（2）生产配合比

设计、调整生产设备的筛孔尺寸和冷料供给系统各规格集料的输送速度，根据热料筛分结果及拌和试验，对矿料配合比和设计沥青用量进一步修正，经室内及路段试验确认后，作为生产配合比，指导排水沥青混合料的生产拌和。

(3)混合料性能评价

根据配合比设计,在确定了最佳结合料用量之后,进行了马歇尔指标、残留稳定度、冻融劈裂强度、动稳定度、肯塔堡飞散率以及室内渗水系数等的测定。表 13-6 是设计标准与实测指标。

浦东北路排水性沥青混合料设计标准与实测数据　　表 13-6

试验项目	设计标准	实测数据	试验项目	设计标准	实测数据
空隙率(%)	22	22.5	冻融劈裂强度比(%)	≥70	94.6
马歇尔稳定度(N)	≥5 000	5 600	飞散率(20℃)(%)	≤20	13.7
流值(0.1 mm)	20 - 40	31.2	动稳定度(次)	≥5 000	7 733
残留稳定度(%)	≥80	98.1	渗水系数(cm/s)	≥0.01	0.83

13.1.4　生产施工

排水性沥青混合料的具体施工流程可参考图 13-3。

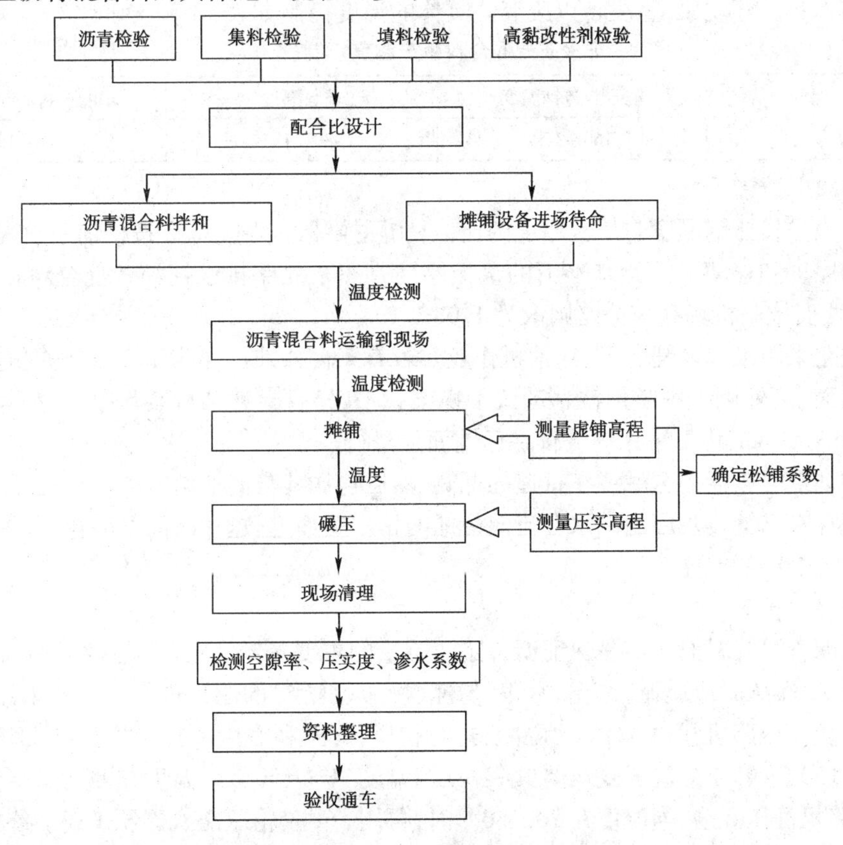

图 13-3　排水性沥青混合料施工流程

13.1.4.1　拌和

拌和采用间歇式拌和机,控制冷料仓的上料速度与目标配合比冷料比例基本一致,具体流程见图 13-4。

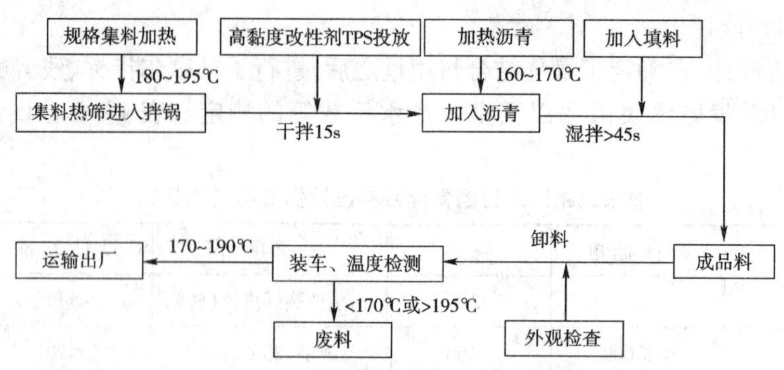

图 13-4　排水性沥青混合料拌和过程

加入 TPS 后的干拌时间不宜少于 15s,用以保证 TPS 的充分熔融。喷入沥青后的湿拌时间,应根据拌和情况适当调整,通常不少于 45s,保证熔融后的 TPS 能与沥青充分混融。拌和过程中,不准使用回收粉,对溢出及废弃的粉尘,应添加矿粉补足。混合料的表观应颗粒均匀、色泽一致,结合料裹覆完整。沥青混合料出厂由专人检查,如发现温度超过规定范围以及花料、结团、沥青坠流等现象,坚决予以废弃。具体的温度控制如表 13-7。

排水沥青混合料生产温度控制(℃)　　表 13-7

类　型	混合料摊铺温度	矿料温度	混合料出料温度
TPS + 70 号沥青	160 – 170	180 – 195	170 – 190

13.1.4.2　摊铺

松铺系数是指摊铺厚度与压实厚度的比值,实际摊铺过程中,需要按松铺系数确定熨平板初始的松铺厚度和移动平衡梁基准下的垫板厚度。浦东北路排水性沥青混合料松铺系数为 1.12 左右,西安咸阳机场高速公路则取为 1.08。

浦东北路采用半幅摊铺,一台摊铺机作业。若有 2 台摊铺机梯队联合摊铺,则靠边缘的摊铺机走在前面,两外侧采用超声波移动式平衡梁找平,另一台摊铺机紧紧跟后,相隔 3 ~ 5 m,中间重叠 10 ~ 15 cm,内侧采用纵波仪在已铺面上滑行。

应先摊铺地势较低的区域或车行道的低侧,然后再往地势高的地方铺。否则,压路机的喷水或雨后储存在已铺排水层内的水会流向待铺的排水路面上,这一时间可能较长,将影响后铺排水性沥青混合料的温度。

13.1.4.3　压实

排水性沥青混合料的压实是保证沥青路面质量的重要环节,对路面的耐久性与使用性能有很大的影响,碾压时应遵循“高温、紧跟、匀速、慢压、静碾”的原则进行。一般采用 11t 钢轮压路机、16t 胶轮压路机和 7t 双钢轮压路机进行初压、复压和终压。初压采用 11t 钢轮压路机,初压温度 >150℃,静压 1 遍。复压要紧跟初压,温度 70 ~ 150℃。温度在 80 ~ 150℃时,先用 11t 钢轮压路机静压 2 遍,当温度在 70 ~ 80℃时,再用 16t 胶轮压路机碾压 1 遍。终压温度 50 ~ 65℃,直到收光轮迹印。

浦东北路试验段的主要目的是探索碾压组合方式对压实效果的影响,确定松铺系数,观察排水性沥青混合料的温度损失情况,调整运料车数量、运距、生产速率、摊铺速率、碾压速率之间的配合关系,尽可能保持连续摊铺等。试验段的压实方案见表 13-8。

浦东北路试验段压实试验方案　　表 13-8

试验方案编号	试验长度(m)	使用胶轮压路机吨位(t)	胶轮压路机工作温度(℃)	碾压次数
一	100	16	80	2
二	100	16	100	2
三	100	26	80	1
四	100	26	100	1

由试验结果发现：①采用 26t 胶轮压路机容易造成过压，因此应选用更轻型的压路机，或者减少胶轮压路机的碾压次数；②路面内温度 60℃（路表温度 70℃左右）方可上胶轮压路机，此时未见到粘轮现象（橡胶轮应保持喷水）。

13.1.5　路用性能指标检测

混合料生产当天，对成品混合料进行取样检测，上下午各一次，制作马歇尔试样，检验混合料的高温性能、抗飞散和水损能力。室内对拌和机所生产混合料的试验表明，其马歇尔稳定度在 6 000kN 以上，而动稳定度也高达 7 000 ~ 8 000 次/mm，浸水马歇尔强度残留比 97.4%，冻融劈裂强度比 95.7%，肯塔堡飞散损失均小于 20%。这都表明排水性沥青路面具有充分的高温稳定性与水稳定性。

浦东北路竣工后的一年时间内，对路面渗水系数进行跟踪监测，测试结果的均值汇总于表 13-9。要求现场渗水系数在 3 600ml/min 以上，可见半年左右这一指标已无法达到。

浦东北路现场渗水试验结果（ml/min）　　表 13-9

通车时间(月)	4cm 厚轮迹处	4cm 厚非轮迹处	15cm 厚
0.5	6 886	6 886	8 352
2	4 463	4 817	7 940
8	1 806	1 420	3 526
12	286	70	34

13.1.6　路面回访情况

2010 年，上海浦东路桥建设股份有限公司组织技术人员对浦东北路的排水路面进行了回访。尽管浦东北路的排水路面建成投用已 8 年，尽管通往外高桥的重型卡车较多，交通量很大，但路面使用状况仍相对良好。该路段大型土方运输车辆行驶过往较多，交通环境质量差，不过除造成排水路面空隙堵塞之外，无颗粒飞散，无破损，无坑槽。尤其是在重载交通条件下历经数次 40℃极端气象条件的严酷考验，路面无车辙及明显的结构变形，如图 13-5、图13-6 所示。

图 13-5　浦东北路路面堵塞情况

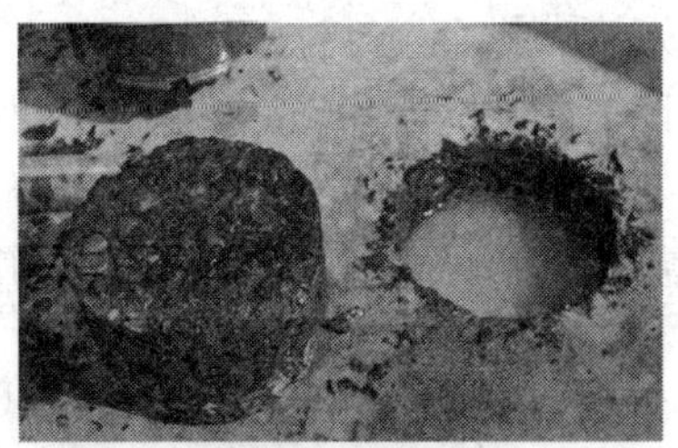

图 13-6　浦东北路重车道交叉口停车处芯样

2008年10月,曾对其进行了一系列检测,结果如表13-10所示。

2008年10月浦东北路排水路面实测结果 表13-10

检测项目	浦东北路(快车道)					浦东北路(慢车道)				
车辙深度(最大间隙,mm)	—	—	—	—	—	5	6	3	2.6	2
渗水系数(ml/min)	不渗水									
构造深度(mm)	1.17					0.93				
摆值(BPN)	50	52	52	52	50	48	47	52	53	48

2008年检测得到构造深度为1mm左右,较一般SMA-13(为0.8mm左右)更大,摆值结果为52BPN左右,较为理想。重车道在交叉口停车处有一定下沉,有4~6mm,其他位置车辙深度在2~3mm左右。在车辙5~6mm处取芯,如图13-6所示,芯样表面空隙均已被泥砂填满,但侧面空隙还有部分剩余,排水路面4cm厚度保持完好,即车辙并非由于排水路面被再压密引起。

浦东北路上的排水沥青路面,粉尘污染严重,目前已丧失大部分排水功能,渗水系数经检测,结果近乎为0。当然,其内部空隙堵塞并不意味着混合料强度及表面构造的丧失。

13.2 2006年桃林公园工程

13.2.1 工程背景

桃林公园(或称豆香园),位于浦东新区陆家嘴。公园占地36 139m^2,是一座以豆科植物为特色的专类性公园。为体现生态效应,达到生态调节、净化空气、减少噪声的目的,公园决定在园路工程一级道路中采用排水性沥青路面。

桃林公园排水性沥青路面铺装于2006年6月完成,属于公园内景观铺装,全长0.7 km,路宽2~3 m。工程中使用了浦东建设自主创新的高黏度改性剂RST改性后的高黏度脱色树脂,并加入了氧化铁红色颜料。

13.2.2 设计与实施

13.2.2.1 排水系统设计

桃林公园主干道的路面结构如下:

彩色排水性沥青面层 3cm

改性乳化沥青黏层

沥青混凝土AC-20 4cm

三渣基层 20cm

表层排水系统采用单侧明沟设计,明沟内用鹅卵石填平,设计美观,如图13-7所示。

13.2.2.2 配合比设计

桃林公园为公园内部道路景观铺装,仅供行人通行,因此无需过多考虑路面承载能力。设计采用了彩色排水性沥青混合料铺装,最大公称粒径为9.5mm。其设计要点如下:

(1)结合料采用上海浦东路桥建设股份有限公司自行开发的脱色树脂代替沥青,同样使

用 RST 进行改性,RST 与脱色树脂比例为 12∶88,在脱色树脂生产过程中先完成改性。结合料约占混合料质量的 7%。

(2)粗细集料均采用软质的红色石灰石集料。

(3)填料采用红色颜料和磨细石灰石矿粉,其中颜料为拜尔公司的氧化铁红,经检验在200℃下长久保持不褪色。颜料约占混合料质量的 3%,矿粉约占 4%。

(4)添加混合料质量 0.3% 的木质素纤维稳定剂,防止沥青流淌。

13.2.2.3　生产及施工

生产过程中先用白料(未裹覆沥青的集料)清洗拌和楼的拌缸,并清理拌缸内残留的黑色沥青混合料块。投料顺序为:集料—矿粉—沥青—颜料。需要注意拌和温度,浅色黏结料的加热温度仅为 140 ~ 150℃,拌和温度为 140 ~ 160℃,因此拌和时间应比普通沥青混合料延长 15 ~ 20s,以便使颜料裹覆均匀(图 13-8)。

图 13-7　路面明沟设计

图 13-8　摊铺时搅龙处的彩色排水沥青混合料

运输施工过程同样需要注意设备上残留的黑色沥青,防止造成颜色污染。

排水性沥青混合料在人工摊铺下易造成离析,因此必须采用机械摊铺;但是公园路面较窄,给机械摊铺和压实带来极大困难。同时,软质石料易压碎,因此尽量采用小吨位压路机静碾。

实践中,采用宽幅为 2m 的小型摊铺机和小型压路机,成功完成彩色排水沥青路面的摊铺碾压工作(图 13-9、图 13-10),最终测定路面空隙率 22%,达到了设计要求。

图 13-9　初碾后的彩色排水路面

图 13-10　碾压中的彩色排水路面

13.2.3　路面回访情况

2010 年 4 月对桃林公园进行了回访,发现路表红色沥青部分稍微有磨去,露出淡红色的石料颗粒。由于地处公园内部,并无车辆经过,环境质量较好(图 13-11a),排水功能至今保持良好(图 13-11b)。

a)

b)

图 13-11　2010 年 4 月回访时的桃林公园路面情况

13.3　2009 年上海中环线与机场北通道工程

13.3.1　工程背景

为配合上海 2010 年世界博览会的召开,2009 年,上海中环线浦东段南段与浦东机场北通道作为世博配套工程提出了相当高的质量要求。考虑到高架桥避免振动压实的设计要求,以及使用时车辆交通轻载快速的特点,全长 31km 均采用了排水性沥青路面,并决定采用浦东建设自主开发的直投式高黏度改性剂 RST。

排水路面于 2009 年 9 月开始施工,至当年 12 月完工。道路正常路段为双向八车道,设计车速 80km/h。排水路面设计空隙率 20%。路面结构见第四章。

13.3.2　路面实施

配合比设计基本与浦东北路相同。不过,用国产的 RST 代替了进口的 TPS,其掺量仍为 12:88 基质沥青。基质沥青选择为壳牌 70 号沥青。典型性能指标如表 13-11 所示。

中环线高黏度改性沥青技术标准与实测数据　　表 13-11

试验项目	标　准	实测数据(基质沥青 +12% RST)	试验项目	标　准	实测数据(基质沥青 +12% RST)
25℃针入度(0.1 mm)	40 ~ 45	43.5	薄膜加热残留针入度比(%)	≥80	95
软化点(℃)	≥80	95.5	25℃黏韧性(N·m)	≥25	27
15℃延度(cm)	≥100	97.7	25℃韧性(N·m)	≥20	22
5℃延度(cm)	≥30	48.7	135℃黏度(Pa·s)	≤5.0	2.1
闪点(℃)	≥260	≥260	60℃黏度(Pa·s)	200 000 ~ 400 000	360 000
薄膜加热质量损失(%)	<0.6	0.1			

混合料性能的评价指标如表 13-12 所示。

中环线排水性沥青混合料设计标准与实测数据　　表 13-12

试验项目	设计标准	实测数据	试验项目	设计标准	实测数据
空隙率(%)	20	20.5	冻融劈裂强度比(%)	≥70	95.5
马歇尔稳定度(N)	≥4 500	6 200	飞散率(20℃)(%)	≤15	12.3
流值(0.1 mm)	20 - 40	30.2	动稳定度(次)	≥5 000	7 675
残留稳定度(%)	≥80	97.5	渗水系数(cm/s)	≥0.01	0.91

施工过程同浦东北路，不过碾压方式采取如下：初压用 DD-110 静碾 1 遍，复压用 DD - 110 静碾 3 遍、26T 胶轮压路机静碾 1 遍，终压由 DD-110 收光。

初压温度不低于 150℃，轮胎压路机碾压温度在 90℃左右，终压温度不低于 70℃。

13.3.3　路用性能指标检测

本工程主要观察了排水性沥青混合料的肯塔堡飞散率，将控制指标提高到 15% 以下。不过，施工过程中的抽检表明，这一指标基本上是满足的。

更关键的是，技术人员对排水功能指标进行了持续的观测。图 13-12 是工程完工后，在中雨天气下，中环高架排水性沥青路面与内环 SMA 路面的水雾对比，可以看出，水雾的降低作用是相当明显的。

中环线排水性沥青路面（中雨）

内环线SMA路面（中雨）

图 13-12　排水性沥青路面与 SMA 路面雨天效果对比

中环线竣工后的一年时间内，对路面渗水系数进行跟踪监测，测试结果的变化趋势见图 13-13。

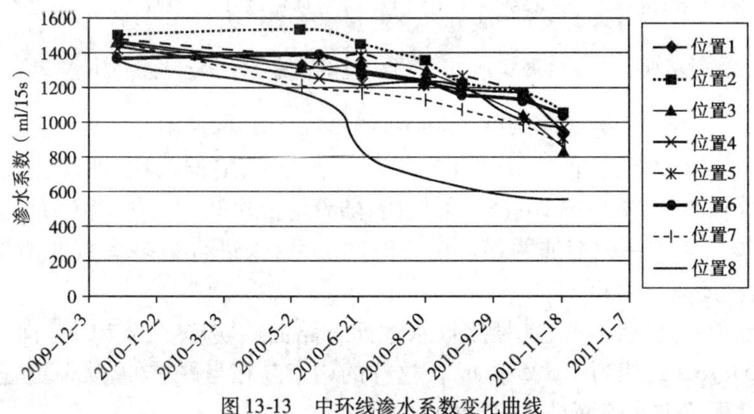

图 13-13　中环线渗水系数变化曲线

根据图13-13，高架上的排水路面，排水性能随时间的变化较浦东北路要缓慢得多。到2011年初，经历了一年多使用后，绝大部分路面的透水系数在800ml/15 s以上，这表明，只要路段选择正确，排水路面的堵塞问题没有想象中那么严重。

13.4 2010年世博园区工程

13.4.1 工程背景

2010年上海世博会提出的口号是“城市，让生活更美好”，而道路作为城市的主要组成部分，理所当然地对它对城市的贡献提出了更高的要求，排水性沥青路面就是在这样的背景下被选定为世博园区的主要铺装类型。

不过，考虑到世博园区无法提供排水路面最适合的“轻载高速”环境，专家提出了排水机能维护的概念，并尝试了国产的排水机能恢复设备。选择的试验段为2007年12月在世博园区白莲泾路修建的140m长的一段排水路面，双向4车道。到2009年，通车已经两年，由于处于园区工地内，土方车、水泥混凝土运输车、施工车辆密集，垃圾、泥土抛撒情况严重，有些路段空隙内填充了水泥浆，遭到重度堵塞。

世博园区排水路面的设计、施工情况与其他工程并没有大的区别，这里作为养护典型，介绍一下排水机能恢复车清洗排水路面的情况。

13.4.2 清洗情况介绍

2009年10月23日，工作人员对白莲泾路排水路面用清洗车进行了清洗作业，并在清洗前后采集芯样，实施检测。清洗前后表面的情况如图13-14所示。

图13-14 白莲泾路排水路面清洗前后表观情况对比

路试过程中针对单点进行了八次清洗，分别于清洗前、清洗二次、四次、六次、八次后在原位进行渗水系数检测，结果见图13-15。可看出，随着清洗次数的增加，堵塞严重的路段逐步得到疏通(图13-16)，渗水系数增加明显。由于时间关系，未进行更多次数的清洗作业，但从数据变化趋势来看，还有潜力可挖。

清洗后进行了数据统计。白莲泾路排水性沥青路面共实施了约70 m^2 面积的清洗，收集的污物总数为57 732 g，相当于825 g/m^2。这样的堵塞是相当严重的，从一定程度上也显示出世博园区施工过程对排水路面排水机能的严重影响。

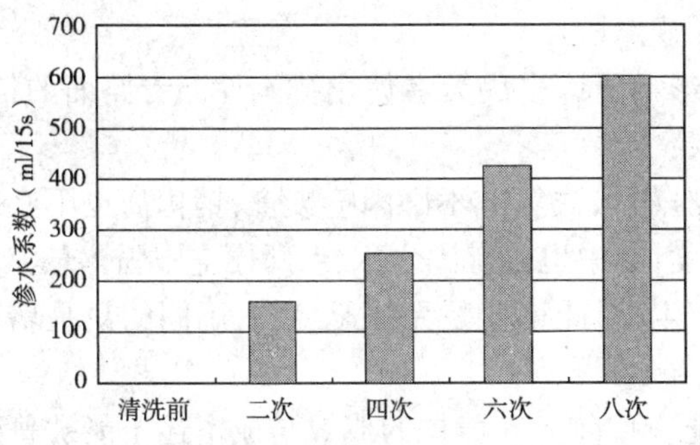

图 13-15 白莲泾路排水路面清洗次数与清洗效果（单点）

图 13-16 白莲泾路清洗前后芯样断面堵塞情况对比

图 13-17 为清洗出的堵塞物质。对这些物质进行筛分，得到表 13-13 所示的结果。由此可知，粒径在 0.075mm 以下的黏土、漂尘等占了 34.6% 的重量，而 0.075 ~ 2.36mm 的砂石占了 56.3%，为堵塞物质的主体，2.36mm 以上的颗粒物约占 10%。

图 13-17 白莲泾路排水路面清洗出的污物

堵塞物质筛分数据表 表 13-13

筛孔(mm)	9.5	4.75	2.36	1.18	0.6	0.3	0.15	0.075	0.075 以下
分计筛余(g)	2.0	20.6	101.9	115.0	155.7	176.4	232.3	84.3	469.3
通过率(%)	99.85	98.34	90.83	82.36	70.89	57.89	40.78	34.57	0.00
比例(%)	0.15	1.52	7.51	8.47	11.47	12.99	17.11	6.21	34.57

13.5 工程总体评价

上海浦东路桥建设股份有限公司从 2002 ~ 2010 年，在上海地区修建了大量的排水路面，总体看来，无车辙、坑洞等明显病害，这表明排水性沥青混合料尽管具有高的空隙率，但使用了高黏度改性沥青后，抗永久变形能力和抗水损害能力是相当出色的。极其局部的地方有少量飞散，经分析，与施工时人工补料以及经过车辆的化学品滴漏有关。

最关键的问题是，在一些土方车经过的地方，堵塞发展相当迅速。不过，值得宽慰的是，在已经使用一年多的高架路面上，透水系数的衰减要缓慢得多，这表明在现阶段排水机能养护还不普及的情况下，合适路段的选择十分重要。总体来看，性能的衰变主要来源于沥青的老化、石料的磨光与空隙的堵塞，通过使用高黏度改性沥青以及高抗磨光的辉绿岩，沥青老化的速度大大减缓，浦东北路至今已使用将近 10 年，因结合料老化产生的飞散尚不显著，而即便表面油膜被磨掉，路面的摩擦性能仍显著高于相邻常规路段。

另外是对堵塞的认识，事实上，这一问题影响了许多决策者使用排水性沥青路面的信心。鉴于这一问题的重要性，笔者有以下三点建议：

(1)必须正视到排水性沥青路面堵塞的必然性，决策方不必因噎废食，销售商也不必闪烁其词。因为即便路面本身能保证足够的洁净度，空中也会有漂尘积淀，即便空中固体悬浮物数量不多，轮胎与道路正常磨耗也会有堵塞物产生，因此堵塞是无法避免的，不同的只是堵塞的历程会有较大差异而已。

(2)必须尽可能利用排水路面的自净功能。目前人工养护的成效与成本还不能被普遍接受，因此必须立足于充分发挥路面自身的排水机能保持能力。所谓的“自净”或“自清洁”，就是路面在自然降水的条件下，首先使堵塞物泡软，然后利用车轮产生的局部真空，从空隙中将其抽提到表面上。可以看到，自净作用的充分发挥，必须有不可或缺的三大因素，即使用区域较为充分的降水，道路上必须具有相当量的通行车辆，道路车速必须达到一定的水平，再加上道路本身的使用环境，这就构成了城市环境中选择排水路面应用的最适合条件。

(3)必须认识到，排水性沥青路面被堵塞并不影响其作为承载交通媒介的基本行车条件。相反，有些附加性能仍能局部甚至大部分保持，如高速摩擦与湿摩擦，还有对水花水雾的抑制，而这两个功能恰恰对雨天安全行车有着至为重要的作用。如与最初排水路面性能相比，的确堵塞后，像降噪、排水等性能有显著的损失，但与其他路面相比，仍有着突出的性能表现，因此对排水路面的堵塞大可不必耿耿于怀。倒是宽幅排水路面的排水和高架道路伸缩缝处的排水，需要进行专门的设计，否则排水路面成了蓄水路面，将带来冬季结冰等意外后果。

参考文献

[1] 日本道路公团. 排水性铺装技术指针(案). 东京:丸善株式会社,1996.

[2] 伍石生. 低噪声沥青路面设计与施工养护. 北京:人民交通出版社,2005.

[3] 深圳海川工程科技有限公司. 日本铺装技术答疑. 北京:人民交通出版社,2006.

[4] 曹东伟,排水沥青路面. 北京:人民交通出版社,2010.

[5] Ulf Sandberg, Jerry A. Ejsmont. TYRE/ROAD NOISE REFERENCE BOOK. INFORMEX, 2002.

[6] Bruce K. Ferguson. POROUS PAVEMENTS. Taylor&Francis Group, 2005.

[7] 蒋甫. 排水性沥青路面路用特性及其衰变规律研究. 同济大学博士论文,2008.

[8] 徐斌. 多空隙沥青混凝土面层排水设计中的降雨输入. 公路,2005(1).

[9] 徐斌,赫振华,连萍. "排水性沥青路面在上海地区的应用研究"课题报告. 2004.

[10] 徐斌,王庆国,奚丽珍. 多孔隙沥青路面的病害与养护. 2005 年全国公路养护技术与养护机械研讨会论文集. 北京:人民交通出版社,2005.

[11] 连萍. 排水性沥青路面降温效果评析. 中国公路,2007(17).

[12] 徐斌,王仕峰,等. "高黏度沥青改性剂的研究与应用"课题报告. 2007.

[13] 徐斌,王伟,朱林鑫. 关于用减压毛细管法测高黏度改性沥青 60℃ 黏度的讨论. 2010 年世博交通论坛暨全国排水性路面技术论文集. 北京:人民交通出版社,2010.

[14] 连萍,徐斌,方月华等. 排水性沥青路面现场渗水系数测试方法探讨. 2010 年世博交通论坛暨全国排水性路面技术论文集. 北京:人民交通出版社,2010.

[15] Al Omari, Aslam Ali Mufleh. Analysis of HMA permeability through microstructure characterization and simulation of fluid flow in X-ray CT images. Texas A&M University, 2004.

[16] Home, W. B. and Dreher, R. C. Phenomena of Pneumatic Tire Hydroplaning, NASA TN D-2056, 1963.

[17] Bazlamit, S. M., and Reza, F. Changes in Asphalt Pavement Friction Components and Adjustment of Skid Number for Temperature, Journal of Transportation Engineering, 2005(6).

[18] Pilkington, G. B. Splash and Spray. ASTME Special Technical. Publication, ISSN: 0066—0558, 1990.

[19] Cena, B. and Travaglio, G. Noise and fuel economy: Two challenging objectives for tyre manufactures. Proceedings of Tyretech '95, 1995.

[20] Schaaf K. and Ronnenberger D. Noise radiation from rolling tyres-Sound amplification by the "Horn-effect". Proceedings of Inter-Noise 82, 1982.

[21] Pagotto, C., M. Legret, and P. le Cloirec. Comparison of the Hydraulic Behaviour and the Quality of Highway Runoff Water According to the Type of Pavement, Water Research (18), 2000.

[22] Stotz, G. and Krauth, K. The pollution from pervious pavements of an experimental highway section: first results. Sci. Tot. Environ, 1994.

[23] Berbee, R., G. Rijs, R. de Brouwer, and L. van Velzen. Characterization and treatment of runoff from highways in the Netherlands paved with impervious and pervious asphalt. Water Environment Research(2), 1999.

[24] Voskuilen, J. L. M. and Verhoef P. N. W. Causes of premature ravelling failure in porous asphalt. Sixth International RILEM Symposium on Performance Testing and Evaluation of Bituminous Materials, 2003.

[25] Molenaar, A., A. Meerkerk, M. Miradi, and T. Van der Steen. Performance of Porous Asphalt Concrete. Association of Asphalt Paving Technologists, 2006.

[26] Kneepkens, A., van Hoof Th., Schaefer, H., van Keulen, W. VIA-RAL® for porous asphalt: a result of research and development, but most of all of implementation. Wegbouwkundige Werkdagen, 2004.

[27] NDLI. Modelling Road Deterioration and Maintenance Effects in HDM-4. Final Report, 1995.

[28] Mo L. T., Huurman M., Wu S. P., Molenaar A. A. A. 2D and 3D meso-scale finite element models for ravelling analysis of porous asphalt concrete. Finite Element Analysis and Design, 2008.

[29] Miradi, M. Artificial neural network (ANN) models for prediction and analysis of ravelling severity andmaterial composition properties. M. Mohammadian (Ed.), CIMCA 2004.

[30] 黄隆升.沥青混凝土巨观车辙及微观轨迹之行为机制分析.台南:成功大学,2003.

[31] 中西弘光,池善玉译;排水性路面铺装功能持续性的研究;广西交通科技;2002(4).

[32] JUTTE, R. H. & SISKENS, C. A. M. A Material Technological Approach to the Low Initial Skid Resistance of Porous Asphalt Roads. European Conference on Porous Asphalt, 1997.

[33] Mallick, R. B., P. S. Kandhal, L. A. Jr. Cooley and D. E. Watson. Design, construction, and performance of new generation open-graded friction courses. NCAT Report, 2000.

[34] Kraemer, C. Porous asphalt surfacing in Spain. Proceedings of International. Symposium on Highway Surfacing, 1990.

[35] Fwa, T. F., Tan, S. A. and Guwe, Y. K. Laboratory Evaluation of Clogging Potential of Porous Asphalt Mixtures. Transportation Research Board, 1999.

[36] Ressel, W., Eisenbach, C. D., Alber, S., Bergk, B., Wurst, F. Enduring Traffic Noise Reduction with Porous Asphalt Improved by Polymer Technology. 4th International Siiv Congress, 2007.

[37] Matthias A. Haselbauler. Influence of flow conditions in porous asphalts on pollution and cleaning. "Managing road and runway surfaces to improve safety" International Conference, 2008.

[38] Van Bochove, G. G. Twinlay, a new concept of drainage asphalt concrete. Proceedings of 1st Eurobitume and Euroasphalt Congress, 1996.

[39] Battiato, G., Donada, M. and Drandesso, P. A new generation of porous asphalt pavements developed by Autovie Venete. Proceedings of 1st Eurobitume and Euroasphalt Congress, 1996.

[40] Kandhal, Prithvi S. and Rajib B. Mallick. Open-Graded Friction Courses: State of Practice. National Center for Asphalt Technology, Report No. 98-7, 1998.

[41] Potter, J. F. and Halliday, A. R. The Contribution of Pervious Macadam Surfacing to the Structural Performance of Roads. TRRL Laboratory Report 1022, 1981.

[42] Alain Sainton. Advantage of Asphalt Rubber Binder for Porous Asphalt Concrete. TRR 1265, 1990.

[43] Bhosale, S. S. and Mandal, J. N. Open Graded Asphalt Concrete for Mitigation of Reflection Cracking on Asphalt Concrete Overlays. The 12th International Conference of International Association for Computer Methods and Advances in Geomechanics, 2008.

[44] 吕艳萍,李淑明.透水沥青路面的排水能力验算与结构改进.上海公路,2008(4).

[45] Nicolas Hautière, Abderrahmane Boubezoul, "Combination of Roadside and In-vehicle Sensors for Extensive Visibility Range Monitoring," avss, 2009.

[46] Van Mook, F. J. R. Driving rain on building envelopes. Ph. D. thesis. University of Technology, Eindhoven, 2002.

[47] ZHANG Teng, JIANG Xiaoli, ZHANG Weiping, QU Wenjun. Durability of concrete structures. Shanghai: Shanghai scientific and technical publishers, 2003.

[48] Barrett, M. Effects of a Permeable Friction Course on Highway Runoff. Journal of Irrigation and Drainage Engineering, 2008 .

[49] André de Fortier Smit, Brian Waller. SOUND PRESSURE AND INTENSITY EVALUATIONS OF LOW NOISE PAVEMENT STRUCTURES WITH OPENGRADED ASPHALT MIXTURES. NCAT Report 07-02, 2007 .

[50] Lefebvre, G. Porous Asphalt. Permanent International Association of Road Congresses, 1993.

[51] Donald, E. Watson, L. Allen Cooley, Kathryn Ann Moore, Kevin Williams. Laboratory Performance Testing of Open-Graded Friction Course Mixtures. Transportation Research Board of the National Academies, 2007.

[52] 裴建中.沥青路面细观结构特性与衰变行为.北京:科学出版社,2010.

[53] Huang, B., Mohammed, L., Raghavendra, A., and Abadie, C. Fundamentals of Permeability in Asphalt Mixtures, the Journal of the Association of Asphalt Paving Technologists, 1999(68).

[54] Cooley, L. A., and E. R. Brown. Selection and Evaluation of a Field Permeability Device for Asphalt Pavements. Transportation Research Record 1723, 2000.

[55] Rajani, B. B. A simple model for describing variation of permeability with porosity for unconsolidated sands. In Situ, 1988(3).

[56] Bear, J. Dynamics of fluids in porous media. American Elsevier Publishing Co., Inc. 1972.

[57] Masad, E. Permeability simulation of anisotropic reconstructed soil medium. Ph. D. disserta-

tion, Washington State University, 1998.

[58] Childs, E. C., and Collis-George, N. The permeability of porous materials. Proc. Roy. Soc. Lond, 1950.

[59] Marshall, T. J. A relation between permeability and size distribution of pores. J. Soil Sci., 1958(1).

[60] Millington, R. J., and Quirk, J. P. Permeability of porous media. Nature, 1959(183).

[61] Mualem, Y. A new model for predicting the hydraulic conductivity of unsaturated porous media. Water Resources Research, 1976(12).

[62] Garcia-Bengochea, I. The relation between permeability and pore size distribution of compacted clayey silts. M.S. thesis, Purdue University, 1978.

[63] Juang, C. H., and Holtz, R. D. A probabilistic permeability model and the pore size density function. International Journal for Numerical and Analytical Methods in Geomaterials, 1986(10).

[64] Taylor, S. W., Milly, P. C. D., and Jaffe, P. R. Biofilm growth and the related changes in the physical properties of a porous medium 2. permeability. Water Resources Research, 1990(9).

[65] Koplic, J., Lin, C., and Vermette, M. Conductivity and permeability from microgeometry. J. Appl. Phys., 1984(56).

[66] Lock, P. A., Jing, X. D., Zimmerman, R. W., and Schlueter, E. M. Predicting the permeability of sandstone from image analysis of pore structure. J. Appl. Phys., 2002(92).

[67] Blair, S. C., Berge, P. A., and Berryman, J. G. Using two—point correlation functions to characterize microgeometry and estimate permeabilities of sandstones and porous glass. Journal of Geophysical Research, 1996(101).

[68] Arns, C. H., Knackstedt, M. A., Pinezzewski, W. V., and Lindquist, W. B. Accurate estimation of transport properties from microtomographic images. Geophys. Res. Lett., 2001(28).

[69] Adler, P. M., Jacquin, C. G., and Quiblier, J. A. Flow in simulated porous media. Internat. J. Multiphase Flow, 1990(4).

[70] Martys, N. S., Torquato, S., and Bentz, D. P. Universal scaling of fluid permeability for sphere packings. Physical Review E, 1994(50).

[71] Masad, E. A., Muhunthan, B., and Martys, N. Simulation of fluid flow and permeability in cohesionless soils. Water Resources Research, 2000(4).

[72] Tashman, L., Masad, E., Crowe, C., and Muhunthan, B. Simulation of fluid flow in granular microstructure using a non-staggered grid scheme. Computers & Fluids, 2003(32).

[73] Masad, E., Muhunthan, B., and Crowe, C. Numerical modeling of fluid flow in microscopic images of granular materials. International Journal for Numerical and Analytical Methods in Geomechanics, 2002(26).

[74] Rhie, C. M., and Chow, W. L. Numerical study of the turbulent flow past an airfoil with

trailing edge separation. AIAA J, 1983(21).

[75] Wang, J. C., Leung, C. F., and Chow, Y. K. Numerical solutions for flow in porous media. International Journal for Numerical and Analytical Methods in Geomechanics, 2003(27).

[76] Pilotti, M. Viscous flow in three-dimensional reconstructed porous media. International Journal for Numerical and Analytical Methods in Geomechanics, 2003(27).

[77] Tan, S. A., Fwa, T. F., Chual, C. T. A new apparatus for measuring drainage properties of porous asphalt mixes. ASTM Journal of Testing and Evaluation, 1997(4).

[78] 増山幸卫等.排水性铺装透水能力测定方法研究.日本土木学会铺装工学论文集,2001(6).

[79] Djoko Sarwono, Astuti Koos Wardhani. PENGUKURAN SIFAT PERMEABILITAS CAMPURAN POROUS ASPHALT. Media Teknik Sipil, 2007(2).

[80] Cabrera, J. G., Lynsdale, C. J. A new gas permeameter for measuring the permeability of mortar and concrete. Magazine of concrete research, 1988(40).

[81] Giuliani F., Costa A. Air Permeability of Porous Asphalt Pavement. 4th International Siiv Congress, 2007.

[82] Ranieri, Vittorio. Runoff control in porous pavements. Transportation Research Record No: 1789, 2002.

[83] Charbeneau, R. J. and M. E. Barrett. Drainage Hydraulics of Permeable Friction Courses. Water Resources Research, 2008(44).

[84] Ranieri, Vittorio. The Functional Design of Porous Friction Courses. Annual Meeting of the Transportation Research Board, 2007.

[85] Cooley, L. A., Brumfield, J. W., Mallick, R. B., Mogawer, W. S., Manfred Partl, Lily Poulikakos, Gary Hicks. Construction and Maintenance Practices for Permeable Friction Courses. NCHRP Report 640, 2009.

[86] Chow, V. T. Open-channel hydraulics. McGraw-Hill, 1959.

[87] 诸永宁.排水性沥青路面排水性能研究与排水设施的设计.东南大学硕士学位文,2003.

[88] Berglund, B., Lindvall, T., Schwela, D. H. Cuidelinco for community Noisc. London: Word Health Organization, 1999.

[89] Stinson, M. R., and Daigle, G. A. Electronic system for the measurement of flow resistance. Journal of Acoustic Society of America, 1988(83).

[90] Sebaa, N., Fellah, Z. E. A., Fellah, M., Lauriks, W. and Depollier, C. Measuring flow resistivity of porous material via acoustic reflected waves. J. Appl. Phys. 2005(98).

[91] Fellah, Z. E. A., Fellah, M., Sebaa, N., Lauriks, W. and Depollier, C. Measuring permeability of porous materials at low frequency range via acoustic transmitted waves. J. Acoust. Soc. Am. 2006(119).

[92] Allard, J. F. Propagation of Sound in Porous Media. Elsevier Science, 1993.

[93] 大西博文,明嵐政司.排水性舗装の騒音低減効果に関する研究.道路,1996.

[94] Miró, R. et al. A Numerical-Experimental Method for Characterizing Recycled Asphalt Mixtures. Road materials and pavement design, 2008(4).

[95] Kuijpers, A. H. W. M., Peeters, H. M., Kropp, W., Beckenbauer, T. Acoustic Optimization Tool RE4-modeling refinements in the SPERoN framework. M + P. DWW. 06. 04. 7, 2007.

[96] Bérengier Michel, Duhamel Denis, Gauvreau Benoit, Droste Bettina , Auerbach Markus. A Benchmark on Analytical and Numerical Models for Road Traffic Noise Propagation. 19th International Congress on Acoustics, 2007.

[97] Akbari, H., Pomerantz, M., & Taha, H. Cool Surfaces and Shade Trees to Reduce Energy Use and Improve Air Quality in Urban Areas. Solar Energy, 2001(1).

[98] Pomerantz, M., H. Akbari, and J. Harvey. Cooler Reflective Pavements Give Benefits Beyond Energy Savings: Durability and Illumination. Lawrence Berkeley National Laboratory, 2000.

[99] Steadman, R. G. The Assessment of Sultriness. Part I: A Temperature-Humidity Index Based on Human Physiology and Clothing Science. Journal of Applied Meteorology, 1979(7).

[100] Kyle, W. J. The Human Bioclimatic of Hong Kong, Contemporary Climatology. Proc. of COC/IGU Meeting, 1994.

[101] Frank P. Incropera, and David P. DeWitt. Introduction to Heat Transfer. John Wiley & Sons, Inc., 1996.

[102] Minhoto, M. J., Pais, J. C., Pereira P. A. A Model for Pavement Temperature Prediction. Transportation Research Board Annual Meeting, 2005.

[103] 吴宗骅. 透水性铺面温度行为模式之初步探讨. 台湾:逢甲大学硕士论文,2007.

[104] 牛俊明,赵平均,许永明. 排水性沥青混合料抗滑层设计方法研究. 西安公路交通大学学报,1998(1).

[105] 倪富健,等. 排水性沥青表面层半刚性基层路面温度场分析. 公路交通科技,2006(10).

[106] 宋宪发. 排水性沥青路面降温性能及衰变规律研究. 同济大学硕士学位论文,2008.

[107] Chen, Peishi and Schmidt, P. S. Model for Drying of Flow-Through Beds of Granular Products with Dielectric Heating. Transport Phenomena in Materials Processing, 1990.

[108] 于红润. 透水沥青路面性能研究及其在城市土地利用结构中铺面比例的优化设计. 北京交通大学博士学位论文,2007.

[109] Cooper, B. R., Nicholls, J. C., and Simons, R. H. Draft report: the Reflective Properties of Some New and Established Road Surfacing Materials-Final Report. Crowthorne, 2000.

[110] Jackett, M. J., Frith, W. J. Measurement of the reflection properties of road surfaces to improve the safety and sustainability of road lighting. NZ Transport Agency research report 383, 2009.

[111] 祝青林,于贵瑞,蔡福,等. 中国紫外辐射的空间分布特征. 资源科学,2005,27(1).

[112] Montepara, A. Photochemical degradation of pure bitumen by UV radiation. European As-

phalt Pavement Association (EAPA), 1996.

[113] Montepara A. Giuliani F. Performance testing and specification tests of road bitumen, 2000.

[114] Bocci M., Cerni G. The ultraviolet radiation in short-and long-term aging of bitumen. Proc. 2nd Eurasphalt and Eurobitume Congress, Session 1: Performance Testing and Specifications for Binder and Mixtures, 2000.

[115] Kuppens E. A. M., Sanches F, Nardelli L., Jongmans E. C. Bitumen-ageing tests for predicting durability of porous asphalt. Proc. Fifth International RILEM Symposium, Mechanical Tests for Bituminous Materials, 1997.

[116] Katsuyuki Yamaguchi, Iwao Sasaki, and Seishi Meiarashi. Photodegradation test of asphalt binder using pressed thin film samples. Can. J. Civ. Eng., 2005(6).

[117] Xiaohu LU, Ulf Isacsson. Chemical and Rheological Evaluation of Aging Properties of SBS Polymer Modified Bitumens. Fuel, 1998(77).

[118] GORDON D. A., STEPHEN F. B. Rheological performance of aged polymer modified bitumens. Journal of the Association of Asphalt Paving Technologists, 1998.

[119] Francoise Durrieu, Fabienne Farcas. Virginie Mouillet: Fuel, 2007(86).

[120] Eyassu T. Hagos. The Effects of Aging on the Binder Properties of Porous Asphalt Concrete. TUDelft, 2008.

[121] Wnerstne J. Proc Assn Asphalt Paving Technol. 1960.

[122] Januszke, R. M. Industrial Engineering Chemistry Product Research and Development. 1971 (27).

[123] Brown, E. R. and Rajib B. Mallick. Stone Matrix Asphalt Properties Related to Mixture Design. NCAT Report No. 94-2, 1994.

[124] Graham West. Estimating aggregate properties from the unconfined compressive strenght of rock. Quarterly Journal of Engineering Geology & Hydrogeology, 1994(3).

[125] Markwick, A. H. D. and Shergold F. A. The aggregate crushing test for evaluating the mechanical strength of coarse aggregates. J. Inst. Civ. Engrs., 1945(24).

[126] 张金柱,尚新鸿. 集料针片状含量对沥青混合料的影响分析. 甘肃科技,2007(11).

[127] Dessouky, S., E. Masad, and F. Bayomy. Prediction of Hot Mix Asphalt Stability Using the Superpave Gyratory Compactor. Journal of Materials in Civil Engineering, 2004(6).

[128] Dennis Gatchalian, Eyad Masad, Arif Chowdhury and Dallas Little. Characterization of Aggregate Resistance to Degradation in Stone Matrix Asphalt Mixtures. The Texas A&M University System, 2006.

[129] Won, M., and Fu, C. Evaluation of laboratory procedures for aggregate polish test. Transportation Research Record 1547, 1996.

[130] Mullen, W., Dahir, S., and Barnes, B. Two laboratory methods for evaluating skid-resistance properties of aggregates. Highway Research Record 37, 1971.

[131] Crouch, L., Gothard, J., Head, G., and Goodwin, W. Evaluation of textural retention of pavement surface aggregates. Transportation Research Record 1486, 1995.

[132] Crouch, L., Shirley, G., Head, G., and Goodwin, W. Aggregate polishing resistance pre-evaluation. Transportation Research Record 1530, 1996.

[133] Crouch, L., Sauter, H., Duncan, G., and Goodwin, W. polish resistance of Tennessee bituminous surface aggregates. ASTM Special Technical Publication1412, 2001.

[134] Crouch, L., and Dunn, T. Identification of aggregates for Tennessee bituminous surface courses. Tennessee Department of Transportation TDOT Project Number TNSPR-RES1149, Final Report, 2005.

[135] Sherwood, W. C., and Mahone, D. C. Predetermining the Polish Resistance of Limestone Aggregates. Highway Research Board 341, 1970.

[136] Shupe, J. W. A Laboratory Investigation of factors Affecting the Slipperiness of Bituminous Paving Mixtures. JHRP report, Project No. C-36-53D, 1958.

[137] Dahir, S. H. Petrographic Insights into the Susceptibility of Aggregates to Wear and Polishing. Transportation Research Record, 1978.

[138] Fager, G. A. and B. I Smith. Polish resistance of selected Kansas aggregate. FHWA-KS-9012, 1990.

[139] Gandhi, P. M. Evaluation of Skid Resistance Characteristics of Aggregates used for Highway Construction in Puerto Rico. Puerto Rico Department of Transportation and Public Works, 1978.

[140] Ashby, J. T. Blended Aggregate Study. Louisiana Transportation research center, 1980.

[141] Underwood JP, Hankins KK, and Garana E. Aggregate Polishing Characteristics: The British Wheel Test and the Insoluble Residue Test. Texas Highway Department, Research Report 126-2,1971.

[142] 李金鴻. 粗骨材性質與夯壓温度對排水性瀝青混凝土性質之研究. 台湾:成功大學硕士学位论文,2002.

[143] Brown, E. R., Rajib B. Mallick, John E. Haddock, and John Bukowski. Performance of Stone Matrix Asphalt (SMA) Mixtures in the United States. Proceedings of the Association of Asphalt Paving Technologists, 1997(66).

[144] 崔丽. 大空隙钢渣沥青混合料配合比及性能研究. 市政技术,2008(2).

[145] 林登峰,楊樹榮,陳四川. 瀝青海砂剝脫之研究. 中壢市:第一屆鋪面工程研究成果聯合發表會,2000.

[146] Watson, D., Johnson, A., and Jared, D. Georgia Department of Transportation's Progress in Open-Graded Friction Course Development. Transportation Research Record: Journal of the Transportation Research Board, 1998.

[147] 姚爱玲,徐德龙,孙治军. 矿渣粉作为填料的沥青混合料性能试验. 中国公路学报,2006(11).

[148] 孙家瑛,任传军. 钢渣微粉对沥青混合料性能影响研究. 公路交通科技,2007(6).

[149] Tarrer, R. Use of hydrated lime to reduce hardeneing and stripping in asphalt mixes. Center of Aggregate Research, 4th Annual Symposium, 1996.

[150] Epps, J. A. Hydrated Lime in Hot Mix. Presentation Manual, 1992.

[151] 高丹盈,夏丹. 张启明用水泥改善开级配路面抗滑磨耗层耐水性的试验研究. 新型建筑材料,2008(3).

[152] Huber, G. Performance Survey on Open-Graded Friction Course Mixes. Synthesis of Highway Practice 284, 2000.

[153] Ruiz, A. R. et al. Porous asphalt mixtures in Spain. Transportation Research Record: Journal of the Transportation Research Board 1265, 1990.

[154] Molenaar, J. M. M. and A. A. A. Molenaar. An Investigation into the Contribution of the Bituminous Binder to the Resistance to Raveling of Porous Asphalt. 2nd Eurasphalt & Eurobitume Congress, 2000.

[155] Babcock, G. B. , Statz, R. J. Study of Asphalt Binders Using Lap Shear Bonds. Proceeding of the Canadian Technical Asphalt Association, 1998.

[156] M. J. Khattak, G. Y. Baladi and L. T. Drzal. Low temperature binder-aggregate adhesion and mechanistic characteristics of polymer modified asphalts. J Mater Civil Engineering, 2007(19).

[157] Goode, J. F. and Lufsey L. A. Voids, Permeability, Film Thickness vs. Asphalt Hardening. Proceedings, AAPT, 1965.

[158] Nukunya, B. ,Roque, R. , Tia, M. , and Birgisson, B. Evaluation of VMA and Other Volumetric Properties as Criteria for the Design and Acceptance of Superpave Mixtures. Journal of the Association of Asphalt Paving Technologists, 2001(70).

[159] Roberts, F. L. , Kandhal, P. S. , Brown, E. R. , et al,. Hot Mix Asphalt Materials, Mixture Design and Construction. NAPA Educational Foundation, 1996.

[160] 刘红瑛. 沥青膜厚对沥青混合料工程性能的影响. 公路交通技术,2004(3).

[161] 神谷慎吾,田坂茂,稲垣訓宏. アスファルト/スチレン・ブタジエンブロック共重合体の相溶性. 高分子学会予稿集,1999(48).

[162] Chen, J. S. , Liao, M. C. , and Shiah, M. S. Asphalt Modified by Styrene-Butadiene-Styrene Triblock Copolymer: Morphology and Model. Journal of Materials in Civil Engineering, 2002(14).

[163] Xiaohu Lu and Ulf lsacsson. Influence of styrene-butadiene-styrene polymer modification on bitumen viscosity. Fuel,1997(14/15).

[164] 李望明. SBS 结构对改性沥青性能的影响. 石油沥青,2005(5).

[165] 杉浦麻衣子. 改質アスファルトの材料効果と分析(評価)手法. 第 28 回日本道路会議,2009.

[166] 羽入昭吉,伊藤达也,笠原笃,斎藤和夫. SBS 改质アスファルトの分散形态がバインダおよび混合物の性能に与える影响. 铺装工学論文集,2004(9).

[167] Abdelrahman and Carpenter. The Mechanism of the Interaction of Asphalt Bituminous Materials. 78th Transportation Research Board Annual Meeting , 1999.

[168] Serfass, J. P. and Samanos, J. Fiber-Modified Asphalt Concrete Characteristics, Applica-

tions and Behavior. AAPT,1996.

[169] Tapkin S. , Usar U. , Tuncan A. , Tuncan M. Repeated creep behavior of polypropylene fiber-reinforced bituminous mixtures. Journal of Transportation Engineering, 2009(4).

[170] 马翔, 倪富健, 顾兴宇, 沈恒. 聚酯纤维沥青混合料路用性能研究分析. 公路交通科技, 2006 (1).

[171] Decoene Y. Contribution of cellulose fibers to the performance of porous asphalts. Trans. Res. Rec. , 1990.

[172] Stuart, Kevin D, Malmquist P. Evaluation of using different stabilizers in US route 15 (Maryland) stone matrix asphalt. Trans. Res. Rec. , 1994.

[173] Joon S, Rust, Jon P, Hamouda, Hechmi, Kim Y, et al. Fatigue cracking resistance of fiber-reinforced asphalt concrete. Tex. Res. J. , 2005(2).

[174] Watson, D. E. , E. Masad, K. A. Moore, K. Williams, and L. A. Cooley. Verification of VCA Testing to Determine Stone-On-Stone Contact of HMA Mixtures. Transportation Research Record: Journal of the Transportation Research Board, 2004.

[175] Van Oss, C. J. Interfacial Forces in Aqueous Media. Marcel Dekker, Inc. , 1994.

[176] Van Oss, C. J. , Chaudhury, M. K. , and Good, R. J. Interfacial Lifshitz-van der Waals and polar interactions in macroscopic systems. Chemical Review, 1988(88).

[177] Hefer, Arno W. , Bhasin, Amit, and Little, Dallas N. Bitumen Surface Energy Characterization Using a Contact Angle Approach. Journal of Materials in Civil Engineering, 2006 (6).

[178] Lytton R. L. Adhesive Fracture in Asphalt Concrete Mixtures. Chapter in Youtcheff J. (Ed.), 2004.

[179] Khalid, H. , and F. Pérez. Performance Assessment of Spanish and British Porous Asphalts. Performance and Durability of Bituminous Materials, 1996.

[180] Khalid, H. , and C. Walsh. A Rational Mix Design Method for Porous Asphalt. 24th European Transport Forum, 1996.

[181] Santha, L. A Comparison of Modified Open-Graded Friction Courses to Standard Open-Graded Friction Course. FHWA-GA-97-9110, 1997.

[182] 杨军,郭勇,尹朝恩,刘清泉. 排水性沥青混合料析漏损失控制指标. 交通运输工程学报, 2007(5).

[183] Alvarez, A. E. , A. Epps Martin, and C. Estakhri. Effects of Densification on Permeable Friction Course Mixtures. Journal of Testing and Evaluation, 2009(1).

[184] Alvarez, A. E. , M. Enad, M. A. Epps, M. Eyad, E. Cindy. Stone-on-Stone Contact of Permeable Friction Course Mixtures. Journal of Materials in Civil Engineering, 2010(11).

[185] Cabrera J. G. and Hamzah M. O. Aggregate Grading Design for Porous Asphalt. Proc. Performance and Durability of Bituminous Materials Symposium, 1994.

[186] Zoorob S. E. , Cabrera J. G. and Takahashi S. Effect of Aggregate Gradation and Binder Type on the Properties of Porous Asphalt. Proc. 3rd European Symp. Performance and Dura-

bility of Bituminous Materials and Hydraulic Stabilised Composites, 1999.

[187] Hardiman. Application of Packing Theory on Grading Design for Porous Asphalt Mixtures. Civil Engineering Dimension, 2004(2).

[188] 张铭铭,李会娟,郝培文. 基于贝雷法排水性沥青混合料级配设计方法研究. 公路,2009(6).

[189] Vavrik, William R. G. Huber, W. Pine, S. Carpenter, and R. Bailey. Bailey Method for Gradation Selection in HMA Mixture Design. Transportation research Circular Number E-C044, 2002.

[190] Smith, R. W., Rice, J. M. and Spelman, S. R. Design of Open-Graded Asphalt. Friction Courses. Report No. FHWA-RD-74-2, 1974.

[191] West, R. C., D. E. Watson, P. A. Turner, J. R. Casola. Mixing and Compaction Temperatures of Asphalt Binders in Hot-Mix Asphalt. NCHRP REPORT 648, 2010.

[192] 程战锋,李自光. 沥青拌和设备在生产排水性沥青混合料中的温度控制探讨. 建设机械技术与管理,2005(12).

[193] Eijbersen M. Experiences with DPAC in the Netherlands. SILVIA Project Report, 2005.

[194] Corrigan, S., K. W. Lee and S. A. Cardi. Implementation and Evaluation of Traffic Marking Recesses for Application of Thermoplastic Pavement Markings on Modified Open Graded Friction Course. TRB 2001 Annual Meeting CD-ROM, 2001.

[195] 加藤真司,山岸将人. 高機能舗装における路面標示工の適用性に関する検討. 舗装,2002(9).

[196] Kandhal, P. S. Design, Construction and Maintenance of Open-Graded Asphalt Friction Courses. National Asphalt Pavement Association Information Series 115, 2002.

[197] Arnevik, A. Rensing av drensasfalt, demonstrasjon av rensemaskin. Vegdirektoratet, 1993.

[198] Jansen R., van de Ven C. J. A new method for cleaning and removing porous asphalt. Madrid: European conference on porous asphalt, 1997.

[199] Lane R. Cleaning open graded asphalt to improve safety. Proceedings International Conference, Surface Friction, 2005.

[200] Ulf Sandberg, Yukici Masuyama. Japanese machines for laying and cleaning double-layer porous asphalt - Observations from a study tour. Rijkswaterstaat-DWW, 2005.

[201] van Bochove, G. G., Hoogghwerff, J. and van Buel, T. T. P. vacuümreinigen tweelaags ZOAB (Vacuum cleaning two-layer ZOAB). DWW Report DWW-2007-09-027, 2007.

[202] Eppinga, S. and van der Heiden, M. Tweelaags ZOAB reinigen met ultrasoon geluid (Two-layer ZOAB cleaning with ultrasonic sound). DWW Report DWW-2007-021, 2007.

[203] Leest van A. J. et al. Guidelines for determining the cleaning effect on porous asphalt. Madrid: European Conference on Porous Asphalt, 1997.

[204] Rogge, D. and Hunt, E. A. Development Of Maintenance Practices For Oregon F Mix. Interim Report SPR 371, 1999.

[205] Duval, J. Porous Asphalt. Presented at the Sustainable Construction Practices

Conference, 2002.

[206] Van der Zwan, J. , T. Goeman, H. Gruis, J. Swart, and R. Oldenburger. Porous Asphalt Wearing Courses in the Netherlands: State of the Art Review. Transportation Research Record 1265, 1990.

[207] Brousseaud, Y. and F. Anfosso-Lédée. Silvia Project Report: Review of Existing Low Noise Pavement Solutions in France. SILVIA-LCPC-011-01-WP4-310505, 2005.

[208] Wimsatt, A. J. and T. Scullion. Selecting Rehabilitation Strategies for Flexible Pavements in Texas. TRB 2003 Annual Meeting CD-ROM, 2003.

[209] Moore, L. M. and R. G Hicks. Design, Construction, and Maintenance Guidelines for Porous Asphalt Pavements. Transportation Research Record No: 1778, 2001.

[210] Bishop, M. C. and M. F. Oliver. Open Graded Friction Course Pavements In British Columbia. Proceedings of the 46th Annual Conference of the Canadian Technological Asphalt Association, 2001.